suhrkamp taschenbuch
wissenschaft 335

Fritz Oser ist Ordinarius für Pädagogik und psychologische Didaktik an der Universität Fribourg (Schweiz). Er studierte Pädagogik, pädagogische Psychologie und Theologie an der Universität Zürich. Studienaufenthalte an der University of California in Los Angeles und an der Harvard University beeinflußten seinen Ansatz einer entwicklungspsychologisch fundierten Erziehung.

Publikationen u. a.: *Das Gewissen lernen*, 1976; *Warum hat die Curriculum-Forschung versagt? Zum Problem des Hiatus zwischen Zielsetzungen und Zielrealisierungen*, 1979; *Entwicklungspsychologie und Feldforschung*, 1981; *Zur Entwicklung des religiösen Urteils*, 1981; *Die Theorie von L. Kohlberg im Kreuzfeuer der Kritik*, 1981.

Diese Arbeit ist aus einem umfangreichen empirischen Forschungsprojekt hervorgegangen. Von konkreten Problemlöseprozessen ausgehend betrachtet Fritz Oser die Struktur von Interaktionen in der Perspektive einer genetischen Epistemologie. Er durchbricht die »disziplinäre Matrix« und gelangt zu einer neuen – kognitiven – Betrachtungsweise von Interaktionen.

Fritz Oser
Moralisches Urteil in Gruppen
Soziales Handeln
Verteilungsgerechtigkeit

*Stufen der interaktiven Entwicklung
und ihre erzieherische Stimulation*

Suhrkamp

suhrkamp taschenbuch wissenschaft 335
Erste Auflage 1981
© Suhrkamp Verlag Frankfurt am Main 1981
Suhrkamp Taschenbuch Verlag
Alle Rechte vorbehalten, insbesondere das
des öffentlichen Vortrags, der Übertragung
durch Rundfunk und Fernsehen
sowie der Übersetzung, auch einzelner Teile
Satz und Druck: Georg Wagner, Nördlingen
Printed in Germany
Umschlag nach Entwürfen von
Willy Fleckhaus und Rolf Staudt

———————

CIP-Kurztitelaufnahme der Deutschen Bibliothek
Oser, Fritz
Moralisches Urteil in Gruppen, Soziales Handeln,
Verteilungsgerechtigkeit : Stufen d. interaktiven
Entwicklung u. ihre erzieher. Stimulation /
Fritz Oser. – 1. Aufl. – Frankfurt, Main :
Suhrkamp, 1981.
(Suhrkamp-Taschenbuch Wissenschaft ; 335)
ISBN 3-518-07935-2
NE: GT

Inhalt

Zu diesem Buch 11
Vorwort 14
a. Handlungsbegriff und erzieherische Verantwortung . 14
b. Methodologische Vorbemerkungen 25
c. Zum Aufbau der Schrift 28

Einführung
Die Parameter der kognitiven Strukturen: struktur-
bildende versus strukturrelevante Komponenten . . . 33

Psychologische Ansätze der Moralentwicklung 35
Strukturen als kognitive Stufen der Entwicklung 35
Strukturen als umfassende Muster der Ich-Entwicklung . 38
Struktur und inhaltliche Bereichsspezifität 46
Strukturrelevante und strukturformende (strukturbilden-
de) Elemente 49
Beschreibung der experimentellen Anordnung 54
a. Übersicht und Plan 54
b. Beschreibung der vorgelegten Probleme 57
c. Die Problemformen unserer Experimente 65
d. Kurzbeschreibung der Interventionen (Faktoren) . . . 67
Erste Analysen der Diskussionsprotokolle 68
Exkurs 1
Genese moralischer Argumentation und Methode des
Messens 74

Kapitel 1
Kognitive Stufen der personalen Interaktion (Kom-
plexität, Adäquatheit, Affinität als Parameter der
Strukturen) 83

Merkmale der moralischen Situation 85
Adäquatheit und strukturbildende Komponenten:
Der Entwurf kognitiver Stufen personaler Interaktion . . 86
Komplexität und kognitive Stufen personaler Interaktion 90
Affinität bei den Stufen der Interaktion 95
Genauere Beschreibung der kognitiven Interaktionsstufen
unter Verwendung der Gruppenprotokolle 95

Die authentische Interaktion als praktisches Problemlösehandeln: Hierarchie, Sequenz und Irreversibilität 122
a. Der Zeitaspekt 123
b. Ideale Sprechsituation und authentische Interaktion . 124
c. Transsubjektivität und authentische Interaktion 126
d. Entwicklungsstufen und authentische Interaktion ... 128
e. Stufen der Interaktion und kognitive Stile 130
Struktur und Inhalt der Interaktionsstufen 131
a. Der Inhaltsaspekt und die Stufe 1 der kognitiven Interaktion 131
b. Der Inhaltsaspekt und die Stufe 2 der kognitiven Interaktion 133
c. Der Inhaltsaspekt und die Stufe 3 der kognitiven Interaktion 137
d. Der Inhaltsaspekt und die Stufe 4 der kognitiven Interaktion 142
Stufen der Interaktion und experimentelles Design:
Strukturformende Komponenten werden strukturrelevant 143
Die Funktionen der Treatments angesichts der Stufen der
Interaktion 146
a. Wandel der Funktionen 146
b. Die beabsichtigten Funktionen des Faktors
»Kognitive Komplexität der Interaktion« 146
c. Die beabsichtigten Funktionen des Faktors
»Vorgabe von Gerechtigkeitsregeln« 154
d. Die beabsichtigten Funktionen des Faktors
»Strategie« 163
Empirische Analyse I
Die Effekte der Stimulation der »kognitiven Interaktionsstufen« und/oder der »Interaktionskompaktheit« 168
a. Einleitung 168
b. Fragestellungen und abhängige Variablen 169
c. Hypothesen, Stichprobengröße und forschungsmetho-
dologische Fragen 170
d. Resultate 173
e. Konklusionen: Pädagogischer und erkenntnistheoretischer Gewinn 188
Exkurs II
Ausschöpfende Legitimation: Ein neues Problemlösemodell 195

Kapitel 2
Distributive Gerechtigkeit: Moralisches Handeln und
die Stufen der kognitiven Interaktion 203

Die sekundäre Bedeutung des Lösungsausganges als Hand-
lungsvorschlag 205
Das Verhältnis von Urteil und Handeln im Kohlbergschen
Konzept 214
Das »ethische« Handlungsmodell von Argyris 225
Ein Gespräch zwischen Lawrence Kohlberg und Chris
Argyris 238
a. Unterschiedliche Erkenntnisinteressen bei der Entwicklung der Theorien 239
b. Metatheorie und normatives Urteil 242
c. Urteil und Verhalten. Regressive Tendenzen 245
d. Die Rolle der Interaktion und die Effizienz des
   Modell-I-Verhaltens 248
e. Die Verbindung beider Theorien in der Verwirklichung
   der Just Community. Die Sein/Sollen-Problematik . . 252
f. Planung praktischer Zusammenarbeit 256
Distributive Gerechtigkeit als Prinzip authentischer Interaktion 259
a. Begründung der thematischen Wahl . . . . -. 259
b. Mögliche Modi des Verteilens nach Gunzburger et al.
   und der entwicklungspsychologische Ansatz von
   Damon 262
c. Fünf Ansätze zu Verteilungsprinzipien: Brecht, Rawls,
   Nozick, Marx und die Utilitaristen 267
d. Kleinbergers Kritik des Rawlsschen Konzeptes oder die
   Verteidigung ungerechter Verteilung 277
e. Authentische Interaktion und originale Position 282
f. Kritik der Ansätze von Gunzburger et al. und von
   Damon 288
g. Brechts Verteilungsprinzip und die authentische Interaktion 289
Analyse II
Argumentation und Entscheidung als Handlungsvor-
schlag 292
a. Einleitung 292
b. Fragestellungen und abhängige Variablen 292

c. Analyse und Hypothesen 294
d. Resultate 295
e. Konklusionen 300
Analyse III
Übereinstimmung der Individuen mit der Gruppenentscheidung (Handlungsdiskrepanzen) 301
a. Fragestellung 301
b. Abhängige und unabhängige Variablen 303
c. Hypothesen und Analyse 306
d. Resultate 307
e. Konklusionen 316

Kapitel 3
Entwicklung als Ziel der Erziehung
(Das erzieherische Werk Kohlbergs) 319

Kohlberg und die Stufen der Interaktion 321
a. Beeinflußte Entwicklung 321
b. Die Stufen Kohlbergs; Merkmale des Stufenwechsels 322
c. Merkmale des Stufenwechsels bei den Stufen der Interaktion 330
d. Stufe 6 und Stufe 7 in Kohlbergs System 337
e. Habermas' Versuch, eine Stufe 7 zu entwerfen 342
Höhere Stufen als offene Erziehungsziele ohne inhaltliche
Fixation 346
a. Zur nächsten Stufe hin erziehen 346
b. Kohlberg und die Value-Clarification-Schule 348
c. Die von Kohlberg vorgeschlagene und überprüfte
Unterrichtsmethode 355
d. Forschungsresultate, die den pädagogischen Ansatz
unterstützen 364
aa. Das neue Scoring Manual und die Kritik von J. Rest 364
bb. Untersuchungen zum Stimulierungstheorem 368
cc. Weitere Untersuchungen und Zusammenfassung . . . 372
Der Just-Community-Gedanke 375
a. Der theoretische Hintergrund der Just Community . 376
b. Hauptziele 377
c. Applikation in Schulen und Gefängnissen 378
d. Die Stufen der Interaktion und der Just-Community-
Ansatz 387

Analyse IV
Veränderung der moralischen Stufen nach Kohlberg (posttest) 389
a. Einleitung und Material 389
b. Hypothesen 391
c. Meßprobleme 392
d. Resultate 396
e. Konklusion 408
Analyse V
Unterschiedlich intensive Verwendung der stufenorientierten Gerechtigkeitsregeln 409
a. Problemstellung und Hypothesen 409
b. Resultate 412
c. Konklusion und Kritik an den Formulierungen Kohlbergs 414

Kapitel 4
Gruppendynamik, Motivation und kognitive Stufen personaler Interaktion oder einige nicht-kognitive Bedingungen kognitiver Interaktionsleistung 417

Einflüsse strukturbildender Stimulation auf sach- und dynamikbezogene Motivation 419
Analyse VI
Wirkung experimenteller Faktoren auf Variablen sachbezogener und dynamikbezogener Motivation 425
a. Der Beobachtungsverlauf (Methode) 425
b. Allgemeine Beschreibung der 15 abhängigen Variablen (Wertbereich) 426
c. Zur Operationalisierung der abhängigen Beobachtungsvariablen 435
d. Hypothesen und Analyseeinheit 437
e. Resultate 439
f. Konklusionen und pädagogische Folgerungen 448
g. Hinweise zu weiterführender Forschung 452
Analyse VII
Zusammenhang zwischen strukturbildenden Stimuli und zeitlich-dynamischen Verläufen der Gruppendiskussionen 453
a. Einleitung und Fragestellung 453

b. Entwicklung von dynamischen Verlaufsmustern, die als neue abhängige Variablen betrachtet werden 453
c. Aggregationsniveau und Faktorenanalyse 458
d. Hypothesen 461
e. Resultate 462
f. Konklusionen 465
Abschließende Bemerkungen 466

Anhang 467

Anhang I. Die Analysen A, B und C 469
Analyse A
Faktorielle Wirkungen auf Pragmatik, Prozeß, moralische Argumentation und Gerechtigkeitsmodus 469
a. Abhängige Variablen und Analyseeinheit 469
b. Analyse und Hypothesen 472
c. Resultate 473
d. Konklusionen 478
Analyse B
Intentionen, Konsequenzen und Kausalschlüsse als Merkmale der Komplexität des moralischen Argumentierens in Gruppen 479
a. Einleitung 479
b. Die abhängigen Variablen (Wertkriterien) 480
c. Analyse und Hypothese 484
d. Resultate 484
e. Konklusionen 486
Analyse C
Spezifisch inhaltliche Differenzierung der dem Faktor 1 zugeordneten unabhängigen Variablen 488
a. Einleitung 488
b. Die abhängigen Variablen 488
c. Analyse und Hypothesen 489
d. Resultate 491
e. Konklusionen 497
Anhang II. Die Stufen interpersonaler und handlungsorientierter Moral nach N. Haan (1978) 499
Literaturverzeichnis 503
Sachregister 528
Namenregister 540

Zu diesem Buch

Als ich 1977 stolz meine Auszählungen und varianzanalytischen Vergleiche der Diskussionselemente zur Lösung von moralischen Problemen Lawrence Kohlberg in Harvard vorlegte, mußte ich heftige Kritik entgegennehmen: Kohlberg bezeichnete meine Arbeit als »psychologistisch« und »wertlos«, und er beharrte darauf, daß in meinen Protokollen etwas anderes zu finden sei als bloße Häufigkeiten verschiedener moralischer Ausdrücke und Wendungen, nämlich unterschiedliche *Strukturen des interaktiven Prozesses*.

Kohlberg glaubte, daß die Ermöglichungsbedingungen von Stufen des interaktiven Problemlösens dem inhaltlichen Material von Gesprächen zu entnehmen sei und daß damit ein neues Modell der Interpretation interaktiver Wirklichkeit entstehen könnte.

Das vorliegende Buch stellt die Nachzeichnung der Entdeckung und Überprüfung dieser Theorie der Interaktionsstufen dar.

Es ist meine Freude und meine Pflicht, all jenen zu danken, die das Zustandekommen dieser Arbeit ermöglichten. Allen voran meinen Beratern Richard Shavelson von der University of California in Los Angeles und Lawrence Kohlberg von der Harvard University. Richard Shavelson hat mir mit seinem Team Ward Kiesling und Leigh Burstein in endlosen Gesprächen geholfen, das Design für die Untersuchung zu erstellen. Er führte auch die Kontrolle über die statistischen Auswertungen durch. Lawrence Kohlberg hat den theoretischen Rahmen geliefert und zum Aufbau des Interaktionsstufenmodells einen Hauptanteil beigetragen. Danken möchte ich auch für Bereicherung durch die Ideen und die Aktionstheorie von Chris Argyris. Er hat darauf bestanden, daß ich etwas Eigenes schaffen müßte und daß wir Europäer lernen, uns von wissenschaftlichen Autoritäten zu befreien. Viele Gespräche habe ich mit Markus Lieberman geführt, der mich heil durch das Labyrinth des Harvard Computer-Center hindurchgeführt hat; aufregende Anregungen habe ich erhalten durch Kontakte mit den Mitarbeitern am Center for Moral Education in Harvard, so vor allem mit Clark Power, Dan Candee, Anne Colby, Michael Murphy, Mordechai Nisan, Carol Gilligan, John Gibbs, Gil Noam, Bill Jennings, Charles Heckscher, Chris Megglin, James Fowler und Robert Kegan. Für die Durchführung der Analysen

und VII hat mir Jürgen Bofinger vom Institut für Unterrichtsmitschau in München eine hilfreiche Hand gewährt. Intensive Beratung und Mithilfe habe ich auch durch die Professoren und Kollegen am Pädagogischen Institut Zürich erfahren, allen voran durch meinen Doktorvater Konrad Widmer und durch Felix Oggenfuss und Claudio Casparis. Ohne ihren persönlichen Einsatz wäre dieses Projekt nicht zustandegekommen. Prof. Widmer hat mir die Infrastruktur des Instituts zur Verfügung gestellt und in vielen Gesprächen wissenschaftlichen Ratschlag gegeben.

In der Organisation der Datenerhebung hat Max Röthlisberger vom Pädagogischen Institut eine Verantwortung übernommen, die mir unschätzbar war. Durch ihn wurde es möglich, auf den ersten Anhieb 42 Lehrer aus den Kantonen Solothurn und Luzern für die Mitarbeit zu gewinnen. Auch ihnen und den Betreuern der Schülergruppen und den Psychologen und Studenten, welche die Protokolle eingeschätzt haben – Marlis Krohn und anderen – sei hier gedankt.

Den größten Anteil an der Korrektur und die Aufgabe der Reinschrift hat Margot Fähndrich übernommen. Ihre kritischen Bemerkungen waren theorieschärfend, sie haben geholfen, das Manuskript klarer zu gestalten.

Von unschätzbarem Wert sind die Anregungen und Korrekturen jener Freunde, die das Manuskript Satz für Satz durchgeackert haben, so Rainer Döbert, Wolfgang Edelstein, Othmar Frei und Georg Lind. Zuerst haben mich ihre kritischen Einwände immer geärgert. Schließlich habe ich verstanden, daß sie recht behielten. Arnold Lüthold hat geholfen, das Register zu erstellen.

Das Projekt wurde vom Schweizerischen Nationalfonds unterstützt und finanziert. Dieses Gremium ermöglichte die Durchführung der Untersuchung und damit verbunden den Forschungsaufenthalt an den Universitäten Harvard und UCLA. Zusätzliche finanzielle Unterstützung erhielt ich von Prof. Widmer und von Altnationalrat Dr. Duft.

Danken möchte ich auch meiner Frau, die mehr als alle anderen dazu beigetragen hat, eine Idee zu verwirklichen, und meinen Kindern Sigrid, Ingeborg und Ellen, die allzu oft auf ihren Vater verzichtet haben.

Ihr aber, ihr Zuhörer der Geschichte vom Kreidekreis
Nehmt zur Kenntnis die Meinung der Alten:
Daß da gehören soll, was da ist, denen, die für es gut sind,
    also
Die Kinder den Mütterlichen, damit sie gedeihen
Die Wagen den guten Fahrern, damit gut gefahren wird
Und das Tal den Bewässerern, damit es Frucht bringt.

Bertolt Brecht, *Der kaukasische Kreidekreis* (Schluß)

Vorwort

a. Handlungsbegriff und erzieherische Verantwortung

Dieses Buch handelt davon, daß es unterschiedliche »kognitive Stufen« der Interaktion gibt. Was ist mit diesem Begriff gemeint? Wenn Gruppen moralische oder soziale Probleme lösen, kann dieser Prozeß in mehr oder weniger differenzierter Weise geschehen. Die Differenzierung bezieht sich in unserem Falle auf die bewußte Reflexion und auf das bewußte Zursprachebringen der legitimatorischen normativen Systeme, die allem sozial-moralischen Denken und Handeln zugrunde liegen. Der Ausdruck »sozial-moralisch« entspricht einer inhaltlichen Gebietsabgrenzung: Kommunikatives Geschehen anhand sozialer und/oder moralischer Konflikte wird auf die progressive Konstruktion von Gruppenerkenntnis hin befragt.

Daß es Stufen der intellektuellen und moralischen Entwicklung des Individuums gibt, wird heute allgemein anerkannt. Die These, daß es auch unterschiedliche sozial-moralische Gruppenkoordinationen gibt und daß sie sich ebenfalls in hierarchische Stufen einteilen lassen, muß daher zumindest jene beunruhigen, die annehmen, man könne Interaktion entweder nur mit eindimensionalen gruppendynamischen Kategorien oder nur mit verhaltenspsychologischen oder sozialphilosophischen Kategorien beschreiben. Wenn man aber annimmt, daß Interaktionen wesentlich kognitiv-sozial determiniert sind, dann können sie qualitativ beschrieben werden. Dies hat zur Folge, daß die Begriffe »ideale Kommunikation« und »kommunikative Kompetenz«, empirisch gesehen, eine neue Bedeutung erhalten und daß deshalb die Ziele der Erziehung teilweise neu bestimmt werden müssen.

Bisher galt allgemein, daß die Entwicklung kognitiver Schemata eine Folge der individuellen Auseinandersetzung mit der Umwelt sei. Daß aber auch das Miteinander des gruppenmäßigen Austausches eine eigene Struktur aufweist, wurde kaum beachtet. Zu den wenigen Arbeiten, in denen diese Einsicht formuliert wurde, gehören diejenigen von Doise, Mugny und Perret-Clermont (1975) und Doise und Mugny (1975). Sie haben gezeigt, daß Kinder *in Gruppen* komplexe kognitive Aufgaben lösen, welche die einzelnen Kinder allein nicht bewältigen können. Auch die soziale Bedeutung und die Sinngebung der Aufgaben werden differenzierter und zugleich komplexer.

Die Stufen der Interaktion, die wir in diesem Buch darzustellen versuchen, beziehen sich – wie schon angedeutet – auf Problemlöseprozesse bei sozial-moralischen Konflikten in Gruppen. In diesem Zusammenhang ist es nun wichtig zu sehen, daß der moralische Problemlöseprozeß anders verläuft als etwa ein Problemlöseprozeß mit algebraischen, logischen oder topologischen Inhalten. Nehmen wir an, vier 15jährige Schüler versuchen ein moralisches Problem zu lösen, und sie haben sich auf eine intensive Argumentation eingelassen; nehmen wir an, die vier Schüler sollen zwei geschenkte Eintrittskarten für eine Filmvorstellung oder ein Konzert »gerecht« unter sich verteilen; nehmen wir weiter an, die Schüler müßten schließlich konsensuell eine Entscheidung treffen (dies ist eines unserer Untersuchungsdilemmas) – beobachtet man eine solche Situation, so stellt sich heraus, daß die Lösungsvorschläge relativ leicht vorgebracht werden und die meisten Alternativen oder, besser gesagt, die Entscheidungen für oder gegen Alternativen schon von Anfang an auf dem Tische liegen. Statt eine Lösung zu finden, liegt das Ziel jetzt darin, die Vorschläge optimal zu begründen und zu rechtfertigen. Dieser Prozeß geschieht aber auf verschiedene Weise, verschieden intensiv und verschieden komplex: Wir bezeichnen ihn als Exhaustionsprozeß.

Dieser Exhaustionsprozeß besteht darin, einerseits die interaktiven legitimatorischen Schemata, andererseits aber auch den Wandel dieser Schemata offenzulegen. Natürlich wäre es interessant zu untersuchen, wie sich im Verlaufe des Exhaustionsprozesses individuelle Transformationen vollziehen. Aber unser Erkenntnisinteresse entspricht nicht dem von L. Kohlberg zum Beispiel. Wir wollten den Wandel der Interaktion als solchen betrachten und nahmen deshalb an, daß der Exhaustionsprozeß auf den verschiedenen Stufen der Interaktion je anders verläuft.

Beim intensiven Studium der Protokolle von moralischen und sozialen Problemlöseprozessen in Gruppen zeigte sich auch das folgende überraschende Phänomen:

Obwohl die Rechtfertigungsstrategien auf ganz unterschiedlichen Niveaus (Stufen) verlaufen, kann die Handlung als Entscheidung dieselbe sein. Trifft dies generell zu, dann verliert die Handlung als Entscheidung oder Ausführung einer Interaktion ihre Priorität im moralischen System. Obwohl jedermann in einer

Gesellschaft so tut, als ob er wisse, was richtiges oder falsches Handeln sei, sind de facto die Absichten und Gründe weit wichtiger, weil sie das Handeln erst »gut« oder »böse« machen. Es gibt also kein richtiges oder falsches Handeln »an sich«, sondern moralisch höhere oder weniger hohe Rechtfertigungen, und diese sind an universellen Standards zu messen. Und dies geht bis zum propagierten zivilen Ungehorsam gegen das Gesetz, wie dies etwa M. L. King im Gefängnis gegen das ungleiche Handhaben von Gesetzen offen getan hat (vgl. S. 338). Es ist also der kognitive Aspekt, der das Handeln in die Dimension der Verantwortung stellt.

Das Gesagte läßt sich weiterführen: Handlungstheorien *an sich* sind vermutlich grundsätzlich zum Scheitern verurteilt: weil Handeln immer nur vor dem Hintergrund ethischer, gesellschaftlicher und/oder psychologischer Systeme gesehen und gerechtfertigt werden kann, dürfte es schwierig sein, eine Handlungstheorie ohne diesen kognitiven Aspekt zu erstellen. Eine Handlungstheorie »an sich« würde implizieren, daß man den Menschen als einen homo ex machina auffaßt, was seit Matsons Buch *The broken Image* (1964) kaum mehr möglich sein dürfte. Matson zeigt, daß ein solches Weltbild die Freiheit des Handelns gerade unmöglich macht, weil das Handeln aus den komplexen normativen Systemen gelöst wird, die ihm erst einen Sinn geben. Kognitiv entmündigtes Handeln aber fällt auf die Stufe des Verhaltens zurück, auf der jede Bewegung bedeutungsmäßig als Handeln angesehen wird. Der Begriff würde damit viel zu unspezifisch. Ihm fehlte das eigentliche teleologische Moment. Deshalb scheint es notwendig, in der Handlungstheorie (vgl. etwa Chisholm 1966) das verantwortliche (intentionale) Handeln vom mechanischen Handeln zu unterscheiden.

Weil wir das kognitive Niveau von Interaktionen untersuchen, muß nun besonders der Begriff des »kommunikativen Handelns« ins Auge gefaßt werden. In diesem Begriff wird die Argumentation oder die vor sich gehende soziale oder moralische Legitimation selber zum Inhalt des Handelns gemacht; Entscheidung und Ausführung eines Entschlusses werden nur noch als Partikel dieses kommunikativen, ganzheitlichen Wirkens gesehen. Handeln kann somit nicht ohne Rückbindung an ursprüngliche Interpretation, nicht ohne Rückbindung an kognitive Strukturen interaktiver Urteile gedacht werden. Deshalb ist etwa die in Interaktion sich realisierende Solidarität (vgl. Peukert 1976, S. 272), die ein kognitives Muster der Interaktion darstellt (auf einem je anderen hierarchischen Niveau), nicht handlungsblind; sie stellt erst eigentliches Handeln dar. König (1975, S. 10) schlägt deshalb nach unserer Meinung in richtiger Weise vor, daß man nicht zwischen der »Rechtfertigung normativer Sätze« und der »Rechtfertigung von Handlungen« unterscheiden solle. Zwar kann man nicht so tun, als ob es beim Handeln immer um die Befolgung von Normen ginge; aber wir haben ja oben eine Bereichsabgrenzung vorgenommen, und das Gesagte trifft im Bereich sozial-moralischer Problemlösung in Gruppen sicherlich zu.

König meint nun aber auch, daß die Rechtfertigung normativer Sätze in der Lebenspraxis nur dann auftritt, wenn bisher unerkannte Vorschriften hinterfragt werden. Das scheint uns unhaltbar. Denn Handeln als interaktive Rechtfertigung ist total: Diskutieren Gruppen ein echtes Dilemma, dann merkt man aus der Verschiedenheit der vorgebrachten Begründungen, daß es gar nichts gibt, was bisher »von allen« akzeptiert worden wäre. Deswegen postuliere ich anstelle aller deduktiven Begründungen, die das Handeln von der Legitimation trennen (einschließlich der Ansätze deontischer Logik), ein *Vermittlungsurteil*, das neben argumentativen Postulaten die Überprüfung einstellungsmäßiger und operativer Präferenzen und Inkongruenzen im kommunikativen Prozeß selbst vornimmt. Wir werden dieses Problem besonders in Kapitel 2 bei der Darstellung der Ansätze von Kohlberg und Argyris weiter ausführen.

Unter dem oben erwähnten interaktiven Gesichtspunkt wird nun auch der Begriff des pädagogischen Handelns als solcher problematisch. Handlungspräferenzen in pädagogischen Problemsituationen sind überhaupt nur sinnvoll vor dem Hintergrund einer pädagogischen Theorie. Für sich allein sind sie blind. Man kann deswegen auch hier keine Handlungstheorien an sich erstellen, es sei denn, man mache auch hier die kommunikative Rechtfertigung zur Handlung selber, was nicht immer sinnvoll ist. Selbst ein so fruchtbarer Ansatz wie der des Unterrichts auf werktätiger Grundlage (vgl. Stieger 1973) koppelt Handeln an lernpsychologische und existenzphilosophische Theoriepartikel. Handeln bedeutet dann immer eine handlungsmäßige Erfahrung in konkreten Lebensfeldern, die der ikonischen und symbolischen Repräsentation vorausgeht. Auch bei Piaget weiß man genau, was mit

Handeln gemeint ist, nämlich Anpassungsoperationen in den Modi Assimilation und Akkommodation als Voraussetzung für die Bildung der Schemata. Zusammengefaßt: Die Wirkung der Handlung erhält ein Außenkriterium, das zugleich sinnstiftend und selektiv ist. Versucht man solche Außenkriterien wegzulassen, Handeln also ohne Theorie zu beschreiben – im spezifischen Fall ohne Erziehungstheorie, in unserem Fall ohne direkte moralische Legitimation –, so haben wir das Problem genetisch primitiver Kommunikationsmuster vor uns.

Das hier angedeutete Prinzip besagt, daß wir als Handeln in unserem Sinne alle in den moralischen Problemlöseprozeß involvierten Tätigkeiten bezeichnen. Diese werden nicht allein durch die Analyse der Sprechakte an sich festgelegt (vgl. Austin 1977, S. 2–42), sondern vielmehr durch jene Norm- und Theoriesysteme bestimmt, die im sprachlichen Handeln eingebettet sind. Und es sind die Stufen der Interaktion, die den Bezugspunkt für ihre Repräsentation bilden. Wenn wir vom Bezugspunkt sprechen, meinen wir also den kommunikativen Prozeß der Repräsentation von Argumenten, die dem Handeln erst die Möglichkeit der Verwirklichung gibt. Parsons Begriff des »Bezugspunktes« verdeutlicht unsere eigene Position:

»Ein Hauptlehrsatz der Handlungstheorie besagt, daß die Subsysteme eines Handlungssystems, die im Prinzip Austauschprozesse steuern (sowohl mit der Umgebung des Systems wie – unter integrativen Gesichtspunkten – der einzelnen Teilsysteme untereinander), *mit einem Bezugspunkt verknüpft sein müssen* (Hervorhebung F. O.), der bis jetzt zu einem gewissen Maße von allen Teilsystemen unabhängig ist.« (Parsons 1968, in Döbert u. a. 1977, S. 82)

Die Verknüpfung im Bezugspunkt – bei uns inhaltlich verwurzelt im interaktiven System – kann unterschiedlich komplex und qualitativ mehr oder weniger adäquat sein.

Deshalb ist von Stufen die Rede.

Damit ist über Handeln noch nicht alles gesagt. Es gibt auch noch das, was traditionellerweise mit Entscheidung, Planung und Ausführung bezeichnet wird. Aber auch dies muß durch den vorwegnehmend evaluativen Denkprozeß dem Urteil oder vielmehr den offengelegten Argumentationssträngen unterstellt werden; deshalb der schon erwähnte Vorschlag eines Vermittlungsurteils.

Wir haben angedeutet, wie wir Handeln verstehen werden. Es

geht in dieser Arbeit allerdings nicht darum, eklektisch all das über Handeln zusammenzutragen, was in der Literatur vorkommt. Vielmehr wollen wir im Ausgang von konkreten Problemlöseprozessen die Struktur von Interaktionen vor dem Hintergrund der genetischen Epistemologie betrachten. In diesem Sinne sind wir bestrebt, die »disziplinäre Matrix« (Kuhn 1977, S. 414) zu durchbrechen und eine neue kognitive Betrachtungsweise *von Interaktion* zu erreichen.

Dazu noch ein Aspekt: Habermas hat den wichtigen Begriff der idealen Sprechsituation eingeführt. Was ist an der idealen Sprechsituation ideal? Ist es bloß die Bedingung, daß jeder die gleiche Möglichkeit hat, die Geltungsansprüche seiner Behauptungen zu belegen? Ist es das Wissen, daß es keinen anderen Weg zur Legitimation solcher Ansprüche gibt als den der reziprok-reflexiven Kommunikation? Ist es gar die Vorstellung des Konsensus als Entscheidungsverpflichtung? Der Habermassche Begriff muß in folgender Weise erweitert werden: Man kann *kommunikatives Handeln* nur dann als ideal bezeichnen, wenn es möglich ist, kognitiv niedrigere und weniger differenzierte Gruppenprozesse von höheren zu unterscheiden. Es muß dann so etwas aufgedeckt werden wie eine Sequenz kognitiver Interaktionsmuster, die anders als bloß durch Vorbedingungen charakterisiert sind. In dieser Sequenz sind Krise und Transformation ein Grundaxiom, und Konsensus oder Konvergenz sind nicht die einzigen Möglichkeiten, weil es einen Exhaustionsprozeß der Argumentation gibt, der an sich schon sinnvoll ist. In diesem Prozeß ist selbst die Möglichkeit von Subjektivität und Intersubjektivität als Teil gegenseitiger Anerkennung in den Vorgang eines tieferen oder höheren Bewußtseins normativer Interaktionsschemata aufgelöst.

Wir haben versucht, in dieser Schrift eine solche Sequenz empirisch zu erstellen und theoretisch zu durchdenken. Die vier Stufen, 1. funktionale Perspektive, 2. analytische Perspektive, 3. normative Perspektive und 4. authentische bzw. prinzipienorientierte, philosophische Perspektive, implizieren einen je anderen Standard dessen, was man unter »ideal« versteht, andere Standards der Moralität und schließlich andere Standards der Effizienz. Es gibt also eine »ideale« Interaktion der Stufe 1, eine »ideale« Interaktion der Stufe 2 etc., dadurch auch einen Begriff der höheren Adäquatheit im Sinne höherer Stufen (vgl. S. 86 ff.). Die

»Idealität« der idealen Sprechsituation muß also ausdifferenziert werden.

Die von uns erstellte Hierarchie der Interaktionsstufen muß nun zwei Bereichen von Kriterien standhalten, nämlich einerseits den von Piaget aufgestellten und von Kohnstamm (1966) erweiterten Merkmalen dessen – was unter strukturalem Gesichtspunkt – Verhalten auf einer erreichten höheren Stufe darstellt (vgl. Hunt 1971, S. 5), und andererseits den allgemeinen Charakteristika von hierarchischen Systemen. Die Kriterien des neuen Verhaltens sind a. Dauerhaftigkeit, b. Transferierbarkeit, c. Verschiedenheit vom Ausgangszustand, d. nicht ohne weiteres erreichbar und e. der Auslöschung widerstehend. Wir werden zeigen, daß die Stufen der Interaktion – weil problemlösende Kommunikation nicht nur in Primärgruppen erfolgt und durch Austausch von Personen dauernd modifiziert wird – zwar erwünscht, aber auch zerbrechlich sind, d. h. nur unter bestimmten interventiven Bedingungen möglich werden (vgl. S. 128 ff.). Die fünf Kriterien sind somit nur relativ anwendbar.

Wir haben gesagt, unsere Stufen müßten auch mit andern, bisher entworfenen hierarchischen Systemen verglichen werden können. Wir haben nur einen Versuch eines solchen Entwurfs für Interaktionen gefunden: die drei Stufen der Entfaltung kommunikativer Kompetenz in Döbert/Nunner-Winkler (1975, S. 37/38), beschrieben »von den Imperativen des Sozialsystems und von den zur Aufrechterhaltung von Identität erforderlichen Fähigkeiten des Subjektes her«. Die drei Stufen sind »deduktiv repräsentiert« und werden als progressive Einschränkung von Identität und kommunikativer Kompetenz gesehen. Stufe 3 ist prinzipiengeleitete Flexibilität, Stufe 2 Rollenidentität, Stufe 1 natürliche oder vorsoziale Identität. Döbert/Nunner-Winkler vergleichen diese Stufen mit der ontogenetischen Entwicklung und mit den Stufen Kohlbergs. Dies zeigt auch den Unterschied zu unseren Stufen: Es handelt sich bei Döbert/Nunner-Winkler wiederum um individuelle Stufen der Ich-Entwicklung und nicht um kognitive Interaktionsmuster auf einem jeweils höheren Niveau. Vermutlich ist ein Vergleich deshalb nicht sehr sinnvoll.

Wir haben einleitend gesagt, dieses Buch versuche, kognitive Stufen der Interaktion aufzudecken. Noch viel eher geht es jedoch darum, daß wir mit dieser Schrift Gruppen dazu führen wollen, auf höherer Stufe miteinander zu interagieren. Die pädagogische

Intervention ist dabei der »nichtstrategische« Stimulationsprozeß, mit dem Bemühen, optimale Bedingungen zu schaffen, damit eine höhere Bewußtseinsstufe im Interaktionsprozeß aufscheint. Es soll hier vorgeschriebenes oder empfohlenes pädagogisches Handeln durch Empirie vermittelt und durch Theorie sinngebend geleitet werden. Wenn wir vorher den Begriff »ideale Kommunikation« verwendet haben, so geht es hier um die Frage der Bedingungen einer »idealeren« Interaktion im kognitiven Sinne. Die erzieherische Basis eines solchen Unterfangens bezieht sich im Hauptteil der Schrift auf die sogenannten strukturbildenden Stimuli. In ihnen fallen die Begriffe »technisches« und »praktisches Experiment« von Benner (1973) in eins, da kausal-analytisches und normatives Vorgehen verschmelzen. Die interindividuelle Problem- und Sinnverständigung geht einher mit der Verfügbarkeit von Wissen über mögliche Entwicklung, mögliche Problembewältigungsgesetze (Exhaustionstheorie), mögliche Transformationen, mögliche Stimulierungen etc. Mit der Betrachtung varianter Gesetzmäßigkeiten der Entwicklung einer Gruppe verbinden wir dadurch, daß unser Experimentierfeld die integrierte Schulklasse selber ist, einen »beabsichtigten« (interventiven) Erziehungsakt zur Höherbildung der Schüler.

Es erscheint mir angemessen, einige allgemeine Konstituenten aufzuzählen, die sowohl zur nachfolgenden experimentellen Planung als auch zur Entwicklung interagierender Stufen der Problemlösung geführt haben. Es sind dies sieben Bereiche: das Interesse an Prozeßforschung anstelle von Pre-posttest-Forschung, das Interesse an der Kleingruppenforschung im Unterricht, das Interesse an Problemlösevorgängen (moralische Erziehung), die Frage nach dem Verhältnis von Pragmatik und Moral, die Auseinandersetzung mit entwicklungstheoretischen oder strukturalen Theorien (Piaget, Kohlberg etc.) als Grundlagen für das Lernen (Transformationsprozesse) und schließlich die Zusammenarbeit mit einem Schultyp (Sekundar- oder Bezirksschule), der relativ feste Systeme aufweist, hoch leistungsorientiert ist und, u. a. durch Selektionsrituale bedingt, vermutlich wenig Zeit (nicht Interesse) für moralische Erziehung vorsieht.

Unter diesen sieben Konstituenten ist die zweite, der Prozeß der Lösung moralischer Dilemmata in der Gruppe oder in der Schulklasse, am relevantesten. Wir haben nämlich festgestellt, daß die Mitglieder einer Gruppe Probleme lösen können, ohne Fragen der Normen und der Gerechtigkeit oder Fairneß aufzuwerfen. Sie halten sich dann mehr an pragmatische Formen des Verhandelns. Anstatt gerechtes Verteilen zu erstreben, sind Zweck-Mittel-Argumente die leitenden Motive. Nicht ein Legitimationsdefizit steht zur Frage, sondern eine Legitimationsverschiebung oder -verkürzung. Die Rationalisierung von Normen ist einseitig funktional und weist nicht einmal den Ansatz einer Universalisierung von Handlungsansprüchen auf. Die konstitutiven Regeln sind rein lösungsbezogen und nicht normbezogen. Es kann sein, daß unter Umständen eine didaktisch organisierte Verbindlichmachung (Schwemmer 1974) erfolgt, aber die Preisgabe von Zweck wird in bestimmten Situationen nicht von der Ethik bestimmt, sondern überdeckt diese. Wenn aber durch Handlungen die mit ihnen verbundenen Zwecke scheinbar zu erreichen sind, sehen die Mitglieder nicht ein, wozu in eigenem Bemühen Normen festgelegt oder gar die Prinzipien der Festlegung reflektiert werden sollen. Wenn der Ethik die Aufgabe zukommt, »das Prinzip der Normbegründung *zum Zwecke der Konfliktbeseitigung* aufzuhellen« (Schwemmer 1974, S. 77), dann müssen wir wissen, welche Bedingungen das Individuum mitbringt, um über die rein handlungstechnischen Verfahren hinauszugehen. Um diese Bedingungen zu ermitteln, dienen Gruppenvergleiche mit verschiedenen »moralischen« Treatments innerhalb ein und desselben Handlungsraumes.

Solche Gruppenvergleiche sind bis jetzt noch nicht durchgeführt worden. Zwar gibt es in der Literatur viele Hinweise zur normativ gesteuerten Strukturierung des Gruppenunterrichts, aber es mangelt an Arbeiten, die nicht die höhere Effektivität der Gruppe gegenüber dem Individuum betonen, sondern den Prozeß selber unter verschiedenen Bedingungen analysieren. Die Gefahr bleibt allerdings, daß man entweder alle Gruppenakte dynamisch zu erklären versucht oder bei komplexer Beschreibung die normativen Komponenten ausklammert. Gibt es so etwas wie eine kognitive Struktur der Gruppendiskussion? Erlebt man diese Diskussionen, so wird der Modellcharakter der Strukturveränderungen durch aktives Hervorbringen von Lösungsvorschlägen und Argumentationssträngen ersichtlich.. (Aus diesem Grunde haben wir immer wieder die Protokolle solcher Diskussionen zur Veranschaulichung bestimmter Phänomene in unsere Arbeit eingefügt.) Es ist die Konstruktion von Verknüpfungen, welche die

Interaktions- und Koordinationsprozesse der Gruppe kennzeichnet. Diese Prozesse sind nicht die Summe von kognitiven Strukturen der Teilnehmer. Erst der Gruppenprozeß selbst generiert kognitive Strukturen, die eben interaktions- oder gemeinschaftsbezogenen Charakter haben. Dabei geht es nicht nur um »social awareness«, sondern um den Prozeß des Entstehens, des Hervorbringens und damit der *gemeinsamen* Transformation. Kohlberg zeigt dies, wenn er sagt:

»Gerechtigkeit ist die normative Logik, das Gleichgewicht schlechthin *sozialer Handlungen und Relationen*«. (Hervorhebung F. O.) (1976, S. 40)

Was die Gruppe hervorbringt, ist somit ein Gleichgewicht in der sozialen Aktion selbst, das hier noch überschaubar ist: Selbst in Kohlbergs Werk finden wir übrigens kaum direkte Aussagen zum *Prozeß* des Lösens von moralischen Konflikten in Gruppen. Außer der Eingabe von Konfliktsituationen und Argumentationsmaterial eine Stufe oberhalb der üblichen Stufe des Individuums sind bisher keine Aussagen zur Steuerung, Transformation und Analyse des Prozesses selber gemacht worden. In einer Studie von Colby, Kohlberg, Fenton et al. (1976) werden drei Faktoren für die Veränderung der moralischen Reife als ausschlaggebend betrachtet: das Lehrerverhalten, die Menge an moralischer Argumentation (Diskussionsarbeit) und die Klassenatmosphäre (interaction, participation, understanding and general interest) (vgl. S. 373). Obwohl diese Studie faszinierend ist, wird auch hier der eigentliche Lernprozeß im Sinne der inneren Modifikation von Strukturen oder der inneren Organisation nicht erhellt. Es bleibt bei der Messung des Stufenwechsels durch Vor-Nach-Testverfahren, die durch folgendes Schema von moralischen Problemlösekomponenten dargestellt werden kann:

Wie schon gesagt, wird in unserer eigenen Untersuchung der mittlere Teil dieses Schemas, das sonst nur punktuell hervorgehobene Geschehen, noch stärker betont. Dieser mittlere Teil war auf mögliche Transformationen hin zu untersuchen. Ich wollte sehen, wie Schüler durch Legitimationsstränge Lösungen konstruieren und wie diese Legitimationsstränge – natürlich durch Treatmenteinflüsse – veränderbar werden; wie die Schüler unter verschiedenen Bedingungen im Diskussionsprozeß ihre interaktive Struktur rekonstruieren und organisieren, und ich wollte erfahren, wie

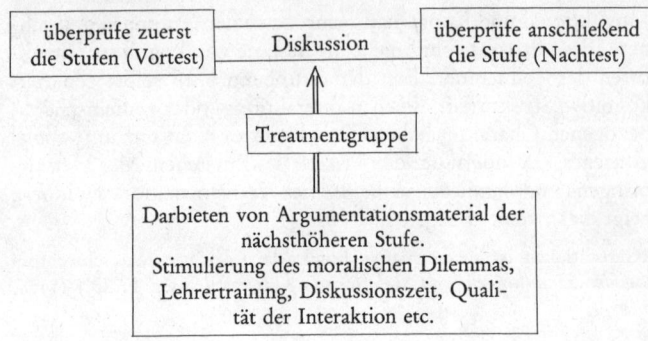

wirksam bestimmte angenommene Parameter dieser inneren Organisation sein können, wie sie als generative Bedingungen eingeführt werden.

Dazu waren Verteilungsvorgänge in Gruppen besonders geeignet. Sie ließen sich vor allem durch gesellschaftliche Interaktionsmuster mit ihrer Problematik des besseren und schlechteren Funktionierens versus gerechtere und weniger gerechte Aneignung legitimieren. Denn wesentliche Systemkrisen unserer Gesellschaft haben mit dem Begriff der ungerechten Verteilung zu tun (englische Begriffe: positive justice, distributive justice). Zwar können wir in dieser Studie den Vergleich ökonomischer mit psychologischen Verteilungsargumenten nicht genügend leisten. Wir versuchen aber die Anerkennung eines zwar absolut garantierten, aber zufällig erworbenen »Eigentums« im weitesten Sinne einerseits im Dilemma zu relativieren, andererseits von einer Theorie der Gerechtigkeit her zu erhellen (vgl. Kap. 2).

Was unsere Untersuchung betrifft, so steht der Prozeß der *Argumentation im Mikrobereich* zur Diskussion. Wir möchten sehen, ob sich in der Kleingruppenarbeit Mechanismen der Legitimation von Verteilung ablesen lassen, die allgemein für das Prinzip gerechten Austausches erklärend sind. Die rationalistische und liberalistische Theorie von Kohlberg, die in der Tradition von Kant, Hare, Raphael, Rawls und Nozick steht, versucht diese Erklärung durch Stufenprinzipien zu leisten. *Wir möchten versuchen, sie durch Merkmale der Interaktion im Sinne der Entstehung eines Urteils innerhalb einer Gruppe zu erweitern.*

b. Methodologische Vorbemerkungen

Das Verhältnis der Wissenschaftstheorie zur Pädagogik und Psychologie wird zusehends durch zwei Fragekomplexe gestört, zum einen durch die Akzeptierung einer Vielfalt neuer exakter methodischer Vorgehensweisen, die im Zusammenhang mit den Forderungen etwa der Handlungsforschung und den Erkenntnissen der Wissenschaftsgeschichte notwendig wurden, zum anderen durch das Fragen nach den Grenzen psychologischen und pädagogischen Forschens und Wissens schlechthin. Im allgemeinen liegt das Schwergewicht trotz der kritischen Auseinandersetzung immer noch auf dem Verhältnis zwischen der Wirklichkeit und der Möglichkeit ihrer adäquaten Erfassung, wobei Zugang, Beeinflussung und Verwendung von Daten die Konzeptualisierung von Projekten beherrscht. Auf der einen Seite finden wir – wenigstens im europäischen Raum – eine rege philosophische Auseinandersetzung im Sinne der Bildung von Theorien der Gesellschaft und der Frage der Rechtfertigung von Erkenntnissen und Normen innerhalb solcher Theorien; auf der andern Seite stellt sich die Frage der Tragfähigkeit des logischen Empirismus in seinen analytischen Verfeinerungen heutiger statistisch-methodischer Hilfsmittel. Nachdem die Grundprobleme der Wissenschaftstheorie mehr und mehr in Grundfragen einer Theorie des kommunikativen Handelns eingemündet sind (dieser Prozeß ist jedenfalls seit Wittgensteins Spätwerk bemerkbar), ist immer wieder versucht worden, die beiden Aspekte, d. h. philosophische Auseinandersetzung und analytische Detailarbeit (Empirie als Ganzes), zusammenzubringen. Dieser Versuch stößt allerdings auf größte Schwierigkeiten. Wir möchten auf eine dieser Schwierigkeiten hinweisen, bevor wir den Aufbau dieser Schrift zu rechtfertigen versuchen.

Wir haben gesagt, daß die Konzeptualisierung von Projekten im allgemeinen zu sehr mit den Methodologien und ihren Möglichkeiten zusammenhängt. Das schließt nicht aus, daß solchen Untersuchungen Hypothesen, d. h. Mikrotheorien, zugrunde liegen; aber wenn kein fundamentales übergreifendes Theoriekonzept aufscheint, d. h., wenn das »Paradigma« nicht kritisiert wird, haben diese Mikrotheorien kaum voraussagende Wirkung, und ihre Transparenz bleibt an die Methodologie gekettet. Wenn aber das Paradigma aufscheint – wir verwenden dieses Wort, obwohl

Kuhn die Sozialwissenschaften in den präparadigmatischen Raum verwiesen hat –, dann können die Resultate trotz der Abschwächung etwa des Kriteriums der statistischen Signifikanz, trotz bezweifelter Theoriefähigkeit von Pragmatik, trotz mangelnder Kriterien bei der Konstruktion vernünftiger Praxis und letztlich trotz ungenügender mathematischer Mittel für die Erfassung qualitativer Unterschiede einen eminenten interpretativen Wert erhalten. Ich möchte dies an einem Beispiel aufzeigen: Seit 1968 sind sehr viele kleine empirische Untersuchungen zur Arbeit von Kohlberg unternommen worden, so etwa zur Frage der moralischen Beeinflussung bei verschiedenen Berufsgruppen, bei verschiedenen Schulumgebungen, bei Kindern mit Statusunterschieden etc. Dabei wird auf Kohlbergs Theorie stets so zurückgegriffen, als ob sie etwas Feststehendes, ein Axiom oder ein Paradigma wäre. Aber Kohlbergs Theorie ist (vermutlich) kein Paradigma. Vielmehr muß sie auf dem Hintergrund der genetischen Epistemologie, verbunden mit einer Interaktionsphilosophie oder gar einer Theorie der Gerechtigkeit, begriffen werden. Mit andern Worten: Das Paradigma ist in diesem Fall das oberste übergreifende, genetische, entwicklungspsychologische Theoriekonzept, in welches Teiltheorien eingebettet sind. (Dabei darf dies nicht verwechselt werden mit wissenschaftstheoretischen Metakonzepten, die in solche übergreifende Teiltheorien verändernd eingreifen können.)

Das vorliegende Buch ist so aufgebaut, daß wir stets auf das grundlegende Paradigma zurückgreifen und die Daten im Sinne reziproker Theorie-Praxis-Reflexion zur Konstruktion, Auswertung und Evaluation von entsprechenden Teiltheorien gebrauchen. Wir meinen, daß Theorieentwicklung nur auf der Basis eines theoriestrategischen Einsatzes der erfaßten Wirklichkeit sowie der paradigmatischen Reflexion ohne Bezug auf erfaßte Wirklichkeit im Wechsel voranschreiten kann.

Der Vorwurf, der uns dabei möglicherweise trifft, bezieht sich auf die vom praktisch-pädagogischen Standpunkt her gesehen relativ isolierte Intervention. Ich muß diesen Vorwurf allerdings zurückweisen, denn erstens glaube ich, daß die Entdeckung der Interaktionsstufen sich in einem relativ natürlichen (ökologischen) Raum der Schule abspielte und somit viele weitere kurzfristige intervenierende Handlungsprojekte erst möglich macht. Zweitens sind Methoden nicht um ihrer selbst willen da; sie sind Mittel zum

Zwecke (und müssen es immer sein). Es ging in den folgenden Analysen nicht darum, dieser oder jener Methode Reverenz zu erweisen, sondern diejenige ins Feld der Forschung einzuführen, die der Fragestellung am angemessensten schien. Die letzte Entscheidung darüber wird nur vom Standpunkt eines zukünftigen, höheren Erkenntnisstandes zu treffen sein.

Diesem Verständnis von der Beziehung zwischen Methode und Problem folgend, wird auch in den einzelnen Kapiteln der Theorie des Problems und seiner Beantwortung Priorität eingeräumt.

Der Kern dieses Buches ist die in Kapitel 1 entworfene Theorie der Interaktionsstufen; die weiteren Kapitel sind eine schrittweise Ausweitung und Vervollständigung dieses Entwurfs. Die theoretischen Überlegungen jedes Kapitels münden in empirische Analysen. Das zeigt, daß wir auch bei der Ausweitung der Kerntheorie jeweils zuerst paradigmatische Fragen stellen und erst anschließend präzise, empirieorientierte und hypothesengebundene Teiltheorien aufstellen und überprüfen.

Die Einleitung hat ausschließlich entstehungsgeschichtliche Relevanz für dieses Buch und seine Theorien.

Wir haben vorstehend auch die Frage der Wissensbegrenzung und die Gefahr irreführender Wissensverwendung als einen Bereich wissenschaftstheoretischer Kritik innerhalb der Psychologie erwähnt. Für den von uns bearbeiteten Bereich scheint mir allerdings diese Fragestellung nicht so ausschlaggebend. Die von Graham (1978), Morison (1978), Sinsheimer (1978), Baltimore (1978) etc. aufgestellten Bedenken, wie etwa Schädigung des Individuums, totale Zerstörung der gegenwärtigen sozialen Ordnung, klimatologische Zerstörungen, »subversives«, d. h. bestimmte Klassen bevorzugendes Wissen, unkontrollierbare Technologie etc., treffen eher für naturwissenschaftliches, so vor allem für genetisches, physikalisches und verhaltenspsychologisches Forschen zu. Wir werden allerdings zu zeigen haben (vgl. S. 144), daß der von uns eingeschlagene Weg der strukturbildenden Intervention nicht indoktrinierenden Charakter hat, sondern eine in Rationalität und Verantwortung getragene und zu rechtfertigende Stimulation zur Höherbildung der interagierenden Gruppen darstellt.

c. Zum Aufbau der Schrift

Es dürfte hilfreich sein, den Inhalt der einzelnen Kapitel vorwegnehmend kurz zu beschreiben.

Zur Einleitung. Kohlbergs Stufen des moralischen Urteils haben – vor allem seit sie von Brown und Hernstein in ihrem Gesamtwerk *Psychologie* (1975) diskutiert worden sind – einen festen Stand in der theoretischen Auseinandersetzung und in der empirischen Forschung. Die Frage, was sich *innerhalb* einer solchen Stufe abspielt, wurde bisher noch kaum gestellt. Hier setzt unsere mehr unterrichtspsychologisch ausgerichtete Forschungsarbeit an. Wir unterscheiden *strukturrelevante* und *strukturbildende* (strukturformende) Komponenten. Strukturrelevante Komponenten sind solche, die eine bestimmte Entwicklungsstufe des Urteils charakterisieren; strukturbildende Komponenten sind Variablen, die die Entfaltung der Struktur (im Unterrichtssinne) gewährleisten, wie etwa die Aufforderung, daß beim Lösen moralischer Probleme Konsequenzen, Intentionen, Bestechungsmotive etc. zu beachten sind; die Aufforderung, beim Lösen moralischer Probleme eine Gerechtigkeitsregel zu wählen; weiterhin die Aufforderung, eine bestimmte Strategie zu wählen etc. Strukturbildende Faktoren entsprechen also jenen Bedingungen, die die Entwicklung moralischer Urteilsstrukturen stimulieren.

Aufgrund dieser Unterscheidung beschreiben wir in der Einleitung unsere Versuchsanordnung mit den drei Problemtypen, den drei strukturbildenden Faktoren etc., den 42 Klassen und den verschiedenen abhängigen Variablen.

Die Analysen der Einleitung beschäftigen sich mit der Frage nach der Häufigkeit moralischer, gruppenorganisatorischer und sozialpsychologischer Äußerungen. Wir untersuchen, welcher Gerechtigkeitsmodus gewählt wird (Verdienstgerechtigkeit, egalitäre Gerechtigkeit, kompensatorische Gerechtigkeit). *Es zeigt sich allgemein, daß diejenigen Gruppen, welche die Regeln erhalten haben, die vorgelegten Dilemmata ganz anders lösen bzw. am intensivsten auf unsere Stimulierung angesprochen haben.*

Zu Kapitel 1. Mit den quantitativen Analysen, in denen wir gezählt und verglichen haben, sind wir nicht zufrieden, denn es sind doch andere, qualitative Unterschiede festzustellen. Nur diese können über die Struktur des Diskussionsverlaufs etwas aussagen.

Wir entwickeln – in diesem wichtigsten Kapitel – die Theorie der Interaktionsstufen. Dies stellt ein neues Modell des Lösens von moralischen Problemen dar. Die vier Stufen sehen folgendermaßen aus:

1. Stufe: Ergebnisorientierung
Die Gruppen sind vor allem darauf bedacht, Resultate und Lösungen zu erzielen. Sie schätzen diese Lösungen oder lehnen sie ab, ohne zu wissen, warum. Sie sind darauf gerichtet, daß die Lösung funktioniert (outcome-Orientierung). Wenn Begründungen gegeben werden, so bloß, um einen schon gemachten Lösungsvorschlag zu bestätigen.

2. Stufe: Faktenorientierung
Hier sieht der Diskussionsverlauf völlig anders aus. Es werden nun vor allem Fakten untersucht. Man untersucht die psychologischen, sozialen und ökonomischen Fakten, um aufgrund dieser Fakten entscheiden zu können. Es herrscht eine Art naiver Realitätsoptimismus vor. (»Wenn du alles weißt, kannst du auch richtig entscheiden.«)

3. Stufe: Regelorientierung
Man diskutiert grundlegende moralische Regeln und Prinzipien und versucht aufgrund dieser Prinzipien gerecht zu entscheiden. Man erschließt somit die verborgenen normativen Handlungskonstituanten.

4. Stufe: Gerechtigkeitsorientierung
Die Gruppe stellt dem Lösen konkreter moralischer Konflikte eine reflektierte und neu zu reflektierende Theorie der Gerechtigkeit oder Theorie des gerechten gesellschaftlichen Handelns voran.

Die 1. Stufe bezeichnen wir als »funktionale Stufe«, die 2. als »analytische Interaktionsstufe«, die 3. als »normative Interaktionsstufe« und die 4. als »authentische Interaktionsstufe«. Jede höhere Stufe schließt die tieferen mit ein. Die jeder einzelnen Stufe inhärenten Probleme der Irreversibilität, Sequenzialität, Hierarchie etc. werden hier diskutiert. Eine empirische Studie ergibt, daß die Stufen der Interaktion tatsächlich aufgetreten sind. Wir merken indessen, daß die Vorgabe einer Strategie keine strukturbildende Wirkung hat, denn ihr Einfluß läuft darauf hinaus, mit der Strategie bloß eine bessere »Diskussionskompaktheit« oder »Diskussionsökonomie« einzuführen.

Zu Kapitel 2. Ausgehend von Kohlberg und Argyris wird das Handlungs-Urteil-Problem analysiert. Als Konsequenz des Exhaustionsmodells zeigen wir auf, daß moralisches Handeln an sich weder gut noch schlecht, weder zweckmäßig noch unzweckmäßig ist. Dabei ist die entscheidende Hypothese, daß man nie vom Urteil auf das Handeln schließen kann, sondern erst von der Reflexion des Handelns auf das Handeln (theory in use, esponsed theory). Handeln kann also nicht direkt mit dem Urteil verbunden werden. Wir fragen uns in diesem Kapitel auch, wie überhaupt gerechte Verteilung gelingen kann, wir versuchen, mit andern Worten, den gerechten Verteilungsprozeß philosophisch zu erschließen. Den Höhepunkt bilden die Modelle von Kohlberg und Argyris und ein Interview mit diesen beiden Autoren.

Zu Kapitel 3. Wir vergleichen unsere Theorie mit der Theorie Kohlbergs und stellen sein Modell (Handlungsmodell) der sog. »Just Community« vor. Die Just Community-Idee basiert auf der Vorstellung, daß moralische Entwicklung nur statthaben kann, wenn alle moralischen Konflikte vor die Gemeinschaft gebracht, in der Gemeinschaft ausgetragen und auf der Basis von gemeinschaftlich erstellten Regeln besprochen werden. In der Just Community hat jeder gleiches Mitspracherecht, gleiche Stimmbeteiligung und den gleichen sozialen Status. Die Just Community wird praktiziert in Gefängnissen, Schulen, Forschergruppen etc.

Zu Kapitel 4. Wir versuchen hier – ebenfalls empirisch – den Vorwurf zu widerlegen, alle Gruppeninteraktion sei lediglich eine Frucht gruppendynamischer Prozesse oder gruppendynamischer Beeinflussung. Die Frage in diesem Kapitel lautet daher, welchen Einfluß unsere Treatments auf dynamisch-motivationale Variablen haben (Frustration, Ich-involvement, Einstellung, Feedback etc.). Wir haben versucht, den Lösungsprozeß jeder Gruppe durch Beobachtungsverfahren mit 16 solcher dynamischen Variablen einzufangen. Zudem stellen wir die zeitlichen Verläufe (Hoch- und Tiefpunkte) der Einzelindividuen und der Gruppen dar. Als Resultat dieser Untersuchung läßt sich vermuten, daß strukturbildende Komponenten keinen Einfluß auf affektiv-motivationale Variablen ausüben.

Eine Reihe von Analysen haben wir in diesem Band *nicht* dargestellt, so unter anderem unser Exhaustionsmodell des Problemlösens. (Vgl. Exkurs S. 195 ff.).

Dieses Modell hebt sich von den traditionellen Problemlösemodellen dadurch ab, daß die zu erreichende Lösung gleich spontan am Anfang entworfen wird und daß daraufhin dieser spontane Lösungsvorschlag begründet, evaluiert und legitimiert wird. Die Lösung (Entscheidung) für einen bestimmten Ausgang ist daher sekundär, die Begründung, Evaluation und Legitimation hingegen primär. Begründung, Legitimation und Evaluation können mehr oder weniger ausgeschöpft (exhauriert) werden. Die Komponenten solcher Exhaustion wurden untersucht. Das Ausmaß und die Qualität ausschöpfender Begründung stehen natürlich mit den entworfenen Stufen der Interaktion (Kapitel 1) in Zusammenhang. Auf jeder Stufe wird qualitativ je anders exhauriert.

Analysen der von den Gruppen gewählten Strategien unterstützen diese Theorie. Wir werden diese Resultate an anderer Stelle veröffentlichen und stellen hier in einem Exkurs lediglich das Konzept der exhaustiven Legitimation vor.

Einführung

Die Parameter der kognitiven Strukturen: strukturbildende versus strukturrelevante Komponenten

Moralische Entwicklung ist von der Stimulation im kognitiv-strukturalen Sinne abhängig. Aber diese Stimulation muß ebenso sozial sein; sie stammt von sozialen Interaktionen und von moralischen Entscheidungsprozessen, sie geschieht durch den moralischen Dialog und die moralische Interaktion.

Lawrence Kohlberg

Psychologische Ansätze der Moralentwicklung

Jede moralische Dilemmasituation hat Problemlösecharakter. Mindestens zwei moralische Werte stehen einander gegenüber. Die dialektische Basis besteht also in der Konfliktrelevanz. (Dies ist grundlegend für jeden kognitiven Prozeß, in dem Strukturen in irgendeiner Weise transformiert werden. Alle Experimente von Piaget, Kohlberg, Strauß, Seiler, Langer, Klahr etc. haben Problemlösecharakter. Entwicklungspsychologische Forschung sammelt zum großen Teil Daten aus Problemlösesituationen.)

Die Lösung von Konflikten bewirkt einen Wechsel, eine Transformation der kognitiven Verknüpfungen der Individuen, die im Problemlöseprozeß stehen. Beobachtet man diesen Wechsel, so kann man Aussagen machen über das kognitive Muster, über die kognitive Organisation, die kognitive Komplexität und/oder die Bedingungen dessen, was wir Aufbau, Verwendung und Transformation der kognitiven Strukturen in einem bestimmten Bereich nennen. Die Vorstellungen des Wandels bilden die Grundlage aller methodischen Fragestellungen der Problemlöseprozesse (vgl. Wohlwill 1977, S. 34/35).

Es gibt heute, wie ich es sehe, vier psychologische Ansätze innerhalb kognitiver Strukturtheorien, die den Wandel zu erklären versuchen. Der erste ist fundamental: entwicklungsspezifische Muster stehen im Mittelpunkt. Seine Vertreter sind Piaget und Kohlberg mit ihren Schulen. Der zweite versucht eine Erweiterung im Sinne der Einführung einer dynamischen Komponente. Der dritte postuliert die Bereichsspezifität der Struktur. Der vierte stellt die Grundtheorie unserer eigenen Untersuchung dar und setzt sich vorerst mit der innerstrukturalen Differenzierung auseinander. Wir wollen die vier Ansätze beschreiben, das Gewicht aber auf den vierten legen, weil er die Verständigungsgrundlage dieser Arbeit bildet.

Strukturen als kognitive Stufen der Entwicklung

Der erste Ansatz ist, wie gesagt, kognitiv-struktural. Er wird von Piaget, Inhelder, Kohlberg, Selmann, Turiel, Damon, Broughton, Edelstein u. a. vertreten. Die strukturalen Parameter sind: Koordination der Elemente, Hierarchisierung, Sequenzialisierung, Irreversibilität, Generalisierbarkeit und Universalisierbarkeit der sogenannten Stufen. Aufbau und Wandel dieser Stufen geschehen durch Assimilation und Akkommodation innerhalb bestimmter Gleichgewichts- bzw. Ungleichgewichtsperioden. Sie werden deshalb charakterisiert als strukturale Muster, die in einem bestimmten Gleichgewichtszustand stehen.

Die Stufen sind also kognitiver Art, d. h., die kognitive Entwicklung wird als Angelpunkt der menschlichen Entwicklung schlechthin betrachtet. Kognition ist grundsätzlich das gemeinsame, offene und aktive Merkmal generativer Verwirklichung aller Individuen. Kognitive Strukturen heben sich ab von inhaltlichen Aspekten und Differenzierungen. Sie sind die allen Menschen gemeinsamen Muster, aus denen Entscheidungen hervorgehen. So hat Kohlberg versucht, Merkmale des moralischen Urteils zu beschreiben, die auf alle inhaltlichen Situationen übergreifen bzw. als kognitive Muster auf alle Situationen übertragbar sind. Verschiedene Probleme aus verschiedenen sachlichen Feldern und verschiedene Antworten als Sprechakte mit verschiedenen Entscheidungen werden nach den gemeinsamen Merkmalen und Verknüpfungen befragt. Um dies zu illustrieren, greife ich am besten auf die empirischen Sachverhalte zurück, die hier zur Debatte stehen. Eines der Kohlbergschen Standarddilemmas lautet:

»In einem Land in Europa fand ein armer Mann namens Valjean keine Arbeit. Auch sein Bruder und seine Schwester konnten keine Arbeit finden. Wo er ohne Geld war, stahl er Lebensmittel und Medizin, welche sie benötigten. Man erwischte ihn, und er wurde zu sechs Jahren Gefängnis verurteilt. Nach ein paar Jahren brach er aus und er ging an einen andern Ort des Landes und er lebte jetzt unter einem andern Namen. Er sparte Geld und baute nach und nach eine Fabrik auf. Er bezahlte seine Arbeiter gut und er spendete den größten Teil seines Gewinnes, um ein neues Spital zu bauen, ein Spital für Leute, welche gute medizinische Pflege sonst nicht hätten bezahlen können. Einige Jahre vergingen. Dann erkannte ein Schneider durch Zufall Valjean. Der Schneider wußte, daß er zu einer Zuchthausstrafe verurteilt worden war und daß die Polizei seiner Heimatstadt ihn suchte.«

Folgende Urteile zu dieser Konfliktgeschichte gehören alle demselben Denkmuster an:
- Valjean sollte angezeigt und zurückgeschickt werden, denn der Richter (oder der Schneider) sind dafür verantwortlich, daß das Gesetz in der Gesellschaft eingehalten wird. Man kann auch sagen, daß der Richter,

dem ja erlaubt ist, das Gesetz zu interpretieren, ihm eine leichtere Strafe geben kann.
- Valjean sollte zurückgesandt werden, damit die Kraft des Gesetzes gewahrt bleibt. Wenn Gesetze nicht eingehalten werden, verlieren sie ihre Kraft und erfüllen nicht länger ihren Zweck, den Kriminellen abzuschrecken.
- Valjean sollte angezeigt werden, weil jeder Bürger die persönliche Verantwortung dafür hat, daß das Gesetz eingehalten wird. Das Gesetz dient dem Schutz der gemeinsamen Güter. Die Verantwortung für die Einhaltung der Gesetze geht einher mit der Anteilnahme als Gesellschaftsmitglied.
- Valjean sollte nicht zurückgeschickt werden. Er hat schon längst den Zweck der Strafe erfüllt, nämlich seinen Tribut an die Gesellschaft zu zahlen.
- Valjean sollte nicht zurückgesandt werden. Obwohl er die Gesellschaft geschädigt hat (durch Stehlen), profitiert die Gesellschaft nunmehr von ihm. Man kann sagen, daß er der Gesellschaft auf diese Weise die Schuld bezahlt habe.
- Valjean sollte nicht angezeigt werden. Wenn staatliche und »höhere« Gesetze miteinander in Konflikt geraten, sollte ein Individuum immer dem höheren Gesetz folgen. Man kann sagen, daß von Menschen gemachte Gesetze leicht fehlbar sind, während höhere Gesetze immer gut sind. (Kohlberg et al.: Scoring Manual, Harvard 1977)

Bei den ersten drei Urteilen ist der Aspekt der »Bestrafung« im Mittelpunkt (Thema bzw. issue: punishment), bei den letzten drei »Gewissen und Moral« (Thema bzw. issue: conscience and morality). Welches ist nun das allen gemeinsame Muster, unabhängig etwa von Beruf, sozialer Schicht, Kulturzugehörigkeit und Alter? Es ist die Bindung ans Gesetz und die Gesellschaft als oberste Legitimationsinstanz. Kohlberg spricht von Orientierung an Gesetz und Ordnung; Orientierungen also an der Gesellschaft, an einmal festgelegten Regeln und an der Aufrechterhaltung sozialer Strukturen. Richtiges Verhalten besteht im Tun der Pflicht, im Respekt gegenüber Systemen und im Einhalten der gegebenen sozialen Ordnung um ihrer selbst und um ihres Funktionierens willen.

Die Beschreibung des gegebenen Musters basiert auf *allgemein qualitativen* Merkmalen. Quantitative Aspekte haben hier keinen Platz. Rest (1977) versucht aufgrund methodischer Überlegungen die Kohlbergsche Skala in die Komponenten »Eigenschaft« und »Ausmaß« einer je bestimmten Stufe aufzulösen. Es geht ihm um die Frage des »Wie« und »Wieviel«. Er bezeichnet – sich von

Kohlberg abhebend – dessen Modell als ein »simple stage model«. Kohlberg wiederum, in der Tradition Piagets stehend, setzt sich gegenüber einer solchen Psychometrisierung von konstruktivistischem Gedankengut ab. Denn für ihn ist die qualitative Festlegung einer Denkstufe, sowie deren a. innerstrukturale und b. totale Transformation zur nächsten Stufe hin ein sehr feiner, qualitativer Selektionsprozeß, der nur durch das longitudinale Studium vieler Urteile wissenschaftlich dargestellt werden kann. Denn:

»Qualitativ Neues impliziert die Unterscheidung zwischen Form und Inhalt. Eine wirklich neue Erfahrung, ein wirklich neuer Modus des Reagierens ist verschieden in Form und Organisation. Nicht bloß die Elemente oder die Information, die sie enthalten, verändern sich.« (1977, S. 4)

Nach dem »Wieviel« einer Stufe zu fragen ist hier also fehl am Platz (obwohl dies auch Kohlberg in gewissen Phasen seiner wissenschaftlichen Entwicklung getan hat, so etwa mit dem Moral Maturity Score, MMS), und es behindert die Herausarbeitung des allgemeinen Musters auf der Basis dessen, was jemand tut und sagt. Denn eine strukturale Theorie bezeichnet qualitativ allgemeine menschliche Merkmale und formuliert Hypothesen über Operationen in den verschiedensten kultur- und inhaltsübergreifenden Räumen. Das moralische Urteil bezieht sich auf die moralische Bedeutung von Handlungen, die sich in Regeln, Gesetzen und Aussagen über die Gerechtigkeit ausdrückt.

Strukturen als umfassende Muster der Ich-Entwicklung

Der zweite von uns zu nennende Ansatz struktureller Konzeption geht in eine andere Richtung: Es wird eine Variable eingeführt, die der psychischen Konstellation der Person gerecht werden soll. Diese Variable heißt etwa »Ich-Stärke« oder »Verantwortung« oder »Selbstwert« (self-esteem). Mit ihrem Buch *Ego-Development* hat J. Loevinger (1976) einen Durchbruch in dieser Richtung versucht. Sie sagt:

»Die Vorstellung, daß die Entwicklung des Ich (ego-development) in einer *Stufen*sequenz abläuft und ein Set von Persönlichkeitstypen impliziert, ist notwendigerweise *eine Abstraktion*. Die grundlegenden Charakteristika des Ich sind, daß es sich um einen *Prozeß* handelt, um eine *Struktur*, welche ihren Ursprung im *Sozialen* hat, als ein Ganzes funktioniert und gelenkt wird von *Zweck* und *Sinn*. Entwicklung beinhaltet *strukturalen Wandel*, obwohl die mechanistische Philosophie einiger Strukturalisten dies nicht wahrhaben will. Wir bejahen *beides*, die Bewußtheit und die Möglichkeit der Freiheit und Wirklichkeit des *dynamisch Unbewußten*. Daher ist das Ich nicht dasselbe wie die ganze Persönlichkeit. Es entspricht etwa dem, was die Person von ihrem Selbst denkt.« (1976, S. 67)

Wir sehen, daß der kognitiv strukturale Ansatz als zu eng empfunden wird. Stufen werden auch dann, wenn sie grundlegende kontinuierliche Variablen enthalten, diskontinuierlich begriffen. Es gibt nicht nur qualitative Merkmale (sogenannte milestone sequences), sondern auch »polare Variablen«, die das Ausmaß von Fähigkeiten messen, die in irgendeiner Weise auf jeder Stufe vorhanden sind. Dort aber, wo Fähigkeitstests versagen, muß – wiederum in Übereinstimmung mit Piaget – auf die innere Logik des Individuums zurückgegriffen werden. Weil das »Ich« eine Art Einheit der Persönlichkeit ist (Loevinger 1970, S. 7) und Individualität die Art und Weise bestimmt, wie man Probleme angeht, ist es schwer, das Denken über das Selbst und über das Leben etc. als ein Konstrukt im Sinne von »Struktur« empirisch zu messen. Auf der einen Seite steht das Strukturale, auf der andern das Unbewußte; beide zusammen ergeben die Einteilung der Person in Ich, Es und Über-Ich, also in die typischen Freudschen Persönlichkeitskomponenten. Diese werden wiederum in bestimmte Typen eingeteilt, die in der Stufenbeschreibung zum Ausdruck kommen (vgl. S. 40 ff.).

Der Begriff »Ich-Entwicklung« enthält jedoch so viele Unklarheiten, daß es schwer ist, sich mit der Psychometrie von Loevinger zu identifizieren. So brillant und durchsichtig die strukturalen Merkmale und die Stufenbeschreibungen von Kohlberg sind, so schwer sind dieselben Merkmale – gewonnen aus den Satz-Vervollständigungstests – bei Loevinger zu unterscheiden. Dies besagt nur, daß das Problem des Verhältnisses von Struktur und Ego noch nicht gelöst ist. Daß die Kohlberg-Stufen nicht umfassend genug sind, wird zwar geahnt und als problematisch empfunden. Es fehlt bis jetzt jedoch der klare Entwurf, wie er vergleichsweise von Miller, Galanter und Pribram (1973) mit ihren TOTE-Einheiten als Verbindung von stimulativen und strategischen psychologischen Komponenten geleistet worden ist.

Loevingers Stufen sind also nicht so einheitlich beschrieben wie diejenigen Kohlbergs. Vielmehr sind es Variablenskalare in den Bereichen »stage«, »character«, »interpersonal style«, »conscious preoccupations« und »cognitive style«, die zur Stufencharakterisierung herangezogen werden. Tabelle E. (Einführung) 1 gibt diese Beschreibung wieder. »1« bedeutet die Ich-Stufe, △ bedeutet u. a. die mögliche Zuordnung zu andern Stufen bzw. Austauschbarkeit.

Selbst bei sorgfältigem Lesen der Tabelle ist es schwer, die Orthogonalität und die Hierarchisierung der Stufen immer einzusehen. Wenn es beispielsweise bei 1-3 heißt »Schuld bei Regelverstoß« und bei 1-4 »Schuld für Konsequenzen«, so kann das erste unter Umständen hierarchisch gesehen höher liegen, wenn die Regel nicht offensichtlich ist und die Konsequenzen davon nicht bloß schlichte Belohnung und Bestrafung sind. Gerade diese Verschwommenheit zeigt das Problem der Komplexität, wenn man versucht, die ganze Person gesamthaft unter einem Entwicklungsgesichtspunkt (Ich-Entwicklung) darzustellen.

Eine Gruppe von Forschern am Harvard-Institut für Moral Education and Development versucht die Idee der kognitiven Entwicklung von L. Kohlberg auf die Ich-Entwicklung von Loevinger auszudehnen. Federführend sind C. Gilligan und J. Fowler. C. Gilligan (1976) führte Interviews zur Abtreibungsfrage bei 29 Frauen durch, die entweder vor einer Abtreibung standen oder eine Abtreibung hinter sich hatten. Die Interviews enthalten jeweils Fragen zur Lebensgeschichte und zu den sozialen Verknüpfungen der betreffenden Personen. J. Fowler (1974, 1976a, 1976b) führte biographische Interviews zur religiösen Biographie von Personen im Alter zwischen 4–84 Jahren durch. Die Gespräche dauerten jeweils bis zu acht Stunden, denn es ging dabei nicht um künstliche Dilemmas, sondern um reale Lebensprobleme und ihre Lösungen.

Der Interviewplan Gilligans sieht folgende Schritte vor:

a. Strukturierung des Schwangerschaftsdilemmas: das Suchen nach alternativen Lösungen.

b. Die Konzeption des Selbst.

c. Die moralische Beantwortung des Schwangerschaftsdilemmas.

Für Fowler hat das Interview zum Ziel, einerseits den Inhalt des Denkens, Fühlens und Wertens der Versuchsperson offenzulegen und andererseits Informationen über die persönliche Entwicklung

Tabelle E. 1: Stufen der Ego-Entwicklung nach Loevinger 1976, S. 24/25

Stufe	Code	Impulskontrolle, Charakterentwicklung	Stil interpersoneller Beziehung	Bewußte Vorgehensweisen	Kognitiver Stil
Vorsozial symbiotisch impulsiv	I-1 I-2	Impulsabhängig, Angst vor Vergeltung	Autistisch, symbiotisch, erhaltend, abhängig, ausbeutend	Selbst vs. Nicht-Selbst bes. sexuelle u. aggressive Körpergefühle	Stereotypisch, konzeptuell verwirrt
Selbstschutz	△	Angst vor Erwischtwerden, Scham, opportunistisch	Besorgt, manipulativ, ausbeutend	Selbstschutz, Verwirrung, Wünsche, Vorteile, Kontrolle	
Konformistisch	I-3	Konformität gegenüber externen Regeln, Scham, Schuld bei Übertretung von Regeln	Dazugehören, oberflächliches Nettsein	Erscheinung, soziales Akzeptiertsein, banale Gefühle, soz. Verhalten	Konzeptuell einfach, stereotypisch, klischeehaft
Konformistisch-gewissenhaft	I-3/4	Unterscheidung von verschiedenen Normen und Zielen	Erkennt sich selbst als einer der Gruppe, helfend	Anpassung, sieht Probleme, Gründe und Gelegenheiten (vage)	Vielfältigkeit
Gewissensorientiert	I-4	Selbstevaluierte Standards, Selbstkritik, Schuld für Konsequenzen, längerfristige Ziele und Ideale	Intensiv, verantwortlich, gegenseitig, für Kommunikation besorgt	Differenzierte Gefühle, Motive für Verhalten, Selbstrespekt, Leistungen, Charakterzüge, Ausdruck	Konzeptuelle Komplexität, Idee der Strukturierung

Stufe	Code	Impulskontrolle, Charakterentwicklung	Stil interpersoneller Beziehung	Bewußte Vorgehensweisen	Kognitiver Stil
Individualistisch	1-4/5	Wie oben, plus: Toleranz für individuelle Unterschiede	Wie oben, plus: Abhängigkeit als emotionales Problem	Wie oben, plus: Entwicklung, soziale Probleme, Differenzierung des inneren vom äußeren Leben	wie oben, plus: Unterscheidung von Prozeß und Resultat
Autonom	1-5	Wie oben, plus: Auseinandersetzung mit Konflikten, inneren Bedürfnissen, Toleranz	Wie oben, plus: Anerkennung von Autonomiebedürfnissen, Unabhängigkeit	Bezieht Gefühle mit ein, Integration von Physiologischem u. Psychologischem, psychologische Begründung des Verhaltens, Rollenkonzeption, Selbstverwirklichung, das Selbst in sozialem Umfeld	Vergrößerung der konzeptuellen Komplexität, komplexe Verhaltensmuster, Tolerierung von Ambiguitäten, breiter Rahmen, Objektivität
Integriert	1-6	Wie oben, plus: Auflösung innerer Konflikte, Verzicht auf Unerreichbares	Wie oben, plus: Hochschätzung von Individualität	Wie oben, plus: Identität	

zu erhalten, so wie sie die betreffende Person selber sieht (Fowler 1976a, S. 173).

Als Beispiel sei der Anfang eines Interviews von Gilligan wiedergegeben:

– *Ich weiß nicht, wie Sie zur Schwangerschaft kamen und wie es Sie erwischt hat. Geschah, was unter anderen Umständen eine Entscheidung gewesen wäre?*

– Ja, eine Entscheidung, aus diesem Verhältnis herauszukommen, weil es mehr und mehr eine unlösbare Situation wurde und ich gerade daran war, diese Entscheidung zu treffen. Und ich hätte sie auch vollzogen. Da war der Schwangerschaftstest positiv, und ich dachte, ich würde das Kind austragen.

– *Als Sie schwanger wurden, war das gerade im Entscheidungsprozeß, das Verhältnis zu ändern?*

– Ja.

– *Haben Sie Verhütungsmittel verwendet?*

– Nein.

– *Hatten Sie vorher?*

– Ja, natürlich.

– *Diesmal setzten Sie aus?*

– Es war eben keine geplante Begegnung, und es war das Ende der Periode. So dachte ich, ich wäre geschützt. Andererseits hatte ich in Gedanken ein Kind gewünscht. Aber selbst wenn wir davon sprachen, entschied ich, es nicht jetzt zu wollen. Nachdem die Schwangerschaft für mich begonnen hatte, versuchte ich mich selbst zu überzeugen und zu verhindern, daß ich da hindurchmuß. Aber dies war unrealistisch. Ich könnte mir ein Kind vorstellen, wenn ich in einer andern Situation wäre, und zwar sowohl in bezug auf meine Berufsausbildung als auch in bezug auf meine Finanzen und all die sozialen Aspekte (alleinstehende Mutter!) etc. Aber jetzt wäre es eine große Belastung. Es ist jetzt eigentlich nicht mehr eine Frage des Habenwollens oder Nichthabenwollens des Kindes, sondern eine Frage der Zeit.

– *Wann haben Sie herausgefunden, daß Sie schwanger sind?*

– Etwa vor einem Monat.

– *Wie viele Wochen sind es nun?*

– Neun, und die Abtreibung ist auf Ende dieser Woche angesetzt. Ich organisierte es letzte Woche. Aber in dem Prozeß des Zweifelns und des Entscheidens ging ich durch all dies hindurch, möglicherweise durch das, was man soziale Sitten nennt, mehr als durch die Realität. Was bedeutet die menschliche Beziehung hier? Mit andern Worten, es würde eine Beziehung bestehen, welche lange Zeit dauern würde. Der Vater will, daß ich das Kind behalte.

– *Tut er das?*

– Ja, aber er will keine Verantwortung dafür übernehmen.

– *Was bedeutet das?*

– Es bedeutet, daß er nicht anwesend sein kann und will, daß er keine finanzielle oder emotionale Unterstützung gibt, was ich – wie ich entdeckte – mehr brauche, als ich dachte. Ich bin sehr willensstark, aber in dieser Situation ist alles anders. Ich dachte, es wäre etwas, was ich selber tun könnte, aber es war nicht mein Ideal, damit zu beginnen. Ich dachte, wenn ich spezielle Empfehlungen bekäme, und ich täte, was ich tun wollte, würde ich vielleicht eines Tages ein Kind adoptieren und ein eigenes haben, wenn ich nicht heiraten würde. Ich dachte nicht, daß ich jemanden treffen würde, mit dem ich für lange Zeit verheiratet sein könnte. So dachte ich immer an diese anderen Dinge. Eben ein Kind zu adoptieren. Vielleicht sogar ein behindertes oder zurückgebliebenes. Das ist mein kreativer Lebensstil. Aber es lockt mich nicht, mein eigenes Kind zu haben und durch diesen ganzen schwierigen Prozeß hindurch-zugehen. Ich kann es nicht allein tun, emotional kann ich es nicht. Ich brauche die Unterstützung von jemand anderem, besonders vom Vater. Die Zeit ist schlecht – das auch noch!

– *Sie meinen in bezug auf Ihr Leben?*

– Ja, was kann ich denn bieten, gerade jetzt?

– *Sie sagten, daß Sie das Ganze im voraus durchdachten, besonders in bezug auf soziale und moralische Aspekte?*

– Die sozialen Sitten.

– *Ich dachte, Sie sagten moralisch.*

– Es ist ein Unterschied, was sozial akzeptierbar und was sozial nicht akzeptierbar ist. Obwohl es nicht mehr so ist, daß man das Stigma von Scharlach hat, wie dies in einigen unserer Länder war, vor allem dort, wo ich herkomme. Aber dies beschäftigt mich nicht so sehr. Ich habe eine bestimmte Art von Erziehung, eine Art von logischem Denken in bezug auf moralische Werte. – Ich würde sagen, wenn ein bestimmtes Leben begonnen hat, sollte es nicht unterbrochen werden, ich meine künstlich. Man sollte es sich selbst fortsetzen lassen. Das ist philosophische Logik. Und ich könnte auch dagegen argumentieren. Aber die sozialen Aspekte, ein Kind zu haben versus kein Kind zu haben, eine Abtreibung zu haben versus keine Abtreibung zu haben, so wie es die Pro- und Anti-Abtreibungsleute sehen, sind eben nicht dieser Art. Der andere Aspekt ist eben philosophisch. Ich dachte, wenn ein Leben begonnen hat, daß man erlauben sollte, es fortzusetzen. Denn es ist zugleich ein Symbol und ein Ergebnis tiefster Beziehung. (. . .) (Gilligan 1976, mit freund-licher Erlaubnis)

Wir sehen hier den erweiterten Horizont einer möglichen Ich-Entwicklung. Sowohl Gilligan wie Fowler haben umfangreiches Datenmaterial gesammelt, um die Grenzen von Kohlbergs Werk zu erweitern. Wenn wir jetzt das oben zitierte Interview mit den

Urteilen zum Valjean-Dilemma auf S. 36 f. vergleichen, so sehen wir, daß hier, im Gegensatz zu jener Darstellung, jedes Gespräch so individuell, d. h. eine Art Fallstudie ist, daß anstelle übergreifender Strukturen individuelle Gegebenheiten in den Mittelpunkt treten. Beide, Gilligan und Fowler, geben an, auf welcher Stufe (nach Kohlberg) die befragten Personen stehen, aber sobald es um die von ihnen angesprochene Ich-Entwicklung geht, bewegen sie sich entweder auf der Ebene individueller Analyse, oder sie nehmen – besonders Fowler – einen gewaltigen Informationsverlust in Kauf und kristallisieren das heraus, was Kohlberg bislang mit seinen standardisierten Dilemmas auf viel effizientere Weise erreicht hat. Da die Stufenkriterien Loevingers von den schon erwähnten Satzergänzungstests abgeleitet wurden, lassen sie sich auch nicht ohne weiteres auf die erhobenen Lebensgeschichten übertragen.

Um dem Dilemma zu entkommen, hat Fowler eigene Stufenkriterien entwickelt, die wir hier allerdings nicht darstellen wollen (vgl. Fowler 1976a, b; Kohlberg 1974). Diese Kriterien gleichen sich weitgehend denen Kohlbergs an. Sie sind – wenn auch gebietsmäßig dem Stoff des theologischen Denkens adäquat – im Stil genauso kognitivistisch wie diejenigen Kohlbergs. Das Problem der umfassenden Ich-Entwicklung wird hier zwar postuliert, aber empirisch nicht erfaßt.

Gilligan versucht einen anderen Weg. Sie stellt die Behauptung auf, daß die Kohlberg-Stufen, besonders in der höheren Entwicklung, dem weiblichen Denken unangemessen sind und daß in der Erwachsenenwelt die Entwicklung weiter und anders verläuft, als dies Kohlberg dargestellt hat (Gilligan und Murphy 1977).

Beide Ansätze sind in Entwicklung begriffen. Sie bieten einen hoffnungsvollen Weg für die Erweiterung des Kohlbergschen Ansatzes. (In ähnlicher Richtung versucht auch Simpson 1976 das Denkmodell von Kohlberg durch eine sogenannte kognitiv-affektiv-konative Dimensionierung zu erweitern. Ihr »holistischer« Ansatz ist aber nicht weiterentwickelt worden. Vgl. auch Kegan 1977, Noam et al. 1981, Noam u. Kegan 1981).

Struktur und inhaltliche Bereichsspezifität

Der dritte, kognitiv-strukturale Ansatz basiert wie der zweite auf Kohlbergs Theorie der Stufenhierarchie, behauptet aber, das Postulat inhaltlicher Unabhängigkeit durch Universalitätskonzepte sei falsch.

Ursprünglich meint der inhaltsbezogene Weg jene erzieherische Aktivität, die in einem bestimmten situativen Kontext gewisse Werte vermittelt. Und die moralische Charaktererziehung der 40er und 50er Jahre legt ihr Schwergewicht tatsächlich auf eine Reihe von nationalen, sozialen und persönlichen Normen (Havighurst und Taba 1949), die »zu vermitteln« seien. Der kognitiv-strukturale Gesichtspunkt befreite von solchen nie zu erfüllenden Anliegen. In ihm bedeutet Inhaltsunabhängigkeit, daß zwar Inhalte und Interaktionen zum Aufbau und zur Transformation der kognitiven moralischen Struktur benötigt werden, wobei nicht der internalisierte Inhalt entscheidend ist, sondern das an ihm erarbeitete kognitive und übergreifende Muster. Das moralische System besteht dann nicht mehr aus einer Ansammlung von Inhalten (Normen), sondern aus dem Gerüst der organisationsstiftenden Systeme. Kohlbergs Kampf gegen die »bag of virtues«-Methode liegt die Voraussetzung zugrunde, daß man dem Kind niemals Werte aufzwingen kann, sondern daß nur die natürliche Richtung seiner konstruktiven Aktivitäten gefördert werden soll (Kohlberg u. Turiel 1971). Daraus entsteht die Auseinandersetzung mit dem Indoktrinationsproblem, das zusammen mit den zu vermittelnden Inhalten (Meynell 1974) oder mit dem, was abgehoben in Inhalten und pädagogischen Intentionen (Smith 1974) geschehen soll, zur Tagesordnung der Diskussion um moralische Erziehung gehört.

Schon Piaget wirft die Frage auf, ob die Werte (oder einige von ihnen) durch die Strukturen bestimmt oder von den Strukturen modifiziert werden. Er läßt die Antwort relativ offen, indem er sagt:

»Es bleibt natürlich die Möglichkeit, daß man zwischen den Strukturen, deren Form den Inhalt bestimmt (logisch-mathematische Strukturen), und denen unterscheiden muß, deren Inhalt von den verschiedensten Werten abhängt, obwohl bei einem Werturteil die Form (oder das Urteil) struktural, also kognitiv ist und der Inhalt eben gerade als Wert relativ zur Affektivität.« (Piaget 1972a, S. 249)

Das führt zu Zweifeln an der Allgemeinheit und Unabhängigkeit der Strukturen vom Inhalt. Seiler (1973) hat die Allgemeingültigkeit von Operationen und Strukturen scharf attackiert und eine Theorie der Bereichsspezifität aufgestellt. Sie geht davon aus, daß jedes Individuum eine eigene Lerngeschichte hat und seine formalen Denkoperationen in Auseinandersetzung mit ganz spezifischen Problemen erwirbt. Die Theorien, nach denen ein Organismus in einer Situation, in der die Anwendung einer Struktur nicht gelingt, einfach eine Akkommodation vornimmt, erklären zwar viele umfangreiche und überraschende Generalisierungsprozesse in höheren Lern- und Denkformen, lassen jedoch nach Seiler verkennen, daß Strukturen nicht in allen Situationen und nicht auf die gleiche Weise anzuwenden sind. Die Bedingungsanalyse führt zur Einsicht, daß die Individuen in ihren Bereichen zwar spezifische Strukturen entwickeln, interindividuelle Überschneidungen aber durch die sozialen Interaktionen entstehen. Deshalb müssen die unterschiedlichen Voraussetzungen der Probanden genauer untersucht werden.

Seilers Auffassung steht meines Erachtens trotz aller Vorbehalte diametral zu Kohlbergs Darlegungen. Eine Gemeinsamkeit liegt wohl in der Frage, um welche Inhalte und unter welchen Lernbedingungen Strukturen aufgebaut werden, die ausreichend komplex sind. Im Transferbereich lassen sich vermutlich kaum inhaltliche Begrenzungen vornehmen, weil eine neue Situation immer auch den Charakter der Akkommodation und nicht nur des Transfers hat.

Die Hypothese Seilers, daß der inhaltliche Aspekt um so wichtiger ist, je jünger das Kind ist, wird von Nisan (1975) bestätigt. Er ist überzeugt, daß die auftretenden *situationsabhängigen* Normen für die kognitive Stufe der Entwicklung wichtig sind. Nisan sagt:

»Wir meinen, daß es genügend Gründe dafür gibt, den Inhalt als eine wichtige Dimension des moralischen Urteils und der moralischen Entwicklung zu betrachten. Gerade weil der Inhalt moralischer Gedanken zur strukturalen Dimension in Beziehung steht, ist er wesentlich unabhängig und kann nicht aus strukturalen Faktoren allein abgeleitet werden. Ferner werden wir zeigen, daß unabhängige strukturale und inhaltsmäßige Dimensionen miteinander interagieren und so das moralische Urteil und die moralische Entwicklung fördern; dies könnte wichtige Folgen für institutionelle Bemühungen haben, denn hier ist der Inhalt vernünftigerweise kontrollierbar.« (S. 12)

Nisans Experiment bezieht sich auf ein militärisches Dilemma, das sich das eine Mal in Korea, das andere Mal in Israel abspielt. Eine Kompanie Soldaten gerät in einen Hinterhalt. Sie kann nur gerettet werden, wenn jemand zurückbleibt und eine Brücke in die Luft sprengt. Die Chance, daß der Zurückgebliebene überlebt, ist gering, und den Rückweg oder Ausweg kennt nur der Kommandant. Die Frage ist nun, ob der Kommandant das Recht hat, einen Soldaten abzukommandieren, um zurückzubleiben und die Brücke zu sprengen, und ob der Soldat das Recht hat, sich zu weigern. Die Hypothese, daß in Israel, wo die Studie gemacht wurde, das Korea-Beispiel schwächere Sozialnormen evoziert und die instrumentale und relativistische Position mit entsprechendem personalem Interesse (Stufe 2) stimuliert, während im Israel-Beispiel eher das soziale Gesetz und der Gehorsam (Stufen 3, 4) im Mittelpunkt stehen, wurde bestätigt.

Nun ist allerdings zu sagen, daß auch Kohlberg die kognitive Struktur aus inhaltlichen Aussagen (klinische Interviews) herausinterpretiert. Er arbeitet mit dem Begriff der Strukturkonsistenz. Er kann somit die Nisan-Studie als ein Problem der Zielsetzung (issue) auffassen: bei bestimmten Zielsetzungen sind die Probanden eine halbe Stufe höher zu kodieren als bei anderen. Im zweiten Beispiel des Nisan-Experimentes ist das Urteil eher durch die Zielsetzung der Verpflichtung gegenüber dem Land gekennzeichnet, während es im Korea-Beispiel um das Leben des abkommandierten Soldaten geht. Im Israel-Beispiel geht es um das Überleben des Volkes. Das Leben des einzelnen steht unter dem Leben des Volkes. Die Zielsetzung verlagert sich auf die Pflicht gegenüber dem Leben des Volkes.

Ein weiterer Grund, warum Kohlberg sich der inhaltlichen Frage leicht entziehen kann, ist sein Gebrauch standardisierter Dilemmas. Das Datenmaterial läßt sich dadurch zuverlässig messen, und die Stufen lassen sich gut herausarbeiten.

Obwohl ich mit Seiler darin übereinstimme, daß wissenschaftstheoretisch gesehen die Frage der Generalität der Struktur als Hypostasierung in Frage gestellt werden muß, sehe ich bei Kohlberg ein äußerst natürliches Verhältnis zu und zugleich eine scharfe Unterscheidung zwischen Struktur und Inhalt.

Unklar bleibt, wie das inhaltliche Feld die Struktur modifiziert. Nisan gibt zwar ein gutes Beispiel, aber seine Schlußfolgerungen sind bloß heuristisch. Vorerst muß abgeklärt werden, was überhaupt zu den sogenannten inhaltlichen Bereichen gehört. Darin liegt ein wichtiger Grund, warum wir bei unserer Untersuchung drei verschiedene Problemsetzungen gewählt haben (vgl. S. 58 f.). Damit soll die Hypothese der Bereichsspezifität weiter geklärt werden.

Eine Diskrepanz zwischen Struktur und Inhalt kann auch auf sprachliches Unvermögen zurückzuführen sein. Individuen mit restringiertem Sprachkode werden eher niedriger eingeschätzt. Allerdings wäre dann nicht die Validität des Meßinstruments anzuprangern, vielmehr müßte eine tatsächliche Differenz zwischen Kompetenz und Performanz zugrunde gelegt werden, und die Interviews wären auszuweiten.

Strukturrelevante und strukturformende (strukturbildende) Elemente

Der vierte Aspekt der kognitiv-strukturalen Theorie bildet die Grundlage der hier dargestellten Untersuchung. Wir postulieren, daß es nicht bloß eine Erweiterung des strukturalen Ansatzes im Sinne der Ich-Entwicklung und der situativ-inhaltlichen Differenzierung gibt, sondern daß *innerhalb* einer Stufe Differenzierungen der kognitiven Struktur durch Steuerung der Problemlöse- oder Konfliktlösevorgänge vorgenommen werden. Unser Modell sieht folgendermaßen aus: Die einzelnen kognitiven Muster (M) der Individuen einer Gruppe (G) enthalten eine Reihe von *strukturformenden* Elementen (A, B, C, D . . .), die den Koordinationsprozeß von *strukturrelevanten* Elementen erleichtern oder erschweren. Führt man in einer Problemlösesituation strukturformende Elemente ein, so verändern sie den Aufbauprozeß der »Gruppenstruktur« grundlegend (nicht dynamisch, sondern als interaktive Koordination moralischer, strukturrelevanter Aussagen der einzelnen Gruppenmitglieder untereinander). Ohne Einführung strukturformender Elemente bleibt der Prozeß der Aktualisierung und der Transformation der kognitiven Struktur dem Zufall oder allein dem Sozialisationsvorgang überlassen.

Was ist der Unterschied zwischen struktur*relevanten* und struktur*formenden* Elementen? *Strukturrelevante Elemente* sind jene Merkmale, die ein Schema bestimmen. Mit ihrer Hilfe läßt sich die

Position eines Individuums z. B. auf dem konkret operationalen Denkniveau oder auf der Stufe 3 der Kohlberg-Skala charakterisieren. *Strukturformende Elemente* hingegen sind jene Operationen, die (durch Intervention) ein struktural höheres Denken stimulieren. Die Auseinandersetzung der letzten Jahre über die Löschung einmal gewonnener Konzepte zeigt, daß über die Ursachen, weshalb ein Kind plötzlich »Konservierer« wird, keine Einigkeit besteht (Smedslund 1961, Montada 1968, Sullivan 1969, Miller 1973, Strauß 1974, Miller 1976 mit übersichtlicher Zusammenfassung). Wir glauben, daß nur die strukturformenden Komponenten dafür in Frage kommen. Welches sind aber in unserem Fall die strukturformenden Komponenten?

Fragt man nach dem gemeinsamen System, das einem Diskussionsprozeß von (G) zugrunde liegt, so reichen die strukturrelevanten Elemente nicht aus, da auch (A, B, C, D) Teile der zu erklärenden strukturalen Vorgänge sind. Nach der hier eingeführten Grundidee ist (G) (M) durch eine verborgene Dynamik (A, B, C, D ...) determiniert, die eine optimale Aktualisierung der strukturrelevanten Merkmale ermöglicht. Immer wenn (A, B, C, D ...) einzeln oder zusammen eingeführt werden, erfolgt ein Wandel innerhalb der Struktur, der für die Gesamttransformation im Sinne des beginnenden Stufenwechsels bedeutungsvoll ist. Aus der Untersuchung der ablaufenden Gruppendiskussionen und der einzelnen Verknüpfungen von entgegengesetzt oder parallel verlaufenden Argumentationssträngen schließen wir auf die Dynamik der gemeinsam aktualisierten und entwickelten kognitiven Struktur. Wenn in einer moralischen Problemsituation, in der die strukturrelevanten Elemente etwa der Stufe 4 auf der Kohlberg-Skala entsprechen, jemand seine Argumente so heftig äußert, daß die Umgebung sich von seiner Darstellung distanziert, dann ist die innere strukturale Dynamik in einem der Punkte (A, B, C, D ...) nicht optimal. – Wir wollen die Parameter (A, B, C, D ...) genauer zu beschreiben versuchen.

Eines der strukturformenden Elemente (A) ist der sog. Ausweitungs- oder Verengungsmechanismus der Grundstruktur. Wir nehmen an, daß es innerhalb einer Entwicklungsstufe komplexere und weniger komplexe Aktualisierung der Probleme gibt. Die komplexeren Aktualisierungen der Systeme optimieren die Stufen nach allgemeinen Kriterien der Verantwortlichkeit, Sozialität und Demokratisierung. Kognitive Komplexität heißt hier Vollständigkeit der in einer kritischen Entscheidungssituation verwendeten konstitutiven Elemente. Solche Elemente sind Konsequenzen, Intentionen, Kausalitäten, Begründungsmodi (utilitaristisch, deontologisch, teleologisch), Situationsanalyse und Werthierarchie. Wir sehen schon an diesem ersten Beispiel, daß *innerhalb jeder Stufe* tatsächlich eine mehr oder weniger komplexe Aktualisierung der grundlegenden Struktur von Bedeutung sein kann, daß sie auf den höheren Stufen Kohlbergs fast selbstverständlich wird und möglicherweise die Aufnahme von Argumenten höherer Denkmuster auch erst ermöglicht. Im klinischen Interview läßt sich diese Art von Komplexität durch die Anzahl der Probleme und die verschiedenen Fragestellungen erfassen. *Hingegen läßt sie sich im Gruppenprozeß des Unterrichts nur durch Vorgabe bestimmter Stimuli oder Aufforderungen bzw. durch einen mitgegebenen Fragenraster herstellen.*

Die Komplexität der konstitutiven Elemente ist ein Maß für die Vollständigkeit der Begründungsmöglichkeiten und damit für das fachliche Engagement der Gruppe bei der Aufgabe. Sind die konstitutiven Elemente unvollständig, so wird das Urteil über die Stufenzugehörigkeit schwierig und die Erfassung der »Phasenverschiebung« innerhalb einer Stufe unmöglich.

Ein weiteres strukturformendes Element (B) ist das »Regelbewußtsein«. Entweder weiß die Schülergruppe, welche Gerechtigkeitsformulierung sie ihrer Entscheidung und ihren Begründungen zugrunde legt, oder es ist ihr nicht bewußt. Wissen die Schüler die »Regel«, dann ist die Begründung eher optimal, d. h., das Prinzip, das der Wahl der Konfliktlösung und ihrer Rechtfertigung zugrunde liegt, wird mindestens teilweise mitreflektiert, selbst wenn das Individuum einer tieferen Stufe angehört. Eine solche Reflexion läßt sich durch die Vorgabe stufenbezogener Gerechtigkeitsprinzipien bewirken. In der Wahl des lösungsgemäßen Gerechtigkeitsprinzips manifestiert der Schüler nicht nur ein grundlegendes Stufenmuster seiner Kognition, sondern hebt es auch ab von andern Mustern, die ebenfalls mögliche Lösungsfunktionen haben können. Diese Abhebung bedeutet einerseits eine höhere Mobilität der strukturinternen Vorgänge (innerhalb der Stufen), andererseits eine hohe Stabilität bei der Stufenzugehörigkeit. Im Hinblick auf unser auf S. 195 ff. dargestelltes Problemlösemodell gilt: Regelbewußtsein, als Selektion eines unter mehreren fundamental verschiedenen Gerechtigkeitsprinzipien, ver hindert eine unmittelbare Lösungsmöglichkeit. Es wird nicht sofort entschieden, sondern zuerst das entscheidende Gerechtigkeitsprinzip gewählt und begründet. Denselben Effekt soll ja auch das erste strukturformende Element (A) haben, nämlich die unmittelbare Entscheidung durch vorwegnehmendes »Absuchen« der konstitutiven Elemente im *Komplexitätspool* (wie Konsequenzen, Intentionen, Kausalitäten, Begründungsmodus und Werthierarchie) zu verhindern. Während (A) stufenunabhängige Variablen enthält, sind es bei (B) stufenbezogene Formulierungen (im Sinne Kohlbergs).

Ein drittes strukturformendes Element (C) ist die Verwendung einer Strategie. Strategie in unserem Sinne hat mit dem Lösungsvorgehen der Gruppe zu tun. Sie beantwortet die Frage, welche Schritte eine Gruppe einschlägt, um einen Konflikt oder ein Problem zu lösen. Die Strategie strukturiert den Prozeß und wirkt auf das Netz der sachbezogenen Interaktion ein. Je besser die Strategie ist, um so effektiver sind die strukturinternen Transformationen im Hinblick auf eine genügend legitimierte Lösung. Natürlich gibt es eine jedem Problemlöseprinzip zugrunde liegende Fundamentalstruktur, die mit der Problembeschreibung zusammenhängt, zum Beispiel Problemraum, Regel, Zielanalyse etc. Wir meinen hier aber vielmehr die Handlungsstrategie, welche die Gruppe einschlägt, um den Problemlöseprozeß optimal zu vollziehen. Gibt man eine Strategie vor, so ist dies nur eine Möglichkeit von vielen. Es müssen Kriterien dafür erbracht werden, warum gerade *diese* Strategie gut sein soll. Ließe man die Schüler selber aus verschiedenen Strategien auswählen, so wäre dies eine eigene Forschungsaufgabe im Hinblick auf die im Bereich der Unterrichtsforschung geführte Diskussion zum Thema Aptitude-Treatment-Interaktion-Effekt-Diskussion (vgl. Cronbach u. Snow 1977, Cronbach u. Webb, 1975).

Umstritten sind die Folgen, wenn der vierte strukturbildende Aspekt (D) in den Mittelpunkt tritt. Es handelt sich dabei um eine Reihe von dynamischen Variablen, wie etwa intensive vs. schwache Rückkopplung, hohes vs. niedriges Engagement (involvement), hohe vs. geringe Frustration, freie vs. autoritäre Gruppeninteraktion, warmes vs. kaltes Gruppenklima, intensive vs. niedrige allgemeine Affektivität etc. Anhänger der Gruppendynamik argumentieren, daß kognitive Prozesse ausschließlich oder zum größten Teil von optimalen Gruppenprozessen abhängen. Piaget und Kohlberg meinen, daß Aufbau und Transformation von Denkschemata durch dynamische Variablen gefördert oder gehemmt werden, daß dadurch aber die Koordinationen an sich nicht verändert werden. Bei allen Piaget-Experimenten wird diese Variable einfach als konstant betrachtet; oder es wird, mit anderen Worten, vorausgesetzt, daß der Experimentator vom dynamischen Standpunkt aus gesehen ein optimales Lernfeld herstellt. Der Grund für diese Konstanthaltung der dynamischen Variablen ist folgender: Die Phänomene der interaktiven Dynamik sind sehr unstabil und situationsabhängig. Sie sind nur schwer in eine strukturale Theorie einzuordnen, weil die Aufgabe der Struktur darin besteht, durch alle Diskontinuitäten der Umwelt hindurch ihre Eigenständigkeit zu bewahren. Strukturale Modelle des kognitiven Prozesses sind abhängig von analytischen und kontinuierlichen Funktionen. Werden dynamische Variablen vorgespannt, so ist bloß die Art der Entscheidung und die Art der Verwirklichung der Schemata gefährdet, nicht aber deren koordinatives Wirken und deren Transformation im Sinne der Assimilations- und Akkommodationsvorgänge. Bei freier Gruppendiskussion ist es schwierig, die Dynamik zu kontrollieren. Dies ist einer der Gründe, weshalb wir bei unseren Versuchen die Schüler einer Klasse zum einen nach Zufall den Gruppen zugeordnet haben; zum anderen haben Beobachter jedoch Veränderungen der Dynamik festgestellt (vgl. S. 425 ff.).

Aus unserer bisherigen Darstellung zeigt sich: Der Entwurf der Entwicklungstheorie Piagets und Kohlbergs ist lerntheoretisch betrachtet fundamental. Erweiterungen dieses Entwurfs gehen in drei Richtungen. Erstens wird die Variable »Ich-Stärke« hinzugefügt, zweitens wird eine inhaltliche Bereichsspezifität postuliert, und drittens werden, im Hinblick auf unsere Theorie, strukturinterne Koordinationen sowie Problemlösungs- und Lernkomponenten folgender Art in die Dynamik des Strukturaufbaus eingeführt:

a. Komplexitätsstimuli,
b. Regelbewußtsein,
c. Strategie,
d. verhaltensdynamische Gesichtspunkte.

Beschreibung der experimentellen Anordnung

a. Übersicht und Plan

Die bisher dargestellten theoretischen Überlegungen waren Grundlage eines komplexen experimentellen Plans, der in einer Untersuchung in Schulklassen von zwei Schweizer Kantonen zur Anwendung kam. Der Kernpunkt dieses Projekts war die Untersuchung von einigen der oben beschriebenen strukturbildenden Komponenten als Faktoren bei verschiedenen sozial-moralischen Problemen oder Problemtypen.

Es wurden 42 Bezirksschul- bzw. Sekundarschulklassen (8. Schuljahr, 14. und 15. Lebensjahr) nach dem Zufallsprinzip aus zwei schulorganisatorisch, sozioökonomisch und politisch relativ homogenen Kantonen der Schweiz ausgewählt.

Da das Projekt die Aufgabe hatte, verschiedene problemstrukturierende Vorgaben (Treatments) in ihrer Wirkung auf den gruppeninternen Entscheidungs- und Urteilsprozeß bei Fragestellungen moralischen Inhalts zu überprüfen, wurden 8 verschiedene Treatments experimentell untersucht. Für die Durchführung des Experiments galt es Bedingungen zu schaffen, die es gestatteten, unterschiedliche Verläufe, unterschiedliche Dauer und unterschiedliche Resultate des gruppeninternen Problemlöseprozesses eindeutig auf eine Wirkung der unterschiedlichen Treatments zurückzuführen. Eine Hauptschwierigkeit bei experimentellen Fragestellungen im Schulbereich ist die Kontrolle der Störvariablen »Schulklasse« bzw. »Lehrer«; beobachtete Effekte auf seiten der Schüler müssen den Treatments zugeschrieben werden können und dürfen nicht vom Faktor »Schulklassenzugehörigkeit« bzw. »Lehrerpersönlichkeit« überlagert sein. Aus diesem Grunde wurden alle 8 Treatments innerhalb ein und derselben Schulklasse angewendet. Jede Schulklasse wurde nach Zufall in 8 Kleingruppen à 3 oder 4 Schüler aufgeteilt, von denen jede für sich die gestellte Aufgabe unter einer der 8 Bedingungen zu lösen hatte. Die Mindestgröße einer Klasse mußte 24 Schüler betragen.

Es lagen drei verschiedene Probleme mit Konfliktcharakter vor, die wir auf S. 58 ff. beschreiben. Beim ersten Problem handelte es sich um die Verteilung von Gütern unter restriktiven Bedingungen. Beim zweiten Problem ging es um Verteilung von Positionen bzw. Macht (oder auch Chancen) unter restriktiven Bedingungen. Das dritte Problem hatte die Verteilung oder Zuteilung von Leben und Zugehörigkeit (Affiliation) unter restriktiven Bedingungen zum Thema. Das erste Problem hatte Optimierungscharakter, das zweite Wahlcharakter und das dritte absoluten Dilemmacharakter. 14 Klassen wurde je ein Problem vorgelegt.

Die Faktoren waren bei jedem Problem dieselben. Sie können direkt aus den verschiedenen Treatments erschlossen werden.

Faktor 1 enthält Aufforderungen wie: Bedenke die Konsequenzen einer möglichen Entscheidung, versetze dich in die Rolle jeder Person, reflektiere die Gründe, warum so gehandelt wurde etc. Wir bezeichnen ihn als »Komplexitätsstimuli« oder »Information«.

Faktor 2 gibt regelbezogene Gerechtigkeitsaussagen wieder, z. B.: ›Gerecht ist, wenn . . .‹ Diese Aussagen entsprechen den 6 Kohlbergschen Stufen des moralischen Urteils. Den Schülern wurden diese Gerechtigkeitsaussagen zur Auswahl vorgelegt. Sie wählten die ihnen als richtig erscheinende aus und lösten damit das Problem. Wir bezeichnen den Faktor 2 mit »Regeln«.

Faktor 3 gibt eine Strategie wieder, und zwar eine sukzessiv-selektive Strategie. Die Schüler werden aufgefordert, sich Schritt um Schritt daran zu halten.

Zusätzliche Unabhängige sind Problemtyp (Faktor 4) und Klassen (Faktor 5).

Die faktorenbezogene Sicht ermöglicht auch Fragestellungen, die die Interaktionen zwischen den 3 bzw. 5 unabhängigen Faktoren betreffen. Wenn in der posttest-Untersuchung jedes einzelne Individuum befragt wurde, berücksichtigten wir auch die Variable ›Geschlecht‹. Obwohl bei einer größeren Zahl von Kovarianten wie Intelligenz, Status und Persönlichkeitsmerkmale die interessierenden Faktoren in reinerer Form hervortreten würden, mußte aus finanziellen und schulpolitischen Gründen darauf verzichtet werden. Dafür gingen aber immer ganze Klasseneinheiten in die Untersuchung ein, und die Gruppen wurden, wie gesagt, nach dem Zufallsprinzip zusammengesetzt. Aus methodischen Gründen, das heißt um Vortesteffekte zu vermeiden, wurde auch auf eine größere Anzahl Voruntersuchungen verzichtet.

Die Gruppen wurden durch je einen Untersuchungsleiter in die Treatments eingeführt. Obwohl die Kontrollgruppe kein Treatment erhielt, wurde die gleiche Zeitdauer für die Einführung verwendet (Placebobetätigungen).

Während der Schülerdiskussion beobachtete dieselbe Person, die die Gruppen in die entsprechenden Treatments eingeführt hatte, den Gruppenverlauf nach motivationalen Dimensionen (Auswertung siehe S. 453 ff.). Nach jeweils 5 Minuten wurden alle Schüler in jeder Gruppe nach den Ausprägungen von 7 aufgabenzentrierten und 8 dynamisch zentrierten Motivationsvariablen eingeschätzt. Diese Variablen stellten zugleich ein Ungleichgewichtsmaß dar. Sie wurden – zumindest deskriptiv – als Kovariablen in die verschiedenen Auswertungen einbezogen.

Bei den 3 Arten von Nachtests, die wir den Schülern individuell vorlegten, war die Fragestellung wiederum treatmentzentriert. Es ging also nicht darum, Pre-posttest-Vergleiche anzustellen. Wir erhoben keine pretest-Daten, weil wir – wie oben gesagt wurde – grundsätzlich den

Prozeß beobachten wollten.

Der erste posttest sollte Daten darüber liefern, wie der Schüler zum einen den Gruppenprozeß selbst gesehen und empfunden hatte, und zum andern über seine Einschätzung, wie seine Kameraden im Durchschnitt den Gruppenprozeß gesehen und empfunden hatten. Im zweiten Nachtest wurden die gleichen regel- und stufenbezogenen Formulierungen, wie sie das zweite Treatment enthielt, den Schülern einzeln vorgelegt. Diesmal wurden die Probleme jedoch ausgetauscht. Als Maßeinheit wurde eine 6stufige Likert-Skala verwendet (Auswertung vgl. S. 389 ff.). Im dritten Nachtest wurden den Schülern »open-ended« Dilemmas im Sinne der Kohlbergschen Standardisierung vorgelegt. Die Schüler hielten die Antworten schriftlich fest. Diese Daten sind in der vorliegenden Schrift nicht verwertet. Im ganzen waren 1136 Schüler in die Untersuchung einbezogen. Die Kriterien wurden auf 10 verschiedene, voneinander unabhängige Hauptanalysen verteilt. Die Fragestellungen sind im jeweiligen theoretischen Vorspann zu finden.

Die experimentelle Auswertung basierte zur Hauptsache auf einer hierarchisch-faktoriellen Anordnung mit »Einbettungs«-(»Nested-within«-)Charakter für die Klassen nach dem Schema von Tabelle E. 2.

Während in einer gewöhnlichen faktoriellen Anordnung alle Treatments miteinander gekreuzt werden, sind in einem hierarchischen Design wie dem vorliegenden einige der Treatments (hier die Klassen) in den Problemtypen eingebettet (vgl. Kirk 1968, S. 229 ff.; Bortz 1977, S. 495 ff.). Bestimmte Klassen erscheinen somit nur in einem der Problemtypen. Genaugenommen spricht man in diesem Fall von einer partiellen hierarchischen Anordnung. Wir können dabei nicht die Wechselwirkung der Klassen mit allen Problemtypen testen, sondern nur die der Klassen innerhalb eines Problemtyps. (Siehe Anhang 1, S. 469)

Fast alle in dieser Schrift vorliegenden Analysen wurden mit NYBMUL (New York Buffalo Multivariate Analysis of Variance) durchgeführt, einem Programm, das von D. Bock (1966) entworfen und von J. D. Finn in den frühen siebziger Jahren verfeinert wurde. Dieses Programm ist für das Testen aller Hypothesen durch Kontrastbildungen besonders nützlich.

Es verlangt u. a., daß die univariaten Tests nur dann durchgeführt werden, wenn die multivariaten zu signifikanten Unterschieden geführt haben (d = 0.05). Die Anzahl der Abhängigen variiert von Analyse zu Analyse.

Wir werden sehen, daß im Verlaufe unserer Untersuchung die strukturbildenden Faktoren immer wieder neu umschrieben werden müssen, weil sie in verschiedenen Analysen jeweils eine neu interpretierte Funktion erhalten. Dies ist wichtig, weil wir zeigen, daß erst beim Lesen der Protokolle (als prozeßorientierte Ergebnisse) anhand ihrer Konstruktion sichtbar wurde, was »strukturbildend« eigentlich bedeutet: daß andere Stufen, und zwar Stufen der personalen Interaktion, stimuliert werden.

			Problem 1	Problem 2	Problem 3
			Klassen 1-14	Klassen 15-28	Klassen 29-42
I_1	R_1	St_1			
		St_2			
	R_2	St_1			
		St_2			
I_2	R_1	St_1			
		St_2			
	R_2	St_1			
		St_2			

I_1 = Information (Komplexitätsstimuli) nicht gegeben
I_2 = Information gegeben
R_1 = Moralische Regeln nicht gegeben
R_2 = Regeln gegeben
St_1 = Strategie nicht gegeben
St_2 = Strategie gegeben
$(3 \times 14 \times 2 \times 2 \times 2)$

Tabelle E. 2: Schema der »eingebetteten« hierarchischen Anordnung (classes nested within problems)

b. Beschreibung der vorgelegten Probleme

Zum Studium der hier angeschnittenen Untersuchungsfragen war wichtig, daß die verschiedenen Argumentations- und Reflexionsmechanismen durch geeignete Problemkontexte evoziert wurden. Kernstücke meiner Untersuchungen waren drei Problemsituationen, die verschiedene Fragen der distributiven Gerechtigkeit zum Inhalt haben (vgl. Tabelle E. 3).

Die Probleme sind inhaltlich zwar verschieden, enthalten aber alle die auf S. 35 dargestellten kognitiven Konflikte zwischen Interessenperspektiven, die mit Gerechtigkeitsmustern in ein neues Gleichgewicht gebracht werden. Diese Gerechtigkeitsmu-

Tabelle E. 3: Die drei im Experiment verwendeten Probleme distributiver Gerechtigkeit

Problem 1 (1. Fassung)	Problem 2	Problem 3
Wir haben zwei gültige Kinobillette mitgebracht. Damit können zwei von euch in den Film gehen, der ihnen am besten gefällt. Nun aber seid ihr mehr als nur zwei in eurer Gruppe. Versucht nun, diese Billette *gerecht* zu verteilen!	Viele junge Menschen finden zur Zeit keine Stelle. In einer Schweizer Stadt wurde eine Bauzeichnerstelle frei. 71 Burschen und Mädchen meldeten sich. Alle mußten einen Test absolvieren, im technischen Zeichnen und in den Schulfächern Rechnen und Sprache. Am Schluß blieben drei zur Auswahl übrig.	In einer amerikanischen Stadt suchte eine Frau fünf Jahre lang ununterbrochen ihr Kind. Damals, vor der Geburt, war sie elend arm. Sie hatte keine Wohnung, kein Geld für die Geburtshilfe, für den Arzt und für die nötigen Dinge, welche das Kind brauchte, wenn es zur Welt kam. Weil sie völlig verzweifelt war, ging sie zu einer Stelle und »verkaufte« ihr Kind. Sie erhielt Fr. 7000,–.
Schreibt eure Lösung und alle Gründe, warum ihr so entschieden habt, auf!	Peter: Er schnitt im Test in den Fächern Rechnen und Sprache am besten ab. Er wollte diesen Beruf lernen, weil er von daheim unabhängig werden wollte. Er wollte ein Motorrad kaufen. Er ist sehr sympathisch.	Ein Ehepaar, das keine Kinder hatte, adoptierte das Kind. Sobald es zur Welt kam, wurde es von der Mutter weggenommen und diesem Ehepaar gegeben. Das Ehepaar sorgte wunderbar für das Kind, setzte alles daran, daß es eine gute Erziehung bekam. Als das Kind krank wurde, mußte der Mann viel Geld für eine Operation bezahlen. Und später mußte er sogar seine Stelle wechseln, weil die Luft der Stadt dem Kind nicht gut bekam. Das Kind war sehr
	Käthi: Sie war in beiden Tests die Beste. Sie hatte große Freude am Beruf. Ihr Vater war Bauzeichner im selben Geschäft. Sie würde später gerne reisen, wenn sie genug Geld hat.	

Wir haben euch ein gültiges Kinobillett mitgebracht. Damit kann einer von euch in den Film gehen, der ihm am besten gefällt. Nun aber seid ihr drei in eurer Gruppe. Versucht, das Billett *gerecht* zu verteilen!

Schreibt eure Lösung und alle Gründe, warum ihr so entschieden habt, auf!

Matthaus: Er hatte den besten technischen Zeichnungstest absolviert. Seine Mutter war gestorben. Er war vorbestraft, weil er einmal in einem Kaufhaus etwas geklaut hatte. Er wollte diesen Beruf lernen, um ein neues Leben beginnen zu können.

Der Vater von Peter sagte zum Betriebschef: »Wenn ihr meinen Sohn wählt, dann werde ich machen, daß ihr einen großen Auftrag von meiner Firma bekommt.«

Die Arbeiter und Angestellten, die vom Betriebschef gefragt worden waren, wen sie lieber als Lehrling hätten, entschieden sich für Matthäus. Käthi hat sich schon Gedanken darüber gemacht, ob sie sich freiwillig zurückziehen sollte.

Denkt euch, ihr wäret der Betriebschef. Wen würdet ihr *gerechterweise* wählen?

Schreibt eure Lösung und auch die Gründe, warum ihr so entschieden habt, auf!

Durch Zufall fand eines Tages die heutige Mutter ihr Kind. Sie sah es in einem Park spielen, behütet von der Frau, die das Kind angenommen hatte. Sie erkannte es an einem Muttermal. Sie war voller Tränen der Freude.

Natürlich wollte sie jetzt ihr Kind wieder. Aber die bisherigen Eltern gaben das Kind nicht her.

Es gab einen langen Prozeß. Die Mehrzahl der Leute im Gericht waren dafür, daß man das Kind den Adoptiveltern gab. In ihrer Verzweiflung schickten die Adoptiveltern dem Richter (ohne daß es jemand wußte) 5000,- Franken, damit er zu ihren Gunsten entscheide.

Die natürliche Mutter machte sich in der Verzweiflung Gedanken, ob sie sich freiwillig dem Kind zuliebe zurückziehen solle.

Was soll der Richter tun?

Schreibt eure Lösung und auch die Gründe, warum ihr so entscheidet, auf!

ster sind in Argumentationssträngen repräsentiert und in Interaktionsschemata zu einer Gruppenstruktur verknüpft. In allen 3 Problemen geht es um die Verteilung oder Zuteilung von Gütern und/oder Rechten unter sozial-restriktiven Bedingungen. In allen 3 Problemen sind Personen vertreten, die bestimmte Interessen und/oder moralische Werte offenkundig machen. In allen 3 Problemen geht es darum, die »gerechteste« Lösung zu finden, also die von den Mitgliedern der Gruppe als optimal gesehene Entscheidung herbeizuführen.

Es gibt nun allerdings wesentliche Unterschiede bei den Problemen. Bei Problem 1 sollen die Teilnehmer der Gruppe aktiv einen Verteilungsprozeß durchführen. (Die Eintrittskarten, die verteilt werden sollen, liegen real vor, sind also nicht bloß fiktiv.) Die Mitglieder müßten, um dies optimal leisten zu können, zuerst die situativen Aspekte des Problems erarbeiten, das heißt die Bedürfnisse und Möglichkeiten der Gruppenmitglieder abklären. Das Handeln kann unter dem Gesichtspunkt von Verteilungsnormen erst dann stattfinden, wenn die Bedürfnisse artikuliert und die Werte offengelegt sind.

Im Gegensatz zu den andern Problemen geht es hier allerdings nur um die Verteilung eines materiellen Gutes, das zu Vergnügungszwecken gebraucht wird.

In Problem 2 geht es um die Zuteilung einer Position. Aber der Zuteilungsakt wird nicht konkret ausgeführt wie beim ersten Problem. Das Dilemma ist künstlich (hypothetisch), aber für die Schüler von hoher Aktualität. Während der Zeit der Datensammlung konnten viele Schulabgänger keine Lehrstelle finden. (Es gibt allerdings keine offiziellen Statistiken zu diesem Befund für die Orte, an denen wir die Experimente durchgeführt haben.) Das Experiment wurde ja mit Schülern einer Altersstufe durchgeführt, die – als Teil des Unterrichtsprozesses – eine Berufswahl treffen müssen, die die Zukunft der nächsten Jahre festlegt.

Das Problem 3 ist ebenfalls hypothetisch. Bei 15jährigen ist dieses Problem zwar nicht sehr aktuell, aber die Zuteilung des Kindes zum richtigen Elternpaar, d. h. das zu verteilende Gut – Leben und Zukunft des Kindes –, macht dieses Problem vom inhaltlichen Standpunkt aus aktuell.

Die motivationalen Aspekte sind beim ersten Problem das zu erreichende Gut selber, beim zweiten Problem die Aktualität in bezug auf die Lebensphase der diskutierenden Schüler, beim

Figur E. 1: »Funktionalwert«, d. h. Wodurch-Klassifikation der möglichen Lösungen für Problem 1

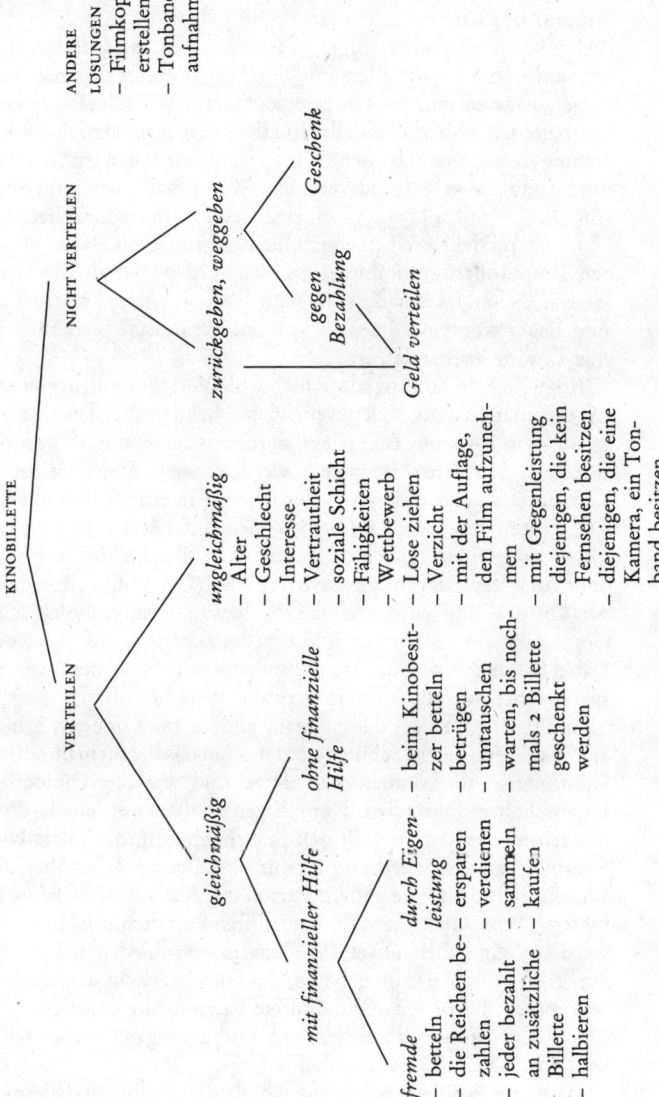

61

dritten Problem der hohe Wert des Diskussionsinhalts: Leben und Zukunft des Kindes.

Abgesehen von den konfligierenden bzw. motivationalen Aspekten sind nun auch die Elemente des Problemraumes genauer ins Auge zu fassen und die Unterschiede der drei Probleme herauszuarbeiten. Problem 1 läßt alle situativen Aspekte offen. Es ist hier nichts vorgegeben als der Wert der Eintrittskarten und die Forderung, sie gerecht zu verteilen. Wenn man – etwa im Sinne von Dunker (1974 [1935]) – einen Funktionalwert-Graphen (vgl. Figur E. 1) erstellt – selbstverständlich aufgrund von Daten, die aus den Protokollen entnommen wurden –, dann erhält die Spalte »VERTEILEN ungleichmäßig« Aspekte von situativen Werten, die aufgedeckt werden müssen, bevor eine genügende Sicherheit für eine Lösung vorhanden ist.

Bringt ein Schüler »soziale Schicht« als Verteilungskriterium ins Argumentationsfeld, so kann nicht, wie bei den Problemen 2 und 3, auf Vorgegebenes rekurriert werden; vielmehr muß von den einzelnen Schülern offengelegt werden, wie sie sich selbst im Verhältnis zu den anderen in der Gruppe in einer (oft nicht klar festgelegten) Skala von ›wenig‹ vs. ›viel‹ einschätzen. Je nach dem Lösungsvorschlag (gleichmäßig vs. nicht gleichmäßig verteilen) oder nach der Gerechtigkeitsvorstellung (Gerechtigkeitsprinzip) der Gruppe müssen die situativen bzw. sozialpsychologischen Gegebenheiten der einzelnen Mitglieder zuerst erarbeitet werden. Dabei handelt es sich um einen generativen Prozeß, der – wie wir später sehen werden – die Interaktionsstufe beeinflußt.

Beim Problem 2 liegt der Fall ganz anders. Hier stehen 3 Schüler zur Wahl. Von jedem Schüler werden – um das Problem überhaupt »bestreiten« zu können – situative und sozialpsychologische Eigenschaften angegeben. Diese Eigenschaften werden als Werte betrachtet, die Kriterien für den Entscheidungsprozeß darstellen. Sie sollen als ein Wertkomplex für eine Person gegenüber dem Wertkomplex für eine andere Person ein gewisses Gleichgewicht bilden. Dieses Gleichgewicht kann durch Expertenurteil bestimmt werden. Wir haben unser Problem 12 verschiedenen Personen vorgelegt und sie darum gebeten, das Gleichgewicht der Werte zu bestimmen, bevor wir die definitive Fassung akzeptierten.

Die Wertkriterien, die sich bei der Endfassung gegenüberstehen, sind aus Tabelle E. 4 ersichtlich.

Das dritte Problem bezeichne ich als das »Salomon-Dilemma«

Wertkriterien	Peter	Käthi	Matthäus
Test allgemein	optimal	optimal	nicht optimal
Test spezifisch	nicht optimal	optimal	optimal
Berufs-kausalität	unabhängig von Eltern	intrinsische Motivation	neues Leben beginnen
Ziel	Motorrad kaufen	gerne reisen	Abschütteln der Vergangenheit
Charakter	sympathisch	verzichtet eventuell	vorbestraft
Beruf des Vaters	Betriebs-chef	Bauzeichner	offengelassen (Tod der Mutter)
Status	hoch	mittel	eher niedrig
andere dimensionale Werte	Auftrag des Vaters: Bestechung vs. Hilfe für Betrieb	Frauenberuf vs. Männerberuf und Verpflichtung der Betriebsleitung gegenüber dem Vater	Druck der Arbeiterschaft vs. kriminelle Vergangenheit

Tabelle E. 4: Wertkriterien der Endfassung des Problems 2

oder das Kreidekreismotiv. Während in Brechts Stück, wie auch in der Salomon-Legende, das Problemziel darin liegt herauszufinden, wer das Kind liebt (bei Salomon ist es die wirkliche Mutter, bei Brecht ist es die Krusche, die das Kind gerettet hat), liegen in unserem Dilemma die sich gegenüberstehenden Werte und Bedürfnisse nicht so klar vor. Da es sich ja um ein hypothetisches Dilemma handelt, kann der Schüler kaum Informationen aus der Wirklichkeit zusammentragen, etwa darüber, wer das Kind liebt. Die Gruppe muß interpretieren. Während bei Brecht materieller Wohlstand und oberflächliche Bourgeoisie einer selbstaufopfernden Liebe in Armut gegenüberstehen, geht es uns um das Verhältnis zwischen natürlichem und sozialem Mutterrecht. Auch hier muß man aus dem Text zu entziffern suchen, was denn eigentlich Liebe ist, wobei die Wert- und Bedürfnishierarchie komplexer und nicht so leicht zu durchschauen ist. Brecht sagt klar, das Verteilungsprinzip sei die Fähigkeit, die Dinge mit Hingabe und Liebe zu gebrauchen:

>Ihr aber, ihr Zuhörer der Geschichte vom Kreidekreis
Nehmt zur Kenntnis die Meinung der Alten:
Daß das gehören soll, was da ist, denen, die für es gut sind,
also
Die Kinder den Mütterlichen, damit sie gedeihen
Die Wagen den guten Fahrern, damit gut gefahren wird
Und das Tal den Bewässerern, damit es Frucht bringt.« (Brecht 1955)

Dies wäre für unsere Probleme wohl das höchste Prinzip, das unter dem »Schleier des Nichtwissens« in Anwendung kommen müßte. »The veil of ignorance« ist nach Rawls (1971) ein Teil der ursprünglichen Position, in der man, wenn man sich in die Lage einer jeden Person des Dilemmas versetzt, zum gleichen Resultat kommt (vgl. auch S. 268 ff.).

Die Bedürfnisse und Werte des dritten Dilemmas sind aus Tabelle E. 5 zu ersehen. Die Hierarchie der Werte kann unter dem Gesichtspunkt »Vermögen« oder unter dem Gesichtspunkt »Einsatz für das Kind« (Liebe) gesehen werden. Dies sind denn auch die beiden Streitpunkte (issues).

Wertkriterien	natürliche Mutter	Adoptiveltern
Wohlstand		
Situation A	arm	reich
Situation B	?	reich, also hoher finanzieller Einsatz
Situation C	genügend	reich
Einsatz für das Kind		
Situation A	ev. hoch (Verkauf)	hoch
Situation B	niedrig	sehr hoch
Situation C	hoch (Verzicht)	hoch

Tabelle E. 5: Bedürfnisse und Wertkriterien des Problems 3

Analysieren wir dieses Dilemma unter den Kohlbergschen Gesichtspunkten der moralischen Struktur und der moralischen Situation, dann läßt sich sagen:

Die *moralische Struktur* ist gekennzeichnet durch die drei betroffenen Personengruppen: natürliche Mutter, Adoptiveltern und Richter. Alle drei haben einen Rechtsanspruch, der sich begründen läßt. Auch sind die modalen Kategorien wie Pflicht, Verantwortung und Zustimmung eindeutig aus der Problembeschreibung auszufiltern. So übernehmen etwa die Adoptiveltern mit dem vertraglichen »Erkauf« des Kindes die Pflicht der Erziehung und der allgemeinen Wohlfahrt. So gerät etwa der Richter in die Lage, die Elementkategorie ›Wohlfahrt‹ im Sinne der Modalkategorie ›Gleichheit‹ (›Gerechtigkeit‹) zu analysieren etc.

Die *moralische Situation* ist gekennzeichnet durch den Anspruch zweier Parteien auf das Recht, das Kind zu »besitzen«, d. h. auf das Recht der familialen Namensgebung, der Integration und der Erziehung, der möglichen Hilfe für Entscheidungen auf dem Lebensweg. Es geht hier um einen Konflikt mit der Frage: *Was ist in dieser Situation gerecht und welche Prinzipien der Gerechtigkeit (oder welcher Anteil des Brechtschen Prinzips der Gerechtigkeit) sind (ist) anwendbar?* Wir möchten wiederholen: Der Konflikt ist nicht wie im Fall der Salomonischen Erzählung dadurch zu lösen, daß wir Informationen darüber erhalten, wer nun eigentlich die richtige Mutter sei. Im vorliegenden Fall wissen wir dies. Die Frage kann nur noch darauf gerichtet werden, daß Naturrecht gegen soziales Recht und Vertrag steht, auch wenn – bezogen auf den Richter – materielle Zweck-Mittel-Einflüsse (Bestechung) das soziale Recht gefährden. Es bedarf einer intensiven Analyse der konflikthaften Momente, um das Verteilungsdefizit (im Sinne ungleicher Rechte und Pflichten) in ein Gleichgewicht zwischen Gleichheit und Reziprozität zu überführen.

c. Die Problemformen unserer Experimente

Den drei Problemen liegen auch drei verschiedene Problemtypen zugrunde. Wir möchten sie bezeichnen als:
1. konfligierender Optimierungstyp
2. konfligierender Risikowahltyp und
3. konfligierender Dilemmatyp.

Beim *konfligierenden Optimierungstyp* (Problem 1) wird unter »unendlich« vielen möglichen Lösungsvorschlägen (Lösungen) eine von der Gruppe als die »beste« bezeichnet. Die Kriterien, warum dies die beste Lösung ist, sind wiederum eingebettet in

Stufen des moralischen Urteils, in Stufen der Interaktion und (je nach Problem) auch in Stufen der sozialen Perspektivenübernahme.

Rubinstein sagt:

»Das Optimum oder die bestmögliche Lösungsmöglichkeit wird ausgewählt in bezug auf das, was wir ausdrücklich erreichen wollen, nämlich das klar umrissene Ziel, verbunden mit einem identifizierbaren Kriterium für ein Werturteil darüber, was das beste ist.« (1975, S. 357)

Will man Optimierungsmodelle mathematisch darstellen, so verwendet man oft lineare Funktionen: Die Größe des Aufwands steht in einem Verhältnis zum Gewinn, oder der Anteil der Eintrittskarte steht im Verhältnis zur Befriedigung der Gruppe etc. Wir möchten in dieser Arbeit aber auf solche Funktionen nicht weiter eingehen, sondern sie im konfligierenden Optimierungstyp so verstehen, daß die lösende Gruppe aus der Menge möglicher Entscheidungen und moralischer Begründungen unter Berücksichtigung möglichst vieler situativer Fakten die beste Lösung ermittelt. In der Gruppendynamik und in sozialen Simulationsspielen sind solche Problemtypen üblich. Im einen Fall geht es um die Verteilung von Zuwendungen und Feedback, und dieser Prozeß wird soziographisch ermittelt. Im zweiten Fall geht es um die Verteilung ungleicher Güter; dieser Prozeß wird meistens durch Gesetze geregelt, also politisch ermittelt. Viele sozialpsychologische Konflikte werden heute über die Offenlegung der Beziehung und/oder über die Offenlegung der Relation Aufwand–Verteilung–Gewinn nach diesem Typ angegangen und nachträglich analysiert und evaluiert.

Beim *konfligierenden Risikowahltyp* (Problem 2) besteht die Lösung des Problems in der Wahl einer von zwei oder mehreren Alternativen. Es handelt sich hier also um einen eigentlichen Entscheidungstyp. Der Konflikt wird dadurch erzeugt, daß mit der Wahl einer guten Möglichkeit mindestens eine andere gute Möglichkeit (mit Bedauern) aufgegeben wird. Der eigentliche Lernprozeß besteht in der Einschränkung ohne Optimierung. Informationsstärke und Klarheit der Prinzipien der Entscheidung (Prinzip der Gerechtigkeit) helfen dabei, die Wahl zu treffen. Logisch kann dieser Problemtyp nur durch Exklusionen dargestellt werden (wenn A, dann sicher nicht B, C etc.). Während beim konfligierenden Optimierungstyp vermutlich eher Selektionsverfahren eine Rolle spielen, sind es hier also Exklusionsverfahren, was aber nicht ausschließt, daß nicht beiden die gleiche *Problemlösestruktur* zugrunde liegt, wenn beide Typen moralische Inhalte repräsentieren.

Beim *konfligierenden* Dilemmatyp (Problem 3) wird nicht bloß eine Wahl getroffen bzw. eine Alternative fallengelassen. Hier verletzt der Wert einer Alternative die Werte der andern, denn die Werthierarchie ist hier zugleich exklusiv und absolut. Oder anders gesagt: Bei den ersten beiden Problemtypen stehen verschiedene Dinge mit verschiedenen Werten und moralischen Prinzipien zur Wahl, während hier nur ein Ding zur Wahl steht, mit dem aber verschieden gehandelt werden kann. Im Gegensatz zu den beiden vorhergehenden Typen, bei denen die Wahl des einen Vorschlages oder der einen Person die Folgen für die Person oder den Vorschlag positiv, für die Nichtgewählten negativ erscheinen lassen, ist es hier so, daß jede Entscheidung für den Entscheidenden zugleich negative und positive Folgen hat. Während beim konfligierenden Risikowahltyp Folgen, Nutzen, Kausalitäten etc. für die *Betroffenen* von größter Bedeutung sind, der *Wählende* eher eine optimierende Strategie verfolgen kann, ist die Beschreibung des Problems beim konfligierenden Dilemmatyp so, daß der Wählende in jedem Falle einen Wert verletzt, mit seiner Überzeugung also auch negative Folgen in Kauf nimmt.

Der konfligierende Dilemmatyp wird vorwiegend von Kohlberg in den Interviews zur Erfassung des moralischen Urteils auf verschiedenen Entwicklungsstufen verwendet. Er gewinnt besonders scharfe Konturen, wenn die beiden sich ausschließenden Normen als intern und extern dargestellt werden bzw. wenn die eine Norm von einer Gruppe vertreten wird, in die das Individuum integriert zu sein wünscht, die andere aber der eigenen Personalität bzw. dem eigenen Gewissen entspricht.

d. Kurzbeschreibung der Interventionen (Faktoren)

Da wir die Treatments schon auf S. 49 kurz beschrieben haben und auf S. 146 ff. die unabhängigen Variablen nochmals genau unter dem Gesichtspunkt der kognitiven personalen Interaktionsstufen beschrieben werden, sei hier nur ein kurzer Hinweis gegeben.

Wir haben gesagt, daß wir drei strukturformende Variablen auswählen, um ihren Einfluß auf den »moralischen« Lösungsprozeß zu untersuchen.

Den ersten Faktor (Information) bezeichnen wir als ›die kognitive Komplexität stimulierend‹. Damit meinen wir, daß durch schriftlich gegebene, also von außen eingeführte Hinweise (über die Konsequenzen nachzudenken, die Intentionen der Personen zu berücksichtigen, das Bestechungsmotiv zu untersuchen, die Frage der Schuld aufzuwerfen, sich in die Rolle der involvierten Personen zu versetzen etc.) der Problemlöseprozeß der Gruppe im Sinne der in den Entscheidungsprozeß mit eingeführten Strukturelemente »vollständiger« wird. Wichtig ist dabei, diese Hinweise so zu geben, daß die Schüler in der Gruppe nicht gezwungen sind, sich daran zu halten. Vielmehr werden sie ihnen als Hilfe angeboten, um das Problem besser lösen zu können (vgl. S. 50 und S. 356).

Der zweite Faktor (Gerechtigkeitsregel) entspricht der zweiten von uns beschriebenen strukturformenden Komponente. Die Schülergruppe soll durch unsern Einfluß ein klareres Bewußtsein davon erlangen, daß es sich hier um moralische Probleme handelt, die nur dann lösbar sind, wenn man die unserem Denken zugrunde liegende fundamentale Regel der Gerechtigkeit herausschält und appliziert. Die Regeln, die wir gewählt haben, sind Gerechtigkeitsformeln, die mit den Merkmalen der Kohlbergschen Stufen übereinstimmen. Wir haben den Schülern 7 (6 + 1) solcher Regeln schriftlich angegeben und ihnen gesagt, daß sie eine davon auswählen dürfen, um das Problem zu lösen. Die Regeln waren in zufälliger Reihenfolge dargestellt. Wir wählten also für die Darstellung nicht die von Kohlberg erarbeitete Hierarchie. Die genaue Formulierung dieser Regeln findet sich auf S. 154.

Der dritte Faktor (Strategie) enthält die Vorgabe einer Handlungsstrategie im Sinne einer Anweisung: Tut zuerst dies, dann das und zuletzt jenes. Die Strategie enthält 8 Schritte einer sukzessiven Selektion, mit der Aufforderung, jede Entscheidung zu legitimieren. Die gegebenen Anweisungen (vgl. auch S. 164 f.) sollen den Verlauf des Gruppenprozesses ordnen und bewirken, daß die Diskussion eher von handlungsstrukturierten Aussagen bestimmt wird; daß sie unter dem Aspekt der kognitiven Sozialisation somit »effizienter« wird. Die Gruppe soll dadurch ihren eigenen Diskussionsvorgang besser steuern lernen.

Erste Analysen der Diskussionsprotokolle

Unseren ersten – hier verkürzt dargestellten – Analysen der Diskussionsprotokolle lagen einige einfache Hypothesen zugrunde. Sie alle bezogen sich auf Aussagecharakteristika, die für den Diskussionsprozeß und darin speziell für den moralischen Standpunkt relevant sind. Im ersten Anlauf unterschieden wir 11 solcher

Aussagecharakteristika; sie bildeten die Abhängigen, hier dargestellt nach der Wirkungserwartung der strukturformenden Faktoren.

Die erwarteten Wirkungen der Komplexitätsstimuli beziehen sich
auf:

- »Psychologische« Begründungen und Evaluationen nach dem
  Prinzip der Verdienstgerechtigkeit.
- »Psychologische« Begründungen und Evaluationen nach dem
  Prinzip egalitärer Gerechtigkeit.
- »Psychologische« Begründungen und Evaluationen nach dem
  Prinzip *benevolontärer* Gerechtigkeit.
- »Soziale« Begründungen und Evaluationen nach dem Prinzip
  der Verdienstgerechtigkeit.
- »Soziale« Begründungen und Evaluationen nach dem Prinzip
  egalitärer Gerechtigkeit.
- »Soziale« Begründungen und Evaluationen nach dem Prinzip
  benevolontärer Gerechtigkeit.

Die erwarteten Wirkungen der Vorgabe von Gerechtigkeitsregeln
beziehen sich auf:

- Moralische Argumentation: Aussagen zum Gerechtigkeits-
  problem (direkt).
- Moralische Argumentation: Aussagen zum Gerechtigkeits-
  problem (indirekt).

Die erwarteten Wirkungen der Strategie beziehen sich auf:

- Aussagen zum Ablauf (prozessual) des Gruppenprozesses (direkt).
- Aussagen zum Ablauf (prozessual) des Gruppenprozesses (indirekt).

Die erwarteten Wirkungen, wenn kein Treatmenteinfluß vorliegt,
beziehen sich auf:

- Aussagen zur Pragmatik des Lösungsprozesses.
  Die Indikationen sind noch genauer auf S. 469 ff., im Anhang,
  beschrieben).

Es handelt sich bei unserer ersten Analyse um eine sorgfältige
Auszählung dieser Typen von Aussagen.

Wir erwarteten, daß folgende Haupthypothesen zutreffen: Die
Variable »Aussagen zur Pragmatik des Lösungsprozesses« müßte
am häufigsten bei der Kontrollgruppe auftreten. Das Treatment 1
(Komplexitätsstimuli) müßte für die 6 »psychologischen« und
»sozialen« Variablen am wirksamsten sein. Wir erwarteten ferner,

daß Treatment 2 (Regelangabe) signifikant mehr Aussagen bei der Variablen »moralische Argumentationen« bewirkt, und schließlich, daß das Treatment 3 (Strategievorgabe) signifikant häufiger bei den »Aussagen zum Ablauf« auftritt. Für den Faktor »Problemtypen« erwarteten wir keine signifikanten Unterschiede über alle Variablen hinweg. Über 4-, 3- und 2-Weg-Interaktionen wurden keine Wirkungen hypothetisiert. Der interrater-Korrelationskoeffizient betrug .85 für Übereinstimmungen von 4 raters (Einschätzern). Reliabilitätsmaße konnten als stabil betrachtet werden, da alle Berechnungen mit Mittelwerten durchgeführt wurden.

Die Resultate dieser Analysen bestätigen größtenteils die Hypothesen. Effekte traten für die Faktoren »Strategie« und »Regelzugabe« auf. Keine signifikanten Effekte finden wir hingegen für die unabhängige Variable »Komplexitätsstimuli«, was sich so erklären läßt, daß Schüler mit 15 Jahren die zur Berücksichtigung empfohlenen Aspekte »Intentionen«, »Folgen«, »Bestechung« etc. selbst schon benützen, d. h. von vornherein auf einem bestimmten Komplexitätsniveau diskutieren. Damit erwies sich das Treatment als redundant (vgl. Analyse C, S. 488 ff.).

Zu den Wirkungen der Vorgabe von »Gerechtigkeitsregeln« ist zusätzlich zu sagen: Weil unter dem Einfluß des Faktors ›Regelvorgabe‹ »moralisch« argumentiert wird, erhält die Richtung der Diskussion einen Impuls, der weiter reicht, auch wenn der Treatmenteinfluß nicht mehr direkt nachweisbar ist. Dies ist ein beachtenswertes Ergebnis. Es besagt nämlich, daß auch dann, wenn keine Gerechtigkeitsregeln mehr vorgegeben sind, die Schüler die Fragen der gerechten Entscheidung weiter diskutieren, sofern solche Gerechtigkeitsregeln vorher wirksam waren.

In bezug auf die Variable »egalitäre Gerechtigkeit sozial« und »egalitäre Gerechtigkeit psychologisch« finden wir bei Problem 1 signifikant höhere Werte als bei Problem 2 und 3. Dies widerspricht der sog. Simon-Tobinschen These (1970, S. 450/451), die besagt, daß absolut egalitäre Gerechtigkeit nur bei lebensnotwendigen Gütern zur Anwendung komme. Solche absolut notwendigen Güter sind Grundnahrung, Behausung, Recht auf medizinische Hilfe etc. Daß die Schüler diesen Unterschied nicht machen, muß so erklärt werden, daß sie – bedingt durch ihre Entwicklung oder durch zivilisatorische Desensibilisierung – auf die Konkretheit des zu verteilenden Materials gleichsam »hereinfallen«. Die

Erklärung kann aber auch darin liegen, daß das Hervorbringen von Elementen der Verdienstgerechtigkeit und der Gerechtigkeit im Sinne von Wohltätigkeit im Grunde schwieriger oder komplexer ist als das Hervorbringen von Argumenten der egalitären Gerechtigkeit (vgl. auch S. 476 f.).

Neben den Interventionen hatte aber auch der Problemtyp einen nicht vorausgesagten Effekt auf die Art der in der Gruppe vorgetragenen Äußerungen (vgl. Figur E. 2). Problem 1 wird am wenigsten komplex diskutiert. Handlungsvorschläge heben sich von Intentionen, Konsequenzen und Kausalanalysen ab.

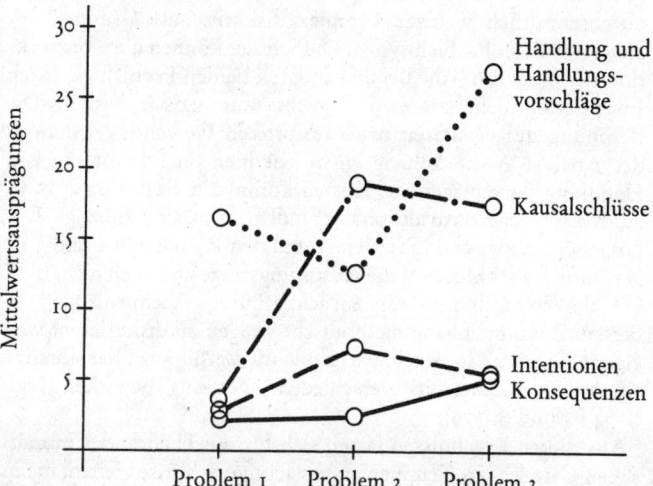

Figur E. 2: Effekte des Problemtyps auf die Komplexitätsvariablen

Unter dem Gesichtspunkt des Komplexitätsniveaus scheint auf den ersten Blick Problemtyp 3 optimal zu sein. Die hohe Mittelwertausprägung bei der Variablen »Handlungsvorschläge« überrascht bei Problem 3 und weist zugleich auf eine schwierige Integration des Zusammenhanges von Urteil und Handeln hin. Werden die Resultate insgesamt betrachtet, so wird deutlich, daß Problem 2 eine höhere Entwicklungsstufe des Denkens bewirkt, weil Intentionen und Kausalschlüsse darin häufiger als bei den andern Problemtypen produziert werden. Beinahe doppelt so viele Kausalschlüsse gehen den Handlungsvorschlägen voran. Darauf weist auch das Nachtestergebnis auf S. 413 f. hin.

Wir haben oben bereits festgehalten, daß das Problem 1 grundsätzlich andere sozial-moralische Urteilsmodi anspricht und dies vor dem Hintergrund der Tobinschen Hypothese betrachtet, nach der verschiedene Güter verschieden verteilt werden. Wenn die Variablen aber wie bei den vorliegenden Analysen einen hohen Allgemeinheitsgrad haben, dann ist zu sagen, daß die Gruppe mit dem offen handlungsbezogenen Optimierungstyp – obwohl sie (oder gerade weil sie) selber Informationen erarbeiten muß – durchschnittlich weniger komplex diskutiert als Gruppen der anderen beiden Problemtypen. Die Schüler können die Konstruktion der Situation – die bei den anderen beiden Problemen durch Information geliefert wird – nicht automatisch leisten. Die Betonung des egalitären bzw. reziproken Gerechtigkeitsmodus der Analyse A im Anhang entspricht hier einer Betonung von Handlungsvorschlägen auf Kosten komplexer Reflexionen bzw. auf Kosten der Konstruktion begründbarer Zusammenhänge. Der Unterschied zwischen Problem 1 und den Problemen 2 und 3 ist vermutlich aber nicht auf die Abstufungsfrage und auch nicht bloß auf die Bereichsspezifität zurückzuführen. Vielmehr sind in diesem Zusammenhang methodische Fragen zu diskutieren, weil eigene Konstruktionen einerseits und die Verfügung über situative Merkmale andererseits verschiedene Niveaus bewirken (vgl. S. 74 ff. und S. 179).

Aus diesen Ergebnissen lassen sich für die Theorie des moralischen Urteilens in Gruppen erste wichtige Schlüsse ziehen, die in den weiteren Analysen noch grundsätzlicher dargestellt werden müssen: Durch die Analysen kam zutage, daß *strukturformende* Komponenten wie »Information durch Komplexitätsstimuli«, »Gerechtigkeitsregeln und -normen« und »Strategien« zwar direkt, aber in verschiedener Weise auf die Diskussion der Problemlage und der Lösungsmöglichkeiten einwirken. Problemlage und Lösungsmöglichkeiten bilden ein Geflecht von abhängigen Variablen, die bereits die Elemente der Struktur darstellen, also *strukturrelevant* sind. In unserem Sinne wären dies Intentionen, Konsequenzen, Kausalschlüsse, Verwandtschafts- und Beziehungsproblematik, Verteilungsmodus, gruppenprozessuale Vorgänge, intrapsychische und soziale Begründungen für verschiedene Werte oder allgemeine Bestimmungen der Interaktionsstruktur. Wir gehen davon aus, daß innerhalb eines Kohlbergschen Stufenmusters ein Kontinuum von kleinerer und größerer Strukturwirksamkeit, Strukturkapazität, Strukturanwendbarkeit und Strukturrepräsentation möglich ist. Die strukturinternen Transformationen sind jedoch situationsbedingt, d. h., unter gewissen Umständen kommen bestimmte Muster besser zur Geltung als andere, werden häufiger transformiert und konsolidieren sich leichter. ›Strukturrelevant‹ im Sinne Kohlbergs bedeutet, daß Merkmale, die das kognitive Muster auf einem gewissen Niveau beschreiben, hierarchisch festgelegt werden. ›Strukturrelevant‹ in unserem Sinne heißt bis jetzt, daß – aufgrund strukturbildender Komponenten – mehr Elemente des Moralischen auf optimalere Weise, durch Interaktion, zur Konstruktion der kognitiven Struktur bzw. für die Herbeiführung der Entscheidung verwendet werden.

Hier stehen wir an einem Wendepunkt. Das Lösen moralischer Probleme in Gruppen kann zwar, wenn wir verschiedene strukturbildende Komponenten verwenden, innerhalb einer Kohlberg-Stufe auf unterschiedliche Art stattfinden. Die *strukturformenden* Komponenten besitzen jedoch vermutlich eine größere »Kraft« als die, daß bei der Problemlösung lediglich mehr Elemente des Moralischen verwendet werden. Wenn sie wirklich strukturformend sind, entstehen neue, allgemeine Stufen des Kognitiven, Stufen, die es gestatten, Probleme auf adäquatere Weise zu lösen. Diese neue Hierarchie des moralischen Bewußtseins darf nicht bloß zweidimensional gesehen werden, sondern muß ordinal und qualitativ zur Darstellung kommen. Die entsprechenden Leistungen sind Resultate der Gruppeninteraktion und heben sich von der Bewertung der bloßen Lösung eines Problems durch komplexere innere Entscheidungsprozesse ab.

Vor diesem Hintergrund müssen die bisherigen Analysen dieses Kapitels als *unbefriedigend* angesehen werden. Sie geben zwar ein klares Bild von der Wirkungsweise unserer Treatments sowie der Problemlösekomplexität, des Regelbewußtseins und des Handlungsplans. Wir erfahren also etwas über die Wirkungsweisen der Stimulation, die den Gruppen frei zur Verfügung stehen. Hingegen ist die Evaluation – obwohl sie prozeßorientiert ist – nicht strukrural, sondern es geht dabei wie üblich um ein additives Modell des Messens. (Dies ist nun auch der Grund, warum wir diese Analysen hier nur verkürzt dargestellt haben; eine ausführliche Präsentation findet sich im Anhang S. 469 ff.).

Exkurs 1
Genese moralischer Argumentation und Methode des Messens

Man kann sich die Frage stellen, ob sich das Material der moralischen Argumentation auch anders als durch Gruppendiskussion hätte herstellen lassen. Im Hinblick auf traditionelle Methoden der Denkpsychologie, z. B. Introspektion, lautes Denken und Beobachtung von physiologischen Verhaltensweisen, scheint eine Reduktion auf offenes sprachliches Gruppenverhalten sich der Kritik auszusetzen.

Introspektion ist allerdings nur bei relativ genau definierten Experimenten sinnvoll, nämlich dann, wenn Denkprozesse von der Sache her offensichtlich ablaufen, weil sie in strukturierter Weise provoziert wurden. Dies ist etwa bei den Experimenten mit dem »Turm von Hanoi« der Fall, wo die introspektiven Aussagen mit sichtbarem Verhalten gekoppelt werden können. Es ist auch dann der Fall, wenn die zu lösende Aufgabe relativ kontrolliert gestellt wird und die Motivation bei den Versuchspersonen ausreicht, um sowohl das Problem selbst zu lösen als auch sich selbst bei diesem Lösungsvorgang dauernd zu beobachten. Lüer (1973, S. 29) führt Argumente gegen diese Methode an. Er sagt, daß die Aktivität des eigenen Beobachtens des Denkverlaufs diesen selber in irgendeiner Weise verändere. Die Erinnerungsphasen beeinflußten das Denken in dem Sinne, daß auch die Denkinhalte sich veränderten. De Groot (1966, S. 21) sieht in der Introspektion dann eine Chance, wenn sie mit Protokollanalysen verbunden wird. Für das Lösen moralischer Probleme scheint die Introspektion allerdings nicht sinnvoll zu sein. Bestimmt würden neue Lösungsprozesse oder Argumentationszusammenhänge entstehen, die die ersten (individuell und schweigend durchgeführten) überlagern müßten. Weil nicht die Lösung entscheidend ist, sondern der Argumentationsprozeß, entstünden verwirrende Situationen, da jedes neue »Durchdenken« neue Argumentationsformen erzeugt.

Würde man also die Introspektion an einem ersten oder an einem elaborierten Lösungsvorschlag »messen«, ergäbe sich jeweils ein völlig anderes Resultat als die vorausgehenden »innerlichen« und individuellen Argumentationsvorgänge.

Anders wäre es beim *lauten Denken,* das als »Erzählung« einer Problemlösung und Problemlegitimation zu verstehen wäre. Duncker (1935) führte diese Methode in der deutschen Psychologie ein. Die Grundfrage lautet hier: Was *tut* das Denken (nicht, was *ist* es)? Der Vorteil

74

gegenüber der Introspektion besteht darin, daß keine Spaltung der Person stattfindet, da nicht ein Denken über früheres Denken abgefragt wird (vgl. Miller et al. 1973, S. 187). Man kann vielleicht auch sagen, lautes Denken produziere eine größere Datenmenge pro Zeiteinheit, unter der Voraussetzung allerdings, daß beim Ansatz der Informationsverarbeitung (»information processing«) die Datenmenge ausreichen muß, um das menschliche Modell des Denkablaufs in Computerprogramme übersetzen zu können (vgl. Newell u. Simon 1972).

Allerdings ist lautes Denken bei Problemen aus dem sozial-moralischen Bereich kaum sinnvoll, wenn nicht durch Interviewstimuli mit neuen inhaltlichen Aspekten neue strukturale Komponenten der Schemata abgerufen werden. Wir haben unsere Dilemmas Einzelpersonen vorgelegt (schriftlich und mündlich). Der Ertrag ist mengenmäßig und struktural gegenüber dem, was eine Gruppe hervorbringt, so viel kleiner, daß man darüber gar nicht diskutieren kann. Dies liegt am Typus der Problemlösung und der Entscheidung (vgl. S. 195 ff.). Die Lösung ist ja immer schon durch Alternativen gegeben, und »ausschöpfen« läßt sie sich nur dann, wenn Widerstände zu überwinden sind. Die Gruppe produziert fortwährend solche Widerstände durch aufgespaltene Werturteile, Gegenvorschläge, unterschiedlich verlaufende Evaluationen etc. Ein Nachteil des lauten Denkens ist allerdings der, daß das Sprechen das Denken verlangsamt oder verdeckt. Ebenso verändert der Einfluß der Interaktion zwischen Versuchsleiter und Proband den Ablauf. Sprachliches Unvermögen beim Schüler kann die Isomorphie von Sprechen und Denken verhindern etc. Viele dieser Nachteile werden durch den Gruppenprozeß in den meisten Fällen gemildert.

Hingegen ist die dritte Form, die *Beobachtung* von Diskussionsabläufen im Zusammenhang mit den Gruppenprozessen methodologisch wohl am besten geeignet. Dabei versteht man unter Beobachtung im engeren Sinne, daß motorische Bewegungen registriert werden, die das Sprechen begleiten. Diese sind aber für unseren theoretischen Rahmen kaum repräsentativ. ›Beobachtung‹ bedeutet für uns, Schülern eine Aufgabe zu stellen (sie in ein Ungleichgewicht zu bringen), die es erforderlich macht, Zwischenresultate so darzustellen, daß sie aufgrund des offengelegten Prozesses von allen eingesehen werden können. Jede Versuchsperson verbindet die wahrgenommenen Objekte und Konstellationen mit dem eigenen Gedächtnisinhalt, den sie durch die bisherige Sozialisation aufgebaut und strukturiert hat. Die Lösung eines Problems erfolgt nicht primär durch Transformation der äußeren Objekte, sondern durch Umwandlung der inneren Repräsentationen der äußeren Situation, auf der Basis eines minimalen Gruppenkonsensus. Die aktive Erarbeitung dieses Konsensus bewirkt zweierlei: Erstens entsteht ein Generierungsprozeß von sprachlichem Material, dessen Fülle durch keine andere methodologische Art zustande gebracht werden kann, auch dann nicht, wenn der Konflikt verschärft wird. Zweitens entsteht eine neue Struktur, eine sogenannte *Gruppenstruktur*. Der Ausdruck mag auf den ersten Blick dunkel erscheinen, denn an den Daten läßt sich nicht so leicht zeigen, was wir damit meinen. Weil der Vergleich mit Einzelaussagen signifikant weniger Material liefert und dieses Material meist Einwegcharakter hat (d. h., es stehen keine oder nur wenige Gegenargumente zur Verfügung), der Anstoß zum Weiterdenken nur durch Interviewfragen möglich ist und weil schließlich im wirklichen Leben sozial-moralische Probleme meist im Dialog oder in der Gruppe (Familie, Peer-group, Schule, Kommissionen etc.) gelöst werden, nehmen wir hypothetisch an, daß es so etwas wie eine *»kognitive Gruppenstruktur«* gibt, die qualitativ oder ordinal anders ist als die Summe oder der Mittelwert kognitiver Strukturen, die von jedem einzelnen Mitglied der Gruppe gewonnen werden. Die allgemeinen Merkmale, die von den kognitiven Schemata beschrieben werden, sind innerhalb einer Gruppe weder gleich noch auf gleichem Niveau wie die kognitiven Schemata der einzelnen Mitglieder in einem additiven Modell. Gruppenstrukturen sind aus kognitiver Sicht bisher kaum beschrieben worden. Piaget ([2]1967) gibt in seinem Werk »Etudes sociologiques« einige Hinweise, und einige seiner Schüler (Doise et al. 1975) haben sich mit dem Problem der strukturalen interaktiven Gruppenwirkung auseinandergesetzt. Außerdem gibt es eine Untersuchung von Maitland und Goldman (1974), die die Wirkung des Gruppenprozesses auf das Urteil der Individuen erhellt. Im übrigen gibt es auf diesem Gebiet wenig Forschungsdaten. Johnson u. Bany (1975) schreiben in ihrem Artikel »Die Verwendung von Problemlösungsverfahren zur Verbesserung der Gruppensituation« zum Beispiel:

>»Bedeutendstes Ziel der Steuerung von Lerngruppen ist die Entwicklung und Förderung befriedigender, gesunder Bedingungen im sozialen System der Klasse und dessen reibungsloses Funktionieren.«

Dieser Gemeinplatz sagt ebensowenig über kognitive Entwicklung wie über kognitive Gruppenstrukturen aus. Wenn Kohlberg von kollektiver moralischer Erziehung spricht (1973), meint er damit immer nur die Bedingungen, die aufgrund der Gruppe möglich sind, um das *Individuum* auf ein höheres Urteilsniveau zu heben. Über die Gruppenstruktur hat er sich auch dort nicht geäußert, wo es um das sogenannte »moralische Klima« geht.

Wir haben gesehen, daß die Gruppe durch Konfliktlösung signifikant mehr Material hervorbringt als das Individuum, und zweitens, daß die Gruppenmitglieder ein höheres moralisches oder allgemein kognitives Niveau zu erreichen vermögen als die Gesamtheit der einzelnen Individuen im Durchschnitt. Drittens möchten wir im 1. Kapitel zeigen, daß Gruppen unter bestimmten Bedingungen moralische Probleme auf einem höheren Bewußtseins- und Interaktionsniveau zu lösen imstande sind, wenn die strukturformenden Komponenten sich in strukturrelevante Komponenten verwandeln.

Für den Nachweis des dritten Punkts stützen wir uns auf die Annahme des zweiten. Deshalb müssen wir den zweiten noch besser belegen. Wir müssen vor allem die oben erwähnten Untersuchungen von Doise et al. (1975) und Maitland u. Goldman (1974) genauer beachten. Es geht also – um es nochmals zu sagen – um die Hypothese, daß Gruppen ein höheres kognitives Niveau (nicht unbedingt höhere Leistung) erreichen können als die Individuen.

Zunächst befassen wir uns mit der Untersuchung von Maitland und Goldman. Sie will folgendes zeigen:

»a. Die Teilnahme an einer Gruppendiskussion von Gleichaltrigen über das moralische Urteil erhöht das individuelle moralische Urteilsniveau.

b. Die zusammengesetzte Stufenhöhe des moralischen Urteils einer Gruppe – festgesetzt nach der Maßeinheit des Gruppenkonsens – ist höher als die aufgeteilte Stufenhöhe der einzelnen Gruppenmitglieder nach einem bestimmten Voraussagemaß.

c. In der Diskussion mit moralischen Urteilen induzieren vermehrte Konfliktträchtigkeit und größerer sozialer Druck in bezug auf den Gruppenkonsensus eine größere Veränderung des moralischen Urteilsniveaus einzelner Gruppenmitglieder, als dies vermindert konfliktträchtige und vermindert konsensorientierte, unabgeschlossene Diskussionen vermögen.« (1974, S. 699)

Zuerst wurden alle 36 Versuchspersonen zwischen 15 und 17 Jahren mit der von den Autoren entwickelten Moral Judgement Scale (MJS) individuell geprüft (vgl. auch Corman u. Escalona 1969). Dann wurden die Individuen in drei Gruppen mit gleicher Stufe und gleicher Geschlechts-, Alters- und Intelligenzverteilung zusammengefaßt. Die Gruppen sollten nun unter verschiedenen Bedingungen die Skalen bzw. die vorgegebenen Aussagen des MJS miteinander diskutieren.

Die erste Bedingung war, daß die Gruppe einen Konsens anstreben sollte. Es wurde also am Ende der Diskussion eine Übereinstimmung über den Wert der Punkte auf der MJS-Skala erwartet.

Die zweite Bedingung war, nur zu diskutieren (»open-ended«). Es wurde kein Konsensus erwartet.

Die dritte Bedingung war so gehalten, daß keine Gruppeninteraktion möglich war. Von jedem Individuum wurde verlangt, daß es eine Entscheidung und deren Begründung so vorbereite, um sie vor der Gruppe rechtfertigen zu können. In den folgenden Tagen wurde der MJS wiederum individuell als Nachtest durchgeführt.

Im Vortest zeigen sich keine signifikanten Unterschiede zwischen den Gruppen. Hingegen weist der Nachtest signifikante Unterschiede auf, und zwar zwischen Konsensus und Diskussions- oder Individualgruppe, nicht aber zwischen Diskussions- und Individualgruppe. Die Mittelwertsausprägungen sind aus Tabelle E. 6 ersichtlich (F = 4.917; df = 2.33; p < 0.05).

Treatment	pretest	posttest
	$\bar{x}$	$\bar{x}$
1. Konsensus	55,5	60,5
2. Diskussion	54,5	54,5
3. Individuell	54,4	55,9

Tabelle E. 6: Mittleres moralisches Urteilsniveau der verschiedenen Gruppen nach Maitland u. Goldman 1974.

Vergleicht man die pre- und posttests jedes Individuums, so weisen nur jene Probanden einen signifikanten Unterschied auf, die zur Konsensusgruppe gehörten (t = 2.241; df = 11; p < 0.05). Vergleicht man die pretests der Konsensusgruppe mit dem Konsensusresultat selber, so ist wiederum ein signifikanter Unterschied festzustellen (t = 3.0459; df = 11; p < 0.05). Vergleicht man schließlich die posttests der Individuen aus der Konsensusgruppe mit dem Konsensus selber, so ist kein signifikanter Unterschied festzustellen.

Die Resultate dieser Studie sind wichtig zum Verständnis dessen, was der Gruppenprozeß bewirken kann. Die neuen Strukturen sind sogar – was die letzte Analyse zeigt – gegen regressive Wirkungen resistent. In unserem Versuch sind alle Gruppen Konsensusgruppen, und das »Dunkle« an der Gruppenstruktur läßt sich nicht dadurch erklären, daß man wie Maitland und Goldman einfach behauptet, ein größerer Konflikt und ein größerer Gruppendruck produziere eine höhere Stufe. Der Grund kann auch einfach darin liegen, daß die Mitglieder mit höheren Stufenargumenten zu dominieren suchen. Kohlberg würde von Kompetenzbestreben sprechen. Wichtig ist jedoch zuletzt das Faktum, daß es so etwas wie eine kognitive Gruppenstruktur gibt, die anders und meist höher ist als das individuelle kognitive Niveau. Die Maitland/Goldman-Studie ist jedoch nur eine Preposttest-Studie, die keine vollständige Antwort gibt; denn der Prozeß selbst wird nicht beschrieben. Deshalb sagen die beiden Autoren dann auch:

»Eine Besonderheit innerhalb der spezifischen Natur der Gruppeninteraktion scheint für die erhaltenen Unterschiede verantwortlich zu sein. Es besteht die Möglichkeit, daß jener Mechanismus, welcher sich aus dem höheren Stufenniveau für Mitglieder der Konsensusgruppe ergab, eher aus dem Druck der Gruppe für diesen Konsensus entstand als aus eigener moralischer Überzeugung der entsprechenden Individuen. Wenn dem so ist, dann zeigen die individuellen Nachtestresultate des MJS, daß die persönliche Überzeugung eines Individuums auch vom Gruppenprozeß mit beeinflußt worden ist.« (1974, S. 703)

Die Autoren erfassen also die eigentliche kognitive Gruppenstruktur nicht. Sie wissen nur, daß so etwas vorhanden ist und daß es Auswirkungen auf das Individuum hat.

Die zweite Studie von Doise, Mugny und Perret-Clermont (1975) geht von folgender Annahme aus:
Was »Aktion« etwa bei Invarianzaufgaben bedeutet, nämlich Strukturierung und Bildung von Beziehungen zwischen Elementen einer gegebenen Objektivität, leistet »Interaktion« auf dem Gebiet sozialer Normen, nämlich eine Koordination sozialer Elemente zum Aufbau kognitiver Muster der Gruppenstruktur. Diese verstehen sie nicht bloß als dynamisch geprägt, vielmehr bewirkt die Aktion des einen Schülers die Aktion des andern:
»Damit eine Interaktion stattfinden und zum Abschluß gebracht werden kann, müssen die einzelnen Gruppenmitglieder ihre Urteilskriterien koordinieren und hierarchisieren, während Individuen allein von dieser Arbeit entbunden sind.« (Doise 1976, S. 3)
»Höher«stehende Schüler haben ihre Struktur zu bestätigen. »Tiefer«stehende Schüler haben sich mit höher stehenden Argumenten auseinanderzusetzen. Doise et al. (1974) haben experimentell folgendes nachgewiesen: die Beziehung zwischen sozialer Interaktion und der Realisation von kognitiven Strukturen besteht darin, daß Interaktion zu höherer Strukturierung führt, und zwar unabhängig davon, welche Stufe das Kind bis jetzt

erreicht hat, und daß sich der Effekt der Interaktion auch auf individueller Ebene zeigt. Bei ihrer Untersuchung haben Kinder als einzelne, im Kontrast zu Gruppen, ein Bauernhaus, ein großes Haus und ein kleines Haus nach einem Vorbild viermal anzuordnen. Dabei ist eine Markierung von besonderer Wichtigkeit. Zwei Aufgaben sind etwas leichter, zwei davon schwieriger. Figur E. 3 gibt eine Übersicht über die Aufgaben-form.

Als Resultate finden die Autoren einen signifikanten Effekt zwischen individueller vs. kollektiver Konstruktion und zwischen Situation und Itemkategorie. Weitere Resultate sind: das Alter ist nicht relevant für den Unterschied; bei zwei Schülern besteht keine höhere Wahrscheinlichkeit, daß einer eine Antwort auf einer höheren Ebene gibt.

Die Autoren schließen daraus:

»Erstens ist es wahrscheinlicher, daß zwei Individuen, deren Tätigkeits-feld aufeinandertrifft, eher als ein Individuum allein einen neuen Aspekt des *Problems* entdecken und integrieren werden. Zweitens konzentriert sich eine Einzelperson sukzessiv auf verschiedene Aspekte des Problems, welche unkoordiniert bleiben. In einer Gruppe hingegen können verschie-dene Gesichtspunkte, die vorher noch nicht integriert waren, später in den Handlungen simultan wieder auftreten und so eine bessere Integration erfordern.« (1974, S. 10)

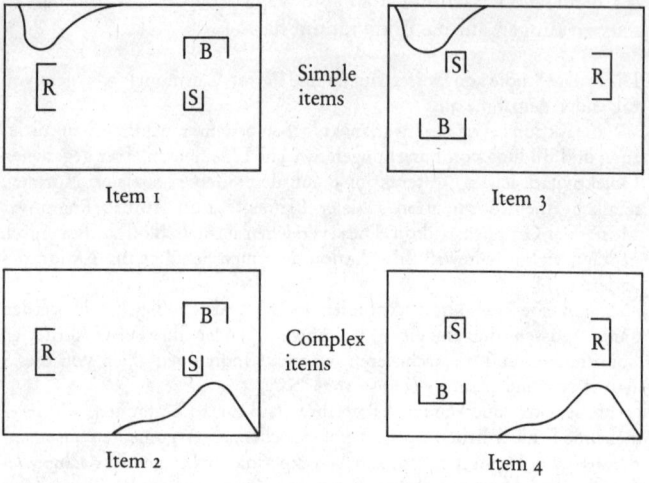

Figur E. 3: Experimentelles Material nach Doise et al.: Die vier Modelle, gesehen von A aus

Die Gruppe entwickelt eine Art Verbindungskraft (Kolligation), die die Strukturen erst »macht«, sie also nicht einfach von den Individuen als fixiert abbildet.

In unserer Untersuchung werden wir zwar nicht die kognitiven Leistungen des Individuums mit Gruppenleistungen vergleichen, wie dies Doise tut, sondern wir setzen voraus, daß die Gruppe die ideale soziale Form für die Entwicklung der in Kapitel 1 darzulegenden Stufen der Interaktion darstellt. Besser als alle Formen psychologischer Methoden, wie »lautes Denken«, »Introspektion«, »klinisches Interview«, »multiple choice«, »Fragebogen« etc., hat die Gruppendiskussion auch den unmittelbarsten generativen Impetus. Wir haben in der Pilotstudie festgestellt, daß Schüler in der Gruppe moralische Dilemmas in einer ungehemmten, offenen Art diskutierten, ihre Aussagen sinnvoll koordinierten, gemeinsam eine Lösung suchten, dabei aber Aussage an Aussage, Sprechakt an Sprechakt reihten und ihre Denkstrukturen unmittelbar offenlegten. Was als zweites faszinierte, war diese andere Art der gruppenmäßigen kognitiven Strukturierung, das Umschlagen des individuellen Gerechtigkeitsbegriffes in das höhere Gleichgewicht von sozialer Aktion und Relation.

Auf der Basis dieser Befunde ist Kapitel 1 nach Inhalt, Anlage und Intention zu verstehen. Zu unterscheiden ist zwischen individuellen Vorstellungen oder Urteilen über den anderen einerseits und der kognitiven Gruppenstruktur andererseits. Das erste (z. B. von Selman [1976a] erforschte) Gebiet umfaßt individuelle Schemata im Sinne interaktiver Merkmale; davon unterschieden ist das zweite, die Beobachtung, wie diese Merkmale (unter verschiedenen kognitiven Bedingungen) in der Gruppe selber generiert werden.

Kognitive Stufen der personalen Interaktion (Komplexität, Adäquatheit, Affinität als Parameter der Strukturen)

> . . . vielmehr muß die ethische Grundnorm, die der Idee des Diskurses zufolge immer schon notwendigerweise in Freiheit anerkannt sein muß, aufgrund der reflexiven Einsicht in diese Voraussetzung immer noch und immer erneut auch von den Diskussionsteilnehmern wie von allen Kommunikationsteilnehmern willentlich bekräftigt werden.
>
> *K.-O. Apel*

> Die konsensuellen Regelungen von Handlungskonflikten sorgen, wenn der Hintergrundkonsens der eingespielten alltäglichen Routinen zerbricht, für Fortsetzung kommunikativen Handelns mit andern Mitteln. Insofern definieren Recht und Moral den Kernbereich der Interaktion.
>
> *Jürgen Habermas*

Merkmale der moralischen Situation

Die in der Einführung dargestellte Theorie strukturbildender Komponenten und die entsprechenden quantitativen Analysen sind unbefriedigend, wenn wir sie unter dem Gesichtspunkt der Adäquatheit, der Komplexität und der Affinität betrachten. Wir haben im Anhang jedoch die gesamte Auswertung dargestellt, weil wir außer den fertigen Resultaten auch den Weg der Theoriefindung zeigen wollten. In diesem Kapitel setzen wir uns mit den neuen Parametern der Struktur, Adäquatheit, Komplexität und Affinität auseinander. In Abgrenzung von Kohlberg werden wir dabei eine wichtige Entdeckung machen und beschreiben, nämlich die Stufen der personalen Interaktion oder des »moralischen Handelns«, das in Gruppen entworfen wird.

Wir haben in der Einführung gesagt, daß höhere moralische Strukturen nur durch einen Problemlösevollzug »erlernt« werden. Die Konfliktrelevanz der moralischen Situation verbürgt die Legitimationsprozesse, und zwar in einem höheren Maße, als dies etwa Vorschläge zur Problemlösung leisten könnten. Kohlberg sagt:

»Moralische Situationen sind Situationen des Konflikts zwischen Interessensperspektiven; Gerechtigkeitsprinzipien *sind* Konzepte, die zur *Lösung* dieser Konflikte verhelfen, sie geben jedem das Seine. Eigentlich kann Gerechtigkeit in verschiedenen Orientierungen gesehen werden: 1. Die *Anerkennung* von Recht und Ordnung kann als Gerechtigkeit (normative Regulierung) angesehen werden. 2. Die Maximierung von Wohlfahrt in der Gruppe kann als Gerechtigkeit betrachtet werden (Nützlichkeitskonsequenzen). *Letztlich aber besteht der Kernbereich von Gerechtigkeit in der Verteilung von Rechten und Pflichten, die durch Gleichheits- und Reziprozitätskonzepte reguliert werden.* Wird Gerechtigkeit als eine ›Balance‹ oder als ein Äquilibrium angesehen, so entspricht dies der Struktur des beweglichen Gleichgewichts, welche von Piaget im logischen Bereich beschrieben wird (1967). Gerechtigkeit ist die normative Logik, ist das Gleichgewicht schlechthin sozialer Handlungen und Relationen.« (Kohlberg 1976, S. 40)

Eine Person, die in einer »moralischen Situation« ihre normative Logik anwendet, um den Konflikt in dieser Situation zu lösen, macht durch eine Entscheidung und deren Legitimation ihren »Sinn« *für Gerechtigkeit* sichtbar. Zwar kann sie allerlei Regeln und Normen hinterfragen und gegeneinander ausspielen, aber sie kann nicht in Frage stellen, daß Gerechtigkeit notwendig ist. Ihre kognitive Konzeption in bezug auf Gerechtigkeit ist ein internalisiertes System (oder eine internalisierte Ganzheit), das aus Regeln für die Beziehung von moralischen Elementen besteht und sich in einem Gleichgewicht hält (Äquilibrium). Der Kern dieser kognitiven Struktur wird sichtbar, wenn eine Koordination des Elements ›Bestrafung‹ und/oder ›Gesetz‹ und/oder ›persönliche Wohlfahrt‹ etc. mit einem bestimmten Lösungsvorschlag für diese Situation vorgenommen wird. Die Art der Verknüpfung ist im Sinne der Umdeutung mehr oder weniger *adäquat*, mehr oder weniger *komplex*; im Sinne der *Affinität* mehr oder weniger wichtig.

Adäquatheit und strukturbildende Komponenten: Der Entwurf kognitiver Stufen personaler Interaktion

In der Einführung haben wir dargestellt, wie die »stufeninterne« Struktur durch strukturbildende Faktoren voll zur Entfaltung gelangen kann. Bei der Lektüre der vielen Diskussionsprotokolle zeigte sich aber, daß diese strukturbildenden Komponenten – wenn die Personen einer Gruppe eine ganz bestimmte Konstellation von Kohlberg-Stufen repräsentieren – die Entstehung einer anderen Art von Stufen bewirken, nämlich Stufen der personalen Interaktion. Weil wir den Blick auf die Ereignisse innerhalb einer Kohlberg-Stufe richteten, bemerkten wir, daß der Begriff der Adäquatheit, im Sinne eines höheren Bewußtseins der sachlichen Verschiebung von Diskussionskoordinationen, eine neue strukturale Hierarchie hervorzurufen vermag. Innerhalb eines Kohlbergschen Musters besteht nämlich ein Kontinuum zwischen tieferer und höherer Stabilität. Wird diese Stabilität durch Interaktion in Richtung einer möglichen Transformation erschüttert, so kann dies auf verschiedenen Stufen der Interaktion selber geschehen. Auch hier geht es nicht darum, ein höheres Wissen, eine höhere Intelligenz oder eine höhere Selbstachtung zu produzieren, sondern im Prozeß der Gruppendiskussion eine bessere Koordination der »problemrelevanten« Elemente zu erreichen. Bestehen bleibt die Aufgabe, den Gruppenprozeß so zu gestalten, daß im Sinne eines entwicklungsmäßigen Fortschrittes Elemente aus höheren

Strukturen (Stufen) an die Stelle von Elementen aus tieferen Strukturen treten. Die Entwicklung der Koordinationen innerhalb des Gruppenprozesses können dadurch aber unter Umständen unberührt bleiben. (G) (M) (vgl. S. 49) zerfiele dann in individuelle Stufenmuster. Das von Doise (vgl. S. 79 ff. in diesem Buch) entdeckte koordinative »Mehr« der Gruppe würde dann nicht wirksam werden.

Aus den Protokollen der Gruppendiskussionen lassen sich *vier Ebenen* (Stufen) zunehmender Adäquatheit ablesen. Diese Ebenen sind nicht durch ein Mehr oder Weniger an Koordinationen gekennzeichnet, wie dies aus den Analysen S. 69 ff. und den Analysen A, B und C im Anhang hervorgehen könnte, sondern durch eine adäquatere strukturale Konzeption. Auf der *ersten Ebene* werden Handlungen und Handlungs- bzw. Lösungsvorschläge untereinander in Beziehung gesetzt, gutgeheißen, abgelehnt etc. Der Modus des Handelns und Sprechens ist funktional. Es muß eine Lösung (outcome) gefunden werden, mit der alle Mitglieder der Sprechgemeinschaft zufrieden sind. Das Ergebnis »regiert« die weiteren Überlegungen und jede Begründung. Die Verteilung wird auf der Basis von möglichst reibungslos funktionierenden Aktionen vorgenommen. In einer Konfliktsituation wird nicht auf Fakten oder moralische Argumente eingegangen, sondern es wird ein Ausweg, ein Kompromiß oder eine neue Lösung gesucht. Man könnte von einem interaktiven, instrumentellen Hedonismus sprechen.

Auf der *zweiten Ebene* wird die Koordination aufgrund von Situations- und Zielanalysen vorgenommen. Die Lösung selber tritt in den Hintergrund oder sie wird den »objektiven« Zusammenhängen untergeordnet. Politische, psychologische, soziologische, medizinische, religiöse und andere Gesichtspunkte dienen als Entscheidungsgrundlage. Die oberbegrifflichen Konzepte lassen sich aufteilen in: Begründungen für das Handeln, Wertungen oder Evaluationen, Intentionen, Kausalzusammenhänge und Konsequenzen. Die Legitimation resultiert aus dem Vergleich aller Fakten der Situations- und Zielanalyse.

Auf der *dritten Ebene* werden Koordinationen aufgrund moralischer Regeln und Normen gebildet. Diese haben instrumentell-operativen Charakter. Sie sind dazu da, um Konflikte zu lösen, und bilden vermutlich die Basis von Kohlbergs Analysen. Diskutiert die Gruppe auf dieser Ebene, so geht es um die Frage des aktuellen Gerechtigkeitsmusters, das der Gruppendiskussion zugrunde gelegt wird. Die Höhe dieses Musters hängt u. a. von der moralischen Entwicklung der Individuen ab. Allerdings kann die Entwicklung des Gruppenschemas durch moralische Erziehung nur indirekt gefördert werden. Anders gesagt: Adäquatere Stufen im moralischen Sinne sind zwar eine notwendige, aber keine hinreichende Voraussetzung für die Entwicklung adäquaterer Gemeinschaftsmuster.

Die *vierte Ebene* besteht in der Diskussion von Prinzipien des moralischen Handelns schlechthin. Es geht dabei um praktische Philosophie mit dem Ziel der Normkritik und der gesellschaftlichen Analyse von Verteilungstheorien mit ihren impliziten Gerechtigkeitsmodellen. Der jeweils vorliegende Fall wird dann nur von einem Teil dieser Theorien abgedeckt. Handlungsvorschläge, Situations- und Zielanalysen sowie Regel-Norm-Konzepte gehen in die gegenwärtige Analyse als untergeordnete Prozesse mit ein.

Gehen wir nun zu unserer Untersuchung zurück: Die strukturformenden Elemente: analytische Stimuli (A), stufenbezogene Gerechtigkeitsregeln (B) und Handlungsstrategie (C) – so lautet unsere Hypothese – können bei Vorgabe (zu freiem Gebrauch) adäquatere Koordinationen bzw. höhere Interaktionsstufen bewirken. Das generelle Kriterium der höheren Koordination ist auch hier keine Konzeption höherer Intelligenz oder höherer gruppendynamischer Fähigkeit. Das Eingehen auf den anderen, als ein Beispiel gruppendynamischer Fertigkeit, ist zwar eine Voraussetzung der Interaktion, muß aber nicht unbedingt die höheren gemeinschaftlichen Koordinationen beeinflussen, wenn die kognitive Begründung außerhalb der Ziel-Mittel-Verbindung liegt. Während gruppendynamische Variablen deshalb soziometrisch immer in bipolarer Dimensionierung gemessen werden, sind qualitative Unterschiede, die einen kontinuierlichen Charakter haben, aufgrund hierarchischer Merkmale zu ermitteln. Das Kriterium für hierarchische Qualität ist die höhere Adäquatheit bei den Verknüpfungen, die wir oben bestimmt haben.

Welches ist der psychologisch-philosophische Hintergrund dieser Adäquatheitshierarchie? Erstens ist auf die Beschreibung der Konflikt- bzw. Problemsituation zu verweisen (S. 33 und S. 85 in diesem Buch).

Moralische Probleme sind anders strukturiert als technische oder mathematische (vgl. Exkurs S. 195 ff.). Während dort Strategien und Regeln gesucht werden, um das Ziel zu finden, ist bei moralischen Diskursen eine Entscheidung meist relativ rasch getroffen, d. h., die Individuen sagen spontan, ich würde so und so handeln. Dann aber werden so lange Argumente zur Legitimation dieser spontanen Handlungsauffassung gesucht, bis man das Gefühl hat, die Handlung sei hinreichend (vor sich selber und vor der Gruppe) begründet. Zuerst finden wir bei moralischen Dilemmata eine Art vorwegnehmender Entscheidung und anschließend eine Art Exhaustion tragender Argumente. Und die eigentlichen koordinativen Systeme einer Diskussionsgemeinschaft sind die Legitimationsstränge zur hinreichenden oder erschöpfenden Begründung einer vorweggenommenen Entscheidung. Die Analyse der Problemstruktur legitimiert an sich schon den obigen Vorschlag der vier Ebenen, obwohl er im wesentlichen im Rekurs auf die vorliegenden Daten entwickelt wurde.

Wir haben uns gefragt, welches der philosophisch-psychologische Hintergrund der Adäquatheitshierarchie wäre, und als erstes die Exhaustionsproblematik genannt. Als zweites ist zu sagen, daß die Merkmale von strukturalen Systemen insofern durch die sprachliche Interaktion der Gruppe bestimmt sind, als es eine Logik der vorgenommenen Aktionen gibt. Das selbstproduzierte System unterliegt seinen eigenen Gesetzen (Piaget 1973, S. 30). Im Prinzip der Transsubjektivität einer moralisch komplexen Situation, die praktisches Handeln, theoretische Kenntnis der Gegenwart, normative Genesen und moralische Grundgesetze umfaßt (Lorenzen 1974), lassen sich Ebenen (Levels) der genetisch-epistemologischen Entwicklung erkennen. Dies wäre ein induktiver Weg. Man kann aber auch von einer Situation ausgehen, in der Personen, die in einen moralischen Konflikt verwickelt sind, zunächst die Prinzipien etwa der Anspruchstheorie (Nozick 1976) mit Verteilungsgrundsätzen diskutieren, um dann aufgrund von Situations- und Zielanalysen schließlich zu Entscheidungen überzugehen. Dann ist die strukturale Adäquatheit des Modelltyps vermutlich leicht festzulegen, da es sich hierbei um ein deduktives Vorgehen handeln würde.

Komplexität und kognitive Stufen personaler Interaktion

Kohlberg verwendet zur Erfassung der kognitiven moralischen Struktur als Modus des Urteils in einer Dilemmasituation auf jeder der sechs Entwicklungsstufen sog. »moral issues«, »moral concerns« und »moral elements«. »Issues« sind diejenigen Merkmale, welche die Verhaltensentscheidung bestimmen. »Moralische ›concerns‹ definieren wir als Einstellungen und Konzepte, die vom Individuum konstruiert werden. Sie statten Objekte und Ereignisse mit moralischen Werten aus . . . Wir sind überzeugt, daß sich diese ›concerns‹ funktionell der Reflexion von universalen Moralwerten annähern.« (Gibbs, Kohlberg et al. 1976, S. 27)

Das dritte sind die moralischen Modi und Elemente. Es gibt einen sog. normorientierten Modus, einen utilitaristischen Modus, einen idealistischen Modus und einen an Fairneß und Ausgleich orientierten Modus. Die Elemente in diesen Modi sind sehr verschieden. Sie reichen von Strafvermeidung bis zur Gleichheitssuche. Wir müssen an dieser Stelle auf das angekündigte Werk von Kohlberg und seinen Mitarbeitern verweisen (Assessing Moral Stages, 1978, 1979). Für die ausführliche Darstellung aller dieser Charakteristiken wäre eine eigene Schrift erforderlich.

Gesamthaft gesehen geht es Kohlberg um eine qualitative und integrative Komplexität. Während bei informationstheoretischen Ansätzen wie bei Kelly (1955), Harvey, Hunt und Schroeder (1961), Bieri et al. (1966) und Kahn und Lamm (1967) entscheidend ist, daß eine Person mehr Gesichtspunkte in Betracht zieht, mehr Fragen stellt, mehr oder weniger Dimensionen bei einem Urteil berücksichtigt, ist bei Kohlberg die höhere Stufe »qualitativ komplexer«, d. h., die neuen Gesichtspunkte schließen die alten ein, auch wenn der Zuwachs an neuen Elementen relativ gering ist.

In *unserem Forschungskonzept* spielt Komplexität eine andere Rolle als bei Kohlberg. Wir akzeptieren die qualitativen Charakteristiken der Stufenstrukturen. Wir meinen aber, daß Komplexität im Sinne der *in* einer Stufe sich abspielenden Koordination eine Rolle spielt für die Effektivität des Stufenmusters selber. Denn in der Gruppe – und wir haben es ja, wie wir im Entwurf des Projektes dargestellt haben, mit Gruppenkoordinationen zu tun – ist es wichtig, daß die Struktur für eine Entscheidung optimal effektiv wird.

Wir möchten nun zwei Arten von stufenbezogener Komplexität unterscheiden: *koordinative Komplexität* und *strukturale Komplexität*. Zuerst zur koordinativen Komplexität:

Wenn in einer Gruppendiskussion einzelne Meinungen vorgebracht werden, die vergleichsweise isoliert bleiben und nur in geringem Maße miteinander verbunden werden, bezeichnen wir dies als tiefe koordinative Komplexität oder Kompaktheit (in unserer Skalierung als I dargestellt). Die koordinativen Verbindungen sind bloß inhaltlicher Art, es gibt kein übergreifendes Netz. Die Koordinationen der Gruppe bleiben wirkungslos. Wir könnten von einer »Privatsprache« der Gruppe oder von »interaktivem Egozentrismus« sprechen.

Wenn jedoch in einem Diskussionsprotokoll ein Vorschlag oder ein Argument, eine Norm oder eine Theorie über eine gewisse Sprechzeit hinweg von allen Mitgliedern diskutiert wird, sind die koordinativen Verbindungen bereits intensiver. Der einzelne Teilnehmer geht auf das Vorhergesagte ein und führt es weiter, ohne davon abzukommen. Vergleiche, Annahme und Ablehnung, Einführung von zusätzlichen Informationen etc. beziehen sich auf denselben Gegenstand. Der Wechsel des Gegenstandes wird bewußt gemacht. Wir bezeichnen dies als mittlere Komplexität (mit II in unserer Übersichtsdarstellung).

Wenn alle diskutierten Gesichtspunkte übersichtlich dargestellt, miteinander verglichen, zusammengefaßt und/oder hierarchisch verbunden werden, gleichsam das ganze Gesprächsprotokoll letztlich unter selektiven Gesichtspunkten betrachtet wird, dann haben wir eine hohe soziale Koordination innerhalb des Gruppenprozesses. Die Struktur des gemeinsamen Handelns im Sinne von Doise (vgl. S. 79 f. in diesem Buch) setzt sich vollständig durch. (Bezeichnung in unserer Übersicht mit III.)

Koordinative Komplexität wird – so lautet eine unserer Hypothesen – durch Vorgabe von Strategien gefördert. Koordinative Komplexität in unserem System bedeutet eine Intensivierung der selektiven Korrelierung aller inhaltlichen Punkte in einem Diskussionsprozeß. Es geht dabei um die Ökonomie der Koordinationen.

Wir kommen nun zum Begriff der *strukturalen Komplexität*. Sie hat auf jeder Ebene eine andere Bedeutung.

Auf der *ersten Ebene* geht es um die Frage, wie einseitig oder komplex mögliche Aktionen bzw. Handlungs- und Lösungsvorschläge gesehen werden. Es ist ein Unterschied, ob aus einer Reihe von Handlungsvorschlägen ausgewählt wird oder ob ein Vorschlag wiederholt auftritt. Es ist auch ein Unterschied, ob ein Vorschlag unter verschiedenen funktionalen Gesichtspunkten gesehen wird.

Auf der *zweiten Ebene* der Situations- und Zielanalyse spielt Komplexität eine andere Rolle. Folgende vier Gesichtspunkte sind zu bedenken: Erstens: je mehr Analysenbereiche ins Auge gefaßt bzw. untereinander koordiniert werden, um so klarer werden die Bedürfnisse der in das Problem involvierten Personen herausgeschält und kritisch beraten. Die Bedürfniskritik vollzieht sich in den Argumenten, die Konsequenzen, Intentionen, Kausalitäten oder allgemein situative Begründungen darstellen. Schwemmer (1974) meint:

»Was man nun als ein Bedürfnis festlegt, wird davon abhängen, wie man das menschliche Leben beschreibt. Da einiges von dem, was man als Bedürfnis oder Bedingung menschlichen Lebens erklärt, erst aufgrund zweckgeleiteten Handelns geworden ist, also die Befolgung bestimmter Normen schon voraussetzt, dürfen wir nicht einfach die Handlungsregeln an den Beginn unserer Deutung setzen, deren Befolgung faktisch zu Bedürfnissen erklärt worden ist. Zunächst ist vielmehr eine kritische Beurteilung dieser faktisch behaupteten Bedürfnisse zu leisten.« (S. 92)

Je mehr kritische Aspekte mit ins Feld gebracht werden, um so komplexer ist die Bedürfnisanalyse.

Zweitens: im Sinne der interaktiven Verläufe beginnt hier die Entstehung zusammenhängender Legitimationsmuster, die eine Plattform für die a priori gefällte und eventuell revidierte Entscheidung darstellt. Die gegenseitige Transparenz beruht immer noch auf Meinungen über Faktisches und Gesolltes. Drittens sind die Konflikte nicht bipolar; es stehen also nicht nur zwei Werte einander gegenüber. Stehen zwei genau gleich »valide« Werte einander gegenüber, dann entscheiden Gesichtspunkte, die sich aus der Situations- und Zielanalyse ergeben. Komplexität hilft Merkmale des Faktischen auszusondern. Und viertens: Man kann so argumentieren, daß vom Gesichtspunkt moralischer Stufen aus allein die Stufenstruktur wichtig ist. Will man aber Gruppenkoordinationen im moralischen Bereich aussondern, dann ist die Vielfalt der Gesichtspunkte die Basis der Verbindungen. Wir werden auf S. 375 ff. von der Just-Community-Idee sprechen und einige Bilder von Just-Community-Meetings vorstellen. Es ist bezeichnend, daß diese Versammlungen sich oft nur auf der Ebene des Funktionalen abspielen. Die systematische Analyse der möglichen Intentionen, Konsequenzen und Kausalitäten, die wir oben als Bedürfniskritik bezeichnet haben, ist dann noch nicht zur Strategie gemacht worden. Es wäre somit schwierig, zur dritten Ebene, zur Anwendung von moralischen Regeln vorzustoßen, gerade weil die Diskussion den Aspekt der strukturinternen Gesichtspunkte nicht berücksichtigen würde. Möglicherweise gibt es so etwas wie das Ausschöpfen von Argumenten, um zur nächsten Ebene zu gelangen. Nicht etwa sprachliche Fertigkeiten oder gruppendynamische Fähigkeiten (zwar anerkennen wir diese Bereiche als äußerst wichtig für die allgemeine Offenheit, den Abbau von Hemmungsbarrieren etc.) bewirken Veränderung der Stufenmuster, sondern der Anreiz durch qualitative Stimuli.

Auf der *dritten Ebene* wird die strukturale Komplexität durch interaktive Auseinandersetzung mit »moralischem Material«, in unserem Fall also durch Berücksichtigung, bestenfalls durch Hierarchisierung von Gerechtigkeitsregeln oder Normen bestimmt. Solches Material wird jedoch nicht für sich diskutiert, sondern muß im Kontext einer echten Problemlösung bleiben, die, anders als bei der funktionalen und analytischen Perspektive (erste und zweite Ebene), den Prozeß der Lösungsfindung *struktural* bestimmen soll. Hier wird der Konflikt zum Normenstreit, wobei nicht die richtige Norm, sondern die jeweils andere Begründung des Lösungsausganges das entscheidende Kriterium ist. Wie bei den Kohlberg-Dilemmas stehen sich Werte (issues) gegenüber, und es ist zu vermuten, daß die Kohlberg-Stufen eigentlich erst auf dieser Ebene eingeschätzt bzw. kodiert werden können. Wenn die Wahl der besseren Norm oder Regel bestimmend ist, kann man ihre qualitativ höhere Adäquatheit auch als qualitativ höhere Komplexität bezeichnen. Daß aber bei einem Problem überhaupt auf dieser Ebene diskutiert wird, ist nicht selbstverständlich. Dies soll später am Beispiel der Anwendung einer gewählten Regel gezeigt werden. Merkwürdig ist, daß Schülergruppen von der Diskussion der Regeln so sehr gefangen sein können, daß sie die Anwendung auf eine zu treffende Lösung vergessen. Sobald die Norm aus dem gesamten Normkomplex selektiert ist, wird über die Lösung selbst nicht mehr diskutiert, denn diese Gerechtigkeitsnorm wird selbst als Lösung angesehen. Die Prinzipien der

Moral erhalten dann eine Eigengesetzlichkeit mit einer erstaunlichen praktischen Relevanz. Die Konfliktbeseitigung erfolgt in diesem Falle nicht durch eine Lösung, sondern durch die gefundene Norm selber, welche die Lösung impliziert. Die vorausgehende Normkritik kann entweder mehr oder weniger Aspekte berücksichtigen, bleibt aber eine Kritik auf der dritten Ebene. Normen werden mit andern Normen kritisiert. Das eigene kognitiv-moralische Schema erhält seine Stabilität durch Aussonderung oder es verliert durch die Normkritik seine Stabilität.

Aussagen über die Komplexität der *vierten Ebene* sind schwer zu treffen. Wird die Normenkritik von einer moralistischen Theorie her (Hare, Erlanger Schule, Nozick oder Höffe etc.) durchgeführt, so wird dabei das jeweilige philosophische System reproduziert, und je mehr Systeme nebeneinander Platz finden, um so komplexer ist auch hier die Entscheidung. Es ist allerdings schwierig, von Komplexität zu sprechen, da moralische Theorien an sich schon komplex sind. Wenn es mir also um eine Rechtfertigung von Entscheidungen geht, die sowohl alle Effekte der Wahl mit einbezieht als auch die Wirkung der Normen und Werte kritisch betrachtet sowie die Wirkungen dieser Betrachtungsweisen ins Auge faßt (Taylor 1970), so kann man zumindest dann von Komplexität sprechen, wenn sich der Handelnde oder die Gruppe, die ihren eigenen theoretischen Entwurf vorlegt, von anderen derartigen Entwürfen abhebt. Gerade dies macht aber den Rechtfertigungsprozeß auf dieser Ebene aus. Metatheoretische Erörterungen schließen alle unteren Stufen mit ein, und sobald eine prinzipielle Regel funktioniert, wird sie verallgemeinert und ins System eingebaut. Funktioniert sie nicht, so entsteht entweder eine zu diskutierende Leerstelle oder es wird ein anderes Prinzip konstruiert. Auch wenn dies die Basis der Rationalisierung von Normen ist, liegt darin nur eine Art der Erzeugung von Verbindlichkeit gegenüber Handlungsintentionen und Entscheidungen. Weitere Möglichkeiten sind auf gesellschaftstheoretischer Ebene, auf der Ebene der Wissenschaftsstruktur und auf der Ebene kommunikativer und allgemein philosophischer Begründungsverfahren zu suchen (Lorenzen 1974).

Als letztes Merkmal haben wir *Affinität* genannt. Damit ist die eigentliche Verpflichtung gemeint, die mit einer Aussage oder mit einer Entscheidung gekoppelt ist. Es geht hier um die Konsistenzfrage von Denken und Meinen. Die Verpflichtung, die jede Aussage mitführt, schließt in sich das konzeptuelle Werkzeug für moralisches Handeln ein, auch wenn wir vorerst beim Urteil stehenbleiben.

Wir haben oben (S. 38 ff.) den Begriff der Ich-Entwicklung angeführt. Wenn Gruppenmitglieder interaktiv Begründungsmuster erstellen, so sind Ich-Stärke, Valenz und Ausmaß der Offenheit oder Motivation von Bedeutung bzw. zwar eine wichtige, aber keine hinreichende Bedingung für die Transsubjektivitätsstruktur. Loevingers höchste Stufe besagt, daß ein Mensch, der innere Konflikte überwunden hat, auf das Unerreichbare verzichtet und seine Identität gefunden hat, was auch bedeutet, daß er in der Gruppendiskussion besser »funktioniert«. Hoffman und Maier (1970) untersuchten das Verhältnis zwischen Wertigkeit und Annahme einer vorgeschlagenen Lösung in der Gruppe. Je höher die Wertigkeit oder je weniger negative Aussagen gegenüber einer Lösung bestehen, um so höher ist die Wahrscheinlichkeit der Annahme in der Gruppe.

Diese Fakten leisten aber vermutlich kaum einen Beitrag zur Frage der qualitativen Höhe der Gruppenstruktur. Diese wird nach logischen (philosophischen) Gesichtspunkten entworfen und empirisch allein über die Betrachtung koordinativer Verknüpfungen ermittelt.

Genauere Beschreibung der kognitiven Interaktionsstufen unter Verwendung der Gruppenprotokolle

Bis jetzt haben wir Merkmale der Interaktionsstrukturen dargestellt. Wichtig war, daß wir von den Ereignissen *innerhalb* einer individuellen moralischen Entwicklungsstufe ausgingen. Über die strukturformenden Komponenten sind wir zu neuen, in der Literatur bisher noch nicht dargestellten kognitiven Stufen der Intersubjektivität gelangt. Diese wollen wir nun genauer beschreiben und vor allem veranschaulichen. Zuerst aber einige Bemerkungen zu den Forderungen, die an die weiteren Überlegungen zu stellen sind:

1. Die hier dargestellten Stufen sind aus den Protokollen der Schülerdiskussionen empirisch belegbar. Ihre Kritik muß aber auch vor dem Hintergrund einer philosophischen und kommunikationstheoretischen Rechtfertigung erfolgen.

2. Die Stufen haben nur dann Geltung, wenn Konflikte zur Diskussion stehen, in welchen moralische Normen und/oder moralisch-soziale Prinzipien eine sinnvolle Konstituente bilden. Was Habermas ›praktischen Diskurs‹ nennt, besteht u. a. darin, daß im Hinblick auf Konsensusbildung Argumentationszusammenhänge in einer Sache zur Darstellung kommen, in der empirische Gesetzeshypothesen keine Relevanz haben. In diesem Sinne geht es uns um echte Dilemmasituationen.

3. Die Stufen sind entwicklungspsychologisch noch nicht abgesichert. Möglicherweise entstehen durch weitere Querschnittstudien noch feinere Stufenabgrenzungen. (Die von Piaget [7]1968 durchgeführten Untersuchungen zur Klassifikation der Kindersprache brachten die Begriffe »egozentrische Äußerungen« und »sozialisierte Äußerungen« hervor. Vielleicht können diese zur weiteren Ausdifferenzierung unserer Stufen im Sinne entwicklungsspezifischer Verfeinerung dienen.)

4. Grundlage der vorgestellten sozialen Untersuchung mit moralischen Regeln und Normen ist die im Exkurs 2 (S. 195 ff.) dieser Arbeit dargestellte Problemlösekonzeption. Wir beanspruchen also keine Geltung für Probleme, wie sie etwa Maier (1970) vorlegt, bei denen Personen das Endziel haben, eine richtige, sachliche Lösung zu finden. Vielmehr geht es um die Anwendung des Exhaustionsprinzips, d. h. darum, daß Entscheidungs- bzw. Lösungsvorschläge zwar sofort offenliegen, dann aber exhaustiv begründet oder legitimiert werden. Der Exhaustionsgrad – so unsere Annahme – hängt u. a. vom Dilemmacharakter des Problems, von der Widerspruchsfähigkeit der Gruppe und vom eigenen Bedürfnis ab, Entscheidungen dem Moralprinzip zu unterstellen. Dies sind allerdings motivationale Komponenten, die zur Stufenhöhe der Gruppe nur indirekt etwas beitragen. Die Stufenhöhe selber kann durch strukturformende Elemente (Treatments) stimuliert werden.

5. Wir stellen uns die Interaktion der Mitglieder als Handlungen

vor, die ein eigenes soziales System generieren. Dabei handelt es sich nicht bloß um eine Summe individueller Äußerungen oder um eine neue ganzheitliche Entität, sondern in Piagets Sprache um

». . . ein System von Beziehungen, wobei jede dieser Beziehung, als solche, eine Transformation von Begriffen auslöst, Begriffe, die jene Beziehungen verbinden«. (1967, S. 29)

Dieses System, das so entsteht, als ob es schon immer dagewesen wäre und doch ganz neu ist, hat eine eigene »gruppenkognitive« Struktur, eine eigene Ökonomie und eine eigene Sprache oder Repräsentation. Diese zu erfassen ist unser Ziel.

Geben wir zuerst eine präzisere Übersicht über die Stufen der Interaktion:

1. Funktionale Perspektive

A. Die Lösung bzw. der Lösungsvorschlag steht   I
im Mittelpunkt. Fragen oder zusätzliche Fak-   II
ten sind selten und nur funktional.   III

B. Die Lösung bzw. der Lösungsvorschlag steht   I
im Mittelpunkt. Bedingungen und Begründun-   II
gen (Konsequenzen, Intentionen, Kausalitäten)   III
haben nur die Funktionen, die schon gegebene
Lösung zu stützen (funktional). Erste Wenn-
dann-Sätze. Mögliche Hierarchie der Lösungsvorschläge.

2. Analytische (dialektische) Perspektive

A. Die Analyse von Fakten und Bedürfnissen, die   I
den Lösungsvorschlag beeinflussen und recht-   II
fertigen, steht im Mittelpunkt. Die Lösung ist   III
ein Rudiment der Faktenanalyse.

B. Die systematische Analyse von Konsequenzen,   I
Intentionen, Kausalitäten und des sozioökono-   II
mischen Status bzw. der allgemeinen psychoso-   III
zialen Fakten steht im Mittelpunkt. Die Analyse verselbständigt sich bzw. bezieht universale
Aspekte mit in den Überlegungsprozeß ein.
Hierarchie der Fakten, Gründe, Konsequenzen
etc.

3. Normative Perspektive

A. Moralische Normen und Regeln und morali-   I
sche Prinzipien, die das Wertsystem des einzel-   II

nen bestimmen, treten *operational* in den Mit- III
telpunkt der Diskussion. Sie verändern den
Lösungsprozeß fundamental. Analyse (Stufe 2)
und Lösungsvorschlag (Stufe 1) sind bloß Be-
gleitung und/oder Folge der Normdiskussion
(Prinzipiendiskussion).

B. Moralische Regeln und moralische Normen I
werden erst kritisiert, d. h. nicht nur angenom- II
men oder abgelehnt, sondern als in sich stehen- III
de Konstituenten eines Systems der Gruppe
angewandt. Es geht um die Universalisierbarkeit der Normen. Die Normdiskussion verselbständigt sich, um annehmbar zu werden.
Hierarchie der Normen.

4. *Philosophische Perspektive* (Authentische Perspektive)

A. Ein bestimmtes globales Moralprinzip wird I
aufgrund einer Richtung in der praktischen II
Philosophie diskutiert. Dabei sind Akzentu- III
ierungsprobleme, Konsensfindung, Durchsyste-
matisierung, Äquivalenzfunktionalismus, trans-
zendentale Legitimation etc. von Bedeutung.
Normkritik, Analyse und Entscheidung erfolgen im Lichte dieser »Theoriearbeit«.

B. Mehrere solcher Theorien werden kritisch un- I
tersucht, um den eigenen Standpunkt um so II
besser hervortreten zu lassen. (Z. B. Frankfur- III
ter Schule, Erlanger Schule, Durkheim, Kant
etc.). Normkritik, Analyse der Fakten und Lösungsvorschlag werden im Lichte verschiedener
Theorien gesehen. Hierarchie der Theorien.

In der graphischen Darstellung entsprechen die Perspektiven dem
Guttman-Theorem insofern, als die strukturalen Elemente einer
tieferen Stufe in einer höheren integriert werden, dort aber eine
andere Bedeutung der wechselseitigen Koordination erlangen.
Vgl. Figur 1.1.

Zu jeder dieser Perspektiven sind drei römische Ziffern angegeben, die sich auf die von uns auf S. 91 f. dargestellte koordinative
Komplexität oder Kompaktheit beziehen. Ihre Kriterien müssen
nochmals dargestellt werden. Piaget nennt drei Aspekte der
kooperativen Koordination:

Fig. 1.1: Graphische Darstellung der Integration tieferer Stufen in höhere

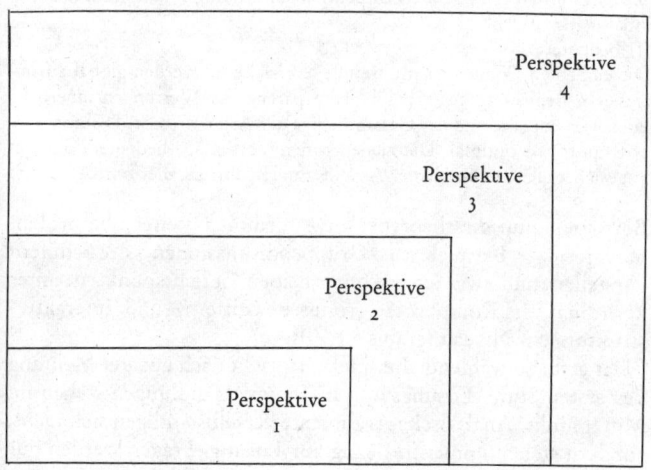

Perspektive 4

Perspektive 3

Perspektive 2

Perspektive 1

»... den kognitiven Aspekt (Operation oder Prä-Operation), seine Energie oder Ökonomie, welche den affektiven Aspekt (Werte) darstellt, und das System der Indizes oder Symbole, die diesen operativen Strukturen oder diesen Werten als Wegweiser dienen.« (²1967, S. 31)

Die koordinative Komplexität oder Vielfalt der kommunikativen Netzstruktur wäre als zweites zu untersuchen. Sie hat im Gegensatz zur strukturalen Komplexität mit den sprachlichen Reaktionen im Diskurs als solchen zu tun. Nach Piaget stellt sie so etwas wie eine Ökonomie des Gruppenprozesses dar.

Sie besteht aus a. dem Annehmen oder Ablehnen eines Lösungsvorschlages, b. aus dem Nichtbeachten eines Vorschlages, c. aus der Produktion von Gegenvorschlägen oder allgemein aus den Wertungen, die mehr oder weniger koordiniert werden.

I bedeutet:
Die Sprecher gehen wenig aufeinander ein. Aussage steht gegen Aussage. Wertungsvorgänge sind nur indirekt aus den Fragen und Äußerungen ableitbar (Privatsprache oder Egozentrismus eines jeden Mitgliedes).
II bedeutet:
Über einen gewissen Zeitraum gehen die Sprecher aufeinander ein. Die behandelten Aspekte bilden Kommunikationseinheiten. Innerhalb dieser

Kommunikationseinheiten ist die koordinative Komplexität hoch, Wertungen werden vollständig vorgenommen und sind über diesen Gesprächsabschnitt direkt erschließbar. Ungebrochene Kommunikation für je einen inhaltlichen Block.

III bedeutet:
Die einzelnen Kommunikationseinheiten (siehe II) werden global zueinander in Beziehung gesetzt. Die Transparenz der Wertungen innerhalb einzelner Aspekte und der Gesamtmenge der Aspekte (bzw. Diskussionsabschnitte) ist optimal. Die gemeinsamen Vorschläge bedeuten, daß ein angesichts aller besprochener Aspekt zum Bedürfnis aller wird.

Bevor wir nun die theoretischen Annahmen weiter überprüfen, möchten wir Beispiele aus Gruppendiskussionen von Schülern vorstellen, und zwar jeweils unter beiden Gesichtspunkten: unter koordinativer Komplexität (römische Ziffern) und interaktivstrukturalem Niveau (arabische Ziffern).

Das erste zu wählende Beispiel entspricht nach unserer Meinung der ersten Stufe. Lösungsvorschläge und Handlungen stehen im Mittelpunkt. Analytische Argumente verselbständigen sich nicht, sondern stehen immer in Bezug zur Lösung. Fragen werden nur gestellt, um die anvisierte Lösung zum »Funktionieren« zu bringen. Das aufgegriffene Wertsystem bezieht sich allein auf die Lösungsvorschläge. Diesem ersten Beispiel liegt das sog. Kinoproblem (Beschreibung S. 58 f.) zugrunde. Links auf der Seite schreiben wir jeweils das Diskussionsprotokoll auf, rechts versuchen wir einzustufen und einen entsprechenden Kommentar zu geben. Die Nummer am linken Rand steht für individuelle Schüler.

3: Ich wollte schauen, vielleicht hat jemand etwas vor, dann würde ich die Eintrittskarte nicht ihm geben.	I A I	Die Schüler bringen einzelne Vorschläge, ohne daß dazu von den andern Stellung bezogen wird. Das koordinative Moment ist
2: Man könnte mit dem Geld der Karten nicht nur ins Kino, sondern auch in die Badeanstalt gehen.	I A I	einzig der Gegenvorschlag. Schüler 3 startet in Richtung analytische Perspektive, wird aber darin eindeutig gestoppt und paßt sich
1: Man könnte es auch zurückbringen und das Geld teilen.	I A I	der funktionalen Ebene an. Werden Konsequenzen vorgebracht, so nur um II den Vorschlag zu bestäti-

3: Und dann könnte man irgendwo anders hingehen.	} 1 A I	gen.
2: Man könnte von dem Geld etwas kaufen.	} 1 A I	
3: Man könnte zusammen ins Kino gehen; dann wären die Kameraden dabei. Allein ist es langweilig. 2: Was meinst du?	} 1 B I	
1: Man könnte die Billette (Eintrittskarten) verkaufen und das Geld teilen.	} 1 A I	
2: Aber wir haben schon das Billett. 3: Wir können es jemandem geben, der sonst nichts vorhat und der z. B. keinen Fernseher zu Hause hat. Und dann gäbe man es jenem. 2: Ja, das könnte man auch.	} 1 A II	} II
1: Man könnte es auslosen. 3: Aber dann würde jener, der es nicht bekommt, böse.	} 1 B II	
2: Ich würde einmal wegen des Fernsehers schauen.	} 1 A I	
3: Auslosen geht nicht.	} 1 A I	
2: Das Billett ist unbeschränkt gültig.	} 1 A I	
3: Man könnte noch zwei Billette dazu kaufen und den Betrag aufteilen. Dann hätten alle etwas davon. 2: Ja. 1: Und das wäre nicht so		Dies ist ein typisches Beispiel einer längeren Kommunikationseinheit (II). Das verbindende Moment besteht nicht nur darin, einen Gegenvorschlag zu machen, sondern Stellung

teuer. (10 Sek.)

1: Es wäre besser, wenn alle drei gehen könnten.
3: Ja, nicht allein.
2: Dann könnte man nachher über den Film sprechen.
3: Und . . .
3: Also bringen wir das Billett zurück, oder wir kaufen noch zwei dazu.
1: Ja.

} 1 A–B II

2: Man könnte einmal . . .
3: es verkaufen und einen ganzen Nachmittag damit verbringen.
2: Dann würde man im Kino auch nicht einschlafen.
3: Dann hätte man einen vergünstigten Nachmittag.
1: Ja, sonst nur zwei Stunden.
3: Was meinst du?
1: Lieber einen Tag ins Kino. (Lachen)

} 1 A–B II

3: Wenn vielleicht alle drei gehen könnten, dann ginge es.
1: Die andern kaufen es, weil wir nur eines haben.

} 1 A I

2: Man könnte auch ins Hallenbad gehen.
1: Oder Glace (Eiskrem) kaufen.
3: Dann hätten alle davon.

} 1 A II

2: Ich war noch nie im Kino.
3: Ach Gott, ich war

} 1 B II

zu nehmen, fortzuführen, zu vergleichen etc.

Hier wäre ein Ansatz zu einer analytischen Gesprächsform. Es ist aufschlußreich, wie sehr der Schüler Nr. 3 das Gefühl

schon dreimal. Aber
10 Fr. gehen nicht
durch drei.

2: Das macht nichts.

3: Bekommt ihr das feh-
lende Geld einfach von
den Eltern.

2: Nein, ich kann aber
vom Taschengeld neh-
men.

3: Ich muß dafür arbeiten.

} 2 A II

3: Wir kommen vom The-
ma ab. Was meinst du?

1: Wir können das Billett
verkaufen und zusam-
men etwas kaufen oder
einem Kameraden das
Billett verkaufen.

3: Ja.

2: Dann würde ich es bil-
lig geben.

3: Wenn es teurer wäre,
würde es niemand kau-
fen.

2: Ja, das wäre auch feige.

3: Und, dann hätte . . .

2: Ich würde zwei dazu-
kaufen. Wir drei spa-
ren. Das ist das ein-
fachste und beste.

3: Ja.

2: Und jemand gibt
10 Rp. mehr.

3: Das ist ja nicht soviel.

2: Das Ganze schon.

} 1 B II

1: Ja.

2: Betteln?

3: Das wäre nicht gut.
Vor dem Kino fragen,
wer lädt mich ein? (10
Sek.)

} 1 A I-II

3: Wenn es ausverkauft
ist, wenn wir gehen
wollen? Das wissen wir

hat: Wenn wir analytisch
diskutieren, so kommen
wir vom Ziel unserer Dis-
kussion ab (Rücklaufphä-
nomen). Das bestätigt eindeutig, daß die kognitiven
Koordinationen dieser
Gruppe bzw. ihr koordina-
tives System der ersten
Stufe entspricht.

ja nicht. } I A II

2: Dann verkaufen wir es.
1: Und amüsieren uns. }

1: Es wollen ja gar nicht
alle den gleichen Film
sehen. } I A II

2: Das kann sein.

3: Die Auslosung ist
schlecht. (10 Sek.) } I A I

3: Was meinst du eigent-
lich? (10 Sek.)

1: Wenn wir es verschen-
ken würden, wenn wir
nicht gehen wollen?

3: Das wäre gut. } I A II

2: Eine Großmutter, die
vielleicht noch nie im
Kino war und die gerne
einmal ginge.

3: Oder einem Kind aus
dem Heim.

2: Das einfachste wäre,
wenn wir zwei dazu-
kaufen. Und wenn es
keine mehr hat, dann
verschenken wir es
oder verkaufen. } I A I

3: Oder wir können einen
Film besuchen, wo es
nicht viel Leute hat.
Was meinst du? } I A I

1: Ja, zwei kaufen. } I A II
2: Ja, zwei kaufen.

3: Wir wählen also einen
Film aus, der uns alle
interessiert. } I A I
(Schüler notiert)

3: Wir kaufen drei. Das
wäre interessanter.

2: Zwei dazunehmen.
Und wenn jemand aus-
steigen will, z. B. er } I A I–II
will es verschenken,

Allmählich greifen die Mitglieder der Gruppe auf
schon gemachte Vorschläge
zurück. Sie koordinieren
sie aber nicht summativ,
stellen nicht gesamthafte
Vergleiche an, sondern
führen diese Vorschläge in
verschiedenen Varianten im
Komplexitätsfeld I weiter.

dann können wir wieder neu abmachen. (Schüler notiert)		
3: So. 2: Was für Gründe? 1: Alle können gehen. 3: Ja. (Schüler notiert)	1 A–B II	Die Niederschrift macht die Koordinationsökonomie nochmals deutlich. Es ist hier kein Durchbruch zu einer höheren Koordinationsebene. Aussagen stehen neben Aussagen. Es ist auch keine Hierarchie der Lösungsvorschläge zu bemerken (oder doch nur andeutungsweise).

3: Und
1: Es gibt keinen Streit.
2: Wenn später gesagt würde, daß jemand nicht mitkommt!
3: Wenn du zwei Billette nicht erhieltest?
1: Dann verkaufen.
3: Verschenken wäre besser.
1: Ja.
(Schüler notiert)

$\hspace{4cm}$ } 1 A I–II

3: Wir müssen sparen.
2: Verschenken, verschenken, wir können jemandem eine Freude machen.
(Schüler notiert)

$\hspace{4cm}$ } 1 A I

(Diskussionszeit 15 Minuten, Protokoll Kl. 20, Gr. 1)

Selbst wenn man von vornherein das Argument prüft, daß die inhaltliche Situation »Eintrittskarten gerecht verteilen« die Schüler dazu verleitet habe, auf der 1. Stufe unserer Skala zu diskutieren, ändert das nichts daran, daß Verknüpfungen im interaktiven Sinn hier nicht zum Wissen um Wirkungen von Handlungen und nicht bis hin zum Wirkungsbereich der Normen geführt haben. Die Verträglichkeit der eingehandelten Verfahrensvorschläge basiert auf der Meinung zu diesen Vorschlägen selbst. Die Zwecke werden nicht auf einen Raster von situativen Rechtfertigungen psychologischer oder sozialer Fakten und schon gar nicht auf moralische

Normen zurückgeführt. Auch wenn man so argumentiert, daß hinter dem Vorschlag »alle sollen ins Kino gehen« eine Norm oder eine Regel des Handelns verborgen sei, so ist es doch eine Tatsache, daß diese Norm als ein steuerndes Moment der Entscheidung in einer Dilemmasituation keineswegs bewußt wird. Auch hat die Abklärung von Interessen- und Bedürfnisstrukturen keinen systematischen Charakter. Die gegenseitige Verläßlichkeit wird nicht hinterfragt.

Betrachtet man die koordinativen Komplexitätsmerkmale (I, II, III), so ist auch hier die Ebene tief. Es gibt keine vorausgehende oder schrittweise Anerkennung der Sicherheit stiftenden Klärung von Sprechakten und keine zusammenhängenden Diskussionsblöcke.

Wir möchten nun das Beispiel einer Diskussion auf der zweiten Ebene vorlegen. Die Analyse von Problemfakten und von psychosozialen Gegebenheiten (Konsequenzen, Intentionen, sozioökonomischen Daten etc.) steht im Mittelpunkt. Wir haben zur Veranschaulichung das Problem Nr. 3 gewählt: das Adoptionsdilemma. Der Grund dafür liegt darin, daß aus dem Untersuchungsmaterial zum Eintrittskartenproblem ein Protokoll der zweiten Stufe kaum zu finden war. Es gab zwar viele Mischformen, aber kaum reine Texte der Stufe 2. Aus diesem Protokoll seien nur Ausschnitte wiedergegeben.

1: Wenn die Mutter ihr Kind gern hat und sie will, daß es dem Kind gut geht, und wenn sie sieht, daß es besser ist, daß das Kind nichts merkt, also daß es nicht hin- und hergerissen ist, und meint, daß die Eltern die richtigen sind, so sollte sie doch merken, daß das besser ist, daß es richtige Eltern kennt.

2: Ich glaube aber, daß die Mutter dieses Kind gar nicht richtig gern gehabt haben kann, weil

Dieses erste Statement ist ein Lösungsvorschlag; im Unterschied zur Ebene 1 sind hier jedoch viele Bedingungen angegeben, die das analytische Koordinationsmuster kennzeichnen. Diese Bedingungen (wenn a, b, c, d . . ., dann x) weisen darauf hin, daß hier Fakten und Werte in den Entscheidungsprozeß einbezogen werden, die letztlich alle um das Leben des Kindes kreisen. Zwar ist hier noch nicht eine Norm ausgesprochen, wie: »Gib dem schwächeren Leben

sie es gerade fortgegeben hat, und ich glaube, daß das Kind der Mutter keine Liebe geben könnte, weil die Adoptiveltern wie die richtigen Eltern sind, da es von klein auf bei ihnen war.

4: Du mußt die Umstände auch anschauen: Sie hat kein Geld gehabt, sie konnte das Kind nicht ernähren. Klar, sie hätte es nicht weggeben sollen. Sie hätte vielleicht Eltern gehabt, die sich um das Kind gekümmert hätten, ein befreundetes Ehepaar oder eine Kinderkrippe. Sie hätte es während des Tages dort lassen können und am Abend wieder abholen können. Ich meine, sie mußte ja auch leben, denn nachher . . .

3: Vielleicht hat sie schon bei der Großmutter gewohnt und wollte nicht, daß noch ein zweiter Esser käme.

2: Dieser Kinderkrippe hätte sie ja auch Geld geben müssen, daß sie es dort lassen konnte, das wäre aufs gleiche herausgekommen.

1: Gehen wir zum letzten Satz: Der Richter kann seine Stelle verlieren, wenn er nicht gut entscheidet. Mich dünkt

2 B II

optimale Bedingungen der Entfaltung.« Aber die Analyse hat alles geleistet, um zu einer solchen Norm vorstoßen zu können.

Die nächsten Statements sind alles typische Aussagen zur Analyse der moralischen Situation. Sie laufen alle auf der Argumentationsebene des praktischen Diskurses, nämlich von Angemessenheit/Richtigkeit, von Rechtfertigungen, von Gründen etc. innerhalb der situativen Perspektive.

Beim Diskussionsabschnitt über den Richter sieht man sehr gut, wie der Lösungsvorschlag in die Analyse eingebettet ist (hinauswer-

es, daß man einen Richter nicht einfach hinauswerfen kann, daß er die Stelle verlieren kann, wenn er nach seiner eigenen Meinung richtet. Dem Richter übergeben sie Gewalt, daß er richtig urteilt. Wenn man ihm doch solches Vertrauen gibt, kann man ihn doch nicht einfach hinaus werfen, wenn er selbst urteilt.

3: Ich finde, diesen Richter können sie jetzt hinauswerfen, weil er von den Eltern Geld angenommen hat.

2: Ja.

4: Das ist nicht sicher, daß es er angenommen hat. Es steht ja nur, sie hätten es ihm geschickt. Er kann es auch wieder zurückgesandt haben, oder daß er es persönlich einem Waisenhaus gegeben hat oder sonst einem guten Zweck.

3: Aber wenn er es angenommen hätte, d. h. für einen guten Zweck gebraucht hätte, hätte er es (dennoch) angenommen. Er hätte es einfach weitergegeben und nicht für sich gebraucht, aber er hätte es angenommen.

2: Wenn ich der Richter gewesen wäre, hätte ich einmal mit den Eltern

fen / nicht hinauswerfen), aber der Lösungsvorschlag hat an sich kein entscheidendes Gewicht. Was man über den Richter sagen kann, also die Fakten und die Bewertungen dieser Fakten, steht im Mittelpunkt. Die Einschätzung B ist gegeben, weil die zusammenhängenden und zusammengefaßten Abschnitte eigentliche Diskussionseinheiten darstellen, in denen die Fakten und Gründe mehr oder weniger hierarchisch geordnet werden. II bedeutet, daß ein Abschnitt ein koordinatives Muster von Rede und Gegenrede darstellt, worin jede neue Aussage auf die vorhergehende oder die vorhergehenden Bezug nimmt.

2 B II

darüber gesprochen, warum sie ihm dieses Geld geschickt hätten. Er hätte sie fragen sollen, ob er das Geld für einen guten Zweck gebrauchen könne, er sähe es nicht als Bestechungsgelder an.

3: Ob er wohl dann gleich nach seiner Meinung gehandelt hätte?

1: Machen wir über diesen Punkt noch eine kleine Zusammenfassung. Also, es ist besser für das Kind, wenn es bei den Stiefeltern bleibt, und die Mutter soll sich einfach ein wenig zurückziehen. Ihr müßt sagen, wenn ihr nicht mit mir einverstanden seid. (III)

1: Will noch jemand etwas dazu sagen? (Pause) Gehen wir zum nächsten Punkt. Man kann hier nicht genau sagen, wie nah diese Leute dem Richter stehen. Das ist unbestimmt.

2: Ich glaube, die Mutter steht diesem Richter näher, da sie den Versuch gar nicht gemacht hat, ihm Schmiergelder zu schicken. Ich glaube, das machen nur jene, die den Richter nicht kennen.

4: Wie nah ist sie ihm gestanden?

In diesem Abschnitt werden wiederum Fakten und Gründe dargestellt und bewertet. Die Mutter steht dem Richter nahe, die Eltern haben Geld geschickt, sein Sohn hätte ermordet werden können, die Adoptiveltern stimmen den Richter um etc. Die Kraft des Abschnitts besteht aber darin, daß (zumindest) Schüler Nr. 1 zu einer allgemeinen Norm vorstößt, d. h. auf die dritte Stufe springt. Es ist dies ein gutes Beispiel des Unterschiedes von analytischem Interaktionsmuster und

2: Sie hat ihn einfach ge-
kannt. Darum haben
die Eltern Geld ge-
schickt, daß er zu ihren
Gunsten entscheidet. Es
beeinflußt den Richter,
ob er jemand kennt
oder nicht.

3: Vielleicht ließe sich der
überhaupt nicht beein-
flussen.

1: Der Richter darf sich
überhaupt nicht beein-
flussen lassen, ob er
kann oder nicht. Ich
glaube, das kommt gar
nicht so darauf an.

3: Aber wenn man jetzt
seinen Sohn ermorden
möchte, kann er doch
nicht einfach freispre-
chen.

2: Ich glaube, wenn das
der Fall ist, wird ein
anderer Richter herbei-
gezogen.

1: Ich glaube, wir kom-
men vom Thema ab.
Mich dünkt es, daß es
nicht darauf ankommt,
wie nah die Leute dem
Richter stehen, weil der
Richter nicht aus Sym-
pathie handeln darf,
sondern gerecht urtei-
len muß. Darum
kommt es nicht darauf
an, ob er jemanden
kennt.

2: Die Adoptiveltern sind
reich und es kommt ih-
nen auf die Fr. 5000,–
nicht an. Sie haben es
ihm gegeben, damit er

2 B (3 A) II

Normmuster. Die Generie-
rung der Norm findet statt,
wenn Schüler Nr. 1 sagt:
»Mich dünkt es, daß es
nicht darauf ankommt, wie
nah die Leute dem Richter
stehen, weil der Richter
nicht aus Sympathie han-
deln darf, sondern gerecht
urteilen muß. Darum
kommt es nicht darauf an,
ob er jemand kennt.« Die
Verallgemeinerung (universalising) ist ein wesent-
liches Merkmal einer moralischen Gerechtigkeits-
norm. Hier stehen Gesetz
(Wahrheit) gegen Sympa-
thie, oder besser, Gesetz
gegen Affiliation. Die Regel wird dann aber nicht
festgehalten, weitergeführt
oder verwendet.

ein wenig mehr für sie
gestimmt ist, weil sie
wissen, daß man mit
Geld fast alles machen
kann. Sie glauben dar-
um, daß der Richter
eher für sie entscheidet,
wenn sie ihm Geld ge-
ben . . .

3: Dieser Prozeß ist für
alle unangenehm. Sie
fragen sich sicher: Ist
das nötig, muß das
sein?

2: Ich finde, dieses Pro-
blem hätte auch anders
gelöst werden können,
ohne Richter. Man soll
zuerst miteinander
sprechen und nachher
einen Prozeß machen.
Zuerst nach Gründen
fragen.

1: Ich glaube auch, es
wäre besser, wenn sie
miteinander gesprochen
hätten. In der ganzen
Welt sähe es überhaupt
anders aus, wenn man
miteinander diskutieren
würde und darüber
sprechen, anstatt nur
immer einen großen
Lärm zu machen.

2: Diese zwei Eltern sind
wie Hund und Katze
aufeinander losgegan-
gen. Dann ist noch das
Kind gekommen, und
so sind sie einfach zum
Richter gegangen.

3: Auch wenn das so ist,
mußt du sie trotzdem
kennenlernen und den

An dieser Stelle wird im
Zusammenhang mit einem
indirekten Lösungsvor-
schlag wiederum eine mo-
ralische Norm generiert,
nämlich: »Gerechtigkeit
entsteht, wenn man miteinander redet.« Allerdings ist
diese Norm auch hier nicht
systematisch eingeführt
oder gegen andere Normen
abgehoben, deshalb 2(3 A)B.
Es ist eine Regel, die dem
Stufe-3-Denken nach der
Kohlbergschen Skala ent-
spricht.

Standpunkt des andern wissen.

1: Vielleicht will die Mutter diese Adoptiveltern gar nicht sehen, weil sie sich schlecht vorkommt, da sie das Kind verkauft hat. Sie will sich den Eltern nicht recht zeigen. Die Adoptiveltern betrachten die Mutter vielleicht auch von oben herab, weil sie das Kind weggegeben hat.

2: Die haben keinen Grund, auf die Eltern herabzuschauen. Sie haben ja jetzt auch mit Geld angefangen, also mit Geld das Kind zu halten. Die richtige Mutter mußte einfach Geld haben, darum hat sie es fortgegeben.

3: Das war aber am Anfang. Überhaupt haben sie zu wenig für das Kind bezahlt. Jetzt können sie dem Richter einfach so Fr. 5000,– geben, und für das Kind haben sie nur Fr. 3000,– bezahlt. Wenn sie es schon abkaufen wollen.

2: Sie müssen ja wirklich nicht immer mit Geld handeln. Man kann doch einen Menschen nicht einfach verkaufen und den Preis möglichst hoch setzen. Auf das Geld kommt es

2 B (3 A) II

Ein Charakteristikum analytischer Gruppenkoordinationen sind die Konditionssätze. »Vielleicht will ...« Man denkt sich Möglichkeiten aus, in der eine Person hätte handeln können, und beurteilt diese Möglichkeiten. Diese Möglichkeiten sind aber keine Lösungsvorschläge; sie sind nur da zum Verstehen des Situationshintergrundes, in dem eine in das Problem involvierte Person gehandelt hat. Die Wertungen, die diesen Fakten zugeordnet werden, bilden die Entscheidungsgrundlage für den definitiven Lösungsvorschlag.

doch gar nicht an. Natürlich spielt das Geld eine große Rolle, aber es kommt nicht darauf an.

3: Aber wenn die Adoptiveltern das Kind schon kaufen wollten und sie haben es von der Mutter bekommen, hätten sie mehr bezahlen können.

1: Aber es ist besser, wenn das Kind bei den Adoptiveltern bleibt. (Beobachter: Sind alle einverstanden?)

1, 2, 3, 4: Ja, ja.

1: Seid ihr auch einverstanden, wenn die Adoptiveltern und die Mutter über das Problem diskutieren möchten?

4: Ja.

3: Aber es macht das Problem nicht anders. Jemand muß verzichten, ob sie diskutieren oder nicht.

1: Ja, aber sie sähen vielleicht mehr ein. Wie wir gesagt haben, es ist besser, wenn das Kind bei den Adoptiveltern bleibt. Kennt die Mutter die Gründe besser, wird es ihr wahrscheinlich auch klar.

3: Vielleicht aber auch nicht.

1: Es ist logisch, daß sie es merken muß. Wenn sie das Kind richtig

2 B (3 A) II

Diese Entscheidungsphase beinhaltet den Konflikt der Entscheidung für eine »Regel« und für eine Handlung. Wählt man die Regel, so ist die Handlung noch nicht vollzogen. Es ist ein gutes Beispiel für den Wert der »Regel«. Was hier allerdings fehlt, ist die Zusammenfassung, Übersicht und Hierarchisierung des bisher oder im letzten Abschnitt Gebotenen. Deshalb A. Die Schwenkung zur Regel und deren Begründung führt zum aufgerissenen, fragmentarischen Ende der Diskussion.

gern hat, will sie doch
das Beste fürs Kind
und kann sich darum
mit den Eltern einigen,
daß es dort besser für
das Kind ist.

(Diskussionszeit ca. 50 Minuten, Protokoll Kl. 03, Gr. 2).

Hinter dem Koordinationsmuster der Stufe 2 verbirgt sich teilweise der Glaube, man könne in moralischen Belangen urteilen und entscheiden, sobald man die Intentionen, Konsequenzen und Kausalitäten etc. der in das Dilemma involvierten Subjekte kennt. Man legt das Entscheidungsmuster des Arztes, des Richters oder des Ökonomen den kritischen Selektionsprozessen zugrunde, ohne zu bemerken, daß man durch die Evaluationsoperationen weit über das im Problemraum Gegebene hinausgeht. Während der Arzt die Fakten mit seinem Wissen über Gesetzmäßigkeiten des Organismus (naturwissenschaftliche Theorien), der Richter mit den Feinheiten des Gesetzes und der Ökonom mit jeweils aktuellen Maximierungsprinzipien zu koppeln trachtet, verbindet man hier dieses scheinbar Faktische mit Wertungen oder mit positivem oder negativem Gutdünken. Normen, die die moralische Entscheidung regeln, werden aber noch nicht bewußt angeführt.

An dieser Stelle läßt sich ein Vergleich anführen: Kohlberg verwendet zur Einschätzung von Personen auf seiner Stufenskala standardisierte Dilemmas mit Fragen, welche auf die einer Entscheidung zugrunde liegende Normhierarchie verweisen. Die Entscheidung selber ist nicht das Bedeutendste, sondern die Frage nach dem Warum. Nun gibt es jedoch Fälle von nicht einschätzbaren Aussagen, wenn die Personen etwa auf Fakten ausweichen, die analytischen Charakter haben. So antwortet z. B. eine Person auf die Frage, ob der Arzt der sterbenden Frau, die um ein Medikament zur Sterbehilfe bittet, dieses Medikament geben soll:

»Sie machen es mir wirklich schwer. – Es wäre für ihn ein Leichtes, es zu tun. Er könnte ihr eines Nachts bloß eine zusätzliche Injektion verabreichen, und damit hätte es sich. Ja, mit einigem Vorbehalt würde ich, ich weiß nicht, würde ich folgendes sagen. Ich glaube nicht, daß jemand dieses Problem jemals lösen kann, es sei denn, daß er selber damit konfrontiert würde, aber ich weiß nicht. Ich meine, vielleicht sollte er es tun. Ich sage dies mit großem Vorbehalt, mehr noch als in der Heinz-Geschichte. Aber ich glaube sehen zu können, wo er dies vielleicht tun sollte. Natürlich kann man sagen, Krebs ist heilbar, zwei Tage später; aber Ärzte sind der Meinung, daß es viel längere Zeit braucht. Tatsächlich, eben habe ich mit einem Radiologen über einen Fall gesprochen, zwei Monate sind es her, wo er erklärte, es würden 10 oder 15 Jahre, vielleicht 20 dauern, bevor sie einige dieser Fälle heilen könnten. Und in diesem Fall sind es bloß sechs Monate. Aber wenn sie dermaßen schreckliche Schmerzen hat, würde ich den Mann nicht verurteilen. Fast bin ich geneigt zu sagen, ja, er sollte.« (Kohlberg et al. 1977, Scoring Manual)

Selbst bei der Intervention im Sinne des klinischen Interviews trachtet die Versuchsperson danach, auf Fakten auszuweichen, statt die unter solchem Handeln lokalisierten Normen in die Praxis umzusetzen. Deshalb sagt Kohlberg, diese Antwort sei für ihn unbrauchbar. Für uns ist sie hingegen zentral. Denn während er das normative Denkmuster als moralische Stufe des Individuums zu determinieren versucht, geht es uns um normative Kommunikationsmuster als koordinatives System. Hier ist die Intervention nicht wie bei Interviews durch direkte Fragen gesteuert, sondern die Individuen generieren dieses koordinative System aufgrund ihrer kommunikativen Denkstrukturen selbst. ›Stufen‹ bedeuten epistemologische Gruppenstrukturen, die eine tiefere oder höhere Adäquatheit in bezug auf die sog. »authentische Interaktion« (S. 122 ff.) aufweisen.

Nun das Beispiel einer Diskussion auf der dritten Ebene. Hier werden Regeln der normativen Steuerung bei der Frage »Was ist in einer Verteilungssituation gerecht?« behandelt. Wir haben bisher zwischen Prinzipien, Normen und Regeln nicht unterschieden. Mit Regeln meinen wir normative Muster, die spezifisch in Anlehnung an die Kohlbergschen Entwicklungsstufen formuliert sind. Mit Normen und Prinzipien meinen wir das präskriptive, eine moralische Situation steuernde Urteil oder, besser gesagt, das Verhältnis des Gruppensystems zu der umgebenden Sozietät, im Blick auf moralische Erwartungen oder praktisches Handeln. Eine Regel ist eine Vorschrift für eine Reihe von Handlungen. Prinzipien und Normen sind Hilfen für einen Entscheidungsprozeß.

Tritt eine Gruppendiskussion in die dritte strukturale Ebene, so ist die Hauptfrage nicht mehr die, welche Fakten für den einen oder andern Entscheidungsausgang bzw. Lösungsvorschlag sprechen, sondern sie lautet: Was ist richtig oder falsch in dieser

Situation, welche Gerechtigkeitsorientierung soll an das Handeln angelegt werden? Auch hier werden Lösungsvorschläge gemacht und Entscheidungen vorgeschlagen; auch hier werden Fakten mitberücksichtigt, wobei jedoch die Frage der moralischen Argumentation und der Normkritik als koordinative Verknüpfung möglicher Begründungswege zentral ist. Es werden also Entscheidungsprinzipien erhellt und in den Mittelpunkt gestellt. Die Frage lautet: Was ist generell gerecht; welches Gerechtigkeitsurteil steht hinter unsern Begründungen, Situationsanalysen und Lösungsvorschlägen? Allerdings ist die Wahl des Beispieles dadurch bestimmt, daß die eigentliche Diskussion durch unsere Intervention (Vorlegen von solchen Regeln) beeinflußt wurde. Wir haben zwar kein authentisches Beispiel, aber es ist ja das Ziel unserer Untersuchung, eine Möglichkeit aufzuzeigen, um die diskursiven Muster der Gruppe auf die dritte Stufe zu führen; auf die Stufe also, wo die Mitglieder sozial-moralische Realitäten konstruieren, und zwar so lange, bis die Gruppe spürt, daß die gewählte Gerechtigkeitsnorm für sie wiederholbar und damit von anderen ähnlichen Möglichkeiten abgrenzbar geworden ist. Wir möchten diesmal wieder ein Beispiel mit dem Problem der Kinokarten vorführen.

3: Also kommen wir zu Regel 2. Der richtige Satz ist: Dann ist es gerecht, wenn die Mehrheit entscheidet. Was denkt ihr?

4: Ich finde das nicht gut. Vielleicht ist jemand, der hier entscheiden muß, für den andern. So ist dieser wieder bevorzugt.

3: Ja, ich finde sie auch nicht besonders gut, denn jeder hat den Ehrgeiz und will ins Kino. Ich wüßte von niemandem, der nicht ins Kino gehen wollte. Und vielleicht entscheidet jeder für sich.

Die Muster der strukturalen Interaktion beziehen sich hier nie auf Regeln bzw. Normen der Gerechtigkeit. Die Schüler nehmen Stellung dazu. Sie geben an, ob sie die Regel verwenden möchten oder nicht. Die Kritik an der Regel macht die handlungsregulierende moralische Kapazität der Gruppe aus. Die Interessen der einzelnen Mitglieder werden nicht bloß gegeneinander abgewogen wie bei der analytischen Perspektive, sondern einer erst zu findenden moralischen Regel unterstellt. Es gilt gleichzeitig herauszufinden, ob

2: Und wenn wir den ersten Teil des Satzes betrachten (Gerechtigkeit hat mit Großzügigkeit und Verzicht zu tun), so ist es schlecht geschrieben. Denn wenn alle sagen, sie wollten verzichten gegenüber dem andern, dann wollen alle verzichten. So hat er viel mehr Möglichkeiten.

4: Ja, gut ja! Jetzt – ist diese Regel gut? Oder sollen wir sie als schlecht betrachten? Es ist ja keine Regel schlecht oder gut – wir wollen aber doch jetzt die Ausdrücke gebrauchen. Wir müssen am Schluß eine Regel haben, über die wir diskutieren können in bezug auf das Problem. So glaube ich, daß diese Regel nicht so gut ist. Ja, gut.

1: Wollen wir sie durchstreichen.

. . .

2: Regel 4. Es ist eine große! Aber auch die wollen wir diskutieren.

4: Ich finde sie gut. Alles ist gleichmäßig verteilt. Jeder muß etwas bezahlen. (Gerecht ist, wenn jeder gleich viel erhält und gleich viel geben muß.)

3: Aber du mußt das Problem sehen. Wir haben

3 B III

die Handlungsvorschläge, die die einzelnen Schüler vorbringen, dieser moralischen Regel widersprechen.

Die Sprechakte sind von derselben Art wie bei den vorherigen Stufen: Ablehnung, Bestätigung, neue Vorschläge, Erweiterungen etc. Der strukturale Modus ist jedoch völlig anders.

zwei Eintrittskarten
(Billette) aufzuteilen.
Wir sind z. B. vier. Wir
können die Billette
nicht halbieren.

4: Aber wir können noch
zwei Billette kaufen
und alle vier würden
etwas dranzahlen.

3: Das könnte man.

1: Ich finde z. B. gut: Jeder Mensch ist gleich-
wertig! Es ist doch
wirklich so?

3: Ja, ja.

2: Und wenn einer weni-
ger Geld hätte? Müßte
er gleich viel wie die
andern bezahlen?

3: Wenn jemand kein
Geld hat, so sollte man
ihm erst recht die Ein-
trittskarte geben. Der
andere will vielleicht jeden Mittwoch und
Sonntag ins Kino. Und
derjenige, der wenig
Geld hätte – für ihn
wäre es die erste Gele-
genheit, ins Kino zu
gehen. Zu Hause wür-
den die finanziellen
Mittel es nicht erlau-
ben.

4: Oder vielleicht würden
es ihm seine Eltern gar
nicht erlauben? Und
wenn er ein Billett hät-
te, so dürfte er einmal
gehen.

2: Aber auch hier ist das
Geld im Spiel. Findet
ihr es eine gute Regel?
. . .

3 B III

Vorschläge (erste Stufe)
werden natürlich auch hier
gemacht, aber sie stehen im
Rahmen der zu diskutie-
renden Normen.

An dieser Stelle wird sichtbar, daß auch auf der Stufe
3 analytisch gedacht wird:
»Wenn jemand kein Geld
hat . . .« Aber diese Denkart ist eingebettet in Normen und Prinzipien, hier
etwa: »Handle so, daß je-
der gleichwertig ist.« Es
gilt zu definieren, was
›gleichwertig‹ heißt. Situative Aspekte helfen, diese
Definition zu bestimmen.
Die Veranschaulichungen
des Handelns sind nicht
mehr Selbstzweck; sie werden im Lichte regulativer
moralischer Impulse gese-
hen.

(Zwar ist besonders der
Schüler 3 dieser Stufe verpflichtet, aber die Tatsache,
daß es ihm immer wieder
gelingt, die Diskussion auf

3: Und Regel 7. Gerecht ist, wenn man sich nachher nicht fürchtet. Was denkt ihr dazu?

4: Ich finde sie nicht wie oben, diejenigen mit den besten Noten und Leistungen. Es kann jemand nicht viel dafür, wenn er in der Schule nicht gut ist.

3: Aha! Es ist nicht gut, wenn man die Faulen belohnt. Was sagt ihr zu diesem Satz?

2: Es gibt natürlich schon solche, die faul sind. Aber die wollen einfach nicht lernen. Man soll ihnen aber deswegen das Billett nicht vorenthalten.

4: Ist es überhaupt gut, ob der Lehrer damit einverstanden sein muß, oder was meint ihr dazu?

1: Das geht ihn überhaupt nichts an. Wenn es etwa um das Schuleschwänzen geht, dann bin ich schon einverstanden, daß er etwas sagt.

3: Gut.

1: Aber sonst geht ihn das wirklich nichts an.

3: Ja, das ist eigentlich eine Tatsache. Und jetzt zu dem Satz: »Gerecht ist, wenn usw.« Ich glaube, das Wort »gerecht« paßt nicht in diesen Zusammenhang.

die moralische Ebene zu lenken, bestätigt unsere Theorie.)

Eine Stelle, bei der die Schüler des 15. Lebensjahres sogar Stufe 4 erreichen, ist schwer zu finden. In diesem Sprechvorgang ist aber mindestens ein Ansatz herauszuhören. Der Schü-

119

Gerecht bedeutet ja *gleich*, daß jeder gleich viel erhält und alle gleich benachteiligt sind. Aber könnte man für »gerecht« nicht ein anderes Wort nehmen, z. B. »benachteiligt«? Ja, oder z. B., daß alle gleich viel erhalten. Dann würde es so lauten: *Daß alle gleich viel bekommen, ist, wenn man so handelt, daß man sich nachher nicht fürchten muß.*

1: Aber wann muß man sich nicht fürchten?

3: Ja, eben.

1: Eine gemeinsame Lösung zu finden, daß alle . . .

3: Ja, es wären alle einverstanden.

2: Die schlechtesten Schüler sind manchmal die besseren als die guten. Sie haben vielleicht einen besseren Charakter. Sie sind gutherziger als die reichen.

3: Ja, das kannst du nicht unbedingt behaupten. Es gibt bei beiden Sorten schlechte und bessere Menschen.

2: Ja, klar.

3: Du darfst den also nicht besonders beachten.

2: Wenn einer schlecht ist.

3: Ja, aber jetzt sind wir etwas vom Thema weggekommen. Was der

ler 3 stößt zu einem allgemeinen Prinzip vor. ›Gleich viel bekommen‹ als Gerechtigkeitsnorm wird dem Prinzip unterstellt: »Handle so, daß sich niemand fürchten muß.« Betrachtet man diese Aussage ebenfalls als Norm, so hebt sie sich doch insofern ab, als die Verallgemeinerung explizit ausgesprochen wird. Unter dem Gesichtspunkt der Kohlbergschen Skala würde gerade durch diese Verallgemeinerung der Schüler ein Stufe-1-Merkmal in das Merkmal eines Prinzips verwandeln.

3 B (4 A) III

	Satz meint, haben wir gefragt.		
4:	Ich finde es nicht, wenn man so teilt, daß nachher jeder Angst haben muß.		

3: Gut, ja. Wenn man miteinander ist, sollte man zu einem gemeinsamen Ergebnis kommen, ohne daß man Angst hat.

3: Jetzt haben wir 3 Regeln. Von diesen 3 Regeln müssen wir die beste herausfinden. Jetzt soll einmal jeder die erste Regel durchlesen. Nein, alle Regeln durchlesen und sich eine merken. Die erste Regel, die vierte und die fünfte! Jeder soll begründen, welche Regel und wann er sie will.

3 B III

Dies ist die Stelle, welche für eine B-III-Kodierung ausschlaggebend ist. Hier werden alle bisherigen Aussagen zusammengefaßt und in eine Rangordnung gestellt. Hier werden aber auch die bisherigen Gesprächsakte insgesamt koordiniert.

. . .

(Protokollausschnitte aus Kl. Nr. 9, Gruppe 3)

Die Diskussion um die der Entscheidungsfällung als koordinatives Muster zugrunde liegende Norm bedeutet, daß die Gruppe sich weniger für die möglichen Ausgänge oder soziographischen Fakten, sondern mehr für die moralische Legitimation schlechthin interessiert. Im Idealfall bedeutet dies:

»Eine Regel ist Teil der Moral einer Gruppe kraft der moralischen Überzeugungen der Angehörigen dieser Gruppe und des Druckes, den sie ausüben können. Eine Regel kann Teil der Moral einer Gruppe werden durch Propaganda, Erziehung, Lehre, durch alles mögliche – nur nicht einfach durch die Äußerung eines Befehls oder den Erlaß eines Gesetzes. Eine Regel muß Teil der lebendigen Tradition einer Gruppe werden, um dieser Gruppe zugehörig zu sein.« (Baier 1974)

Baier übergeht, daß Regeln, als Teil der Moral, nur über die Diskussion von Regeln optimal generiert werden können und daß die Gruppe, sofern sie eine Kleingruppe ist, zuerst eine Tradition schaffen muß. (Aber Baier ist weder Pädagoge noch Psychologe). Ersetzen wir das Wort »Tradition« durch »Interaktionsstruktur«, dann erhält es die Bedeutung, daß dem Hin und Her der Gruppendiskussion ein Muster zugrunde liegt, das eben als »normative Perspektive« bewußt werden muß.

(Ted Fenton von der Carnegie Melon University in Pittsburgh berichtet, daß in Kursen, in denen Lehrer für den Diskussionsvorgang mit Kohlbergschen Dilemmas ausgebildet worden sind, Personen der Stufe 1 auf unserer Skala überhaupt keine moralischen Argumente und pädagogischen Hinweise hören wollten. Wenn man ihnen etwa das Arzt-Dilemma vorlegte und eine Person der Gruppe ihre Meinung dahingehend äußerte, daß der Arzt der todkranken Frau Sterbehilfe leisten solle, so hätten sie, ohne auf moralische Rechtfertigungen zu hören, zornig den Kurs verlassen. Bei solchen Personen wird der Ausgang einer Handlung allein unter dem Aspekt eines Verbotes gesehen, das Gesetzeskraft erhält. Deshalb ist eine moralische Argumentationsweise für sie gar nicht möglich. Sie würden im Rahmen der erwähnten sprachlich interaktiven Ökonomie hinter I zurückfallen.)

Eigentlich müßten wir jetzt noch ein Beispiel der vierten Stufe vorlegen. Dies ist uns jedoch nicht möglich. Die Frage lautet: Wie urteilt eine Gruppe von Menschen, die in bezug auf Normen bereits eine große intersubjektive Transparenz hergestellt haben? Wir meinen hier nicht etwa den Diskurs zweiter Ordnung, nämlich die Metaethik. Auch auf der vierten Ebene geht es um die Frage, was wir tun sollen; was gut und was schlecht ist und ob Handlungsweisen richtig oder falsch sind. Statt ein Beispiel der vierten Stufe zu präsentieren, möchten wir den Begriff der authentischen Interaktion erläutern.

Die authentische Interaktion als praktisches Problemlösehandeln: Hierarchie, Sequenz und Irreversibilität

Im Ausgang von einer Gruppe, die auf der höchsten Stufe unserer Skala ein moralisches Problem löst (und dadurch ein moralisches Interaktionssystem generiert), lassen sich die Stufen auch logisch deduzieren, genauer beschreiben und begründen. Wir haben jene höchste Form gemeinsamer Problemlösung als »authentische Interaktion« bezeichnet. In der authentischen Interaktion ist die Intersubjektivität durch prinzipienbezogene Verständigung hergestellt. Die fundamentalen Gesetze moralischen Handelns, die Normkritik, die Analyse der Geltungsansprüche und die pragmatischen Entscheidungen (alle 4 Stufen unserer Interaktionsperspektiven) bilden ein grundlegendes kommunikatives Schema. An dieser Stelle bieten sich auch Querverbindungen zu anderen Aspekten an, etwa zu dem Aspekt der dynamischen Handlungszwänge, der Ich-Stärke der Gruppenmitglieder, der Interaktionshäufigkeit, Kommunikationsstil etc. Diese Aspekte würden indessen nur eine notwendige, aber keine hinreichende Bedingung für die authentische Interaktion bilden. Piaget würde sagen:

»Also, zweifelsohne sagte ich Ihnen, daß die Affektivität als Triebkraft der Handlung grundlegend ist. Wenn man sich nicht für irgendeine Sache interessiert, macht man nichts, das ist offensichtlich; aber dies ist nur eine Triebkraft und nicht die Quelle der Erkenntnisstrukturen.« (1977, S. 131)

Und wir möchten aber gerade diese hier angesprochene Erkenntnisstruktur der Gruppe erhellen, indem wir analysieren, wie der Zeitaufwand, die Sprechsituation und der Aspekt der Transsubjektivität mit den von uns eingeführten Stufen der Interaktion kovariieren.

a. Der Zeitaspekt

Die authentische Interaktion setzt eine gewisse Entstehungszeit voraus. Denn aus der *Entscheidung* einer Gruppe bzw. aus ihrem Lösungsvorschlag allein läßt sich nichts oder nur wenig über die authentische Interaktion sagen. Wenn also eine Gruppe plötzlich entscheiden muß, kann es zwar sein, daß die der Gruppe immer schon zugrunde liegende authentische Interaktionsstruktur das Handeln oder den Handlungsvorschlag steuert. Es ist aber auch möglich, daß dies nicht geschieht, weil die Gruppe nach *längeren* Überlegungen zwar nicht zu einem besseren, wohl aber zu einem besser legitimierten Resultat gelangen könnte. Der Handlungsvorschlag selber ist – wie wir schon erwähnt haben – nicht das Ziel einer moralischen Problemlösesituation; vielmehr ist es die für die Gruppe exhaustive Argumentationsweise. Der Zeitaspekt ist daher nicht unbedeutend. Beim Lesen unserer Schülerprotokolle haben wir festgestellt, daß längere Protokolle meistens mehr analytische oder moralische Urteile enthalten als kürzere. Ganz kurze Protokolle sind meistens solche der tieferen Interaktionsstufen. Weil in der authentischen Interaktion nichts verheimlicht wird und die normative Grundlage dabei erst entsteht bzw. der moralische Standpunkt konstruiert und wirksam wird, beruht der interaktive Austausch hier auf einer zeitbezogenen Verpflichtung.

b. Ideale Sprechsituation und authentische Interaktion

Habermas (1971) hat mit dem Begriff der idealen Sprechsituation die symmetrische Verteilung der Sprechchancen gemeint, die eine optimale Performanz der Beteiligten ermöglicht. Nur diejenigen Personen sind zugelassen, die »als Handelnde gleiche Chancen haben, Repräsentativa zu verwenden.« (S. 138)

Die authentische Interaktion wird nun von uns nicht als »ideal«, sondern eher struktural angesehen. Habermas hebt zwar die ideale Sprechsituation von etwaigen Persönlichkeitsmerkmalen ab, bezeichnet aber die mögliche symmetrische Rede hier wiederum als struktural. In der authentischen Interaktion kann man aber auch dann kommunizieren, wenn die ideale Sprechsituation nicht geschaffen ist, im Wissen, daß sie erst zu schaffen wäre. Anders gesagt, es ist zu vermuten, daß die universalen Geltungsansprüche, »nämlich Ansprüche auf Verständlichkeit des symbolischen Ausdrucks, Wahrheit des propositionalen Gehalts, Wahrhaftigkeit der intentionalen Äußerung und Richtigkeit des Sprechaktes mit Bezug auf geltende Normen und Werte« (Habermas 1976, S. 11) auf jeder Stufe der kognitiven Interaktion zu erreichen ist.

Andererseits entspricht das, was wir als koordinative Komplexität bezeichnen (I, II, III), ziemlich genau dem Grad der idealen Sprechsituation, der das Konzept des normativ geleiteten Verhaltens als intersubjektiv verstandenes System von Vorschlägen und deren Bewertung darstellt. Und dieses kommt wiederum auf jeder Stufe vor, auf der lösungsorientierten Perspektive (1. Stufe), bei den analytischen Standpunkten und deren Bewertung (2. Stufe), bei normativen Gerechtigkeitsformulierungen und deren Bewertung (3. Stufe) sowie bei kommunikativen Moralprinzipien und deren Bewertungen (4. Stufe). Koordinative Kompaktheit heißt also auch, daß die Mitglieder einer Gruppe nicht bloß in einer belanglosen Form diskutieren; sie erstellen vielmehr eine gegenseitige Übereinkunft in je einer dieser vier Perspektiven. Eine ideale Sprechsituation ist daher, so problematisch dies auch erscheinen mag, also auch auf Stufe 1 möglich; dann nämlich, wenn trotz der Lösungsorientierung ideale individuelle Handlungszwecke in nichtstrategischer Weise und in gegenseitiger Übereinstimmung zu Zwecken der Gruppe gemacht werden. Die empirischen Merkmale hierfür sind Hierarchisierung und Selektion der Lösungsvorschläge.

Zwischen dem, was wir als niedrige koordinative Komplexität bezeichnen, und dem Begriff der gestörten Kommunikation (Habermas 1977) besteht allerdings ein großer Unterschied, weil letzteres eine Fehlinterpretation und ein Mißverstehen bedeutet, ersteres hingegen ein ungenügendes Koordinieren der Standpunkte. Das Recht gleicher Sprechchancen bedeutet noch lange nicht, daß diese Chancen auch verwirklicht werden. Wenn die authentische Interaktion in einer Problemlösesituation mit moralischem Kontext sich auf mehr bezieht als die Summe individueller Aussagen, wenn zwischen Objektwelt und Individuum ein interaktives Sprachnetz als Gruppensystem besteht, dann muß man sich fragen, wodurch die Koordinationen selbst bei größter Meinungsverschiedenheit und differenziertesten Werten optimiert werden können. Nach unserer Auffassung durch das Prinzip des Argumentierens auf jeweils höherer Stufe (Perspektive).

Auch die ideale Sprechsituation läßt sich als Vorbedingung der authentischen Interaktion betrachten. Dann haftet ihr nichts Strukturales mehr an. Vielmehr ist sie der Ausdruck einer demokratischen Gemeinschaft (setting) mit hoher gegenseitiger Offenheit und der Bereitschaft, jeweils die Möglichkeit einer ungebrochenen Kommunikation zu schaffen. Pädagogisch gesehen hieße dies, die Bedingung einer freien Interaktion zu schaffen. Aber gerade dies genügt nicht. Die authentische Interaktion setzt noch mehr voraus, nämlich die Konstruktion eines freien Interaktionssystems aufgrund der immer höheren und adäquateren Kommunikationsschemata, bis hin zu dem als Stufe 4 bezeichneten Interaktionstyp.

c. Transsubjektivität und authentische Interaktion

Einige Formulierungen von Philosophen der Erlanger Schule stehen unserem empirischen Konzept sehr nahe. Erstens geht es ihnen um eine Art pädagogisches Modell, nämlich darum, praktisches Denken nach den Regeln vernünftigen Argumentierens zu lernen. Zweitens findet man bei ihnen – sofern man ihre Texte unter dem Gesichtspunkt unserer Stufen liest – Anhaltspunkte, die unsere Theorie bestätigen.

Dazu ein Beispiel:

Abgesehen davon, daß Lorenzen (1974) von der Konfliktsituation individueller Bedürfnisse angesichts kultureller Bedürfnisse ausgeht, also nicht auf Narration, Beschreibung oder Sprache schlechthin rekurriert (in diesem Sinne also stärker empirisch oder situationsbezogen denkt als Habermas), finden wir die vier von uns entwickelten Ebenen der Entwicklung authentischer Moralinteraktion in den nachfolgenden Zitaten angedeutet. Zu finden ist die Ebene der philosophischen Begründung von Normen, die Ebene der in der Situation zu bewertenden und zu wählenden Normen, die Ebene der Situationsbeschreibung und schließlich das praktische Handeln selbst. Lorenzen sagt:

»Das moralische Grundgesetz gibt keine ›abstrakte‹ Antwort. Ohne auf die Einzelheiten einer konkreten Situation einzugehen, gibt es uns die folgende Anweisung: wir sollen versuchen, jedes Bedürfnis, das als ›wirkliches‹ behauptet wird, zu begründen. Haben wir Zeit und Gelegenheit zu einer vernünftigen Beratung über unser Handeln, so soll also versucht werden, zunächst unsere Situation ›zutreffend‹ zu beschreiben (schon hierzu gehört meist Überwindung vieler Illusionen, die wir uns von uns selbst und den Umständen machen); ferner sollten wir nach Normen suchen, die aufgrund der Beschreibung der Situation anwendbar sind – diese Normen sollen aber wiederum nicht nach subjektiver Willkür angenommen werden, sondern als gültig begründet werden.« (1974, S. 38)

»Aber natürlich genügt das praktische Wissen um den Sollbestand allein noch nicht, um in der konkreten Situation handeln zu können. Dazu gehört noch die theoretische Kenntnis der Gegenwart, die vorauszusagen gestattet, welche Wirkungen vorgeschlagene Handlungen haben werden.« (1974, S. 45)

Zu dem in diesen Zitaten dargestellten Ansatz gibt es auch Kritik: Die methodisch überprüfbare Verträglichkeit der Normen setzt sich der fingierten Lehrer-Schüler-Situation, der rein strategischen

Kommunikation und des lediglich nur aktionsvorbereitenden Diskurses aus (Looser et al. 1974). Wir sind hier jedoch nicht so sehr an der Einhaltung und dem Erlernen der Strategie des Moralprinzips interessiert, wie es Schwemmer planerisch beschreibt; und ebensowenig sind wir daran interessiert, wie die Hierarchisierung und Selektion vorgenommen werden soll, nämlich durch die Wahl verträglicher Supernormen und die den gewählten Supernormen zugehörigen, konfligierenden Subnormen (Schwemmer 1974, S. 88). Es geht uns auch nicht um die Frage, ob »mit gutem Willen« der Gruppenteilnehmer allein Transsubjektivität erreichbar sei. Wir halten die Argumentation von Zedler (1976, S. 158 ff.) für unzutreffend, wenn er der Erlanger Schule unterschiebt, der einsichtige Wille käme nicht durch die Beratung selbst zustande, sondern durch das Lernen einer Strategie. Vielmehr geht es uns darum, zu zeigen, wie in Konflikten tatsächlich argumentiert wird. Man darf dabei nicht vergessen, daß Konflikte (als Dilemmas oder Probleme) einen großen motivierenden Effekt haben. Der »gute Wille« ist plötzlich da, bedingt durch das Ungleichgewicht selbst. Der Konsensus über das methodische Instrumentarium läßt sich nicht von der Situation trennen. Transsubjektivität als Prozeß ist nicht bloß herzustellen; sie vollzieht sich, wenn konfligierende und normierende Bedingungen gesetzt werden.

Es ist hier nicht der Ort, auf die Kritik am Ansatz der Erlanger Schule weiter einzugehen. Wir wollten bloß zeigen, daß sowohl in ihrem spontanen Entwurf als auch in ihrem detaillierten System die vier Ebenen immer wieder auftauchen. Die Strategie der Transsubjektivität als methodische Sicherung von normierten Geltungsbedingungen konnten wir nicht einführen, weil wir die Zustimmung bzw. Ablehnung des einzelnen Gruppenmitgliedes auf jeder Ebene nicht beeinflussen wollten und weil wir es auch altersmäßig mit Gruppen zu tun haben, deren Individuen von der Entwicklung her keine authentische Interaktion erreichen können.

Könnten wir aber in einer Dilemmasituation eine Gruppe in authentischer Interaktion sehen, so würden auf der Basis von Handlungsvorschlägen Situationsanalysen durchgeführt, Normen ausgewählt und vom Moralprinzip her Begründungen vorgebracht. Das interaktive System würde hauptsächlich die vierte Ebene, die Begründung von Normen von einem Prinzip her zu

leisten haben. Ist dies getan, dann sind die Schritte, die zurückführen, zusammenfassen und schlußfolgern bzw. die andern
Stufen integrieren, möglicherweise ziemlich leicht zu vollziehen.

d. Entwicklungsstufen und authentische Interaktion

Auch ohne bisherige Explikation dürfte deutlich geworden sein,
daß das, was ich als authentische Interaktion in einer Moralsitua-
tion bezeichne, ein strukturales System ist. Mit dem Begriff der
authentischen Interaktion ist die logische Analyse der Stufe
möglich geworden. In der authentischen Interaktion, der komple-
xesten Stufe also, erfolgt die Beziehungsbildung zwischen allen
vier Ebenen dadurch, daß transparente Entwürfe, Argumente,
Bewertungen und Entschlüsse in einer Gruppe erzeugt werden.
Die Hierarchie aber ist offensichtlich, weil höhere Stufen sozial-
moralischer Problemlöseprozesse an sich adäquater sind (vgl.
S. 14 ff.).

Mit dem Begriff der Entwicklungsstufen ist die Vorstellung
verbunden, daß sie eine Hierarchie sequentiell geordneter Typen
bilden. Folgen die als »höher« bezeichneten Stufen der Interaktion
entwicklungsmäßig den jeweils tieferen Stufen? Unsere Daten
können dies nur teilweise zeigen. Wir vermuten, daß die meisten
Gruppen, die kein Treatment erhalten, insgesamt auf tieferer Stufe
argumentieren. Nur wenige Gruppen von 15jährigen können aus
eigener Kraft, d. h. ohne pädagogische Intervention, zur Stufe 3 B,
also zur systematischen Hierarchisierung von Gerechtigkeitsnormen vorstoßen. Zwar ist das Paradigma des kognitiven Konfliktes
(Hammond 1973) dasselbe wie bei Dilemmasituationen, die man
einzelnen Individuen vorlegt. Das von der Gruppe vorgebrachte
kognitive Muster ist jedoch viel zerbrechlicher, wenigstens in
unserem Falle. Wir müssen daher die Sequenzialisierung und
Irreversibilität unter diesem Aspekt genauer zu erklären
suchen.

In einer Kommune, wie etwa einer kleinen politischen Gemeinde
der Schweiz, sind interaktionsbildende Kräfte fest geregelt.
Gemeinsame Entschlüsse haben selten die Funktion, die System-
struktur an sich zu ändern (was unter soziologischem Gesichtspunkt mit der Zeit zur Inflexibilität des Systems führen kann)
(Coleman 1966). In einer Kleingruppe, die sich regelmäßig trifft,

etwa eine Forschergruppe, eine Lehrergruppe, eine religiöse Kleingruppe, eine feste Arbeitsgruppe in einer Schulklasse etc., sind die Gesprächsziele, die interaktive Stufe und die gruppendynamischen Reaktionen durch die Rollen in einem gewissen Rahmen ebenfalls festgelegt. Hare (1962, S. 10) gibt vier Merkmale einer solchen Gruppe an, nämlich 1. gemeinsame Ziele und Motive, 2. ein Set von Normen, die die Handlungsgrenze der interpersonalen Auseinandersetzung festlegen, 3. Rollen, welche mehr oder weniger stabilisiert werden, und schließlich 4. ein Netz interpersonaler Anziehungs- und Abstoßungsphänomene (Attraktionen), die auf gegenseitiger Sympathie und Antipathie beruhen.

Diese 4 Merkmale könnte man auch zur Definition sogenannter Primärgruppen verwenden (Shibutani 1961, S. 404), in denen die Individuen sich kennen, ein Ritual von Interaktionen ausgebildet haben und eine gewisse esoterische Intimität pflegen. Unterscheidet man individuelle Variablen, z. B. emotionale Akzeptierung, wissensmäßige Kompetenz, von den eher sozialen Variablen, z. B. Entwicklungsdurchschnitt, Zentralisation oder Dispersion von Verständnis, Macht des Lehrers, Lehrer/Schüler-Verhältnis, Peer-Verhältnis etc., so dominieren in den Gruppen, in denen wir unsere Daten erhoben haben, aufgrund der Zufallszusammensetzung vermutlich die individuellen Variablen.

Unsere Gruppen gehören zwar auch einer Art Primärgruppe an, nämlich der Schulklasse. Aber durch die Zufallszusammensetzung der Individuen (3–4 Schüler) zu 8 Problemlösegruppen pro Klasse ist die Interaktionsstruktur im Sinne unserer Stufen zerbrechlicher.

Wir vermuten nun, daß die Irreversibilität der strukturalen Stufensysteme in bestimmten Gruppen trotzdem zu erreichen ist. Befindet sich eine Gruppe z. B. auf der Stufe der authentischen Interaktion, kann sie – als Gruppe – nicht mehr auf eine tiefere Stufe zurückfallen. Die Lösung von Konfliktsituationen bleibt komplex. Wechseln aber Mitglieder in eine andere Gruppe über, so können sie der neuen Gruppe bloß helfen, eine höhere Interaktionsstufe im Sinne der Struktur zu erreichen. Die individuellen Muster garantieren aber nicht dieselbe Stufenhöhe in der neuen Gruppe, sondern sie bedeuten nur optimale Bedingungen für den Stufenwechsel.

Betrachten wir nochmals die Annahmen der Hierarchisierung,

Sequenzialisierung und Irreversibilität der Stufen unter empirischen Gesichtspunkten. Die Hierarchisierung scheint aus den Protokollen eindeutig ablesbar zu sein, wenn wir zu ihrer Bestimmung negative Formulierungen verwenden: Wer auf Stufe 1 ist, verwendet eindeutig weniger Statements der Stufe 2; wer auf Stufe 2 ist, verwendet eindeutig weniger Statements der Stufe 3 etc. Die Sequenzialisierung und der Aspekt der Reversibilität lassen sich hier jedoch nur vermuten. Erst aus Beobachtungen von Gruppendiskussionen über längere Zeit und unter denselben Bedingungen ließe sich eindeutig feststellen, daß die Sequenz des Durchgangs durch eine Interaktionsstruktur nicht zu unterbrechen ist, wenn die Gruppe das entsprechende Interaktionsmuster selbst produzieren muß.

e. Stufen der Interaktion und kognitive Stile

Man könnte nun einwenden, die hier vorgelegte Konzeption sei nichts anderes als ein Beitrag zum Problem der kognitiven Stile. Es handle sich letztlich um Typen der Interaktion als System. Die intersubjektiv erzeugten Argumentationsmuster seien lediglich nach dem Charakter der Individuen in einer Gruppe zu beurteilen. Kognitive Stile sind Komponenten wie Feldabhängigkeit vs. Feldunabhängigkeit (Witkin et al. 1962), Variabilität vs. Stetigkeit, Vereinheitlichung vs. Diversifizierung (Ertel 1966), analytischer Stil vs. inferentieller Stil (relationaler Stil) (Kagan, Moss und Sigel 1963), impulsiv vs. reflexiv (Kagan 1966), »sharpening« (verschärfend) vs. »leveling« (ausgleichend) (Holzman und Gardner 1960), analytisch vs. intuitiv (Bruner 1973, S. 116 ff.). Sieht man aber genauer hin, so handelt es sich bei unseren Stufen um eine Hierarchie der kognitiven Bewußtheit und Adäquatheit und nicht einfach um Stile. Wer auf der Ebene des funktionalen oder instrumentellen Argumentierens steht und in dieser Weise ein Interaktionssystem mit aufbaut, hat qualitativ weniger Beziehung zu den transformativen Aspekten der Entscheidungsbildung als jemand, der situationsbezogen und analytisch urteilt. Wer situationsbezogen urteilt, glaubt auf der Basis von Fakten handeln zu können. Er vertritt einen – wenn auch ausgefeilten und intellektuell hochstehenden – Entscheidungspositivismus. Davon zu unterscheiden ist jemand, der auf der dritten Stufe argumentiert. Er weiß, daß die Entscheidungsmerkmale immer an normative Regeln zurückgebunden werden; an Regeln, die akzeptiert oder verneint werden. Das Konzept der kognitiven Stile ist anders charakterisiert. Hier handeln zwei Individuen grundsätzlich auf verschiedene Weise in derselben Richtung. Bei unseren beschriebenen Stufen geht es hingegen um graduelle »Bewußtheit« der authentischen Interaktion, also nicht um Stile.

Struktur und Inhalt der Interaktionsstufen

Wir haben auf S. 46 ff. zu diesem Problem bereits allgemein Stellung genommen und auch schon Daten zur Bereichsspezifität vorgelegt (vgl. z. B. S. 71 f. und die Analysen A, B, C im Anhang) und möchten das Verhältnis jetzt anhand unseres neuen Theoriekonzeptes diskutieren. Wir gehen von dem Einwand aus, unsere Stufen seien nicht struktural, sondern nur inhaltlich verschieden; das eine Mal diskutiere man einfach situationsbezogen, das andere Mal stünden eben Normen zur Diskussion. Dies seien einfach verschiedene Inhalte und die zugrunde liegende Struktur sei nicht relevant. Wir haben dieses Argument durch den Begriff der »authentischen Interaktion« widerlegt, der sowohl Lösungsorientierung, situative Aspekte, normative Bewußtheit und praktischmoralisches Grundprinzip in der Entscheidungssituation einer Gruppe umfaßt. Diese Argumentation war jedoch logisch oder, wie man auch sagen könnte, gruppenepistomologisch. Wir möchten nun zur psychologischen Argumentation zurückkehren.

a. Der Inhaltsaspekt und die Stufe 1 der kognitiven Interaktion

In einer Gruppendiskussion mit moralischen »issues« sehen die Mitglieder vor allem die zur Diskussion stehenden Wertobjekte, nämlich zwei Eintrittskarten – vier Personen; eine Lehrstelle – drei Anmeldungen; ein Kleinkind – zwei Elternpaare. Sie nehmen als erstes die Inhalte wahr und assimilieren oder akkommodieren einen Ausgang. Ein Protokoll beginnt folgendermaßen:

»3: Mich dünkt, diese Stelle sei nichts für Käthi; es heißt ja Bauzeichner- stelle.
2: Weil sie ein Mädchen ist?
1: Ja, deswegen.
3: Nein also: Bauzeichnerin finde ich gut. Meine Schwester ist auch eine. Die müssen keine körperlichen Arbeiten machen, die müssen keine körperliche Kraft haben.«

Charakteristisch ist hier, daß man Ausgänge diskutiert. Werden Begründungen angegeben, dann sollen dadurch die Ausgänge oder Lösungsvorschläge nur gerechtfertigt werden. Es ist aber kaum ein Bewußtsein da, daß hinter diesen Lösungsvorschlägen Werte stehen und daß der Vorschlag selber von Normen gesteuert ist, die eine selbstregulierende Kraft haben. Das interaktive Moment besteht darin, daß dieser Vorschlag gutgeheißen oder abgelehnt oder daß ein neuer Vorschlag vorgebracht wird. Alle Sprech- und somit auch Denkaktivitäten der Gruppe sind jedoch darauf gerichtet, den Vorschlag »zum Funktionieren« zu bringen. Darin liegt die operative Kraft.

Nach der bisherigen Beschreibung kann es sich aber nicht um inhaltliche Perspektiven handeln, wenn das Muster verallgemeinerbar ist. Die einzelnen Diskussionen können völlig verschieden verlaufen. Eine Gruppe kann vorschlagen, daß man die Eintrittskarte verschenkt, weil der andere ein armer Kamerad ist; die andere Gruppe kann vorschlagen, daß man die Eintrittskarte einlöst und das Geld verteilt, weil dann jeder Freude hat etc. Die ganze Diskussion ist auf den Lösungsakt als solchen gerichtet. Das Interaktionsmuster ist selbst bei divergenten gruppendynamischen Situationen immer dasselbe. Die Subjekte der Gruppe koordinieren ihre Sprechakte im Hinblick auf den Konflikt der Ausgänge oder Lösungsvorschläge (und nicht im Hinblick auf Situationselemente oder Normenkritik). Das koordinative Konzept, das sich herausbildet, ist ein Gleichgewicht von Lösungen (nicht von Werten, situativen Komponenten oder Normen etc.). Eine Adaptionslücke entsteht an der Peripherie der Gruppensprechakte, die den Lösungsvorschlag mit dem Akt des Sprechens koordinieren (nicht bloß wahrnehmen, sondern aktiv erstellen bzw. darstellen) und zu einem Netz verflechten (vgl. Piaget 1976b, S. 338). Man kann sagen, daß der Ausgang der Entscheidung gegen innere Widerstände vollzogen wird und dabei allerdings die Diskussionsebene der Gruppe enthüllt.

Wir sagten, daß die Gruppenmitglieder zugleich den Lösungsvorschlag und die Aussagen anderer Gruppenmitglieder koordinieren müssen. Es werden gleichsam Fäden zu einem gemeinsamen Netz ausgelegt, dessen Knoten die Lösungs- bzw. Handlungsvorschläge sind. Legt ein Mitglied plötzlich einen anderen Faden aus oder schlägt eine andere Verknüpfung vor, dann kann es vorkommen, daß das alte Netz zerstört wird und ein neues entsteht. Sehr oft geschehen jedoch zwei Dinge.

Erstens: Ein Mitglied sagt etwa: »Wir weichen vom Thema ab« (vgl. S. 103). Der Eindruck, eine Diskussionsform könnte das bestehende interaktiv-strukturale Netz zerstören, drängt die Schüler wieder zur Ebene 1 zurück. »Wir kommen vom Thema ab« kann natürlich auch heißen, daß die Gruppe das vorliegende Problem aus den Augen verliert. Dann ist die Störung offensichtlich ein inhaltliches Problem. Meistens sind die Schüler jedoch in ihrem kognitiven Prozeß dem einen Muster so verhaftet, daß Elemente des andern als »vom Weg abführend« empfunden werden. Zweitens kann es auch sein, daß ein Argument, das eine Stufe höher führt, einfach mißachtet wird; dann wird der Vorstoß abgebrochen, weil er bei den Gruppenmitgliedern keine Resonanz findet. Sie empfinden das Gesagte als zu schwer und zu kompliziert (vgl. S. 120). Solche Phänomene bestätigen die Interaktionsebenen und sind ein Merkmal von kompositorischen Störungen oder von Zerstörungen höherer Argumentationsformen.

b. Der Inhaltsaspekt und die Stufe 2 der kognitiven Interaktion

Wodurch wird nun bei der zweiten Ebene, bei der analytischen Perspektive, das Strukturale vom Inhaltlichen getrennt? Auch hier koordinieren die Mitglieder Objekte und Aussagen der anderen Mitglieder zu einem strukturalen Interaktionsnetz. Anstelle des Konflikts zweier Lösungs- und/oder Handlungsvorschläge stehen jetzt aber situative Fakten gegenüber, die in einem gewissen Sinne vom Ausgang der Lösung unabhängig sind. Beim Problem 1 stehen gegenüber: Bedürfnis vs. Nicht-Bedürfnis, Elternerlaubnis vs. Elternverbot, mehr Taschengeld vs. weniger Taschengeld, interessanter Film vs. nicht interessanter Film, oftmals im Kino gewesen vs. noch nie im Kino gewesen etc. Beim Problem mit der Lehrstelle stehen gegenüber: Guter Testdurchschnitt vs. schlechter Testdurchschnitt, Test, der das Handwerkliche mißt vs. Test, der mehr kognitive Funktionen mißt (Eignung vs. Nicht-Eignung), intrinsische vs. extrinsische Berufsmotive, Freude am Beruf vs. Lebensnotwendigkeit, Dienst am Betrieb vs. Dienst an der persönlichen Entwicklung, Männerberuf vs. Frauenberuf (Geschlechtsspezifität des Berufes) etc. Beim dritten Dilemma, bei dem die Mutter das zur Adoption freigegebene Kind zurückhaben möchte, stehen gegenüber: Bedürfnis der natürlichen Mutter vs. Bedürfnisse des Kindes, Armut der natürlichen Mutter vs. Reichtum der Adoptiveltern, Beeinflussung des Richters vs. Nicht-Beeinflussung, Bewußtheit der Bindung des Kindes vs. Nicht-Bewußtheit der Bindung etc. Diese situativen Aspekte werden dialektisch gegenübergestellt. Wiederum sind dieselben koordinativen Vorgänge zu beachten: Übereinstimmung – Nichtübereinstimmung, »like – dislike«, Nichtbeachtung oder Gegenvorschlag. Indem ein situativer Aspekt sprachlich artikuliert wird, verändert das Individuum das Interaktionsschema strukturintern. Die Knoten des Netzes bleiben aber dieselben, d. h., der gelegte Faden – um bei dem oben verwendeten Bild zu bleiben – liegt auf derselben Konflikt- oder Verknotungsebene. Einige Beispiele:

Zu Problem 1 (Verteilung von Kinobilletts):

3: Aber heute kann sich doch eigentlich jeder ein Kinobillett leisten.

4: Vielleicht darfst du gar nicht, wegen zu Hause.

1: Man sollte schon zuerst sehen, ob alle bezahlen können, auch die, die keine Eintrittskarte erhalten.

3: Einfach einmal alles untersuchen.

. . .

4: Wenn es ja gar nicht seine Meinung ist, die wirkliche, die echte, dann muß er es ja gar nicht sagen. Man *muß* ja nicht verzichten.

2: Er hätte ja auch sagen können, er wolle auch gehen; nicht, er bleibe jetzt daheim. Wenn er sich benachteiligt und ausgeschlossen fühlt, muß er halt mit den Leuten reden. Wenn er nie etwas sagt, ist er immer ausgeschlossen.

4: Das, glaube ich, ist niemand von unserer Gruppe.

3: Es gibt solche, die getrauen sich überhaupt nicht mehr, weil die andern sie so runterlassen, daß sie nichts mehr sagen können.

4: Aber das wäre feige.

(Aus Protokoll Kl. 20, Gruppe 2)

Zu Problem 2:

3: Nun wollen wir schauen, wie sie im Test abgeschnitten haben.

2: Ja, das muß man schon betrachten, man kann sonst nicht urteilen.

3: Aber du weißt, im Rechnen und in Sprache ist er der Beste.

2: Ja, und Matthäus ist im technischen Zeichnen der Beste. Das ist wichtig für diesen Beruf.

3: Ja klar, aber rechnen sollte er auch können.

1: Ja, aber wenn jener nur im technischen Zeichnen gut ist und in den andern Fächern nicht, und Peter ist im Rechnen und in Sprache auch gut, dann sollte man Peter nehmen.

2: Ja.

4: Ja.

2: Ja, aber wenn er in die engere Wahl gekommen ist, kann er in den andern Fächern nicht schlecht sein. Das ist ganz sicher.

3: Es haben alle gut abgeschnitten.

(Aus Protokoll Kl. 36, Gruppe 4)

Zu Problem 3:

3: Aber das Kind kennt diese Mutter eigentlich nicht – oder?

1: Eben, das ist ein wichtiger Punkt, denn das Kind muß ja nachher bei der Mutter sein – oder?

2: Am besten wäre es, wenn das Kind entscheiden könnte; der Richter ist nebensächlich.

3: Aber ich finde, das Kind ist jetzt bei Adoptiveltern gewesen und kennt diese bereits, und die Mutter kennt es noch nicht und es weiß ja noch nicht, was es mit ihr anfangen soll.

1: Ja, es ist immerhin seine Mutter.

2: Und die andern haben ja schon Kinder – oder? Und die Mutter – die hat damals, weil sie kein Geld mehr hatte, das Kind verkauft und hat gedacht, meinem Kind soll es doch besser gehen – und hat das Kind vielleicht nur aus Liebe hergegeben. Und das finde ich schmutzig, daß jetzt dem Richter 5000 Franken gegeben werden, damit es zu ihren Gunsten ausgeht . . .

(Aus Protokoll Kl. 34, Gruppe 2)

Faktenaussagen und Gegenüberstellung von faktischen bzw. situativen Möglichkeiten (»es hätte ja sein können, daß . . .«) werden zu koordinativen Schemata verknüpft. Die Merkmale sind verallgemeinerbar oder vermutlich in jeder Dilemmadiskussion in einer Gruppe anwendbar.

Das ausgelegte Muster kann nun nach zwei Seiten hin »gestört« werden, entweder nach unten oder nach oben (oder auch dadurch – das setzen wir einfach voraus –, daß man auf das Problem nicht eingeht oder es wieder fallenläßt). Eine Störung nach unten erfolgt dann, wenn ein Mitglied oder mehrere Mitglieder auf die Ebene der Lösungsvorschläge allein zurückdrängen, *ohne* die situativen Merkmale zu interpretieren, also einfach auf der Ebene von Handlungsalternativen »Übereinstimmung – Nichtübereinstimmung«, »like und dislike«, »Ignoranz vs. neuer Vorschlag« etc. praktizieren. Dann gehen Elemente der Struktur verloren, d. h., das möglicherweise aufgebaute Netz bricht zusammen, und man gibt sich mit einer andern Ebene zufrieden. Oder umgekehrt gesagt: Anstelle der Integration von Lösungsvorschlägen in das situative Faktennetz wird ein Netz von Lösungsvorschlägen gebaut, ohne eine Koordination mit dem Element der situativen Sets vorzunehmen. Im dritten Beispiel haben wir im Vorschlag eines Schülers, daß es am besten wäre, wenn das Kind selber entscheidet, ein gutes Beispiel für eine *nicht* gestörte Stufenintegration. Der Lösungsvorschlag ist ganz in die Faktenanalyse eingebettet. Besser noch helfen inferenzielle Vorgänge die Stufe der Argumentation zu bewahren, auch wenn die Handlungsvorschläge offen und klar zutage treten. Ein äußerliches Zeichen dieses Phänomens ist die sog. *»Rücklaufschleife«* (vgl. auch S. 132). Die Rücklaufschleife zeigt sich darin, daß die Schüler den Eindruck haben, »vom Thema abzukommen«, wenn sie auf einer andern Stufe zu argumentieren beginnen. Es heißt dann etwa in der Gruppe: »Zurück zur Sache.«

Eine nach oben gerichtete Strukturtransformation wird gestört, wenn ein Schüler von den situativen Bedingungen wegrückt und ein oder mehrere bewertete Situationselemente mit einer Regel (Gerechtigkeits-Statement) in Verbindung bringt. Geht die Gruppe darauf ein, erfolgt eine weitere Klärung. Es wird gefragt, welche Regeln und Normen unserer Entscheidung zugrunde liegen. Ein solcher Durchbruch erfolgt nur sehr langsam, und bei strategischer Einführung ist die Zerbrechlichkeit meist größer als bei natürlichem Wachstum. Normalerweise sind die Durchbrüche transitional, d. h., die neue Diskussionsform bringt wegen des beginnenden Übergangs zu einer andern Stufe Unruhe in die Gruppe.

Ein anderes Phänomen, das wir hier noch aufgreifen möchten, ist die sogenannte *»integrierte Inferenzschleife«:* Dies bedeutet (wir haben das Phänomen als ein Merkmal einer Stufe-2B-Kodierung aufgefaßt), daß bei der Diskussion der situativen Aspekte der Handlungsvorschlag wie von selbst einfließt, d. h. im weiteren Verlauf nicht mehr bewertet wird. »Matthäus ist arm, Peter ist reich«; »Matthäus ist praktisch begabt, Peter bloß mathematisch«; »Matthäus ändert sein Leben, Peter kauft ein Motorrad, . . . ergo«: nun fehlt eben bei der integrierten Inferenzschleife das »ergo«. Es wird so selbstverständlich, daß man gar nicht mehr davon spricht. Sind die situativen Aspekte berücksichtigt, so fließt der Handlungsvorschlag unausgesprochen in die Diskussion ein. Beim Lesen der Protokolle ist man manchmal verblüfft darüber, wie der Entscheidungskonsensus unausgesprochen als vorhanden angenommen wird. Daß die Lösung am Ende ganz plötzlich auftaucht und nicht mehr reflektiert wird, kommt recht häufig vor. Ein Schüler sagt dann etwa: »O. k., damit sind wir fertig, die Stelle gehört Matthäus«. Und die Sache ist abgeschlossen. Das Exhaustionsprinzip wirkt auf dieser Ebene so, daß die integrierte Inferenzschleife als ein selbsttätiger Mechanismus auftritt. Das Gleichgewicht der sich gegenüberstehenden Situationsmerkmale ist dann erreicht; der Entscheidungsvorschlag ist das Ergebnis einer Konstruktion von »Wissen« und dem Bewußtsein möglicher Handlungen. Der Knotenpunkt von Handlung und Situation ist im Ausgang von der Peripherie situativer Fakten und der offenen Handlung in der integrierten Inferenzschleife aufgehoben. Die Gegensätze sind erschöpfend abgewogen und der zentrale Konflikt, bei dem Handeln und Wissen zusammentreffen, löst sich wie von selbst.

Auch hier ist zu sagen, daß die Merkmale der Interaktionsstruktur von Stufe 2, wie wir sie jetzt aufgezeigt haben (Rücklaufschleife, integrierte Inferenzschleife etc.) so allgemein sind, daß man hier nicht von bloß inhaltlicher Differenzierung sprechen kann. Was die Stufe 2 ausmacht, sind strukturale Differenzen zu Stufe 1; es treten also andere qualitative Transformationen auf.

c. Der Inhaltsaspekt und die Stufe 3 der kognitiven Interaktion

Wie steht es mit der Relation Inhalt-Struktur auf der dritten Stufe, die wir als normative Perspektive bezeichnet haben? Anstelle von Lösungsvorschlägen (1. Stufe) und situativen Merkmalen (2. Stufe) stehen hier konfligierende Normen und Regeln gegenüber. Mit Regeln meinen wir leitende, allgemeine Urteile darüber, was in einer Situation oder generell gerecht ist und warum. Diese Gerechtigkeitsurteile – das haben wir beim experimentellen Aufriß S. 68 f. gezeigt – können den Stufen des moralischen Urteils bei Kohlberg entsprechend differenziert werden. In sozialen Situationen tritt wiederum ein doppeltes Ungleichgewicht ein, das durch die Objekte (die Regeln selber) und die ausgesprochenen Wertungen der anderen Mitglieder, bzw. durch deren Akte konstitutiv wird. Diese konfligierenden Elemente stehen an der Peripherie der eigenen Wahrnehmung und führen zu schlußfolgernden Koordinationen. Die Koordinationen erreichen jedoch nie ein Gleichgewicht auf den ersten Anhieb, sondern schaffen unter Umständen erneute Konflikte und bringen das Netz der bisherigen Verknüpfung erneut zum Schwanken. Wir wollen auch hier ein Beispiel geben:

Zu Problem 3:
2: (Gerecht ist, wenn das Gesetz entscheidet.)
4: Ein Stück weit kann man schon das Gesetz beachten.
3: Aber eben, das Gesetz ist nicht für alles gut.

2: Das Gesetz würde ziemlich sicher das Kind den Adoptiveltern zuschreiben, vermute ich.
1: Ich auch.
3: Und warum? Weil sie reicher sind und es besser haben.
1: Die Mutter des Kindes ist arm.
2: Nicht unbedingt, die Mutter mußte dort auch einen Verzichtschein oder so etwas unterschreiben, als sie das Kind hergab; darum haben die die Unterlagen und könnten dies nachweisen, und dann käme es ziemlich sicher zu den Adoptiveltern.
1: Wenn es nach dem Gesetz geht, dann bekommen es sowieso die Adoptiveltern.
2: Ja.
(Aus Protokoll Kl. 7, Gruppe 3)
5: (Gerecht ist, wenn der Richter mit den andern Personen des Gerichtes und mit den beiden Eltern eine Lösung sucht.) Ich finde es die beste Regel, weil beide Personen mit den Eltern einverstanden sein müssen. Aber was ich nicht verstehe, ist, warum die Eltern, die sich eigentlich nicht äußern können, das Wort des Richters akzeptieren. Auch wenn die Hintergründe bekannt werden, können die Eltern nichts gegen den Entscheid des Richters tun. Sie müssen sich sicher fügen.
4: Es ist natürlich auch ein wenig eine Gewissensfrage, wofür der Richter entscheidet; in diesem Falle kann er sicher nicht nur nach dem Gesetz handeln, sondern sicher auch ein wenig nach dem Gewissen.
5: Aber, wenn du jetzt Richter wärst, wie würdest du entscheiden?
4: Ich würde sicher den Entscheid treffen, der für das Kind gut wäre.
5: Ja, und wie wäre dies? . . . für das Kind. Ich, welche Familie?
4: Also eher bei den Adoptiveltern. Für das Kind ist es schwieriger, wenn es dort wieder weg muß zur richtigen Mutter. Es weiß vielleicht gar nicht, daß dies die richtige Mutter ist.
(Aus Protokoll Kl. 20, Gruppe 4)

Der Austausch von sozialen Informationen erfolgt hier im Hinblick auf das, was wir als Regeln bezeichnen, und je mehr die Schüler sowohl die sich widersprechenden Regeln als auch die sozialen Informationen (Übereinstimmung – Nichtübereinstimmung, like – dislike, neuer Vorschlag – Ignoranz, oder, m. a. W., Evaluation, Legitimation und Generierung von neuen Vorschlägen) miteinander erschöpfend verknüpft haben, umso transparenter wird das interkommunikative Netz. Diese Operationen schaffen die Realität in der Aktion. Und je nach dem Verlauf auf dieser Ebene sind drei Phänomene zu beachten. Ich möchte sie bezeichnen als *»Realitätsflucht«*, als *»Spaltung«* und als die *»Theorie-Praxis-Schleife«*. Um dies zu erklären, müssen wir nochmals von den Ereignissen in der sozialen Interaktion ausgehen. Im Mittelpunkt steht also die Regel, die gerade diskutiert wird. Das Individuum hat 4 interaktive Ungleichgewichte auszugleichen: Regel, Regelwirkung, die sozialen Aussagen und das eigene kognitive Schema, das wenigstens teilweise in die sozialen Aussagen eingeht. Sobald eine Aussage gemacht wird, ist sie ein Teil der allgemeinen Interaktion, also ein Knoten im Netz, das struktural durch den Begriff Stufe »definiert« wird. Die Regel ist jedoch ein eigenartiger »Reflexionsgegenstand«. Sie hat eine verborgene Wirkung. Sie gleicht einem Eisenstück, dem man nicht ansieht, daß es heiß ist. Man kann über alles mögliche diskutieren, über Form, Größe, Funktion dieses Eisenstückes. Wenn man es aber wählt und anrührt, zeigt es unerwartete Folgen. Die integrierte Inferenzschleife fällt hier aus.

Deshalb scheint es, daß diskutierende Gruppen sich in der Regelbewertung verlieren können (oder verlieren wollen), damit sie keine Entscheidung erzielen müssen. Wir bezeichnen dies als »Realitätsflucht«. Hier werden über lange Strecken für die eine oder andere Regel Gründe angegeben. Ist das Netz der Verflechtung exhauriert, merkt der Schüler jedoch, daß Regel und Lösung nicht unbedingt in einem direkten Verhältnis zueinander stehen bzw. daß eine generelle »Regel« verschieden appliziert werden kann. Wenn Baldwin (1911) sagt, kollektives Bewußtsein sei nichts anderes als die Generalisierung von individuellen Inhalten, so scheint dies hier nicht zuzutreffen. Denn die Realitätsflucht ist die Verselbständigung der Regeldiskussion ohne situative Integration. Der Satz »weil a, b, c, d . . ., wählen wir Regel x« entspricht nicht dem Satz »unter den situativen Bedingungen a, b, c, d wählen wir Regel x«. Das Generelle der Regeln bzw. aller moralischen Gerechtigkeitsaussagen wird unter den Bedingungen der Situation erschüttert oder schafft ein neues soziales Ungleichgewicht, dem die Gruppe auszuweichen versucht.

Das zweite Phänomen bezeichnen wir als »Spaltung«. Es ergibt sich, wenn die Gruppe auf zwei Ebenen diskutiert und die beiden Ebenen nicht integriert. Wir beobachten dann, daß einerseits Regeln diskutiert werden und andererseits die Lösungsvorschläge und analytischen Perspektiven von der Regeldiskussion unbeeinflußt bleiben.

Dies ist ein Indiz dafür, daß die Lösung auf tieferer Perspektive angestrebt und die Regeldiskussion in diesem Prozeß somit *nicht* genügend integriert wird. In diesem Falle könnte man sagen, daß die Treatmentbedingungen nur halb erfüllt sind, denn statt der Applikation von Regeln erfolgt eine Regeldiskussion. Der Konsensus bezieht sich dann wohl auf eine Gerechtigkeitsregel, nicht aber auf einen durch eine Gerechtigkeitsregel transformierten Lösungsprozeß. Zwar diskutiert die Experimentalgruppe 2 die vorgegebenen Regeln und bildet so ein soziales Wertsystem, das von der Gruppe geschaffene Regelsystem. Aber dieses System ist nicht funktional wirksam.

Ein gutes Beispiel des Spaltungsphänomens wird im folgenden Protokoll sichtbar:

1: Regel 2 (liest sie vor). Da bin ich nicht einverstanden.
3: Ich auch nicht.
1: Wenn wir jedes Problem nach dem Schicksal lösen würden, kämen wir nicht weit.
2: Wofür würdest du dich entscheiden? Ob die richtige Mutter das Kind bekommt oder die Pflegeeltern?
1: Die Pflegeeltern.
2: Wieso?
1: Die haben schließlich auch, als sie arm war, als das Kind noch klein war, ganze 7000 Franken bezahlt.
2: Und du?
3: Für die Mutter, sie könnte das Geld wieder zurückgeben.
(Aus Protokoll Kl. 37, Gruppe 3)

Das vorher Diskutierte (eine Reihe von Regeln) und das nachher Diskutierte (Lösungsvorschläge) sind zwei unabhängige sozial-kognitive Systeme. Sie haben jeweils ihr eigenes Ungleichgewicht, eine eigene Interaktion, einen Balancierungsprozeß und im Exhaustionsfall ein jeweils eigenes neues Gleichgewicht. Die kognitive Aktivität verknüpft die bisherigen Informationen über den Gegenstand ›Regel‹ mit jenen Interaktionen, die im Zentrum der Interaktionsstufe als Sprechhandlung der anderen Mitglieder bezeichnet werden können, ohne daß dabei das Wirkungsverhältnis der Regel bewußt wird.

Wenn es aber bewußt wird, dann tritt das Phänomen der »Theorie-Praxis-Schleife« auf. Das zweite Beispiel auf S. 134 macht dies deutlich. Der Schüler oder die Gruppe fragt: »Wenn du dieses Prinzip hast, welche Norm wählst du dann; wenn du diese Norm hast, wie sieht deine Lösung aus?« Weil die Regel plötzlich als ein Konzept gesehen oder empfunden wird, das man verschieden interpretieren und anwenden kann, zu dem man also Wert-verknüpfungen zu situativen Fakten und Lösungsvorschlägen finden muß, wird die Theorie-Praxis-Schleife durchlaufen. Es hängt nun tatsächlich davon ab, wie stabil die Interaktionsstufe als zentrales Handlungsmuster ist, damit trotzdem an der erreichten Stufe, der Regeldiskussion nämlich, festgehalten wird. Bleibt die Gruppe auf dieser Stufe, so erfolgt die Handlungsdeduktion oder der Handlungsentwurf, also die Theorie-Praxis-Schleife, ohne Unterbrechung. Die interaktiven Verknotungen bestehen dann darin, die Anwendbarkeit der Regeln zu bestätigen. Die situativen Anliegen dienen dazu, den Regelkonflikt zu bewältigen. Geschieht dies aber nicht, fällt die Gruppe auf eine tiefere Stufe zurück. Sie vergißt dann, die Regel transparent zu machen. Das Ungleichge-wicht wird nicht mehr zwischen konfligierenden Regeln, sondern zwischen konfligierenden Situationsaspekten oder konfligieren-den Handlungsvorschlägen gesehen.

Theorie-Praxis-Schleife und integrierte Inferenzschleife sind Prozesse der reziproken Assimilation oder Akkommodation und keine Regressionsphänomene. Das Problem besteht darin, daß sie oft isoliert durchlaufen werden. Das bedeutet dann stets, daß die jeweilige Interaktion nicht vollständig ist bzw. daß die Schüler eine bestimmte Stufe noch nicht völlig integriert haben.

Der Fortschritt, der durch die Koordination der Gerechtigkeits-regeln untereinander (zusammen mit den Aspekten der funktio-nalen und analytischen Perspektive) erreicht wird, besteht in der Öffnung auf den Gruppenprozeß hin. Diese Regeln verändern den Lösungsvorgang. Wir sagen deshalb gern, die moralische Regel sei gleichsam ein Gegenstand, dem man nicht ansieht, ob er heiß oder kalt ist. Das Wertsystem, das eine Gruppe in bezug auf solche Regeln aufbauen kann, ist sehr komplex. In dem Maße, wie das Wertsystem das Interaktionsmuster, d. h. die Regelverknüpfun-gen, stützt, wird es generell unabhängig von einem bestimmten Inhalt. Die Gruppe produziert mit der Generalisierung zugleich aber auch die Frage nach dem Ausgang des Dilemmas. Bei der Erzeugung des Regelnetzes, das ja durch das Wertsystem der Gruppe gestützt wird, wird vom Inhalt und den Aussagen der einzelnen abgewichen. Weil zugleich empfunden wird, daß die Regel verschieden gehandhabt werden kann, entsteht ein neues Ungleichgewicht, das eben zur Theorie-Praxis-Schleife führt.

Die Beschreibung dieses Prozesses läßt sich generalisieren. Das

Strukturale einer Interaktionsstufe besteht in der allgemeinen Charakteristik, die auf alle Situationen moralischer Konfliktbewältigung zutrifft. Nicht der Inhalt wird generalisiert, sondern die konstruierten systemrelevanten Merkmale bilden ein übergreifendes Beziehungsgefüge, das die Problemlösung fördert. Die Regeln der Stufe 3 sind also über die Probleme hinweg austauschbar. Würde die erwähnte Hypothese der Bereichsspezifität zutreffen, müßten wir in den Resultaten hauptsächlich signifikante Problem x Regeln-Wechselwirkungen antreffen. Wie wir auf S. 182 sehen werden, ist dies nicht der Fall. Sofern der konstruktive Vorgang der Bildung offener Systeme, ausgehend von vorgegebenen Regeln – die Aussagen der Gruppenmitglieder zu diesen Regeln übersteigend – verallgemeinerbar ist, kann dies nicht zutreffen, und das Prinzip der Transinteraktivität – mindestens für einen bestimmten Kulturkreis – ist verallgemeinerbar.

d. Der Inhaltsaspekt und die Stufe 4 der kognitiven Interaktion

Es ist wohl leicht nachzuweisen, daß unsere 4. Stufe strukturale Merkmale aufweist, weil hier generalisierte philosophische, politische oder gesellschaftstheoretische Konzeptionen als Ganzes gegenüberstehen. Sie ist der Ort, an dem Sätze stehen wie: »Normen sollen im Rahmen von Herrschaftsverhältnissen betrachtet werden, weil sie sedimentäre Interaktionsstrukturen darstellen« (Moser 1975, S. 22), oder auch »Realisation hat Theorie in der Praxis zur Geltung zu bringen« (Holzkamp 1968, S. 100). Wird in der interaktiven Auseinandersetzung bei einer moralischen Entscheidungsaktion bewußt, wo man steht, ergeben sich Analyse, Normwahl und Entscheidung aber nicht von selbst, und sie sind auch niemals deduktiv ableitbar. Das würde gerade dem strukturalen Muster widersprechen. Assimilation und Akkommodation beginnen nämlich an der Peripherie der situativen Gegebenheiten und der Aussagen von Mitgliedern. Sie führen zum zentralen Verknotungspunkt hin, an dem Elemente aller 4 Stufen miteinander koordiniert werden. Die authentische Interaktion schließt deshalb innertheoretische Momente mit ein und vor allem die logische Analyse möglicher Verbindungen zwischen den angenommenen Sequenzialisierungen. Vergleicht etwa eine Gruppe unsere Verteilungsdilemmas vom Standpunkt der »Theorie der Verteilung« von Nozick (1976) und/oder vom Standpunkt einer

»inequality«-Theorie (Ungleichheit) von Jencks (1972), dann werden Legitimation und Begründungsverfahren ganz anders aussehen. Die Diskussion wird zwar jeweils einen völlig anderen Verlauf nehmen, struktural aber derselben Ebene angehören. Gemeinsam sind die Merkmale der authentischen Interaktion, verschieden hingegen die unterschiedlichen Theorien, die gewählten Normen, die wertenden situativen Aspekte und die getroffenen Entscheidungen.

Stufen der Interaktion und experimentelles Design: Strukturformende Komponenten werden strukturrelevant

Wir sind ausgegangen von strukturinternen (»Within-structure«-) Prozessen der Kohlberg-Skala, wir haben die *strukturrelevanten* von den *strukturformenden* Elementen dieser Skala unterschieden und sind dann zur Entwicklung von eigenen Stufen des interaktiven Handelns fortgeschritten. Nun müssen wir wieder zurückgehen und den Stellenwert unserer eingeführten strukturformenden Elemente im Interaktionskonzept der »authentischen Situationen«, d. h. in unserem Stufensystem, darstellen. Folgendes Postulat liegt hier zugrunde:

Die strukturformenden Elemente einer Kohlberg-Stufe verwandeln sich in die strukturrelevanten Elemente unserer Skala. Das müssen wir genauer beschreiben.

Wir haben S. 49 gesagt, die Interaktionsstruktur (M) der Gruppe (G) sei determiniert durch die Variablen A, B, C, D . . ., die eine Ausweitung durch situative Stimuli (A), Regelbestimmung (B), Strategie (C), Dynamik (D) etc. bedeuten. Denken wir nun in Kategorien des Kohlbergschen Ansatzes, dann können diese Elemente in einer Gruppendiskussion auf jeder seiner Stufen wirken. In einer Gruppe der Stufe 4 z. B. sind die strukturrelevanten Elemente Gesellschafts- und Gesetzesbezogenheit; die strukturformenden Elemente können dabei mehr oder weniger ausgeprägt sein. Sind sie wenig ausgeprägt, so entsteht keine umfassende interaktive Gruppenstruktur auf dieser Stufe; sind sie stark ausgeprägt, so entsteht ein Interaktionssystem (Stufe-4-Interaktionssystem), das gekennzeichnet ist durch hohe Situationsanalyse, hohes Regelbewußtsein oder reiche innere Organisation.

Denkt man nun anstelle der Kohlberg-Kategorien in den von uns entwickelten Stufen der Interaktion, dann bekommen die strukturbildenden Elemente den Wert der strukturrelevanten Elemente, d. h. Treatment 1, Vorgabe von Komplexitätsstimuli, stimuliert die Stufe 2, die Situationsanalyse; Treatment 2, Vorgabe von Gerechtigkeitsregeln, stimuliert die normative Perspektive und Treatment 3, Vorgabe der Strategie, stimuliert die koordinative Komplexität, was wir mit I, II und III kodiert haben. Somit ist die Formel auf S. 49 zu verändern.

Anstelle von (G) (M) = f (A, B, C, D . . .) sagen wir jetzt:
Stufe 2 – (G) (M) $\qquad$ = f (A)
Stufe 3 – (G) (M) $\qquad$ = f (B) + (A) und
Koordinative Kompaktheit I, II, III = f (C).

Wir erwarten also grundsätzlich, daß diejenigen Schülergruppen, die das Treatment 1 (Faktor 1) als Zusatzhilfen erhalten, folglich über Konsequenzen, Intentionen, Kausalitäten und andere analytische Elemente nachdenken sollen, mehr Stimuli zur Situationsanalyse erhalten, also eher auf Stufe 2 diskutieren werden. Wir erwarten ebenso, daß diejenigen Schüler, die das Haupttreatment 2 erhalten, folglich Gerechtigkeitsregeln diskutieren, eher auf Interaktionsstufe drei, d. h. in der normativen Perspektive, diskutieren. Und wir erwarten schließlich, daß diejenigen Schüler, die das Treatment 3 erhalten, sich folglich eher mit der Strategie auseinandersetzen, eine höhere koordinative Dichte aufweisen, also eher in III eingeordnet werden.

Man könnte nun folgenden Einwand erheben: Es scheint, daß das, was man in einen Prozeß eingibt, als Resultat herauskommt. Ebenso könnte man sagen, wenn man von Schülern verlangt, Regeln zu diskutieren, daß sie dann eben Regeln diskutieren. Mit andern Worten: Es ist doch ganz einfach, daß die Schüler, die ein bestimmtes Treatment erhalten, ein Interaktionsmuster höherer Stufe bzw. näher zur authentischen Interaktion ergreifen.

Darauf kann man so antworten:

Erstens haben wir den Gruppen niemals den Auftrag gegeben, Gerechtigkeitsregeln zu diskutieren, sondern sie gebeten, *bei der Lösung der entsprechenden moralischen Dilemmata solche Regeln zu verwenden*. Das ist ein großer Unterschied, weil der Diskussionsverlauf als Prozeß eine andere Struktur erhält und auch mit struktural anderen Merkmalen beschrieben werden kann (vgl. dazu auch S. 139 f.). Zweitens haben wir die Verwendung der Regeln nicht befohlen (indoktriniert), sondern sie als Hilfe zur Lösung des Prozesses empfohlen. Wir haben also den Weg der Stimulation gewählt. (Indoktrination wäre es, wenn der Lehrer den Befehl erteilen und zugleich emotional beweisen würde, daß die Regeldiskussion besser sei als etwa die analytische Perspektive. *Verhaltenstraining* wäre es, wenn der Erzieher das richtige Verhalten verstärken würde, ohne bewußt zu machen, warum die Diskussion von Normen und Regeln mehr umfaßt als das bloße Reflektieren von Aspekten der Konsequenzen, Intentionen etc. *Stimulierung* meint, daß man mit den Instruktionen das Material liefert, das – wenn die Gruppe willens ist, es zu verwenden – zu einem höheren Interaktionsmuster führen kann.)

Drittens zeigen die Protokolle (vgl. S. 117), daß der Lösungsprozeß von den Regeln betroffen wird. Während die Schüler das Treatment II, die Komplexitätsstimuli, weniger oft verwendeten, gebrauchten sie die Regeln meistens, obwohl diese nicht »befohlen« wurden. Es handelt sich also um kein Input-output-Verhältnis, sondern um die durch die vorgegebenen Regeln veränderte Diskussion, die ohne diese Regeln struktural eben anders verlaufen wären.

Gehen wir nun vorerst vom Verhältnis unserer Stufen zu denjenigen Kohlbergs über. Theoretisch gesehen könnten auf jeder Kohlberg-Stufe unsere Interaktionsstufen auftreten. Die Vermutung geht allerdings dahin: je höher die einzelnen Mitglieder der Gruppe auf der Kohlberg-Skala stehen, um so wahrscheinlicher ist es, daß auf der höheren Interaktionsstufe diskutiert wird. Dies ist allerdings erst eine Hypothese.

Durch die Stimulation höherer Interaktionsmuster würde dann viel eher die Prinzipiendiskussion erreicht, und umgekehrt hätte diese Prinzipiendiskussion das raschere Fortschreiten auf der Kohlberg-Skala zur Folge.

Die Funktionen der Treatments
angesichts der Stufen der Interaktion

a. Wandel der Funktionen

In der bisher entwickelten Sicht der neu entdeckten Stufen erhalten die drei Treatmentfaktoren unseres Designs plötzlich eine ganz neue Bedeutung. Dies zeigt sich etwa daran, daß man nicht mehr einfach aufzählen kann, wie oft dieses oder jenes Merkmal in einem Protokoll auftritt. Vielmehr müssen jetzt die einzelnen Stufen nach den auf S. 95 bis S. 143 dargestellten qualitativen Merkmalen beurteilt werden. Und dies kann nur ein mit der Theorie vertrauter Psychologe. Die Untersuchungseinheit ist nun nicht mehr der einzelne Satz, sondern ein ganzes Protokoll, und der Bewerter muß die Verknüpfungen herausschälen, die Koordinationen erkennen und die Niveaus aufgrund qualitativer Unterschiede festlegen.

Nun aber zuerst zur Neubeschreibung der drei Treatments Komplexitätsstimuli (Information), Regeln und Strategie. Sie stellen nebst den Problemtypen die wichtigsten unabhängigen Variablen in unserem Design dar. Ihre Funktion hat sich durch den Wechsel von einer individuellen zu einer interaktiven Betrachtungsweise gewandelt.

b. Die beabsichtigten Funktionen des Faktors »Kognitive Komplexität der Interaktion«

Die Komplexitätskonstituenten beziehen sich wie bei Kohlberg auf größere Adäquatheit (vgl. S. 86 ff.). Sie stimulieren zur zweiten Stufe der Interaktion hin. Die interaktive Koordination, bzw. die Konstruktion der moralischen Wirklichkeit in einer Problemsituation soll nun unabhängig vom Lösungsvorschlag (outcome) auf einem höheren Gleichgewichtszustand erfolgen. Die Bedürfnisstruktur verselbständigt sich. Die verwendeten Elemente sind, wie vorher, Konsequenzen, Intentionen, Kausalitäten, Fragen der Macht des Geldes, der Beziehungen, der Schuld. Wir wollen hier aber, wie bereits erwähnt, keine dieser Variablen isolieren, wie dies viele Psychologen, allen voran Piaget in seinen Untersuchungen zum moralischen Urteil, getan haben. Ebensowenig wollen wir auszählen, sondern vielmehr den Diskussionsfluß insgesamt auf einer komplexeren oder weniger komplexen Ebene betrachten. Es geht hier nicht um konzeptbezogene Vorgänge, die meist im Dreischritt »nicht vorhanden«, »Übergang«, »vorhanden« erfaßt werden (z. B. »Nicht-Konservierer«, »Übergang«, »Konservierer«). Vielmehr steht die 2. Stufe zur Diskussion, die ganzheitliche, übergreifende Muster in einem bestimmten gesellschaftlich relevanten Feld – hier die »Lösung moralischer Konflikte durch Interaktion« – darstellt. Die Muster haben verknüpfenden und zugleich kommunikativen Charakter. Denn:

»Die Anwendung der Prozeduren und Deutungsschemata ist nicht in den einzelnen Äußerungen sichtbar, sondern in deren Bezug aufeinander.« (Wunderlich 1976, S. 351)

Dieser Bezug wird zum entscheidenden Merkmal, wenn wir die einzelnen Komplexitätselemente besprechen. Auch wenn wir sie also einzeln darstellen, so rückt die mit ihnen geschaffene Interaktionsart und -dichte in den Mittelpunkt.

Wie die Stimulation der kognitiven Komplexität konkret aussieht, soll anhand des 3. Problems (Kindadoption) dargestellt werden.

Nun möchten wir euch noch ein paar Dinge sagen, die ihr vielleicht berücksichtigen könnt:

a. Achtet darauf, daß das Ergebnis für alle wichtig ist. Die echte Mutter tut sich vielleicht etwas an, wenn sie das Kind nicht bekommt. Die Adoptiveltern werden vielleicht krank vor Elend, und sie haben keine Hoffnung mehr. Das Kind, das bisher glücklich war, wird vielleicht hin- und hergerissen. Der Richter kann seine Stelle verlieren, wenn er nicht gut entscheidet.

b. Es gibt Gründe, die für das eine oder für das andere der beiden Elternpaare sprechen. Man kann z. B. schauen, wer sich am besten für das Kind eignet. Vielleicht ist es auch wichtig, welche Absichten beide Eltern haben, wer das Kind lieber hat, sich mehr um es sorgt. Man kann sich auch fragen, wo das Kind glücklicher ist.

Eine wichtige Frage ist auch, wer von den beiden am ehrlichsten ist.

Vielleicht spielt auch eine Rolle, was für den Richter wichtig ist, ein gutes Urteil, ein guter Name oder Geld.

c. Vielleicht spielt auch das Geld eine Rolle: Die Frau war so arm, daß sie das Kind weggeben mußte. Die Adoptiveltern haben genug Geld.

d. Vielleicht spielt auch eine Rolle, wie nahe die Leute dem Richter stehen.

e. Man muß sich überlegen, was es heißt, wenn die Adoptiveltern dem

Richter Geld anbieten. Vielleicht ist es Liebe, vielleicht Bestechung.

f. Vielleicht muß man sich fragen, warum das alles so ist. Warum dieser Prozeß? Warum dieser Schmerz? Muß das alles so sein?

g. Jemand denkt ans Verzichten. Darüber muß man sich Gedanken machen. Es kommt darauf an, warum er das tut. Vielleicht aus Verzweiflung, um gut dazustehen, vielleicht aus Liebe. Es gibt noch mehr Gründe.

h. Eine wichtige Frage ist, ob man sagen kann, die Frau sei selber schuld, daß sie so arm sei. Man muß sich überlegen, ob man selber schuld ist, wenn einem so etwas zustößt.

Die Form der Darbietung entspricht etwa den Hinweisreizen, die ein Erzieher einer arbeitenden Gruppe geben würde. »Beobachte, daß . . .«, »Man kann z. B. schauen, wer . . .«, »Eine wichtige Frage ist auch, . . .«, »Vielleicht spielt auch eine Rolle, wie . . .«, »Man muß sich überlegen, . . .«, »Darüber muß man sich Gedanken machen . . .« etc. sind solche prozeßsteuernden Hinweise. Sie sollen den Schüler dazu anregen, mit den Informationen zu arbeiten, Hypothesen auf der 2. Stufe zu konstruieren, dafür und dagegen zu argumentieren, zu evaluieren etc. oder gesamthaft so viele Aspekte als möglich zu berücksichtigen, ohne die Aspekte selbst zu benennen und sie auf eine Lösung zu beziehen. Steigerung der Komplexität ist aber nicht Selbstzweck, sondern führt bei genügender Exhaustion zum Vergleich aller Aspekte an sich, abgelöst von der gegenwärtigen Zeitquerschnittsorientierung oder vom Lösungsvorschlag, der die Meinung zu sehr an Vorgefaßtes bindet.

Gehen wir nun die einzelnen Punkte durch:

Zu a.:

Hier ist die Aufforderung enthalten, die Konsequenzen für jede in den Entscheidungsprozeß involvierte Person zu berücksichtigen. Bezüglich der Stufen sozialer Wahrnehmung bedeutet dies, sich in die Lage des anderen zu versetzen und sich in ihn einzufühlen. Bezüglich der intentionalen Komplexität bedeutet es, Merkmale strukturaler Entscheidungen zu finden und gegeneinander abzuwägen, die aus der Geschichte jeder involvierten Person stammen oder ihre Zukunft beeinflussen.

Zu b., e. und g.:

Hier wurde der Schüler dazu angehalten, allgemein nach Gründen zu fragen, insbesondere aber nach den Intentionen zu fragen und sie gegeneinander sowie gegen die obigen Konsequenzargumente auszuspielen. Man gibt ihm Hinweise, wo diese Intentionen zu suchen sind: bei der Eignung, der Intensität der Zuneigung und Sorge, beim Glück des Kindes, aber auch in der Wahrheit und den allgemeinen Bedürfnissen. Jeder dieser Bereiche ließe sich im Sinne der Kohlbergschen Skala hierarchisieren. Es geht hier jedoch nicht um das moralische Urteil selber, sondern um den struktural differenzierten Bewußtseinsgrad, den dieses Urteil im Gruppenprozeß erhält, und grundsätzlicher noch um die Stimulation der Gruppen mit der Absicht, diesen Aspekt von den Lösungsvorschlägen zu trennen.

Zu c. und d.:
Das Element der Bestechung, d. h. das »unmoralische Mittel« zur Aneignung des fraglichen Gutes, wird spezifisch herausgehoben. Bestechung und Betrug lassen sich unter bestimmten Umständen jedoch rechtfertigen. Die kognitive Interaktionsstufe kann besonders gut bei diesem Aspekt erfaßt werden, weil hier deutlicher wird als anderswo, daß auf der dritten Stufe Prinzipien, auf der zweiten Stufe Aspekte der Bedürfnislage bzw. der Merkmalanalyse und auf der untersten Stufe des Aktes für sich zur Entscheidung hinreichende Kriterien der kognitiven Gruppenstruktur hervortreten. Am Aspekt der Bestechung entscheidet sich, ob ein Diskussionsverlauf tatsächlich den Sprung zur Klärung genereller Gerechtigkeitsregeln zu leisten vermag, ohne sich davon abzugrenzen, d. h. durch die Merkmalsanalyse zur Reflexion der Entscheidungsmechanismen so vorzustoßen, daß diese bewußt werden. Damit würde dieses Element sogar die 3. Diskussionsstufe stimulieren.

Zu f. und h.:
Fragen der Kausalattribution sind mit Ausnahme von b. und g. vorwiegend extern stimuliert worden. Mit f. und h. wird versucht, besonders durch die Variable »Schuld«, die internale Kausalattribution anzuregen. Wo liegen die eigentlichen Gründe für das Versagen und den Konflikt? Weil es um Verteilung geht, muß man sich fragen, wie diese zustande gekommen ist. Richtet man sich auf die Entscheidung, so sind Merkmalsanalysen, wie schon erwähnt wurde, oft am gegenwärtigen Zeitquerschnitt orientiert. Zu berücksichtigen ist jedoch auch das Vergangene, d. h. das Zustandekommen des gegenwärtigen Zustandes, damit sich die Analyse vervollständigen läßt. Aus dem Vergangenen erhält man Information über den notwendigen Ausgleich in der Gegenwart. Und schließlich liegt die Schuldfrage am Übergang von Vergangenem

und Gegenwart sowie am Übergang zwischen den Stufen 2 und 3 der kognitiven Interaktion. Hat sich die Gruppe einmal mit dieser Frage eingelassen, so kann sie – wie bei der Variablen »Bestechung« – den Sprung zur dritten Stufe eher vollziehen. (Bei der Lektüre der Protokolle ist festzustellen, daß diese Frage meist nicht behandelt wird, weil sie vermutlich an die Grenze des Interaktionsmusters selber führt.)

Wir haben ja in unserer Arbeitshypothese angenommen, daß das hier beschriebene Komplexitätsstimuli-treatment 1 *strukturbildende* Funktion im Sinne von Ausdifferenzierung von Fakten hat und daß mit ihm zugleich die analytische Interaktionsstufe stimuliert wird. Man muß nun aber eine Unterscheidung treffen, um genaue Einsicht in das beschriebene Verhältnis zu bekommen.

Wir erwarten, daß der Schüler mit den Aufforderungen, die wir hier verwenden, einerseits mehr mögliche Begründungs- und Rechtfertigungskonstrukte erstellt und daß er andererseits, um dies tun zu können, sachorientierte Interaktionen in sein eigenes Wertsystem einsetzt und damit in der Gruppe ein Vergleichsnetz von Vermutungen, Fakten und Bewertungen erstellt. In der Entscheidungssituation, in der keine hypothetischen Dilemmas, sondern eine reale Wahlsituation oder eine ökonomische Verteilungssituation (Gratifikationsrechte) vorliegen, treten neben den offensichtlich personenbezogenen, ökonomischen und sozialen Kriterien auch ökonomische Beschreibungs- und Erklärungstheorien oder soziologische Aspekte und entsprechende Erklärungsvorgänge auf. Liegen diese nun aufgrund der Problembeschreibung schon vor, so geschieht mit ihnen genau dasselbe: Sie werden in das bestehende Bewertungssystem eingebettet und auf der Basis von Lösungshypothesen miteinander verglichen.

Warum gerade diese Form der Hinweisreize, statt die Informationen ohne scheinhypothetische Klausel mit Aufforderungscharakter zur Verfügung zu stellen? Weshalb zum Beispiel die Frage: »Vielleicht muß man sich fragen, warum alles so ist, warum dieser Prozeß? Warum dieser Schmerz? Muß das alles so sein?« Könnte man statt dessen nicht besser so formulieren: »Stellt man sich die Frage ›Muß das so sein?‹, so gibt es drei Antworten:

1. Das ist so, weil es eben in unserer Gesellschaft Arme und Reiche gibt.
2. Das ist so, weil der Staat nicht genug für die Armen tut.

3. Das ist so, weil die Frau noch wenig über Geburtenkontrolle weiß. Sie müßte eben besser aufpassen.

Wählt eine dieser Antworten!«

Würde man so formulieren, dann wäre der konstruktive Ansatz durch einen rein informationstheoretischen durchbrochen. Wir wissen heute sehr viel darüber, wie Menschen Informationen zum Zwecke notwendiger Entscheidungen verwerten. So hat zum Beispiel Shavelson (1976, 1977) eine Reihe von Untersuchungen zum Entscheidungsvorgang bei Lehrern auf der Basis ganz bestimmter inhaltlicher Vorgaben durchgeführt. Er gab den Lehrern Informationen über die Fähigkeiten (gering, hoch), den Einsatz (gering, hoch) und die Leistung (gering, hoch) von Schülern, erfaßte die bestimmenden Persönlichkeitsmuster des Urteils und beobachtete dann die Entscheidung bei konsistenter und inkonsistenter Information.

Bei Shavelson, um bei diesem Beispiel zu bleiben, ist Information in üblicher Weise additiv verwendet. In unserem Ansatz aber wird die Wirkung von Hinweisreizen im Zusammenhang mit der Stufenhöhe der Interaktion überprüft. Diese Art von Hinweisreizen ist nämlich im Unterrichtsprozeß, wo es um Rekognition von Relationen geht, weit verbreitet. Greeno (1976) hat solche Relationen für einfache mathematische Probleme systematisch untersucht und graphisch dargestellt. Sie liegen bei ihm jedoch in einer strengen Hierarchie von Ausgangspunkt und Ziel. Beim Exhaustionstyp des Problemlösens ist die Bestimmung viel weniger genau. Es ist zu fragen, wieweit Hinweisreize genügen, um tatsächlich einen Einfluß auf den Diskussionsvorgang zu bewirken, und welche Relationen die Schüler tatsächlich konstruieren. Je komplexer sie sind, desto vollständiger ist die Wahrnehmung des Problemumfeldes als Ausgangsbasis für ein Urteil. Das Hauptnetz des gesamten Treatmenteinflusses wäre ein System, wie es in Figur 1.2 dargestellt ist.

Eine systematische Überprüfung dieses Wertsystems wurde in dieser Arbeit allerdings nur im Sinne der Interaktionsstufen einerseits und (in der Einführung) im Sinne des quantitativen Vergleichs andererseits durchgeführt. Die drei folgenden Protokollausschnitte zeigen einen möglichen Treatmenteinfluß, und zwar beim Problem 1 allgemein, bei den Problemen 2 und 3 durch den Hinweisreiz e.:

Zu Problem 1:

1: Wir können die verschiedenen Informationen besprechen, dann kommen wir auf andere Gedanken.

3: Aber ich glaube, die Informationen zu besprechen hat keinen großen Zweck.

1: Ja.

3: Ja, das haben wir jetzt durchgelesen, an das müssen wir uns einfach halten, daß man einen andern nicht benachteiligt.

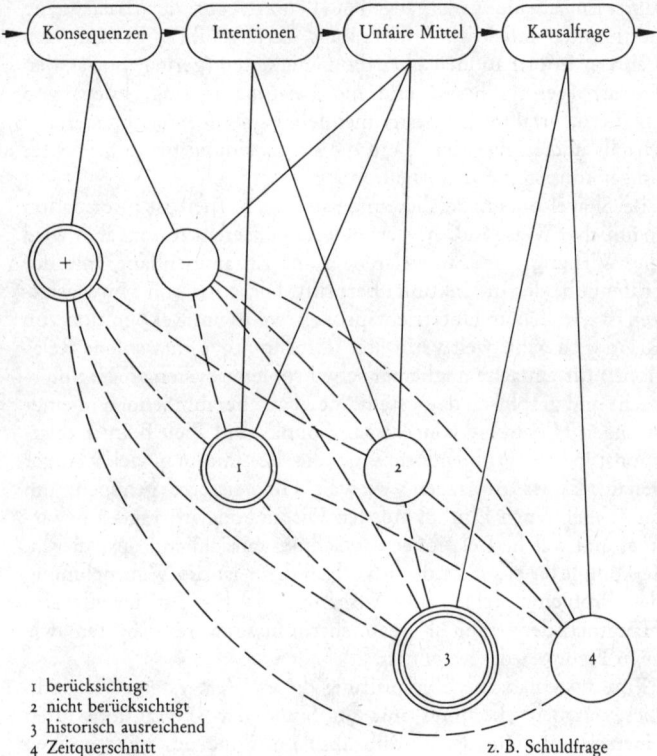

1 berücksichtigt
2 nicht berücksichtigt
3 historisch ausreichend
4 Zeitquerschnitt

z. B. Schuldfrage

Figur 1.2: Wertsystem möglicher Relationen der einzelnen im Beeinflussungskonzept des Treatments 1 enthaltenen Elemente, die in der Gruppe zu einem Interaktionsnetz koordiniert werden. (Die Kreise bedeuten geringere oder höhere Ausprägung des ausgesprochenen Werturteils.)

Zu Problem 1:

1: Ja, oder daß einer verzichtet, das gibt es auch selten, es möchte sicher jeder ins Kino.

2: Vielleicht hat ja einer Glück, daß dieser Film im Fernsehen kommt, dann . . .

Zu Problem 2:

3: Ich meine, bleiben wir einmal beim Problem von Peter, ob es uns etwas ausmachen würde, weil sein Vater die Firma bestochen hat und weil er selbst ein Motorrad kaufen will; ob das auf die Entscheidung einen Einfluß hat.

2: Ja, das kann eventuell schon einen Einfluß haben.

3: Ja, weshalb?

2: Wenn Peters Vater mit ihnen ein Geschäft abschließen will, gibt dies einen geschäftlichen Vorteil.

3: Du meinst, daß es eine Art »Kuhhandel« gibt? (Gelächter)

3: Es sind eigentlich auch noch Interessen des Vaters da. Aber dieser könnte ja seinen Sohn in seinem Geschäft aufnehmen; je nachdem hat er vielleicht ja auch eine Bauzeichnerstelle zur Verfügung. Das ist schwer zu sagen.

1: Nein, ich glaube nicht, daß er auch Bauzeichner . . .

3: Ja, sonst hätte er ihn ja aufgenommen . . .

Zu Problem 3:

3: Das waren ja auch ganz fremde Leute. Sie waren sicher auch nett, aber sie hat es eben für Geld gegeben.

1: Wir sollten vielleicht noch herausfinden, ob das Bestechung war, dieses Geld, das sie dem Richter gaben. Vielleicht hatten sie doch nicht so ein reines Gewissen. Sonst hätten sie ja einfach vor dem Gericht sein können und kein Geld hinterlegen . . .

3: Ich würde sagen, das war keine Bestechung. Das war ein Zeichen, daß sie das Kind gern hatten, wenn sie dem Richter hinterrücks Geld gegeben haben.

1: Ja, das ist eine Möglichkeit.

3: Die Eltern hatten es richtig gern und hatten Angst, sie würden es wieder verlieren. Ich möchte sagen, es sollte dort bleiben, wo es ist . . .

Alle drei Diskussionsteile sind offenbar durch das Treatment 1 zustande gekommen. Die Einleitungssätze besagen, daß wir das noch tun sollten, eben weil es durch das Treatment stimuliert ist. Ist man kritisch genug, zeigt sich allerdings, daß diese Stimulierung bei Problem 2 und 3 weniger offensichtlich ist. Es könnte auch sein, daß die Schüler zufällig ohnehin auf das Faktum der Bestechung zu sprechen gekommen wären (s. Redundanzproblem in den Analysen auf S. 479 ff.). Wichtiger sind jedoch die Deutungsschemata, die durch Berücksichtigung des Elements

»Bestechung vs. Nicht-Bestechung« und durch Interaktionsprozeduren entstehen. Sie sind meistens lösungsunabhängig und entsprechen den beschriebenen Charakteristiken der Stufe 1.

c. Die beabsichtigten Funktionen des Faktors »Vorgabe von Gerechtigkeitsregeln«

Das 2. Treatment (Regel) soll – wiederum strukturformend – auf die 3. Interaktionsstufe einwirken, d. h. ein höheres interaktives Bewußtsein der in einer Entscheidung wirkenden moralischen Gerechtigkeitsnormen ermöglichen (vgl. S. 93). Die Vorgabe von Formulierungen, die einerseits den Kohlbergschen Stufenmustern des moralischen Urteils angepaßt wurden, andererseits aber einen gewissen verallgemeinernden Formulierungscharakter aufweisen, soll die Gruppe dazu stimulieren, sich bewußt zu werden, welches die das Urteil steuernden strukturalen Regulierungen eigentlich sind, welches das Konzept ihres, die Entscheidung formenden normativen Musters ist. Während Kohlberg solche Formulierungen als Merkmale der Interpretation von Urteilen einer bestimmten Stufe benutzt, verwenden wir sie als lösungsbezogene prozessuale Systeme der Evaluation und Rechtfertigung. Im Gegensatz zur 4. Interaktionsstufe, wo es jeweils um das oberste philosophische Prinzip des moralischen Handelns schlechthin geht, sind hier die Gerechtigkeitsformulierungen mehr situations-, d. h. distributionsbezogen. Die Frage heißt immer: Was ist warum gerecht verteilt? Hier sind nicht etwa Regeln im Sinne eines Spieles oder der Lösung einer mathematischen Aufgabe gemeint. Vielmehr ist das System von normativen Gerechtigkeitsvorstellungen angesprochen, die im Beratungsverfahren für eine Begründung von Entscheidungen über distributive Handlungen zutreffen. Die gerechtigkeitsbezogenen Formulierungen, die wir auch als Prinzipien tieferer Ebene bezeichnen können, wurden den Schülern in Zufallsreihenfolge vorgelegt. Hier als Beispiel die Formulierung zu Problem 2 (Vergabe der Berufsposition):

Zu Problem 2:
Es ist gut, wenn ihr zuerst überlegt, nach welchen Prinzipien oder Regeln ihr das Dilemma lösen wollt. Hier sind einige zur Auswahl: (Damit man eine rasche Übersicht erhält, soll man beim zweiten Durchlesen immer nur den unterstrichenen Satz einer Regel beachten.)
Regel 1: Damit gerecht gewählt wird, soll das Schicksal entscheiden.

Schließlich ist der Zufall immer gerecht. So ist nachher niemand schuldig.

Regel 2: Gerecht ist, wenn man miteinander abmacht, warum man den einen oder den anderen wählt und dabei unparteiisch ist. Man muß erklären, warum man das so abgemacht hat, dann verstehen es die anderen. Es ist möglich, daß man dabei Fehler macht. Aber man hat wenigstens versucht, das Beste zu machen. Es ist möglich, daß es Unterschiede gibt.

Regel 3: Gerecht ist, wenn man darauf achtet, was die anderen sagen. Schließlich können mehrere besser als einer sagen, warum der eine oder andere besser ist *(Abstimmung).* Und dann steht auch der Chef vor den andern gut da. Vielleicht aber verzichtet auch jemand von den dreien auf die Stelle. Der wäre ein Held. Dann müßte man überlegen, ob man ihn gerade deshalb wählen sollte. Bei einer Abstimmung teilen alle die Schuld, wenn etwas schiefgeht.

Regel 4: Es soll jeder das gleiche Recht haben. Nur so ist Friede auf der Welt. Damit dies geschieht, braucht es eine Kontrolle. *Die Kontrolle kann ein Gesetz oder eine Regel sein.* Der Betriebschef soll z. B. die Regel aufstellen, für jede gute Eigenschaft ein Pluspunkt, für jede schlechte Eigenschaft ein Minuspunkt. Wer sich an die Regel hält, wird nicht schuldig.

Regel 5: Man kann tun, was man will, es wird nie ganz gerecht sein. Deshalb ist es wichtig, daß man alle Gründe gut überlegt, miteinander bespricht und dann nach bestem *Wissen und Gewissen* entscheidet. Man muß sich in die Situation jedes einzelnen hineindenken. Man muß dann aber dazu stehen, daß man einige Gründe für wichtiger hält als andere. Es kann für jeden von uns Gründe geben, warum der eine und nicht der andere gewählt wird. *Gerecht ist, wenn man dabei unparteiisch bleibt und diese Gründe erwägt, dann mutig eine Entscheidung fällt.*

Regel 6: Derjenige, der dem Betrieb am meisten nützt, soll gewählt werden. Schließlich ist nur wichtig, daß der Betrieb läuft, sonst können alle zusammenpacken. *Gerecht ist das, wo am meisten herausschaut.* Man kann ja schließlich nicht alle drei wählen. Die andern sind selber schuld, wenn sie zu kurz kommen.

Regel 7: Man muß sich so entscheiden, daß man keine Schwierigkeiten mit den Arbeitern und Angestellten bekommt. Sonst ist man selber der Bestrafte. Man fragt zuerst lieber bei diesen nach, hört ein bißchen herum, wie die Meinung ist. *Gerecht ist, wenn man selber keine Schwierigkeiten bekommt und sich nicht fürchten muß.* (Schließlich hat man seine eigene Familie.)

Der Stufe 1 der Kohlberg-Skala entspricht die Formulierung bei Regel 7. Mit der Stufe 2, der sog. Bedürfnisstufe, ist Regel 6 verbunden. Die Stufe 3 findet eine Formulierung in Regel 3. Stufe 4 korrespondiert mit Regel 4. Stufe 5 findet einen Niederschlag in Regel 2 und Stufe 6 ist mit Regel 5 liiert. Die Regel 1 haben wir der Stufe 2-3 zugeordnet, weil hier das Kriterium »jedermanns eigenes Interesse« mit der Erwartung verbunden ist, daß der Partner dieselbe Chance auch mir einräumt, wenn es um Verteilung geht. Es ist die Verschiebung der Autorität (präkonventionell) auf eine Art »blinden« Vertrag (konventionell).

Weil diese eben erwähnte Stufe 2-3 weder einen richtigen Gebrauch von der goldenen Regel macht, noch eine Regel der Reziprozität ist, weil Versuchspersonen der Stufe 2 sich einerseits immer noch stark auf ihr eigenes Interesse richten, andererseits jedoch den Anspruch der anderen schon außerordentlich stark spüren, weil bei dieser Stufe Autorität zwar als alles bestimmende Größe abgelehnt, »Chance« hingegen als Autorität durch die Hintertür wieder eingeführt wird, haben wir sie auf der Stufe 2,5, d. h. als Übergang zwischen 2 und 3, angenommen. Dies ist im verallgemeinerten Sinne zwar richtig, bezogen auf die andern Stufen aber nicht ganz konsequent, weil ein Standpunkt mit verschiedenen Bedingungen eingenommen werden kann und somit verschiedenen Stufen angehören könnte. Immerhin haben wir im Sinne der Treatmenterklärung eine Begründung angefügt, nämlich die, daß das Schicksal immer gerecht sei. Darin liegt die entscheidende Bezugnahme auf blinde Autorität.

An dieser Stelle ist auch eine Bemerkung zum Verhältnis zwischen den Kohlberg-Stufen und unseren Formulierungen notwendig: Wir haben die Formulierungen auf einer mittleren Abstraktionsebene gehalten, die Kohlberg in seinen Beispielen eher zu vermeiden trachtet oder sie als metaethisches »Zeugs« abtut, weil Entscheidung und Ausgang (issue) noch nicht festliegen, sondern die generell operative Norm in eine offene Handlungsregel, die der empirischen Regelmäßigkeit mit steuernder Geltung vorgeordnet ist, »umwandelt«.

Wir stimulieren mit der Vorgabe dieser Regeln die 3. Stufe der Interaktion, und wir glauben, daß die angesprochene dritte Ebene von möglichen Interaktionsstrukturen darin besteht, daß die Teilnehmer am Entscheidungsprozeß in dieser verallgemeinernden Form ihre eigene Gerechtigkeitsnorm *rekonstruieren*. Das Zurücktreten des Urteils, so als ob nicht der Fall, sondern nur die Regeln existieren, löst nicht nur die Kritik an allen in die Situation hineingetragenen Werturteilen aus, sondern auch eine Profilierung der Gesamteinstellung aller Personen in der Gruppe zur Frage der Gerechtigkeit, d. h. eine Kritik an den gruppenkognitiven Strukturen insgesamt.

Die erste Formulierung, entsprechend der Kohlberg-Stufe 1 (Regel 7), ist nicht nur allgemein, sondern enthält auch pragmatische Applikationshinweise als Verstehenshilfe. Wir sprechen von »Arbeitern und Angestellten«. Die entscheidende Formulierung »gerecht ist, wenn man ...« entspricht dem vorgeschlagenen Abstraktionsgrad als Bewußtseinsstufe der Interaktionsebene. Wenn es im Extremfall auch möglich ist, daß unter Kohlbergs Versuchspersonen sogar Erwachsene der Stufe 1 zu finden sind, so darf daraus nicht geschlossen werden, daß solche Personen nicht unserer 3. Perspektive angehören können. Sie können von ihrer kognitiven Kompetenz her sehr wohl den allgemeinen Formulierungen folgen, wie sie in unserem Treatment II vorliegen. Sie können auch interagieren und selektieren bzw. richtig einordnen. Deswegen die Applikationshinweise als Verstehenshilfe. Ein solcher Fall dürfte allerdings selten zutreffen. (Zur genauen Abklärung müßten überdies Korrelationsstudien vorgenommen werden.)

Die zweite Stufe (Regel 6) ist ähnlich formuliert. Wir finden wiederum einen schwachen Applikationsrahmen vor (»dem Betrieb nützen«) und eine metaethische Formulierung auf der Interaktionsstufe 3. Dasselbe gilt für Regel 3 (Formulierung der 3. Kohlberg-Stufe). Die Gerechtigkeitsformulierungen, die den Kohlberg-Stufen 4, 5 und 6 (unseren Regeln 4, 2 und 5) entsprechen, enthalten keine Applikationshinweise, sondern bleiben auf der jeweiligen Allgemeinheits- und Abstraktionsebene.

Gruppen, die eine dieser Regeln wählen, rekonstruieren einen Interaktionsradius, innerhalb dessen sie exhaurieren oder begründen, und sie bestätigen ihr Vorgehen in besonderer Weise, weil sie sich durch den Selektionsvorgang wiederholt bestätigen müssen, daß jene Regel für ihre Entscheidungen von Bedeutung ist.

Die Vorgabe der Regel, d. h. Haupttreatment 2, ist als pädagogischer Stimulierungsvorgang weit geschlossener als die Hinweisreize des Haupttreatments 1. Es geht hier nicht, wie bei Treatment 1, um die Doppelstruktur von Erwartungen, die einerseits vorgebracht und andererseits in einen Wertzusammenhang gestellt werden. Vielmehr liefert die Vorgabe der Regel das normierende Gerechtigkeitsmaß der Gruppe. Etwas, das immer schon da war, wird präsent gemacht und in den bewußten Bedeutungszusammenhang des entsprechenden Dilemmas hineinprojiziert. Wenn wir sagen, es werde präsent gemacht, dann meinen wir ein konstruktives, koordinatives Vorgehen, das die Verständigung und Kritik über ein intersubjektives Wertsystem vermittelt. Denn die Wahl der Regel setzt voraus, daß anderes aussortiert wird und daß die gegenseitige Anerkennung dieselbe wechselseitige Antizipation im Falle des Integrierens bzw. Hinuntersteigens auf die Problemlöseebene erfordert. Es geht hier nicht um widerspruchsfreie Kommunikation, sondern um die Koordination von Wertausprägungen im Hinblick auf die Reduktion dessen, was zum Verfahren als a priori Anerkanntes hinzutritt. Es hat erst im Prozeß der Begutachtung, der Auslese und der Anwendung strukturformenden Wert. Anstelle der Hinweisreize, welche die darauffolgenden Prozesse nicht an ein System binden, zwingt die Formulierung auf dieser Ebene, das eigene Konzept dessen, was Entscheidungen normierend steuert, offenzulegen. Dennoch geht es nicht um bloße Informationsaufnahme, sondern darum, daß etwas Zusätzliches, Zusammengefügtes, Gebundenes und Koordiniertes entsteht.

Wir haben gesagt, daß Verständigung über die steuernde Norm und die Kritik eines intersubjektiven Wertsystems durch Anwendung geleistet werde. Während das Treatment 1 eher dazu zwingt, mehr Informationen zusammenzutragen und zu einem komplexeren Verständigungssystem zu koordinieren, bewirkt das Haupttreatment 2 hingegen mehr die kritische Auseinandersetzung und Stellungnahme bzw. Bewußtmachung und anwendungshafte Transformation eigener Handlungsmuster im Rahmen der Moral. Die Versuchspersonen sagen: »Das wollen wir nicht, weil es ungerecht ist«, oder »Das wollen wir, weil es unserem Gefühl für Gerechtigkeit entspricht«. Argumente und Gegenargumente eines so geführten praktischen Diskurses sind im eigentlichen Sinne Kritik an der Ideologie des einen oder anderen Individuums in der Gruppe und durch den Verlauf auch Kritik der Gruppenideologie. Die Suche nach »Objektivität« des Handelns entwickelt sich im Verhandlungsprozeß zur Konstruktion des Verhandlungsmaßes.

Wir werden bei der Analyse der Resultate sehen, daß das Treatment 2 außerordentlich wirksam war und die Gruppen darauf ansprachen.

Zur Illustration soll hier ein Beispiel einer Regeldiskussion angeführt werden, um diese Wirkweise zu illustrieren (auf S. 116 ff. haben wir ein Beispiel dargestellt, um die Stufen zu demonstrieren).

(Einstieg bei der 15. Minute; die Schüler diskutieren Regel 1.)

2: Nehmen wir einmal das Blatt.

3: Das sollten wir schon etwas anschauen.

2: Bei 6 sind wir (bezieht sich auf Schritte vorgegebener Strategie).

1: Nein, das nicht, wir sollten die Regeln noch etwas . . .

3: Was? Aha ja, man könnte.

2: Ja, schau einmal diese 1, lassen wir einmal weg.

3: Ja, 1 würde ich weglassen.

1: Ja, aber weißt was, wenn wir 1 weglassen, ich würde dies noch nicht tun, vorerst einmal, wenn es überhaupt keine andere Möglichkeit gibt.

3: Nein, nein, sieh, das kann einfach das Schicksal nicht, einer hat dann sicher mehr Recht, (aber) und alle haben gleich viel Recht.

2: Sicher alle gleich, aber ich weiß selber nicht, aber . . .

3: Jemand hat es vielleicht nötiger als jener.

2: Vielleicht, ja, vielleicht.

3: Etwa so, weißt du, oder?

1: Vielleicht der Schüler, oder?

3: Etwas ist sicher Schicksal – lassen wir das weg.

2: Wenn ich, ich würde eine andere (Regel) . . .

3: Wo alle gleich viel Recht haben und gleich viel Möglichkeiten.

1: Eben ja.

2: Aber das ist doch nicht logisch.

1: Nein, das weißt du, du sagst immer ein bißchen etwas gegen dies, aber du weißt gar nicht, äh, ob es dir gefalle, aber dann mußt du sagen können, daß das Schicksal schlecht ist, daß es nicht so gut ist; du kannst das nämlich nicht sagen (beweisen), und in diesem können wir sagen, daß es gut ist. In diesem Falle (Problem) kannst du es nicht streichen, und wir dürfen dann (auch) nicht sagen, es müsse *unbedingt* dableiben.

2: Man kann nicht sagen, ob es schlecht oder gut sei.

3: Ja, aber schon jetzt.

2: Wenn es jetzt z. B. einen treffen würde, der es nicht verdient, nehmen wir jetzt an, einfach irgendeinen, der viele »Kohlen« (Geld) hat, und den würde es treffen und es käme ein anderer, der ein armer Schlucker wäre, dann würdest du schon sagen, besser (eher diesem). Ich glaube, da ist ein Unterschied.

1: Aber weißt du . . .

2: Ob man dann nicht besser mit dem Schicksal entscheiden würde.

1: Aber dann ginge es wieder.

3: Ich bin eigentlich auch der Meinung von Oswald; lies einmal da unten, der Zufall ist immer gerecht.
2: Das glaube ich nicht.
1: Also beweise, daß der Zufall nicht gerecht ist. Beweise das! Ich kann nicht beweisen, daß er gerecht ist.
2: Also der Zufall wäre gerecht, wenn alle im genau gleichen Verhältnis wären, den gleichen Vater hätten, z. B. Geschwister, das Milieu wäre gleich. Aber da (in unserem Falle) mußt du einen Unterschied machen, oder? Das sind ganz verschiedene Personen, da kann man doch nicht sagen, daß es (das Schicksal) gerecht ist.
1: Aber der Punkt mit den 5 Millionen, da würdest du sagen, das ist nur wegen des Geldes. Eigentlich – Personen sind doch alle gleich. Es wäre dann nur nicht gerecht, weil der viel Geld hat, vielleicht hat er einen reichen Vater. Da kann er nichts dafür. Und z. B. so reiche Söhne; die möchten gar nicht so reich sein, das gibt es sicher auch. So ein armer Schlucker möchte schon viel Geld haben.
2: Vielleicht will Peter fort von Zuhause, weil ihm das nicht paßt.
1: Genau, das ist es.
3: Was, nicht paßt?
2: Wenn der Vater so ein Angebot macht.
3: Wieso nicht?
   (Pause)
3: Kommen wir zurück zur Regel.
1: Nein, schau jetzt, vielleicht will der weg, weil der Vater so reich ist, das ist genau wie mit diesen 5 Millionen. Vielleicht wäre für ihn ein anderer Beruf viel geeigneter, vielleicht Motorfahrradmechaniker oder so.
   (Lachen)
3: Also den Zufall, Regel 1, würde ich streichen.
2: Ja.
1: Ich nicht.
3: Ganz sicher, die Verhältnisse sind (beim vorliegenden Problem) nicht die gleichen.
2: Ich also auch . . .
3: Sie müssen aus der gleichen Familie sein, Verhältnisse . . .
2: Ich kann doch nicht mit dem Zufall . . .
1: Aber in diesem Fall . . .
3: Aber setz einmal den Fall, einer will diesen Beruf gar nicht; war aber der Beste bei der Prüfung. Jetzt wäre es doch unfair, wenn dieser einem andern die Stelle wegnimmt. Der geht nach einem halben Jahr nur wieder weg.
   Also, ich würde 1 weglassen.
1: Ich noch nicht.
3: Also lassen wir es.
   (Pause)

2: Ich streiche es für mich.
1: Also – wenn wir keine andere Lösung haben, kommen wir schon wieder darauf zurück.
3: Ja also, schon 2 ist besser.
1: Ich habe gar nicht gesagt, daß 1 das Beste ist, ich würde es einfach noch nicht streichen. Klar, es gibt noch andere Lösungen.
(Pause)
1: Also, wenn ihr sagt abstimmen, da mit dem Schicksal, da habt ihr doch Angst, daß Peter die Stelle bekommt. Dann seid ihr doch für andere.
3: Also für Peter finde ich's einen Witz.
1: Klar, aber er hat doch das gleiche Recht trotz seines Vaters.
3: Ich bin nicht grundsätzlich gegen Peter oder gegen den Zufallsentscheid.
1: Aber wenn du das sagst, hast du doch Angst, daß Peter hineinrutscht.
3: Nein, nein.
1: Also, wieso bist du dann nicht dafür? Es geht ja nur um diese drei Personen. Wir sprechen jetzt nicht von anderen.
usw.
(Kl. 28, Gr. 7, Gesamtdauer dieses Protokolls ca. 43 Min.)

Bei diesem Ausschnitt kommt ein anderes Phänomen, das wir noch nicht dargestellt haben, deutlich zur Anwendung, das sog. Retentionsphänomen. Hier hält man mit dem Lösungsvorschlag so lange zurück, bis analytische und normative Aspekte diskutiert sind. Schüler 1 in unserem Beispiel ist typisch; er erhebt dies Zurückhalten der Lösung geradezu zur Tugend. Weiterhin ist zu sagen, daß bei unserem Beispiel die Diskussion »reicher Vater« – »armer Schlucker« eine Veranschaulichung der Integration der analytischen Stufe in die normative bedeutet. Der Zweck des Treatments, nämlich die Frage nach der höchsten und fairsten Weise des gerechten Urteilens, vom Inhalt abgelöst und zugleich wieder appliziert, als Normdiskussion und Herstellung eines Netzes sozialer Interaktionen, kommt sehr schön zum Ausdruck. Das Bewußtsein über normatives Handeln ist ausgeprägt.

Solche Beispiele haben noch keinen Auswertungs-, sondern erst einen Illustrationswert. Wir erkennen an ihnen jedoch die »Kraft« der Regeln oder vielmehr der Gerechtigkeitsprinzipien. Sie werden 1. in Legitimationsmittel für die Entscheidung umgewandelt. Sie bewirken 2., daß die Zukunft einsichtig wird, bezogen auf das Reguläre der Gruppenentscheidung. 3. helfen sie zu verstehen, wie die Kenntnis moralischer Sachzusammenhänge formuliert wird.

Sie sagen aus, welche Zwecke am wichtigsten sind. Sie helfen noch nicht, um zu entscheiden. 4. Über die Ablösung des Nützlichkeitsprinzips, bei dem die Folgen größtmöglichen Genuß versprechen, führen sie zur Verselbständigung der Prinzipienwahl im Reflexionsvorgang.

Nun zur »Regel« selber: Während Hare (1972, S. 81 ff.) die Ebenen des moralischen Diskurses andauernd vermischt und die Prinzipien in ihrer Wirkweise sowohl für sich als auch in Beziehung zu den Folgen und Intentionen betrachtet (S. 95), nehmen Wittgenstein (1971, S. 105 ff.) und im Anschluß an ihn Habermas (1971, S. 189 ff.) eine viel eigenständigere Wirkweise der Regel als Wegweiser der Handlung an. Verständigung, Rechtfertigung und gegenseitige Kritik sind die Weisen der Interaktion, die es ermöglichen, daß eine Regel in Übereinstimmung angenommen wird. Weil man keiner Regel privatim folgen kann, begründet die intersubjektive Geltung den normativen Status der Gruppe. Es entsteht so etwas wie eine jeweils neue oder neu zu entdeckende dynamische Anwendung, die das moralische Prinzip (Regel) neu bestimmt. Diese Anwendung auf das zu lösende Problem legt – wie das Diskussionsprotokoll auf S. 159 ff. deutlich zeigt – die Regel erst fest. Nicht die Regel wird appliziert, sondern in der Verwendung – oder im Hinblick auf die Verwendung – entsteht sie unter der Bedingung des Widerstandes, den die Versuchspersonen in der Gruppe dem Dilemma gemeinsam entgegenbringen. Die Regel wird nicht nur generiert, sondern in diesem Prozeß auch bewußt gemacht. Sie entsteht jedoch nicht aus einem »metaphysischen Nichts«, sondern generiert sich selbst im Hinblick auf Auswahl und Praxis. Erst auf Interaktionsstufe 4 würde das »metaphysische Nichts« in eine philosophisch durchgeführte Theorie der gerechten Verteilung umgewandelt.

Die Vorgabe solcher Prinzipien – bezogen auf die Kohlberg-Stufen – stimuliert somit die Generierung der Regeln, nicht bloß ihre Wahl.

(Es sei klargestellt, daß unser Begriff der Regel bzw. des moralischen Prinzips nichts mit dem zu tun hat, was z. B. Gagné [³1973] unter Regel versteht, nämlich Gesetze, die entdeckt, gelernt und experimentell angewendet werden können. Moralische Prinzipien sind in einem ganz anderen Sinne legitimationsstiftend. Sie unterliegen in einer ganz anderen Weise dem Bedeutungs- und Interpretationszusammenhang des Kollektivs. Mit ihrer Entdeckung ist der Konflikt noch nicht gelöst, auch wenn die Lösung offensichtlich ist. Denn sie muß ja erst zum Wertsystem der Gruppe gemacht werden.)

d. Die beabsichtigten Funktionen des Faktors »Strategie«

Ursprünglich haben wir auch das *dritte Haupttreatment* (Faktor 3), die vorgegebene Strategie, als strukturformendes Element bezeichnet (vgl. S. 49 ff.). Aufgrund der ersten Analysen und aufgrund der Überlegungen zum Begriff der interaktiven Kompaktheit (vgl. S. 90 f.) müssen wir jetzt annehmen, daß die Strategie diese Kompaktheit erhöht, also die Gruppenökonomie beeinflußt, nicht aber die Stufenhöhe der kognitiven Interaktion.

Auf S. 195 ff. dieser Arbeit beschreiben wir ein Problemlösemodell, das als Exhaustionsmodell bezeichnet werden kann und bei dem dargestellt wird, in welcher Weise und in welchem Umfang Rechtfertigungen und Begründungen, Evaluationen und Werturteile für Lösungsvorschläge gegeben werden. Eigentlich müßte eine Strategie diesem Modell angepaßt werden. (In diesem Sinne sind natürlich auch Treatment 1 und Treatment 2 Strategien, um eine höhere Interaktionsstufe zu stimulieren bzw. um das Retentionsphänomen hervorzurufen.) Folgende Gründe haben uns aber bewogen, für Treatment 3 etwas eigenes zu konstruieren:

1. Normalerweise verwendet der Lehrer im Unterricht, im Sinne des Begriffs »Formalbildung«, formale Strategien, die im Zuge der zu erwerbenden Fertigkeiten gelernt werden, um etwa Gruppenunterricht durchführen zu können. Es war unser Anliegen, denselben Weg zu gehen, um etwas über die Wirkung solcher Vorgehen aussagen und sie im Zusammenhang mit anderen Einflußgrößen überprüfen zu können.

2. Wir wollten die Strategie aber auch im Sinne der Verallgemeinerung grundsätzlich formal festlegen, weil sie sich von den ersten beiden, inhaltlich und struktural orientierten Treatments abheben sollte.

3. Mit den Treatments sind vorläufige Hypothesen verknüpft, wie sie in der Einführung dargestellt wurden. Erst bei Durchsicht der Daten bzw. der Niederschriften der Gruppengespräche haben wir weitere Hypothesen entwickelt, in die allerdings die vorliegende Strategie nicht mehr genau hineinpaßt. In diesem Sinne ist

sie sogar dem Exhaustionsmodell entgegengesetzt, wie wir noch zu zeigen haben. Zunächst müssen wir aber erläutern, was wir unter Strategie verstehen. Gagné und Briggs definieren:

»Eine kognitive Strategie ist eine intern organisierte Fertigkeit. Sie selektiert und leitet die inneren Prozesse, die ins Spiel kommen, wenn neue Probleme umschrieben und gelöst werden müssen.« (Gagné und Briggs 1974, S. 48)

Diese Definition ist sehr umfassend. Obwohl wir eine andere Untersuchungsfrage vor uns haben, kann diese Definition verwendet werden. Sie bedarf allerdings entscheidender Ergänzungen:
– Mit »Strategie« ist immer auch die Entscheidungskompetenz der Gruppe angesprochen.
– »Strategie« sagt nichts über die Stufe der Interaktion aus.
– Die Strategie stimuliert zu einer Lösung, ermöglicht aber z. B. die Inferenzschleife nicht.
Die von uns gewählte Strategie stimuliert eher die Interaktion; sie optimiert damit eine bestimmte Art von interner und externer Bedingungen und ist gegenüber den drei hier verwendeten Problemen (Problembeschreibungen) inhaltlich neutral. Sie ist für jeden moralischen Diskurs mit Konfliktcharakter verwendbar, bezieht sich somit nicht bloß auf Inhalte, z. B. Distribution von Gütern, Macht und Recht (hoher Generalisierungsgrad). Die Strategie sieht folgendermaßen aus:

Zu Problem 1 (Kinobillett):
Wenn ihr das Problem miteinander löst, haltet euch genau an folgende Schritte (einer in der Gruppe soll besonders darauf achten):
1. Sammelt zuerst so viele Lösungsvorschläge wie möglich. Ihr müßt dabei bedenken, daß es mehr als drei oder vier Möglichkeiten gibt. Gebt zu jedem Vorschlag zugleich ein paar einfache Gründe an.
   Repetiert nochmals alle Vorschläge, so daß sie alle nebeneinander wie auf einer Tafel stehen.
2. Überlegt euch eine oder zwei der wichtigsten Regeln oder Grundsätze, nach denen ihr das Problem lösen wollt.
3. Nun gibt es vielleicht unter den Vorschlägen solche, die nicht realistisch sind (vielleicht hat jemand in der Gruppe gesagt, man solle die Billette entzweischneiden. Das wäre nicht realistisch). Oder solche, die man nicht ausführen kann. Gebt diese auf. Wiederholt nochmals die Vorschläge, die übrigbleiben.
4. Von diesen wählt die zwei (oder drei) besten aus.
5. Sucht für jeden der Vorschläge so viele Gründe wie möglich.

6. Geht alle eure Unterlagen, die ihr vor euch habt, Punkt für Punkt durch. Diskutiert alle Punkte miteinander. Überlegt euch die Gründe, die gut sind, und jene, die schlecht sind. Überlegt euch die Folgen jedes Vorschlags.

Überlegt euch, wie das ist, wenn jemand verzichtet und ob das wirklich so gut ist, wie einige Leute sagen.

7. Wählt den besten Vorschlag aus. Gebt nochmals alle Gründe an, die für diesen sprechen. Gebt an, warum ihr die andern Vorschläge habt fallen lassen.

8. Gebt ganz genau an, wie ihr die Lösung Schritt um Schritt ausführt oder wie ihr sie Schritt um Schritt ausführen würdet.

Gebt euch nicht so schnell mit einer Lösung zufrieden.

Das Ordnungsprinzip in dieser Handlungsstrategie ließe sich etwa mit sukzessiver Selektion umschreiben. Am Anfang fordert man dazu auf, den Lösungsraum so weit wie möglich zu fassen und ihn dann mitsamt den Begründungen mehr und mehr in Richtung auf einen Konsensus einzuschränken.

Um das Prinzip zu verstehen, das einer Strategie zugrunde liegt, muß man von den Phasen ausgehen, die dem Lösungsprozeß zugrunde liegen. Mit Utterback (1950) nehmen wir folgende Phasenabfolge an:

1. Festlegung des Problems
2. Überprüfung der Fakten, die mit dem Problem verwickelt sind
3. Bereitstellen von Kriterien zum Entwurf der Lösungen
4. Bewertung von Lösungen
5. Festlegung der Schritte zur Anwendung.

Ähnliche Schemata wurden von Schmuck (1968) und Johnson u. Bany (1975) entwickelt. Sie sind handlungsorientiert und werden eher aus organisationspsychologischer Sicht auf Gruppenprozesse entworfen als aus einer lösungsspezifischen Orientierung heraus, d. h., man achtet bei ihrer Erstellung mehr auf die Organisation der Gruppe als auf die wirklichen Lösungskomponenten. In ähnlicher Weise entstanden in der pädagogischen Tradition die Herbart-Zillerschen Lehrstufen oder die Stufen bei Rein, Dörpfeld, Seyfert etc. und in neuerer Zeit die Denkstufen bei Dewey (1951, S. 75) und Correll (1961, S. 53 ff.). Man nimmt eine globale Problemlösekonzeption an und entwirft organisatorische Ablaufelemente zu einer Schritt-für-Schritt-Folge.

Ginge man anstelle der Handlungsorientierung von den Lösungskomponenten aus, so müßte die Strategie dazu beitragen, daß die Lösung sicherer, schneller und mit größerer Belastbarkeit gefunden wird. So wurde auch versucht, dies im moralischen Bereich zu leisten. Ein Beispiel dafür ist die Phasenstrategie von Simon und Whright (1974, S. 244). Sie sieht folgendermaßen aus:

»1. Identifizierung und Klärung des Problems. Formulierung der Schwierigkeit in Form der Frage nach dem Vorgehen (>Soll-Frage<).

2. Formulieren einer Hypothese über die Erwünschtheit und Durchführbarkeit der in der Frage enthaltenen Vorgehensweise.

3. Sammeln einer repräsentativen Stichprobe von Daten.

4. Klassifizieren der Daten in erwünschte/unerwünschte, durchführbare/undurchführbare und spezielle Fälle.

5. Quantitative und qualitative Analyse der Daten.

6. Bewerten (testen) der Hypothese bezüglich der Erwünschtheit und Durchführbarkeit des Grundsatzes.

7. Vorschlagen eines Lösungsweges des Problems.

8. Überprüfen der Erwünschtheit und Durchführbarkeit von Handlungen der Gruppe, um das Problem zu lösen.

9. Handeln, um das Problem zu lösen.

10. Bewerten der Handlung.«

Qualitäten und Aufbau dieser Art sind jedoch für unsere Sicht der Lösung von Problemen sozial-moralischer Art nicht sinnvoll, weil hier nicht die Entscheidung, sondern die Begründung im Mittelpunkt steht. Bei Gruppenlösungsprozessen sind sie schon gar nicht verwendbar, denn hier spielt auch die Übereinstimmung mit einem Argument eine Rolle. Die von Mosher u. Hornsby (1971) gefundenen Entwicklungsstufen von Strategien, die bei Kindern angewandt wurden (1. gewöhnliches Raten, 2. Überprüfung spezifischer Hypothesen, 3. eingeschränkte Eingrenzungsvorgänge, 4. wirksame Eignungskonzepte), lassen sich hier ebensowenig verwenden. Dasselbe gilt auch von den von Olsen (1966) gefundenen Begriffsstrategien (Suchkonzept, sukzessiver Mustervergleich und Informationswahl).

Was hat uns aber dazu veranlaßt, die Form der sukzessiven Selektion zu wählen? Würde man sich an einem optimalen Lösungskonzept orientieren, so müßte im Grunde genommen ein Lösungsalgorithmus verwendet werden. Dann wäre die Menge der Operationen optimal festgelegt (Landa 1969, S. 34).

Simon u. Newell (1970) zeigen aber, daß viele von Menschen zu lösende Probleme so komplex sind, daß sie niemals mit einem Algorithmus, d. h. mittels systematischer Selektion gelöst werden können. Vielmehr werden die meisten komplizierten Probleme mittels heuristischer Methoden angegangen. (Und genau dies wollten wir in unsere Strategie einbauen.) Man könnte einwenden, unsere Strategie widerspreche dem heuristischen Prinzip, da ja zunächst verlangt wird (spontan) *so viele* Lösungsvorschläge wie möglich zu suchen. Mit dieser Aufforderung werde eine Ausweitung und keine Einengung bewirkt. Dieser Einwand trifft nicht, weil die Heuristik ja gerade darin besteht, so spontan wie möglich zu reagieren, um Einengungen erst durch Intuition vornehmen zu können.

Zuerst nochmals zu Simon u. Newell: Sie führen zwei wesentliche

Strategietypen an, die »progressive deepening-strategy« (progressives Vertiefen) und die »scan-and-search strategy« (Prüf- und Suchstrategie). Die erstere, die »progressive deepening-strategy«, wird unter Bezugnahme auf De Groot (1965) dargestellt, der entdeckte, daß das Vorgehen weniger einem »buschartigen Baum« als einer klar gegliederten Baumform mit wenigen Verästelungen gleicht. Man nimmt einen Ast heraus und denkt alle Möglichkeiten durch. Dann geht man zum Ausgangspunkt zurück und wählt einen anderen Ast. Die zweite, die sogenannte Prüf- und Suchstrategie, die als effektiver gegenüber der ersten gilt, besteht darin, daß schon in der ersten Phase eine definitive Entscheidung gefällt wird:

»a. In einer ersten Phase wird jener Knoten gewählt, der am besten eine Fortsetzung garantiert (dies bei einiger Evaluation);

b. in der zweiten Phase wird von jenem Knoten aus eine kleine Distanz vorwärtsgegangen, und die neuen Knoten, welche so entstehen, werden ebenfalls evaluiert und die erste Phase plaziert.«

Diese zweite Art wird nach Simon u. Newell vom Menschen normalerweise nicht verwendet.

Ist unsere Strategie nun eine Prüf- und Suchstrategie? In der Tat wollen wir durch die Anweisungen verhindern, daß man immer wieder zurückgeht, um jeden »Ast« (Lösungsvorschlag) für die Diskussion vorzubereiten. Deshalb gehört unsere Strategie eher zum Typus »Prüfen und Suchen«.

Damit hätten wir bis jetzt folgende Merkmale: *Hoher Generalisierbarkeitsgrad, breite Problemstruktur, Heuristik statt Algorithmus, Prüf- und Suchstrategie, sukzessive Selektion.*

Wir hätten freilich auch eine andere Strategie wählen können. Es ging uns jedoch nicht um die Frage, mit welcher Strategie am effektivsten gearbeitet wird, sondern darum, ob eine Handlungsstrategie sich auf die Interaktionsstufen und die diskursive Kompaktheit auswirkt.

Wir erwarten also, daß durch die Vorgabe der Strategie eine höhere interaktive Kompaktheit ermöglicht wird. Beispiele können nur ausschnittweise verwendet werden, weil es sich immer um kleine Steuerungskomponenten handelt, z. B.:

. . .

3: Finden wir einen Mittelweg.

4: Jetzt lesen wir Anweisung Nr. 7. »Wählt den besten Vorschlag aus.« Wir haben uns auf Matthäus geeinigt und jetzt sollten wir die Gründe angeben.

1: Er hat schon viel mitgemacht in seinem Leben etc.

(Aus Protokoll Kl. 21, Gr. 5, ca. 35. Min.)

...

1: Wir müssen langsam zu einer Lösung kommen. Fassen wir kurz zusammen. Für die Adoptiveltern spricht: Sie haben schon viele Auslagen gehabt, die Operation, das Kind ist glücklich dort.
Für die Mutter spricht: Sie hat das Kind 5 Jahre lang gesucht und im Grunde genommen ist sie die Mutter des Kindes.
3: Das Kind ist kein Produkt, das man im Supermarkt kaufen kann.
2: Wir sollten die weiteren Anweisungen miteinander durchgehen etc.
(Aus Protokoll Kl. 17, Gr. 6, ca. 26. Minute)

...

1: Jetzt sind wir wieder gleich weit.
3: Ah, um nun vielleicht die Grundsätze aufzuschreiben, wie das der Richter lösen würde.
2: Sicher nicht das Kind halbieren.
3: Nein, das ist schon die Nr. 3. Über Nr. 2 haben wir noch fast nichts gesagt.
(Aus Protokoll Kl. 1, Gr. 5, ca. 5. Minute)

Das Protokoll mit dem zuletzt zitierten Beispiel enthält nach jedem Diskussionspunkt solche verbindenden Zwischenglieder, die dem Diskussionsraum einen Halt und eine bestimmte Ordnung geben.

Empirische Analyse I:
Die Effekte der Stimulation der »kognitiven Interaktionsstufen« und/oder »Interaktionskompaktheit«

a. Einleitung

So interessant die Theoriebeschreibung als Erklärungsversuch für Prozesse menschlicher Reaktion, Konstruktion und Kommunikation in den Sozialwissenschaften auch ist, so wichtig ist nun auch die Frage der empirischen Bestätigung. Mit andern Worten: auch wenn unser Entwurf der Interaktionsstufen in einzelnen Protokollen ausführlich veranschaulicht wurde, genügt dies nicht; wir haben nun die Aufgabe, den quantitativen Aspekt ins Auge zu fassen, mit anderen Worten, zu zählen, zu vergleichen und zu schlußfolgern.

b. Fragestellungen und abhängige Variablen

Unsere erste entscheidende Fragestellung war: Haben unsere Treatments der Faktoren 1 bis 3 tatsächlich die kognitive Interaktionsstufe und die Gesprächskompaktheit der einzelnen Gruppen beeinflußt? Obwohl wir wissen, daß Interaktionsstufen zerbrechlicher sind als etwa Muster des individuellen moralischen Urteils, weil gebunden an die Gruppe und weil nur in der Primärgruppe voll aktualisierbar (vgl. S. 128), möchten wir hier nicht bloß Einzelfälle analysieren, sondern erfahren, ob die Gruppen, die durch die Vorgabe von stimulativen Hinweisen (Informationen), von moralischen Gerechtigkeitsprinzipien (Regeln) und von Strategien zu einer höheren Stufe hin stimuliert wurden, tatsächlich einer andern Population angehören.

In dieser Untersuchung gingen also zwei abhängige Variablen mit ein, nämlich »Stufe« (strukturale Komplexität) und »interaktive Kompaktheit« (koordinative Komplexität). Auf S. 95 bis S. 143 haben wir dargestellt, was wir mit Interaktionsstufen meinen, welche kognitiv strukturalen Implikationen sie enthalten und wie der Treatmenteinfluß das Interaktionsmuster verändern kann. Die Stufen wurden in der Beschreibung auf S. 97 bis S. 122 mit 1 A, B; 2 A, B; 3 A, B; 4 A, B bezeichnet, der Kompaktheitsgrad bzw. die koordinative Komplexität des Gruppenprozesses mit den Ausprägungen I, II, III erfaßt. Die B-Stufe bedeutete jeweils einerseits systematisches Vorgehen und Applikation, im Gegensatz zu unsystematischem Vorgehen und Nicht-Applikation, und andererseits viel Exhaustion im Gegensatz zu wenig Exhaustion, und zwar nicht quantitativ, sondern im Sinne von Legitimation etwa der Auswahl und des Einstehens für eine bestimmte Regel. Mit systematisch meinen wir, daß die entsprechenden Treatments Schritt für Schritt in Betracht gezogen wurden. Die Skalierung der Variablen »interaktive Kompaktheit« bzw. Bezogenheit war, wie auf S. 90 ff. dargestellt, relativ grob. Sie sei hier etwas ausführlicher wiederholt:

I bedeutet, daß jedes Individuum gleichsam egoistisch seine Meinung darlegt, also nicht auf das Vorhergesagte direkt eintritt, sondern auf seinen eigenen Überlegungen und Darlegungen basierend jeweils wiederum am Gespräch teilnimmt. Mit anderen Worten, auf diesem Grad tritt ein »interaktiver Egoismus« zutage, wie ihn Piaget ähnlich als Sprachegozentrik

(Privatsprache) bei Kindern eines gewissen Alters nachgewiesen hat (Piaget [6]1972, S. 42 ff.).

II bedeutet, daß die Schüler intensiv aufeinander eingehen. Jeder beurteilt, evaluiert und begründet den Vorschlag bzw. die Bemerkungen der andern, so daß inhaltliche Blöcke von Diskussionseinheiten entstehen.

III bedeutet, daß zusätzlich zu II an verschiedenen Brennpunkten des Gesprächs Zusammenfassungen gemacht und Übersichten angestellt werden, m. a. W., daß die Selektions- und Steuerungsvorgänge mit dem Charakter innerer Rückblende auf das bis jetzt erfolgte Gespräch bzw. dessen interaktive Struktur erfolgt.

(Es ist dies, wie gesagt, eine relativ grobe Kompaktheitsskala. Es wäre auch möglich gewesen, eine feinere Skala zu verwenden, so etwa eine 6stufige Einteilung:

1. egoistische Satzeinheiten bzw. Lösungsvorschläge im Sinne der »Privatsprache«;
2. erstes Reagieren durch bezogenen Gegenvorschlag;
3. zusammenhängende Sprechblöcke mit gegenseitigem Reagieren auf Aussagen der einzelnen;
4. erste Anzeichen der Gruppensteuerung;
5. Regulierungen durch Strategien des Lösungsprozesses;
6. systematische Reflexion und Steuerung des Gruppenprozesses.

Wir haben aber diesen Weg nicht gewählt, weil die einzelnen Unterschiede bei unseren Pilotversuchen zu wenig scharfe Konturen gezeigt haben.) Während also die Interaktionsstufen der Gruppe ein Bewußtseinsgrad dessen sind, was kognitiv-struktural passiert, welche Koordinationen zu welchen Entschlüssen führen und/oder welches Gerechtigkeitsniveau im Sinne einer Analysehierarchie angesteuert wird, ist die Kompaktheitsskala eigentlich eine sprechökonomische Maßeinheit für den Grad des prozessualen Verbindens der Aussagen der Mitglieder der Gruppe.

c. Hypothesen, Stichprobengröße und forschungsmethodologische Fragen

Als Haupthypothese in bezug auf die Variable »Interaktionsstufe« erwarten wir, daß jene Gruppen, die Gerechtigkeitsregeln erhalten haben, mindestens auf Stufe 3 miteinander das Problem lösen (1).

Von jenen Gruppen, die kein Treatment erhalten haben, erwarten wir, daß sie auf Stufe 1 untereinander diskutieren (2), während jene Gruppen, die Komplexitätsstimuli (Informationen) erhalten haben, auf der zweiten, der analytischen Stufe operieren (3). Ferner sollten jene Gruppen, welche als Stimulation Diskussionsschritte bzw. -vorschläge vorgegeben erhielten (Strategie), keinen Effekt bei der Variablen »Interaktionsstufe« aufweisen (4). Wir erwarten weiterhin keine signifikanten Dreiweg- und Zweiweg-Wechselwirkungseffekte in den drei Hauptfaktoren (5), mit einer Ausnahme, daß nämlich eine mögliche Information × Regel-Interaktion auf ein besseres Durchlaufen der Theorie-Praxis-Schleife hinweisen müßte. D. h., je besser die Informationsstimuli zur Wirkung kommen, desto eher müßte die Gruppe auf Stufe 3 B statt auf Stufe 3 A interagieren (6). Eine weitere Hypothese lautet: In den Problemen sollte sich in dem Sinne ein Unterschied zeigen, daß die Interaktionsstufe um so tiefer ist, je pragmatischer und handlungsaktivierender das Problem ist (Verteilung der Kinokarten) (7). Ein signifikanter Klasseneffekt ist hingegen nicht vorauszusagen, da durch die Zufallsauswahl die Größe »Gewöhnung an Gruppendiskussion« ausgeschaltet werden sollte (8). Für die Variable »Interaktionskompaktheit« erwarten wir weder einen Problemeffekt noch einen Klasseneffekt (9). Für diese zweite abhängige Variable sagen wir keine signifikanten Faktor-1-Effekte (Komplexitätsstimuli) und Faktor-2-Effekte (Regeln) voraus (10). Auch signifikante Drei- und Zweiweg-Interaktionen dürften ausgeschlossen sein (11), denn wir haben in unserem theoretischen Teil dargelegt, daß eine höhere Interaktionsstufe an sich noch keine qualitativ bessere Interaktionskompaktheit bewirkt. Auch höhere signifikante Wechselwirkungen und im Spezifischen Wechselwirkungen mit jeglicher Problemkombination sind nicht zu erwarten. Und die letzte und wichtigste hypothetische Voraussage: die Vorgabe von Diskussionsschritten (Strategie) zeigt eine positive signifikante Wirkung auf die zweite Variable (12).

Diese 12 Hypothesen stehen in Zusammenhang mit unserer Theorie der Interaktionsstufen. Sie sind die Transformation der auf S. 144 dargestellten theoretischen Bezüge.

Aus forschungsökonomischen Gründen haben wir für die vorliegende Analyse nach Zufall aus den 42 Klassen 15 für unsere Protokollanalyse ausgewählt (Vgl. Sample der Analyse B im Anhang). Wir glauben, daß die Analyse von 120 Protokollen (8 pro

Klasse) ausreicht, da wir annehmen können, daß die Mittelwertsverteilung bereits dann hinreichend normal ist, wenn n > 30 ist. Es ist also anzunehmen, daß auch durch diesen Stichprobenumfang die Populationsparameter noch mit hinreichender Zuverlässigkeit geschätzt werden können.

Somit wählten wir für die vorliegende Analyse als »unit of analysis« die ganze Gruppendiskussion, mit andern Worten, ein vollständiges Diskussionsprotokoll. Der Auswerter hatte nicht mehr einfach bestimmte Elemente auszuwählen, sondern nach den auf S. 86 bis S. 143 beschriebenen qualitativen Merkmalen ein ganzes Gruppenprotokoll nach den beiden Variablen einzuschätzen. Er wurde also in alle Kriterien der Interaktionsstufen und der koordinativen Komplexität (Kompaktheit) eingeführt. Dies sind etwa für die Stufe 2 Kriterien wie Rücklaufschleife, Störung »nach oben«, Widerstand »nach unten«, integrierte Inferenzschleife, Vernachlässigung des Lösungsvorschlages, Verselbständigung von analytischer Faktenbeurteilung und -bewertung; für die Stufe 3: Realitätsflucht, Retentionsphänomen, abgehobene Prinzipiendiskussion (Prinzipien distributiver Gerechtigkeit), »Spaltung«, Theorie-Praxis-Schleife, Transfer von indirekter stimulationsunterstützter Normdiskussion zur direkten, nicht fokussierten Normdiskussion (vgl. Analyse A, S. 473) etc.

Die Auswertung erfolgte »blind«, d. h., die Bewerter wußten zwar genau Bescheid über die vorliegenden Treatments, nicht aber, welche Treatmentgruppe oder welches Protokoll sie in der Hand hielten. Dies war nötig, damit einigermaßen unterschieden werden konnte, ob ein Treatmenteinfluß vorhanden war oder ob die Gruppe die entsprechenden Stufenkriterien selbst generierte. Die Protokolle wurden von einem Hauptbewerter (rater) und einem Bewerter mit Kontrollfunktion eingeschätzt. Der interrater-Korrelationskoeffizient betrug für die Interaktionsstufe $r = 0{,}94$, für die Interaktionskompaktheit allerdings nur $r = 0{.}62$. Das Design war ein faktorielles Nested-within-Design, in welchem die Klassen nicht mit dem Problem gekreuzt wurden, sondern innerhalb eines Problems »nisten«. Dies erlaubt uns, den Klasseneffekt genau zu lokalisieren und damit den Einfluß der andern Variablen sauberer herauszukristallisieren. Im Klasseneffekt sind zahlreiche Einflußfaktoren gebündelt wie etwa Unterrichtsstil, Gewöhnung an Gruppenarbeit, Klassenatmosphäre etc. Die Verwendung des etwas komplizierten »hierarchischen«

Designs hat den Vorteil, daß der Anteil der Effekte der Schulklassen an der Gesamtvarianz abgezogen werden kann. Um den α-Level zu stützen, wurden alle Analysen mit Finns multivariatem Programm durchgeführt, aber univariat gelesen. Um die alphanumerische Masse für die Analyse auszuschalten, wurden die Stufen 1 A = 1, 1 B = 2, 2 A = 3, 2 B = 4, 3 A = 5 und 3 B = 6 berechnet.

d. Resultate

(Üblicherweise sollte bei der Darstellung von Resultaten mit den Wechselwirkungen begonnen werden, weil dadurch vorweg abgeklärt werden kann, ob die Haupteffekte in den Effekten höherer Ordnung aufgehen. Da wir aber nur vereinzelte Wechselwirkungen zu verzeichnen haben und uns aus einsichtigen Gründen weitgehend an die Reihenfolgen der Hypothesen halten möchten, beginnen wir unsere Darstellung mit den Haupteffekten.)

Als Hypothese 1 wurde angenommen, daß Gruppen mit Vorgabe von Gerechtigkeitsregeln signifikant höher interagierten als solche, die keine Regeln diskutierten. Diese Hypothese konnte nicht falsifiziert werden. Wir haben *einen hochsignifikanten Haupteffekt zu verzeichnen mit F = 142.761; df = 1,50; p < 0.0001; (r = 0.74).* Die *Mittelwerte sind 3.11 und 5.02.* (Vgl. Figur 1.3) Dieser Haupteffekt bedeutet einen Aufstieg des Interaktionsniveaus um eine volle Stufe, nämlich von Stufe 2 A zu Stufe 3 A. Dies heißt also auch, daß der Diskussionsverlauf völlig anders ist als auf Stufe 1 und 2. Und es zeigt schließlich, daß die Schüler Regeln tatsächlich verwenden und daß damit das strukturale Interaktionsniveau entscheidend transformiert wird. Gerechtigkeitsstatements werden in die Situation eingeführt und sie tragen dazu bei, daß sich die Versuchspersonen bewußt werden: Hinter der Verwertung der Probleminformationen stehen normierende Regulationen, die im Exhaustionsprozeß reflektiert werden.

---

* Wenn r = 1, dann erklärt das Treatment die gesamte Varianz der abhängigen Variablen. Wenn r = 0, dann gibt es keine Varianz in der Abhängigen, die durch unsere Treatments erklärt wird. Das r als Determinationsmaß wurde jeweils nach der Formel

$$r = \sqrt{\frac{F}{F+n-2}} \text{ berechnet.}$$

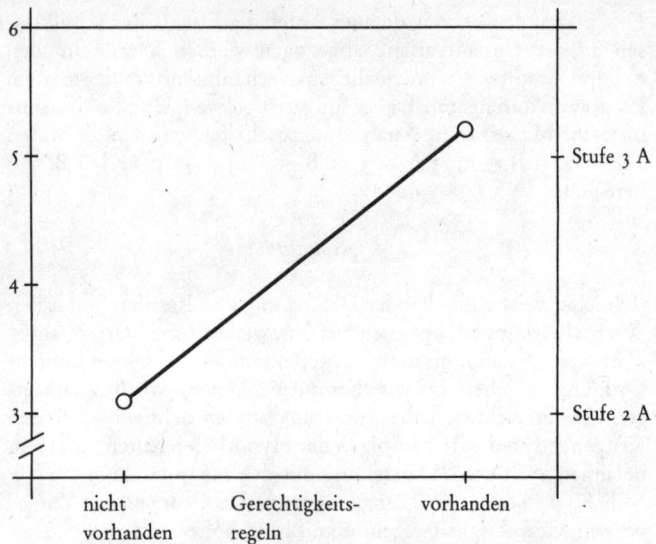

Figur 1.3: Wirkung des Treatments »Vorgabe von Gerechtigkeitsregeln«

Ein solcher Erfolg des Treatments »Regel« in bezug auf die Interaktionsstufe hat große pädagogische Konsequenzen für den Lösungsprozeß moralisch-sozialer Konflikte in Kommunitäten wie Schulklassen, Just Communities, politischen Gruppen, Forschungsgruppen etc. Diese Konsequenzen möchten wir weiter unten in der Konklusion besprechen.

Als Hypothese 2 wurde angenommen, daß Personen ohne jegliches Treatment auf Stufe 1 diskutieren. Bei Durchsicht der 120 Protokolle sehen wir, daß nur 7 Gruppen, und zwar in einzelnen Klassen über alle Treatments verteilt, die Stufe 1 A und nur 8 Gruppen die Stufe 1 B erhielten. Somit kommt die funktionale Stufe 1 kognitiver Interaktion in diesem Alter und in diesem Schultyp relativ wenig vor. Auch die Schüler ohne Treatmenteinfluß diskutierten sehr oft auf Interaktionsstufe 2 A. Der vorliegende Mittelwertstrend und der Blick auf die Rohdaten lassen also ein Festhalten an der Hypothese 2 nur schwer rechtfertigen.

Immerhin ist bei Problem 1 festzustellen, daß 80% der Gruppen auf Stufe 1 diskutieren. Dieses Resultat gilt aber nicht für das Problem 3. Wir kommen auf die Problemeffekte weiter hinten zu sprechen.

Den nächsten Haupteffekt erwarteten wir vom Treatment Komplexitätsstimuli (Hypothese 3). Eigenartigerweise gibt es hier keinen signifikanten Haupteffekt zu verzeichnen, und wir müssen versuchen, dieses Faktum zu erklären. Bei einem multivariaten $p < 0.0502$ ist univariat nur ein $F = 2.47$; $df = 50,1$; $p < 0.12$ ($r = 0.14$) zu finden. *Die Mittelwerte betragen 3.94 und 4.19. Es findet also eine Verschiebung innerhalb der Stufe 2 von A zu B statt.* Sie ist jedoch statistisch nicht signifikant.

Das gefundene Resultat ermutigt uns, einerseits die Hypothese noch nicht als falsifiziert zu betrachten. Andererseits werden wir an das in der Einleitung dargestellte Redundanzphänomen erinnert (vgl. auch Analyse A bis C im Anhang). Dort konnten wir zeigen, daß Schüler zwar die Komplexitätsstimuli verwenden; daß aber auch jene Gruppen, die keine solchen erweiterten Gesichtspunkte zu bedenken hatten, diese trotzdem hervorbrachten. Dies ist auch der Grund, warum obige Hypothese 2 nicht für alle Probleme zutrifft. – Immerhin bewirkte der in Frage stehende Faktor eine Systemaktivierung, d. h. eine Veränderung innerhalb der betreffenden Stufe, und man kann annehmen, daß es bei jüngeren Versuchspersonen oder bei Versuchspersonen eines restringierteren Schultyps signifikant differieren würde.

Die Hypothese 4 besagt, daß vorgegebene Diskussionsschritte (sukzessive Selektionsstrategie) keinen Einfluß auf die Stufenhöhe der Interaktion haben sollen. Wiederum konnte die Hypothese nicht falsifiziert werden ($F = 3.56$; $df = 1,50$; $p < 0.7$; $r = 0.17$). Da das Signifikanzniveau knapp verfehlt ist, muß man allerdings nochmals auf diese Frage zurückkommen. Wir werden dies tun im Abschnitt »Konklusionen: Pädagogischer und erkenntnistheoretischer Gewinn« (S. 188 ff.), denn dieses Resultat hat Konsequenzen für Bemühungen, die glauben machen, daß durch einen geordneten Ablauf ein höheres Niveau zu erreichen sei. Die von Kohlberg wiederholt postulierte freie Diskussion, mit Stimulierung durch Vorgabe von Urteilen einer Stufe über derjenigen der beteiligten Individuen, findet auch hier ihren Niederschlag. Wir haben ursprünglich auf S. 49 f. Strategie und gruppendynamische Funktionen zwar als strukturformend bezeichnet. Hier wird nun entsprechend unserer Hypothese diese Annahme in Frage gestellt. Im Vorgriff auf die weiteren Analysen ist zu sagen, daß die Vorgabe der Strategie vielmehr die Basis für eine gute interaktive Kompaktheit oder koordinative Komplexität schafft, daß sie aber das strukturale Niveau oder die strukturale Komplexität nicht beeinflußt.

Die Hypothesen 4, 5 und 6 beziehen sich auf die Wechselwirkungen höherer und niedriger Art. Wechselwirkungen dreifacher Art (Information × Regel × Strategie) sind keine vorhanden. Dies ist insofern wichtig, als wir erkennen, daß höhere Werte beispielsweise einer vorgegebenen Strategie nicht unbedingt ein höheres Niveau in den beiden anderen ebenfalls integrierenden Variablen bewirken, und umgekehrt.

Wie vorausgesagt, stellen wir aber eine signifikante Interaktion Komplexitätsstimuli (Information) × Regel mit $F = 6.87$; $df = 1,50$; $p < 0.0117$; ($r = 0.24$) fest. Die Mittelwerte und die Verläufe sind aus Figur 1.4 zu ersehen. Wir erwarteten diesen Effekt, weil wir annahmen, daß jene Gruppen, welche die Komplexitätsstimuli verwenden, die Regeln auch leichter zum Zuge kommen lassen würden; oder weil die auf der dritten Perspektive Diskutierenden auch besser die zweite, die analytische Stufe, integrieren müßten (Theorie-Praxis-Schleife).

Das vorliegende Bild widerlegt solche Begründungen. Wir sehen eher eine Art Abschwächungseffekt. Wenn keine Regel da ist, stehen die Gruppen ohne Information auf der Skala bedeutend tiefer als jene mit Regeln, und die Gruppen mit Information stehen höher als im Falle von vorhandenen Regeln. Oder umgekehrt: Wenn Informationen da sind, erhalten die Gruppen, die keine Regeln bekamen, höhere und jene Gruppen, die Regeln haben, tiefere Werte als in dem Falle, da keine Informationen vorhanden sind. Höhere Informationswerte entsprechen somit tieferen Regelwerten und umgekehrt:

Hohe Regelwerte schwächen die Informationswerte also etwas ab. Man könnte diese Wechselwirkung nun so interpretieren, daß die Schüler, wenn beide Treatments vorhanden waren, auf der analytischen Stufe besser argumentierten als auf der Regelstufe selbst. Das würde einerseits für die Korrektheit der Hypothese der Sequenzialität sprechen, andererseits bedeuten, daß die auf Stufe 3 B angenommene Integration und Systematik des interaktiven Niveaus (Theorie-Praxis-Schleife) weniger gelingt, wenn Informationen und Regeln vorhanden sind, weil die ersteren zu schwerge-

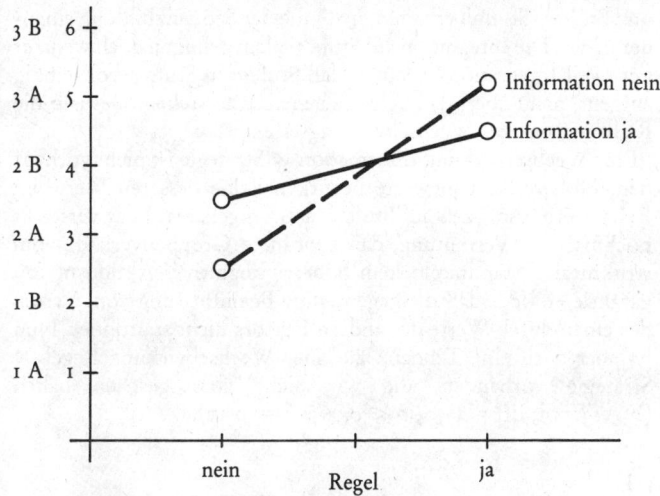

Figur 1.4: Information × Regel-Wechselwirkung für die Variable Inter-aktionsstufen

wichtig werden. Hingegen wird deutlich, daß das Vorhandensein der Regel bewirkt, daß diejenigen Gruppen, die auf 2 A stehen, sich eindeutig der Stufe 2 B nähern, d. h. also systematischer und ausführlicher exhaurieren im Sinne vollständiger Legitimation. Beim Lesen der Protokolle haben wir immer wieder gesehen, daß die Regeln intensiv ausgeschöpft und angewandt wurden, wenn die Informationen nicht vorhanden waren. Dies hängt aber meiner Meinung nach eher mit der Tatsache zusammen, daß man nicht zugleich Komplexitätsstimuli und Regeln gleich stark stimulieren kann, ist doch die Integration beider ein neues kognitives Muster im Sinne des wiedergefundenen Gleichgewichts.

Somit hat sich auch Hypothese 6 bestätigt, aber mit anderer Wirkungsweise. Wir haben angenommen, die Wechselwirkung Information × Regel sei dazu da, die Theorie-Praxis-Schleife besser zu durchlaufen, bzw. daß sich bei Vorgabe der Information Gruppen mit 3 A eher zu 3 B verändern würden. Der Effekt verläuft jedoch in umgekehrter Richtung. Kommen beide Treatments zur Geltung, so rücken diejenigen Gruppen, die nur die analytischen Stufe-2-Stimuli erhalten und jene, welche die Stufe-2-

und Stufe-3-Stimuli erhalten, im Sinne der Sequenzbildung einander näher. Die Integration auf Stufe 3 allein gelingt jedoch weniger gut, weil Integration bedeutet, daß Stufe 2 in Stufe 3 vollständig aufgeht, nicht aber, daß beide nebeneinanderstehen. Deshalb die Richtung unseres Wechselwirkungseffektes.

Eine Wechselwirkung Information × Strategie ist nicht vorhanden. Höhere Strategiewerte bewirken keine besseren Werte im Exhaurierungsprozeß auf Stufe 2 und umgekehrt. Dies verstärkt nochmals die Vermutung, daß geordnete Gruppenverläufe vom struktualen Standpunkt kein höheres kognitives Aktionsniveau garantieren oder daß die gegenseitige Beeinflussung von Werten des einen durch Werte des andern Faktors nicht stattfindet. Nun ist aber auch eine Tendenz zu einer Wechselwirkung Regel × Strategie vorhanden, die wir nicht vorausgesehen haben ($F = 3.559$; $df = 1,50$; $p < 0.065$; $r = 0.17$).

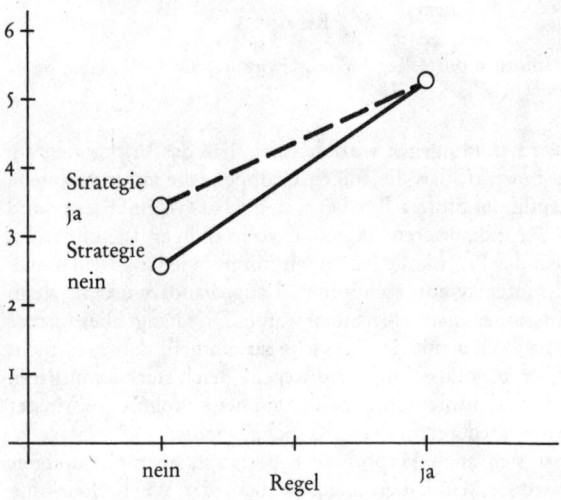

Fig. 1.5. Regel- und-Strategie-Wechselwirkung für die Variable Interaktionsstufen

Diese in Figur 1.5 dargestellte Wechselwirkung besagt, daß die Vorgabe von Gerechtigkeitsregeln und die Vorgabe der Strategie die Werte für die Interaktionsstufe erhöht. Anders gesagt, das vorhandene Regeltreatment neutralisiert allfällige Wirkungseffekte der Strategie. Wir interpretieren dies so, daß diese Neutralisierung die nicht strukturformende Wirkung der Strategie bestätigt.

Denn auch wenn die Strategie auf die Interaktionsstufe einen geringen Einfluß hätte, ist es doch die Regelvorgabe, die diesen Wirkungseffekt wiederum zudeckt.

Nun müssen wir uns aber auch fragen, welchen Einfluß das Problem oder der Problemtyp in unserer Untersuchung erhält (Hypothese 7). Wir stellen keine Wechselwirkung Problem $\times$ Information $\times$ Regel $\times$ Strategie und keine Problem $\times$ Information $\times$ Regel-Wechselwirkung fest. Diese Tatsache ist von großer Wichtigkeit. Sie besagt, daß veränderte Werte entweder allein auf den Problemtyp oder aber auf den Treatmenteffekt zurückzuführen sind. Würde man eine signifikante Interaktion in dieser Richtung vorfinden, so wäre der strukturale Ansatz in Frage gestellt, und wir hätten unsere Theorie revidieren müssen. Wir hätten dann etwa einen informationstheoretischen Gesichtspunkt wählen müssen, um erklären zu können, warum höhere Werte in einem Problemtyp auch höhere oder tiefere Werte in einem der Treatments bewirkten.

In unseren Daten finden wir unseren Annahmen zufolge weder einen Effekt Problem $\times$ Information noch von Problem $\times$ Regel oder Problem $\times$ Strategie. Hingegen ist ein reiner Problemeffekt signifikant ($F = 6.81$; $df = 50,2$; $p < 0.003$; $r = 0.23$). Betrachtet man die übergreifenden Mittelwerte (Problem 1 = 3.66, Problem 2 = 4.19, Problem 3 = 4.35; vgl. Figur 1.6), so ist festzustellen, daß die Gruppen des Problems 1 im Durchschnitt tiefere Stufenwerte erhielten als diejenigen der andern beiden Probleme. Die höchsten Stufenwerte erhielten die Gruppen des Problems 3. Damit ist unsere 7. Hypothese vollständig bestätigt.

Wenn wir dieses Resultat reflektieren, so bedeutet es, daß dasjenige Problem, das vom Aktualitätsstandpunkt aus am meisten verallgemeinerbar ist (vgl. S. 65 ff.), das zugleich dem konfligierenden Dilemmatyp entspricht und das bipolare Entscheidungsmerkmale aufweist (entweder natürliche Mutter oder Adoptiveltern), ohne Einfluß der Treatments die höchsten Ausprägungen bewirkte. Dasjenige Problem aber, das am meisten konkrete Handlung beinhaltet, bei dem die analytischen Momente erst erfragt und nicht bloß beurteilt werden müssen, bei dem auch das unmittelbare distributive Interesse von größerem Egoismus bzw. Utilitarismus geleitet wird, dessen Aktualität aber, wie beim konfligierenden Dilemmatyp, von uns experimentell geschaffen worden ist und das schließlich im Sinne vieler Lösungsmöglichkeiten dem konfligierenden Optimierungstyp entspricht, erhielt die tiefsten Gruppenmittelwerte in den Interaktionsstufen. Das Wahlproblem (Stellenproblem), das eine hohe, unmittelbar persönliche Aktualität hat, liegt zwischen den beiden, aber doch bedeutend näher am Adoptionsdilemma.

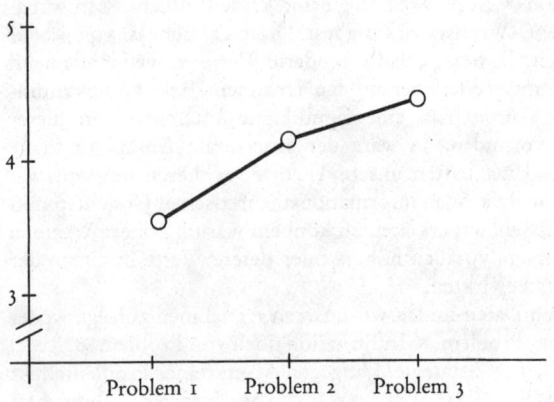

Figur 1.6: Wirkungen der Variablen Problemunterschiede auf die »Stufen der Interaktion«

Wir möchten, bevor wir dieses Resultat zu interpretieren versuchen, ein anderes Ergebnis vorwegnehmend einfügen. In einer späteren Analyse, wo wir die verschiedenen Strategien untersuchten (vgl. S. 476, auch S. 443), brachten wir die Variable ›Dauer der Diskussion‹ (»Länge«) mit in den Analysezusammenhang. Es stellte sich hier ebenfalls ein signifikanter Problemunterschied heraus ($F = 5.86$; $df = 2,50$; $p < 0.0052$; $r = 0.22$). Die Mittelwerte betrugen für Problem 1 = 5.43, für Problem 2 = 5.75 und für Problem 3 = 6.807. Die Reihenfolge der Resultate ist die gleiche wie bei der Variablen »Interaktionsstufe«.

An diese beiden Ergebnisse lassen sich einige ungeschützte

Spekulationen anschließen. Man könnte spekulieren, daß dieser Problemunterschied durch den Problemtyp oder durch die Problemkonkretheit in bezug auf Handeln und somit auch durch das Ausmaß an selbständiger Exploration mit Informationsbeschaffung zustande kommt. Es liegt ja kein strukturales und auch kein eigentlich inhaltliches Kriterium für diese Differenz vor. Strukturral wäre die Differenz erst, wenn wir eine Interaktion mit einem der strukturbildenden Treatments hätten. Eine rein inhaltliche Differenz wäre anzunehmen, wenn wir keine signifikanten Längenunterschiede gefunden hätten. Die Längenunterschiede aber weisen darauf hin, daß es sich um eine wirkliche Problemtypdifferenz handelt, denn der handlungsbezogene, konfligierende Optimierungstyp ist schwerer zu bewältigen, und er verleitet, wie wir gesehen haben, zu einfacheren Urteilsebenen. Daraus dürfen wir aber nicht schließen, daß die eigentliche kognitive Interaktionsstufe im moralischen Bereich gültiger wird, je näher man das Urteil durch die Problembeschreibung mit der Handlung verbindet. Vielmehr führt es dazu anzunehmen, daß das Gespräch erst dann viel zäher verläuft, wenn es um Faktensuche und Evaluation augenblicklich relevanter, beispielsweise egalitärer, verdienstmäßiger und/oder benevoluntärer Kriterien für das Urteil geht. Eine Entscheidungsbasis kann in einem solchen Falle nur realisiert werden, wenn ein Gerechtigkeitsmerkmal in Kraft gesetzt wird. Geschieht dies nicht, so entsteht ein zu schnell gefaßter, unausgereifter Konsens.

Man kann dieses Faktum auch vom Standpunkt erschöpfender Legitimation (Exhaustion) formulieren. Je mehr die Exhaustion auf Vorfindbares rekurrieren kann, desto eher gelingt der Sprung zu einer höheren Interaktionsstufe. Je mehr Lösungen aber möglich sind, desto schwächer wird das Retentionsphänomen. Die auf S. 47 ff. dargestellte These zur Bereichsspezifität von Seiler (1973) wird hier in dem Sinne gestützt, daß der Transfer der Strukturen bei komplexeren Situationen nicht immer oder eben nur auf tieferem Niveau gelingt. Denn der konfligierende Optimierungstyp bewirkt im vorliegenden Falle wegen des hohen Informationsdefizites ein recht schwieriges Problemlösevorgehen.

Wir haben oben gesagt, daß wir *keine* Problem- und Treatment-Wechselwirkungen zu verzeichnen haben. Vom pädagogischen Standpunkt aus bedeutet dies, daß der Einfluß der verschiedenen strukturbildenden Stimuli die Problemunterschiede aufhebt. Man muß also strukturelle Unterschiede nicht so sehr im Material suchen, sondern in den von den Subjekten einer Gruppe jeweils realisierten koordinativen Handlungen.

Wir haben nun bei unserer Analyse auch die Varianz der Klassenunterschiede berechnet. Entgegen unserer Hypothese haben wir einen signifikanten Unterschied bei jenen Klassen gefunden, die im Problem 1 »eingenistet« (nested within) waren, mit $F = 17.80$; $df = 50,4$; $p = 0.0001$; $r = 0.36$. Kein signifikanter Effekt war zu finden bei den Klassen, die im Problem 2 und im Problem 3 »eingenistet« waren. Ebenfalls waren keine Interaktionen des Klasseneffekts mit irgendeinem Treatment festzustellen. Wir sind dem Resultat des Effekts der Klassen, die im Problem 1 »eingenistet« waren, wiederum nachgegangen. Die Kontrastierung der Mittelwerte zeigt, daß es sich dabei *allein* um die Klasse Nr. 16 handelte, die über alle Treatmenteffekte hinweg überhaupt keine Varianz aufwies. Daß aber – mit Ausnahme dieser einen Klasse – keine anderen signifikanten Klassenunterschiede feststellbar sind, bestätigt unsere Arbeitshypothese weitgehend.

Was aber bedeutet diese Arbeitshypothese in der praktischen Realität? Sie besagt, daß die kognitiven Interaktionsstufen nicht durch Variablen, welche die Klassenatmosphäre bestimmen (Lehrerstil, Gruppenstil, Interaktionsflüssigkeit, vielleicht sogar dynamische Motivation etc.), beeinflußt werden, sondern daß durch solche Variablen die strukturbildenden Stimuli unter Umständen nicht zum Zuge kommen. (Natürlich könnten sie auch besagen, daß die strukturbildenden Stimuli die Atmosphäre der Klasse schlechthin verbessern; aber für die Prüfung dieser Arbeitshypothese müßten wir in unserem Versuch die entsprechenden Variablen neu isolieren, was wir mit unseren Beobachtungsdaten, die wir auf S. 425 ff. im 4. Kapitel präsentieren, getan haben.) Daß mit einer begründbaren Ausnahme kein signifikanter Klasseneffekt in unsern Versuch eingegangen ist, bestätigt die Vermutungen, wonach die Lehrer im allgemeinen bis dahin keine Anstrengungen gemacht haben, das Interaktionsniveau in dem von uns beschriebenen Sinne interventiv zu verändern, aber auch, daß die nach Zufall ausgewählten Klassen in den beiden Kantonen, wo wir unser Experiment durchgeführt haben, in bezug auf kognitive Interaktionsstufen keine Unterschiede aufweisen, die nicht dem Zufall zuzuschreiben wären.

Wir stellen nun die Resultate der Wirkungen auf die abhängige Variable »Koordinative Komplexität« bzw. »Interaktionskompaktheit« dar. (Wegen der geringen Interrater-Übereinstimmung sind alle Resultate mit Vorsicht zu behandeln.) Wir beginnen mit der Haupthypothese 12. Sie besagt, daß die Vorgabe einer Strategie einen signifikanten Mittelwertsunterschied aufweisen müßte. Diese Hypothese wurde bestätigt mit $F = 50.84$; $df = 1,50$; $p < 0.0001$; ($r = 0.55$). Die Mittelwerte betrugen 1.94 und 2.31, und diese Mittelwerte zeigen, daß die meisten Gruppen ohne Strategie auf der zweiten Kompaktheitsstufe diskutieren, also in Blöcken von Rede und Gegenrede, thematisch in Perioden unterteilt (vgl. Figur 1.7). Erst die Strategie vermochte auch die Kompaktheitsstufe III zu erwirken, so daß Gruppen unter diesem Treatment eine Verlaufstransparenz zeigten, die auf diese einzelnen Sprech-Blöcke (Stufe 2) übergreift. Es sind keine signifikanten Dreiweg-Interaktionen festzustellen, keine signifikanten Regel- $\times$ Information-Effekte und keine Information- $\times$ Strategie-

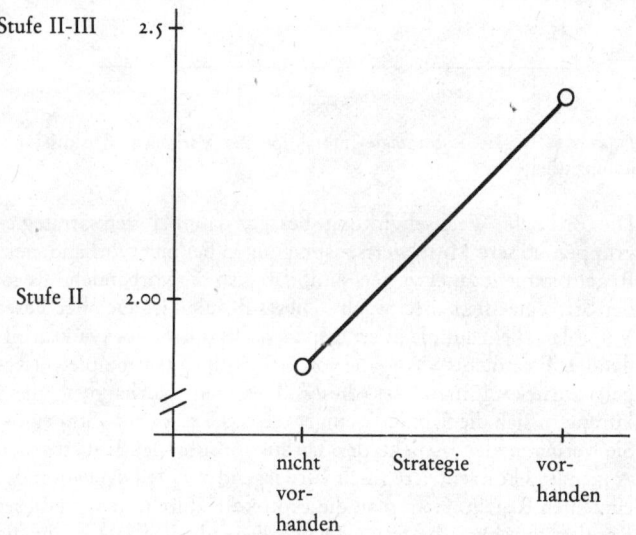

Figur 1.7: Wirkung der Vorgabe der Strategie auf die Variable »Koordinative Komplexität«

Effekte (Hypothese 2). Hingegen ist ein signifikanter Regel- × Strategie-Effekt mit F = 5.15; df = 1,50; p < 0.027; (r = 0.20) als Tendenz zu verzeichnen.
Die Mittelwerte sind aus Figur 1.8 zu ersehen.

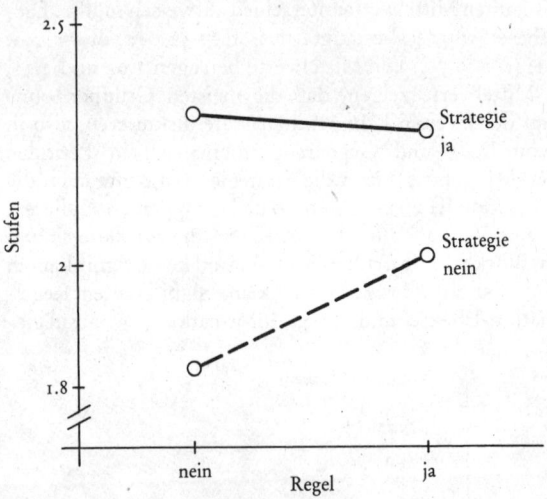

Figur 1.8: Regel- × Strategie-Interaktion der Variablen »Diskussionskompaktheit«

Die ordinale Wechselwirkung besagt, daß bei den Strategiegruppen höhere Mittelwertsausprägungen bei nichtvorhandenem Regeltreatment zu erwarten sind, daß also die vorhandene Regel den Strategieeffekt abschwächt. Dieses Resultat ist auch bei dieser Variablen allein auf die überragende Wirksamkeit des strukturbildenden Treatments »Vorgabe von Gerechtigkeitsprinzipien« (Regel) zurückzuführen. Ist dieses Treatment vorhanden, dann kümmern sich die Schüler weniger um das Treatment »Strategie«. Sie verlieren den Aspekt der Diskussionskompaktheit aus den Augen und konzentrieren sich vorwiegend auf die Diskussion der einzelnen Regeln. Geht man die Protokolle durch, so wird dieses Resultat durchweg bestätigt. Die vorliegende Strategie ist für die Schüler weniger »strukturbildend« als die Regeln, und deshalb wird auch die Variable »Kompaktheit« des Interaktionsverlaufs durch das Treatment »Regelvorgabe« abgeschwächt. (Dieser Abschwächungseffekt ist von uns hypothetisch nicht erfaßt worden, und eine Post-hoc-Erklärung für einen Effekt ist stets problematisch. Sie besagt in diesem Falle, daß bei der Vorgabe von zwei Einflüssen in eine Gruppe die zentralen strukturbildenden Treatments einen größeren Effekt haben als Treatments, welche die koordinative Komplexität im Sinne der Kompaktheit des Gesprächsverlaufs bewirken. Deshalb bedarf die Gruppe, um beide Treatments in gleicher Weise wirksam werden zu lassen, äquivalenter Hilfen eher bei den Treatments, die die Voraussetzungen für eine bessere Gesprächstransparenz im Sinne des Interaktionsverlaufes betreffen.)

Daß die Strategie also kein »strukturbildender« Faktor im Sinne unserer ursprünglichen Hypothese ist, muß im Lichte der dargestellten Wechselwirkung nochmals erwähnt werden. Die Strategie vermittelt dem Gespräch einen höheren Kompaktheitsgrad, hilft also, daß der praktische Diskurs überschaubarer und transparenter wird. Auf der andern Seite steht die Strategie dem Prozeß der Strukturtransformation entgegen, weil dieser vermutlich nicht *strategisch* geplant werden kann. Informationsvorgabe, Komplexitätsausweitung und Selektion sind vom Standpunkt einer Kommunikationstheorie, die auf der »Information-processing«-Theorie aufgebaut ist, relevant. Für einen strukturtransformierenden Ansatz aber sind allein die wirklichen kognitiven Ungleichgewichte ausschlaggebend, und wichtig ist auch, in welcher Richtung die Gleichgewichtsherstellung verläuft. Deshalb stehen sich Strategie und Regelstimulation möglicherweise als zwei Wege (zwei Strategien) diametral gegenüber. Beim einen lernt die Person durch die Gruppe, sich außerhalb ihrer selbst zu stellen und die übergreifenden prozessualen Gerechtigkeitsvollzüge ins Auge zu fassen (Stufe 3), beim andern lernt sie ein besseres Aufeinandereingehen im Diskussionsprozeß und ein besseres Koordinieren von Fakten im Sinne des Entgegennehmens und Weitertragens von Diskursverläufen. Daß die Komplexitätsstimuli und Regeln keinen Einfluß auf die Diskussionskompaktheit haben (Hypothese 10), untermauert die bisherigen Überlegungen.

Werfen wir einen Blick auf die Problemeffekte (Hypothese 9). Auch hier ist – entgegen unserer Annahme – eine signifikante Wirkung mit $F = 4.10$; $df = 2,50$; $p = 0.02$; $(r = 0.18)$ und mit den Mittelwertsausprägungen für Problem $1 = 2.10$, für Problem

2 = 2.05 und für Problem 3 = 2.23 zu verzeichnen. Warum diejenigen Gruppen, die das Problem 2 erhielten, den kleinsten Kompaktheitsgrad erreicht haben, kann spekulativ nur ergründet werden, indem wir etwa auf Kapitel 4, S. 420 ff., vorgreifen. Dort zeigen wir, daß einer der wenigen signifikanten Problemeffekte die Variable »Frustration« erhält. Problem 2 hat den höchsten Frustrationswert. Dem höchsten Frustrationswert würde somit der tiefste interaktive Kompaktheitswert entsprechen (vgl. Erklärung S. 445).

Es sind keine signifikanten Problem-Wechselwirkungen mit irgendeinem anderen Faktor zu verzeichnen (vgl. die folgende Tabelle).

Tabelle: Übersicht über die wichtigsten Resultate der Analyse I

	Hypo-these Nr.	Stimulation	Effekt auf die Stufe der Interaktion	Effekt auf die sprachliche Kompaktheit
Effekte auf Stufen der Interaktion	1	Gerechtig-keitsregeln	Von Stufe 2 A → zu 3 A	
	2	Kein Treat-ment	Diskussion auf Stufe 1 und 2	
	3	Komplexitäts-stimuli	Von Stufe 2 A → zu 2 B	
	4	Strategie	Dieselbe Stufe wie vor dem Treatment (kein Effekt)	
	5	Dreiweg-Wechsel-wirkungen	Kein Effekt	
	6	a. Zweiweg 1 × 3 b. Zweiweg 1 × 4	Abschwä-chungseffekt Keine Wir-kung	

	Hypothese Nr.	Stimulation	Effekt auf die Stufe der Interaktion	Effekt auf die sprachliche Kompaktheit
Effekte auf Stufen der Interaktion		c. Zweiweg 3 × 5	Tendenz zu einer Neutralisierung des Strategieeffekts durch die Regeln	
	7	a. Problem-Effekte: Dreiweg-Wechselwirkungen	Keine	
		b. Zweiweg-Wechselwirkungen	Keine	
		c. Haupteffekte	Problem 1: Stufe 2 A-2 B Problem 2: Stufe 2 B Problem 3: Stufe 2 B-3 A	
	8	Wirkung der unterschiedlichen Schulklassen	Wirkung vorhanden, aber nicht interpretiert	
Effekte auf Unterschiede in sprachlicher Kompaktheit	9	a. Problemeffekte		Problem 1 = 2.10
		b. Schulklasseneffekte	Nicht interpretiert	Problem 2 = 2.05 Problem 3 = 2.23
	10	a. Komplexitätsstimuli		Keine Wirkung
		b. Regelvorgabe		Keine Wirkung

	Hypo-these Nr.	Stimulation	Effekt auf die Stufe der Interaktion	Effekt auf die sprachliche Kompaktheit
Effekte auf Unter-schiede in sprach-licher Kompakt-heit	11	a. Dreiweg-Wechsel-wirkungen		Keine
		b. Zweiweg-Wechsel-wirkungen Komplexi-tät × Stra-tegie		Abschwä-chungseffekt
	12	Strategie-Haupteffekt		Stufe II zu → II bis III (1.94 → 2.31)

e. Konklusionen: Pädagogischer und erkenntnistheoretischer Gewinn

Am eindrücklichsten sind in dieser Analyse die Effekte, die durch die Vorgabe der moralischen Gerechtigkeitsregeln auf die Variable »Interaktionsstufe« und durch die Wirkung der Strategie auf die Variable »koordinative Komplexität« entstehen. Auch der Einfluß des Faktors 1, der sog. Information, ist, obwohl nicht signifikant, von Stufe 2 A zu 2 B stimulierend. Die signifikante Wechselwirkung Information × Regel festigt die Annahme einer invarianten Sequenz der Stufen. Der Problemeffekt bei der Variablen »Interaktionsstufe« macht das Décalage-Problem in dem Sinne deutlich, daß ein in der Gedächtnispsychologie schon lange bekanntes Phänomen auftritt: beim Wiedererkennen wird eine bedeutend größere Menge an Information identifiziert als bei freier Reproduktion (Bredenkamp u. Wippich 1977, S. 35 ff.). Da im Problem 1, trotz Vorgabe der Treatments, jeweils weniger Informationen zur Konstruktion vorhanden sind, ist es schwerer, durch entsprechende Koordinationen zu einer höheren Stufe vorzustoßen. Der konfligierende Dilemmatyp scheint die optimalen Voraussetzungen für den Erfolg, und zwar nicht für den Erfolg der Treatments (keine Wechselwirkungen), sondern für eine höhere Interaktionsstufe zu liefern. Kommen die Treatments dazu, so heben sie den Problemunterschied auf, denn es sind keine Interaktionen Problem × Treatment feststellbar.

Schließlich ist auch zu erwähnen, daß der Problemunterschied bei der Variablen »Kompaktheit« auf die hohe (eventuell geschlechtsspezifisch hervorgerufene) Frustration bei Problem 2 einerseits und für die Variable »Interaktionsstufe« auf die mehr lösungsbezogene Diskussion bei Problem 1 zurückgeführt werden könnte. Lösungsvorschläge läßt man eher unkritisiert stehen als Werturteile über »analytische« Fakten. Und letztlich muß auch die Wechselwirkung Regel × Strategie bei der Variablen »Kompaktheit« angeführt werden. Sie ist darauf zurückzuführen, daß im Exhaustionsmodell das Anliegen der Ausschöpfung in breitester Wirkung dem Effizienzanliegen der Strategie widerspricht.

An dieser Stelle möchten wir noch einige pädagogische Konsequenzen in bezug auf die einzelnen Resultate darlegen. Wir wollen sie in 4 Punkte aufteilen.

1. Weiß man um die Stufen der Interaktion und um die Wirkung der strukturbildenden Komponenten, so kann es nicht mehr nur ein »curriculares« Anliegen des Gruppenunterrichts sein, daß die Schüler möglichst »störungsfrei« untereinander kommunizieren und ein brauchbares Ergebnis liefern. Die Zielsetzung muß total uminterpretiert werden. Es muß das Ziel werden, eine höhere Stufe der Interaktion zu erreichen und die interaktive Ökonomie im Sinne der koordinativen Komplexität (Kompaktheit) zu verbessern. Dies kann nicht durch Arbeitsbefehle, Indoktrination oder durch Lehralgorithmen erfolgen. Vielmehr ist die Stimulation durch strukturbildende Komponenten notwendig. Man muß dem Lehrer also nicht bloß Ziele und Zweck-Mittel-Analysen in die Hand geben, sondern die gefundene Hierarchie interaktiver Handlungsstufen bewußt machen und mit ihm die prozeßorientierten Stimulationen im Sinne des Anlaß-Folge-Schemas (vgl. Thoma 1972, S. 191 ff.) einüben. Gelingt es, daß Schüler ohne Stimulationshilfe auf Stufe 3 moralische Probleme lösen, so ist ein übergreifendes Ziel erreicht. Die Methode dazu wäre grundsätzlich dieselbe, wie sie Fenton (1976) entwickelt hat (vgl. S. 358 in diesem Buch). Stimuliert man Gerechtigkeitsprinzipien (Regeln), so ist zwar nicht sicher, daß Schüler sie anwenden oder miteinan-

der diskutieren. Diskutieren sie sie aber, dann ist der Verlauf des gesamten Diskurses völlig anders. Wäre dies nicht der Fall, könnte man ja sagen, das Experiment sei tautologisch angelegt, d. h., man verlange eine Regeldiskussion, und Regeln würden dann eben zur Lösung verwendet. Aber so einfach ist die Sache nicht. Denn gibt man Regeln zur Wahl, gleichsam als Diskussionshilfe, wird die Diskussion in qualitativem Sinne erst »moralisch«. Man könnte etwa so formulieren: Es wird plötzlich wichtig, was gerecht ist, und nicht nur, wie man Probleme löst. (Dabei ist das Vorgeben von Regeln nicht so zu denken, als ob hier etwas anderes geschehen wäre als bei den anderen Treatments. Die Schüler wurden nicht gezwungen, sich mit den Regeln zu beschäftigen oder sie in den Exhaustionsprozeß einzubeziehen. Im Gegenteil: Gerechtigkeitsregeln wurden den Schülern einfach zur Verfügung gestellt, und die Gruppe konnte selbständig entscheiden, ob sie sie verwenden wollte oder nicht. Die Schüler wurden lediglich durch den Kursleiter dazu stimuliert, dies zu tun.)

2. Gibt man eine Strategie vor, dann diskutieren die Schüler länger, und die Interaktionsökonomie wird im Sinne der koordinativen Koordination erhöht. Zwar wird nicht die Stufe des kognitiven Diskurses verändert, sondern – wie gesagt – die Kompaktheit. Die Schüler reflektieren den Interaktionsprozeß mit, teilen ein, fassen zusammen, geben eine Übersicht. Sie strukturieren den gesamten Ablauf. Auch die Variable »Kompaktheit« ist eine kognitive Variable. Aber sie wird leer, wenn nicht zugleich eine höhere Interaktionsstufe stimuliert wird.

Lehrer, die ihren Gruppenunterricht nur durch sachliche Arbeitshilfen und Strategien optimieren, verfehlen das Ziel, eine höhere Stufe der strukturalen Komplexität zu erreichen. Umgekehrt ist es aber auch nicht möglich, durch Individual- oder Klassenunterricht eine höhere Interaktionsstufe zu stimulieren. Der von Zajonc (1965) gefundene »Inhibitionseffekt«, der besagt, daß Interaktion Lerneffekte behindere, schlägt ins Gegenteil um. Denn nicht irgendwelche absoluten Lösungen und Lösungsvorschläge sind als Ziele sinnvoll, sondern nur der Prozeß des Austauschs auf je höherer Stufe selber. Wir haben ja Dreier- und Vierergruppen für unsere Analyse gewählt, weil empirisch belegt ist, daß dies die optimale Gruppenwirkgröße ist. (Vgl. dazu Kopp 1973, Meyer 1964, Bödiker 1975.)

3. Interessant ist der Effekt, daß Probleme allein, d. h. ohne

Einwirkung irgendwelcher strukturbildender Stimuli, eine unterschiedliche Stufendiskussion bewirken. Gründe dafür sind unterschiedlicher Problemraum und eine mehr oder weniger notwendige Generierung der entscheidungsrelevanten Fakten. Bei Zugabe der Stimulation durch die Haupttreatments 1 und 2 (z. T. auch 3) werden aber diese Unterschiede aufgehoben. Gibt man also die Stimulation der Treatments, dann wird die Bereichsspezifitätshypothese überwunden. Schüler diskutieren zwar inhaltlich verschieden, aber die Stimulation vermag die Schwierigkeit der Problemtyp-, der Probleminhalts- und der Problemaktualitätsunterschiede tatsächlich zu nivellieren. Dies ist ein Zeichen dafür, daß die zur Diskussion stehenden Stimulationen tatsächlich strukturbildend sind.

Vom theoretischen Standpunkt aus ist dieser Effekt nicht erstaunlich, weil beispielsweise die Regeldiskussion oft abgehoben von den Inhalten erfolgt und sich verselbständigt (Retentionseffekt). Vom pädagogischen Standpunkt aus aber heißt dies, daß weder Problemart noch Größe des Problemraumes, noch Beschaffung vs. Verwendung vorhandener Informationen für den Exhaustionsprozeß entscheidend sind, sobald Stimulation durch die von uns beschriebenen Treatments auftritt. Der heuristische, konstruktive Ansatz beginnt, den Stufen entsprechend, in je gleichem Maße sinnvoll zu werden. Dies gilt für beide abhängigen Variablen.

Die Effekte der beiden Wechselwirkungen zeigen aber auch, daß der Lehrer besser jeweils nur ein Treatment voll zur Wirkung kommen lassen soll. Durch die Bewußtmachung der je unterschiedlichen Beeinflussung werden die Schülergruppen mit der Zeit von selber auf einer höheren Interaktionsstufe und mit größerer koordinativer Kompaktheit diskutieren. Welche Reihenfolge in der Beeinflussung optimal ist, geht aus dieser Untersuchung nicht hervor. Vermutlich dürfte aber die Stimulationsdarbietung am besten in der Reihenfolge unserer experimentellen Anordnung erfolgen.

4. Der obige Befund gibt Anlaß zu neuer Forschung. Denn wir nehmen an, daß Gruppen, die immer wieder in ein gemeinsames Austauschfeld treten (Primärgruppen), mit der Zeit auch zwei und schließlich dann alle drei Arten der Stimulationen effektiv integrieren können. Bei solchen Gruppen würden dann, nebst den Haupteffekten auch Wechselwirkungen möglich, wie wir sie in

Figur 1.9 zeigen. Solche Wechselwirkungen würden auf eine Entwicklung hindeuten, auf eine Übergangsstufe, zu einer teilauthentischen Diskussionssituation, bei der schließlich Gruppen ohne jegliche Stimulierung auf der normativen Ebene diskutieren und zugleich die funktionale und die analytische Perspektive systematisch integrieren würden. Zwar müßte bei einer solchen Übergangsstufe der Unterschied zwischen Regel und Nicht-Regel, wenn keine Information geboten wird, immer noch größer sein, als wenn die Information da wäre. Aber beide Werte würden konvergierend nach oben zeigen. Oder bei der Regel × Strategie-Interaktion würde der Abstand, wenn Regel und Strategie gegeben, größer werden, als wenn eine Regel nicht gegeben ist etc. Solche Interaktionen sind aber – um es nochmals zu sagen – nur von geübten Gruppen zu erwarten. Hier müßte das Forschungsdesign so angelegt werden, daß Langzeiteffekte untersucht werden könnten.

Diese vier Punkte enthalten wichtige Implikationen für die Lehrerbildung. Betrachtet man nämlich die bisherigen Ergebnisse unserer Arbeit, so wird das Lösen von moralischen Problemen zu einem didaktischen Prozeßmodell, das strukturformende Komponenten als stimulative Steuerung verwendet und dessen Gesprächskompaktheit durch Strategien mit sukzessiver Selektion erhöht wird.

Die bisher in der wissenschaftlichen Literatur betonten Ziele des gruppenmäßigen Arbeitens im Unterricht, wie etwa Einübung demokratischer Spielregeln, Abbau negativen Verhaltens, Schulung der Kooperationsfähigkeit, Hilfsbereitschaft gegenüber Schwächeren (Dietrich 1969), Abbau von intellektuellem Egozentrismus (Roth 1971), Verbesserung der Kontaktfähigkeit, Ausbau der Abhängigkeitsbeziehungen etc., die als Variablen wohl diskriminier- und meßbar sind, die aber mehr affektive Komponenten des Gruppenprozesses sind, können selbstverständlich beigekoppelt werden. Aber sie sind nicht Konstituenten des Prozeßmodells selber. Das Schwergewicht liegt auf den bestimmenden Faktoren des strukturbildenden Einflusses. Sie sind mehr als bewußtseinsmäßige und erkenntnistheoretische Operationen. Die mit der Bewußtwerdung einer höheren Stufe einhergehende Rekonstruktion ist eine begriffliche Umsetzung von etwas, was schon vorhanden ist, aber nicht in Form von Vorstellungen hervortritt. Piaget spricht in diesem Falle von »kognitivem Unbewußtsein«

bzw. von der Idee der »unbewußten Vorstellung« (Piaget 1976c, S. 40). Wenn also Schüler auf der von uns dargestellten untersten Stufe diskutieren, enthält die Gruppenstruktur schon irgendwie operative Schemata analytischer und normativer Perspektive, die zum Ausdruck bringen, daß zwar etwas getan wird (Lösungsvorschlag entwerfen), nicht aber, daß durchschauend gedacht wird, was getan wird. Mit unserer Stimulierung machen wir bewußt, was bisher durch mangelnden Widerspruch zwar funktioniert hat, aber lückenhaft und einseitig nur den Rahmen des Instruktionssystems hält. Diese Bewußtwerdung ist die Reorganisation des Bestehenden unter Einbezug weiterer Funktionsaspekte. Denn Handlungen sind Systeme von Absicht und koordinativen Handlungsvorstellungen. Aber unter Absicht kann man sich Verschiedenes vorstellen, je nach der Stufe der reflektierten Koordinationen.

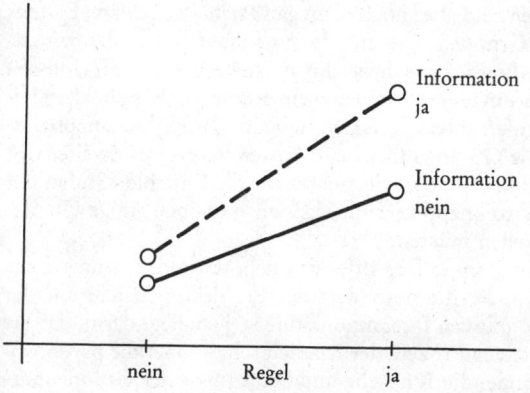

Figur 1.9: Hypothetisierte Wechselwirkung bei Lösungsprozessen von Primärgruppen, welche zugleich verschiedene strukturbildende Stimuli zu integrieren vermögen

Aber kommen wir nochmals zum Grundsätzlichen der Erkenntnisgewinnung durch den Gruppenprozeß oder zur kognitiven Gruppenstruktur zurück. Der von uns durch Problemvorgabe angeregte und durch strukturbildende Stimulation geförderte Lernprozeß beruht auf der Annahme des tätigen Eingriffs aller Individuen und der Gruppe als Ganzes im Dienste der Erkenntnisgewinnung. Zwar zwingt die Aufgabe der Problemlösung eine bestimmte sachliche Organisation (Problemstruktur) auf; aber die sozial-moralischen Koordinationen sind in den operativen Schemata der Sprechenden bereits angelegt. Sie tun mehr als Information aufnehmen und verarbeiten; sie tun mehr als die Meinungen einzelner Mitglieder subsumieren. Sie konstruieren mit der Wirklichkeit mehr als diese selbst, und es entsteht ein Diskussionsnetz, das einen bestimmten strukturalen Charakter hat. Deswegen ist die Gruppe für diese Entfaltung optimal, deswegen sprechen wir von einem didaktischen Prozeßmodell und deswegen das Entstehen von 60minütigem Diskussionsmaterial, das die zeitlichen Kombinationen der operativen Koordinationen darstellt.

Wir haben von S. 146 bis S. 168 die – unter diesem Gesichtspunkt – erfolgte Wirkungsweise der Haupttreatments beschrieben. Unsere Ergebnisse bestätigen diese Darlegungen vollumfänglich.

Zwei Fragen sind aber noch nicht ganz sicher abgeklärt: Erstens hatten wir Gruppen, die auf der untersten Stufe, die wir als funktionale Perspektive bezeichnen, stehen. Und wir müssen erklären, warum diese Gruppen nicht automatisch, d. h. altersbedingt, auf Stufe 2 interagieren, warum also das Redundanzphänomen für diese Gruppen nicht zur Anwendung kam. Zweitens ist die Signifikanz des Strategieeffektes für die Variable »Stufen der Interaktion« so knapp verfehlt, daß wir hier doch einige Überlegungen anstellen müssen.

Zum ersten Punkt: Der offensichtliche Grund, warum einige Kontrollgruppen, die besonders das Problem 1 lösten, auf der untersten kognitiven Interaktionsstufe stehen, liegt darin, daß sie jenen generativen Prozeß, der Klarheit schafft über die psychosozialen Zustände, die Wünsche und Bedürfnisse der Gruppenmitglieder in bezug auf das zu verteilende »Gut«, nicht leisten. Und weil sie dies nicht leisten, ist die Frage der normativen Perspektive, die ja hier auch generieren muß, noch viel weniger möglich. Die Sprache einer Gruppe, die gar keinen solchen generativen Prozeß auf der analytischen Ebene leistet, ist sehr einfach. Wir haben auf S. 100 ff. ein solches Beispiel gebracht.

Das Nichtwirken des Redundanzphänomens kann nur an den Mitgliedern der Gruppe selber liegen. Denn ob generiert wird oder nicht, ist nicht bloß eine Sache der Stimulation, sondern auch *des Entwicklungsniveaus der Gruppe als Gruppe im Sinne des Interaktionsniveaus.* Dies scheint eine Binsenwahrheit zu sein. Betrachtet man aber die Dinge unter schulischem Gesichtspunkt, so läuft man Gefahr, die Resultate der sog. Situationsanalyse, den Anfangszustand der kognitiven Interaktionsfähigkeit der einzelnen Mitglieder als Gruppenkonstituente zu vergessen.

Nun aber zur zweiten Frage, zur Wirkung der Strategie. Da wir das Signifikanzniveau nur knapp verfehlt haben, können wir nicht mehr mit allzu großer Sicherheit sagen, die Strategie habe keinen signifikanten Effekt auf die Stufe der Interaktion. Innerhalb der strategischen Formulierungen gibt es ja Aufforderungen wie: »Überlegt auch einen oder zwei der wichtigsten Grundsätze (Regeln), nach denen ihr das Problem lösen könnt.« Oder da heißt es auch: »Wählt den besten Vorschlag aus! Gebt alle Gründe für eure Wahl an! Gebt an, warum ihr die andern habt fallen lassen!« Im Grunde genommen umschließen solche allgemeinen Aufforderungen Stufe-1- und Stufe-2-Stimulierungen. Zwar sind sie nicht spezifisch strukturbildend und bloß im Rahmen strategischer Effektivität lokalisiert. Aber sie erhalten irgendwie doch strukturbildende Funktion, wenn sie effektiv genug angewandt werden. Zwar hat die Strategie nicht dieselbe Wirkung wie etwa das Regeltreatment. Aber es wäre der einzige Wirkfaktor, der Signifikanz für beide Variablen enthielte.

Angesichts dieses Faktums gäbe es für unsere Forschungstheorie folgende Konsequenzen:

Entweder müßte man sagen, auch die Strategie hat gesamthaft gesehen strukturbildenden Wert. Oder aber man müßte, um die alte Theorie aufrechterhalten zu können, die Strategie umändern, so daß alle, wenn auch noch so allgemeinen Stimulierungen zu höherer Denkstufe hin unterblieben. Dann würde die Strategie allerdings nur gruppenorganisatorische Hinweise im Sinne von Gesprächsregeln enthalten.

Exkurs II
Ausschöpfende Legitimation:
Ein neues Problemlösemodell

Den Untersuchungen von Verläufen von Gruppendiskussionen mit moralischen Dilemmas liegen theoretische Problemlösemodelle zugrunde. Weder die bisher in der Literatur zu findenden

Problemlöseformen noch die üblichen Entscheidungsmodelle genügen aber, um den Gruppenprozeß, wie wir ihn dargestellt haben, abzubilden. Wir müssen deshalb klarlegen, welches Problemlösemodell wir diesem Ansatz zugrunde legen.

Bei den meisten Problemlösekonzeptionen bricht die Person in Richtung auf etwas Unbekanntes auf, in Richtung auf ein zu erreichendes Ziel. Bei Problemlöseprozessen mit moralischen Dilemmas wird aber gleich zu Beginn ein Lösungsvorschlag gemacht oder spontan eine Entscheidung getroffen, und der wirkliche Lösungsprozeß besteht dann in der Evaluation und Begründung dieser Entscheidung. Während beim ersten Typ mit der Erreichung des Zieles oder mit dem Fällen der Entscheidung das Problem gelöst bzw. die kognitive Konsonanz oder das Äquilibrium erreicht ist, ist mit dem Lösungsvorschlag beim zweiten Typ erst ein kleiner Schritt auf eine wirkliche Befriedigung hin getan, denn erst mit »erschöpfender« Argumentation und Gegenargumentation empfindet die Gruppe (und auch das Individuum), daß das Problem gelöst sei. Deshalb bezeichnen wir diese zweite Art von Problemlösetyp als Exhaustionsmodell.

Dieser Begriff wird *nicht* im Sinne von Holzkamp (1972, S. 89 ff.) verwendet. Bei Holzkamp geht es um die Kritik des Popperschen Theorienansatzes. Es wird die Beibehaltung von Hypothesen, auch wenn sie falsifiziert worden sind, empfohlen. Die theoriedivergenten Daten werden auf Fehler oder »störende Umstände« zurückgeführt. Die Theorie muß »in diese Umstände hinein« exhauriert werden.

Beim klassischen Ausgangspunkt-Zieltyp des Problemlösens geht man aus von einer Anfangs- und einer Endsituation und rückt dabei den Prozeß des Überführens des Anfangszustandes in den Lösungszustand in den Mittelpunkt (vgl. Süllwold 1959, S. 96, Klix 1971, S. 640 ff.). Beim Exhaustionstyp des Problemlösens stehen zuerst unmittelbare Lösungsvorschläge: »Ich würde die Medizin stehlen.« »Jeder bringt noch 2 Fr., dann teilen wir« etc. Lösungsvorschläge sind gleichsam die erste Antwort auf das Disäquilibrium bzw. auf die kognitive Dissonanz, die durch die Problembeschreibung (task environment) auftritt. Wir können also so formulieren: Ein moralisches Problem ist dann gegeben, wenn die Person sich für einen Problemausgang zwar unmittelbar entscheiden kann, aber die Begründung für diese Entscheidung erst konstruieren und rechtfertigen muß.

Welches sind die Faktoren, die den einem Lösungsvorschlag (oder mehreren) folgenden Exhaustionsprozeß unter den Gesichtspunkten Intensität, Dauer und Stufen der Interaktion bestimmen? Da sind zu vermuten: allgemeine Motivation, der Faktor Widerspruchsfreude, ein Faktor, den wir allgemein mit moralischer Sensibilität oder Verantwortung bezeichnen möchten, der Faktor Aktualität der Problemsituation, der Faktor Stufen der Interaktion und moralische Stufe im Sinne Kohlbergs (in bezug auf höhere Komplexität in gruppenmäßigem Exhaurieren) etc. An dieser Stelle möchten wir nur auf den Faktor »Stufen der Interaktion« eingehen. Die übrigen Faktoren werden an anderer Stelle besprochen.

Auf der Stufe 1 B (funktionale Perspektive) stehen Begründungen stets unmittelbar hinter dem Lösungsvorschlag. Dabei ist der Lösungsvorschlag wichtiger als die Begründung. Wir finden kein Zurückhalten des Lösungsvorschlags (Retentionsphänomen), keinen Hiatus zwischen Theorie und Praxis etc., denn die Legitimation bleibt eindimensional. Ganz anders auf Stufe 2 und 3. Obwohl derselbe Problemlösetyp aktuell ist, wird der Lösungsvorschlag zurückgehalten. Das von Brehm (1966) beschriebene Reaktanzphänomen, das besagt, das bestimmende Verhaltensmuster der Person sei die möglichst lange Erhaltung der Wahlfreiheit, tritt auf. Die Subjekte einer bestimmten Gruppe vollziehen somit einen Suppressionsakt, einen Willensakt oder, wenn man will (natürlich nicht moralisch gemeint), einen Beherrschungsakt. Weil nämlich auf der Stufe 2 die analytischen Merkmale im Mittelpunkt stehen und das ganze Feld dieser Merkmale vorerst von der Gruppe überprüft werden muß, hält man den Lösungsvorschlag so lange zurück, bis Klarheit über die Situation besteht. Zwar »weiß« das Subjekt schon viele Lösungsvorschläge oder mindestens einen. Es könnte sie aussprechen. Aber weil die koordinativen Elemente nicht die Lösungsvorschläge selber, sondern die faktischen psychosozialen Umstände sind, wartet man mit dem Lösungsvorschlag ab, bis diese Elemente genügend verknotet sind. Dies ist nicht ein neues Problemlösemodell (obwohl es vielen Modellen der Entscheidung und Konfliktlösung ähnlich ist, vgl. Thomae 1974), sondern eine Applikation des Exhaustionsmodelles mit Einbezug der sogenannten integrierten Inferenzschleife (vgl. S. 136). Der qualitativ höhere Aspekt ist nicht bloß das Faktum, daß die Individuen der Gruppe sich auf die Analyse der Umstände vorerst konzentrieren, sondern daß sie den Lösungsvorschlag zurückhalten, weil ein anderer Lösungsvorschlag aus der Kausalanalyse resultieren könnte, weil also gewartet wird, bis genügende Evidenz vorhanden ist. Das Suppressions- oder Retentionsphänomen ist ein wichtiges Element höherer kognitiver Interaktionsstufen. Es kann aber nur vom Problemlösemodell her verstanden werden.

Man muß allerdings vorsichtig sein mit dem Gewicht, das man einem solchen Phänomen beimißt. Es ist absolut möglich, daß auch auf der Stufe 2 der Interaktion dauernd Lösungsvorschläge der Argumentation »beigemischt« werden. Aber dann läßt sich die Analyse der Umstände spezifischer und der Lösungsvorschlag mit einem »Bruch« vergleichen, der den Diskurs im Sinne der verborgenen Bedürfnisse und der unreflektierten Nützlichkeitstheorien offener macht.

Als Beispiele seien hier Protokollanfänge angefügt, welche Aspekte des Exhaustionsmodells auf der Stufe 2 kognitiver Interaktion sichtbar machen.

Zu Problem 1:

2: Wer von euch ist noch nie im Kino gewesen?
(Durcheinander)
2: Wie oft?
3: Ja, dann kannst du doch gehen.
2: Du kannst schon sagen.
1: Das wird ein Mistfilm sein.
2: Das weißt du doch gar nicht; wie wollen wir dies nun machen?

An dieser Stelle wird das Retentions-Phänomen deutlich. Schüler 2 will den Lösungsvorschlag offensichtlich hinauszögern.

(Kl. 6, Gr. 2)

Zu Problem 2:

1: Also ich wäre dafür, jede Person durchzudiskutieren – warum und warum nicht?
2: Ja, ich bin einverstanden.
1: Also, fangen wir beim Peter an ... Ich glaube, im Notendurchschnitt war er gut. Er wollte diesen Beruf lernen, nur damit er unabhängig wurde. Es war ihm ziemlich egal, ob es ihm Spaß machte oder nicht.

Hier steht das Retentions-Phänomen am Anfang durch den Vorschlag des Schülers 1 deutlich im Vordergrund. Es ist, als wollte der Schüler sagen: Warten wir mit einem Lösungsvorschlag, bis wir über jede Person genügend wissen.

2: Ja, und dann hat er noch einen Vater, welcher der Firma eventuell einen großen Auftrag versprach – und da finde ich, daß dies eben geschmiert ist.

3: Ja, der hat eben Beziehungen.

1: Bei Matthäus, diesem armen Teufel, dem die Mutter gestorben ist, konnte dies natürlich niemand bieten.

2: Er ist natürlich vorbestraft, aber da sollte man nicht so sehr darauf achten.

3: Ja, vielleicht hatte er einen Grund zu stehlen.

1: Ja – was heißt da Grund? Warum bist du eigentlich gegen Peter?*

3: Ja, der macht dies nicht wegen der Arbeit, sondern nur zum Vergnügen.

1: Ja, ja.

3: Er will z. B. ein Motorrad kaufen. Dies kann er ja auch, wenn er einen andern Beruf nimmt.

2: Ja, ja.

1: Was sagst du?

2: Finde jemanden, der gerne arbeitet, der nicht schafft, weil es ihm Spaß macht, der arbeitet nur wegen des Geldes.

1: Dies könnte ihm bald mal verleiden – und deshalb würde ich das auch nicht wählen, weil es nur wegen des Geldes ist.*

2: Er muß sicher einen finden, der Freude am Beruf hat.

1: Aber – bei Käthi, diese hätte ich vielleicht noch gewählt, weil sie diesen Beruf kennt – und ihr Vater ist Bauzeichner – da hat sie ein Vorbild.*

etc.

(Kl. 18, Gr. 27)

An den mit * bezeichneten Stellen wird deutlich, daß zwar alle Schüler schon einen Lösungsvorschlag auf der Zunge haben. Ja, der Lösungsvorschlag bricht sogar mitten in die Analyse offen oder verdeckt hinein, wenn sie sich nicht mehr zurückhalten können. Gerade dies aber bestätigt das Retentionsphänomen.

Zu Problem 3:
Es war relativ schwierig, einen Protokollanfang zu Problem 3 mit
klarem Retentionsphänomen zu finden. Die meisten Gruppen
geben zuerst einen Lösungsvorschlag an; das heißt natürlich nicht,
daß diese Gruppen alle der Stufe 1 angehören. Es ist gut möglich,
daß trotz der anfänglichen Entscheidung für oder gegen eine
Person die Gruppe anschließend auf Stufe 2 oder 3 argumentieren
kann. Allerdings ist es so, daß der definitive Lösungsvorschlag
leichter den Argumenten entsprechend »objektiv« ausfällt, wenn
nicht von vornherein definitive Meinungen präsentiert werden.
Wenn das Retentionsphänomen auftritt, dann besteht kaum
Zweifel darüber, daß die entsprechende Gruppe einer höheren
Interaktionsstufe angehört.
Hier nun das Beispiel zu Problem 3:

2: Die Frau hat das Kind doch sicher verkauft, weil sie zu wenig
Geld hatte (15 Sek. Pause).
Und sie hat es sicher in einer
Not gemacht. Wegen des Geldes; weil sie zu arm war; weil
sie dachte, sie könne sowieso
nicht für das Kind sorgen. Und
sie hat das Kind sicher auch
gerne gehabt. Aber eben, sie
wollte, daß das Kind gut erzogen wird, sonst hätte sie es ja
später nicht mehr gewollt.
3: Weshalb will sie es dann jetzt
wieder zurück?
2: Jetzt ist sie vielleicht reich.
3: Das glaube ich zwar nicht; bis
jetzt konnte sie auch ohne Kind
leben.
2: Das stimmt schon, aber jetzt
hat sie es wiedergesehen, dann
hat sie natürlich – ist ihr doch
bewußt geworden, daß dies ihr
Kind ist.
1: Das Kind ist aber jetzt schon
an die Eltern gewöhnt, die es
bis jetzt erzogen haben.
3: Und die Eltern haben sehr viel

Ohne daß Lösungsvorschläge gemacht bzw. Entscheide getroffen
werden, argumentieren die Schüler
für oder gegen die eine Person.
Man merkt zwar deutlich, welche
Schüler für welche Entscheidung
eintreten, aber der definitive Vorschlag wird zurückgehalten. Das
Retentionsphänomen macht die

für das Kind aufgebracht.   Diskussion offener.
2: Das stimmt schon, aber man
    muß die Mutter trotzdem ir-
    gendwie begreifen, wenn sie ihr
    Kind wieder will, obwohl es
    nicht gut geht (10 Sek. Pause),
    und die Eltern, die den Prozeß
    wollen, sind nicht gerade sehr
    gut . . .
etc.
(Kl. 32, Gr. 3)

Auf die weiteren empirischen Analysen zum Problemlöseprozeß
sei an dieser Stelle nicht eingegangen.

Kapitel 2

Distributive Gerechtigkeit
Moralisches Handeln und die Stufen
der kognitiven Interaktion

Die abstrakte und transzendente Norm der Moral
und des Rechts bestätigt sich dann erst ausdrücklich, wenn sie aufgehört hat, die Handlungen im
praktischen Zustand heimzusuchen: Mit dem Auftreten der Ethik in Gestalt einer expliziten Syste-
matisierung der Prinzipien der Praxis geht eine
Krise des Ethos einher.
P. Bourdieu

Moral judgments, before leading to action, are at
times processed through a second set of rules or
criteria, the criteria of reponsibility. The function
of a responsibility judgment is to determine to what
extent that which is morally good is also strictly
necessary for oneself.
Augusto Blasi

Die sekundäre Bedeutung des Lösungsausganges
als Handlungsvorschlag

Wir haben festgestellt, daß der Lösungsvorschlag, der als Ergebnis aus der Gruppendiskussion resultiert, der also die Exhaustion zu Ende bringt, kein Kriterium für die Bestimmung der Stufen darstellt. Wir haben – in hierarchischen Abgrenzungen und strukturalen Reduktionen – zwar den Legitimationsprozeß beobachtet, beschrieben und zu erklären versucht, aber die Lösung der einzelnen Gruppen, wie aufgegliedert oder geschlossen sie auch sein mochte, nicht als strukturrelevantes Moment betrachtet. Es stellt sich damit die Frage, wie eng die Entscheidung der Gruppen als Handeln oder Handlungsvorschlag mit der exhaustiven Legitimation zusammenhängt. Diese Frage enthält eine ganze Reihe von Unterfragen: So wäre es interessant zu wissen, ob es so etwas wie ein »authentisches Handeln« (nicht im Sinne des authentischen Interagierens) gibt, d. h., ob ein Lösungsvorschlag einem obersten Prinzip entsprechen könnte, ob also prima facie eine ›absolut richtige Lösung‹ möglich wäre. Weiter kann man fragen, wenn so etwas möglich wäre, wie dann die Entsprechungen sein müßten: deduktiv, induktiv, logisch verknüpfend, interpretierend etc.? Und weiter: Ist es möglich, daß es Situationen gibt, in denen jede Handlungsweise einem obersten Prinzip entsprechen kann, andere wiederum, bei denen einige Handlungen aussortiert werden müssen und/oder können, andere im Entscheidungsfeld bleiben? Und noch weiter: Wie ist das Verhältnis einer bestimmten Gruppen-Interaktionsstruktur (Stufe) zu einem möglichen Handlungsvorschlag?

Zuerst wollen wir abgrenzen, was wir mit Handlungsvorschlag bzw. Lösungsvorschlag meinen. Ganz allgemein läßt sich sagen, daß es Situationen gibt, die man in der Umgangssprache als »moralisches«, »unmoralisches« oder »moralisch gutes« und »moralisch schlechtes« Handeln bezeichnet. Solche Situationen sind: Nicht mogeln bei einer Prüfung, ein Versprechen halten, nicht stehlen in einem Einkaufsladen, einen anderen nicht »verleumden« im Sinne des Verbreitens von falschen, ihm schadenden Aussagen, einem Verunfallten sofort erste Hilfe leisten etc. Hier kann man dem Handeln jeweils eine direkte moralische Norm (Handlungsregel) zuordnen, und die Entscheidungsfrage lautet stets »ja« (stehlen) oder »nein« (nicht stehlen) bzw. sie ist bipolar im Sinne des Agierens oder Nicht-Agierens. Bei solchen Handlungen und Handlungsnormen kann man relativ schnell Einigung erzielen, und es ist auch anzunehmen, daß, sofern solche Handlungen und Handlungsnormen gesetzlich beschrieben und geregelt sind, ein Großteil der Menschen sich daran hält.

Etwas anderes ist es, wenn der von uns beschriebene moralische Konflikt vorliegt, wo zwei »issues« gegenüberstehen oder wo eine einfache Situation durch bestimmte Umstände zu einem komplexen Konflikt werden kann (etwa wenn Mogeln auf dem Hintergrund ungerechter Selektionsmechanismen eines Schulsystems gesehen wird). Hier nun ist der Handlungsvorschlag nicht mehr eindeutig und logisch aus der Situation abzuleiten, die Normbzw. Prinzipiendiskussion kann sich verselbständigen, und einem bestimmten, von der Gruppe anerkannten Prinzip lassen sich verschiedene Handlungsmöglichkeiten zuordnen. Aber auch hier muß nochmals ein Unterschied gemacht werden: Vermutlich gibt es Situationen, bei denen moralisches Handeln ein Ablauf mit ganzheitlichem Einsatz in einer unmittelbaren sozialen Situation ist. Ein typisches Beispiel wären die Untersuchungen (und Kommentare) zum »unverantwortlichen Zuschauer« (»The unresponsive bystander: Why doesn't he help?«, Latané u. Darley 1968, 1970; Macaulay und Berkowitz 1970; Wispé 1972; Berkowitz 1972; Staub 1974; Huston u. Korte 1976; Rosenhan et al. 1976). Hier geht es darum, die altruistischen Reaktionen eines Individuums angesichts der Notsituation eines anderen Individuums zu erfassen und die handlungs- oder nichthandlungssteuernden Komponenten zu beschreiben und zu erklären. Huston u. Korte (1976) geben eine Übersicht über alle gemachten Untersuchungen zu dieser Frage. Die Übersicht zeigt, daß Persönlichkeitsmasse, Bedürfnisse auf Anerkennung, Entscheidungsgeschwindigkeit und verschiedene religiöse Ausprägungen (sozialorientierte Religiosität, intrinsisch orientierte Religiosität und Religion als Sinnsuche) keine Unterschiede in der Häufigkeit helfenden Eingreifens bewirken. Hingegen bewirken hohe Verpflichtung und Zuschreibung hoher Verantwortlichkeit, hohe sympathetische Orientierung und die Disposition, »instrumentell zu handeln«, höhere fachliche Kompetenz (bei Elektroschocks Kompetenz in Elektronik), der Glaube in höhere soziale Werte und schließlich eine höhere moralische Kohlberg-Stufe größere Frequenz im helfenden Eingreifen. Eine ähnlich ganzheitliche Handlung wie beim Experiment von Latané u. Darley wird von den Gruppen gefordert, die das Problem 1 diskutiert haben. Sie mußten nicht bloß »gerecht« entscheiden, sondern eine konkrete »gerechte« Verteilung vornehmen. Wir haben diesen Problemtyp konfligierenden Optimierungstyp genannt. Die Verteilungshandlung kann bei diesem Typ einem gewählten Prinzip oder einer gewählten Gerechtigkeitsnorm in mehr oder weniger adäquater Weise hermeneutisch angepaßt werden.

Aber es gibt noch eine andere Form der Handlung. Beim Dilemma 3 heißt es etwa: »Ich würde das Kind der richtigen Mutter geben«; oder: »Der Richter soll das Kind den Adoptiveltern geben.« Hier ist die Handlung eine formal vollzogene Entscheidung. Zwar können solche Entscheidungen bei echten Konfliktfällen etwa in einem »Just Community Meeting« (vgl. S. 375 ff.) oder bei einer Umfrage folgenreiche Konsequenzen haben. Aber beim künstlichen Dilemma ist sie nur eine apriorische Teilhandlung, die in Wirklichkeit immer noch anders vorgenommen werden kann. Sie ist ein Teil des Urteils selber. Einige Urteils-Handlungsuntersuchungen auf dieser bloßen Entscheidungsebene hat Candee (1975) durchgeführt und mit dem moralischen Urteil nach Kohlberg in Zusammenhang gebracht. Er legte 370 Personen, die bei den Wahlen 1972 entweder McGovern oder Nixon bevorzugt hatten, Handlungsalternativen vor, wie z. B.: »Hat Daniel Ellsberg richtig gehandelt, wenn er die Pentagon-Papiere (im richtigen Moment) entwendet hat?« Die Häufigkeit der Entscheidungsausgänge in der Ja- oder Nein-Richtung wurde mit der Häufigkeit einer bestimmten Stufe in Beziehung gesetzt. Dabei wurde lediglich eine Entscheidung, keine Begründung gefordert (mit Ausnahme einzelner Fallstudien). Der Unterschied zwischen jenen Personen, die konkret in Watergate verwickelt waren, und den Personen, die artifizielle Meinungsentscheide trafen, kam in dieser Studie besonders deutlich zum Vorschein. (Abgesehen von diesem Ergebnis ist die Verteidigung [oder kritische Stellungnahme] gegenüber Handlungen wie jenen von Daniel Ellsberg eindeutig sympathie- oder antipathiebezogen, wenn sich die Personen auf Stufe 3 befinden. Personen der Stufe 4 sind schon fähig, die Gerechtigkeitsfrage ein Stück weit unabhängig von Parteizugehörigkeit und Wahlpräferenz zu stellen; sie beziehen sich aber auf die Rollenposition der entsprechenden handelnden Person. Erst die Stufe 5 kann die Verantwortungsfrage direkt und ohne Person- oder Rollenbezug stellen [Candee 1975, S. 189/190].)

Wir sind ausgegangen von der Tatsache, daß in den von unseren Versuchsgruppen diskutierten Problemen die Entscheidung oder Handlung keinen Einfluß auf die Einschätzung der Stufen der Interaktion hatte. Denn alle unsere Probleme sind solcher Art, daß die Handlung selbst unter ein und demselben Prinzip je anders hätte aussehen können. Nehmen wir an, einige der Gruppen, die das Problem 1 diskutierten, hätten sich zu dem Gleichheitsprinzip bekannt. Sie würden nach langer Diskussion zum Schluß kommen, gerechtes Verteilen könne nur darin bestehen, daß jedermann den gleichen Anspruch hat, also auch jeder gleich viel haben soll, daß weder Verdienst noch Leistung oder Status an diesem Prinzip rütteln könnte. Dann kann es sein, daß bestimmte Gruppen sagen, dieses Verteilungsprinzip sei so zu handhaben, daß (entgegen der Simon-Tobinschen These, vgl. S. 477) Vergnügungsgüter unabhängig von Bedürfniskonstellationen zur Verteilung kommen sollen, daß also jeder gleich viel erhalten soll. Man kann dann entweder die Eintrittskarten verschenken, so daß keiner weniger erhält als die anderen (ich erinnere mich an eine entsprechende Gruppenreaktion, wo am Schluß der Gruppenleiter die Karten einfach weggeschenkt hat, »im Namen der Gleichheit«, und alle Mitglieder und er selber dann frustriert waren), oder aber man kann sagen, wir müssen in irgendeiner Form Geld beschaffen, damit jedes der vier Gruppenmitglieder zu einer Eintrittskarte kommt. Die Form des Geldbeschaffens kann zusätzlich wiederum moralisch adäquat oder inadäquat gehandhabt werden, entsprechend einem weiteren, neu eingeführten Gerechtigkeitsprinzip. Beide Handlungsausführungen aber fallen unter dasselbe Oberprinzip, und ihre Differenzierung beruht auf sukzessive eingeführten, gebilligten oder mißbilligten Eigenschafts-, Ereignis- und Sinnelementen, welche gegebenen Mustern der sozialen Lebenswelt oder den von ihr abgehobenen, individuell erlebten Sinnbereichen entsprechen. Eigentlich ist Handeln eher im Sinne von H. Mead eine Einheit von Planung, Entwurf, Interpretation und Definition der Ausführung, unter dem Gesichtspunkt eines Gerechtigkeitsprinzips (oder einer etwas spezifischeren Gerechtigkeitsnorm) mit der Akzentuierung von »like« und »dislike«, das sie – wiederum unter demselben Prinzip – modifizieren hilft. Deshalb kann man sagen:

»Die Handlung selbst ist durch den Bestand an Sprachmustern, Bedeutungsschemata, Zielen und Mitteln im Zusammenhang konkreter Lebensfelder nicht festgelegt. Sie bleibt prinzipiell inhaltlich offen im selbstindizierten Verhältnis von sozialer Struktur eines Lebensfeldes und interpretativer Eigenleistung des Individuums, d. h. im Verhältnis von Normen und generalisierten Erwartungen und situativ wechselnden Interpretationen und Ausführungsbedingungen dieser Normen und Erwartungen.« (Schreiber 1977, S. 47)

Gerade die von uns beschriebenen Interaktionsstufen zeigen, daß nicht bloß der Gegensatz der Lösungsvorschläge für das Handeln Relevanzcharakter haben kann, sondern vor allem der Gegensatz der sozialen Fakten, der Gerechtigkeitsregeln und in der theoretischen Auseinandersetzung auch der Gegensatz von Prinzipien. Wir haben in einer *hier nicht angeführten Studie* festgestellt, daß Evaluationsstatements, also Billigung und Mißbilligung, in jedem dieser Stufenbereiche eine entscheidende Rolle spielen. Deshalb hat Stevenson (1944, 1963) der Moral insofern eine affektive Komponente beigemessen, als er sagt, durch negative und positive Einstellungen zu diskutierten Fakten, Normen, Prinzipien würden Handlungen gerade veranlaßt. Durch Verurteilung bzw. Mißbilligung erreichen wir, daß man Widerstand gegen etwas aufbaut, somit etwas anderes bevorzugt und dadurch einen Selektionsprozeß in Gang bringt.

Aber zurück zur Frage, warum Handeln unter einem festgehaltenen Prinzip ganz verschiedene Formen annehmen kann, warum es also im moralischen Sinne ein »richtiges« Handeln an sich nicht geben kann. Unter einem einmal akzeptierten Prinzip kann der Kampf der Weltanschauungen (im Sinne Max Webers) nicht eliminiert werden. Dieser Kampf ist das treibende Element. Das einmal festgelegte Prinzip wird immer wieder neu in Frage gestellt. Einigen sich etwa die Mitglieder der Gruppen, die das Problem 3 diskutieren, darauf, daß jeder Handlungsvorschlag (jede Entscheidungshandlung) nach dem Prinzip auszurichten sei: »Kein Nachteil für das betroffene Kind, weil es noch hilflos dem Leben ausgesetzt ist«, so ist damit noch nicht gesagt, wem der Richter das Kind geben soll. Auch die Situationsbeschreibung als solche hilft da nicht weiter, denn auch die Situation wird bei gleicher Beschreibung mit je anderen Akzenten perzipiert. Oder beim konfligierenden Wahltyp: Die Gruppe kann sich darauf einigen, daß die kompensatorische Gerechtigkeit ein »zureichender

Grund« für die Entscheidung sei, nach dem Prinzip: »Handle so, daß derjenige, welcher in irgendeiner Form einen Mangel hat, von dem, was die anderen nicht entbehren, im Entscheidungsfalle (kompensatorisch) zum Zuge kommt.« Ist der Streit um Prinzipien vorbei und haben sich die Mitglieder auf dieses Prinzip festgelegt, so sind unter denselben Umständen mindestens drei Handlungsvorschläge möglich, je nachdem wie die Meinungen gewichtet werden, also bei Problem 2: Peters Ablösungsprozeß von seinen Eltern, Käthis intrinsische Motivation, einschließlich der allgemeinen Benachteiligung der Frau bei Entscheidungen im Beruf, oder die Absicht von Matthäus, ein neues Leben zu beginnen. Und diese Werte lassen sich nicht unbedingt hierarchisieren, wie es die Stufen 5 und 6 der Kohlberg-Skala als zentrales Charakteristikum in bezug auf fundamentale Werte verlangen (etwa ›Leben ist höher als Eigentum‹). Sie hängen deshalb von zusätzlichen, gesellschaftlich geschaffenen und mit differenzierter Stärke individuell erlebten Werten ab, sind in diesem Sinne also weder formal noch struktural, aber doch inhaltlich bestimmende Determinanten (vgl. die erwähnte Seilersche These der Bereichsspezifität auf S. 46 f. und S. 485. Nehmen wir an – was unwahrscheinlich ist –, daß in zwei Gruppen bei gleicher Wahl eines moralischen Prinzips die als gerecht befundenen Handlungsregeln und die analytischen Ergebnisse gleich gesehen werden, so kann – im Extremfall – immer noch ein Unterschied im Handlungsvorschlag der beiden Gruppen liegen, weil sie die erarbeiteten Informationen und Wertkonstrukte in anderer Weise applizieren. Diese Überlegungen hat, in umgekehrter Reihenfolge, auch Casey (1971, S. 174 f.) angestellt.

»Es können deshalb zwei Handlungsweisen existieren, die sich unter einem bestimmten Gesichtspunkt voneinander nicht unterscheiden im Hinblick auf die Eigenschaften, aufgrund deren das normale Bewußtsein eine moralische Unterscheidung trifft. Nehmen wir beispielsweise den hinreichend eng umschriebenen Fall eines Arztes an: Er ist nicht bereit, 1000 Pfund auszugeben, um ein Medikament für seine Patientin zu kaufen – mit dem Ergebnis, daß sie stirbt. Er tut dabei nichts anderes als ihr (Ehe-)Mann, der diese Ausgabe für seine Frau ebenfalls verweigert. In dieser Hinsicht gibt es beim Merkmal dieser zwei Fälle nichts, worauf das normale Bewußtsein eine moralische Unterscheidung stützen könnte. Tatsächlich sind diese beiden Fälle jedoch zentrale Beispiele für moralisch verschiedene *Arten* von Fällen, und die Art wird jeweils durch die unterschiedliche Rolle bzw. den unterschiedlichen Handlungsträger gekennzeichnet. Die moralische Relevanz jedes Falles wird durch seine Charakteristika abgedeckt. Diese beeinflussen den Handlungsrahmen (Handlungsvorschrift), der vorschreibt, unter welches moralische Prinzip die Handlung einzubringen ist. Wenn also eine Eigenschaft moralisch bedeutungsvoll ist, so ist es deshalb, weil sie zu einer Handlung unter einem bestimmten Rahmen führt und eine andere Eigenschaft zu einer anderen Handlung unter einem anderen Rahmen, dies alles, wenn kein Prinzip gleichzeitig für beide Handlungen anwendbar ist. Was beiden Fällen gemeinsam sein mag, könnten wir ihre nichtrelationalen Eigenschaften oder Merkmale nennen, auf deren Basis kein vernünftiger Mensch eine moralische Unterscheidung gründen würde. Diese Merkmale liefern die benötigten moralischen Unterscheidungskriterien nicht. Die *Art* von Unterschieden besteht zwischen den Konstituenten zweier radikal verschiedener Handlungskonzepte. Beide beeinhalten unterschiedliche Zuschreibungen von Verantwortlichkeit, und jedes ist aus verschiedenen Gründen zuschreibbar oder anfechtbar. Der Unterschied wird durch die Handlung, welche z. B. auf die Rolle des Handelnden bezogen ist, bestimmt.«

Wenn es also verschiedene Handlungskonzepte unter demselben Prinzip (oder unter verschiedenen Merkmalen, die zum selben Prinzip passen) gibt, so sind es Interessen (the role of the agent; die Rolle des Handelnden), welche vorgebrachte Gründe in einer bestimmten Weise an das Prinzip binden. Da diese Interessen eher idealler Art sind, könnte man auch von Pflichten sprechen. Pflichten sind moralisch nicht voneinander zu sondern; deshalb ist das Vorhandensein des Prinzipienbezugs an sich ein ausschlaggebendes Merkmal. Deshalb haben wir auch das Binden oder Nicht-Binden an ein Prinzip als ein innerstrukturales Merkmal der Stufen der Interaktion bezeichnet und es mit A- oder B-Charakter verkodet (vgl. S. 97 und S. 188).

Die Frage ist nun, ob diese Pflichten, welche die Bindung an ein moralisches Gerechtigkeitsprinzip gewährleisten, interaktiv (durch gemeinsame Evaluation) als theoretisches und praktisches Argumentieren gerechtfertigt werden können. Pflichten müssen angewandt werden, Prinzipien gleichen eher sich selbst regulierenden Konstanten. Dabei sind die von der Erlanger Schule dargestellten Kriterien »unvoreingenommener, zwangloser und nicht persuasiver Auseinandersetzung« oder die von der Frankfurter Sozialphilosophie geprägten Begriffe der »unverzerrten Kommunikation« und der »idealen Sprechsituation« nur äußerliche Bedingungen, die zwar innerhalb der Stufen der Interaktion ein bewußtseinshierarchisches Niveau zu erzeugen vermögen; aber nicht die Zustimmung aller Betroffenen ist dann das Entscheidende der Interaktion, sondern strukturale Kompetenz und strukturales Niveau der ganzen Gruppe, auch wenn ein Widerspruch bestehen bleibt. Es geht hier also nicht darum zu zeigen, wie eine Maxime durch »überwiegende« Interessen aufgelöst werden kann, wie dies Kambartel in virtuoser Form tut, um das Transsubjektivitätsprinzip zu erörtern (1976, S. 60), sondern um das Niveau der Kompetenz praktischer Erörterung als Zurückbindung von Handeln (durch das Offenlegen von Interessen) an die im Prinzipienstreit schließlich ausgewählte und gemeinsam anerkannte Maxime.

Wenn wir so argumentieren, erhebt sich der Einwand, die gewählten Prinzipien könnten (in deontologischem Sinne) nicht mehr absolut sein, und wir seien durch unseren Ansatz einer Situationsethik verpflichtet. Folgende Antworten können diese Vorwürfe entkräften:

Die Situationsethik unterwirft die gewählten Prinzipien den Interessen, während wir postulieren, daß die Interessenabklärung ein Mittel sein kann, die Handlungsvorschläge sinnvoll an die Prinzipien zu binden; somit brauchen die Handlungen selber kein Kriterium mehr für die Stufen der Interaktion zu sein. Zudem vertreten wir nicht den absolutistischen Standpunkt, sondern eher den universellen. Es geht uns nicht darum, ein Prinzip, »was immer die Konsequenz sein mag« (vgl. Casey 1971, S. 195 ff.), im irrationalen Sinne zu vertreten (denn auch als solches ist es irgendwo zuerst gedacht worden, hat seine soziale Geschichtlichkeit und auch seine Absurditäten als Narben), sondern zu zeigen, daß Prinzipien soziale Gegebenheiten übergreifen können, von vielen Kulturen angewandt werden und als Begründungen mit einer in der Erfahrung vieler überprüfbaren Lebensevidenz konvergiert werden können (vgl. Mieth 1972, S. 25).

Handeln erhält in dem Maße Entschlußrelevanz, als den Stufen der Interaktion entsprechend alle Merkmale in ausgeglichener Weise zur Anwendung kommen. Zuerst können z. B. Begründungsversuche bei Stufe 3 ansetzen und zugleich alle Fakten entsprechend der Stufe 2 eingebracht werden. Schließlich können aufgrund des bisher Diskutierten mögliche Handlungsalternativen auf Übereinstimmung mit dem Denkmaterial der Stufen 3 und 2 überprüft werden. Auch wenn der Weg anders verläuft, der Gruppendialog, die sprachliche Interaktion, sind ein das Handeln vorbereitendes Operationsfeld. Seine mögliche Vielfalt ist legitimiert und nicht absurd. Wir sprechen ja nicht von jenen Formen moralischen Handelns, in denen die Regel selber schon Handeln oder Nicht-Handeln in direkter Weise befiehlt. So etwa: »Du sollst nicht stehlen.« Wir sprechen auch nicht von den Ausnahmen, die dieser Regel prima facie zugehören (vgl. Baier 1974, S. 178 ff.). Sondern wir sprechen von Situationen, in denen gerade dann, wenn diese Regel zur Maxime wird, das entsprechende Handeln nicht mehr eindeutig auszumachen oder abzuleiten ist. Ein schönes Beispiel bietet hierzu die »lifeboat-situation« (Rettungsboot). Fünf Personen sind in diesem Boot: Ein alter Mann, der viele Geheimnisse der Kultur kennt, ein Priester, ein Arzt, ein kleines Mädchen und die Mutter von sechs Kindern. Alle anerkennen die Maxime: »Du sollst nicht töten.« Das Boot kann nur gerettet werden, wenn eine Person über Bord geht. Hier sehen wir nun die Brüchigkeit minimaler Handlungskonzepte, wie sie diese Maxime darstellt. Durch den Dilemmacharakter wird bei Billigung und Mißbilligung aller Fakten (Perspektive 2) und bei Bedenken aller Normen (Perspektive 3) Handeln nicht voraussagbar. Deshalb ist hier die Höhe der Interaktionsstufen wichtiger als die Handlungskonzepte selber, und die Art der Rückbindung von Handlungs- oder Lösungsalternativen wird zum entscheidenden Moment. Zu dem von Kambartel folgendermaßen beschriebenen heuristischen Kreisprozeß –

»Die Objektivationen, in welchen sich begründete Interessen vermitteln, sind insbesondere gegen privat orientierten Mißbrauch und nicht ein für allemal abzusichern. Jedes begründete System von Handlungsregeln kann daher nur als Ergebnis einer Entwicklung begriffen werden: Am Anfang stehen prima facie gute Handlungsregeln, die auf begründete Interessen und Prioritätsnormen gestützt sind. Eine entsprechend orientierte Praxis gerät in eine Situation, in der neue Interessen oder Handlungsalternativen zu berücksichtigen sind. Daher muß die vorherige Begründungsbasis transsubjektiv zu leistender Überarbeitung unterzogen werden. Die daraus hervorgehende begründete Modifikation ist der Anfang eines neuen Dreischrittes der beschriebenen Art usf. bis zur gegenwärtigen Entscheidungssituation.« (1976, S. 61)

– gesellt sich also das Wissen, daß nicht bloß gruppendynamische oder kommunikationsverpflichtende Merkmale ausschlaggebend sind, sondern daß sich hier möglichst strukturale Komplexitäten artikulieren müßten, die zwar mehr oder weniger optimal verlaufen können (Formen der Exhaustion), die aber den beschriebenen Stufen der Interaktion entsprechen und somit im gruppenethischen Sinne adäquater sind. Die Überlegungen, wie mögliche Handlungen an diese strukturalen, mehr oder weniger adäquaten Bezugsebenen zurückgebunden werden, die Vermittlung von theoretischer und praktischer Argumentation im Interessenfeld, hängen damit gerade selber von der erlangten Stufe der Interaktion ab, nicht aber das Handeln als solches. Anders gesagt: Dieselbe Handlung kann auf verschiedenen, von uns beschriebenen Interaktionsebenen begründet und an diese zurückgebunden werden. Auch wenn dies nicht für jede Handlung zutrifft, ist die Qualität trotzdem nicht die Handlung an sich, sondern die zwar exhaustive, wenn auch nie abgeschlossene und an eine Bewußtseinsebene verschieden adäquater struktuforaler Argumentationsnetze gebundene Begründung und Rechtfertigung. Geschichtliche Handlungsabläufe sind letztlich zumindest in ihrer praktisch begründbaren Relevanz von den Stufen solcher Begründungs- und Legitimationsprozesse her zu beurteilen: sie spiegeln das wider, was als ein je höheres moralisches Zeitbewußtsein bezeichnet werden könnte. Handeln ist also letztlich interaktiv oder vielmehr gesellschaftlich vermittelt.

Das Verhältnis von Urteil und Handeln im Kohlbergschen Konzept

Mit den bisherigen Ausführungen ist zum Verhältnis von Handeln und Urteil noch nicht alles gesagt, denn es gibt ja nicht nur die Stufen der kognitiven Interaktion beim moralischen Problemlösen, sondern auch das persönliche Urteil eines jeden Individuums, gewonnen aus inhaltsübergreifenden ethischen Verhaltensmerkmalen, wie sie Kohlberg in seiner Stufenskala (vgl. S. 326 ff.) hierarchisch dargelegt hat. Interessant dürfte also die Frage nach dem Verhältnis von persönlichem moralischen Urteil und moralischem Handeln sein. Erhalten wir hier eine Antwort, so müssen wir unter Umständen die Ausführung im ersten Abschnitt dieses Kapitels überdenken und einer Kritik unterstellen.

Kohlberg hat immer wieder versucht, das Verhältnis zwischen allgemeinem moralischen Urteil (moralische Stufe) und moralischem Handeln zu erfassen. Methodologisch gleichen sich alle in dieser Richtung unternommenen Projekte: Auf der einen Seite wird das moralische Urteil mit standardisierten Dilemmas einer jeden Person gemessen. Man nimmt dabei an, daß die entsprechenden Schemata relativ stabil sind und situationsübergreifend je neu artikuliert werden. Auf der andern Seite beobachtet man ein sog. moralisches Verhalten (Handeln), das unabhängig von den erwähnten standardisierten Dilemmas abläuft, also z. B. das Mogelverhalten in einer Prüfungssituation. Die Häufigkeit des Mogelverhaltens von Personen einer Stufe wird mit der Häufigkeit des Mogelverhaltens von Personen einer anderen Stufe verglichen. Das gemessene moralische Verhalten steht also weder in direktem inhaltlichen Zusammenhang mit dem Urteil, noch werden die Personen gefragt, warum sie ein bestimmtes Verhalten geäußert haben.

Bevor wir nun die einzelnen Resultate kritisch untersuchen, möchten wir das obige methodologische Vorgehen kritisieren:

a. Es muß zwischen Urteil und Handeln eine Komponente eingebaut werden, die erfaßt, wie das Individuum zwischen seinen eigenen Normen oder seinem eigenen Urteilsniveau und dem Handeln vermittelt. Wir wollen dieser Art von Urteil die Bezeichnung »Vermittlungsurteil« geben.

b. Es muß aus der Untersuchung hervorgehen, wie das Individuum sein Handeln beurteilt (an sich), d. h., man muß wissen, welche Gründe für ein bestimmtes Handeln vorliegen, damit man über die Beziehung von Urteil und Handlung etwas aussagen kann. Wir wollen dieses Denken »Handlungsurteil« nennen.

In fast allen zur Verfügung stehenden Untersuchungen fehlen diese beiden Aspekte. Somit stellen wir die Resultate von vornherein in Frage und wir meinen auch, daß erst die nichtgewußten Vermittlungs- und Handlungsurteile eine zuverlässige Aussage über die Urteils-Handlungsbeziehung erlauben würden. Die Unzulänglichkeiten in bezug auf die Stichproben der gemachten Untersuchungen sehen wir also darin begründet.

Zuerst die Position Kohlbergs:

Er geht von der Untersuchung von Hartshorne und May (1928–30) aus. Daß dort nach Abzug jenes Teils des Gesamteffektes, der die Ich-Stärke (IQ und Aufmerksamkeit) ausmacht, sog. moralische Werte als soziale Attitüden keine direkten Aussagen über das Verhalten in Konfliktsituationen gestatten, nimmt er zum

Anlaß, um zu zeigen, daß nur die Stufen des moralischen Urteils (alters- und entwicklungsmäßige Variable) zum Entscheidungshandeln in Beziehung gesetzt werden können. Nimmt man die 1969er Ergebnisse dieses Kohlbergschen Ansatzes hinzu, so ergibt sich hier sofort ein Widerspruch:

Kohlberg beschreibt in »Stage and sequence« (1969), wie konventionelle Personen, die also den Stufen 3 und 4 angehören, mogeln, weil sie der Autorität des Versuchsleiters »gehorchen« würden, d. h. seine Wünsche in bezug auf die Mogelsituation anerkennen müßten. Personen mit prinzipieller Moral (Stufe 5 und 6) hingegen würden die sozialen Erwartungen nicht erfüllen (d. h. nicht mogeln), weil die im Mogeln enthaltene Ungleichheit oder Übervorteilung als Verstoß gegen den »moralischen« Vertrag empfunden würde. Nun zeigt aber Kohlberg in dem gleichen Artikel, daß die Antwort auf das Heinz-Dilemma, also auf die Frage, ob Heinz die Droge stehlen soll oder nicht, auf allen sechs Stufen nein oder ja sein kann, daß also erst die Charakteristika des Urteils als Begründung des Ja oder Nein für die Feststellung der Stufenzugehörigkeit taugen. Auf der einen Seite sagt er also, auf den obersten Stufen würden Handeln und Urteil besser übereinstimmen (kleinere Urteils-Handlungs-Diskrepanzen), auf der anderen Seite aber spielt die Entscheidungshandlung auf keiner Stufe eine Rolle, sondern nur die entsprechende Begründung.

Nun aber hat Kohlberg an seinem System seit dem 69er Artikel einiges geändert. Einmal ist die Vertragsorientierung der Stufe 5 mit der Gesetzesorientierung der Stufe 4 in mancher Hinsicht gekoppelt worden. Damit ist eigentlich die höchste Stufe die Stufe 5. Stufe-6-Urteile sind nur noch im geschichtlichen Kontext zu finden: Sokrates, Jesus, Martin Luther King etc. Zum anderen wird für die postkonventionellen, also prinzipiellen Stufen, ein neues Element eingeführt, nämlich die bewußte Hierarchisierung der issues in einem Konfliktfall (wobei noch nicht genügend reflektiert ist, daß in den wirklich echten Dilemmas keine solche Hierarchisierung mehr möglich ist: Rettungsboot-Dilemma). Und drittens sind Zwischenstufen eingeführt, so etwa die Stufen 4 (5); 5 (4) oder 4.5, wobei gerade 4.5 eine ganz eigene Merkmalsbeschreibung erhält, den sog. Normrelativismus.

Gehen wir aber zurück und versuchen einen Überblick über einige Untersuchungen. Ich beginne mit der letzten in dieser Richtung in Harvard durchgeführten Untersuchung von Krebs und Rosenwald (1977). Hier werden 31 Individuen, die sich auf eine Zeitungsannonce freiwillig gemeldet haben, zu einem Test beordert. Sie sind in einem Saal versammelt und werden auf die Kohlberg-Stufe hin getestet. Nach einer gewissen Zeit sagt der Leiter, er werde jetzt den einzelnen Personen das versprochene Geld ($ 3.00) ausbezahlen, obwohl der 2. Teil des Tests noch nicht geleistet sei. Er bittet die Individuen, den zweiten Teil des Tests (Fragebogen) zu Hause auszufüllen und anschließend einzusenden. Tabelle 2.1 gibt eine Übersicht über die Krebs-Rosenwaldschen Ergebnisse.

Questionnaire Return	Stages of moral development				
	2	3	4	5	All Stages
On time	33%(1)	40%(6)	91%(10)	100%(2)	61%(19)
Late	(0)	33%(5)	(0)	(0)	16%(5)
Not at all	66%(2)	27%(4)	9%(1)	(0)	23%(7)

Tabelle 2.1: Resultate der Krebs-Rosenwaldschen Untersuchung: Zurückgeschickte Fragebogen nach Individuen der verschiedenen moralischen Entwicklungsstufen (Klammerausdrücke = Häufigkeiten = n)

Da die Stufen 2 und 5 nicht ausreichend besetzt sind, lassen einzig die Stufen 3 und 4 einige Rückschlüsse zu. Und hier ist die Interpretation der beiden Autoren auch einigermaßen sinnvoll, nämlich daß die Stufe-3-Personen den interpersonalen Bereich (Freundschaft, gegenseitige Hilfe, Beziehungen etc.) betonen und deshalb die Testbogen signifikant weniger zurückschicken, sobald der Experimentator nicht mehr in ihrem Bereich sei, während die Stufe-4-Personen, auf Gesetz und Vertrag basierend, die persönliche Bindung als nicht ausschlaggebend für eine Entscheidung betrachteten und deshalb den Fragebogen eher zurückschickten. Stufe-3-Personen seien inkonsistent im Urteil, denn »they hold that the same act is both universally obligatory (when directed toward a friend) and not obligatory (when directed toward a stranger)« (S. 84). Weil der Versuchsleiter ein Fremder sei, würden deshalb weniger Fragebogen zurückgeschickt.

Das Resultat dieser Studie zeigt: Obwohl Kohlberg nicht beansprucht, daß eine lineare Beziehung zwischen moralischem Urteil auf einer bestimmten Entwicklungsstufe und dem Verhalten in einer bestimmten Situation besteht, so ist es oft wahrscheinlich, daß – aufgrund der logischen Struktur einer bestimmten Entwicklungsstufe – die Personen auf höherer Stufe ein »besseres» moralisches Verhalten zeigen, also weniger mogeln, die Fragebogen eher zurückschicken etc. Höhere Stufen seien also eine notwendige, aber keine hinreichende Voraussetzung für »besseres« moralisches Verhalten.

Dieses Ergebnis ist aus allen bisherigen Forschungen – beinahe allen –, die moralisches Urteil mit moralischem Handeln vergleichen, hervorgegangen. Abgesehen von der zweifelhaften Stichprobe, ist die Logik unseres Erachtens nicht stringent. Denn Stufe-3-Personen sind solche, die gut dastehen wollen vor der Gruppe (good boy, good girl moral); warum sollen sie diese Einstellung nicht auch in bezug auf den Fragebogen haben? Warum hat die Versuchsleiterin die 31 Personen nicht angerufen und sie gefragt, warum sie den Testbogen zurückgeschickt oder nicht zurückgeschickt haben? Sie hätte dadurch »Handlungsurteile« erhalten, wie wir sie einleitend postuliert haben. Diese hätte sie in Vermittlungsurteile transponieren können und sie hätte dann über die Struktur der Handlungsgründe nicht spekulieren müssen, denn meiner Meinung nach können völlig andere Gründe dafür hinreichend sein, daß etwa die beiden Stufe-5-Personen den Fragebogen zurückgeschickt haben.

Kohlberg erwähnt eine Untersuchung, die er im Rahmen der Milgram-Experimente (1963) gemacht hatte. Es ging darum, einer Person bei Fehlleistungen im Auswendiglernen sinnloser Silben elektrische Schocks zu verabreichen. 75%, d. h. 6 Personen der Stufe 6 (nach damaliger Einschätzung), hatten sich geweigert, die Schocks zu geben, verglichen mit nur 13% der übrigen 24 Personen. Auch hier haben wir das gleiche Problem. Die Untersuchung – die übrigens nicht eingesehen werden kann – basiert in bezug auf die Stufenverteilung auf einer zu kleinen Stichprobe. »Handlungs-« und »Vermittlungsurteile« fehlen völlig. Wiederum wird die Zauberformel eines nicht linearen, aber doch starken Trends dahingehend propagiert, daß mehr Individuen höherer Stufen ein »besseres« moralisches Verhalten an den Tag legen sollten.

Eine andere Studie stammt von Haan, Smith und Block (1968). Sie fanden, daß Individuen der Stufen 5 und 6 eher an den Sit-ins der Free-Speech-Bewegung in Berkley teilnahmen als Personen der Stufen 3 und 4. Sie fanden allerdings auch, daß signifikant mehr

Stufe-2-Personen als Stufe-3- und Stufe-4-Personen daran teilnahmen. Dieselben Einwände wie oben lassen sich auch hier vorbringen. Besonders die Tatsache der Stufe-2-Personen macht uns darauf aufmerksam, daß diese These problematisch und unserer Meinung nach sogar falsch ist. Norma Haan et al. begründen Stufe-2-Teilnahme damit, daß hier das Reziprozitätsdenken gegenüber der schlechten Führung der Universität zur Rechtfertigung herangezogen worden sei. In einem Gespräch, das ich in Harvard mitverfolgen konnte, hat die Autorin Kohlberg immerhin angegriffen und seine Stufen »als nicht alles Moralische abdeckend« bezeichnet. Sie wollte damit vermutlich sagen, daß die Stufen das Verhalten nicht genügend abdeckten.

(In neuerer Zeit hat Norma Haan [1977a/1977b] Stufenkonzepte zur interpersonalen Moralität vorgelegt [siehe Anhang 3]. In diesen werden Modelle psychoanalytischer Konvenienz mit solchen des sog. herrschaftsfreien Diskurses nach Habermas verbunden. Es geht um die Diskussion von Interessen, die durch Beteiligte realisiert wird. Dabei sind auch Abwehrmechanismen und Bewältigungsstrategien relevant, weil sie die moralische Urteilsfähigkeit besonders in bezug auf konkrete Handlungen beeinflussen.

Wir gehen an dieser Stelle nicht weiter auf Haans Konzept ein, weil a. es sich nach unserer Meinung in den Formulierungen nicht eindeutig von Kohlberg abhebt und weil b. der Begriff ›interpersonale Moralität‹ irreführend ist, denn es geht Haan nicht um die kognitive Interaktionsstruktur als Ganzheit, sondern um die allein vom Individuum kognitiv perzipierte Interaktion. Dazu aber hat Selman [1973, 1976a, b] adäquatere Beschreibungen vorgelegt.)

Es liegen zwei weitere Studien zum Mogelverhalten mit Vergleichsdaten der Kohlberg-Skala vor. Als erstes fanden Schwartz, Feldman, Brown und Heingartner (1969), daß College-Studenten (undergraduates), die über der Stufe 3 der Kohlberg-Skala lagen, signifikant weniger betrogen als diejenigen, welche unter der Stufe 4 lagen. Hingegen fanden sie – von meinem Standpunkt aus in typischer Weise – keinen positiven Zusammenhang zwischen Stufen der moralischen Entwicklung und zwischen freiwilligem Helfen.

Die zweite Mogelstudie, die sehr sorgfältig durchgeführt worden ist, stammt von Krebs und Kohlberg (1973). Die Autoren sagen, daß 80% der Stufe-5-Personen und 45% der Stufe-4-Personen dem Mogeln widerstehen würden, aber nur 25% der tieferen Stufen (1, 2 und 3 kombiniert) hätten Widerstand gegen Mogeln leisten können. Sie sagen, daß auch die sog. Ego-Kontroll-Variablen wie IQ und Aufmerksamkeit einen signifikanten Beitrag zum Widerstand gegen Mogeln leisten. Während nur 33% der Personen mit tiefer Aufmerksamkeit auf Stufe 4 widerstanden, waren es 56% mit hoher Aufmerksamkeit auf derselben Stufe, wobei hohe Aufmerksamkeit (entsprechend dem Philosophen W. James) als hoher moralischer Wille interpretiert wird. Während nur 10% der Personen mit tiefem IQ auf Stufe 4 widerstanden, waren es 62% mit hohem IQ auf derselben Stufe.

Diese Resultate sind überzeugend. Schaut man aber in die Tabellen, so gibt es da viele Unstimmigkeiten, z. B. wiederum, daß Stufe-5-Personen untervertreten sind, daß Mittelklasse-Knaben in den Stufen 2 bis 4 nicht extrem streuen, daß Stufe 2 bei den Arbeiterklasse-Knaben und den Mittelklasse-Mädchen höher liegt als Stufe 1 und 3, ja sogar 4 etc.

Bemerkenswert an dieser Studie ist die Tatsache, daß nun schon mehrere Faktoren wie Status, I.Q., Aufmerksamkeit, Entwicklungsstufe als Komponenten des Verhaltens angesehen werden und nicht mehr bloß vom Urteil auf das Handeln geschlossen wird.

Wir haben gegen die beiden Studien, von der Stichproben- und Verteilungskritik abgesehen, auch noch einzuwenden, daß hier ›Mogeln‹ als moralisches Verhalten gar nicht genügend reflektiert wird. Was heißt ›mogeln‹ und ›nicht mogeln‹? Soll bei einem restriktiven Schulsystem, bei dem der Lehrer selbstherrlich seine Macht durch verteilende Qualifikationen ausübt, nicht gemogelt werden? Soll in einer Situation, bei der dem Schüler zum Lernen eines Bereiches nicht genügend Gelegenheit gegeben wurde, nicht gemogelt werden? Wie sehen moralische Stufen in Bezug auf Mogeln aus? etc. Weil Mogeln als moralisches Verhalten an sich betrachtet wird und die Untersuchung die situativen Merkmale ignoriert, ist die Urteils-Handlungsrelation gar nicht auszumachen. Würden neben allen möglichen Komponenten nach unserem Vorschlag auch die Handlungs- und Vermittlungsurteile vorliegen, dann wüßte man, warum eine bestimmte Person mogelt, d. h., wie sie ihr eigenes Verhalten beurteilt. So aber muß man annehmen, daß die Unterschiede, wenn auch empirisch scheinbar gesichert, theoretisch keinen Sinn hergeben.

Würde man das Mogelverhalten in Gruppen diskutieren, dann hätte man viel mehr Informationen darüber, was lösungsmäßige (1. Stufe), analytische und situationsspezifische (2. Stufe) und schließlich moralisch-normative (3. Stufe) Komponenten zu einer Entscheidung am Ende beitragen. Der prozeßorientierte Ansatz würde mehr Klarheit schaffen als der Input-output-Ansatz. (In diesem Sinne sind die S. 219 erwähnten Haan-Studien überzeugend).

Wir müssen nun noch eine weitere Studie anfügen, nämlich Turiels und Rothmans (1972) Untersuchung der Wahlhandlungen mit Stimulation je einer Stufe über oder unter der gegebenen Stufe eines bestimmten Individuums.

Nach dem üblichen Schema wurde zuerst die allgemeine Stufe der Entwicklung nach Kohlberg gemessen. Dann wurde den Schülern (14- und 15jährig) je ein neues Dilemma gegeben mit einem positiven Ausgang (ja, ich würde stehlen) und je einer Begründung oberhalb der betreffenden Stufe des Schülers oder mit einem negativen Ausgang (nein, er soll nicht stehlen) und einer Begründung auf einer Stufe unterhalb der aktuellen Stufe (die Individuen wurden durch »matching« verteilt, d. h., je eine Hälfte erhielt zuerst positiv + 1-Ausgang und eine Stufenbegründung oberhalb der aktuellen Stufe, die andere negativ − 1, schließlich positiv − 1 und negativ + 1).

Verglichen mit der Kontrollgruppe zeigte sich kein Effekt der Begründung auf die Handlungswahl für die Individuen der Stufen 2 und 3. Hingegen bewirkten Begründung und Reflexion der Argumente innerhalb der Stufe 4 einen Wechsel in der Handlungswahl. Obwohl der posttest keine Veränderung der Stufe des moralischen Urteils zeigte, meinen die Autoren:

»In dieser Studie haben wir drei verschiedene Argumentationsweisen bezüglich der übrigen Stufe beobachtet: Die Trennung von Argumentationsweisen höherer Stufen vom Handeln; den Versuch, die Argumente, wie sie sich im Konflikt manifestieren, auf die Handlung zu beziehen und nicht als Handlungsverschiebung; und die Koordination beider Möglichkeiten, so daß Handeln von höherstufigen Argumenten gesteuert wird.« (Turiel u. Rothman 1972, S. 754)

Genau hier liegt aber der entscheidende Punkt. Wir vermuten nämlich, daß die Wirkung für die Stufe-4-Personen zustande kam, weil die »Begründung« für oder gegen eine bestimmte Handlung auf Stufe 5, also eine Stufe oberhalb der aktuellen Stufe der betreffenden Versuchspersonen, ein *Vermittlungsurteil* und nicht ein *strukturales Urteil* darstellt. Weil das Vermittlungsurteil durch Stufe-5-Argumentation selbst ein strukturrelevantes Merkmal und so auch genügend transparent wird, ändern die Personen ihr Wahlverhalten. Nach unserer Meinung aber handelt es sich hier – wenigstens für die Versuchspersonen – nicht um eine strukturale Transformation, sondern um eine bessere Rezeption situativer Komponenten, die durch die Stufe-5-Argumentation somit auch besser zum Zuge kommen.

Die ganze Untersuchung ist trotzdem spannend zu lesen, weil hier zum ersten Mal Wahlhandlungen, die zu einzelnen Dilemmas in direkter inhaltlicher Beziehung stehen, aufgegriffen werden, und nicht bloß ein Verhalten an sich im Mittelpunkt steht, wie bei den Mogelstudien. In dieser Richtung müßte eigentlich die Urteils-Handlungs-Forschung weitergehen.

Überblicken wir das Gesagte, so kann man in keinem Falle von strukturalen Argumentationszusammenhängen auf einen bestimmten, »notwendigen« Handlungsausgang schließen, weil Handeln ein inhaltlich situativer Aspekt des moralischen Bereichs an sich ist. Zwar gehört zur Handlung Rationalität. »Wir nehmen an, daß jemand (zu einer bestimmten Zeit) ein bewußt rational Handelnder ist, wenn (zu dieser Zeit) seine Handlungen relativ zu denjenigen seiner Ziele und Überzeugungen rational sind, die er bewußt bei seiner Entscheidung in Betracht zieht« (Hempel 1977, S. 410). Aber ein moralisches Urteil, als kognitive Struktur, übergreift situationale Ziele und Aspekte, und nur die Fähigkeit und die Art und Weise, situative Aspekte vor die Entscheidung zu spannen, läßt prognostisch etwas über das Verhältnis von Rationalität und Handlungsausgang erkennen.

So verstrickt sich Kohlberg immer mehr in der Frage der Übereinstimmung des Urteils mit dem Handeln, ohne zu merken, daß diese Übereinstimmung ein hermeneutischer Wertungsaspekt ist, der selber wiederum durch Vermittlungsurteile eingefangen werden muß. So kann er etwa sagen:

»Das Problem besteht nicht nur darin, daß eine Tugend, wie z. B. Ehrlichkeit, nicht von jedermann hoch eingeschätzt wird, sondern daß meine Definition von Ehrlichkeit nicht dieselbe ist, wie andere Personen sie sich vorstellen. Als ich den Kreis-Test mit Kindern durchführte, habe ich sie angelogen und betrogen, indem ich behauptete, ihre Begabung zu testen. Ich betrüge sie und lüge sie an, damit ich sie erwischen kann, wenn sie mich betrügen. Dennoch würde ich behaupten, daß meine Betrügereien nicht eine fehlende Konsistenz zwischen meinem Ehrlichkeits-Selbstkonzept und meinem Verhalten bedeutet, sondern es gibt die Konsistenz dieser besonderen Art zu betrügen mit meinen moralischen Prinzipien wieder. Die Prinzipien eines andern können mit der Durchführung dieser Tests mit Kindern unkonsistent sein, aber wahrscheinlich wird er trotzdem annehmen, daß ich im allgemeinen ehrlich bin, trotz meinem Betrügen in dieser Situation.« (Kohlberg 1971, S. 227/228)

Die Konsequenz solchen Sprechens wäre, daß – genau wie bei anderen Stufen der Interaktion – eine Verlagerung in die Argumentation stattfindet und daß die strukturalen Komponenten nur noch Außenkriterien zur Beurteilung der Vermittlungsurteile bedeuten. Aber schon eine Seite weiter heißt es, bezogen auf eine Mogelstudie von Brown et al. (1969):

»Prinzipienorientierte Personen (Stufen 5 und 6) sind viel weniger anfällig für das Betrügen als konventionelle Personen (Stufe 3 und Stufe 4). Von den 9 prinzipienorientierten Personen hat nur einer betrogen, während über die Hälfte der konventionellen Leute mogelte.«

Die vorstehende Aussage und der Schluß aus dem jetzt zitierten Befund widersprechen sich. Es ist nicht einzusehen, warum Personen der »prinzipiengeleiteten« Stufe weniger mogeln sollten, wenn man die Mogelsituation genau definiert, so wie es im ersten Zitat getan wird. Hier hilft auch nicht die Erklärung, »konventionelle« Kinder würden ihre Gedankengänge nicht zur Wirkung kommen lassen, es sei denn vermittels einer Autorität, während Personen der Stufen 5 und 6 einen impliziten Vertrag einhalten würden. Gerade Personen der Stufen 5 und 6 müßten die Mogelsituation kritisieren und durchschauen und vielleicht gerade deshalb auch mogeln.

Wir kommen immer wieder auf dieselbe Antwort: Handeln kann nur durch Vermittlungs- oder Handlungsurteile an die Struktur moralischen Denkens zurückgebunden werden. Wird dies getan, so sind es vermutlich inhaltliche Komponenten, die dieses Urteil ausmachen, nicht strukturale. Der ursprünglich Kohlbergsche Ansatz (vgl. Dissertation 1957) mit den beiden Entscheidungsmöglichkeiten auf jeder Stufe scheint uns deshalb origineller als alle späteren Arbeiten. Ältere Untersuchungen von andern Autoren haben genau diesen inhaltlich- und situationsabhängigen Aspekt betont und zwischen moralischen Qualitäten und moralischem Verhalten kaum einen Zusammenhang gefunden (Havighurst u. Taba 1949, Mills 1958 und – wie schon zitiert – Hartshorne u. May 1928–1930). Die Hartshone-u.-May-Untersuchung hat besonders deutlich gezeigt, daß kein Zusammenhang besteht zwischen dem, was Personen für richtig oder falsch halten, und ihrem moralischen Handeln und daß sie deswegen nicht unmoralisch sind, sondern daß offenbar situative Zwänge das Handeln mitbestimmen. Solange man dieses nicht im sog. Handlungsurteil erfaßt und durch Zurückbinden an die strukturalen Komponenten durch das – empirisch ebenfalls erhobene – Vermittlungsurteil bestimmt, läßt sich keine Relation zwischen Kohlberg-Stufe und moralischem Handeln festlegen.

Es wäre allerdings an dieser Stelle die Frage aufzuwerfen, ob nicht ein völlig neues theoretisches Modell, das eine Reihe von Variablen oder, besser gesagt, ein Netz von Variablen postuliert, das Verhältnis von Urteil und Handlung besser abdecken könnte. Dies hat Hogan (1973) versucht, indem er die Variablen ›moralisches Wissen‹ (Wissen um Normen), ›Sozialisation‹, ›Empathie‹, ›Autonomie‹ und eine Dimension ›moralisches Urteil‹ annahm und Korrelationen zwischen den einzelnen Variablen berechnete. Die Resultate dieser Untersuchung waren allerdings ohne Folgen für weiteres wissenschaftliches Fragen im Zusammenhang mit dem Handlungs-Urteilsproblem.

Ein sehr differenziertes Modell haben Brown und Hernstein (1975) entworfen. Sie gehen davon aus, daß irgendein Zusammenhang zwischen Urteil und Handlung bestehen müsse und daß das Resultat – »je höher die moralische Stufe, je größer die Wahrscheinlichkeit moralischeren Handelns« – atypisch sei. Aufgrund der Darstellung einer Reihe in der Literatur vorherrschender Urteils-Aktions-Experimente kommen sie zu den Variablen: Grad der moralischen Begründung (concerns), Zuwendung der moralischen Verantwortung, Unterschiede zwischen der vorgestellten und mündlich beschriebenen Moralität und den erfahrenen Handlungen in einer Autoritätssituation, moralische Neutralisierungen von Handlungen, wenn die Evidenz besteht, daß niemand sich darum schert (gesellschaftliche Relevanz). Dabei sagen die Autoren ebenfalls, daß aufgrund des strukturalen Charakters des Urteils nach Kohlberg bei jeder Stufe zwei Alternativen des Handelns nach wie vor möglich seien. Dies zeigen sie etwa am Experiment von Haan auf: Auch die Stufe-4-Minderheit, die am Sit-in teilnahm, hatte eine Begründung, nämlich daß die Universitätsverwaltung selber bewiesen hatte, daß sie eine schlechte Autorität war und vorausgegangene Übereinkünfte mißbraucht hatte; daß dies das Recht gab, das Recht zu mißbrauchen, weil es seine Funktion in der Gesellschaft nicht mehr erfüllte. Weil dem so ist, postulieren Brown und Hernstein eine neue Variable, die sie als »the moral conception of the specific action in context« bezeichnen (S. 336). Diese Variable vermittle (1) die Umstände, unter welchen die Kohlbergsche Stufe ein Urteil über eine Handlung zulasse und (2) die Umstände, unter welchen diese Urteile letztmögliche Handlung voraussagen lassen. Denn das Verhältnis von moralischem relevanten Handeln und Urteil liege in der Frage, was relevant sei, und das Fehlen einer Interpretation dessen, was relevant sei, würde das Handeln selber für moralische Belange irrelevant machen (S. 336).

Damit sind wir beim Ausgangspunkt angelangt. Die Überlegungen von Brown und Hernstein begünstigen unser Exhaustionsmodell insofern, als das Exhaurieren eine Relevanzvermittlung im interaktiven Prozeß bewirkt.

Das »ethische« Handlungsmodell von Argyris

Um das Verhältnis von Urteil und Handeln in den Griff zu bekommen, ist Argyris (1974, 1976, 1977) genau in umgekehrter Richtung wie Kohlberg vorgegangen, nämlich vom Handeln zum Urteil, statt vom Urteil zum Handeln. Er meint, daß man nur dann etwas über das Handeln aussagen könne, wenn man es selber beurteile und die Übereinstimmung zwischen der vorwegnehmenden Vorstellung vom Handeln (esponsed theory) mit dem eigentlichen Akt überprüfe. Wenn man nämlich das Handeln beobachte und beschreibe, lasse sich ohne weiteres sagen, welche Vorstellungen diesem Handeln zugrunde liegen (theory in use), vor allem, weil die Situation das Sprechen der Beteiligten impliziere. Die »theory in use« (wir übersetzen diesen Fachterminus mit »Gebrauchstheorie«) werde mit der vorausgehend explizierten »esponsed theory« (wir übersetzen mit »vor-gestellter Theorie«) auf Übereinstimmung gebracht. Beide Termini zusammen wären vermutlich unter dem Begriff »Alltagstheorien« zu subsummieren.

Für das Anliegen dieses Buches ist der Ansatz von Argyris deshalb wertvoll, weil er vor allem das »Handeln« in Gruppen, die themen- oder entscheidungszentriert arbeiten, also etwa Führungsstäbe im Militär, Beratungsgruppen in der Politik, Planungsgruppen in der Wirtschaft, Forschungsgruppen, Schulklassen etc. ins Auge faßt. Man kann sich leicht eine Planungsgruppe in einem wirtschaftlichen Betrieb vorstellen, wo entscheidungskompetente Personen und Fachleute wie Ökonomen, Juristen und Organisationskräfte etwa einen Gesamtentscheid für oder gegen die Produktion eines Artikels beraten. Befragt man den Vorsitzenden über die Entscheidungsbeteiligung der Anwesenden, so kann er (im Sinne der vor-gestellten Theorie) sagen, jeder Anwesende könne mitentscheiden, Konflikte müßten ausgetragen werden, die Verantwortung müsse geteilt werden, alle Meinungen würden offen auf den Tisch gelegt etc. Betrachtet man aber den Gruppenprozeß, so sieht man, daß der letzte Entscheid vom Vorsitzenden zurückgehalten wird, daß Konflikte »um alles in der Welt« vermieden werden, daß die Verantwortung eindeutig dem Vorsitzenden »überlassen« wird, daß gewisse Meinungen überhaupt nicht ausgesprochen werden, weil die Konsequenzen unübersehbar wären etc. Der Beobachter kann sich somit ein Bild darüber machen, wie die Gebrauchstheorie der Gruppe ist und wie wenig sie mit der vor-gestellten Theorie des Vorsitzenden, was immer für Kompetenzen er haben mag, übereinstimmen.

Die *Gebrauchstheorie* ist ein System von Annahmen und Bewertungen, die aus dem beobachteten Verhalten in einem aus Sprechakten bestehenden Entscheidungsvollzug einer Gruppe geschlossen werden können. Sie wird also aus einem Verlauf von Handlungsketten interagierender Personen aufgrund a. sog. »vorherrschender Variablen« als Voraussetzung für Handeln, b. aufgrund der feststellbaren Aktionsstrategien der Handelnden einer Gruppe, c. aufgrund der Folgen, die aus dem Verhalten unmittelbar resultieren, d. aufgrund der Fragestellung, was denn eigentlich gelernt worden sei, und e. wie effektiv der Prozeß abgelaufen ist, ermittelt.

Die *vor-gestellte Theorie* ist ein System von Annahmen, das abgehoben von der konkreten Situation in den Köpfen der Beteiligten vorhanden ist und das dann ausgesprochen wird, wenn man die Beteiligten fragt, welches für sie die wichtigsten a. vorherrschenden Variablen (Voraussetzungen), b. Aktionsstrategien, c. erwarteten Folgen, d. erwarteten Lernprozesse und e. erwarteten Effektivitäten wären.

Wenn man also jemanden fragt, wie er sich in einer bestimmten Situation verhalten würde, so gibt er seine »esponsed« oder angenommene Theorie wieder. Dies ist eine Art kognitive Struktur in bezug auf die Gegebenheiten, wie er sie subjektiv erfaßt. Wenn man aber dieselbe Person in einer ähnlichen Situation beobachtet, dann kann man seine Handlungstheorie aus seinem Verhalten herauslesen. Und diese Theorie ist eine Gebrauchstheorie. Niemand kann seine Gebrauchstheorie selber formulieren, es sei denn, angenommene Theorie und Gebrauchstheorie würden konsequent miteinander übereinstimmen. Dies ist aber meistens nicht der Fall, weil die angenommene Theorie allgemeinen Charakter hat bzw. eine gewisse abstrakte Ebene erklimmt, von wo aus wertverknüpfende Urteile gefällt werden können. Die Gebrauchstheorie aber ist mehr oder weniger ersichtlich aus dem konkreten Verhalten in einer Konfliktsituation.

Methodologisch gesehen ist es interessant, bei der Gebrauchstheorie nicht von den kognitiven Strukturen auszugehen, sondern von der Aktion selber, die es möglich macht, unmittelbar auf die Gebrauchstheorie zu schließen.

Entscheidend ist nun, daß die bestimmenden Variablen und Strategien einer Handlung, die in ihrer Gesamtheit die Gebrauchstheorie ausmachen, »besser oder schlechter«, »effektiver oder weniger effektiv«, »mehr oder weniger konsistent« sein können.

Besprechen wir zuerst das Problem der *Konsistenz* bzw. *Inkonsistenz*. Mit dem Diskutieren über Fragen etwa moralischer Unzulänglichkeiten kreiert eine Person durch Teilnahme und Aktivität einen sozialen Verhaltensaustausch. Wir haben schon gesagt, daß zwischen dem kognitiven Muster und dem Handeln so etwas wie eine strategiebildende Theorie liegt, die wir als Gebrauchstheorie bezeichneten. Handlung und Gebrauchstheorie sind direkt miteinander verknüpft. Oder anders ausgedrückt: Handlung und Gebrauchstheorie sind enger verknüpft als ein kognitives Muster, wie wir es im Zusammenhang mit den Kohlberg-Stufen antrafen. (Wenn wir etwa über Steine nachdenken, so verändert dies die Steine nicht. Wenn wir aber in der Gruppe über ein moralisches Problem diskutieren, so konstruieren wir mit diesem Vorgang zugleich ein »social-interactionfield« (Bales 1975, S. 17). Somit machen wir, indem wir moralische Probleme lösen, uns immer auch Gedanken darüber, wie wir etwas vorbringen, wie andere reagieren, an welcher entscheidenden Stelle man etwas sagen soll, wie man wohl wirklich handeln würde in einer Situation (vgl. den Begriff des Handlungsurteils S. 215). Wenn jemand nun Vermutungen über andere in einer Handlungssituation anstellt, läßt er sich von seinen herrschenden Variablen leiten. So kann etwa ein Politiker an einer Gemeindeversammlung folgende unausgesprochenen Grundsätze haben: »Mach, daß die Leute ruhig bleiben« und zugleich: »Versuche, die Leute mehr an den Regierungsvorgängen zu beteiligen.« Diese beiden herrschenden Grundsätze der Gebrauchstheorie des Politikers sind inkonsistent. Inkonsistent meint nicht unlogisch; vielmehr ist damit gemeint, daß alles Handeln, das zur Erreichung des einen Grundsatzes führt, mit jenem Handeln interferiert, welches zur Erreichung der zweiten herrschenden Variablen initiiert wird. Argyris (1974) hat Faktoren aufgezählt, die Inkompatibilität oder Inkonsistenz ausmachen:

»1. Andere bestimmende Variablen, wie z. B. solche, die sich auf Selbstschutz, Höflichkeit oder den Schutz von andern Personen beziehen, können die Mittel zur Realisierung einiger Merkmale (Variablen) begrenzen.

2. Das Angebot an Handlungsweisen, die in der Gebrauchstheorie in Betracht gezogen wurde, mag zu eng sein. Es kann auch außerhalb dieses Angebots gewisse Möglichkeiten geben, ein Merkmal zu realisieren, ohne daß das andere, als außerhalb der akzeptierten Grenze liegend, aufgegeben werden muß.

3. Die akzeptierbare Grenze jeden Merkmals kann erweitert oder verengt werden, so daß die zwei Merkmale miteinander mehr oder weniger unvereinbar werden.

4. Die Annahmen der Gebrauchstheorie mögen dahingehend verändert werden, daß die bestimmenden Variablen mehr oder weniger inkompatibel werden. So kann z. B. die Annahme, ›Leute können die Probleme der Selbstverwaltung nicht behandeln, ohne sich dabei aufzuregen‹, in der Gebrauchstheorie fehlen, und trotzdem kann sie in der jetzigen Situation gültig sein. In diesem Fall kann der Handelnde nicht beide Variablen in einem akzeptierbaren Maße realisieren, und er würde nicht verstehen können, weshalb dies so ist.

5. Der Protagonist kann in der Weise in seiner Welt handeln, daß sie Eigenschaften annimmt, die entweder leitend oder hemmend auf die interne Konsistenz seiner Theorie wirken können.« (1974, S. 21/22)

Inkonsistenz besteht also wesentlich darin, daß zwei verschiedene Aspekte der einen Gebrauchstheorie einander widersprechen, ohne daß es der Handelnde merkt.

Wir haben auch gesagt, daß zwischen der Gebrauchstheorie und der vor-gestellten Theorie einer Person eine *Inkongruenz* auftreten könne. Die Unstimmigkeit kann für den Akteur ganz »unbewußt« sein; der Bewußtwerdungsprozeß ist dann wie ein Durchbruch, der auch Widerstände, Krisen, Katharsis einschließen kann. Die Unstimmigkeit kann aber auch bewußt sein, ohne daß der Akteur weiß, wie er aus dem Teufelskreis herauskommen kann. Er reagiert anders, als er sich vorgenommen und vorgestellt hat, und die Wirkung seiner Handlungen auf die Umgebung ist entsprechend anders.

Ein Beispiel ist der von Watzlawick (1969, S. 57–61) beschriebene Interpunktionsprozeß, bei dem die beabsichtigte Wirkung bei einer mitbeteiligten Person immer dieselbe nicht beabsichtigte Gegenwirkung hervorruft. Noch deutlicher ist ein Beispiel aus dem Unterrichtsprozeß: Die Untersuchungen zur Selbst- und Fremdeinschätzung des Lehrers (vgl. Massendorf u. Kratzch 1977) beruhen genau auf diesem Inkongruenzkonstrukt: Auf der einen Seite fragt man den Lehrer, wie er sich selbst sehe in bezug auf Autorität, Sprechhäufigkeit, interaktive Wärme etc. Auf der andern Seite wird er von andern aufgrund seines Verhaltens in den Dimensionen derselben Variablen eingeschätzt. Bei Argyris geht es allerdings nicht um diese Einstellungsdimensionen im ganzen, sondern um ganz bestimmte Variablen in situativen Gruppenprozessen.

Der oben erwähnte Widerstand hängt wesentlich damit zusammen, ob eine Gruppe oder deren einzelne Mitglieder die Kongruenz dauernd überprüfen und überprüfen lassen (testability). Wer testet oder kontrolliert, ob eine Handlung das in der vor-gestellten Theorie angesprochene Resultat bewirkt hat oder nicht (vgl. den Begriff des Vermittlungsurteils auf S. 215), ist von vornherein bereit, Inkongruenzen zwischen Urteil und Handeln ins Auge zu fassen und offen (öffentlich) zu korrigieren.

Das Zentrum der von Argyris und Schön (1974) entwickelten Handlungstheorie bilden zwei Modellvorstellungen des Handelns, die normativen Charakter haben: Modell-I-Handeln und Modell-II-Handeln. Modell-II-Handeln ist ethisch besseres, effektiveres, konsistenteres und kongruenteres Handeln. Der erzieherische Weg besteht darin, vom Modell-I-Handeln allmählich zu Modell-II-Handeln vorzustoßen. Modell-I-Handeln ist wenig kongruent und wenig konsistent. Tabelle 2.2 gibt die herrschenden Voraussetzungen und Strategien des Modell-I-Handelns wieder. Sie sind selbstzentrierte Bestandteile eines nach außen geschlossenen und in bezug auf Verpflichtung recht lockeren Verhaltens. Wenn man die einzelnen Punkte der Tabelle miteinander vergleicht, muß man allerdings bedenken, daß es – wie schon gesagt – um entscheidungszentrierte Gruppenprozesse geht, wobei Modell-I- und Modell-II-Verhalten vor allem von denjenigen Personen bestimmt werden können, die Leitungsfunktion und Entscheidungskompetenz kraft ihrer Position haben. Damit ist aber auch gesagt, daß das Handlungsmodell von Argyris und Schön nicht die äußeren Strukturen, also irgendeinen Betrieb, eine Schule, eine Forschungsgruppe »verändern« will. Vielmehr wird geglaubt, daß zuerst Einstellungen geändert werden müssen und daß erst jene Personen zur Veränderung bereit sind, die das Verhältnis zwischen ihrer Gebrauchstheorie und ihrer vorgestellten Theorie offen überprüfen lassen. Und ein solcher Prozeß ist am effizientesten, wenn ihn die Führungskräfte initiieren und sich ihm selber zugleich voll und ganz unterstellen.

Bevor wir nun das Modell-II-Handeln darstellen, müssen wir einen Begriff erörtern, der für das Verständnis der vorliegenden Handlungstheorie von großer Bedeutung ist. Das »Single-loop-Lernen« und das »Double-loop-Lernen«: Das erstere meint, daß man neue Handlungsstrategien lernt, um die schon bestehenden, vorherrschenden (governing) Variablen besser zu erreichen. Das zweite meint, daß man die vorherrschenden Variablen selber ändert. Der Begriff geht nach Argyris und Schön auf Ashby (1960) und Bateson (1958) zurück und meint in der vorliegenden Anwendung, daß der Lernende im ersten Fall etwa Techniken lernt, einen Konflikt zu unterdrücken, im zweiten Fall aber gar nicht mehr dieses Ziel hat, sondern Konflikte sofort zur Sprache bringt und sie zu lösen sucht. Argyris und Schön sagen, daß das Double-loop-Lernen nicht das Single-loop-Lernen übersteige oder ihm übergeordnet sei. Vielmehr sei es eine andere Art von Lernen, die das »Grispeln« des Wandels der eigenen Gebrauchstheorie durch Verändern der vorgestellten Theorie initiiert.

Eine Übersicht über die Komponenten des Modell-II-Handelns haben wir in Tabelle 2.3 dargestellt. Die Ausführungen zu den

1	2	3	4	5
Die Handlung bestimmende (vorherrschende) Variablen	Handlungsstrategien (für den Handelnden, auf seine Umgebung gerichtet)	Folgen für das Verhalten	Folgen für das Lernen	Effektivität
Erreiche das, was du dir vorgenommen hast.	Gestalte und organisiere die Umwelt so, daß das Handeln in bezug auf mir relevante Faktoren kontrolliert werden kann.	Der Handelnde wird als defensiv gesehen.	Selbstverstärkend (self-sealing)	
Maximiere das Gewinnverhalten, minimiere (um jeden Preis) das Verlierverhalten.	Versuche, die Aufgaben an dich zu reißen und zu kontrollieren.	Das interpersonale Verhältnis in der Gruppe ist defensiv.	»Single-loop«-Lernen	Kleiner werdende Effektivität
Mimimiere das Hervortreten negativer Gefühle.	Beschütze dich – unilateral – selbst.	Defensive Normen	Wenig offenes Überprüfen der eigenen Theorien (auf Inkonsistenz und Inkongruenz)	
Sei rational und minimiere alles Emotionale.	Behüte die anderen – unilateral – davor, in irgendwelcher Weise verletzt zu werden.	Wenig Wahlfreiheit, wenig innere Verpflichtung und wenig Risikoübernahme.		

Tabelle 2.2: Gebrauchstheorie des Modell-I-Handelns (nach Argyris 1976, S. 18)

1	2	3	4	5
Die Handlung bestimmenden vorherrschenden Variablen	Handlungs-strategien (des Handelnden, auf seine Umgebung gerichtet)	Folgen für das Verhalten	Folgen für das Lernen	Effektivität
Beschaffe valide Informationen.	Schaffe eine Situation oder eine Begegnung, in der die Teilnehmer hohe personale »Verursachung« (causation) erfahren oder hervorbringen.	Der Handelnde wird als minimal defensiv erfahren.	Nicht vereinheitlichende Prozesse	
Freie und auf Information beruhende Wahl (Entscheidung)	Die vorliegende Aufgabe wird gemeinsam kontrolliert.	Die Beziehungen und die allgemeine Gruppendynamik sind minimal defensiv.	»Double-loop«-Lernen	Ansteigen der Effektivität
Hohe innere Verpflichtung gegenüber dem gefällten Entscheid und dauernde Überwachung des Implements.	Der Schutz selbst ist ein gemeinsames Unterfangen und ist gerichtet auf Wachsen hin.	Lernorientierte Normen	Häufiges, offenes Überprüfen der Theorien (Gebrauchstheorie und vor-gestellte Theorie)	
	Gegenseitiges Sich-schützen aller.	Hohe Freiheit der Wahl, hohe innere Verpflichtung und Übernahme von Risiken.		

Tabelle 2.3: Modell-II-Handeln (nach Argyris 1976)

einzelnen Rubriken erübrigen sich, wenn man das anschließende Beispiel durchliest.

Bevor dies aber geschieht, muß man sich nun fragen, was der Begriff »effektiv« meint. In einem Gespräch sagte Argyris, daß damit sowohl Kategorien wie Leistung, Erfolg, Wohlbefinden, gegenseitige Achtung und vor allem aber auch hohe Moral gemeint seien. Denn die Gruppe, die nach dem Modell-II-Verhalten agiert, ist näher der Wahrheit (der Übereinstimmung im Sinne von Kongruenz und Konsistenz), exhauriert offener, hinterfragt die Normen und Regeln intensiver und verändert die vorherrschenden Variablen im Sinne eines »mündigeren«, »ehrlicheren« und vermutlich auch auf höherer Stufe der Interaktion sich abspielenden Entscheidungsprozesses. Das Modell II ist eine Gebrauchstheorie, die im Grunde ein mikropolitisches Konzept ist und auf der von uns aufgeworfenen Frage der Unterschiedlichkeit von Handeln und Urteil basiert. Mitglieder einer Gruppe können sich entschließen, diese Gebrauchstheorie zu übernehmen, dadurch ihre eigene Gebrauchstheorie zu verändern und damit ein teleologisches, gruppenpolitisches Konzept zu wählen. Ich brauche das Wort »politisches Konzept«, weil es die in unserer Untersuchung getrennten Variablen der Gesprächskompaktheit und der Stufen der Interaktion zu einem offenen und öffentlichen Anliegen zu machen versucht. Dabei geht es nicht um moralische Probleme, sondern ein Aspekt des Entscheidungsvollzuges selber ist moralischer Art. Altruismus, Ehrlichkeit, hohe Verpflichtung, dem anderen eine Chance zu geben, bei allen Veränderungsabsichten in bezug auf seine Gebrauchstheorie sein Gesicht wahren zu können, sind moralische Komponenten eines inhaltlich möglicherweise nicht moralischen Entscheidungsprozesses.

Hier sei nun ein Beispiel eines Modell-I-Verhaltensablaufes mit den entsprechenden Überlegungen, von Argyris selber, wiedergegeben (Argyris und Schön 1974, S. 57–59). Dean Sylvan hatte die Aufgabe übernommen, einer jungen Assistenzprofessorin zu sagen, daß sie den Lehrauftrag, den sie als Stellvertreterin übernommen hatte, im nächsten Semester nicht mehr erhalten werde. Hier das Gespräch:

»Ich muß einen kühlen Kopf bewahren und mich sehr anstrengen, alle Kommunikationslinien offen zu halten.

Dekan Sylvan: Vielen Dank, daß Sie zu mir gekommen sind, um Ihr Gesuch für die Wiederherstellung des alten Lehrauftrages für

Wie konnte sie helfen, ohne zu wissen? Letztes Jahr versuchte sie Unterstützung für die Bewilligung eines ihrer eigenen Projekte zu erhalten.

Ich möchte nicht auf Probleme zu sprechen kommen, die aktuell waren, als sie unterrichtete. Ich muß ehrlich sein, doch kann ich nicht so weit gehen, daß ich ihr ihre persönlichen Beziehungsprobleme bewußt mache. Ich muß ihr klar machen, daß ich ihre Arbeit schätze. Wie kann ich sie überzeugen, daß sie einen Beitrag geleistet hat?

Mein Gott, wie kann sie nur so schnell vergessen?

das nächste Jahr zu diskutieren. Ich war überrascht, Ihren Brief zu erhalten, da ich Ihre Meinung nicht kannte. Ich dachte, daß mit Ihrer neuen Anstellung alles in Ordnung sei.

Professorin: Die Sache ist wirklich nicht gut gelaufen. Wenn ich gewußt hätte, wie wenig die Mitglieder dieses Colleges über Geldfonds und Gesuche informiert sind, dann hätte ich dieses Aufgabengebiet nie übernommen.

Dekan Sylvan: Einer der Gründe, warum Sie für diese Aufgabe ausgewählt wurden, war Ihr früheres Interesse und Ihr Versuch, andere für kreative Forschungsprojekte zu gewinnen. Damals bemerkten Sie, daß Sie, falls Sie mehr Zeit hätten, mehr für das College tun könnten. Sie haben in diesem Jahr vieles gelernt; dies ist ein Resultat der Praxis. Sie wissen zweifellos mehr als alle anderen hier über nationale, staatliche und private Fonds für experimentelle Projekte. Es wäre wirklich ein Verlust für unsere Schule, wenn Sie diese Interessen das nächste Jahr nicht wahrnehmen würden. Da Sie vier Gesuche für Projekte eingereicht haben, müssen Sie glücklich sein zu wissen, daß niemand dies hätte tun können, außer Ihnen.

Professorin: Es war eine sehr schwierige Arbeit, und ich weiß bis jetzt noch nicht, ob meine Anstrengungen erfolgreich waren. Als ich unterrichtete, da war ich wirklich zufrieden, wenn die Studenten meinen Anforderungen entsprachen. Aus ihren gelösten Aufgaben und Diskussionen konnte ich her-

Jetzt sind wir also wieder soweit: Ich muß meinen Ton kontrollieren. Klinge ich wirklich so überzeugend? Ich muß sie überzeugen, daß das keine Entweder/oder-Situation mehr ist.

Schlag die Türe jetzt nicht zu. Laß sie offen.

Bleib ruhig. Beende dieses Treffen.

ausspüren, wenn ich als Lehrerin erfolgreich war. Das Fehlen von Beziehungen zu Schülern macht mir sehr zu schaffen. Ich weiß, daß sie gerne mit mir zusammenarbeiteten; oft sagten sie es mir auch. Übrigens weiß ich mehr über Philosophie als sonst jemand auf dem Campus. Ich glaube, ich habe mich entschlossen. Ich werde nächstes Jahr wieder unterrichten, wie Sie mir ja zugesichert haben.

Dekan Sylvan: Ich kann mir vorstellen, wieviel von Ihnen persönlich in Ihre Arbeit geflossen ist und wie wichtig das für Sie gewesen ist. Sie sind sich bewußt, was es für die Schule bedeutet, wenn nur eines Ihrer Gesuche bewilligt wird. Dies wäre ohne Sie nie möglich. Da zur Zeit so viele andere Fakultäten an einer Verbesserung des Lernens in ihren Disziplinen interessiert sind, hoffe ich, daß Sie mit den Fakultätsvorstehern sprechen und sie dazu bringen werden, Gesuche einzureichen. Bieten Sie ihnen Ihre Hilfe an. Ich weiß, daß Sie diese besondere Aufgabe für das nächste Jahr übernehmen und diese Projekte fortführen werden.

Professorin: Heißt das, daß ich nicht mehr unterrichten darf?

Dekan Sylvan: Finden Sie es nicht das Vernünftigste, wenn Sie über das, was wir jetzt besprochen haben, nochmals nachdenken? Wir können uns in einigen Tagen wieder treffen.

Professorin: Das nächste Mal, wenn wir uns treffen, werde ich meinen Anwalt mitnehmen.

Dekan Sylvan: Wir benötigen keinen Anwalt. Ich bin sicher, daß wir dieses Problem allein lösen können. Denken Sie darüber nach. Wäre Freitag um 10 Uhr ein günstiger Termin für ein neues Zusammentreffen?«

Die linke Spalte gibt jeweils die Analyse der Handlungstheorie (hier Modell-I-Verhalten) wieder. Sie ist die Modell-I-Gebrauchstheorie der beiden Personen, besonders aber der mit Befugnissen ausgestatteten Person des Dekans Sylvan. Die vorherrschenden Variablen und die Handlungsstrategien entsprechen der in Tabelle 2.4 aufgezeigten Komponenten. Das Beispiel spricht für sich.

Wir müssen nun an den Ausgangspunkt unserer Fragestellung zurückkehren. Während wir mit unserer Exhaustionstheorie die Form der Entscheidung vernachlässigen, den Exhaustionsprozeß als solchen betonen und entsprechend zu beeinflussen versuchen (durch strukturbildende Komponenten), geht Argyris umgekehrt vom sprachlichen Handeln als inhaltlichem Prozeß aus, entwirft aufgrund der ablaufenden Akte hypothetisch die jeweiligen Gebrauchstheorien, stellt dieser Gebrauchstheorie eine andere (Modell-II-Theorie) gegenüber und versucht, dem Individuum zu helfen, seine eigene Theorie dieser besseren Gebrauchstheorie anzupassen. Das von Kohlberg bis jetzt nicht gelöste Problem der Beziehung von Urteil und Handlung wird hier, wie gesagt, in umgekehrter Weise angegangen. Die Gebrauchstheorie ist eine Art Vermittlungs- oder Handlungsurteil, aber nicht von der eigenen Person, sondern von den Beteiligten einer Gruppe abgeleitet. Da die Modellbildung eine Generalisierung dieser möglichen Variablen und Strategien bewirkt (Modell I, Modell II), handelt es sich zwar auch um Strukturen, aber nicht um Urteils- oder Interaktionsstrukturen, sondern um soziale Handlungsstrukturen. Diese sind nicht ohne weiteres einsichtig, auf dem Hintergrund pädagogischer Zielbildung jedoch ein Mittel, um den strukturalen Handlungsraster bewußt und sichtbar werden zu lassen und zugleich die Möglichkeit zu schaffen, ihn zu transformieren. Dieser neue handlungsstrukturale Raster kann das mikropolitische Konzept einer jeden Gruppe mit jedwelchen thematischen Entscheidungs- und Entwicklungsaufgaben werden, sei dies in einem Betrieb, in einer Schule, in Gefängnissen (oder auch in künstlichen Gruppen, die bloß zur Schulung des Verhaltens gebildet werden) etc.

Wir haben nun drei Modelle:

Kohlberg geht vom bestehenden Urteil aus, das er durch Interviews fokussiert und durch pädagogische Intention zu einer höheren Stufe hin stimuliert (vgl. S. 335 ff.) Er glaubt, die höheren Stufen der Entwicklung würden besseres Handeln oder mehr moralisches Handeln bewirken.

Argyris betrachtet das Handeln (Sprech- und Entscheidungshandeln) der Gruppe in direkter Weise, leitet daraus die jeweilige soziale Gebrauchstheorie ab und vergleicht sie – nebst Kongruenz- und Konsistenzüberprüfung – mit einem Idealtyp von Gebrauchstheorie, der Modell-II-Theorie. Er sieht darin die einzige Möglichkeit, Handeln als Gruppenhandeln zu verändern, effektiver und moralischer zu machen.

Die *in diesem Buch* neu entworfene Theorie der Stufen der Interaktion basiert auf einem Exhaustions-, also Legitimationsmodell des gruppenmäßigen Problemlösens im moralischen Bereich. Die eigentliche Lösung wird zugunsten der exhaustiven Evaluation, Begründung und Legitimation vernachlässigt.

Alle drei Modelle haben einen anderen Handlungsbegriff. Bei Kohlberg ist auf der einen Seite das allgemeine Urteil. Davon unabhängig wird moralisches Handeln (wie Mogeln oder Stehlen etc.) im Verhältnis zu diesem generellen »Struktur-Urteil« gesehen. Bei Argyris gelten alle Sprech- und Entscheidungsvorgänge in einem aufgabenzentrierten Gruppenprozeß als Handeln. Die Dynamik des Prozesses wird kognitiv in Modelle gefaßt, die als »handlungsstrukturale« Gebrauchstheorien bezeichnet werden können. Sie sind formalisierbar und generalisierbar, auch wenn sie meist im Inhaltlichen steckenbleiben.

In meinem Ansatz ist Handeln der eigentliche Entscheidungs- und Handlungsvorschlag oder der Entscheidungs- und Handlungsvollzug der Gruppe. Er kann aber die interaktiven Grundmuster, die ebenfalls exhaustiv strukturalen Charakter haben, nicht beeinflussen.

Der ideale Gruppenprozeß müßte in erzieherischem Sinne alle drei Modelle umgreifen. Dies aber wollen wir als Entwurf eines vierdimensionalen Lernmodells an anderer Stelle darstellen. Hier soll zusammenfassend herausgehoben werden, daß die von uns vorgeschlagenen Vermittlungs- und Handlungsurteile (vgl. S. 215) im Entwurf von Argyris Modellcharakter erhalten. Wieweit allein mit diesem Modell eine höhere Stufe der Interaktion erreicht würde, wenn strukturbildende Stimuli vorgegeben werden, kann hier nicht gesagt werden. Der entscheidende Punkt ist, daß wir nun drei Arten von strukturalen Systemen aufgedeckt haben, sofern Strukturales jenes Gemeinsame ist, das Bedeutung stiftet und im optimalen Fall ideal ist (Stufe 6, Modell II, authentische Interaktion). Handeln kann damit nicht von Urteilen her direkt erschlossen werden, weil die verschiedenen Strukturen vermutlich nicht ähnlich genug sind. Vielleicht können sog. Handlungsstrukturen entstehen, wenn man wie Argyris von der Handlung selber ausgeht. Ob diese Handlungsstrukturen als Gebrauchstheorien aber jene Vermittlungsaufgabe erfüllen können, muß offen bleiben. Daß sie im Gegensatz zu Stufe 6 und zur authentischen Interaktion nicht genetischen Charakter haben, sondern von außen gleichsam über soziale Kommunikation als Interaktionssysteme nach innen verlagert werden, muß wohl vorausgesetzt werden.

Ein Gespräch zwischen Lawrence Kohlberg und Chris Argyris

Am 8. Dezember 1976 habe ich mit Kohlberg und Argyris ein Interview aufgenommen, und zwar in einer doppelten Absicht. *Erstens* glaubte ich, durch die Verbindung der beiden Theorien das Urteils-Handlungsproblem ein Stück weit lösen zu können. Wenn man auf der einen Seite das individuelle Urteil im Sinne der Kohlberg-Skala erfaßt, dann auf der anderen Seite das Individuum im Gruppenprozeß beobachtet und sowohl seine vor-gestellte als auch die von seinem Verhalten abgeleitete Gebrauchstheorie darstellt, und wenn man schließlich drittens die drei Dinge interpretativ miteinander vergleicht, so sollte es möglich sein, für das betreffende Individuum Handeln voraussagen zu können.

Zweitens glaubte ich, daß Kohlbergs Absicht der moralischen Entwicklung als Ziel der Erziehung (vgl. S. 321 ff.) und der Entfaltung der Just-Community-Idee in Schulen, Gefängnissen, Leitungsgruppen etc. (vgl. S. 375 ff.) nur dann wirksamer werden könnte, wenn sie mit dem Handlungsmodell von Argyris gekoppelt würde. Denn an den vielen Schulmeetings, an denen ich teilgenommen habe, wurde durch Störungsvariablen im Handlungsablauf (einander durch Geräusche ärgern, Ablenkungsmanöver, unsinnige Witzeleien, verletzende Bemerkungen etc.) die Idee Kohlbergs wenigstens periodisch immer wieder zunichte gemacht. Hätten Schüler und Leitung etwa ein Modell-II-Verhalten angestrebt, dann wäre die Stimulierung von Argumentationsmaterial eine Stufe oberhalb der Stufe der Individuen viel effektiver und auch konsequenter gewesen (ich habe Meetings erlebt, wo man von Gerechtigkeit sprach und zugleich Leute einfach nicht zu Worte hat kommen lassen). Fairneß wäre so auf jeder Stufe optimaler zum Zuge gekommen.

Obwohl ich glaube, daß die von mir in diesem Buch entworfene Theorie der Interaktionsstufen ebenfalls, und zwar zentral bei der Just Community eingeführt werden müßte, damit überhaupt moralisch argumentiert wird, lasse ich sie bei diesem Gespräch bewußt beiseite und versuche, hauptsächlich die beiden Autoren zu Worte kommen zu lassen.

a. Unterschiedliche Erkenntnisinteressen bei der Entwicklung der Theorien

In einem ersten Teil des Interviews soll abgeklärt werden, worin die Gemeinsamkeiten und die Unterschiede der beiden Theorien liegen. Man kann dabei ausgehen von der Entstehungsgeschichte oder der Frage des Stufenübergangs und des Übergangs von Modell I zu Modell II. Beides klingt an.

Oser: Ich denke auf der einen Seite an Ihre Theorie, Herr Kohlberg, nach der man von einer Stufe zur nächsthöheren geht. Auf der anderen Seite kenne ich Ihre Theorie, Herr Argyris, nämlich den Übergang von Modell I zu Modell II. Ich versuche nun herauszufinden, was das Gemeinsame und den Unterschied dieser beiden Modelle ausmacht. Meine Frage lautet also: »Was ist das Gemeinsame, was ist der wirkliche Unterschied?«

Kohlberg: Warum diskutieren wir nicht das, was Sie als Bewegung sehen von Modell I zu Modell II und Bewegung von einer moralischen Stufe zur anderen, also den Wechsel in der Gerechtigkeitsvorstellung?

Oser: Ich habe mir überlegt, daß diese Theoriemodelle entweder sehr ähnlich oder sehr verschieden sind. Wenn sie sehr ähnlich sind, so kann man auch bei Herrn Argyris entwicklungspsychologische Charakteristika finden, wie bei Kohlbergs Stufen 1 bis 6, oder man kann sogar eine zugrunde liegende genetische Epistemologie aufdecken und mit einer Philosophie sozialen Handelns verbinden.

Auf der anderen Seite aber denke ich von den Stufen 1 bis 6 her, und dann kann ich sagen, daß es auf jeder dieser Stufen Modell-I- und Modell-

II-Personen gibt oder wenigstens Modell-I-Lernen und Modell-II-Lernen. Das wäre etwas anderes, und ich würde mich so fragen, wie ich eine bestimmte Stufe in meinem Leben besser realisieren kann, wie ich auf einer bestimmten Stufe optimal effektiv werden kann etc.

Argyris: Kann ich zu dem, was Sie eben sagten, etwas bemerken, denn da kommt mir gerade etwas in den Sinn. Ich weiß nicht mehr genau, wann ich über das nachgedacht habe, aber es war während des Sommers. Ich sah gerade meine Daten zum Übergang von Modell I zu Modell II durch. Ich hatte einen Kurs mit den Generaldirektoren von Firmen und ich beobachtete, wie sie lernten, nach Kohlberg von den Stufen 2, 3 und 4 langsam gegen Stufe 5 zu gehen. Wir haben also beides, den Übergang von Modell I zu Modell II und das Fortschreiten zu höheren Stufen. Ich glaube nicht, daß es ein Entweder/Oder ist, es ist beides. Es kann sein, daß Ähnlichkeiten bestehen zwischen den zwei Theorien, die ich noch nicht sehe, weil ich nicht genug über den Übergangsprozeß (Transitionsprozeß) weiß. Wenn ich mehr davon wüßte, würde ich verfeinerte Levels anwenden. Nun glaube ich aber auch, daß der Unterschied nicht zuletzt im Spannungsfeld der vor-gestellten (exposued) Theorie und der Gebrauchstheorie (theory in use) liegt, also nicht in der Just Community selber. Ihre Leute, Herr Kohlberg, haben einige meiner Interventionen eingeschätzt. Sie waren alle Modell I, aber vielleicht in höheren Stufen. Ich stimme nun damit überein, wenn Sie sagen, daß man in einem Gefängnis nicht so einfach die moralischen Stufen hinaufklettern kann von 2 zu 5 und 6, daß da Sequenzen sind. Was mich aber beschäftigt, ist, daß die Betreuer, also die Professionellen, keine Theorie für den Wechsel haben. Es scheint mir, sie wissen nicht, was sie tun.

Kohlberg: Und wenn die Lehrer selber nicht auch Modell I waren? Vielleicht ist dies ja der einzige Platz für Kinder.

Oser: Ich denke an einige Stufe-4-Leute. In der Einleitung zum Scoring Manual, das ich übrigens für sehr wichtig halte, erklären Sie, Herr Kohlberg, daß eine Stufe ein Denkmuster sei und daß es für uns wichtig sei, dieses Denkmuster zu verstehen. Wir sagen also nicht, Stufe 4 ist etwas Gutes oder etwas Schlechtes oder etwas Hohes oder etwas Tiefes. Es ist ein Muster, Welt zu erfassen und zu verstehen. Ich kann mir nun vorstellen, daß jemand auf Stufe 4 ist und sich nach Modell I verhält, aber auch jemand, der Stufe 4 ist und Modell-II-Verhalten zeigt. Wenn das möglich ist, dann sind die Theorien fundamental verschieden.

Kohlberg: Wollen wir nochmals zurückgehen. Ich selber begann damit, daß ich Kinder interviewte, um die Entwicklungsstadien des moralischen Urteils herauszufinden, und ich konzentrierte mich dabei auf etwas, von dem angenommen wird, daß es sich im Innern eines Individuums befindet und daß es konsistent ist mit dem Innern der Person auf dieser verbalen Ebene. So nahm ich an, daß Handeln etwas sei, mit dem wir uns später beschäftigen werden. Ich wollte also mit dem Urteil beginnen und dabei feststellen, inwiefern moralisches Urteil sich zum Handeln verhält. Und dann wollte ich versuchen, Handeln (behavior) entwicklungsmäßig zu erklären. Wir beschäftigen uns gerade jetzt mit Definitionen der Urteilstheorie. Erstens sind Stufen etwas, von dem man annimmt, daß es im Innern einer Person und zu einem bestimmten Zeitpunkt vorhanden ist und das von einem Gruppenfeld zum andern nicht sehr stark variiert, so daß man nicht auf Stufe 1 in einem bestimmten Gruppensetting und auf Stufe 4 in einem anderen sein kann. Prof. Argyris hingegen, so wie ich es verstehe, hat nicht einfach auf der Ebene des Verhaltens begonnen, d. h. nicht einfach mit dem »behavioristischen Verhalten«, sondern mit der Struktur des Verhaltens, während ich mich mit der Struktur des Urteils befasse. Und zweitens, so scheint es mir, begann er damit, sich für Interaktionen von Personen zu interessieren und nicht für jenes Konstante im Innern des Persönlichkeitsbildes einer jeden Person. Was ihn in der Tat interessiert, ist das Wie des Wechsels einer Gruppe oder Organisation zum Modell II hin. Auch für mich stellte sich diese Frage bei meiner Beschäftigung mit der Just Community, nämlich, wie man die Interaktionen zwischen Person und Schule gerechter und fairer machen kann. Das ist nicht das gleiche wie der Wechsel einer Person von einer Stufe zur anderen. In anderen Worten, wie Sie sagten, kann man Menschen, die sich noch auf der gleichen Stufe befinden, zur Fairneß hin orientieren, dies unabhängig von der Stufe selbst, also auch, wenn sie sich auf Stufe 2 befinden, sogar also Strafgefangene. Denn der Begriff des Fairen auf Stufe 2 ist gerechtes Austauschverhalten (du tust etwas für die Gruppe, und sie tut etwas für dich; wir teilen Dinge gleichmäßig oder was Ähnliches); aber sie dahin zu bringen, von instrumenteller Manipulation zu solcher Fairneß überzuwechseln, das erreicht man auch, ohne die Stufe zu wechseln.

Argyris: Wenn ich Sie richtig verstanden habe, deckt sich ein Teil dessen, wovon Sie gerade sprachen, mit dem Inhalt des neuen Buches über die sechs Generaldirektoren (gemeint ist Chr. Argyris, *Increasing Leadership Effectiveness*, New York [1976]: Wiley). Die Lernwelt (learning environment), wie ich sie gestaltete, bestehend aus sechs verschiedenen Tätigkeitsbereichen, hatte zum Ziel, jedem einzelnen Individuum den Wechsel von Modell I zu Modell II zu ermöglichen. Es galt, Gewißheit darüber zu erlangen, was geschehen würde, wenn sie in ihre praktische Welt zurückkehrten. Ich will damit sagen, daß ich dieses Interesse habe, und zwar kein geringes, sondern ein sehr starkes Interesse, zu wissen, wie Individuen ihre Gebrauchstheorie verändern.

Kohlberg: Damit stimme ich überein, denn wir begannen, uns darüber zu unterhalten, wie ich begann. Ich fing nämlich auf der individuellen Ebene an.

Argyris: Und ich begann mit der Organisation.

Oser: Das ist ein entscheidender Punkt. Herr Argyris, Sie begannen mit der vor-gestellten Theorie in Ihrem Modell. Sie versuchten, dadurch das

Denken eines Individuums zu erfassen und zu verstehen.

Argyris: Natürlich habe ich das jeweils auch so gesagt, aber ich möchte jetzt eine andere Möglichkeit anpeilen. Ich habe bis jetzt nicht daran gedacht, daß Sie, Herr Kohlberg, ein Konzept haben, das ähnlich meiner Gebrauchstheorie ist. Dies wäre allerdings eine Gebrauchstheorie, die sich nicht auf das Verhalten bezieht, sondern auf das Urteil. Auf der einen Seite liegt das, was Sie tun, auf der Ebene der vor-gestellten Theorie; auf der anderen Seite fragen Sie die Versuchspersonen, was sie tun würden, wenn sie in der entsprechenden Situation wären (Verhalten); es entsteht also ein Szenario, bei dem man vom Urteil auf die Gebrauchstheorie schließen könnte. Aber wenn Ihre Personen Urteil und Verhalten bekanntgegeben haben, da muß doch etwas verschieden sein. Jedenfalls sind Sie in Ihrem Werk seit dem letzten Jahr mehr in Richtung Gebrauchstheorie vorgestoßen. Aber ich muß das Ganze nochmals durchlesen, besonders das, was wir letztes Jahr zusammen im Seminar getan haben.

b. Metatheorie und normatives Urteil

Im weiteren Gespräch ging es um die Frage, ob das Wissen über eine Theorie auch deren Verwirklichung durch Gebrauch impliziere.

Kohlberg: Ich möchte hinzufügen, daß wir am vergangenen Freitag mit J. Habermas[1] genau dieses Problem diskutiert haben und dabei versuchten, ein wenig besser zu unterscheiden zwischen dem, was wir eine moralische Stufe nennen und der Theorie über diese Stufe, also etwa zwischen Stufe 5 als einem Set von operativen Urteilen über Fairneß, Richtiges und Falsches, im Gegensatz zu einer Stufe 5 als Theorie des sozialen Vertrages. Und wir versuchten, diese Unterscheidung sorgfältiger zu treffen, also wirklich zu differenzieren, was nicht immer so leicht ist. Wie ich meine, müssen wir z. B. in der Heinz-Geschichte (Hauptdilemma mit standardisierten Fragen) unterscheiden zwischen dem, was Sie eine verbale Gebrauchstheorie nennen könnten (Feststellung menschlicher Rechte der Frauen, Priorität des Rechtes auf Leben über das Besitztumsrecht etc.), als gegenübergestellt zu dem – ausgesondert von jenem Teil der Stufe 5, der die rationale Perzeption der Situation ausmacht –, was die Gerechtigkeitskonzeption ist. Von da könnte jemand gewisse »Theorien« dessen, was sozialer Vertrag ist und was Recht auf der Basis eines Konsensus rationaler Individuen ausmacht, »vor-stellen« (expouse). So kann man etwa die »Theorie« der Unabhängigkeitserklärung vom operativen Urteil unterscheiden. Wir sprechen hie und da von der Differenz zwischen metaethischem und –

---

1 J. Habermas besuchte zu jener Zeit verschiedene Universitäten in den USA. Er hielt u. a. Vorträge zum Thema »On communicative action«.

entgegengesetzt dazu – normativem Material.

Argyris: Ist es der Experte, der von seinen Daten auf das Metaethische schließt, oder ist es die »Theorie«, die im Kopf der Versuchspersonen selber steckt und die zu einem operativen Urteil führt?

Kohlberg: Wir können etwa J. Rawls als ein Beispiel einer Theorie nehmen, die ein stufe-6-operatives Urteilsmuster darstellt. Ich könnte mir vorstellen, daß man auch operativ urteilen könnte, ohne die Theorie offenzulegen.

Argyris: Können wir nicht auch andersherum vorgehen?

Kohlberg: Könnten Sie eine »Theorie« ohne operatives Urteil haben? Z. B. könnte jemand J. Rawls Theorie verstehen und deklamieren und doch nicht wirklich operativ auf Stufe 6 urteilen? Ich denke, das wäre möglich.

Argyris: Aber ich habe nicht dies gefragt. Es geht darum, ob Sie mit dem operativen Urteil auch notwendigerweise die »Theorie« hätten. Vielleicht wäre man sich dieser »Theorien« nicht bewußt, aber man besäße sie.

Kohlberg: Das ist genau das, was ich meine: Die »Theorie« ist eine Art »selbstbewußte« Reflexion über die operativen Strukturen. Aber wenn Sie Piaget nehmen: er würde sagen, daß wir die Operationen vornehmen könnten, ohne reflexives Bewußtsein zu haben.

Argyris: So wie ich es verstehe, trifft es in unserem Falle auch zu.

Kohlberg: Kann jemand Modell I haben, ohne Modell I zu kennen oder ohne eine »Theorie« über Modell I zu haben?

Argyris: Aber Sie unterstellen doch, daß eine Theorie vorhanden ist, daß die Person sich ihrer nur nicht bewußt wird. Ist dies auch möglich für das operative Urteil? Wenn dies wäre, dann . . .

Kohlberg: Möglicherweise, mit andern Worten, Sie würden sagen, daß sich Personen nach Modell I der Gebrauchstheorie verhalten können und absolut keine »vor-gestellte« Theorie haben. Im schlimmsten Falle kann jemand bei Modell I der Gebrauchstheorie stehen und überhaupt keine Fähigkeit für Modell II haben. Würde dies bedeuten, daß er eine »vor-gestellte« Theorie hat, die Modell I entspricht?

Argyris: Ja, und wenn man sie kennt . . . Aber die Gebrauchstheorie ist nicht das Bewußtsein von Modell I. Wenn es Leute gibt, die an Kontrolle glauben und autoritär sind, so entspricht ihre »vor-gestellte« Theorie ohne Zweifel dem Modell I. Und sie versuchen, sich zu nichts anderem zu bekennen.

Kohlberg: Aber dann könnten sie jegliche Art von anderer Metatheorie haben. Das ist interessant, weil, wie ich es verstehe, jemand eine Gebrauchstheorie haben kann, die überhaupt nichts zu tun hat mit seiner vorgestellten Theorie, was nicht möglich wäre. . .

Argyris: Es könnte nicht möglich sein in diesem Falle; er könnte nicht eine Gebrauchstheorie haben und zugleich ein verschiedenes Set von operativen Urteilen.

Kohlberg: Aber nein. Vielleicht aber doch ein wenig.

Argyris: Er könnte auch nicht eine Gebrauchstheorie auf Stufe 2 und zugleich ein operatives Urteil auf Stufe 4 oder 5 haben.

Kohlberg: Werden wir konkret. Nehmen wir an, ein Lehrer habe eine Reihe von Kursen besucht und sei nun bei einem Just-Community-Projekt angestellt. Dann sagen wir, daß seine vor-gestellte Theorie Kohlbergs Theorie sei, was sehr wahrscheinlich bedeutet, daß er sie übernommen (gekauft) hat.

Oser: Er kennt die Stufen und er kann sie gebrauchen, wofür immer er will.

Kohlberg: Ich würde sagen – bezogen auf meine Erfahrung mit unseren Forschungsprojekten zur Frage des Verstehens usw., und dies innerhalb von Grenzen –, daß die vor-gestellte Theorie dieses Lehrers, sofern er auf Stufe 2 oder 3 steht, nicht Kohlberg Theorie ist, sondern seine eigene. Er hat Kohlberg transformiert. In der Tat, ich muß eines der extremsten Beispiele anführen: Ich kannte einen Lehrer, der mir sagte, daß er Kohlbergs Theorie, meine Theorie, sehr brauchbar finde, denn sie würde ihm sagen, daß man junge Kinder strafen solle, weil das alles sei, was sie verstünden. So assimilierte er also meine Theorie, die direkte Modell-I-Sache. So ist denn jene vor-gestellte Theorie, welche er Kohlbergs Theorie nennt, wie ich meine, nicht Kohlbergs Theorie, weil in gewissem Sinne Kohlbergs Theorie zumindest eine Reflexion der Stufe 5 beinhalten muß. Und tatsächlich können wir unsere Mitarbeiter dazu bringen, das scoring zu lernen und besonders die Stufen 5 und 6 richtig einzuschätzen, wenn sie sich selber auf Stufe 2 und 3 befinden. Aber ich würde sagen, das ist einer der Gründe, warum ich mich weniger über den falschen Gebrauch der vor-gestellten Theorie als Sie, Herr Argyris, aufrege, weil es davon abhängt, wie man die Theorie »etikettiert«, nämlich ob Sie ein Psychoanalytiker sind oder ob Sie der marxistischen Schule angehören etc. Und doch ist dies sicher wichtig für das Verständnis der vor-gestellten Theorie. Nehmen wir als Beispiel die Lehrerschaft der Cluster-Schule (Just Community School, vgl. S. 378): Sie hatte sich in einen Streit über eine Tatsache eingelassen, und sie diskutierten alle im Namen von Kohlbergs Theorie, wobei jeder behauptete, der richtige Interpret zu sein. Einer von ihnen hat eine Art Beratungsorientierung, gemäß welcher man stets auf das individuelle Bedürfnis reagieren soll, und die anderen, Arthur und Brian, reagieren stets auf die Kommunität und deren Regeln. Und was mich betrifft, hat jeder von ihnen in einem gewissen Sinne Gerechtigkeit bei diesem Verfahren ausgelassen. Sie haben einen ganz bestimmten Aspekt herausgenommen und streiten sich nun miteinander bei ihren Sitzungen.

Argyris: Diese Erfahrung habe ich auch gemacht. Aber ich sehe, wenn Ihre Theorie den gedanklichen Prozeß, das Urteil, gut voraussagen kann, das aus diesem Prozeß resultiert – also die Annahme, wenn eine

Versuchsperson auf der Stufe 5 urteilt, wird sie dies in anderen Situationen ebenso tun, dasselbe mit Stufe 4, wo ich glaube, daß weniger gedacht wird –, so mache ich hingegen keine Voraussetzungen: Ich stelle mich mehr auf das Verhalten ein, denn ich leite die Gebrauchstheorie vom Verhalten ab. Ich bin daran interessiert, was im Kopf der Versuchspersonen steckt, was sie gebrauchen, um Verhalten zu konzipieren. So ist das letzte und Wichtigste, was ich verstehen möchte, die Gebrauchstheorie, und dazu muß ich das Verhalten studieren, weil das der einzige Weg ist, der mich dazu führt.

Nun ist es interessant, obwohl dies in letzter Zeit weniger zutrifft, so hat es aber sicherlich im Verlaufe meines Lebens Leute gegeben, die im Namen einer T-Gruppen-Theorie alles Mögliche an Menschen herummanipulierten, Menschen mit Zuneigung überschütteten (overlove) und dies dann als die Theorie von Argyris bezeichneten. Aber jetzt nehme ich an, daß es heute weniger eintrifft, denn jetzt haben sie Kriterien.

c. Urteil und Verhalten. Regressive Tendenzen

An dieser Stelle nimmt die Diskussion eine Wende. Indem das Verhalten von Personen in kommunikativen Situationen in den Mittelpunkt tritt, stellt sich die Frage des Verhältnisses von Urteil und Handeln bzw. von Urteil und Verhalten. Dabei ist zu bedenken, daß Handeln bei Kohlberg eine andere Bedeutung hat als Verhalten bei Argyris (vgl. S. 237). Auch hat der Begriff der Regression bei beiden einen andern Stellenwert.

Argyris: Aber, um bei Ihrem Beispiel zu bleiben: Nehmen wir an, Sie wären in einer Gruppe, und es erfolgte eine Intervention. Jemand würde sagen, Sie müßten zum Individuum gehen, ein anderer würde vorschlagen, Sie müßten mehr bei der Gruppe bleiben. Dann würden wir uns das Tonband daraufhin anhören, wie Sie das Problem gelöst haben. Wir würden uns fragen, ob es eher Modell-I- oder Modell-II-Verhalten sei. Und dabei würden wir merken, daß Sie beide Modell I wären, weil sie Dinge ausließen, nicht zuhörten oder nutzlose Aussagen machten etc. Auf diesem Wege kämen wir weiter.

Wäre es richtig zu sagen, daß der Denkprozeß und die von daher stammenden Werturteile bis zur Einführung der Intervention nicht verstanden werden konnten? Ist das nicht so beim Schwerpunkt Ihrer veröffentlichten Forschung? Ich meine dabei natürlich nicht Ihre persönlichen Interessen.

Kohlberg: Nein, denn gerade mit einigen kleinen Studien versuchten wir zu zeigen, daß es eine Beziehung zwischen Urteil und Verhalten gibt.

Argyris: Diese waren aber nicht so extensiv (umfassend), und ich kenne sie auch nicht so gut. Aber sie kommen doch nicht gut heraus, oder?

Kohlberg: Oh, doch.

Argyris: Ist ein Verhalten in einer konkreten Situation gemeint?

Kohlberg: Ja, meistens experimentell, manchmal in einer natürlichen Umgebung, wie beispielsweise beim Milgram-Experiment.

Argyris: Betrachten wir dies für einen Moment von einer anderen Warte aus. Nehmen wir an, ich sei fähig, mich nach Modell II zu verhalten. Zugleich stelle ich fest, daß ich aber auch in Modell I stehe, besonders wenn ich angespannt bin und wenn ich das Gefühl habe, daß die Umgebung auch nicht mehr als Modell-I-Verhalten gestattet.

Kohlberg: Tatsächlich glaube ich, daß ich mich in unserem Seminar letztes Jahr in einer Modell-I-Art verhalten habe, und ich denke, daß ich dies auch zugegeben habe.

Argyris: Was ich also fragen möchte: In meiner Theorie ist es möglich, beide Modelle zugleich zu verwenden. In Ihrer Theorie meinen Sie, daß dies nicht der Fall wäre. Das heißt, wenn jemand auf Stufe 5 ist, wird er sich immer als 5er verhalten. . .

Kohlberg: Nein, man kann regredieren.

Argyris: Einverstanden, nur kann man nicht darüber gehen. Hier wäre es gleich wie bei mir.

Kohlberg: Aber weil ich mehr Stufen habe als Sie, neige ich mehr zu der Annahme, daß Regression gewöhnlich begrenzt ist. Anders gesagt: Man kann fähig sein, auf das, was Sie Modell-I-Verhalten bezeichnen, zu regredieren, aber man würde nicht auf Stufe-1- oder -2-Verhalten oder deren Entsprechung in Modell I regredieren, sondern auf Stufe 4 oder ihre Entsprechung.

Argyris: Es könnte Modell I, Stufe 2 sein.

Kohlberg: Das könnte es. Aber in Ihrem Falle würde ich sagen, man könnte auf Modell I sein, aber 4 nicht übersteigen.

Argyris: Stimmt, es würde Limits geben.

Kohlberg: Nach meiner Auffassung würde es eher ein Wechsel von 5 auf 4 oder so etwas Ähnliches sein.

Oser: Ich habe dafür ein Beispiel. Wenn man sich wirklich Verhalten mal anschaut, ist es möglich, auf Modell I zurückzufallen. Ich bin der Meinung, daß man auch im moralischen Verhalten regredieren kann. In einer bestimmten Streßsituation können Menschen grausam sein. Wenn man sie aber nach dem Urteil fragt, so können sie auf Stufe 4 oder 5 stehen.

Kohlberg: Aber manchmal regrediert auch ein Urteil. Die einzigen Studien, die wir auf diesem Gebiet unternommen haben, erfolgten in einem Gefängnis, wo Personen in einer Umgebung inhaftiert waren, die Regressionen auslösen. Aber man kann in den USA nicht in allen Gefängnissen experimentieren.

Argyris: Ich kann hier auch ein Beispiel aus einer natürlichen Umgebung vorstellen. Einer der genannten Direktoren sagte etwa folgendes: »Wir haben einen Grundsatz, daß bei Auftragserteilung (er ist Chef von etwa 200 Kaufhäusern) der Lieferant zu einem bestimmten Termin zu liefern hat; und er kann diesen Termin nicht einhalten; dann schicken wir alles zurück, selbst wenn der Termin nur um zwei Tage überschritten wird.« Die Frage, die sich dabei stellt, lautet: »Ist das moralisch?« Letztlich hat die Lieferfirma vielleicht bis zur Grenze ihrer Kapazität produziert. »Warum können wir nicht eine Woche länger warten?« Oder, um die Frage anders zu stellen: »Müssen nicht auch unsere Kunden darunter leiden, wenn wir jenen alles zurückschmeißen? Würde damit nicht gerade jene Organisation ›unilateral‹ bestraft? Nach allem, warum sollten wir nicht flexibler sein?« Und da sagte der Generaldirektor, daß er sich noch nie solche Art Fragen gestellt hätte, weil er – und dies sind seine eigenen Worte – die Ideologie des freien kapitalistischen Systems gebrauchte, was ihn davon abhielt, in Kategorien der Stufe 5 oder um Stufe 5 herum zu argumentieren.

Kohlberg: Ich würde sagen, daß Ideologie in einem kapitalistischen System die Idee von Adam Smith ist, wonach die Gesellschaft in bestmöglicher Weise geordnet ist, wenn jedermann in einer Stufe-2-Art handelt.

Argyris: Einverstanden, und dabei ergibt sich eine Fülle von inneren Widersprüchen. Aber die Frage, die auftauchte, als Herr Kohlberg und ich zum erstenmal miteinander sprachen, war doch die, daß ich weniger Gewicht auf den Urteilsprozeß legte als er, besonders weil die meisten meiner Fälle in der Art von Interventionen waren. Nun arbeite ich mit diesen Generaldirektoren, und ich erinnere mich, daß Sie, Herr Kohlberg, einmal gefragt haben, was das Modell II über das moralische Urteil in dieser Angelegenheit aussagen könne. »Was kann das Modell II diesem Generaldirektor über das moralische Urteil sagen?« Und Ihre Antwort war: »Nichts Direktes, sondern einen Prozeß, durch den ein Weg gezeigt wird, um eine Antwort zu erhalten.« So brachte jener Generaldirektor zwei oder drei seiner großen Lieferanten mit Leuten zusammen, die die Konsumenten repräsentierten, und mit Leuten seiner eigenen Organisation, die berieten, was gerecht sei in diesem Falle. Ich weiß noch nicht, was herausgekommen ist, weil er es noch nicht durchgeführt hat. Aber er hat einen Weg vorgeschlagen.

Wenn wir allerdings das Protokoll einer solchen Verhandlung hören könnten, würden Sie, Herr Kohlberg, sagen, da sei viel Stufe-2- oder Stufe-3-Denken vorhanden. Und doch würden alle Modell II verstehen. Man kann aber auch sagen, sie benötigen die Konsequenz ungefähr der Stufe 5, um Modell II überhaupt zu verstehen. Da sie aber nicht auf Stufe 5 stehen, so hätte er wenigstens ein Modell des Denkens in bezug auf einen Prozeß des Entscheidens, wenn dadurch auch nicht über Substantielles moralischer Inhalte befunden wird. Ist das richtig?

Kohlberg: Ja, das ist richtig. Und ich würde sagen, in gewisser Weise betonten wir beide mehr das prozeßhafte als den Inhalt. Ich habe immer sehr viel über die Unterscheidung zwischen der Form und dem Inhalt des Denkens gesprochen. Und in Ihrem Beispiel kann man in einem gewissen Ausmaß über die Form des Denkprozesses sprechen und nicht bloß darüber, wie die Entscheidung herausgekommen ist. Also kann man sagen, warum die Direktoren sich nicht darum kümmern, ob der Inhalt der Entscheidung noch immer derjenige sei, einfach den Kerl abzuhängen, wenn er einen Tag zu spät liefere oder nicht, oder aber zu fragen, ob der Denkprozeß den Ansprüchen jeder involvierten Partei Rechnung trage. So ungefähr?

Argyris: Aber das würde eben bedeuten, daß Sie das Gewicht auf den Prozeß legen, auf den Denkprozeß. Und an dieser Stelle würde ich meinen, daß man Stufe-5-Prozeßdenken für Modell-II-Leute benötigt. Und ich denke, für Sie muß das nicht unbedingt so sein.

d. Die Rolle der Interaktion und die Effizienz des Modell-I-Verhaltens

Kohlberg versucht in der nächsten Phase der Diskussion, den Stellenwert der interagierenden Gruppe gegenüber dem Denken des Individuums abzuklären. Das führt Argyris zur Legitimation von Modell-I-Verhalten unter bestimmten restriktiven kommunikativen und organisatorischen Bedingungen.

Kohlberg: Ich würde immer noch sagen, daß sich für mich Modell I und Modell II mehr auf den Interaktionsprozeß beziehen. Vielleicht könnte man auch (statt von Modellen) von Typen von Personen sprechen. Mit andern Worten: Wenn Sie über den Prozeß sprechen, so meinen Sie eher den Entscheidungsprozeß. Ich denke, da sind zwei Fragen: Einmal kann man Modell-I- und Modell-II-Prozesse als etwas beschreiben, was sich ganz innerhalb des Kopfes eines einzelnen Individuums befindet; oder ist da immer eine Interaktion impliziert?

Argyris: Ich möchte zurückgehen zu diesem Generaldirektor, der die Ware zurückschicken will, wenn einer zu spät liefert. Sie sagten zum Beispiel, daß wir den Denkprozeß ins Auge fassen sollten, um festzustellen, ob der Standpunkt aller Beteiligten echt sei. Nun, diese Forderung würde Modell-II-Verhalten benötigen. Ist man nun bestrebt, daß Modell-I-Leute solch neues Verhalten generieren – nehmen wir an, es ginge um eine Atombombe –, so hat dies enorm tragische Konsequenzen; man kann sie fast nicht zwingen, etwas offener zu sein, bevor sie die halbe Welt kaputt gemacht haben.

Ich würde also sagen, daß diese Art der Kriterien, die Sie gerade erwähnt haben (den Ansprüchen jeder involvierten Partei Rechnung tragen), ursprünglich jedermanns Gesichtspunkt war; und doch gab es bei unserem

Kurs nicht bloß Stufe-5-Leute. Jene Kriterien, die Sie für das Einschätzen der Stufe 5 verwenden, sind für die Gruppe als Gruppe nicht verwertbar, dessen bin ich sicher. Aber selbst auf der individuellen Ebene ist dies problematisch, wenn man nicht die Fähigkeit einer Person kennt, Fragen in unpassender Weise zu stellen, um Selbstverstärkungsprozesse (self sealings) zu verhindern. Es geht um beides, Denken und Verhalten.

Kohlberg: Ich möchte zurückgehen zur Frage der interpersonalen Beziehung. Lassen Sie uns zum Beispiel folgendes annehmen: Ein Geschäftsmann in leitender Stellung kann in dem Sinne Modell II sein, daß er die Entscheidung treffen muß, ob die Ware zurückgesandt werden soll oder nicht – weil sie einen Tag zu spät ankommt –, indem er alle höheren Angestellten in seiner Firma, die beteiligt sind, konsultiert. Er hört offen ihre Meinungen, übt keine Zwänge aus usw. Aber wie trifft er jetzt die Entscheidung? Vielleicht versetzt er sich nicht in die Lage der Leute am anderen Ende, nämlich derjenigen, die die Ware zurückkommen. Mit andern Worten: In einem moralischen Dilemma müßte man nicht nur den Standpunkt der Leute der eigenen Firma in Rechnung stellen, sondern all jener, die die moralische Entscheidung etwas angeht, also auch der Kunden und aller anderen.

Argyris: Heißt das, daß man sie konkret an der Entscheidung beteiligt?

Kohlberg: Nein, aber daß man an sie denkt.

Argyris: Aha, Sie meinen also, daß man dies individuell tun kann?

Kohlberg: Um es anders zu sagen: Die Ausführenden konsultieren in einer Modell-II-Art alle anderen Angestellten und Beteiligten der Firma. Aber alle diese nehmen eine Modell-I-Position ein in bezug auf die andere Firma.

Argyris: Wenn es wirklich Modell II ist, dann bezieht er die anderen mit ein, wie er es in Wirklichkeit auch tut. Er ließ ja drei seiner Lieferanten kommen. Er bezog sie also mit ein. – Aber ich denke, Sie wollten etwas anderes sagen. Wenn er beispielsweise in einer Modell-I-Organisation arbeitet, selber aber sich nach Modell II verhält und etwas sieht, das nicht gerecht ist, könnte er nun nicht einfach befehlen und alles tun, was Sie ihm zu tun raten? Er würde einsehen, daß in dieser Organisation eine unfaire Politik herrschte, und er würde diese Politik ändern und eine Stufe-5-Entscheidung treffen. Sie würden dies bejahen und ich auch. Ich würde aber sagen, daß es in einer Modell-I-Art getan worden ist, was nicht schlecht sein muß. Ich versuche zu veranschaulichen, was Sie vorher erwähnten, nämlich ob es nicht möglich sei, eine individuelle Stufe-5-Entscheidung zu treffen und trotzdem noch Modell-I-Verhalten zu haben, wenn . . .

Kohlberg: Vielleicht handelte selbst Martin Luther King nach Modell I unter gewissen Umständen, als er z. B. seine sechs Prinzipien implementierte.

Oser: Sie meinen also, daß dies auch im realen Leben vorkommen könnte und nicht bloß in einer artifiziellen moralischen Dilemmasituation? Es kann Leute geben, welche Stufe 5 und zugleich Modell I sind?

Argyris: Ja, ich glaube nicht, daß dies jemandem gefällt, aber ich denke, daß wir es so darstellen müssen. Ich glaube, das wird nicht sehr oft vorkommen. Das würde einfach bedeuten, daß jene Person ihrer Organisation voraus ist. Wenn z. B. Derek Bok (Präsident der Harvard University) gesagt hat, daß es ungerecht sei, daß Studenten der Graduate School of Education mehr bezahlen für ihr Studium als Studenten der Harvard Business School und auf Stufe 5 wäre, sogar dann müßte er das Problem in einer Modell-I-Weise lösen. Er müßte etwas befehlen, er müßte verlangen, daß alle Abteilungen gleich viel berechnen und daß der Überschuß der andern dann der School of Education und der School of Design gleichmäßig zugeschrieben würde. Das ist doch möglich, und ich denke, es wird geschehen. Ich denke, unsere Gesellschaft wartet auf Leute, die mehr solche Dinge tun, und ich bin beeindruckt, weil ich gezwungen zu sein scheinen, es in einer Modell-I-Art zu tun. Ich glaube, wenn Derek die Dekane und die Fakultäten bitten würde, sich daran zu beteiligen, die Chance, daß ihm dies gelingen würde, gleich null wäre. Wenn er es aber befehlen würde – ich weiß nicht, ob er überhaupt die legale Macht dazu hat, so etwas zu befehlen –, würde er es erreichen.

Kohlberg: Die Frage ist, ob man versuchen muß, die Gesellschaft mit ungerechten Mitteln gerechter machen zu wollen. Aber . . .

Argyris: Ich denke, die Antwort ist ja, wenn Sie zeigen können, daß Sie verschiedene Schritte unternommen haben, die Gesellschaft mit einzubeziehen. Derek könnte das tun, wenn er wollte. Er könnte auf fünf Jahre Amtszeit zurückblicken, in denen er versucht hat, die Dekane zu überzeugen usw. Wenn er dann feststellt, ich habe alles versucht, was ich konnte, dann glaube ich . . .

Kohlberg: Dann ist es dieselbe Überlegung wie mit dem zivilen Ungehorsam (civil disobedience). Wenn man findet, das Gesetz sei ungerecht, und man hat jede legitime Möglichkeit ausprobiert, um es zu ändern, dann ist man »frei zum Ungehorsam«.

Argyris: Und man kann Kriterien verwenden, z. B. auf folgende Weise: Wenn eine Person versucht, eine Stufe-5-Modell-I-Entscheidung zu treffen, so muß man fragen: Hat sie es wahrheitsgetreu versucht, hat sie Stufe-5-Kriterien beachtet; könnte man das feststellen, daß sie es versucht hat? Hat sie Wert darauf gelegt, daß ihre eigene Position so stark als möglich herausgefordert wurde? Es scheint, daß es möglich ist, die Kriterien zu operationalisieren. Sie kann so ihrer Zeit voraus sein, und sie könnte sagen, ich weiß, daß ich nicht die Macht habe, das zu tun, aber ich weiß auch, daß die ganze Sache für die Organisation dysfunktional ist. Ich weiß, daß ich diese Situation nicht mehr tolerieren werde, und hier ist eine Reihe von Schritten zum Handeln. Vielleicht muß einiges dazugefügt, anderes modifiziert werden; aber irgendwann sollte eine Entscheidung gefällt werden. Wenn wir in der realen Welt unsere Magistrate dies lehren würden, hätten wir viel mehr gerechte Organisationen.

(Übrigens geschah etwas Interessantes in der letzten Freitagssitzung, das mich an Sie, Herr Kohlberg, erinnert hat. Einer der Direktoren fragte, ob jemand untersuchen würde, was gerechte Organisationen seien. Und ich sagte, daß ich jemanden kennen würde. Ich dachte spontan an Sie.)

Kohlberg: Ich denke, wir versuchen nun zu zeigen, ob ein Modell-I- oder Modell-II-Verhalten mehr vom Stand der Organisation bzw. vom Gerechtigkeitsdenken in den Formen Modell I und Modell II der Organisation als von der Stufe des moralischen Urteils abhängt. In unserem Beispiel von Bok würden wir sagen, er handelt in einer Modell-I-Art und sein moralisches Urteil ist Stufe 5, was auch immer die Organisation der Harvard Universität sein mag.

Oser: Ich habe noch eine andere Frage: Für einen Stufentheoretiker ist der Begriff der Operation sehr wichtig, für Piaget auch der Begriff der Aktion. Was ist nun der Unterschied zwischen Verhalten und Handlung hier und dem, was Piaget als Aufbau kognitiver Strukturen bezeichnet? Dort sind ja auch Interaktionen mit der gegenständlichen Welt notwendig. Ich kann die beiden Dinge nicht zusammenbringen. Sind da klare Unterschiede?

Argyris: Ich sehe keine Unterschiede. Wenn ich Ihre Frage verstehe, . . .

Oser: Ich habe das Gefühl, daß Sie sagen, Herr Kohlberg, hier ist eine Stufe, und das ist etwas Festes, Fixes, und dort ist Verhalten. Während ich meine, daß für Piaget eine Struktur ein Prozeß ist, ein operatorisches Vorgehen an sich.

Kohlberg: Es handelt sich um die Internalisierung eines Handlungsprozesses in den Kopf des Menschen. Und Herr Argyris begann damit, Verhalten empirisch zu beobachten, während ich damit begann, die Versuchspersonen zum lauten Denken zu bringen. Wir sprechen also nicht vom fundamentalen Unterschied, sondern von verschiedenen Startpunkten. So gehe ich jetzt vom Gedanken zum Verhalten, während Herr Argyris sich mehr und mehr über das Denken beunruhigt. Denn je intensiver er mit den Direktoren spricht, um so mehr beginnen sie zu fragen, was Modell-I- und Modell-II-Denken in bezug auf diese Art von moralischem Dilemma bedeutet.

Es ist etwas anderes, das zu tun, was ich tat, nämlich einen relativ speziellen Bereich des moralischen Urteils und der Gerechtigkeit zu betrachten und im Speziellen außer acht zu lassen, wie Leute mit Tatsachen im Gegensatz zu moralischen Prinzipien umgehen, d. h., wie sie faktische Informationen bewältigen. Aber genau dies gehört zu Modell I und Modell II. Es geht da um ein viel breiteres Spektrum von Phänomenen. Ich denke eben nicht, daß Leute mit einer höheren moralischen Stufe eine andere Fähigkeit haben, Informationen zu gebrauchen und offen zu sein für

Informationen als Leute tieferer Stufen. Es geht um Faktisches versus Kognitives. Wir haben bis jetzt noch nicht die kognitiven Strategien als Gegensatz zu den moralischen Prinzipien, die gebraucht werden, studiert. Somit wurde ich mir in letzter Zeit, besonders in unserem gemeinsamen Seminar, mehr und mehr bewußt, daß wir die Art, Informationen zu gebrauchen, im Interventionsmodell, also Modell I und II, noch nicht genügend berücksichtigt haben, besonders für die Just Community.

e. Die Verbindung beider Theorien in der Verwirklichung der Just Community. Die Sein/Sollen-Problematik

Sofern der Ansatz von Argyris der Just-Community-Idee zu höherer Effizienz verhilft, ist eine Einführung dieser Theorie in das Werk Kohlbergs sinnvoll. Da das bisherige Gespräch außer gemeinsamem Interesse an Intervention und Normativität die gegenseitige Unabhängigkeit der Grundparameter bestätigte, scheint einer solchen Verbindung nichts im Wege zu stehen.

Oser: Wäre es also möglich, daß Ihre Theorie, Herr Argyris, angewandt auf die Cluster-Schule (Just Community School) helfen könnte, die Schüler in der moralischen Entwicklung eine Stufe höher zu bringen? Ich weiß, daß Modell II ein Ziel in sich selbst ist, aber dennoch wäre es interessant zu wissen, ob dieses Modell auch einen ethischen Einfluß hat.

Argyris: Tatsächlich gibt mir diese Frage Gelegenheit, meinen Eindruck, den ich von Herrn Kohlbergs erster Sitzung hatte, eventuell zu korrigieren. Ich habe diesen Eindruck bis jetzt beibehalten. Ich muß dies einmal überprüfen, denn vielleicht ist er nicht gültig, und ich muß den Gedanken dann von mir wegschieben. Erstens denke ich mir nämlich, daß Sie, Herr Kohlberg, so etwas benötigten wie Modell II, wenn Sie eine Just Community gründen wollten, dies auch bei Stufe-4-Leuten, z. B. in einem Gefängnis. Sicher bin ich aber, daß Sie so etwas benötigten, um höher als Stufe 4 zu gelangen. Zweitens meine ich, daß die Sozialwissenschaftler darüber informiert werden sollten, wie Modelle des Sollens (models of the ought) aussehen könnten und wie Forschung getan werden muß, damit solche Modelle empirisch getestet werden können. Sie, Herr Kohlberg, würden bestimmt mit dem ersten Teil übereinstimmen, daß nämlich Modell II eine gute Sache sei, nicht aber mit dem zweiten, nämlich daß der Sozialwissenschaftler nicht beim »Sein« stehenbleiben soll.

Kohlberg: Nein, das würde ich nicht sagen. Nein, denn ich bin einverstanden mit dem Fortschritt. Es ist interessant, daß wir nie darüber gesprochen haben. Aber ich meine genau das Gegenteil. Das Nützlichste daran, das »Sein« zu studieren, besteht in der Verbesserung der Vorstellung vom »Sollen«. Dies macht offensichtlich, was wirkliches menschliches

Verhalten ist. Vielleicht kam es in bestimmten Schriften nicht genügend zum Ausdruck, aber haben Sie je meinen Artikel »From Is to Ought« gelesen?

Argyris: Ja, zumindest eine Kurzfassung davon.

Kohlberg: Ich meine, daß der Sozialwissenschaftler, wenn er das »Ist« beschreibt, um das »Soll« definieren zu können, eine gute Moralphilosophie benötigt. Denn die Aufgabe der Moralphilosophie besteht darin, hat auch traditionellerweise darin bestanden, das »Sollen« zu definieren. Im 19. Jahrhundert hat die Sozialwissenschaft Modelle des Sollens entwickelt. Ein Beispiel ist die klassische Laissez-faire-Ökonomie, die nicht bloß eine Theorie darüber ist, was ist, sondern wie ein ökonomisches Verhalten sein soll. Sie sagt also nicht bloß voraus, was ökonomisches Verhalten schon war. Das Modell gibt eine exakte Vorstellung von den Überlegungen hedonistischer Maximierung, auch von den Utilitaristen. Am Ende des 19. Jahrhunderts entstand dann eine große Rebellion gegen diese Art von Rationalität in den Sozialwissenschaften. Wir haben dann eine Entwicklung von allerlei irrationalen Modellen, Freudianismus, in gewisser Weise auch Existentialismus, Marxismus. Und alle diese betonen jene Rationalität, die sonst durch Ideologien verdeckt bleibt, was verborgen vor sich geht, was also auf Trieben, auf Überlebensmotiven usw. basiert. Das »Sollen« bezieht sich im Grunde genommen auf Ideologien, die nichts anderes sind als Rationalisierungen von irrationalen »Ists«. Und nun denke ich, daß wir die Aufgabe haben, bessere Modelle dieser Rationalisierung zu finden, als wir sie bis jetzt hatten. Ich glaube, daß irrationale Modelle mit der Absicht entstehen, »Sollens-Vorstellungen« zu erhalten. Das Scheitern der Nervenheilanstalten und der ganzen Psychotherapie einerseits, des Marxismus andererseits, ist nichts anderes als ein Beispiel irrationaler sozialwissenschaftlicher Ideologien. Wir sind im Grunde erst jetzt soweit, zusammen mit der Philosophie ideale Modelle des sozialen Verhaltens zu definieren. Damit ist gemeint, daß wir das »Ist« in den Dienst nehmen, um zu bestimmen, was menschliche Irrationalität wirklich ist, aber nicht abstrakt, wie das bisher geschehen ist. Dies wäre wenigstens ein Weg, und der kann sicherlich interventionistisch sein. Was wir beide zu konstruieren versuchen, sind Theorien der Erziehung und der Intervention. Das sind keine Beschreibungen, was Lehrer und Direktoren tun; es sind vielmehr Leitlinien, wie Intervention als Handeln sein müßte, um Ausführenden und Lehrern Handeln vorzuzeigen.

Oser: Sie haben erst eine Frage beantwortet. Wir müssen nochmals zur Cluster-Schule zurückgehen. Wäre es möglich, daß die Methode von Herrn Argyris die Leute der Cluster-Schule eine Stufe in der Kohlberg-Skala weiterbringt? Oder ist dies nur möglich durch Präsentierung von Argumentationsmaterial eine Stufe oberhalb derjenigen des betreffenden Individuums?

Kohlberg: Ich bin nicht sicher, daß das die richtige Art zu fragen ist.

Wenn wir eine Just Community gründen, so ist das, was Herr Argyris tut und was wir tun, möglicherweise nicht genügend ähnlich. So könnte natürlich Hilfe von jeder Theorie bestehen. Aber Sie fragten spezifischer.

Oser: Ja, weil ich beeindruckt bin vom Ziel, Entwicklung als Ziel der Erziehung zu nehmen. Wir in Europa würden sagen, da sind Stufen, diese Antworten entsprechen diesen Stufen, das sind Operationen etc. Sie haben zwei Mittel, um höhere Stufen zu stimulieren, nämlich Präsentierung der Dilemmas und Präsentierung von Argumentationsmaterial höherer Stufe. Könnte auch der Übergang von Modell I zu Modell II eine solche Hilfe sein? Würde es helfen, wenn man z. B. bestrebt ist, gültige Informationen zu suchen?

Kohlberg: Was Herr Argyris tut, ist ein Mittel zu einem Ziel, nämlich Stufenwechsel. Man kann aber auch die Intervention als Ziel selber betrachten, jenseits vom Versuch, eine Stufe höher führen zu wollen. Mit anderen Worten: Die Cluster-Schule hat nicht bloß das Ziel, die Schüler in drei Jahren zwei Stufen aufwärts zu bringen, oder ähnlich. Mein Ziel ist es vielmehr zu helfen, damit eine Just Community in einer Modell-II-Lernumgebung zustande kommt, oder wie immer wir das bezeichnen müssen. Ich weiß nicht, ob ich Stufenwechsel als Mittel bezeichnen soll, um eine Modell-II-Umgebung zu kreieren, oder ob ich sagen soll, daß die Erstellung einer Modell-II-Umgebung ein Mittel für Stufenwechsel ist. Man muß es weder so noch so festlegen.

Argyris: Ich meine aber, daß man es auf irgendeine Art festlegen sollte. Besonders wenn es auf die Ebene der menschlichen Auseinandersetzung gerät. Denn ich denke, man kann nicht erfolgreich auf Stufe 4 oder 5 kommen, ohne daß sich sowohl diejenigen, die beeinflussen, als auch die Angehörigen der Community nach dem Modell II verhalten. Empirisch gesehen könnte es Leute geben, deren Urteil und Handeln auf Stufe 5 sind und die sich nach dem Modell I verhalten. Damit wäre aber widerlegt, was ich weiter oben gesagt habe. Aber ich meinte, daß es dies nicht gibt.

Kohlberg: Ich neige dazu, zu sagen, daß bei der Leitung und den Lehrern der Schule viel Modell-I-Verhalten zu finden ist. Dies deute ich so, daß sie einfach nicht die Theorie implementieren. Wenn sich Leitung und Lehrerschaft z. B. bei einem Community-Meeting gegenseitig in heftige Argumente verbeißen, wo jeder einfach versucht, seine eigene Position durchzubringen und die Gemeinschaft auf seine Seite zu reißen, und auf nichts anderes mehr hört, so ist dieses Modell-I-Verhalten auch sehr ärmlich vom Standpunkt meiner Theorie, wo man die moralische Entwicklung stimuliert.

Argyris: Ob jene Lehrer von der Cluster-Schule, mit denen wir letztes Jahr zusammen waren, mit dem, was Sie soeben sagten, einverstanden wären – da bin ich nicht so sicher. Aber sie hatten ja gar nie ein Training. Man hat ihnen ja nie genug geholfen, Modell-II-Verhalten zu produzieren, nicht einmal zu wissen, wenn sie Modell I sind, um dann einhalten zu können und es zu minimieren. Ich weiß nicht, wie Sie es sehen, Herr Oser, aber in unserem Seminar, das vor allem Theorien diskutierte, achteten wir wenigstens zeitweise auf unsere Interaktionen. Man hilft mir und macht mich darauf aufmerksam, wenn ich mich im Modell I verhalte resp. im Modell II. Wenn die Generaldirektoren und die Leute von der Cluster-Schule etc. Modell II lesen, sind sie begeistert davon. Sie sagen, das ist gut so. Aber ich glaube kaum, daß sie es selbst unter Führung und leichtem Streß hervorbringen können.

Übrigens glaubte ich, wir hätten große Differenzen. Aber ich sehe jetzt, nachdem wir miteinander darüber nachdenken, daß diese doch nicht so groß sind. Deshalb möchte ich es auch noch anders sagen: Donald Schön und ich haben soeben ein Manuskript über »Organizational Learning« fertiggestellt, und wir haben das Modell 0-I und das Modell 0-II für organisatorische Bereiche erstellt. Ich bin überzeugt, daß Just-Community-Leute eine Modell-II-Gebrauchstheorie brauchen, die dann auch Modell-0-II-Lernsysteme ermöglichen kann. Wenn Sie eine Möglichkeit sähen, Leitung und Lehrer Ihrer Schule einzuschätzen (zu messen), so könnte ich voraussagen, daß sie nicht fähig wären, 0-II-Lernsysteme zu produzieren, es sei denn, sie überprüften ihre Gebrauchstheorien. Ich weiß nicht, ob Sie damit einverstanden sind.

Kohlberg: Ich glaube ja; ich muß aber doch Ihr neues Buch lesen.

Argyris: Es ist gerade fertig geworden. Wenn Sie, Herr Kohlberg, am Freitag mit den Generaldirektoren der Firmen dabei gewesen wären, hätten Sie ihnen geholfen, auf viel komplexere Weise die moralische Frage zu durchdenken. Aber die Kriterien bzw. der Urteilsprozeß auf Stufe 5 ist meiner Meinung nach von Modell II beeinflußt, aber Modell II ist nicht ganz entsprechend. Wenn Sie mich also fragen, ob Kohlbergs Werk für mich und meine Leute eine Hilfe sei, würde ich dies bejahen.

Mit Kohlberg stimme ich wahrscheinlich darin nicht überein, daß wir beide keine gerechte Gesellschaft erstreben können, wenn wir nur das eine und nicht auch das andere tun. Man kann mit Modell II weiterkommen, weil es die Gebrauchstheorie betont, aber nicht, weil es ein besseres Set von Konzepten ist. Die Konzepte – bei mir die vor-gestellte Theorie (expoused level) – kommen aus dem gleichen Ballsack. Wenn meine Leute ungerecht handeln, selbst dann, wenn sie sich in Modell II befinden, so wissen sie es. Wenn aber Ihre Leute ungerecht handeln, dann wissen sie es manchmal, manchmal auch nicht. Das beunruhigt mich. Zumindest diejenigen, mit denen ich gesprochen habe, schauten mich ungläubig an, wenn ich sie fragte, warum sie dies oder jenes tun, und sie sagten, was kann man da anderes tun? Auch Sie, Herr Kohlberg, erzählten mir einmal das Beispiel einer Cocktail-Party und daß dort Informationen über eine bestimmte Frau zurückgehalten worden sind, weil es nur eine Cocktail-Party und nicht mehr war. Es war genau da, wo ich Schwierigkeiten bekam, denn der

Druck auf einen Direktor ist groß, vielleicht bedeutend größer als der, den wir auf einer Cocktail-Party erleben. Und diese Direktoren kämpfen nun damit, daß sie keine Informationen zurückhalten. Ob dies eine Antwort ist?

Kohlberg: Ja, aber ich meine, daß wir beide, ich und die Lehrer der Cluster-Schule, ein wenig defensiv waren, weil wir Schwierigkeiten mit der Arbeit mit einer spezifischen Gruppe von Schülern hatten. Einige sind körperlich und verbal recht aggressiv, und da ist Modell II . . .

Oser: Auch die Leitung kann manchmal aggressiv sein.

Kohlberg: Ja, ja.

Argyris: Es ist genau jene Ebene der Taktik, die mich hier beunruhigt. Denn bei den T-Gruppen haben wir die bewußte Führung (instruction), die wir den Teilnehmern geben sollten, wirklich unterbetont. Wir haben einen Haufen »lausige« T-Gruppen-Leiter hervorgebracht. Das war ein Rückschlag. Sie haben das nicht getan. Aber da passiert eben das, was Sie soeben erzählt haben, eben im Namen von Lawrence Kohlberg. Und Sie würden nicht damit einverstanden sein. Das wird noch oft geschehen, es sei denn, die Lehrer würden trainiert, bevor sie in eine Just Community einbezogen würden. Eine Just Community zu gründen ist eines der schwierigsten Unterfangen, die es gibt, und niemand anders tut es in dieser verfeinerten Art und Weise wie Sie. So kommen die Leute her. Und eine Konsequenz ist, daß man viel Druck auf Sie als Leiter ausüben wird, um es da und dort auszuprobieren. Und ohne Ihnen zu nahe zu treten, möchte ich sagen, daß Sie an ein Ausbildungsinstitut denken sollten, anstatt den Leuten einfach zu sagen: Wollt Ihr versuchen, eine Just Community zu entwickeln? Sie haben ja schon ein Institut, wo sich solche Leute schon einige Trainingsfertigkeit holen könnten; Sie haben Mitarbeiter und Modell II usw. So können Sie sie wegschicken mit einem Paket von Fertigkeiten, das viel besser wirkt im Augenblick der Anwendung von Urteil und Fertigkeiten.

f. Planung praktischer Zusammenarbeit

Der Vorschlag von Argyris, Leitung und Lehrerschaft von Just Communities vorwegnehmend und außerhalb des Lebensfeldes zu trainieren, wird von Kohlberg aufgegriffen und praktisch weitergedacht. Eine praktische Zusammenarbeit würde die Verlegung des Problems »Urteil – Handeln« in ein Erfahrungsfeld bedeuten.

Kohlberg: Ich denke, wir sind dazu bereit. Da wir schon praktischer werden, folgendes: Ich hätte die Bitte, ob Sie nicht Beratung bei unserer Cluster-Schule machen könnten, ob wir das irgendwie gegenseitig machen könnten, mit Training für die Leiter und Lehrer der Cluster-Schule. Training ist vielleicht nicht das richtige Wort, aber Beratung (consulting). Die Sache vergrößert sich möglicherweise in einigen Jahren, weil da ein neues Schulhaus gebaut wird, eine neue High School entsteht. Und der Direktor der Schule ist wirklich begeistert über die Cluster-Sache. Und wenn genügend Schüler dort sind, was den Direktor noch mehr begeistert, entsteht eine Art Modell, das Hilfe bietet, die High School zu führen. Wir haben kein Geld mehr vom Kennedy-Fonds, aber wir arbeiten jetzt unter dem Danforth- und Ford-Fonds, um die moralische Atmosphäre und die Gerechtigkeitsstruktur messen zu können. Ich wäre von Ihrer Mithilfe begeistert. Ich weiß aber nicht, ob Sie Interesse haben, direkt in ein öffentliches Schulsystem involviert zu werden. Wenn da eine Möglichkeit wäre, könnten wir allerlei herausfinden. Ob Sie wohl Zeit haben in den nächsten Jahren?

Argyris: Mein Hauptinteresse wäre, erstens einmal herauszufinden, in welcher Beziehung Ihre Forschung zu meiner steht, und zwar sowohl in der praktischen als auch theoretischen bzw. vor-gestellten und Gebrauchs-theorie. Wir haben beide normative Perspektiven und können daher voneinander profitieren.

Zweitens interessiere ich mich dafür, zu sehen, wie kompetente Fachleute auf dem Gebiet der moralischen Entwicklung ausgebildet werden, wie Sie den von Ihnen ausgesuchten Lehrern helfen, eine gerechtere Gesellschaft aufzubauen. Und dann interessiert es mich, wie diese Fachleute so eine Lernatmosphäre herstellen, in die sie die Lehrer dann stellen, die dann ja wieder in ihre High School zurückkehren müssen. Dieser Prozeß ist für mich interessanter, als direkt in die High School zu gehen.

Drittens wäre es interessant für mich, wenn wir gemeinsam mit dem Schuldirektor sprechen könnten. Für die Ebene praktizierter Theorie werde ich mir immer Zeit freimachen. Und ich glaube, daß ich mit den Lehrern außerhalb der Schule arbeiten würde, was nicht heißt, daß ich dann nicht in die Schule selber gehe. Aber zur Zeit wäre ersteres besser, als viel Zeit in der Schule zu verlieren.

Kohlberg: Ich meine, daß es wichtig wäre, wenn Sie mit den Lehrern arbeiten, daß Sie aber ebenfalls einige Just Community Meetings und Lehrer-Meetings besuchen sollten, nicht regulär, aber alle 2 oder 3 Wochen. Sie würden feststellen, wie man das Implement verbessern könnte.

Argyris: Ich würde es tun wie mit den Generaldirektoren. Ich kann jederzeit ihre Fabriken besuchen. Wäre das nützlich?

Kohlberg: Es geht ja nur darum, ein paar Häuser weiter zu gehen für 1½ Stunden pro Woche.

Argyris: Körperlich ist das möglich. Könnten die Lehrer nicht ihre Sitzungen auf Tonband aufnehmen? Sie würden anschließend das Band als Anschauung hören und wären dann bereit, Fragen zu stellen. So lehren wir die Lehrer, ihr eigenes Verhalten zu reflektieren. Sie würden uns beide herbeiholen, und wir würden für sie und mit ihnen, die Reflexion vornehmen. Ich meine, Reflexion ist ein empirisches Unterfangen, welches genau so systematisch sein kann wie andere Forschung.

Kohlberg: Wenn wir die Community Meetings aufnehmen, dann ist es auch möglich, sie aufzuschreiben.

Argyris: Oder man kann nur bestimmte Episoden aufschreiben.

Kohlberg: Wir tun dies sowieso für Forschungszwecke.

Argyris: Das ist gut. Dann können die Lehrer das Geschriebene studieren und sie können besser zeigen, was ihre Intentionen waren und was dann herauskam. So können wir ihre Diagnose sofort offenlegen und dann Fragen stellen über ihren Denk- und Evaluationsprozeß. Wir müssen sie zu besseren Sofortdiagnostikern machen.

Kohlberg: Richtig. Aber solange Sie nicht gesehen haben, wie die Schüler rein physisch reagieren, wie es zugeht bei einem Meeting, ist es schwer, etwas zu machen. Wir konnten damals im Seminar nicht klarmachen, wie so ein Meeting aussieht, und wenn man das nicht weiß, ist es schwierig, bei den Leitern glaubwürdig zu sein.

Argyris: Ich verstehe. Wir müssen da mit ihnen zusammenarbeiten.

Kohlberg: Das würde uns viel helfen. Wir könnten beide hingehen und jeweils miteinander darüber sprechen.

Das Gespräch hat die Urteil-Handlungsfrage nicht gelöst, aber es hat sie in den Bereich gemeinsamer Erfahrung verlegt. Daß ein konkretes Beispiel von moralischem Konflikt in der Sichtweise beider Theorien behandelt wird, ist damit in die Zukunft praktischer Zusammenarbeit verschoben. Diese Konsequenz ist von zwei Standpunkten aus richtig. Erstens ist die Fragestellung so kompliziert, daß eine längere kommunikative Auseinandersetzung notwendig ist, vor allem, weil die Autoren gegenseitig zu wenig von ihren Theorien wissen. Zweitens hat die Entwicklungsgeschichte der beiden Theorien gezeigt, daß beide jeweils an einem andern Ort begonnen haben und jetzt langsam in das entgegengesetzte Feld münden. Argyris begann beim Verhalten, und er beginnt, sich mehr und mehr für das Urteil zu interessieren. Kohlberg begann beim Urteil, und er muß sich mehr und mehr mit dem Verhalten auseinandersetzen. Wenn das Gespräch eine weitere Konfrontation ermöglicht, so würde es zum mindesten einen Beitrag zur Lösung des Urteil-Handlungsproblems erbringen.

Distributive Gerechtigkeit
als Prinzip authentischer Interaktion

a. Begründung der thematischen Wahl

Die Darstellung der Interaktionsstufen und ihrer strukturalen Merkmale und die Darstellung des Exhaustionsmodells im Problemlöseprozeß führen uns nicht bloß zur Frage der Urteils-Handlungs-Beziehung, sondern auch zur inhaltlichen Frage: Was ist distributive Gerechtigkeit und welche Rolle spielt sie in unserer Untersuchung und nicht zuletzt in einer hierarchischen Interaktionstheorie schlechthin?

Jedes soziale System hat als zentrale Fragestellung, wie Güter, Macht und Rechte verteilt werden, wem sie zukommen und warum sie jemandem gerechterweise zukommen. Die Literatur über Ungleichheit (inequality) beschäftigt sich analytisch mit diesem Problem, und Jencks' *Inequality*, Thurows *Generating Inequality*, aber auch von Hirschs *Doing Justice*, Seligmans *Permanent Poverty*, Rosenbaums *Making Inequality*, Phelps' *Economic Justice* etc. sind Zeugnisse einer intensiven Auseinandersetzung mit diesen Problemen. Zudem ist dieses Thema zur Hauptfrage internationaler Beziehungen geworden. Da hochentwickelte Nationen die weniger entwickelten durch Investitionen mit inflationärer Steuerung benachteiligen, wird an der UNO zur Zeit am »Code of Conduct« gearbeitet, einem Konsultierungswerk, das Gerechtigkeitsregeln für multinationale Verhandlungen aufstellt. Diese Regeln sind den Gerechtigkeitsbegriffen der in die Verträge involvierten Länder angepaßt. Aber auch in jeder Kleingruppe, wie Familie, Schulklasse, peer group, gibt es das Problem der Verteilung von Gütern, von Macht, von Rechten und Pflichten; sie werden auch hier zwischen Personen durch mehr oder weniger bewußt geschaffene und angewandte Gesetze gerechter Verteilung interaktiv geregelt.

Der Zusammenhang mit der Darstellung in den vorhergehenden Kapiteln besteht darin, daß alle Verhandlungen um Verteilung und Umverteilung, die nicht auf der Basis authentischer Interaktion geschehen und optimal exhauriert werden, unvollständig sind. Wenn Regeln des vernünftigen Argumentierens zu Regeln der normativen Genese werden, begünstigen sie eine optimale Exhaustion und ein authentisches Verhandeln als Suche nach einem neuen Interessengleichgewicht.

Freilich hätte die Auswahl des inhaltlichen Spektrums auch anders erfolgen können. Im Buch *Todays moral problems* von R. Wasserstrom (1975) sind Themen zu finden wie Privatheit, Abtreibung, Rassismus und Sex, Bestrafung, die Befolgung des Gesetzes, Gewalt und Krieg. Das Problem der Verteilung von Gütern unter knappen Bedingungen ist nicht erwähnt. Es findet sich aber in einem anderen literarischen Kontext, nämlich in der oben erwähnten Literatur über Ungleichheit.

Für die Auswahl des inhaltlichen Aspektes, also der Verteilung von Gütern unter knappen Bedingungen, waren für mich auch folgende Gründe ausschlaggebend:

Erstens garantiert dieses Thema das, was wir in der Einführung mit »moralischer Situation« bezeichnet haben, also ein Ungleichgewicht der Urteilslage und das Exhaustionsvorgehen.

Zweitens ist dieses Thema unter dem Gesichtspunkt authentischer Interaktion sonst nirgends behandelt worden.

Drittens wurde die Möglichkeit, *konkret* auf der Basis von Gerechtigkeitsaussagen handeln oder verteilen zu können (Eintrittskartenproblem) für unsere Arbeit als theorieschärfend empfunden.

Viertens gab es ein allgemeines Interesse am Ungleichheitsphänomen als solchem. Inhaltszentrierte Interaktion mit Dilemmas distributiver Prägung lassen die kognitiven Niveaus der Individuen und der Gruppen äußerst klar erscheinen.

Und fünftens ist das Thema der ungleichen Verteilung in einer Gesellschaft, in welcher einerseits Investition und Gewinn als hohe Werte empfunden oder als wichtiger Mechanismus bei der Herstellung von Gebrauchs- und Verbrauchsobjekten angesehen werden, andererseits aber die ungerechte Verteilung dauernd ins Auge springt, immer dann tabu, wenn wir zugestehen müssen, daß wir noch keine politischen Voraussetzungen für einen Zustand gerechter Verteilung haben.

Freilich sind Interaktionsstufen generalisierbar, d. h. keine Stufen distributiver Gerechtigkeit an sich. Sie haben ein hohes Maß an überschüssiger Eigenkomplexität. Wir werden ihrer aber bloß habhaft, wenn wir sie auf einen kleinen Bereich der sinnhaft aufgebauten Welt reduzieren (Bezugsproblem distributiver Gerechtigkeit). Distributive Gerechtigkeit im Interaktionsvollzug kann – wenn man dieses Thema einmal gewählt hat – unter drei Gesichtspunkten analysiert werden: a. unter philosophischen Legitimationsstrategien, b. unter politischer bzw. politökonomischer Kritik und c. unter entwicklungspsychologischen Perspektiven. Die drei Sichtweisen lassen sich in unserer Arbeit nicht voneinander trennen, weil sie eng mit den kognitiven Stufen der Interaktion zusammenhängen. So spielen vermutlich auf der untersten Stufe eher ökonomische Nutzen- und Gewinntheorien, also eine tiefe Form von Utilitarismus, eine Rolle; auf der höheren Stufe eher komplexere philosophische Gerechtigkeitstheorien (darunter auch eine prinzipienorientierte Form des Utilitarismus). Was hier gesamthaft geleistet werden muß, ist also die Rechtfertigung der kognitiven Interaktionsstufen vom Standpunkt einer Philosophie, welche die letzten Prinzipien weder als absolut gegeben noch als relativistisch verschwommen darstellt, sondern sie in den Kontext der Kommunikation stellt. Und es muß zugleich darüber nachgedacht werden, wie eine gerechte Verteilung an sich in den einzelnen Stufen überhaupt gerechtfertigt werden kann. So ist auf der vierten und höchsten Stufe u. a. die Frage nach formalen Merkmalen der Moral und nach den Bedingungen gerechten Handelns, wie sie in den Begriffen der Unparteilichkeit, Objektivität, Gleichheit und Ungestörtheit zum Ausdruck kommt, das übergreifende Charakteristikum einer Auseinandersetzung. Auf der dritten Stufe ist es die Frage nach der Erhellung operativer Prinzipien oder Normen, wie sie in der Normenanalyse und auch teilweise in der Entwicklungspsychologie herausgearbeitet wurden. Auf der zweiten Stufe, unter dem analytischen Gesichtspunkt, sind es soziologische, ökonomische und politische Analysen, die Informationen und entsprechende beschreibende Theorien über Ungerechtigkeitszustände in der Gesellschaft liefern. Es sind meistens sog. Zeitquerschnitttheorien, die ein Urteil über Zusammenhänge von Ungleichheiten im Status, Einkommen, Vermögen, Ausbildung etc. gestatten. Und auf der untersten Stufe sind es Effektivitätstheorien, also Hypothesen, die unmittelbar Herstellung von Entscheidung, unmittelbare Interessenverwirklichung und unmittelbare Handlungsrelevanz bedeuten. Dieses Bedeuten hat keinen generellen Wert; es ist nur relevant in bezug auf die konkret vorgelegten Verteilungsprobleme, also auf einen Interessenkonflikt und auf das Lösen des Konfliktes durch das praktische Entscheidungshandeln, also durch mehr oder weniger rationales Kommunizieren von Menschen, die dieser Konflikt etwas angeht.

b. Mögliche Modi des Verteilens nach Gunzburger et al. und der entwicklungspsychologische Ansatz von Damon

Im Bereich der Entwicklungspsychologie haben Gunzburger, Wegner, Anooshian (1977), Damon (1974, 1975 etc.) und Lerner (1975) sich auf ganz neue Art mit den kognitiven Denkmustern distributiver Gerechtigkeit auseinandergesetzt. Wir wollen zuerst die Arbeit von Gunsburger et al. diskutieren und anschließend den Damonschen Ansatz betrachten, um dann nach dem umfassenden Prinzip der Gerechtigkeit im philosophischen Sinne zu fragen.

Gunsburger et al. fragen, wie das Verhältnis zwischen den Modi des Verteilens und dem Urteil der Gerechtigkeit beschaffen sei. Sie gehen aus von einer Definition der sozialen Interaktion: ein Akt des Austausches, in welchen jedes Mitglied der Gruppe etwas investiert (input) – Zeit, Aufwand, Aufmerksamkeit, Expertise etc. – im Austausch für ein Ergebnis (output) – Geld, Vergnügen, Demütigung etc. Das Zugeteilte ist im Verhältnis des insgesamt Verteilten ein Maß dafür, wie stark der Verteiler das Eingegebene des einzelnen Mitgliedes, also den input bemerkt und wertschätzt.

Nach Gunsburger et al. gibt es nun fünf Modi (Arten) des Verteilens:

1. Selbstinteresse:
Der Verteiler sieht seine eigene Investition und mißachtet, verneint oder unterschätzt die der anderen.

1. Parität (parity):
Die Verteilung findet unter dem Gesichtspunkt des gleichen Gewinns statt. Was investiert wurde, spielt kein Rolle.

3. Billigkeit (equity):
Es wird verteilt auf der Basis dessen, was wirklich investiert wurde, nicht was zwar intendiert, aber nicht gelungen oder verwirklicht ist.

4. Soziale Verantwortung:
Beides wird berücksichtigt: die aktuelle und die intendierte Investition. Den Mitgliedern einer Gruppe wird also auch etwas gegeben, wenn sie zum Gruppenganzen zwar nichts beigetragen haben (keinen Verdienst haben), aber doch die gute Absicht hatten, einen Beitrag zu leisten (Berkowitz und Daniels, 1963,

verstehen unter dem Begriff allerdings etwas anderes, nämlich das Verhältnis von sozialer Verantwortung zu sozialer Abhängigkeit. Wir wollen hier nicht darauf eingehen, sondern zeigen, daß die vierte Art nicht mit einer machtvollen Person zu tun hat, die verteilt, sondern im Rahmen einer normalen Verteilungssituation steht.)

5. Individuelle Verantwortung:
Hier wird ebenfalls nach dem Prinzip verteilt, daß der Verteiler wirklich Erreichtes und absichtlich Erstrebtes, aber nicht Erreichtes berücksichtigt – zugleich aber nicht die Gruppe für das verantwortlich macht, was sie weniger erhält, sondern sich selber. Er gibt sich selber weniger, damit er auch intendiertes Verhalten, das nicht zum Ziele führte, belohnen kann.

Die Autoren erwarten nun, daß die Modi des Verteilens in einem Zusammenhang stehen mit den Stufen des moralischen Urteils nach Kohlberg, was von der Anlage der Untersuchung her recht problematisch ist. Wir haben ja in Anlehnung an Kohlberg auf S. 214 ff. gezeigt, daß Urteil und Handeln nur tendenziell miteinander zusammenhängen, und wir konnten bisher in unseren Untersuchungen zeigen, daß bei verschiedenen Problemen (Problemsituationen) an sich verschiedene Modi des Verteilens zur Anwendung kommen (vgl. etwa Analyse A, S. 474 ff.).

Die Untersuchung wurde mit 136 15- bis 17jährigen durchgeführt. Sie hatten in Vierergruppen eine Stunde lang eine Arbeit auszuführen und schließlich $ 5.60 an alle 4 (3 Mitglieder fiktiv) nach entsprechenden Angaben zu verteilen. Es wurde also jedem einzelnen bloß gesagt, er sei ein Mitglied einer Vierergruppe. Damit die Schüler glaubten, daß auch andere Mitglieder da seien, wurde, in Abständen von 15 Min., jeweils ein anderer Schüler hereingeholt. Die Stufe des moralischen Urteils wurde mit dem DIT von Rest (vgl. S. 365) für jeden Schüler eingeschätzt. Die Verteilungsbedingungen waren: Versuchsperson (A) und ein Schüler (B) je eine volle Stunde Arbeit. Ein Schüler (C) konnte sich nur 25 Min. voll konzentrieren, stieg dann aus und wollte nicht mehr weitermachen. Ein anderer (D), der intensiv mitmachen wollte, wurde nach 25 Min. ins Schulzimmer zurückgerufen.

Die distributiven Merkmale waren nun:
1. Selbstinteresse: $(A > B = C = D)$
2. Parität: $(A = B = C = D)$
3. Billigkeit: $(A = V > C = D)$
4. Soziale Verantwortung: $(A = B = D > C)$
5. Individuelle Verantwortung: $(C < A = D < B)$

Bei einer interrater-Übereinstimmung von 96% sind die Verteilungen aus Tabelle 2.4 zu ersehen.

	Distribution response group			
	parity	equity	social responsibility	individual responsibility
Mean age	15.8	15.4	15.9	16.0
Mean stage	4.1	2.9	4.5	5.5
Sample size	10	7	22	4

Tabelle 2.4: Häufigkeiten der Verteilungsmodi nach Altersstufen und Stichprobengröße (nach Gunzburger et al. 1977)

Aus der univariat durchgeführten Analyse geht hervor, daß die Gruppen sich in der Variablen »Stufe« signifikant unterscheiden, nicht aber in der Variablen »Alter«. Die Diskriminationsanalyse zeigt, daß die moralische Stufe ein besseres Voraussagemaß für den Verteilungsmodus ist als das Alter. Figur 2.1 zeigt das prozentuale Verhältnis der Personen auf jeder Stufe in Relation zu einem bestimmten Modus des Verteilens.

Selbstinteresse als Modus war nur in einer Stufe zu finden. Parität erscheint mit ca. 20% auf ungefähr allen Stufen, ist also relativ unabhängig vom Stufenurteil. Billigkeit ist in den Stufen 2, 3 und 4 zu finden, mit Dominanz auf Stufe 4 und vorherrschend auf Stufe 5; soziale Verantwortung ist auf allen Stufen zu finden, und individuelle Verantwortung als Modus findet sich nur auf Stufe 6.

Können wir aus dieser Untersuchung etwas gewinnen in bezug auf die inhaltliche Frage, was gerechte Verteilung sei? Die Autoren setzten sich mit dem Verhältnis der Stufen zum Modus verteilenden Handelns auseinander. Wenn diese Art Modus ein begründendes und rechtfertigendes Moment enthielte, wäre dies für uns wertvoll. Aber genau das muß in Frage gestellt werden. So müssen die Autoren schließlich zugeben, daß gerade der Paritätsmodus darauf hinweist, daß situative Aspekte und vermutlich auch Vermittlungsurteile entscheidend mithelfen, das Handeln zu evozieren. In unserer Analyse A (S. 474) kam dies schon deutlich zum Ausdruck, vor allem, wenn man die These von Simon-Tobin mitbedenkt, wonach Vergnügungs- oder nicht lebensnotwendige Güter anders verteilt werden als lebensnotwendige (vgl. S. 477).

Wir müssen diesen Verteilungsansatz weiter unten nochmals

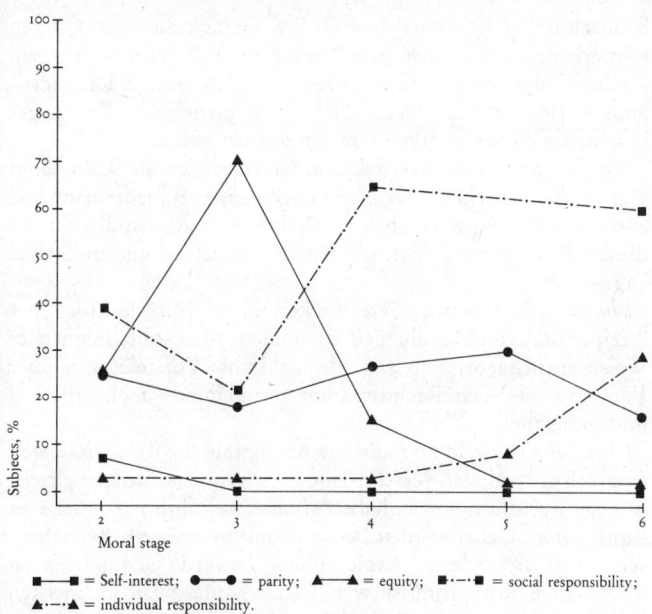

■—■ = Self-interest; ●—● = parity; ▲—▲ = equity; ■–·–■ = social responsibility; ▲–··–▲ = individual responsibility.

Figur 2.1: Prozentsatz der Versuchspersonen jeder moralischen Stufe, Nachweis der jeweiligen Modi des Verteilens (nach Gunzburger et al. 1977)

kritisch betrachten. Ich will aber zuerst die Stufen von Damon ebenfalls darstellen.

Damon (1975, 1977) hat mit Verteilungsexperimenten eine Stufenhierarchie von Verteilungsurteilen ähnlich dem Kohlbergschen Ansatz entwickelt. Man muß allerdings wissen, daß Damon seine Experimente mit jüngeren Schülern (4 bis 10 Jahre) durchgeführt hat. Die Stufen sehen folgendermaßen aus:

Ebene 0-A: Positive (verteilende) Gerechtigkeit hat direkt damit zu tun, daß die Person wünscht, daß eine bestimmte Handlung auftritt. Begründungen »versichern« diese Wahl eher, als daß sie sie rechtfertigen; z. B. ›ich sollte etwas bekommen, weil ich es haben will‹.

Ebene 0-B: Die Entscheidung spiegelt die Wünsche der Person wider, ist aber zugleich auch gerechtfertigt auf der Basis von extern beobachtbaren Realitäten wie Größe, Geschlecht oder anderen körperlichen Merkmalen von Personen; z. B. ›wir sollten am meisten bekommen, weil wir Mädchen sind‹. Solche Rechtfertigungen sind in einer wechselhaften »A-posteriori«-Art vorgebracht; sie dienen letztlich nur der eigenen Sache.

Ebene 1-A: Positive (verteilende) Gerechtigkeit als Wahl hängt von straffer Gleichheit der Handlungen ab; z. B., jedermann soll absolut genau dasselbe erhalten. Rechtfertigungen sind wohl mit diesem Prinzip konsistent, werden aber unilateral und unflexibel angewandt.

Ebene 1-B: Positive Gerechtigkeit hängt mit der Idee der Reziprozität von Handlungen zusammen: Man sollte in gleicher Weise zurückgeben, ob gut oder schlecht. Vorstellungen über Verdienst entstehen. Rechtfertigungen sind immer noch unilateral und unflexibel.

Ebene 2-A: Es geht hier um eine Art moralische Relativität, weil eingesehen wird, daß verschiedene Personen verschiedene gleichwertige Rechtfertigungen haben können, um ihre Ansprüche zu legitimieren. Dabei werden Personen mit besonderen Bedürfnissen, etwa Behinderte, Arme, höher bewertet. Es gibt auch quantitative Kompromisse wie: Dieser sollte zwar am meisten bekommen, aber jener muß doch auch etwas haben.

Ebene 2-B: Die Person vermag Gleichheits- und Reziprozitätsüberlegungen miteinander zu koppeln. Situationsmerkmale und Bedürfnisse verschiedener Personen können miteinander in Beziehung gebracht werden. Die Wahl ist klar und sicher, obwohl Rechtfertigungen die Überlegung enthalten, daß jeder Person das ihre gegeben werden muß (obwohl dies in verschiedenen Situationen nicht dasselbe bedeutet).

Soweit also Damons genetisch-epistemologischer Ansatz der kognitiven und hierarchischen Verteilungsurteile. (Es geht hier nicht darum, die Probleme der Hierarchisierung, Sequenzialität, Universalität etc. zu diskutieren, sondern die fundamentalen Verteilungsprinzipien.) Gunzburger et al. haben ihre fünf Modi des Verteilens logisch abgeleitet und sie handlungsorientiert operationalisiert. Damon hat sie genetisch-empirisch gewonnen. Bei beiden aber sind Verteilungsregeln direkt auf das Lösen des Problems hin orientiert. Damon läßt die Personen eine Teilungshandlung ausführen und fragt anschließend, warum so verteilt worden sei. Er erhält Urteile, die philosophischen Charakter haben, also eine begründende und rechtfertigende Kraft besitzen. Er erhält diese Urteile zudem als handlungsbezogene kognitive Vermittlungsinstanzen. Gunzburger bringt die Modi des Verteilens mit generellen Stufen des moralischen Urteils in Zusammenhang. Der Unterschied zu unserer Untersuchung liegt darin, daß bei uns durch die Gruppendiskussion hindurch erst Verteilungsmodi und -prinzipien entstehen; sie sind ja durch die Intervention strukturbildender Stimuli beeinflußt und nicht a priori da. Ob man eine schon gemachte Entscheidung als Handeln begründet oder ob man zuerst handelt und dann sich entscheidet (Retentionsphänomen), ist allerdings außerordentlich wichtig, wie wir in den vorangegangenen Abschnitten gesehen haben.

Damons Ansatz führt trotzdem direkt zur Frage: Was heißt denn optimales und gerechtes Verteilen? Wie müssen die höchsten Prinzipien des gerechten Verteilens aussehen, damit wir verstehen, warum Gruppen so und nicht anders argumentieren und damit wir die genetisch-epistemologischen Hierarchien begreifen?

c. Fünf Ansätze zu Verteilungsprinzipien: Brecht, Rawls, Nozick, Marx und die Utilitaristen

Die Studie von Gunzburger et al. und die Damon-Studie gehen »von unten« an das Problem der Verteilung heran. Wir müssen jetzt jedoch philosophisch-anthropologisch fragen und dabei einige der höchsten Prinzipien diskutieren, auch wenn wir den Leser dabei ohne definitive Antwort lassen. Wir leisten eine ähnliche Auseinandersetzung, wie sie in der Gruppe auf der Ebene der authentischen Interaktion erfolgt, ohne aber die authentische Interaktion an sich zu beschreiben, wie wir dies in Kapitel 1, S. 122 ff., getan haben, sondern indem wir auf das Inhaltliche der möglichen Verteilungsprinzipien hinsteuern. Wir verzichten auf breite geschichtliche Ausführungen, beginnend mit dem Begriff der Proportionalität und Mitte bei Aristoteles, fortsetzend mit dem Begriff des »suum cuique« von Augustinus bis hin zu einer Goldenen-Regel-Gerechtigkeit bei Johannes Gründel (1970). Dies würde uns zu weit führen. Wir müssen bei den Verteilungsproblemen bleiben, die wir den Gruppen der Klassen vorgestellt haben.

Da unser drittes Problem mit der Zuteilung eines Kindes zur Adoptiv- oder zur echten Mutter und mit seiner Zukunft zu tun hat, werden wir an das Salomon- oder Kreidekreismotiv erinnert (vgl. S. 64).

»Denen, die für es gut sind« (Brecht, Kreidekreis), stellt ein Prinzip der Verteilungsgerechtigkeit dar. Es meint, man solle die Dinge so verteilen, daß jene sie erhalten, die einen Bezug zu den Dingen haben, die der Dinge bedürfen, sie aber auch optimal pflegen, entfalten, gebrauchen, zur Darstellung bringen, sich engagieren. In der Salomonischen Legende wird dasselbe gesagt, nur ist dort die richtige Mutter die liebende Mutter. Brecht hingegen hat die sozialen, gesellschaftlichen Voraussetzungen mit einer starken Nuancierung versehen, denn bei ihm ist die »naturrechtliche« Liebe zum Kind in einer gewissen Gesellschaft gar nicht mehr möglich. Bei ihm ist es deshalb Grusche, die das Kind erhält. Aber das Prinzip bleibt dasselbe.

»Denen, die für es gut sind«, ist eine Absage an alle Gewinnorientierung, Spekulation und Übervorteilung. Warum soll also z. B. jemand zwei Häuser haben, da er nur in einem wohnen kann? Wohnen wäre somit die Kategorie »denen, die für es gut sind«. Wohnen ist ja nicht bloß Gebrauch, sondern es ist Bedingung der Lebensverwirklichung als Spannungsfeld von Sein und Dasein. Verteilung ist nach Brecht ein Vorgang, der nur aufgrund des Ausmaßes intrinsischer Bedürfnismotivation und Beziehung, gekoppelt mit dem Prinzip egalitärer Möglichkeiten, erfolgen kann. Gewinnmaximierung und Nutzenfragen werden absurd; sie machen das Verteilen zu einem Prozeß der Raubtiere, bei dem es nur naturrechtliche Ansprüche und Ansprüche der Vererbung gibt. Nach Brecht aber gibt es nur das immer neue Fragen nach dem Ursprung einer Beziehung, die auf der Basis gleicher Möglichkeit und gleicher Rechte konzipiert ist.

Machen wir nun den Sprung zu John Rawls. Er geht davon aus, daß es eine Identifikation der Interessen in einem sozialen Konflikt gibt, weil Zusammenarbeit ein mögliches besseres Leben schaffen könnte. Gleichzeitig gibt es aber auch einen Graben, weil es niemandem gleichgültig ist, wie die Früchte seiner Arbeit verteilt werden und weil jeder ein Interesse hat, seinen Teil anzuhäufen.

Warum unterscheidet sich Rawls nun einerseits von den utilitaristischen Prinzipien etwa von Mill, die ein größeres Gut für eine größere Anzahl Personen anstreben, und andererseits vom Prinzip Brechts? Das utilitaristische Prinzip sei nur möglich, so John

Rawls, wenn eine Gesellschaft schon gerecht sei und somit eine bestimmte Ordnung habe, wenn somit auch festgelegt sei (wenn nicht durch Interessen, so durch Tradition), was gut ist. Zwei Sachen aber fehlten dem Utilitaritätsprinzip: weder sage es etwas darüber aus, wie die Summe der Genugtuungen unter Individuen verteilt wird, noch wie das Individuum seinen Teil über die Zeit hinweg verteile. Weil gewisse Verteilungen ein soziales Gefüge beeinflussen, sei es nicht ohne Bedeutung, warum ein größerer Gewinn auf der einen Seite nicht eine Kompensation für größere Verluste auf der anderen Seite sein könne und warum auch die Verletzung der Freiheit von wenigen nicht unbedingt durch ein größeres Gut für viele gerechtfertigt werden könne.

J. Rawls stellt also diesem Utilitaritätsprinzip sein Prinzip des sozialen Vertrages gegenüber. Hier geht es nicht mehr darum, daß ein Individuum als solches eine Wahl trifft und somit im Rahmen sozialer Normen handeln kann oder nicht, im Gegenteil: die vernünftigen Individuen, die zu einer Gesellschaft gehören, wählen zusammen, in einem gemeinsamen Akt, was unter ihnen Recht und Unrecht sein soll. Sie haben dies ein für allemal zu tun, in einer sogenannten ursprünglichen (initial, original) Situation, in der keiner der Beteiligten seine eigene Stellung in der Gesellschaft von vornherein kennt und auch nicht seine zukünftigen Fähigkeiten und Talente. Es fehlt also jede Information. Der »Schleier des Nichtwissens« verhindert eine Bevorteilung und Benachteilung durch soziale Klasse, Glück etc. Die Grundfrage lautet: Was wird mir mein Feind zuteilen, ohne daß er weiß, daß ich sein Feind bin. Somit wird diese Theorie ein Teil vernünftigen Entscheidens schlechthin, im kantischen Sinne, ist somit mehr als tägliches Entscheiden bei konkreten Verteilungssituationen. Sie macht den Anspruch von Fairneß als Gerechtigkeit möglich. Rawls formuliert seine zwei berühmten Prinzipien:

»1. Jede Person, die sich in einer Institution engagiert oder von ihr betroffen wird, hat dasselbe Recht auf die größte Freiheit im Vergleich mit der Freiheit der anderen.

2. Ungleichheiten, entstanden durch die institutionale Struktur oder von ihr gefördert, sind zufällig, solange es nicht vernünftig ist, daß man erwarten kann, daß sie zu jedermanns Vorteil sind, und vorausgesetzt, daß die Positionen und Rechte, die durch die Institution entstehen, von jedermann erreicht werden können, also für jedermann offen sind.« (1967, vom Autor übersetzt)

Diese beiden Prinzipien regulieren nach Rawls die Verteilung von Gütern, Rechten etc. in einer Gesellschaft (politische, ökonomische und soziale Bereiche). Sie müssen, wenn sie nur einigermaßen standhalten wollen, sich den Problemen der fundamentalen Ungerechtigkeit einer Gesellschaft stellen (ungleiche Lebenschancen, verschiedene soziale Klassen, politische Freiheiten, ökonomische und soziale Gegebenheiten, unterschiedliches Einkommen und Vermögen). Das zweite Prinzip besagt daher, daß Ungleichheit nur möglich ist, wenn sie zum Vorteil von jedermann diene. Da wird natürlich an die Struktur der Gesellschaft die Erwartung herangetragen, daß Rechte und Pflichten neu verteilt werden können. Dies wiederum hängt von den Erwartungen aller und von den Basisrechten ab.

Aber was heißt: Ungleichheit zum Vorteil aller? Hume würde sagen, daß die Institutionen der Gerechtigkeit (Regeln, die Eigentum und Vertrag ordnen) ohnehin zu jedermanns Vorteil seien, da jede Person im Gleichgewicht der Interessen als Gewinner hervorgehe. Nach Rawls hingegen meint Hume nur den Menschen im gegebenen Naturzustand, und dies würde etwa die Sklaven in einem fixen Staatssystem nicht betreffen, denn sie würden auch dann, wenn sich das Ganze nach oben bewegt, im Zustand der Sklaverei bleiben.

Ein Ausweg könnte auch das Pareto-Prinzip sein, das besagt, das Wohl der Gruppe sei dann optimal, wenn es nicht nicht(!) möglich ist, jedermanns Gewinn durch den Verlust eines anderen zu kompensieren. Angewandt auf zu verteilende Güter, wenn es keine Wiederverteilung gibt, welche eines Individuums Position ohne Verschlechterung eines anderen verbessert (niemand etwas gewinnen kann, ohne einem andern Verlust zuzufügen). Es dürfte also keinen Austausch mehr geben, der zum Nachteil beider Parteien ist. Da es aber andere Arten der Verteilung gibt und die Verteilung nach Pareto, selbst wenn ein Staat dieses Prinzip übernimmt, nicht die beste ist, sondern höchstens die optimale im Sinne der Effizienz, muß weitergefragt werden. Das Prinzip erfaßt ja auch nicht die Erwartungen, die Bedürfnisse und die Einstellungsänderungen von Personen. Wenn das Prinzip im institutionellen Sinn die Verhältnisse klärt, ist es aber nicht unbedingt gerecht, weil z. B. Dienstbarkeit nicht ohne Veränderung der Erwartung der Bedienten verändert werden kann. Effektivität und Gerechtigkeit können zwar in Übereinstimmung gebracht werden, aber das Pareto-

Prinzip erfaßt nicht die Voraussetzung der ursprünglichen Position, nämlich gleiche Freiheit und Chancengleichheit.

Wir müssen also zurückgehen und erneut nach der Rechtfertigung des zweiten Prinzips fragen. Rawls sagt:

»Wir interpretieren das zweite Prinzip so, daß es dann und nur dann gerecht ist, wenn es einhält, daß die größeren Erwartungen der mehr Bevorteilten – wenn sie eine Rolle spielen in der Welt der Arbeit des sozialen Systems – auch die Erwartungen der am wenigsten Bevorzugten verbessern. . . Auch muß das Gedeihen der am wenigsten Glücklichen so groß als überhaupt möglich sein.« (1967, S. 328)

Dieses sogenannte Unterschiedsprinzip besagt, daß Ungleichheit nur dann gerechtfertigt ist, wenn sie ein veränderbarer Teil eines größeren Systems ist, in dem auch das unglücklichste Individuum davon optimal profitiert, wenn die Verteilung von Lebenserwartungen tangiert wird. Unter diesem Prinzip ist das Gedeihen der Ökonomie ebenso miteinbezogen wie die Möglichkeit des Erwerbs etc., natürlich immer unter dem Gesichtspunkt des ersten Prinzips der Chancengleichheit. Dabei ist es wichtig, daß die Vorteile nach den Bedürfnissen ausgerichtet werden und daß die Höherstehenden kein Vetorecht gegen die Tieferstehenden haben. Das Unterschiedsprinzip enthält deshalb das Prinzip der Verdienstgerechtigkeit; man sucht nach natürlichen Talenten und Fähigkeiten und verteilt danach, wobei jene, die dies eingehen, dies nur unter dem Gesichtspunkt der Verbesserung des Lebens jener tun dürfen, die schlechter dran sind, also von Natur aus weniger Talente haben etc. Es ist eine Art Kompensationsprinzip mit Aktivitätscharakter, das über das Pareto-Prinzip hinausgeht. Allerdings hat es nichts mit einer zufälligen Verteilung zu tun, wie etwa zufallende Erbschaftsgüter. Denn es geht Rawls immer um eine übergreifende staatliche Steuerung, also um Verteilung von Primärgütern wie Existenzrecht, Freiheit, Gleichheit, Einkommen, Gesundheit, Schulbildung, und nur hierin gilt das Unterschiedsprinzip. Diese Abgrenzung vom Alltäglichen führt zur Abgrenzung aller Effizienzprinzipien und der reinen Verdienstgerechtigkeit zur Kombination des Unterschiedsprinzips mit dem Prinzip der Chancengleichheit unter gleichen Bedingungen (vgl. Tabelle 2.5).

Während liberale Gleichheit zunächst bedeutet, daß Personen mit gleicher Fähigkeit und gleichem Einsatz dasselbe erhalten sollen, also eine arbiträre Verteilung im Sinne der Begünstigungen und Bedürfnisse zur Diskussion steht, bedeutet das Feld »demokratische Gerechtigkeit«, daß die Merkmale des Unterschiedsprinzips zur Wirkung kommen, nämlich nicht die natürliche Ausbalancierung, sondern der Kampf um höhere Zuteilung angesichts der Verbesserung des weniger Begünstigten. Rawls spricht von Fraternitätsprinzip, bei dem im Sinne Kants der Mensch niemals Mittel, sondern immer nur Zweck ist. Von niemandem darf verlangt werden, er solle weniger haben, damit ein anderer mehr hat (Opferprinzip). Hingegen soll einer mehr haben, damit auch ein Geringerer mehr erhält. Und sobald das Unterschiedsprinzip zu einem staatlichen Prinzip wird, hat der ökonomische Wettbewerb keinen ungesteuerten Selbstzweck mehr; er hebt die gesamten Verteilungsansprüche an.

a. Jedermanns Vorteil b. Gleich offen für alle	Prinzip der Effizienz (Pareto-Optimalität)	Unterschiedsprinzip (mutualer Vorteil)
Gleichheit als Karriere offen für Talente	System der natürlichen Freiheit	Natürliche Aristokratie
Gleichheit als gleiche Möglichkeit und gleiche Bedingungen	Liberale Gleichheit	Demokratische Gleichheit

Tabelle 2.5: Wirkung zweier Prinzipien unter verschiedenen Bedingungen (nach John Rawls 1967)

Vergessen wir nun nicht:
Distributive Gerechtigkeit ist ein Konzept praktischen Handelns, denn allgemeine Gerechtigkeit kann letztlich nur unter dem Gesichtspunkt von sozialen Institutionen gesehen werden. Soweit hat Rawls recht. Die Prinzipien distributiver Gerechtigkeit regulieren Vorgänge, indem sie die Grenzen von Positionen, Verbindungen und Verhandlungen einschränken. Es gibt philosophisch gesehen Prinzipien höherer Ordnung, die von Verhandlungspartnern auch dann angenommen werden können, wenn sie im einzelnen verschiedene Konzeptionen der Verteilung sozialer

Güter haben. Formuliert man solche höheren Prinzipien, muß man die Rolle interaktiver Prozesse als einen Teil ihrer selbst ansehen, was Rawls jedoch nicht macht. Denn der Prozeß der Generierung und der Applikation ist auch dann ein gesellschaftlicher Akt der Auseinandersetzung, wenn in einer Gesellschaft hinsichtlich übergreifender Prinzipien ein gewisser Automatismus schon feststellbar scheint. Regeln vernünftigen Argumentierens sind selber ein Teil der Generierung distributiver Praxis. Vorschläge, Evaluationen, Urteile und Beschlüsse sind Abschnitte des Verstehens und Verknüpfens in der Meinungsbildung, die die Subjektivität durchsichtig machen und nicht bloß die originale Position betreffen. Baldwin erkannte diese Zusammenhänge schon früh, und er sagte:

»Die Gesellschaft repräsentiert das, was von den individuellen Intuitionen des ethisch Richtigen schon längst generalisiert ist. Doch die weiteren individuellen ethischen Intuitionen des Rechts sind in diesen sozialen Generalisierungen nicht erschöpft. Im Gegenteil, nur soweit die Individuen neue Intuitionen haben und sie aussprechen, kann die Gesellschaft sie wiederum generalisieren, und dies in Form von neuen Institutionen und Gesetzen.« (1897, S. 535)

Hier scheint das andere normative Element der Genese dessen auf, was durch praktische Argumentation zustande kommen kann, wenn Beteiligte mit gleichen Rechten und ähnlichen Voraussetzungen in die Praxis eintreten und wenn bei der Zuteilung von Rechten und Pflichten kein zufälliger Unterschied zwischen Personen gemacht wird; denn die Regeln, die ein Gleichgewicht der Ansprüche darstellen, werden jeweils neu generiert und so lange exhauriert, bis sie den erhöhten Allgemeinheitsgrad erreichen und jegliche Vagheit und Unsicherheit eliminiert ist. Die Regeln sind bei Rawls jedoch noch keine Regeln der Verhandlung, sondern erst der Distribution; sie müssen zugleich Regeln der Verhandlung werden. Aber um dies zu erreichen, müssen wir über Rawls hinausgehen (authentische Interaktion).

Zuerst aber zu Nozicks Anspruchstheorie (1974). Sie ist viel einfacher und basiert auf der Vorstellung eines Urzustandes, in dem die Welt völlig gerecht ist. Davon wird abgeleitet, aus welchen Ansprüchen oder Verdiensten Differenzen in der Verteilung entstehen. Der Besitz des Menschen wird als gerecht angesehen, wenn der Mensch im Sinne gewisser Grundsätze der gerechten

Aneignung und Übertragung oder der Berücksichtigung von Besitzzuständen einen Anspruch hat. Der Anspruch ist also das einzige Merkmal der Entscheidung, nicht etwa strukturelle Grundsätze, wie verteilt werden soll. Mit strukturellen Grundsätzen der Verteilung ist gemeint, daß die Verteilung einer natürlichen Dimension folgt, einer gewichteten Summe oder einer lexigraphischen Ordnung natürlicher Dimensionen (Nozick 1976, S. 148). Nozick meint, daß das System der Ansprüche begründet sei, wenn es aus den Zielen der einzelnen bei Übertragungen durchsichtig gemacht werde. Er sagt:

»Strukturelle Verteilungsgrundsätze gewähren den Menschen nicht das, was ihnen Anspruchsgrundsätze gewähren, nur mit besserer Verteilung. Denn sie gewähren nicht das Recht, mit dem, was man hat, zu machen, was man will; man kann kein Ziel verfolgen, zu dem (als Zweck oder als Mittel) die Verbesserung der Verhältnisse eines anderen gehört.« (S. 157)

In dieser Definition sehen wir genau, was die Anspruchstheorie will, nämlich das Recht, mit dem, was man hat, zu tun, was man will, zugleich die Ansprüche als solche gelten zu lassen, ohne den Zweck, die Verbesserung der Verhältnisse des andern zu intendieren. Die Anspruchstheorie ist deshalb eine historische Theorie, denn sie fragt: Wer hat zuerst angeeignet und auf welche Weise? War dies gerecht (nach den Grundsätzen der gerechten Verteilung), dann gibt es keinen Grund zur Umverteilung, es sei denn, derjenige eines neuen Anspruches. Theorien, die sich am Zeitquerschnitt messen, wie etwa die Wohlfahrtsökonomie, würden das Zustandekommen der Verteilung ignorieren und mehr an Endzustandsgrundsätzen orientiert sein. Endzustandstheorien sind eher strukturale Theorien. Sie sind daran interessiert, die gerechte Distribution als Ziel so indirekt wie möglich auf der Basis von Merkmalen ins Auge zu fassen. Dieses Ziel lehnt der Anspruchstheoretiker überhaupt ab, weil er den freien Austausch der Produkte, selbst über alle Grenzwerttheorien hinweg, aufrechterhalten will. Wir kommen auf den Begriff der Grenzwerttheorie nochmals zu sprechen.

Zuerst aber eine Begriffsklärung:

Im allgemeinen werden – abgesehen von Nozick und den anderen erwähnten Theoretikern – die Interpretationen distributiver Gerechtigkeit in deontologische und teleologische eingeteilt. Deontologische Theorien binden die Verteilung an gewisse moralische Prinzipien zurück, die als

Makrogrundsätze festlegen, was gut und schlecht, besser und schlechter ist etc. Unter ihnen kann es Prinzipien geben, deren bestimmendes Merkmal die Ungleichheit ist (etwa Rawls Ungleichheitsprinzip) oder deren bestimmende Konstituenten egalitär sind (Frankena 1963 oder neomarxistische Konzeptionen wie diejenige von Habermas). Ungleichheitsprinzipien sind meistens strukturell, denn die Verteilung soll immer im Verhältnis zu bestimmten Merkmalen vollzogen werden, die Menschen nach verschiedenen Qualitäten und Quantitäten auszeichnen. Frankena nennt drei nichtegalitäre Konzeptionen der Verteilung: 1. oligarchische, 2. verdienstmäßige und 3. eine, die auf der Basis von Abstammung, Geschlecht, Hautfarbe, angeborene Intelligenz etc. verteilt. Egalitäre Konzeptionen können nach Frankena eher substantiell oder eher prozeßhaft sein. Die substantielle Verteilung nimmt an, daß es etwas gibt, das allen Menschen gemeinsam ist (jeder ist gleich), während die prozessuale Verteilung keine solche Voraussetzung akzeptiert, sondern einfach besagt, daß die egalitäre Verteilung an sich keiner Rechtfertigung bedarf, sondern nur die nichtegalitäre.

Wir haben auch teleologische Theorien genannt. Diese können ein Stück weit ähnliche Argumentationen aufweisen wie die deontologischen, orientieren sich aber letztlich am Begriff der Maximierung aller Güter oder an der Maximierung des Glücks. Schließlich aber entsteht keine Gleichverteilung, obwohl eine solche Theorie nur egalitär sein kann, weil die Maximierung alles Guten an die größtmögliche Zahl als die gleichmäßigste Verteilung angesehen wird (›the greatest‹ good to the greatest number‹).

Wir haben oben die Grenzwerttheorien genannt. Sie sind im Grunde utilitaristische, teleologische Theorien, die den effizientesten Einsatz aller am Gesamtprodukt Beteiligten minus den effizientesten Einsatz eines zur Frage stehenden Individuums errechnen und auf dieser Basis das Einkommen bestimmen. Bei solchen utilitaristischen Theorien gibt es eine sog. »Nützlichkeitsschwelle«, die nicht unterschritten werden darf, ohne daß eine Katastrophe wie Krieg, Verbrechen, Streik etc. entsteht (Rescher 1970, S. 599). Außerdem gibt es eine Art Billigkeitsformel, die eine mittlere Tendenz des Verteilens bestimmt und dann etwa eine Regel der mittleren Abweichung im Quadrat vom Durchschnitt in Anwendung bringt oder den sogenannten effektiven Durchschnitt ausrechnet. Immer von der Formel ausgehend, daß das größte Gut so vielen wie möglich zukommen soll, besagt der effektive Durchschnitt, daß jene Verteilungen vorzuziehen sind, in denen keine größere Abweichung als der Mittelwert minus $\frac{1}{2}$ σ (Standardabweichung) vorkommt. Allerdings wird der klassische Utilitarismus (Mill, Bentham) bei Rescher mit Ansprüchen, Verdiensten und Ehren als strukturierende Merkmale verbunden. Ja, Rescher entwickelt aus diesen Theorien gleichsam eine Anspruchstheorie, bei der es darauf ankommt, daß man – im Gegensatz zu Nozick – Ansprüche zwar egalisiert, aber auch strukturell festlegt.

Wir hätten im Zusammenhang mit Nozick etwa auch Hayeks (1960) Vorschlag der Verteilung nach dem von Individuen empfundenen Wert mit minimaler gesellschaftlicher Einflußnahme anführen müssen oder Rands (1965) Theorie der Lebensrechte als Basis für die Verteilung. Aber dies sind nur Modifikationen einer Anspruchstheorie, die sich von derjenigen Nozicks nicht wesentlich unterscheidet. Alle Anspruchstheorien sind dazu da, den minimalen Staat zu proklamieren, um die Zustände des freien Austausches besser rechtfertigen zu können oder um rechtfertigen zu können, warum freie Konkurrenz und Wettbewerb eben zu Unterschieden führen, die in sich, durch ihr Zustandekommen, historisch legitimiert sind. Zur besseren Darstellung unseres Anliegens müssen wir den Anspruchstheorien mindestens auch die marxistischen Verteilungsgrundsätze gegenüberstellen. Für Marx ist die gerechte Verteilung nur sinnvoll im Zusammenhang mit dem Abbau der Klassengesellschaft und nach der Theorie, daß die Arbeiter ausgebeutet werden, weil sie getrennt sind von den Produktionsmitteln. Dadurch, daß der Arbeiter seine Arbeitskraft dem Unternehmer (Kapitalisten) verkaufen muß, geht er zwar keine Risiken ein (muß sich auch nicht mit den Problemen der Professionalisierung, der Gewinnberechnung, der Marktlage etc. befassen), wird aber vom Unternehmer ausgebeutet, weil die Unternehmer meistens nach irgendeiner Nutzenwerttheorie vorgehen und nicht nach der Produktionsfaktorentheorie, bei welcher der Wert eines Gegenstandes von der Summe der in ihn eingegangenen gesellschaftlichen Produktionsfaktoren bestimmt wird. Die Produktionsfaktoren aber sind die Werte der in ein Produkt eingegangenen Arbeit. Der Wert dieser Arbeit sollte den Wert der Erzeugnisse begründen (Arbeitswerttheorie). Statt dessen beruhe der Wert der Arbeit auf dem Wettstreit zwischen Käufer und Verkäufer, die Kosten der Arbeitskraft hätten das Gewicht des Wertes der Produktion, und das Verhältnis von Arbeitskraft und Kapital sei totale Abhängigkeit in umgekehrt negativem Sinne. Je größer das Kapital werde, um so kleiner der Lohn, um so mehr Abhängigkeit der Arbeitskraft vom Kapital usw. Nicht einfach die

Proportion der undifferenzierten Arbeitszeit zum Produkt ist für Marx ausschlaggebend, sondern die Menge des undifferenzierten gesellschaftlichen Arbeitsaufwandes. Allerdings kommt man in Konflikt mit der Arbeitswerttheorie, wenn das Produkt eben auch einen gesellschaftlichen Nutzen haben muß, denn wer sagt, was gesellschaftlich von Nutzen ist, wenn nicht die Werte, die Käufer an ein Produkt herantragen, mit anderen Worten, der Markt selber. Für Marx liegt die Antwort darin, daß die Kosten der Herstellung selber Wert produzieren könnten.

Lassen wir es bei den fünf von uns bisher angedeuteten Prinzipien gerechter Verteilung bewenden, bei Brechts Beziehungstheorie, bei Rawls Unterschiedstheorie, bei Nozicks Berechtigungs- oder Anspruchstheorie, bei den alten utilitaristischen Theorien und bei Marx' Forderung, von der Produktionswerttheorie zur Arbeitswerttheorie überzugehen, und fragen uns nun, in welchem Verhältnis sie zu den von uns entwickelten Stufen der Interaktion stehen, denn dies ist die Hauptfrage, die wir in der Untersuchung stellen.

Als »rationale Klugheitswahl« kann etwa das metatheoretische System von John Rawls nicht leicht kritisiert werden. Einzig die Auseinandersetzung mit der Verteilung von Primärgütern ließe eine Infragestellung seiner Methode unter dem Aspekt der authentischen Interaktion zu (vgl. auch Höffe 1977, S. 37 ff.).

d. Kleinbergers Kritik des Rawlsschen Konzeptes oder die Verteidigung ungerechter Verteilung

Wir fassen die Kritik am Ansatz von Rawls in vier Punkten zusammen:

1. Menschen in der ursprünglichen Position sind im Grunde rationale Verteilungsegoisten. Letztlich entbehren sie der ethischen Motivation: guter Wille, Sorge für das Allgemeinwohl und »benevolence« (vgl. Kleinberger 1976, S. 109). Wenn Rawls sagt, daß jedes gewählte Prinzip in der ursprünglichen Position ein moralisches Prinzip sei, so könnte man sich fragen, ob ein gewähltes Prinzip der Effektivität (z. B. das Pareto-Prinzip, das auch besagt, gut sei nur, was sich auch bewährt habe etc.) auch moralisch sei. Rawls vertraut also blind auf die Intuitionen der in der ursprünglichen Position befindlichen Personen. Wenn sie in freiem Austausch zu einer Übereinstimmung kommen, so haben

sie vor allem im Auge, daß für sie unter *allen* Bedingungen das Beste herausschaut, und dann ist rationale Vorsicht das steuernde Moment, nicht etwa die Brechtsche Formel des Sichkümmerns und des Gebrauchs im Feld enger Beziehungen und menschlicher Verpflichtung. Natürlich kann man sagen, die ursprüngliche Position grenze als solche ein, ein Pareto-Prinzip sei in ihr gar nicht möglich. Wenn dies aber stimmen würde, dann verlöre die ursprüngliche Position ihre interaktive Dynamik.

2. Es gibt für Rawls kein anderes Kriterium der Gerechtigkeit als das des reinen Aktes in der ursprünglichen Position. Es sei ungeachtet des Resultats dieses Prozesses ein Prinzip der Gerechtigkeit. Kann der Prozeß des Wählens selber das entscheidende Merkmal für Gerechtigkeitsprinzipien werden, ohne daß andere Merkmale des Moralischen auftreten, etwa das Prinzip der Entscheidungsobjektivität und der Validität der Wirklichkeitselemente, die in den Entscheid hineingetragen werden? Man kann daran zweifeln, ob rationale Egoisten, die daran denken, ihren Teil zu maximieren, auch ihr intuitives Urteil richtig einsetzen, wenn außer dem Prozeß keine anderen Merkmale vorliegen. (Würde man in der ursprünglichen Position einen Kuchen zu teilen haben, so wäre man als rationaler Egoist sowieso daran interessiert, das größte Stück zu erhalten; man würde aus diesem Grunde vielleicht dazu kommen, das Standardkriterium der gleichen Verteilung zu wählen, nach Rawls »perfect procedural justice«, 1971, S. 85. Und man hätte ein Kriterium a priori eingesetzt, das Merkmalskraft auch ohne Akt erhielte und das fragwürdig wird, wenn jemand keinen Kuchen will.)

3. Nun gibt es aber in Rawls Strategie des Sozialvertrags keinen Kuchen zu verteilen, sondern Rechte und langfristige Lebenschancen. Sein Prozeßplan ist jedoch – wie schon angedeutet – nur dazu da, um übergreifende Prinzipien zu wählen, Prinzipien, die später in einzelnen Konfliktfällen in Anwendung kommen können. Die ursprüngliche Position ist also nur ein Zustand etwa der Staatsgründung oder Gesetzgebung auf höchster Ebene. Und Rawls interessiert sich kaum für die Mikrostruktur der Verteilung. Wie konstruieren aber Mitglieder einer Gruppe, jeder Gruppe, in der es um gerechte Verteilung geht, ein Prinzip fairer Auseinandersetzung als etwas Neues für diese Gruppe? Nicht nur, daß man nicht sagen kann, ein generativer Prozeß treffe zwar für die ganze Gesellschaft zu, nicht aber für ihre Teile; es muß auch kritisiert

werden, daß man etwas über die Leute wissen muß, die sich hinter dem Schleier des Nichtwissens verstecken. Was heißt Übereinstimmung und voreinander Bekennen als gemeinsame Entscheidung?

Rawls Konzentrierung auf komplizierte Gesamtsysteme hat den Nachteil, daß sein Kommunikationsvorschlag, der gleiches Recht garantiert, gleiche Umstände, größtmögliche Freiheit, Begrenzung des Selbstinteresses und Bekenntnis der gegenseitigen Verpflichtung voraussetzt als Prozesse, die sich stets verändern, nicht konkret werden kann; und jedermann kann die größten Überraschungen erleben, wenn er erfährt, was der andere unter den einzelnen Begriffen, wenn es um Verteilung, um Positionen und um Rechte geht, versteht bzw. daß er je etwas anderes darunter versteht. Zwar hat Rawls (1971) in seiner Theorie eine 4stufige Sequenz des applikativen Vorgehens vorgeschlagen: originale Position [Urzustand], Schaffung einer Konstitution, Schaffung einer Legislatur und schließlich Applikation in einzelnen Fällen, in denen jedermann Zugang zu allen Fakten (S. 198, 199) hat. Aber dieser Weg ist bei einfachen Entscheidungen zu lang. Und die Arten von Informationen, die für alle vier Schritte notwendig sind, beziehen sich erstens auf die Prinzipien einer Sozialtheorie, zweitens auf generelle Fakten über Gesellschaft, wie Größe, ökonomische Resourcen und institutioneller Rahmen, und drittens auf Fakten über die Individuen und ihre sozialen Positionen. Und einzig in der originalen Position seien solche Fakten die mit den Gerechtigkeitsprinzipien verbundenen Voraussetzungen. Aber nur einmal in der Geschichte – oder besser nur selten – würden dann Menschen sich in der originalen Position befinden. Die Situation ist kontrafaktisch. Originale Position und Realität scheinen dauernd im Widerspruch zu liegen.

Der Gedanke der originalen Position hat etwas Faszinierendes. Man sieht die Fische zappeln im Netz. Aber wenn es um Verteilung etwa von Chancen an einer Notenkonferenz geht, will niemand hinter dem Schleier des Nichtwissens stehen, sondern alle wollen das Licht des Wissens, nämlich Fakten, auch über die Beteiligten. *Der originalen Position muß man deshalb die authentische Interaktion entgegenstellen.* Erinnern wir nochmals an die vier Stufen:

1. Stufe:

Man achtet nur auf die Produktion von Resultaten, von Lösungsvorschlägen. Begründungen versichern diese Lösungsvorschläge vorbehaltlos.

2. Stufe:

Man achtet auf alle psychologischen, sozialen und ökonomischen Fakten. Man glaubt dann entscheiden zu können (Realpositivismus).

3. Stufe:

Man diskutiert grundlegende Regeln und Prinzipien der Gerechtigkeit und wählt aus.

4. Stufe:

Man hinterfragt die Prinzipien von einer übergreifenden Theorie des Verteilens her.

Da die vierte Stufe alle andern integriert, ist es möglich, sich hier im Sinne des »veil of ignorance« (Schleier des Nichtwissens) hinter das, was man weiß, zurückzunehmen. Aber dies tut man nur auf der Basis von Wissen und schließlich nur als einen Akt unter anderen, nämlich um Bedingungen wie Gleichheit, Zwanglosigkeit und gleiche Beteiligung zu ermöglichen. Das Element des Sich-zurücknehmens ist, wie das Retentionsphänomen (vgl. S. 197), ein wertvolles methodisches Mittel, das solche Bedingungen zwar ermöglicht, sie aber nicht garantiert. Es kann bei Stufe 4 eingebaut werden, als Teilhandlung, damit sich Gruppen selber über die Fakten hinaus zu erheben vermögen und sich den Sprung der Entscheidung vorbehalten. Es darf aber nicht so sein, daß die originale Position diese Fakten verdeckt und auslöscht.

4. Es scheint, daß das Rawlssche Konzept eher ein ökonomisches als ein philosophisches Konzept ist, denn es verobjektiviert die menschliche Beziehung total. Dieser Vorwurf ist aber nur aspekthaft zu verstehen, denn in der Ökonomie gilt es überhaupt als »unfein«, von Ethik zu sprechen, und die Wohlfahrtsökonomie ist ein Relikt des Machtkampfes von Nutzen- und Normideen. Der Hintergrund einer solchen Haltung ist in der tief verwurzelten ökonomischen Auffassung zu suchen, daß es letztlich nur individuelle und keine sozialen Werte gebe. Freiheit, Gleichheit, Beziehungsfähigkeit, Mündigkeit etc. sind für die Ökonomie, wenigstens in ihrer Praxis, keine qualitativen Themata, die der Interpretation bedürfen, vielmehr individuelle, die aber nicht weiter untersucht werden, weil jeder seinen eigenen Begriff von Freiheit etc. hat.

Insofern, als für den Ökonomen der Begriff Gesellschaft »nicht existiert«, sich das Individuum also nicht von der Gesellschaft her bestimmt, ist seine Haltung reduktionistisch. Baumberger (1976) sagt, daß bei den Ökonomen die Menschen erwachsen auf die Welt kämen. Daß das Individuum sich entwickeln müsse, werde ausgeblendet, weil dies das Paradigma des total objektivierten Gegenstandes im Austausch bedrohe. Der Austausch außerhalb dieser objektivierten Beziehung werde ebenfalls nicht berücksichtigt, denn Gleichberechtigung und ein total auf sich gestellter Individualismus allein würden das Prinzip des »gleichen Austausches« garantieren (keiner wird betrogen, keiner kann sich irren, es hängt alles vom Willen eines jeden einzelnen ab). Wie sich nun Rawls' Theorie von dieser neoklassischen Doktrin der Ökonomie abhebt, ist nicht ohne weiteres auszumachen. Geht man die Merkmale einzeln durch, so geraten sie in eine bedrohliche Nähe. Auch bei Rawls finden wir nichthinterfragbare Charakteristika individueller Persönlichkeitsausprägungen und eine totale Verobjektivierung des Austausches mit einer ausgefeilten Legitimation gerechter Verteilungsprozesse im sogenannten Unterschiedsprinzip. Allerdings begründet Rawls seinen Ansatz als Ganzes von einer philosophischen Ethik her, was aber noch kein Garant für humaneres Vorgehen im Bereich gerechter Verteilung ist. Das Rawlssche Verteilungsprinzip ist von eiskalter Härte und von jener restriktiven Vernunft gesteuert, deren Willenserwartung mehr im Individuum als in dem durch die Gemeinschaftsstruktur geprägten Beziehungsgeflecht zwischen Menschen steckt. Durch den Begriff des »Schleiers des Nichtwissens« bewegt er sich haarscharf jenseits der Grenze neoklassischer ökonomischer Doktrin. Wenn er betont, es sei dabei irrelevant, daß sein Prinzip auf der größten Befriedigung von Bedürfnissen und Wünschen basiere, so zeigt dies nur, daß es vermutlich viele Ansprüche gibt, die mit diesem Prinzip nicht übereinstimmen.

Vielleicht läßt sich von dieser Seite her nun leicht aufweisen, daß es wohl einer Interpretation bedarf, wenn ein Anspruch in der Praxis nicht mit dem Prinzip übereinstimmt. Wer aber leistet diese Interpretation? Rawls spricht von Personen, die in einem Originalzustand zusammenkommen und sich unter dem Schleier des Nichtwissens um »Objektivität« (verobjektivierter Austausch) oder, wie Rawls es nennt, um Fairneß bemühen. Nicht die Befriedigung von Wünschen und nicht die Befriedigung der Interessen stünden dann im Mittelpunkt, also gesamthaft nicht eine exekutive Entscheidung aller miteinander, sondern Fairneß. Dies bedeutet, eine originale und gleiche Freiheit in einer gemeinsamen Praxis zu haben, und diese Praxis so lange als ungerecht zu betrachten, bis die Personen mit den Prinzipien übereinstimmen, die wechselseitig als fair bekannt sind und die sie somit akzeptieren können.

Fairneß und Objektivität (Unparteilichkeit) rücken damit in nächste Nähe und die Verteidigung des Unrechts kann in gleicher Weise verobjektiviert werden wie das Prinzip der Fairneß selber, sofern die Personen übereinstimmen.

e. Authentische Interaktion und originale Position

Es wäre gut, wenn jede problemlösende Verteilungsgruppe das Vorstoßen zur originalen Position als ein Teil der authentischen Interaktion unternehmen würde. Sie würde so zu einem oder mehreren Prinzipien unter den beschriebenen Bedingungen vorstoßen. Das wäre nach unserer Vorstellung eben ein idealer Prozeß der vierten Stufe der Interaktion, der aber nicht dadurch entsteht, daß man aus dem Nichts in eine originale Position tritt, sondern aus dem zu lösenden Dilemma und dem Interessen- und Bedürfniskonflikt heraus gemeinsam bestimmt, was das übergreifende Gerechtigkeitsprinzip als Ausgangsbasis sein könnte, auch wenn man dann auf dem Weg zu einem solchen Prinzip irgendwo steckenbleibt. Das »irgendwo« bedeutet den Exhaustionsgrad der Gruppe und damit auch den Grad der Entschärfung von ungleichen Möglichkeiten, von hierarchischen Machtverhältnissen und Bestrebungen nach Transparenz und Offenheit in einer Entscheidungs- oder Problemlösesituation.

Die Frage lautet also: Wie gehen die Beteiligten in einer Verteilungssituation vor, damit sie auf der einen Seite bei der Sache bleiben, nämlich beispielsweise bei der zu verteilenden Lehrstelle in Problem 2 unserer Untersuchung, und andererseits zugleich in ihrem interaktiven Bewußtsein so weit vorstoßen, daß sie wenigstens einmal im Verlauf »original« werden und sich somit hinter die Informationen durch Gerechtigkeitsfragen zurücknehmen. Daß die Bedingungen einer »organischen« Verteilung (im Gegensatz zur strukturellen Verteilung) als die Bedingungen etwa des Unterschiedsprinzips (größtmögliche Freiheit, Unparteilichkeit, Verpflichtung auf das zu Bekennende, gleiche Sprechmöglichkeiten etc.) nicht durch irgendwelche Informationsvermittlung gegeben werden können, sondern nur durch absolute Beteiligung aller (auch Ungleichgestellter), d. h. erst in der Auseinandersetzung mit den Personen, die entscheiden oder über die entschieden wird, generativ stattfinden, ist ein Hauptmerkmal. Mit andern Worten: Das zu Schaffende ist das durch das Retentionsphänomen möglich gewordene Sich-selbst-Zurücknehmen *vor* den Schleier des Nichtwissens, mit dem zwar alle Bedürfnisse und gewichttragenden Fakten gewußt, aber abgeschirmt werden, so daß die Frage oberster Gerechtigkeit generell, als dieser einen Situation vorweggehend (prima facie) und doch in ihr stehend, gestellt und beantwortet wird. Nehmen wir an, in einer Firma stehe nach Investitionen die Verteilung von Überschüssen zur Diskussion, und wir hätten einen Egalitaristen, einen Nutzentheoretiker, einen Unterschiedsprinzipler und einen neomarxistischen Ökonomen (alle mit verschiedenen wichtigen Firmenpositionen bekleidet). Wir wollen jetzt nicht alle Stufen der Interaktion beschreiben, sondern nur die 4. Stufe, die hier zur Diskussion steht, behandeln. Der Schritt zur vierten Stufe wird möglich, wenn jemand fragt, was denn der andere *letztlich* für gerecht halte, und man muß nun abklären, wie die Gerechtigkeitsbegriffe gegenseitig durch das Einräumen einer ausreichenden Zeit, Freiheit, Unparteilichkeit und durch Schaffung gleicher Umstände und den Abbau aller Selbstinteressen letztlich aussehen würden, ohne daß man bei dieser Darlegung stehenbliebe, sondern darüber hinaus systemeingrenzend eine Übereinstimmung grundsätzlicher Art, einen Kompromiß oder eine polare Gerechtigkeitsstruktur entstehen läßt, auf die zurückgegriffen werden kann. Und wie sieht es aus, wenn diese Menschen im Zuge solchen Bemühens in den Urzustand zurückgehen (originale Position) und ein übergreifendes Prinzip festlegen? Wir haben eine Antwort schon angedeutet, müssen aber noch weiterfahren: Jede Gruppe, die in die Situation eines Verteilungsprozesses kommt, erinnert sich immer wieder ihres Hauptprinzips, formuliert es neu, und zwar nicht nur durch Rückgriff auf einmal Beschlossenes, sondern im Hinblick auf noch zu Schaffendes – wenn man so will: den neu herzustellenden authentischen Zustand. Solange echte Motivation den zu lösenden Verteilungskonflikt trägt, muß man eine abschätzige Mißachtung offengelegter Ansprüche durch die Wiederaufnahme der ausgehandelten Grundprinzipien zu vermeiden suchen. Wer die Erfahrung gemacht hat, in einer Partei Posten zu vergeben, eine Diplomarbeit zu begutachten, kritische Fälle bei Notenkonferenzen zu besprechen, Personen in ein bestimmtes System eingliedern zu müssen, weiß, wie nützlich es wäre, wenn eine Übereinkunft über ein oberstes Prinzip vorläge, um der Diskussion Halt zu geben. Weil man glaubt, die Herstellung einer solchen Übereinkunft als oberstes Prinzip koste zuviel Diskussionszeit, läßt man es weg, verzichtet dabei auf jenen Halt, und damit unterliegt jeder einzelne Fall einem anderen Verfahren legitimatorischer Absicherung nach außen. Als einziger Legitimationsgrund bleibt dann die Abstimmung (Mehrheitsbeschluß) über den Fall aufgrund von »wilden« Vorschlägen, was man dann ausweichend als »eher demokratisch« bezeichnet, als wenn ein einzelner den Fall entscheiden würde.

Aber gehen wir zurück zur Genese der authentischen Position in einer Verteilungssituation. Die vier Personen mit den vier Ansichten können sich tatsächlich einmal über den Gleichheitsbegriff unterhalten. Der Gleichheits- oder Egalitätsbegriff ist ein Element philosophischer Reflexion im Bereiche des distributiven Verfahrens. Man kann also bei diesem Begriff ansetzen und feststellen, daß die meisten Prinzipien eine Rechtfertigung für Ungleichheit sind, so etwa Rawls' zweites Prinzip, das Unterschiedsprinzip. Man kann von allen vier Standpunkten aus formulieren, was Gleichheit bedeutet, und schließlich auch unter dem Gesichtspunkt von Verdienstgerechtigkeit und von benevolentärer Gerechtigkeit dieselben Fragen stellen. Man kann, wenn man in ähnlicher Weise Schritt um Schritt vorgeht, bewußt in die authentische Position treten, wobei die Transparenz der Bedingungen von Egalität mit der eigenen bewußten Reduzierung der Ansprüche zusammenhängt. Beim Versuch, die vierte Interaktionsebene zu erreichen, ist Kommunikation immer ein Beziehungsprozeß des Anbietens, Annehmens, Verwerfens, Entwerfens oder Neuformulierens. Dies wird aber durch die Struktur der Interaktion auf dieser Ebene ja schon selber geleistet: Der Anspruchstheoretiker argumentiert von der Historie der gerechten Aneignung und Übertragung aus, der liberale Philosoph vom Unterschiedsprinzip, der Utilitarist vom Prinzip der größten Glückseligkeit der meisten Beteiligten (mit obigen Einschränkungen) und der Marxist vom Standpunkt der Klassengleichheit etc.. In gleicher Weise würden die Begriffe Nützlichkeit des Prinzips, Reziprozität, moralisches Verdienst etc. durchgegangen. Somit entsteht ein Netz von Verknüpfungen, dessen Komplexität es gar nicht zuläßt, daß man von unbedingten Normen spricht (im Gegensatz zu Schwemmer 1974, S. 84), weil sie durch die authentische Situation immer schon einen Bezug zum Anlaß haben, aus dem man zusammengekommen ist, nämlich um etwas zu verteilen und damit seine eigene Zwecksetzung zu rechtfertigen. Nun ist es aber nicht so, daß diese Meinungen einfach stehen oder in der Schwebe bleiben, auch dann nicht, wenn ein Konsensus gefordert ist. Auf dieser vierten Ebene der beratenden Beschlüsse ist es vielmehr so, daß durch den Widerstand gegen oberste Prinzipien (oder besser der generellen Bedingungen des gerechten Verteilens [moralisches Handeln]) oder durch deren Annahme etwas konstruiert wird, was bestimmend wird, auch wenn daraus keine Deduktionen möglich sind: eine Gruppenstruktur auf der obersten Interaktionsebene, so lebendig wie eine Gruppe von Zellen, die zwar gegenseitige, aber unterschiedliche Bedingungen erfüllen (vgl. S. 142). Freilich wären da noch Voraussetzungen zu erwähnen, wie gleiches Mitspracherecht, gleiches Bestimmungsrecht, höchstmögliches gegenseitiges Interesse und ein Interaktionsmuster, wie es etwa Argyris als Modell-II-Verhalten dargestellt hat (vgl. S. 230 ff.).

Wir sprechen hier also vom Bezug der obersten Prinzipien zur Handlungs- oder Entschlußebene, und wir haben gesagt, daß keine Deduktion, sondern nur ein Herstellen in der Gruppe möglich sei, denn Gerechtigkeit hat nicht bloß mit dem Gut zu tun, sondern mit der Verteilung selber und mit deren Evaluation und Rechtfertigung in einem gemeinsamen Interaktionsrahmen. Fragen wir nämlich, welche Prinzipien der Verteilung generell gerecht seien, so haben wir noch keine Antwort für eine Entscheidung, denn oberste Prinzipien sind nicht handlungsrelevant, sondern nur bedingungsrelevant.

Das müssen wir nochmals verdeutlichen. Man kann, Vlastos (1962, S. 35) folgend, etwa folgende Regeln distributiver Gerechtigkeit aufstellen: Jedem zuteilen entsprechend

1. seinen Bedürfnissen
2. seinem Wert
3. seinem Verdienst
4. seinem Einsatz (Arbeit)
5. vorausgehender Vereinbarung.

In dieser Form sind es vorläufig nur Regeln distributiver

Gerechtigkeit, wie wir sie auf der Interaktionsstufe 3 vorschlagen, nämlich Handlungsregeln der Verteilung, deren prinzipienorientierte Begründung zwar noch aussteht, die aber entsprechende Entwicklungsstufen des Urteils abgeben würden. Will man aus ihnen zu einem Prinzip aufsteigen, so muß man Bedingungen formulieren, unter denen diese Regeln zur Anwendung kommen könnten. Vlastos (1962, S. 53) formuliert eine solche Bedingung:

»Eine Handlung ist nur dann richtig, wenn sie ausschließlich in bezug auf die Rechte aller, die davon substantiell betroffen sind, vorgeschrieben ist.«

Dies wäre *eine* solche Bedingung; sie wird von Vlastos ausführlich beschrieben und erklärt. Es geht um ein Recht, das offengelegt wird, um ein formales Recht, nämlich das Recht des andern, Recht zu haben, unparteiisch und in jeder interessierten Gruppe gleich zu sein.

Ob diese Bedingungen nun egalitär oder nichtegalitär sind, darüber schweigt die Definition, weil sie für beide, für Anhänger egalitärer und inegalitärer Gerechtigkeitsvorstellungen, erst im Prozeß der Verteilung selbst brauchbar sein soll (Vlastos 1962, S. 55). Man kann aber eine solche Bedingung in einer Gruppe nicht dadurch einführen, daß W, X, Y, Z als Mitglieder der Gruppe philosophische Bücher lesen und indem man jeden dann innerhalb seiner bisherigen Aufgabenhierarchie handeln läßt, sondern diese Bedingung wird ein Teil der Konstruktion des Verteilungssystems der Menschen, die an der Verteilung teilnehmen.

Nehmen wir als Beispiel eine Auktion von alten Bildern: W bietet Bilder an zu Preisen, die eine festgelegte untere Schwelle nicht unterschreiten dürfen. X bietet einen Preis, wird von Y überboten, überbietet Y wiederum etc. In einer solchen Situation gibt es keine Diskussion über gerechte Verteilung; die Bedingungen werden prima facie nach Interesse und finanziellen Möglichkeiten festgelegt, und das Spiel wird in keinem Fall hinterfragt. Es könnte sein, daß für X das Bild eine viel größere Bedeutung hat als für Y, weil er eine Beziehung dazu hat und weil es als einziges Stück in seiner Sammlung fehlt. Und obwohl X finanziell sehr schlecht steht, muß er vieles riskieren, weil Y auch Interesse bekundet. Da X mehr Bedürfnisse hat als Y, Y mit dem Bild nur einen Gewinn herausschlagen will, hätte er vielleicht mehr Recht auf den Kauf als

Y. Aber es wird weder über die faktischen Hintergründe diskutiert noch nach Prinzipien gefragt, weil der strukturale Modus prima facie von einer Ökonomie des Tausches begründet ist.

Dies wäre also keine Situation distributiver Gerechtigkeit, in der die vierte Ebene zur Sache einer Interaktion wird, in der sich Personen unter anderem auch einmal außerhalb ihrer Interessen stellen, um fundamentale Vorbedingungen zu konstruieren und in der Konstruktion selbst zu erfüllen. Prinzipien können auf dieser Ebene nur dort zur Sprache gebracht werden, wo die Überzeugung besteht, daß höhere Effektivität der Verteilung zustande kommt, wenn man vom konkreten Fall ausgehend solche Bedingungsprinzipien überhaupt erst in der Differenz in und zum Rückgriff auf einen konkreten Fall festlegt.

Nun könnte man aber sagen, die Bedingungen, wie sie Rawls, Nozick, Vlastos als Prinzipien der gerechten Verteilung formulierten, ließen sich in der Gruppe einmal festlegen, und dann könne man immer wieder darauf zurückgreifen.

Diese Frage haben wir weiter oben schon berührt. Daß die Bedürfnisanalyse und die Bedürfniskritik in der Verteilungssituation, also die Stufe 2 der Interaktion, den Stufen 3 und 4 meist auch zeitlich vorausgeht, macht Bedürfnisanalyse und -kritik selber zum Teil der Problemsituation als kognitives Ungleichgewicht für alle Beteiligten. Der Punkt, an dem ein Regelsystem eingeführt wird, und schließlich der Punkt, an dem der Eintritt in die authentische Situation erfolgt, ist nie ganz auszumachen, denn der »Schleier« muß in unserer Theorie erst aufgrund von Wissen konstruiert werden; es gibt keinen Zustand, in dem er »vorhanden« ist (deswegen die ›authentische Situation‹ anstelle der ›originalen‹). Ein Teil der Interaktion besteht in der Konstruktion der Situation, in der man seine Regeln frei bekennen und als fair akzeptieren kann, denn nicht die Verteilung als solche ist die gemeinsame Praxis, sondern die Konstruktion der prinzipienorientierten Verteilungssituation.

Somit hängt die Legitimation einer solchen Konstruktion nur mit der Verteilungssituation selber zusammen (vgl. die Problemeffekte der verschiedenen Analysen). In einer Beratungs- und Entscheidungssituation bekommen bestimmte Elemente der vierten Ebene eben eine bestimmte Aktualität, und obwohl eine Kommunität von Entscheidungspersonen schon wiederholt auf der vierten Ebene argumentiert hat, macht die Interpretation in die vorliegende Situation die Neubefragung, Neufassung oder Generierung der authentischen Charakteristika notwendig. Es ist die neue Rekonstruktion der eingeführten Bedingungen des Verteilens durch mehrere Beteiligte, weil es sich um sekundäre dialogische Situationen handelt, in denen die Geltung von Aussagen praktisch orientiert ist (Lorenz 1970, S. 334).

f. Kritik der Ansätze von Gunzburger et al. und von Damon

Die Autoren der Untersuchung von Gunzburger et al. haben vergessen zu fragen, was in einer Verteilungssituation ›authentische Interaktion‹ sein könnte. Sie sprechen nur von der Gesellschaft als Tauschsituation, in der einer etwas eingibt und dafür etwas erhält. Will man zudem Modalitäten des Teilens untersuchen, wie wir es getan haben, so kann man nicht das generelle Urteil über Verteilung auf einer Kohlberg-Stufe abstrahieren und den Modus ohne Begründung von Verteilungsprinzipien abstrakt festlegen. So erhält man verfälschte Resultate. Vielmehr muß in diesem Falle zuerst erfaßt werden, wie jemand die Verteilungssituation sieht; zweitens muß man dann wissen, wie er sie beurteilt; und drittens muß man den Verteilungsmodus sowohl zu diesen Prinzipien als auch zum ersten und zweiten Punkt in Beziehung setzen. Der erste Punkt hängt damit zusammen, daß Problembereiche inhaltlich je anders perzipiert werden (Bereichsspezifitätshypothese) und daß damit auch die Strukturen einen anderen Nährboden erhalten. Zum zweiten: Wie wir in einem vorstehenden Abschnitt ausgeführt haben, kann man nicht vom Urteil aufs Handeln schließen, ohne daß man das Handlungsurteil kennt, weil erst dieses klarmacht, welches kognitive Muster vorliegt. Wie wird beispielsweise bei diesen Experimenten vom Schüler das Faktum gesehen, daß jemand in die Klasse zurückgerufen wird? Wie sieht ein Schüler das Problem, daß er als einzelner, also ohne Interaktion, arbeitet und daß doch eine fiktive Gruppe da ist? Das alles muß in Bezug zur Stufe gesetzt werden.

Und zum dritten: Welches sind übergreifende Verteilungsprinzipien, und wie stehen sie zu den fünf Modi des Verteilens? Kann man etwa ein Prinzip der Bedingungen der authentischen Position in Zusammenhang bringen mit dem paritätischen Modus? (Sicherlich würde man nicht von der Tauschgerechtigkeit ausgehen und distributive Institutionen untersuchen.) Denn der letzte, der fünfte

Modus individueller Verantwortung, kann aus sehr egoistischen Gründen gewählt werden. Hier würden Handeln und Theorie der Gerechtigkeit zusammenfallen – nicht deduktiv, nicht apologetisch – sondern als sinngebendes Gefüge oszillierenden Fragens und kritischen Verbindens der vier Ebenen der authentischen Interaktion. Die Untersuchung von Gunzburger et al. ist von diesem Standpunkt aus ein naives Unterfangen. Es wird Empirie betrieben, ohne philosophische Reflexion darüber, was Gesellschaft und was gerechte Verteilung in ihr sind.

Obwohl der Ansatz von Damon bedeutend subtiler und empirisch viel sorgfältiger ausgearbeitet ist, fehlt auch hier die logische Analyse gerechter Verteilungsfunktionen. Damon ist nirgends über die Stufe 2 B hinausgegangen. Aber gerade die anschließenden Stufen würden den Forscher interessieren, wenn auch nur hypothetisch. Er könnte sich ein viel besseres Bild optimaler kognitiver Argumentationsstrukturen machen.

g. Brechts Verteilungsprinzip und die authentische Interaktion

Wir haben gesehen, daß die originale Position von J. Rawls in bestimmter Weise zwar einen Teil der Stufe-4-Interaktion, der authentischen Interaktion ausmacht, aber daß sie diese niemals ganz ausfüllt. Wir meinen auch, daß utilitaristische und marxistische Prinzipienbedingungen nicht hinreichen, um die authentische Interaktion auszufüllen. Selbst Nozicks geschichtliches Verteilungsmodell empfinden wir zu sehr als Rechtfertigung bestehender Zustände. T. Branch meint in einer Zeitungskritik (1977, S. 49):

»Nun haben Philosophen die Tendenz, höflich über diese Bücher zu urteilen. Rawls' Arbeit ist, in Adlai Stevensons Geist der sozialen Verpflichtung, vornehmlich auf die moderne ökonomische Nützlichkeits-Theorie gestützt. Und Nozicks Buch liegt irgendwo im Thoreau-Ayn Rand-Spektrum der individuellen Rechte, getragen von der symbolischen Logik. In beiden Fällen ist die Theorie kaum neu, und die Analyse spielt eine sekundäre Rolle. Die Analyse erscheint eindrücklich und wissenschaftlich, es handelt sich aber nichtsdestoweniger um eine Art Verchromung von Standardmodellen liberaler und konservativer Philosophie.«

Entscheidend ist aber, daß bei all diesen Erörterungen der generative Prozeß der Entstehung, das Zentrum der authentischen Interaktion, ausgeklammert wird.

Brechts Formulierung liegt viel näher, denn sie enthält dieses Moment der Entstehung, weil gesprochen wird von »vernünftiger Sorge um«, von »vernünftiger Bindung zu«, von »vernünftigem Glauben, daß da gehören soll, was da ist, denen, die für es gut sind, also die Kinder den Mütterlichen, damit sie gedeihen, die Wagen den guten Fahrern, damit gut gefahren wird« etc. Der intrinsische Bezug, der die Verteilung rechtfertigt, kann nämlich erst auf der Stufe authentischer Interaktion festgestellt werden. Dort fallen Effizienz und Ethik zusammen und ist das Pareto-Prinzip durch das Leben selbst stets überholt. Die Marktwirtschaftsfaktoren würden unter einem solchen Prinzip selbst erschüttert, und der höchste Ertrag wäre nicht die Maximierung des Eigennutzes, sondern die Maximierung von Bindung, Sorge, Pflege etc. Weil die Produktivität noch nie gemessen werden konnte, würde unter einem solchen Prinzip die Grenzproduktivität anders interpretiert und die Gerechtigkeitsfrage nicht durch Verobjektivierung (neoklassisches ökonomisches Prinzip; originale Position) kurzgeschlossen. Man könnte in der jeweiligen Gemeinschaft über die Kriterien der 2., 3. und 4. Stufe ausmachen, wer mütterlich ist, wer gut fährt, ohne das bloße Verdienstprinzip anzuwenden.

Daß dieses Prinzip über das Theorem der Verdienstgerechtigkeit hinausgeht, wird deutlich, wenn wir es etwa auf das Gefangenendilemma anwenden (vgl. Chadwick u. Jones 1977, S. 73 ff.), das immer wieder dazu verwendet wird, Homans Sozial- und Gratifikationstheorien zu beschreiben. Dieses Dilemma lautet folgendermaßen:

»Zwei Verdächtige wurden in Haft genommen und getrennt in Zellen geführt. Der Staatsanwalt des betreffenden Distrikts ist überzeugt, daß sie beide schuldig sind, ein bestimmtes Verbrechen begangen zu haben, aber er hat keine Indizien dafür, um ihnen einen Prozeß anhängen zu können. Er sagt zu jedem der Gefangenen, daß er zwei Alternativen habe: entweder das zu bekennen, was die Polizei zwar schon lange weiß, aber nicht beweisen kann, oder nicht zu bekennen. Wenn sie beide nicht bekennen, dann wird sie der Staatsanwalt des Distrikts mit relativ kleinen Vergehen belasten, wie Diebstahl, illegales Tragen von Waffen, und beide werden relativ kleine Strafen erhalten. Wenn beide bekennen, werden beide schwer bestraft, aber der Staatsanwalt wird auf Minderung der Höchststrafe plädieren. Wenn der eine aber bekennt und der andere nicht, dann wird derjenige, der bekannt hat, eine milde Strafe erhalten, während der andere die Hauptlast tragen muß.« (Entnommen aus Chadwick u. Jones: *Social Exchange Theory*. Quelle: Luce u. Raiffa. *Games and Decisions*, 1957.)

Die von Chadwick und Jones dargestellte Gewinnmaximierungsmatrix ist aus Tabelle 2.6 zu ersehen.

Abgesehen davon, daß moralisches Argumentieren, das weit
über die Gewinnmaximierung hinausgehen müßte, hier ausgeblen-
det wird, daß das Dilemma den moralischen Defaitismus einer
Rechtspraxis offenlegt, bei der den Staatsanwälten jede gemeine
Unterstellung erlaubt ist, und abgesehen davon, daß hier die
Beziehung von Menschen unter einen Zwang gestellt wird, der
selbst wieder unmoralisch ist, gibt es keine Möglichkeit, Brechts
Prinzip in diesem Beispiel zur Anwendung zu bringen. Man kann
es drehen und wenden, wie man will, sobald es um eine negative
Verteilung geht, verliert es überhaupt seinen Sinn. Man kann ja
schließlich nicht in Anlehnung an Brecht sagen, »damit gut
abgesessen wird«. Vernünftige Sorge, vernünftiger Gebrauch,
vernünftige Beziehung etc. sind Kategorien, die prozeßhaften
Charakter haben und nicht in einer negativen Gewinnmatrix
dargestellt werden können. Weil es um mehr als um Verdienstgerechtigkeit geht, lassen sie sich nicht auf das Gefangenendilemma
anwenden. Sie können nur im Prozeß der authentischen Interaktion genügend zur Sprache gebracht werden, und nur dort gehen
Effektivität und Moralität ineinander über, weil Moralität selber
erst im Akt der Auseinandersetzung in der Gruppe generiert wird.
Der Ansatz von Brecht aber muß, weil er gut ist, fragmentarisch
bleiben.

		Gefangener B		
		bekennt nicht		bekennt	
	bekennt nicht	1 Jahr kooperiert	1 Jahr kooperiert	9 Jahre Betrogener	2 Monate Nachgeber
Gefangener A	bekennt	2 Monate Nachgeber	9 Jahre Betrogener	6 Jahre kooperiert nicht Nachgeber	6 Jahre kooperiert nicht Nachgeber

Tabelle 2.6: Gewinnmaximierungsmatrix entsprechend dem Gefangenendilemma (nach Chadwick u. Jones 1977, S. 74)

Analyse II:
Argumentation und Entscheidung als Handlungsvorschlag

a. Einleitung

Die vorliegende Analyse II will einige Aspekte des Verhältnisses von Argumentation und Lösungsvorschlag erhellen. Zugegeben, sie entbehrt jener Schärfe, deren wir eigentlich bedürfen, um einige Thesen dieses Kapitels zu erhärten. Der Grund dafür liegt darin, daß, zeitlich gesehen, diese Analyse mit den ersten Berechnungen, wie sie in der Einleitung und im Anhang dargestellt sind, durchgeführt worden ist. Eigentlich hätten wir vom Retentionsphänomen, der automatischen integrierten Inferenzschleife, vom Theorie-Praxis-Hiatus und von anderen Charakteristika der Interaktionsstufen und des Exhaustionsprozesses ausgehen müssen, um unser Anliegen besser verwirklichen zu können. Das müssen wir allerdings auf spätere Untersuchungen verschieben.

b. Fragestellungen und abhängige Variablen

Die abhängigen Variablen in dieser Analyse wollen das direkte, aber allgemeine Verhältnis von Argumentation und Handlungsvorschlag ins Auge fassen. Sie lauten in Frageform:
1. Gibt es in bezug auf *Vermittlungsurteile* Unterschiede zwischen der Diskussion und der Handlung bzw. dem Handlungsvorschlag?
2. Gibt es Unterschiede in der Einschätzung von *Handlungsurteilen*, welche die Handlung als Entscheidungs- und Selektionsmechanismus in bezug auf vorausgegangene Argumente befragen?
3. Gibt es Unterschiede in den Gruppen in bezug auf den *harmonischen Entscheidungsvollzug*, wie er aus der Diskussion hervorgeht? Oder negativ gefragt: Gibt es Unterschiede darin, daß Handlung und/oder Handlungsvorschlag ohne jeden Zusammenhang mit der Diskussion brüsk erfolgen?

Zu 1. Vermittlungsurteile: Wir haben Vermittlungsurteile auf S. 215 beschrieben. Es sind hier damit vor allem Wenn-Dann-Aussagen gemeint, die die Relation zwischen Regeln, Werturteilen, Billigungen etc. und dem Lösungsvorschlag selber reflektieren. Solche Aussagen lauten etwa:

- Wenn wir diese Regel nehmen, dann müssen wir so und so handeln.
- Wenn du glaubst, das und das sei gerecht, dann kann der Lösungsvorschlag nur so aussehen.
- Wenn Menschen ohne Eltern besser behandelt werden sollen, dann kann nur Matthäus gewählt werden.

etc.

Vermittlungsurteile sind Metaurteile, die von jeder Form der Argumentation aus in Richtung Handlungsvorschlag gehen und zur Kategorie »nicht notwendigerweise wahre Urteile« gehören (vgl. S. Kripke in T. Branch 1977, S. 13).

Wenn also z. B. die Gruppe die Norm »das Schicksal ist immer gerecht« billigt, dann muß ein solches Urteil überprüfen, wie der Vorschlag, eine Münze aufzuwerfen und demjenigen die Eintrittskarte zu geben, der »Kopf« hat, zu dieser Norm paßt. Das Vermittlungsurteil kann etwa lauten:

- Dieser Vorschlag paßt nicht, weil »Schicksal« bedeutet, daß alle drei zugleich eine Münze aufwerfen, aber das ist ja sinnlos, weil alle drei »Kopf« haben können.
- Dieser Vorschlag paßt nicht, weil »Schicksal« bedeutet, daß wir es dem Zufall überlassen, wer gehen will.

etc.

Zu 2. Handlungsurteile: Handlungsurteile sind Vermittlungsurteilen ähnlich. Sie gehören ebenfalls zur Kategorie der nicht notwendigerweise wahren Urteile. Es sind aber keine Metaurteile, weil die Handlung direkt bewertet wird und Kriterien dieser Bewertung erst hinterher im vorausgegangenen Argumentationsprozeß gesucht werden. Es sind Übereinstimmungsurteile (oft Weil-Urteile) in folgender Form:

- Ich finde diesen Vorschlag gut, weil diese Person sonst benachteiligt würde.
- Ich lehne diesen Lösungsvorschlag ab, weil er dem widerspricht, was wir als Gerechtigkeitsaussage anzunehmen beschlossen haben.

Hier geht man immer von einem Handlungsvorschlag a priori aus und billigt oder mißbilligt ihn aufgrund der intuitiven Übereinstimmung mit vorausgegangenen Argumentationsfolgen. (In der Sprache von Argyris könnte man sagen: Wir schließen »gegenseitig« vom Verhalten auf das vor-gestellte Urteil, indem wir jeweils fragmentarisch »Bruchstücke« einer Gebrauchstheorie entwerfen. Diese wären in diesem Fall das Handlungsurteil.)

Zu 3. Harmonischer Entscheidungsvollzug: Harmonischer Übergang von Argumentation zu Handlungsvorschlag versus abrupte Entscheidung. Diese Variable ist eine Art Strategievariable; im Gegensatz zu andern Strategievariablen steht hier nur der eigentliche Schlußentscheid der Gruppe zur Diskussion. Dieser Schlußentscheid als Handlung oder Handlungsentwurf kann bei derselben Argumentationsweise verschieden oder bei verschiedenen Argumentationsweisen ähnlich sein. Die Frage ist die, ob überhaupt ein Zusammenhang in irgendeiner Weise zwischen Urteil und Ausführung besteht oder ob die Gruppen unseres Designs hierin Unterschiede aufweisen. Kein Zusammenhang ist dann festzustellen, wenn – vor dem Ende des Argumentationsstrangs aus Frustration, Gleichgültigkeit, zeitlicher Knappheit oder schlichter Übereinstimmungsunfähigkeit – unmittelbar ein merklicher Bruch entsteht, der die Gruppenkongruenz zwischen Urteil und Handeln entscheidend gefährdet. Ein extremes Beispiel dafür gab etwa jene Gruppe, die sich zuerst für das Gerechtigkeitsprinzip aussprach, bei dem der Mehrheitsbeschluß die entscheidende Komponente war, um dann die Billette zu zerreißen, weil sonst ja doch einer schlecht weggekommen wäre.

Als Analyseeinheit wurde das ganze Protokoll gewählt. Die rater schätzten auf einer 6-Stufen-Likert-Skala ein, in welchem Ausmaß eine bestimmte Variable ihrer Meinung nach vorkam. Die Platzübereinstimmung beträgt für die Abhängigen im Durchschnitt 81.48%. (Da für jede Variable zwei rater eingeschätzt haben, war diese Meßart vorrangig. Allerdings sind aufgrund dieses Resultats der interrater-Übereinstimmung die üblichen Vorsichtsmaßnahmen in bezug auf die Generalisierung der Resultate notwendig. Die Analyse wurde wiederum multivariat durchgeführt, um das Signifikanzniveau $\alpha = .05$ zu stützen. Das rater-Training wurde anhand von Übereinstimmungsmerkmalen an ausgewählten Protokollen durchgeführt.)

c. Analyse und Hypothesen

Zur Analyse verwendeten wir wiederum ein hierarchisches Blockdesign, wobei die Klassen in drei Problemen »eingenistet« sind. Wir hatten wiederum fünf Faktoren: Probleme, Klassen »eingenistet« in den Problemen und das, was wir bis jetzt als die unabhängigen Hauptvariablen bezeichnet haben, nämlich Information (Komplexitätsstimuli), Regeln (Gerechtigkeitsaussagen entsprechend der Kohlberg-Skala) und Strategie (sukzessive Selektion). Wir verwendeten dieselben, nach Zufall ausgewählten 15 Klassen (120 Gruppen), die wir schon in Analyse I verwendet hatten.

Nun zu den Hypothesen:

Für die unabhängige Variable »Komplexitätsstimuli« (Informationsvorgaben) erwarten wir keine signifikanten Unterschiede, schon deshalb nicht, weil Begründungen auf Stufe 2 sehr oft in engem Zusammenhang mit Lösungsvorschlägen gesehen werden und deshalb die Suche nach Unterschieden ein tautologisches Unterfangen wäre (1). Für die unabhängige Variable »Vorgabe von Gerechtigkeitsregeln« erwarten wir signifikante Unterschiede bei der abhängigen Variablen »Vermittlungsurteil« (2). D. h., wir nehmen an, daß Gerechtigkeitsregeln schon implizite die Entstehung von Vermittlungsurteilen fördern.

Für den Faktor Strategie erwarten wir signifikant mehr Handlungsurteile, und zwar deswegen, weil es ein Teil der Strategie selber ist, daß sie Vorschläge aufgrund der vorhergegangenen Begründungen selektiert (3). Wir erwarten keine Wechselwirkungen (4) und keine Klasseneffekte (5). Die Problemeffekte lassen sich in diesem Fall nicht vorweg bestimmen. Sie müssen a posteriori dargestellt werden (6). (Immerhin könnten wir uns intuitiv vorstellen, daß Problem 1 signifikant mehr Handlungsurteile produziert, Probleme 2 und 3 signifikant mehr Vermittlungsurteile hervorbringen.) Für die dritte abhängige Variable (harmonischer Urteil-Handlungsbezug) erwarten wir überhaupt keine signifikanten Unterschiede (7).

d. Resultate

Die Hypothese (1) trifft zu. Informationen im Sinne der Komplexitätsstimuli vermögen keine signifikanten Unterschiede bei allen drei abhängigen Variablen zu erzeugen. Die Handlungen und Handlungsvorschläge hängen, da es nicht um normative Begründungen geht, in jedem Fall viel zu direkt mit den analytischen Fakten und deren Evaluationen und Rechtfertigungen zusammen.

Die Hypothese (2), wonach die Vorgabe von Gerechtigkeitsregeln die Entstehung von Vermittlungsurteilen begünstige, trifft zu, und zwar mit F = 110.26; df = 1,50; p < 0.0001; (r = 0.83) $\bar{x}_1$ = 1.00; $\bar{x}_2$ = 2.17 (vgl. Fig. 2.2). Aber eigenartigerweise entsteht durch die Vorgabe dieser Gerechtigkeitsregeln auch ein nicht vorausgesagter signifikanter Effekt bei der zweiten abhängigen Variablen »Handlungsurteile« mit F = 9.49; df = 1,50; p < 0.0034; (r = 0.27); $\bar{x}_1$ = 2.23; $\bar{x}_2$ = 2.85. Es muß also eindeutig so sein, daß die Vorgabe von Gerechtigkeitsregeln auch die Handlungsurteile signifikant stimuliert. Scheinbar verlagert sich bei den »effizienteren« Gruppen die Diskussion von der bloßen Argumentation zu den Handlungsvorschlägen, die dann in umgekehrter Richtung an das vorausgegangene Argumentieren zurückgebunden werden.

Die Hypothese (3) trifft wiederum völlig zu. Die Strategie bewirkt die Generierung von signifikant mehr Handlungsurteilen (nicht Vermittlungsurteilen), und zwar mit F = 10.54; df = 1,50; p < 0.0021; (r = 0.29); $\bar{x}_1$ = 2.22; $\bar{x}_2$ = 2.87. Es stimmt also, daß in der vorgegebenen Strategie (vgl. Beschreibung auf S. 164) selbst schon implizite Aufforderungen im Sinne der Handlungsurteile vorhanden sind und daß diese vermutlich dann automatisch wirksam werden, wenn die Strategie selber angewandt wird.

Das vorausgesagte Fehlen von Wechselwirkungen in Hypothese (4) trifft nicht in allen Bereichen zu. Es gibt eine a posteriori

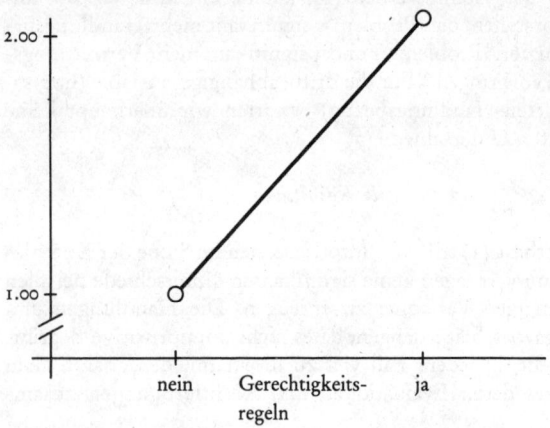

Figur 2.2: Wirkung des Faktors »Gerechtigkeitsregeln« auf das Ausmaß von Vermittlungsurteilen

gefundene disordinale Problem × Strategie-Wechselwirkung für die Variable »Vermittlungsurteile« mit F = 4.48; df = 2,50; p < 0.02; (r = 0.20). Die Mittelwertausprägungen sind aus Figur 2.3 zu ersehen.

Einen ähnlichen signifikanten aber noch dramatischeren Effekt haben wir auch für die abhängige Variable »Handlungsurteile« zu verzeichnen (F = 3.51; df = 3,50; p < 0.04; r = 0.17). Die Mittelwertausprägungen sind aus Figur 2.4 zu ersehen.

Bei diesen Wechselwirkungseffekten geht es um die Frage, warum bei Vorgabe der Strategie Problem 2 weniger, Problem 1 und 3 aber mehr Vermittlungs- und Handlungsurteile bewirken. Dieses Faktum steht vermutlich mit der Strategie der sukzessiven Selektion in Zusammenhang. Es ist möglich, daß diese Strategie in der Anwendung auf Problem 2 interferenzielle Wirkungen hat, weil hier nur drei Wahlen (also Handlungsvorschläge) möglich sind und die Gruppen vermutlich selten über diese drei Möglichkeiten hinausgehen wollten. Weniger Handlungs- und Vermittlungsurteile bei Einfluß einer sukzessiven Selektionsstrategie beim konfligierenden Optionstyp kann aber auch bedeuten, daß die Strategie bewirkt, daß der Übergang von Rechtfertigung zu Handeln relativ direkt und brüsk, d. h. ohne Beziehung zu vorangegangener Argumentation vollzogen wird. Es gibt aber

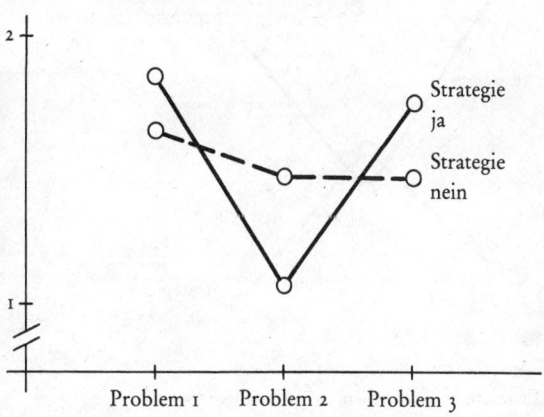

Figur 2.3: Mittelwertausprägungen der Problem × Strategie-Wechselwirkung für die Abhängige »Vermittlungsurteile«

noch eine dritte mögliche Erklärung, die noch plausibler ist: Ich habe beim Durchlesen der Protokolle bemerkt, daß die sog. ›integrierte Inferenzschleife‹ (vgl. S. 136) vor allem beim Problem 2 auftaucht. Die Diskussion verläuft dann so, daß etwa gesagt wird, es sei schwer, die Mutter zu verlieren, es sei gut, ein neues Leben anfangen zu können, jeder Bursche werde schließlich in seinen jungen Jahren beim Diebstahl erwischt etc., und die Lösung – ergo müßte Matthäus gewählt werden – wird dann weggelassen. Sie ist selbstverständlich. Dies ist oft verwirrend, etwa wenn Argumente für Käthi und Matthäus zugleich vorgebracht werden. Ich vermute, daß dieser Effekt besonders dann auftrat, wenn die Strategie vorgegeben war.

Signifikante Klasseneffekte (5) fehlen bei Problem 2, kommen aber bei Problem 1 und 3 vor. Wir wollen darüber keine Worte verlieren, weil wir die übrigen Varianzanteile durch die Berechnung dieses breiten Anteils nur reinigen wollen.

Nun zu den Problemhaupteffekten (6): Für die »Vermittlungsurteile«, also für die erste Abhängige, finden wir $F = 6.77$; $df = 2,50$; $p < 0.003$; $(r \approx 0.23)$; $\bar{x}_1 = 1.78$; $\bar{x}_2 = 1.30$; $\bar{x}_3 = 1.68$ (vgl. Figur 2.5). Für die abhängige Variable »Handlungsurteile« sind keine signifikanten Problemunterschiede auszumachen. Jedoch ist ein effektiver Unterschied bei der dritten Variablen

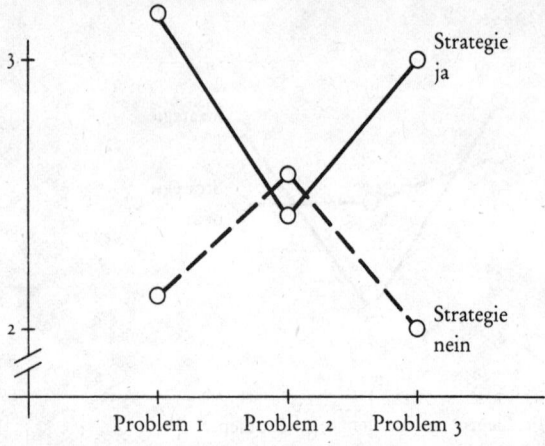

Figur 2.4: Mittelwertausprägungen der Problem × Strategie-Interaktion für die Abhängige »Handlungsurteile«

(harmonischer Urteils-Handlungsbezug) festzustellen mit $F = 7.67$; $df = 2,50$; $p < 0.001$; ($r \approx 0.25$); $\bar{x}_1 = 3.13$; $\bar{x}_2 = 2.23$; $\bar{x}_3 = 3.10$. Unsere »intuitive« Vermutung lautete, daß Problem 1 mehr Handlungsurteile, Probleme 2 und 3 mehr Vermittlungsurteile stimulieren würden. Sie trifft nach diesen Resultaten keineswegs zu. Im Gegenteil, mit $\bar{x}_1 = 1.78$ hat Problem 1 den höchsten Mittelwert der eingeschätzten Vermittlungsurteile zu verzeichnen. Wiederum fällt Problem 2 ab. Man muß diesen Effekt im Zusammenhang mit den Ausprägungen in Figur E. 2 S. 71 sehen. Dort haben wir für Problem 2 die tiefste Mittelwertausprägung für die Variable »Handlungsvorschläge«. Hier, in dieser Analyse, generieren diejenigen Gruppen, die Problem 2 diskutieren, am wenigsten Vermittlungsurteile, und der Verlauf im Sinne der endgültigen Entscheidung ist am wenigsten harmonisch. Zwar müßten aus diesem Grunde nicht unbedingt weniger harmonische Übergänge und weniger Vermittlungsurteile vorhanden sein. Aber in diesem Falle gibt es wohl keine andere Erklärungsmöglichkeit.

Die Hypothese (7) trifft mit Ausnahme des Problemeffektes zu: Wir finden keine Unterschiede für die dritte abhängige Variable, die wir als »harmonischen Urteils-Handlungsbezug« bezeichnet haben. Unsere strukturbildenden Stimuli haben also keine Wir-

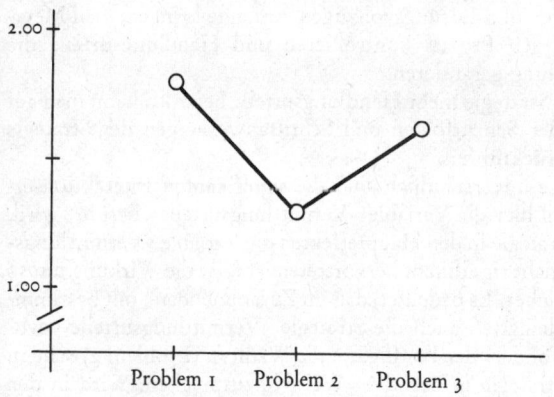

Figur 2.5: Wirkung des Faktors »Problemunterschiede« auf das Ausmaß von Vermittlungsurteilen

kung auf den Schlußentscheid, was im Grunde genommen unser theoretisches Konzept bestätigt, *daß nämlich Handeln 1. nur indirekt von den Argumentationen abhängt, 2. kein Stufencharakteristikum für die Stufen der Interaktion ist und 3. bei qualitativ größerer oder kleinerer Exhaustion in gleicher Weise ausfallen kann.*

e. Konklusionen

Das interessanteste Ergebnis ist wohl, daß die Vorgabe von Regeln einerseits mehr Reflexion über den Urteils-Handlungsprozeß der Gruppe evoziert und andererseits, entgegen unseren Erwartungen, auch mehr Handlungsurteile generieren läßt. Das heißt nicht, daß deswegen andere Gruppenreflexionen (im Sinne der Exhaustion, also der Begründung) andere Handlungsvorschläge hervorbringen. Wohl aber heißt es, daß der Zusammenhang zwischen vorausgehender Argumentation und nachfolgendem Handlungsvollzug oder, umgekehrt, von vorausgehendem Handlungsvorschlag und nachgehender Reflexion stärker kontrolliert wird. Über die Art des Zusammenhangs ist nichts gesagt; man weiß nicht, ob intuitive Anpassung, logische Deduktion, willensmäßiges Gegenüberstellen etc. die jeweiligen Modi sind. Man kann aber annehmen, daß die Gruppen mit Gerechtigkeitsregeln eine bessere Konsistenz und Kongruenz der Argumentation mit den Lösungsvorschlägen und Lösungsvollzügen zustande bringen, weil Metaurteile diesen Prozeß kontrollieren und Handlungsurteile die Rückbindung garantieren.

Daß die Strategie mehr Handlungsurteile bewirkt, kann man auf die Art der Schrittfolgen und Schrittanweisungen der Strategie selber zurückführen.

Teilweise unverständlich sind die signifikanten Interaktionseffekte, weil hier die Variable »Vermittlungsurteile« berührt wird. Da die Strategie in den Haupteffekten die Variable »Vermittlungsurteile« nicht signifikant hervortreten läßt, ist die Wirkung um so unerklärlicher. Es bedeutet, daß im Zusammenhang mit bestimmten Problemarten auch die Strategie »Vermittlungsurteile« evoziert. Besonders der konfligierende Wahltyp (Problem 2) scheint auf die Strategie in negativer Weise anzusprechen. Wird in den Gruppen Problem 2 diskutiert, so bewirkt die Strategie, daß weniger Vermittlungsurteile erzeugt werden. Wir haben dies – im

Zusammenhang mit der Wirkung auf die Variable »harmonischer Urteils-Lösungsbezug« – auf das Phänomen der integrierten Inferenzschleife zurückgeführt.

Überraschend war die Wirkung der Problemeffekte. Aber der Rückgriff auf andere Analysen vermag einiges Licht in diese Zusammenhänge zu werfen.

Die abgeschlossene Analyse führt zu einem neuen Gedanken. *Vermutlich müßte man die Stufen der Interaktion dahingehend erweitern, daß bei den B-Stufen, z. B. Stufe 3 B* (im Gegensatz zu Stufe 3 A), *der Zusammenhang zwischen Argumentation und Handlung* (Handlungsvorschlag) *durch Vermittlungs- und Handlungsurteile mitbedacht werden sollte.* Wir nähern uns damit in gewisser Weise wiederum dem auf S. 219 angedeuteten theoretischen Konzept von N. Haan, wobei wir dann allerdings nicht die vom einzelnen Individuum perzipierte Interaktion meinen, sondern kognitive Gruppenstrukturen. Es ist fernerhin zu bedenken: Handeln ist – im Gegensatz zu späteren Werken Kohlbergs – für uns kein Stufenkriterium. Wir müssen dies nun ergänzen: Nicht das Handeln, sondern die Reflexion (durch Vermittlungs- und Handlungsurteile, durch Metaüberlegungen und legitimierende Rückgriffe) über das Verhältnis von Argumentation (Exhaustion) und Handeln (Handlungsvorschläge) wird ein *konstituierendes* Merkmal.

Analyse III:
Übereinstimmung der Individuen mit der Gruppenentscheidung (Handlungsdiskrepanzen)

a. Fragestellung

Zur Überprüfung der Übereinstimmung der Individuen mit der Art, dem Prozeß und der Entscheidung (Handlung, Handlungsvorschlag) der Gruppe haben wir einen Nachtest in Fragebogenform durchgeführt. Wenn nämlich, beeinflußt durch die einzelnen strukturbildenden Faktoren, die Gruppenurteile signifkant voneinander abweichen, so müssen wir die Theorie der Strukturen und Stufen der Interaktion teilweise revidieren. Denn dann würden die Treatments etwas anderes bewirken (oder zusätzlich etwas anderes), als wir bisher in unserem Theoriemodell impliziert hatten, nämlich motivationale und inhaltliche Dimensionen. Natürlich kann das einzelne Individuum völlig anderer Meinung sein als die Gruppe, es kann sich wenig integriert fühlen und sich vorstellen, daß andere Teilnehmer seiner Gruppe den Schwierigkeitsgrad als unterschätzt empfinden. Aber wir stellen uns vor, daß diese Unterschiede über die Gesamtpopulation oder die Gesamtstichprobe normal verteilt sind und damit keine Signifikanzen auftreten.

Eine weitere entscheidende Frage betrifft das Verhältnis der Übereinstimmung des Gruppenentscheids (Handeln) zum individuellen (möglichen) Entscheid. Würden wir Unterschiede hierin finden, dann müßten wir daraus ableiten, daß die Art des Handelns (bzw. der Handlungsvorschlag) eine Komponente der Stufenzugehörigkeit wäre; alle Indizes würden dann darauf hinweisen, daß unsere Hypothese der strukturalen Unabhängigkeit der Handlungsform vom Argumentationszusammenhang ungültig wäre (dieselbe Argumentationsebene kann zu verschiedenen Handlungsausgängen gesucht werden; derselbe Ausgang kann durch völlig verschiedene Argumentationsstränge belegt werden).

Wir haben diese – für uns entscheidende – Frage innerhalb einer Reihe anderer Übereinstimmungsfragen in den Fragebogen aufgenommen, um dadurch jeden Auffälligkeitseffekt zu eliminieren.

Im Grunde geht es zwar bloß um eine billigende oder mißbilligende Einstellung zu einem Handlungsbeschluß der Gruppe. Insofern aber, als Einstellungen neben situativen Komponenten auch übergreifende Dispositionsmerkmale enthalten, müßten diese, wenn bei der Varianzverteilung signifikante Unterschiede auftreten, mit den strukturbildenden Stimuli interferieren. Ist dies aber nicht der Fall, so kann man annehmen, daß Handeln zwar für den Diskussionsprozeß inhaltlich äußerst wichtig ist, aber kein Merkmal für die Interaktionsstufen oder für die Exhaustionstheorie abgibt.

Neben der Einstellung zum realen Handlungsvorschlag der Gruppe sind, wie gesagt, eine Reihe anderer Übereinstimmungsvariablen in dieser Analyse angesprochen. Insofern als sie die Einstellung der Schüler zu den mehr dynamischen Prozessen erfassen, hängen sie mit den Untersuchungen in Analyse VI und VII zusammen. Dort versuchen wir, signifikante Unterschiede in allen Bereichen durch die Methode der Beobachtung zu erfassen.

Ebensowenig wie dort hoffen wir auch hier keine signifikanten Unterschiede zu finden, weil solche Unterschiede auf neue, bis jetzt nicht gesehene strukturbildende Merkmale hinweisen müßten.

b. Abhängige und unabhängige Variablen

Mit Ausnahme der zweiten Variablen werden alle Fragestellungen so ausgerichtet, daß das Individuum jeweils im Sinne einer persönlichen Meinungsäußerung Stellung beziehen muß. Es muß sich zusätzlich aber auch vorstellen, wie die anderen Mitglieder seiner Gruppe im Durchschnitt darüber gedacht haben. Es geht also darum, Unterschiede im einstellungsmäßigen Abbild als zeitliche Rückblendung über die individuellen Befindlichkeiten und das Vorstellungsbild über Befindlichkeiten (bis hin zum Handlungsabschluß) der Gruppenmitglieder zu erfassen. Eine Übersicht über die abhängigen Variablen gibt Tabelle 2.7.

Überblickt man dieses Variablenset, so stellt sich die Frage nach der Legitimation der Auswahl. Eigentlich brauchten wir nur die Fragen 3 und 7, die anderen sind im Sinne des vorstehend erwähnten Bezugs zu den Analysen VI und VII repetitiv. Es läßt sich allerdings leicht zeigen, daß die Fragen einen Evaluationsraster abgeben, der ganz allgemein die Stellungnahme des Individuums in der Gruppe abdeckt und somit dem Anspruch einer »criterium-referenced« [kriterienbezogenen] Überprüfung (Cronbach 1970) standhält. Bei dieser Überprüfung wird nicht von dem ausgegangen, was die Gruppe selber an Zielen hat (normreferenced), sondern was außerhalb der Gruppe an möglichen Fähigkeiten sachlogisch festgelegt worden ist. Da unsere Ziele aber prozeßorientiert sind, deckt die Form der Befragung, als eine auf den Prozeß gerichtete Größe, einen Vertrauensbereich ab, der dem Individuum die Möglichkeit gibt, seine Stellung und sein Handeln einigermaßen zu reflektieren. Zugegeben, das implizite normative Modell ist recht primitiv (hohe Beteiligung versus tiefe Beteiligung, großes Ausmaß der Mithilfe bei der Lösungsfindung versus kleines Ausmaß etc.). Aber die Möglichkeit der Einschätzung des Durchschnitts der Einstellung der übrigen Gruppenmitglieder weitet den normativen Anspruch im Sinne der stillschweigend vorausgesetzten Integration und der gegenseitigen Verantwortung im Gruppenprozeß aus. Das »Ich« muß sich vorstellen, daß hohe Beteiligung ein gegenseitiges Gleichgewicht verlangt, an dem sich jeder engagiert, ohne daß dabei die vorausgesetzte Egalität der Teilnehmer gefordert oder beschrieben wird.

Aber greifen wir die Variable 3 nochmals heraus. Die Übereinstimmung mit dem Lösungs- bzw. Handlungsvorschlag ist eine dem idealen Gruppenverlauf unterstellte Kompetenz, die nicht beeinflußbar ist durch struktrubildende Stimuli, weil – wie schon erwähnt – angenommen werden muß, daß strukturale Typisierungen der Situation unabhängig vom gebilligten Handlungsausgang verlaufen. Während die anderen Variablen die situativen dynamischen Verhältnisse einigermaßen beschreiben, geht es hier allein um den Anlaß des Handelns, der aus den konfligierenden Komponenten resultiert und vom eigentlichen Argumentationsprozeß unterschieden ist.

Tabelle 2.7: Übersicht über die abhängigen Variablen zum Syndrom »Übereinstimmung«

Gefragte Dimension	Frage	Skala
1. Interesse	a. Ausmaß des persönlichen Interesses b. Ausmaß des vermuteten Interesses der anderen Gruppenmitglieder	Likert 6stufig
2. Allgemeines Befinden	a. wohl – unwohl b. angeregt – gelangweilt c. frei – unfrei d. glücklich – unglücklich } zusammengezogen	Semantisches Differential je 6stufig
3. Hauptvariable: Einverständnis mit dem Handlungs- bzw. Lösungsvorschlag	a. Ausmaß des persönlichen Einverständnisses b. Ausmaß des vermuteten Einverständnisses des Durchschnitts der Gruppenmitglieder	Likert 6stufig
4. Schwierigkeitsgrad	a. Ausmaß der persönlichen Einschätzung des Schwierigkeitsgrades b. Ausmaß der (vermuteten) Einschätzung des Schwierigkeitsgrades der Gruppenmitglieder	Likert 6stufig

Gefragte Dimension	Frage	Skala
5. Diskussionsbetei-ligung	a. Ausmaß der selbsteinge-schätzten Diskussionsbeteili-gung	Likert 6stufig
	b. Ausmaß der vermuteten Diskussionsbeteiligung des Durchschnitts der Gruppen-mitglieder	
6. Allgemeine Qua-lität der Diskus-sion	a. Ausmaß der Qualität nach Einschätzung ohne Außen-kriterium	Likert 6stufig
	b. Vermutetes Ausmaß der vom Durchschnitt der Gruppe eingeschätzten Qua-lität ohne Außenkriterium	
7. Mithilfe bei der Lösungsfindung (Findung des Handlungsvor-schlages)	a. Ausmaß der selbsteinge-schätzten Mithilfe	Likert 6stufig
	b. Ausmaß der vermuteten Mithilfe der Gruppenmit-glieder im Durchschnitt	

Die unabhängigen Variablen sind diesmal: Problem, Komplexi-tätsstimuli, Regel, Strategie. Die Variable »Klasse« wurde ausge-lassen, weil alle 42 Klassen in die Analyse einbezogen worden waren und somit angenommen werden konnte, daß sich in dieser Zahl die Klasseneffekte gegenseitig aufheben. Die Variable »Ge-schlecht« wurde weggelassen, weil es hier um den Bezug zur Gesamtgruppe ging und diese durch randomisierte Zuteilung eine unregelmäßige Geschlechtshäufigkeit in den Gruppen bewirkte und somit auch hier der jeweilige Bezug (Überzahl der Mädchen, Überzahl der Knaben) nicht ausgemacht werden konnte.

Am ungenauesten definiert ist wohl die Variable 6 »Allgemeine Qualität der Diskussion«. Sie hat zwei Funktionen. Sie ist eine Puffervariable, kann aber andererseits auch so interpretiert wer-den, daß der Schüler ein generelles Empfinden für diese Art des Unterrichtsprozesses (Gruppenunterricht) ausspricht. Außenkri-terien wurden deshalb keine mitgegeben, obwohl man diese Variable ebenso wie Variable 2 in ein Polaritätsprofil (semantisches Differential), also in Teilvariablen, hätte zerlegen können.

c. Hypothesen und Analyse

Wir sagen voraus, daß für alle 8 Variablen keine Informationseffekte (Komplexitätsstimuli) (1) und keine Regeleffekte (2) auftreten. Denn dies sind nach unserer Theorie strukturbildende Variablen, nicht aber dynamikveränderte. Die theoretisch postulierte Unabhängigkeit der Stufenstrukturen zum Handeln soll besonders die Variablen 3 und 7 unempfindlich machen gegenüber den strukturbildenden Faktoren.

Mit jener Unsicherheit, die beim Treatment Strategie in bezug auf die Frage der Zugehörigkeit zu den strukturbildenden Stimuli nach wie vor besteht (vgl. S. 182), ist es möglich, daß bei einzelnen abhängigen Variablen ein signifikanter Strategieeffekt auftritt. Wir würden dies aber eher negieren, da die vorliegenden Variablen keinen Bestandteil der Strategie ausmachen (3). Immerhin müßten die Variablen 3 und 7 reagieren, denn die Strategie fordert dazu auf, die Begründungen für eine Lösung nach dem Entscheid nochmals zu überprüfen.

Signifikante Problemeffekte sind bei allen abhängigen Variablen vorauszusagen, und es ist anzunehmen, daß bei den Problemen 3 und 1 höhere Übereinstimmung mit dem Handlungsausgang, höheres Interesse und höchstes Ausmaß an Mitbeteiligung etc., bei Problem 2 hingegen kleineres Ausmaß jeder Variablen zutrifft (4). Die Gründe hierfür sind insofern Annahmen a posteriori, als sie aus den bisherigen Analysen resultieren (vgl. S. 71 und S. 179). Wir erwarten weder Mehrfach- noch Einfach-Wechselwirkungen (5).

Versuchen wir nochmals eine Begründung dieser Hypothesen von einem anderen Ansatz her. Abgesehen davon, daß unsere strukturbildenden Komponenten weder den Handlungsausgang noch die emotionalen Werte beeinflussen sollen, weil diese inhaltlicher Natur sind und innerhalb ein und desselben strukturalen Rahmens verschiedene inhaltliche Gestalten annehmen können, sind sie auch unabhängig von den Gegenständen der Diskussion im eigentlichen Sinne. Hartmann (1962, S. 151) stellt in seiner Ethik fest, daß emotionale Inhalte unabhängig von kognitiver Beeinflussung wirken, wobei wir allerdings nicht so weit gehen würden, zu sagen, sie seien in keiner Weise empirisch aufweisbar, denn die ›objektive Rangordnung‹ und damit auch das Verhältnis von Werthöhe und Wertdauer sind feststellbar oder mindestens beschreibbar. Da der Handlungsausgang als Übereinstimmung mit einem Vorschlag interpretiert werden kann, übergreift er die Struktur der Interaktion und ist stets mit anderen Werten belegbar. (Insofern ist die Frage nach der Übereinstimmung des Handlungsausgangs mit anderen Werteinstellungsvariablen relevant und auch von hierher zu rechtfertigen.)

Die Analyse wurde wieder auf der Basis aggregierter Gruppendaten durchgeführt. Es sind alle 42 Klassen mit 336 Gruppen in den Analyseprozeß einbezogen worden. Das Wahrscheinlichkeitsniveau wurde auf α < 0.01 gesetzt.

d. Resultate

Wir möchten die Resultate der Ordnung halber in der Reihenfolge der Hypothesenformulierungen präsentieren, obwohl es statistisch gesehen logischer wäre, mit den Interaktionen höherer Ordnung zu beginnen.

Es sind in allen Variablen keine Informationseffekte (Komplexitätsstimuli) im vorgeschriebenen Signifikanzraum zu finden. Die erste Hypothese (1) wäre damit bestätigt. Es gibt keine zufälligen Unterschiede zwischen den Treatmentgruppen, auch dann nicht, wenn der Vergleich des individuellen Einstellungskonzeptes mit dem der Gruppe zur Diskussion steht. Dieselbe Wirkung finden wir bei jenen Gruppen, welche die Regelvorgaben als Treatment erhalten haben (2). Auch hier sind keine signifikanten Unterschiede über alle Variablen hinweg zu finden. Bei den (Haupt-) Variablen 3 und 7 sind die Probabilitätsmaße sehr hoch (.24 und .71; .76 und .67), so daß nicht einmal von einer annähernden Signifikanz oder von einer Tendenz gesprochen werden kann.

Die beiden strukturbildenden Stimuli bewirken also keine unterschiedlichen Übereinstimmungsausmaße mit dem Handlungsvorschlag, weder in bezug auf die Einschätzung des Gruppendurchschnitts noch in bezug auf die individuelle Meinung. Auch ist das Ausmaß der eingeschätzten Hilfe zur Lösungsfindung weder unter den Gruppen noch in bezug des einzelnen zur Gruppe signifikant unterschiedlich. Dieses Resultat bestätigt wenigstens teilweise die in diesem Buch vertretene Ansicht, daß strukturbildende Stimuli zwar die kognitiven Stufen der Interaktion, d. h. den gesamten kommunikativen Argumentationsrahmen verändern, nicht aber den Handlungs- oder Lösungsvorschlag; denn dieser steht quer zu den Argumentationen, d. h., er kann nicht aus diesen interpretiert werden.

Man muß natürlich zugeben, daß wir nur auf der Ebene der Einstellung zur Lösung operieren und nicht die unterschiedlichen Lösungen als solche betrachten. Dies ist eine Schwäche in dieser Untersuchung. Wir nehmen aber an, daß kaum unterschiedliche Lösungen innerhalb der Gruppe vorliegen und daß daher die Einstellung zu diesen Lösungen durch die Einzelpersonen untereinander nicht differieren.

Der Einfluß der dritten unabhängigen Variablen war deshalb nicht genau vorauszusagen, weil wir in dieser Arbeit nicht mit absoluter Sicherheit feststellen konnten, ob die vorgelegte kumulative Strategie nicht auch wenigstens teilweise einen strukturbildenden Wert hat. Wir finden keine signifikanten Effekte im Bereich der Strategie. Jene Gruppen, welche die Strategie erhielten, unterscheiden sich nicht in bezug auf die Übereinstimmung mit dem Lösungsvorschlag mit allen anderen Gruppen der Stichprobe. Ebensowenig unterscheiden sie sich in bezug auf die Mithilfe bei der Erstellung von Lösungsvorschlägen. Wir finden eine Tendenz zu einem Unterschied in bezug auf die Vorstellung des Einverständnisses mit dem Lösungsvorschlag der anderen in der Gruppe mit $F = 4.17$; $df = 1,312$; $p < 0.04$; ($r = 0.11$); $\bar{x}_1 = 1.50$; $\bar{x}_2 = 1.59$ und dasselbe bei der Variablen »Übereinstimmung der anderen mit dem Schwierigkeitsgrad« $F = 4.44$; $df = 1,312$; $p < 0.04$; $r = 0.12$; $\bar{x}_1 = 4.27$; $\bar{x}_2 = 4.41$. Diese Resultate bestätigen die Wirkung der Strategie als Beeinflusser der Gruppenkohärenz. Sie zeigen, daß durch die Strategievorgabe bei beiden Variablen weniger vorgestellte Übereinstimmung der Gruppe mit dem eigenen Urteil zustande kommt. Hypothese 3 ist somit teilweise falsifiziert.

Problemeffekte sind bei einzelnen Variablen sehr signifikant aufgetreten, bei anderen wiederum gar nicht vorhanden. Sie sind aus Tabelle 2.8 und Figur 2.6 zu entnehmen. Trotz des strengen Wahrscheinlichkeitsniveaus wirkt sich das große N (Anzahl der Gruppen) effektschwächend aus. Der höchste korrelative Zusammenhang bei der Variablen Nr. 4 (Schwierigkeitsgrad) beträgt nur $r = 0.22$.

Die Tabelle zeigt, daß unsere Hypothese (4) nicht in vollem Umfange zutrifft. Denn die Variablen 2, 5, 6 und 7 weisen keine signifikanten Problemunterschiede auf. Bei den übrigen drei

Variablen stimmt die Richtung der vorausgesagten Unterschiede nicht. Das vermutete Gruppeninteresse und die vermutete Über-einstimmung der Gruppe mit dem Lösungsvorschlag werden tiefer, der Schwierigkeitsgrad, wie ihn die Gruppe sieht, höher eingeschätzt. Dies entspricht einem gewissen Skeptizismus des Individuums gegenüber der Gruppe.

Variable	F	p	Pr. 1	Pr. 2	Pr. 3
1. Interesse					
a. persönlich gesehen	7.55	0.001	2.34	2.15	2.00
b. vermutetes Gruppen-interesse	6.31	0.002	2.51	2.39	2.19
2. Allgemeines Befinden (kombinierte Variable)	0.97	0.38			
3. Einverständnis mit dem Handlungsvorschlag					
a. persönlich	5.02	0.007	1.24	1.41	1.42
b. vermutetes Gruppen-einverständnis	5.32	0.005	1.46	1.57	1.62
4. Schwierigkeitsgrad					
a. persönlich	25.73	0.0001	4.10	4.53	4.74
b. vermutete Gruppen-ansicht	25.01	0.0001	4.04	4.35	4.67
5. Diskussionsbeteiligung					
a. persönlich gesehen	1.61	0.20			
b. vermutete Gruppen-ansicht	1.89	0.15			
6. Allgemeine Qualität der Diskussion					
a. persönliche Ein-schätzung	2.01	0.14			
b. vermutete Gruppen-einschätzung	1.56	0.21			
7. Mithilfe bei der Lö-sungsfindung					
a. persönliche Ein-schätzung	1.46	0.23			
b. vermutete Gruppen-einschätzung	2.38	0.09			

(Vorsicht: Kodierung 1 = am höchsten, 6 = am tiefsten.)

Tabelle 2.8: Problemeffekte der Einstellungsvariablen in bezug auf den Lösungsvorschlag

Besprechen wir zuerst die beiden Hauptvariablen 3 und 7. Bei 3 ist die Übereinstimmung um so größer, je weniger abstrakt das Problem ist, und zwar sowohl in bezug auf die persönliche Einschätzung als auch in bezug auf die vermutete durchschnittliche Gruppeneinschätzung. Am wenigsten Übereinstimmung haben wir beim Problem 3, also beim konfligierenden Dilemmatyp, bei dem – wie wir öfters ausgeführt haben – die Konstruktion der Argumente durch gegebene Fakten schon weitgehend geleistet ist und das Schwergewicht auf der Billigung und Mißbilligung, also auf der kritischen Haltung gegenüber diesen Fakten liegt. Vermutlich ist es zu diesem Ergebnis gekommen, weil die Gruppen mit Problem 1 mehr nur den Lösungsausgang besprochen hatten, also mehr auf der funktionalen Interaktionsstufe diskutierten, als die Gruppen mit den anderen beiden Problemtypen. Man könnte aus diesem Ergebnis eine verallgemeinernde Regel ableiten: Je differenzierter und abstrakter die Problembeschreibung (Problemart), desto größer das Nichtübereinstimmungsausmaß. Es bestätigt sich damit ein Ergebnis, das wir auf S. 190 aufgezeichnet haben: Durch die strukturbildenden Stimuli wird der Differenzierungsunterschied der Probleme signifikant reduziert. Wenn also Handeln und Handlungsübereinstimmung mit der Problemart unterschiedlich akzentuiert sind, so wird dieser Unterschied durch strukturbildende und strukturtransformierende Stimuli aufgehoben.

Damit ist aber auch gesagt, daß Handlungsvorschläge je nach dem Problemtyp und je nach dem Komplexitätsgrad des Problemraumes ein anderes Gewicht haben. Diese Erkenntnis ist wichtig für den Zusammenhang von Handeln und Urteil. Denn nicht das Urteil verändert die Handlungssituation, sondern die Perzeption der gegebenen Problembedingungen. Dies wiederum bestätigt unsere These der Unabhängigkeit von Urteil und Handeln innerhalb derselben gegebenen Problemumstände. Es muß in bezug auf das Einverständnis mit einem Handlungsvorschlag Unterschiede geben, weil der Handlungsvorschlag durch die Situationsparameter, nicht aber durch strukturale Gegebenheiten variiert.

Von diesem Standpunkt aus ist es erklärbar, warum keine Problemwirkung auf die Variable 7 (Lösungsfindung) zu verzeichnen war, denn die Größe des Einsatzes zur Lösungsfindung hat offensichtlich nichts mit den Situationsparametern im Sinne der Problemtypunterschiede zu tun.

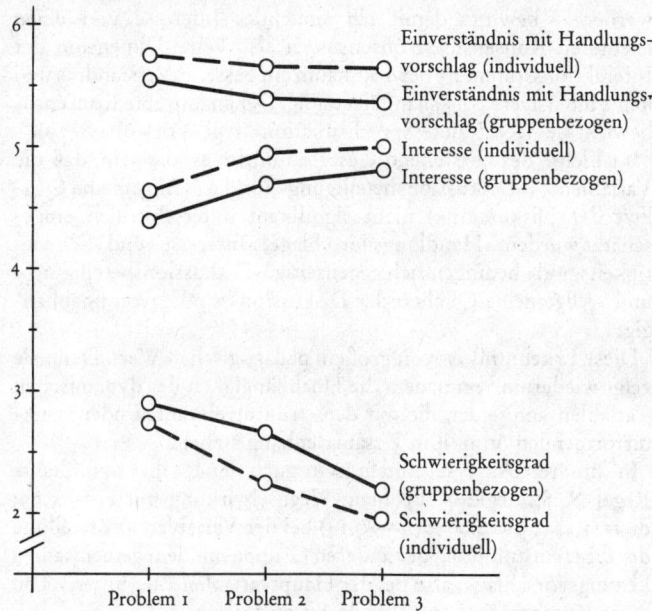

Einverständnis mit Handlungsvorschlag (individuell)

Einverständnis mit Handlungsvorschlag (gruppenbezogen)

Interesse (individuell)

Interesse (gruppenbezogen)

Schwierigkeitsgrad
(gruppenbezogen)

Schwierigkeitsgrad
(individuell)

Figur 2.6: Wirkungen des Problemtyps auf Einstellungsvariablen in bezug
auf den Lösungsvorschlag

Die signifikanten Wirkungen bei der Variablen 1 (»Interessenein-
schätzung«) müssen nun im Zusammenhang mit dem oben
Gesagten gesehen werden. (Dieser Zusammenhang ist allerdings
nicht statistisch interaktiv. Er resultiert aus einer Zusammenschau
von relativ weit auseinanderliegenden Gegebenheiten.) Er läßt sich
so verallgemeinern: Je weniger Einverständnis mit dem Handlungsvorschlag, desto größer das Interesse. Denn hier finden wir
eine komplexere und intensivere Auseinandersetzung mit den
gegebenen Fakten.

Auch die Wirkungen der Variablen 4 (»Einschätzung des
Schwierigkeitsgrades«) passen gut in das Bild. Denn je größer der
Schwierigkeitsgrad (Problem 1 mit dem höchsten Ausmaß), desto
kleiner das Interesse und desto größer (bzw. leichter) der Übereinstimmungskoeffizient. Der Schwierigkeitsgrad – bei Problem 1
mußten die meisten Argumente selber generiert und exhauriert

werden – bewirkt damit ein sinkendes Interesse und einen leichteren Konsensus. Konsensus ist also keine Dimension der Interaktionsstufen. Er bewirkt kaum ein besseres Verständnis und keine intensivere Auseinandersetzung. Der angestrebte Konsensus bewirkt keine »idealere Sprechsituation« (vgl. Vorwort, S. 19).

Im Lichte des vorstehend Gesagten dürfte es klar sein, daß die Variablen 5 (»Diskussionsbeteiligung«) und 6 (»Allgemeine Qualität der Diskussion«) nicht signifikant unterschiedlich eingeschätzt wurden. »Handlungsvorschlag«, »Interesse« und »Schwierigkeitsgrad« bedingen sich gegenseitig. »Diskussionsbeteiligung« und »Allgemeine Qualität der Diskussion« sind davon unabhängig.

Diese Erkenntnis ist von großem pädagogischen Wert. Denn sie zeigt wiederum von neuem die Unabhängigkeit der dynamischen Variablen von jenen, die mit den strukturrelevanten oder strukturformenden Stimuli in Zusammenhang stehen.

In unserer Analyse finden wir auch eine sehr signifikante Regel × Strategie × Problem-Wechselwirkung mit $F = 5.99$; $df = 2,312$; $p < 0.003$; ($r = 0.14$) bei der Variablen »Vorstellung der Übereinstimmung der anderen Gruppe mit dem gemeinsamen Lösungsvorschlag«, also bei der Hauptvariablen 3.b. (S. 304). Die Ausprägungen sind aus Tabelle 2.9 zu ersehen.

		Problem		
		1	2	3
Regel ja	Strategie ja	1.56	1.53	1.64
	Strategie nein	1.37	1.61	1.55
Regel nein	Strategie ja	1.37	1.60	1.85
	Strategie nein	1.54	1.53	1.45

Tabelle 2.9: Mittelwertsabtragungen der Regel × Strategie × Problem-Wechselwirkung für die Variable »vorgestellte Gruppenübereinstimmung mit dem Lösungsvorschlag«

Das Gesamtbild (s. auch Figur 2.7) stellt eine durch das Problem 3 gebrochene Spiegelbildlichkeit der Werte dar. Für die Probleme 1 und 2 ergeben sich dieselben, aber vertauschten Werte, wenn gilt: »Regel ja/Strategie nein« und »Regel nein/Strategie ja«. Dieselbe Spiegelbildlichkeit existiert also, wenn beide Einflüsse vorhanden sind oder wenn beide Einflüsse fehlen. Nur das Problem 3 bricht,

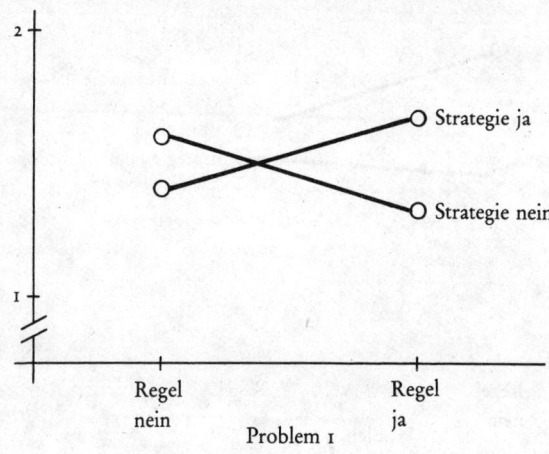

Problem 1

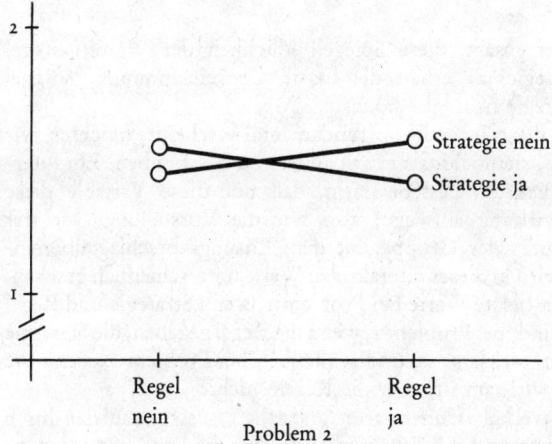

Problem 2

Figur 2.7: Mittelwertsabtragungen der Regel × Strategie × Problem-Wechselwirkung für die Variable »vorgestellte Gruppenübereinstimmung mit dem Lösungsvorschlag«

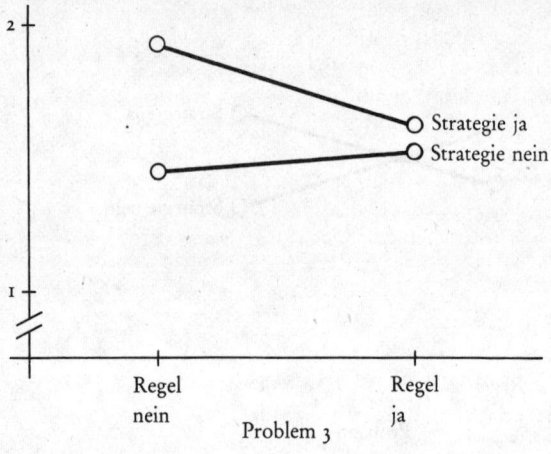

(Kodierung 1 = am höchsten, 6 = am tiefsten)

Figur 2.7
(Fortsetzung)

wie schon gesagt, diese Spiegelbildlichkeit der Werte; »Regel nein/Strategie ja« erhält die tiefste Übereinstimmung, »Regel nein/Strategie nein« die höchste.

Da uns diese Interaktion fundamental erscheint, möchten wir versuchen, sie nochmals etwas anders zu beschreiben. Ein interessantes Faktum besteht darin, daß nur diese Variable diese Wechselwirkung aufweist; also nur die Vorstellung, wie der Durchschnitt der Gruppe mit dem Lösungsvorschlag übereinstimmt, wird in dieser interaktiven Weise unterschiedlich gesehen. Wir haben tiefste Werte bei Problem 1, wenn Strategie und Regel gegeben sind; bei Problem 2, wenn die Regel gegeben, die Strategie aber nicht wirksam ist, und schließlich bei Problem 3, wenn die Strategie wirksam ist, aber die Regeln nicht.

Der Sachverhalt ist unerwartet, und er läßt Aussagen auf den durch das Problem und die Faktoren »Regelzugabe« und »Strategiezugabe« beeinflußten Gruppenprozeß zu. Denn gemessen wurde hier ja die Vorstellung, wie die andern der Gruppe mit der Lösung übereinstimmten. Die Versuchspersonen nehmen an, daß sie unter verschiedenen Bedingungen verschieden zustimmen, und dies setzt eine Frage voraus, nämlich wie sich wohl die dynamischen Variablen in Analyse VI und VII zu diesem Faktum verhalten. Denn obwohl hier die Variable kognitiver Natur ist, könnte man vermuten, daß die Gruppendynamik bei verschiedenen Problemen und verschiedenen Bedingungen je anders war.

Die Teilinteraktion des Problems 3 muß so interpretiert werden, daß bei Problem 3 die Übereinstimmung dann am tiefsten war, wenn nur die Strategie, nicht aber die Regel vorhanden war, d. h., die Strategie bewirkt einen eher Uneinigkeit schaffenden Einfluß, wenn die Regel nicht vorhanden war. Anders bei der ordinalen Interaktion des Problems 1. Hier wird die tiefste Einigkeit erzielt, wenn entweder beide Einflüsse vorhanden sind oder beide fehlen. Wenn nur eines der beiden Treatments wirksam ist, wird die Einigkeit der Gruppe erhöht.

Dieses Resultat läßt sich mit nichts in der bisherigen Analyse vergleichen. Denn es besagt, daß bei Problem 1 jeweils ein Treatment allein höhere Übereinstimmung schafft, bei Problem 2 dann, wenn beide Treatments in Ordnung sind oder keines, und schließlich, daß die Strategie bei Problem 3 in jedem Falle eine tiefere Übereinstimmung schafft, besonders wenn die Regel nicht vorhanden ist.

Besagt ein solches Resultat, daß billigende oder mißbilligende Argumente (Variablen, die den Unterschied der Übereinstimmung mit dem Handlungsausgang abdecken) ein Teil der Stufenstruktur der Interaktion darstellen? Da wir eine dreifache Interaktion mit dem Problemtyp vor uns haben und zugleich keine solche Wirkung bei der Übereinstimmung der einzelnen Versuchspersonen mit dem Handlungsvorschlag an sich finden, müssen wir diesen Effekt folgendermaßen interpretieren: Zwar gibt es keinen signifikanten Einfluß in bezug auf die persönliche Übereinstimmung mit dem Handlungsausgang an sich, aber unter den obigen interaktiven Bedingungen glauben die Versuchspersonen, daß die Mitglieder der Gruppe eine andere Einschätzung des Handlungsausganges als sie selber haben. Dieser Einfluß kommt vermutlich hauptsächlich durch die Art des Dilemmas zustande. Aber selbst bei dieser Annahme kann man nicht ausschließen, daß das Handeln doch in irgendeiner Weise zu einer Komponenten der Stufenzugehörigkeit werden könnte. Wie dies gemessen werden sollte, muß hier allerdings offenbleiben.

e. Konklusionen

Die Hypothesen 1 bis 3 treffen vollständig zu. Die strukturbildenden Stimuli und die die Diskussionskompaktheit fördernde Strategie bewirken keine Unterschiede in der Übereinstimmung der Individuen mit der Art, dem Prozeß und der Entscheidung (Handlung, Handlungsvorschlag) der Gruppe. *Dies bestätigt wenigstens teilweise unsere Hypothese, daß Handeln nicht voraussagbar an das Urteil gebunden ist, sondern durch ein Vermittlungsurteil, das durch Situationsbedingungen und Ideologien geprägt ist, erst entsteht.* Erst wenn man die Art des Vermittlungsurteils kennt, kann Handeln aus dem moralischen Urteil als Entscheidung vorausgesagt werden.

Bei den Problemeffekten ist der Zusammenhang wichtig, daß bei jeweils größerem Schwierigkeitsgrad im Sinne der Produktion des Problemfeldes, das Interesse um so kleiner und die Übereinstimmungsquote um so größer ist.

Bei den Problemeffekten gibt es einen Unterschied zwischen Einzelurteil und eingeschätztem Gruppenurteil: die oben besprochene dreifache Interaktion.

Die Problemunterschiede sind in bezug auf die Übereinstimmung mit dem Handlungsvorschlag bedeutend. Nicht daß durch die Zustimmung zu diesem Handlungsvorschlag das generelle moralische Urteil einer bestimmten Gruppe verändert würde, vielmehr wird die Problemstruktur verändert. Das Vermittlungsurteil muß also die dem Problemfeld inhärenten Lösungsmöglichkeiten in Relation zu allgemeinen Gerechtigkeitsvorstellungen bringen und den Unterschied offenlegen. Problemanalogien in Diskussionen schießen folglich immer über das Ziel hinaus. Sie haben keinen empirischen Halt in der Übereinstimmungsintensität, sondern fachen im Gegenteil wegen der Nichtübereinstimmung die Diskussion vermutlich neu an.

Wir möchten abschließend wiederholen, daß diese Analyse nur einen kleinen Teil der Urteils-Handlungsproblematik, nämlich den Übereinstimmungsgedanken abdeckt. Wir haben aber daraus erfahren, daß der Konsensus keine Bedingung für eine »idealere« Sprechsituation, d. h. für eine höhere Stufe der Interaktion darstellt. Kommunikatives Handeln kann nur ein negativ umgrenztes offenes Feld für die Interaktion darstellen und kein geschlossenes strategisches Programm mit strategischen Bedingungen. Für den Erwerb einer Identität im Sinne der Universalpragmatik (Habermas) sind die Bedingungen ›Konvergenz‹ und ›Konsensus‹ nur hinderlich. Die ideale Kommunikation kann nur als eine höhere Stufe der Interaktion definiert werden, da auch das kommunikative Handeln eines Vermittlungsurteils bedarf, um die Vorstellungen der Teilnehmer und ihre kommunikativen Äußerungen überprüfen zu können. (Es nützt an dieser Stelle auch nichts, wenn wir uns, wie Kohlberg, von den Parametern der Verhaltensmodifikation abheben und diese als blind bezeichnen würden. Der richtige Weg liegt vielmehr darin, das von uns so bezeichnete Vermittlungsurteil später neu zu verfolgen.)

Kapitel 3

Entwicklung als Ziel der Erziehung
(Das erzieherische Werk Kohlbergs)

Ich denke nicht, daß unser wichtigstes Bedürfnis darin
besteht, gescheiter zu sein, mehr praktische Erfahrungen
zu haben oder mehr politische Schlauheit zu entwickeln –
sondern darin, geistig gesünder zu werden: Wahrheiten,
die (meines Erachtens) an sich einleuchtend genug sind,
zu erkennen und danach zu handeln.
J. Wilson

Mein eigenes Leben schien mir mehr eine Folge von in
sich geschlossenen Kreisen zu sein, von Ringen, die sich
nicht mit der Freiheit einer Spirale abwickeln. Mir gelingt
es nur durch einen Sprung, von dem einen in den andern
zu kommen, nicht durch den gleitenden Schwung. Was
mich erschlafft in dem Übergang, ist die Windstille, die
Erwartung vor dem Augenblick, in dem ich weiß, wohin
zu springen ist.
Truman Capote

Kohlberg und die Stufen der Interaktion

a. Beeinflußte Entwicklung

Bei unseren Versuchen sind wir von einem Unterrichtskonzept und den möglichen Treatmenteinflüssen ausgegangen. Wir haben beobachtet, daß Schüler in Gruppen moralische Probleme oft »nur« pragmatisch lösen, oft »nur« unter dem Gesichtspunkt situativer Problemanalyse, oft aber auch unter dem Aspekt »was ist gerecht, generell, und in dieser Situation«. Das hat zur Annahme geführt, daß Interaktionsstrukturen mehr als die Summe von kognitiven Schemata der einzelnen Mitglieder der Gruppe sind, daß die Denkorganisation der Gruppe grundsätzlich anders gestaltet ist als die eines einzelnen, daß sie zugleich auch viel zerbrechlicher ist, also leichter zerfällt als die Motivationsstruktur von Individuen. Unsere Basisvorstellungen sind also gruppenentwicklungspsychologisch (vgl. S. 22 ff. und S. 89) und zugleich erzieherisch. Welches sind aber die konkreten Einflüsse?

In seiner Erasmusrede (1972) sagte Piaget:

> »Ich werde oft gefragt, ob man die Abfolge der Stadien, die wir beobachtet haben, beschleunigen kann: Das ist offensichtlich der Fall; aber ist es auch ratsam?« (S. 5)

Während Piaget also sehr zurückhaltend ist, definiert Kohlberg höhere Stufen der Entwicklung als Ziel der moralischen Erziehung schlechthin. Ihm geht es darum, die Schüler so zu »stimulieren«, daß sie die nächste Stufe erreichen können. Diese Stimulation ist der eigentliche pädagogische Prozeß. Ihm liegen theoretische Annahmen und empirische Befunde zugrunde. Die *theoretischen Annahmen* bestehen einerseits in den Darlegungen über Sein und Sollen (»From Is to Ought«, 1971) und andererseits in der Abhebung des konstruktivistischen Ansatzes vom romantischen Erziehungsideal und vom Kulturübertragungsansatz. Für Kohlberg wird nun aus teleologischen Gründen wichtig, warum eine höhere Stufe adäquater ist als eine tiefere (Kohlberg, Turiel 1973). Die *empirischen Befunde* zeigen, daß durch Stimulation Stufenveränderungen möglich sind (Blatt 1975), daß der Schüler Stufen unterhalb von ihm ablehnt, aber eine Stufe oberhalb von ihm verstehen und akzeptieren kann (Turiel 1966); ferner, daß als Voraussetzungen für die Stufenentwicklung ein bestimmtes Lehrverhalten, ein bestimmtes Ausmaß an moralischer Diskussion und eine gewisse Klassenatmosphäre notwendig sind (Colby, Kohlberg, Fenton et al. 1976). Obwohl Kohlberg alle diese Faktoren behandelt, kennt er den Begriff der strukturformenden »Stimuli« nicht.

b. Die Stufen Kohlbergs; Merkmale des Stufenwechsels

Weil wir in diesem Buch immer wieder (beispielsweise auf S. 35 ff. und S. 214 ff.) auf die Stufen Kohlbergs zu sprechen kamen, seien sie hier kurz beschrieben. Zuvor ist jedoch folgende Bemerkung angebracht:

Während bei hierarchischen Ordnungen in anderen Bereichen, wie etwa in der Leistungsmessung, eine tiefe Bewertung auf einer Skala im Extremfall sogar eine Negativbewertung in der Gesellschaft bedeutet (bedeuten soll), geht es beim strukturalen Ansatz vor allem um das positive Verstehen des grundlegenden Denkmusters einer Person und nicht um eine Beurteilung. Hier sind also Zynismus und Mitleid unangebracht, weil die Stufe die inneren Bilder oder die koordinativen Verknüpfungen einer bestimmten Person offenlegt. Würde also jemand über eine tiefere Interaktionsstufe lächeln, so würde er damit nur zeigen, daß er das Anliegen der strukturalen Psychologie nicht verstanden hat, nämlich daß das Kind kein verkleinerter Erwachsener ist, sondern in seinem Wachstum seine Denkorganisation von Schritt zu Schritt ändert. Kohlberg sagt:

»Stufen identifizieren zu lernen ist ein Prozeß, zu dem etwas anderes gehört als die Zuordnung zu einer Stufennummer oder einer Rubrik. Die Stufe einer Person identifizieren ist a. Teil eines besseren Verständnisses der Person und b) eines besseren Verständnisses der Theorie der normalen Entwicklung. Stufen sollten nicht als diagnostische Etiketten betrachtet werden, welche die Beziehung zu Mitmenschen enthumanisieren und ihnen einen geringeren Wert zuschreiben. Beinahe immer, wenn Stufen destruktiv verwendet werden, beruht dies a. auf einem mangelnden Verständnis der Bedeutung der Stufen und b. darauf, daß man zu wenig versteht, was die Menschen in ihren eigenen Worten sagen oder denken.

Zur Identifikation der Stufen gehört beides, die Kenntnis der Theorie und das Verständnis für das, was die Menschen in ihren eigenen Worten sagen.« (Kohlberg et al. 1975, S. 2)

Wenn ein Forscher sagt, diese Person stehe ja nur auf Stufe 2, und dabei jene abschätzige Bewegung der Unterordnung macht, was besagt, daß diese Person sowieso nicht eines eigenen moralischen Urteils fähig sei, so hat er das Wesen der Hierarchisierung der Denkmuster nicht verstanden. Denn die Stufen sind keine Kategorien des Charakters oder des Verhaltens, sondern des Urteilens über eine gegebene Situation. Es gibt eine Stufe-3-Gerechtigkeit der Stufe 3 und eine der Stufe 2, d. h., Personen, die auf verschiedenen Stufen beurteilen, sind »ehrlich« und »gerecht« in bezug auf ihr eigenes Verständnis und ihre eigene Argumentation, die begrenzt ist durch die eigenen homogenen, kognitiven und moralischen Schemata.

Die Kurzbeschreibung der Stufen ist aus Tabelle 3.1 zu ersehen.

Die Merkmale dieser Stufen entsprechen teilweise den Merkmalen der kognitiven Struktur, wie wir sie auf S. 86 bis S. 89 angedeutet haben, sind aber teilweise mehr auf den Wechsel von einer Stufe zur anderen bezogen. Sie basieren auf der moralischen Wertvorstellung und Wertbegründung in einer bestimmten Situation. Kohlberg gibt einige Kriterien der Stufenvorstellung an, wie Einheitlichkeit und qualitative Merkmalsverbundenheit. Er beschäftigt sich aber vor allem mit den Stufenmerkmalen und der Stufenhierarchie und zählt 8 Kriterien für das Konstrukt »kognitive Entwicklung« auf:

1. Fundamentale Transformation der kognitiven Struktur, gemessen durch die Parameter der organisatorischen Ganzheiten bzw. der Systeme interner Relationen; 2. Entwicklung als Ergebnis der Interaktion zwischen Struktur des Organismus und Struktur der Umwelt; 3. »die kognitiven Strukturen sind innere Strukturen des Handelns« (sensomotorisch, symbolisch, verbal, aber immer auf Objekte bezogen); 4. Entwicklung ist auf besseres Gleichgewicht (Äquilibrium) zwischen Organismus und Umwelt gerichtet. Gleichgewicht ist die stabile Dimension der auf Transformation gerichteten Prozesse; 5. affektive und kognitive Entwicklung laufen parallel; sie sind nur verschiedene Perspektiven struktualer Veränderung; 6. die soziale Entwicklung ist im wesentlichen die Restrukturierung a. des Konzeptes Ich, b. in Beziehung zu den Konzepten anderer Menschen, c. begriffen als in einer gemeinsamen sozialen Welt und in einem gemeinsamen sozialen Standard existierend; 7. soziale Entwicklung impliziert,

daß Stimulierung als dauernde Veränderung der Wahrnehmung auch für die soziale Entwicklung wichtig ist. Sie impliziert aber auch Rollenübernahme bzw. die Vorstellung, daß der andere mehr oder weniger dieselbe Vorstellung hat wie ich; 8. die soziale Entwicklung basiert auf dem Gleichgewicht oder auf der Reziprozität des Ich mit der sozialen Umwelt.

»In verallgemeinernder Form ist dieses Gleichgewicht der Endpunkt oder die Bestimmung der Moralität, begriffen als Prinzip der Gerechtigkeit, d. h. Reziprozität oder Gleichheit. In individualisierter Form definiert es Beziehungen der ›Liebe‹, d. h. der Gegenseitigkeit und reziproken Intimität.« (Kohlberg 1974, S. 8–11)

Es ist leicht zu erkennen, daß sich Kohlberg einerseits auf Deweys Drei-Stufen-Modell der moralischen Entwicklung beruft (vormoralische Stufe, konventionelle Stufe, autonome Stufe, Dewey 1964), andererseits aber von Piagets Intelligenz-Entwicklungsmodell und ebenfalls von seinem Drei-Stufen-Modell des moralischen Urteils (vormoralische Stufe, heteronome Stufe, autonome Stufe) beeinflußt ist. In diesem Sinne wird für ihn das Verhältnis von Intelligenzentwicklung und moralischer Entwicklung entscheidend.

Zurück zu den allgemeinen Merkmalen. Betrachten wir nun einige der Charakteristika unter dem Aspekt des Wandels: Erstens geht der Stufenwechsel nur dann vor sich, wenn die ganze Organisation des Denkens wechselt, also nicht bloß eine größere Häufigkeit von bestimmten Antworten auftritt oder die Intensität im Ausdruck von etwa vorhandenen Koordinationen sich steigert. Viele bewältigte Krisen im moralischen Leben eines Erwachsenen können zwar eine hohe Frequenz von Denkmustern und ganze Lösungen von Problemen hervorbringen, bedeuten aber keine Entwicklung im Sinne des Durchlaufens einer Stufe zu einer neuen hin. Das hat damit zu tun, daß wir wiederum unterscheiden müssen zwischen Inhalt und Struktur des moralischen Urteils. Jede Veränderung des Inhalts bringt zwar etwas Neues bezüglich der Sinnkonstitution mit sich, bedeutet aber noch lange nicht eine Veränderung der kognitiven Struktur. Der Inhalt einer moralischen Situation besteht aus der Konfliktbeschreibung und der Entscheidung des Subjektes. Also etwa: Die natürliche Mutter »verkaufte« ihr Kind, weil sie arm war und es nicht ernähren konnte. Deshalb möchte sie es jetzt von der Adoptivmutter zurückfordern. Diese aber betrachtet das Kind als ihr eigenes . . . etc. Wenn ein Schüler sagt, der Richter soll das Kind den Adoptiveltern geben, so ist dies erst eine inhaltliche Entscheidung des moralischen Urteils. Die kognitive Struktur aber wird erst ersichtlich aus den entsprechenden Begründungen (»concerns«) (vgl. S. 259 ff.).

Als zweites Merkmal ist Reversibilität zu nennen. Bei Veränderung der Bedingungen fällt das Individuum nicht auf tiefere Stufen zurück. Es kann gedanklich den Schritt wieder »rückgängig« machen, ohne zu regredieren, es sei denn, es stehe unter einer besonderen psychischen Streßsituation wie Trauma, Schock, Neurose, Schizophrenie, Todesangst, Drogeneinfluß etc. Das heißt nicht, daß das *Verhalten* nicht veränderbar ist. Ich kann mich so verhalten, daß ich nach Stufe 1 beim Parken meines Autos nichts als die mögliche Bestrafung einrechne. Fragt man mich aber über mein Verhalten aus, dann kann ich es nach den Kriterien meiner kognitiven Stufe, meines kognitiven Musters einer bestimmten Struktur, beurteilen. Wenn ein Kind die Invarianz der Menge bei verschiedenen Formen (Knetexperiment Piagets) erkennt, können Konditionierungsketten zwar das entsprechende Verhalten auslöschen, nämlich das Verhalten »Urteil abgeben« oder »Wurst umformen«, nicht aber sein Verstehen. (Vgl. Döbert/Nunner-Winkler, 1978).

Smedslund (1961) konnte zeigen, daß einem Kind, das vor der Stufe des invarianten Erkennens steht (preconserver), zwar durch Verstärkungsketten die richtige Antwort beigebracht und wiederum ausgelöscht werden konnte, daß der Löschprozeß aber unwirksam wurde bei einem Kind, das auf der Stufe steht, wo es wirklich die Konservation der Menge bei Veränderung der Form erkennt.

Drittens ist die Invarianz der Stufen genannt worden. Ein Kind kann niemals eine Stufe überspringen. Jeder Wechsel erfolgt in universalen, schrittweisen und invarianten Sequenzen.

Viertens sind Entwicklungsstufen als kognitive Muster »hierarchische Integrationen«. Das bedeutet, daß jedes Subjekt, das sich auf einer höheren Stufe befindet, diejenigen Stufen unter ihm versteht oder integriert (vgl. Kohlberg 1975 a, S. 670).

Fünftens – von Kohlberg nicht spezifisch erwähnt – ist das Faktum der fundamentalen Transformation als Krise beim Übergang von einer Stufe zur anderen. Das Forschungsdefizit in der

Tabelle 3.1: Die sechs moralischen Stufen nach Kohlberg (in Lickona 1976)

Ebene und Stufe	Inhalt der Stufe			Soziale Perspektive der Stufe
	Was ist richtig?	Gründe für richtiges Handeln		
EBENE I – PRÄKONVENTIONELL Stufe 1 – Heteronome Moral	Vermeiden, Regeln zu übertreten, wenn diese Übertretung von einer Bestrafung gefolgt wird. Gehorsam um des Gehorsams willen und um Personen und Gegenständen keinen Sachschaden zuzufügen.	Vermeiden von überlegener Gewalt von Autoritäten.		EGOZENTRISCHER GESICHTSPUNKT. Erwägt die Interessen der anderen nicht, noch werden die Unterschiede bezüglich der eigenen Wünsche erkannt. Stellt keine Beziehung her zwischen zwei verschiedenen Gesichtspunkten. Erwägt Handlungen nur in bezug auf physische, nicht aber psychologische Auswirkungen auf andere.
Stufe 2 – Individualismus, instrumenteller Zweck und Austausch	Regeln nur dann zu befolgen, wenn es den unmittelbaren Interessen einer Person dient; Handeln, um seine eigenen Interessen und Bedürfnisse zu erfüllen und anderen	Seine eigenen Bedürfnisse und Interessen erfüllen in einer Welt, in der anzuerkennen ist, daß andere Leute auch ihre eigenen Interessen haben.		KONKRETE, INDIVIDUALISTISCHE PERSPEKTIVE. Das Bewußtsein, daß jeder seine eigenen Interessen hat, sie auch verfolgt, und daß sie sich widersprechen; deshalb ist das, was

	das gleiche Recht einzuräumen. Richtig ist das, was auch fair ist, auf Gegenseitigkeit beruht, auf einem »Handel«, einer Übereinkunft.		richtig ist, relativ (im konkret individualistischen Sinn).
EBENE II – KONVENTIONELL Stufe 3 – Gegenseitige interpersonale Erwartungen, Beziehungen und interpersonale Übereinstimmungen	Erwartungen zu entsprechen, die nahestehende Personen durch ihre Rolle als Sohn, Bruder, Freund usw. an einen stellen. »Gut sein« ist wichtig und bedeutet, von guten Motiven geleitet zu sein; um die anderen besorgt zu sein. Gleichzeitig bedeutet es, zwischenmenschliche Beziehungen hoch zu schätzen, z. B. Vertrauen, Treue, Respekt und Dankbarkeit.	Das Bedürfnis eine gute Person vor sich selber und vor den anderen zu sein. Sorge um andere, Vertrauen in die »Goldene Regel«. Der Wunsch, Regeln und Autorität, die das typische gute Benehmen (Verhalten) unterstützen, aufrechtzuerhalten.	PERSPEKTIVE DES INDIVIDUUMS IN BEZIEHUNG ZU ANDEREN INDIVIDUEN. Das Bewußtsein von gemeinsamen Gefühlen, Übereinstimmungen und Erwartungen, die über den persönlichen Interessen stehen. Gesichtspunkte werden aufeinander bezogen anhand der »Goldenen Regel«, indem einer sich selbst in die Position eines andern versetzen kann. Es wird keine verallgemeinerte Systemperspektive erwogen.

	Inhalt der Stufe		
Ebene und Stufe	Was ist richtig?	Gründe für richtiges Handeln	Soziale Perspektive der Stufe
Stufe 4 – Soziales System und Gewissen	Pflichten zu erfüllen, denen man zustimmt. Gesetze sind aufrechtzuerhalten außer in extremen Fällen, in denen sie mit andern festgelegten sozialen Verpflichtungen in Konflikt treten. Das Recht trägt auch zur Gemeinschaft der Gruppe, der Institution bei.	Die Institution als Ganzes unterstützen, vor dem Zerfall bewahren, (»wenn jeder das täte«). Der Imperativ des Gewissens, seinen ausgesprochenen Verpflichtungen nachzukommen. (Leicht verwechselbar mit Stufe 3: Glaube an Regeln und Autorität.)	PERSPEKTIVE, DIE ZWISCHEN GESELLSCHAFTLICHEN ANSICHTEN UND INTERPERSONALEN ÜBEREINSTIMMUNGEN ODER MOTIVEN UNTERSCHEIDET. Übernahme des Systemgesichtspunktes, der auch die Rollen und Regeln bestimmt. Individuelle Beziehungen werden nach ihrem Platz innerhalb des Systems beurteilt.
EBENE III – POSTKONVENTIONELLE ODER PRINZIPIENORIENTIERTE STUFEN Stufe 5 – Sozialer Vertrag oder Nützlichkeit und individuelle Rechte	Sich vergegenwärtigen, daß Menschen verschiedene Werte und Meinungen haben und daß die meisten Werte und Regeln relativ zur Gruppe stehen. Diese relativen Regeln sollen gewöhnlich eingehalten werden aufgrund von Unparteilichkeit und	Ein Gefühl der Verpflichtung dem Gesetz gegenüber beruht auf dem sozialen Vertrag, Gesetze zu machen und zu beachten zum Wohl eines jeden und zum Schutz seiner Rechte. Ein Gefühl frei vertraglicher, freiwillig eingegangener Bindung an Fami-	DER GESELLSCHAFT VORGEORDNETE PERSPEKTIVE. Perspektive eines rationalen Individuums, das Werte und Rechte anerkennt, die gesellschaftlichen Bindungen und Vereinbarungen vorgeordnet sind. Perspektiven werden integriert durch formelle Mechanismen

	weil sie den sozialen Vertrag bilden. Einige nichtrelative Werte wie Leben und Freiheit müssen aber in jeder Gesellschaft und unabhängig von den Ansichten der Mehrheit aufrechterhalten werden.	lie, Freundschaft, Vertrauen und Arbeitsverpflichtungen. Das Interesse, daß Gesetze und Pflichten auf rationalen Kalkulationen der allgemeinen Nützlichkeit beruhen, d. h. »das größte Gut für die größte Zahl«.	der Übereinkunft, des Vertrags, der objektiven Unparteilichkeit und des angemessenen Verfahrens. Erwogen werden moralische und rechtliche Ansichten; es wird anerkannt, daß sie sich manchmal widersprechen und schwer einzuordnen sind.
Stufe 6 – Universale ethische Prinzipien	Selbstgewählten ethischen Prinzipien zu folgen. Einzelne Gesetze und gesellschaftliche Vereinbarungen sind gewöhnlich gültig, weil sie auf solchen Prinzipien beruhen. Wenn Gesetze diese Prinzipien verletzen, dann handelt man den Prinzipien gemäß. Prinzipien sind universale Prinzipien der Gerechtigkeit: Gleichheit der Menschenrechte und Achtung vor der Würde der Menschen als individuelle Personen.	Der Glaube als rationale Person an die Gültigkeit von universalen moralischen Prinzipien und ein Bewußtsein persönlicher Bindung an sie.	PERSPEKTIVE EINES MORALISCHEN GESICHTSPUNKTS, aus dem soziale Ordnungen hervorgegangen sind. Es ist die Perspektive eines jeden rationalen Individuums, das die Natur der Moral oder die Tatsache anerkennt, daß die Personen Zwecke an sich und auch als solche zu behandeln sind.

Transitionsfrage macht sich nicht nur bezüglich des Wandels des Individuums, sondern auch des Wandels von Gruppen oder Organisationen bemerkbar. Hier liegt – trotz des Wissens über die horizontale Abstufung (décalage) – der wunde Punkt im System der Stufen.

Obwohl ich in diesem Kapitel vor allem den Ansatz Kohlbergs als wissenschaftliche Basis für die Entwicklung unseres Theoriemodells der Interaktionsstufen darstellen möchte – d. h. nicht so sehr von den Interaktionsstufen, als vielmehr von den moralischen Stufen und den erzieherischen Implikationen sprechen möchte –, seien hier die obengenannten Merkmale nochmals auf die Interaktionsstufen angewandt.

c. Merkmale des Stufenwechsels bei den Stufen der Interaktion

Erstes Merkmal – totale Strukturtransformation – ist beim Gruppenschemawechsel gleich. Zwar sind unsere Treatmenteinflüsse nur momentane Transformationsstimuli zu höherer Diskussionsform, aber sie sind damit noch nicht struktural integriert, d. h., es ist noch kein Gleichgewicht höherer Stufe erreicht. Würde in einer Primärgruppe (vgl. die Ausführungen auf S. 129) die höhere Stufe erreicht, dann wäre die Diskussion ohne Rückfall auf eine tiefere Ebene, d. h., jede Diskussion dieser Gruppe würde dasselbe transformative Niveau erreichen. Zwei Phänomene zeigen, daß dies in unseren Gruppendiskussionen nicht der Fall ist. Erstens die Transformation von »oben nach unten« und die »von unten nach oben« (vgl. dazu unsere Ausführungen auf S. 132 f.). Die Veränderung »von oben nach unten« sieht so aus: Eine Gruppe diskutiert moralische Normen, wählt eine dieser Normen als Entscheidungshilfe aus, beginnt, sie auf die Situation anzuwenden. In der Diskussion der situativen Bedingungen aber vergißt sie die entscheidungsleitende Gerechtigkeitsfunktion der Norm. Die vorausgegangene Wahl wird belanglos. Situative oder pragmatische Aspekte bekommen mehr Bedeutung als grundlegende. Hier sei ein solches Protokoll wiedergegeben:

3: Also, fangen wir mit Regel 1 an, lies mal.
2: (Liest Regel 1)
3: Dünkt dich diese Regel gut?
2: Ich würde die und vielleicht noch eine andere dazu wählen.
3: Und du?

1: Ja, mich dünkt es nicht recht, daß einer viel und einer wenig erhält.
3: Das meine ich auch, machen wir Regel 2.
1: (Liest Regel 2)
2: Ich glaube, daß es gerecht ist, wenn die Mehrheit entscheidet. Das ist sicher richtig.
3: Ja, und du?
1: Wenn alle sagen: Er erhält das Billett. Das finde ich auch gerecht.
3: Ich finde auch, wenn alle damit einverstanden sind, könnte man die schon nehmen, wenn alle drei gleicher Meinung sind.
1: (Liest Regel 3)
3: Das finde ich auch. Das ist auch gut. Nachher ist keiner schuld, wenn das Schicksal entscheidet.
2: Aber nachher sind die anderen vielleicht nicht zufrieden, wenn eines das Los erhält und das andere überhaupt nichts.
3: Ja, das ist auch wahr.
3: Nehmen wir noch die nächste Regel.
2: (Liest Regel 4)
   Ich glaube, daß jeder gleichberechtigt ist in dieser Regel.
3: Das finde ich gut.
1: Aber das da, wo es heißt, daß jeder schuldig ist – ich weiß auch nicht. Aber sonst dünkt es mich gut.
3: Mich auch. Machen wir Regel 5.
   (Liest Regel 5)
2: Das dünkt mich die beste bis dahin. Man versucht, unparteiisch zu bleiben und auch die anderen zu berücksichtigen, oder?
3: Jetzt Regel 6.
1: (Liest Regel 6)
3: Das finde ich nicht gerecht.
1: Nicht gerecht, ja.
2: Das ist doch kein Wettbewerb.
3: He ja, da kann einer mehr reden und der andere weniger, und nachher bekommt nur einer das Billett. Die nehmen wir nicht.
1: Also, nehmen wir die nicht.
3: Ganze Regel 6 ist gestrichen.
2: (Liest Regel 7)
3: Das finde ich auch ungerecht. Wenn einer einen schlechten Tag hat, macht er eine schlechte Note, und der andere hat einen guten Tag und hat eine gute Note. Und nachher finde ich das ungerecht.
1: Derjenige, der schlechte Noten hat, ginge vielleicht auch gerne ins Kino.
2: Der Lehrer hat doch damit gar nichts zu tun.
1: Aber wir müssen entscheiden, wer ins Kino geht.
3: Also nehmen wir die auch nicht.
2: Welche haben wir noch?

3: 1, 2, 4 und 5. Also schauen wir nochmals.
   (Die Schüler lesen die Regel nochmals durch.)
2: Bei Regel 1 ist es ungerecht, daß der eine viel und der andere wenig erhält.
3: Das ist wahr.
3: Also streichen wir die erste Regel; und jetzt Regel 2?
1: Die finde ich am besten; die finde ich einfach gerecht.
3: Ja, ich auch, weil dann einer die Schuld auf sich nimmt.
1: Ja, und wenn einer freiwillig verzichtet und den anderen die Freude läßt, dann finde ich es gut, wenn es so ist.
2: Ich finde, mit dem sollte man nicht unbedingt ein Gesetz festlegen.
1: Ja, das dünkt mich auch. Sonst ist noch jeder schuld.
3: Regel 5.
1: Die dünkt mich eigentlich am besten. Da können alle miteinander reden, und am Schluß schaut eine Lösung heraus.
2: Ich würde sagen, wir nehmen Regel 5 und . . .
1: Regel 5 und Regel 4.
3: Regel 4 haben wir nicht mehr.
1: Könnten wir sie nicht nehmen?
3: Mir gefällt sie eigentlich nicht so.
2: Also Regel 4 streichen wir.
1: Nein, wieso dünkt euch Regel 4 blöd?
3: Weil man das unbedingt in einem Gesetz festlegen muß. Und nachher, wenn man das Gesetz nicht hält, daß man nachher schuldig ist. Das finde ich blöd.
1: Ja, du hast recht. Dann könnt ihr es streichen.
3: Dann haben wir noch Regel 5 und Regel 2.
2: Also Regel 5 und Regel 2. – Mich dünkt, Regel 2 sollte man nicht nehmen, weil, wenn man es gerecht verteilen will, sollte eigentlich keiner zurückstehen.
1: Ja, dann ist Regel 5 eigentlich doch die beste, weil alle die Schuld auf sich nehmen.
3: Ja, aber mich dünken eigentlich beide gleich gut.
1: Ja, mich auch.
2: Aber man übernimmt ja keine Schuld eigentlich.
2: Da, beim zweiten, »Dann ist es gerecht, wenn die Mehrheit entscheidet.« Wenn etwas schiefgeht, nehmen alle die Schuld auf sich. Ich finde da kann gar nichts schiefgehen, wenn alle einverstanden sind.
1: Ja, wieso willst du den Kinoplatz? Sag einmal einen Grund.
3: Mich dünkt, man könnte es verkaufen und das Geld nachher teilen.
1: Ja, und dann für etwas ausgeben.
3: Ja, oder jemandem stiften, einem Blindenheim oder so. Dann haben wir zwar nichts daran, aber den anderen ist geholfen.
2: Welche Regel haben wir jetzt abgemacht?

3: Regel 5. Wäret ihr einverstanden, wenn wir das Billett jemandem gäben oder es verkaufen und das Geld jemandem stiften? Oder auch das Geld unter uns verteilen?

1: Teilen würde ich es eigentlich nicht. Ich würde es lieber für Behinderte geben, oder so.

2: Wie meinst du das? Das Billett ist ja nur 5 Franken wert.

1: Ja, das ist immer noch besser als gar nichts.

3: Man könnte es ja auch in die Storchenkasse geben, die unser Lehrer hat.

1: Ja, dann ist es für einen guten Zweck.

1: Meinst du nicht auch?

3: Und einfach das Geld teilen?

2: Oder vielleicht miteinander nach Basel gehen – wo das Kino ist, weiß ich nicht – und nachher vielleicht den Rest des Geldes, das es für drei Eintrittskarten braucht, zusammenlegen.

3: Das könnte man auch machen. Das finde ich eine gute Lösung.

1: Ja, dann hätten alle etwas davon. Nicht nur eines.

2: Oder, wenn z. B. zwei nicht ins Kino wollten, könnte der andere ihnen einen Anteil geben von dem, was der Eintritt kostet.

1: Wenn jemand unbedingt ins Kino will und die andern auch, dann könnte man das Geld auch zusammenlegen, wie du vorhin gesagt hast. Es sollte einfach jedes etwas daran bezahlen. – Das dünkt mich die beste Lösung so.

3: Eben, daß alle drei etwas daran haben. Dann können alle drei ins Kino.

1: Nicht nur eines.

1: Dann könnte auch jeder in den Film gehen, den er gerne sehen würde. Es bräuchten ja nicht alle in den gleichen zu gehen.

3: Einem gefällt vielleicht dieser besser und dem anderen der andere.

1: Am besten wäre schon, wenn alle drei zusammen gingen, in den gleichen.

2: Ich finde, es hat nicht jeder den gleichen Geschmack.

3: Man könnte ja fragen, wie teuer so ein Billett ist; dann könnten wir es ausrechnen.

3: Aber wäre das die Lösung?

1: Nun, was kostet ein Billett?

3: Zusammen wären das 12 Franken.

1: Ja.

3: 12 Franken; wir müssen ja nur noch 2 kaufen. Dann könnten wir das durch 3 teilen. Das macht 4 Franken für jedes. Das ist nicht alle Welt.

3: Das finde ich die beste Lösung, nehmen wir das.

1, 2: Ja.

3: Also.

(Kl. 31, Gr. 3, Zeit: 26 Min.)

Das Phänomen »von oben nach unten« haben wir zwar schon auf S. 138 als Theorie-Praxis-Hiatus bezeichnet. Hier möchte ich es aber mehr unter dem strukturtransformativen Gesichtspunkt, also unter Stufenwechselaspekten sehen. Das Protokoll zeigt, wie die Schüler, sobald sie auf den Lösungspunkt zu sprechen kommen, keine Begründungen mehr auf der dritten Stufe geben, sondern situative oder pragmatische Argumente anführen. Sie binden ihren Entscheid – mit einer Ausnahme, der Rückfrage – nicht an die gewählte Gerechtigkeitsnorm zurück. Bezeichnend ist auch, daß sie relativ wenig Gründe für die einzelnen Gerechtigkeitsprinzipien aufbringen.

Die Struktur der Interaktionsstufe 3 ist also nicht genug gefestigt. Wir haben zwar Stimuli gegeben in Richtung dieser Stufe, aber es wurde auf ihr kein Gleichgewicht und keine Integration erreicht. Das ändert sich auch nicht mit veränderter Diskussionsdauer der Protokolle. Eine totale Stufentransformation hingegen wird vermutlich über eine längere Zeit der Gruppengewöhnung hinweg dann erreicht, wenn ein Bewußtsein über allgemeine Prinzipien der moralischen Entscheidung gruppenmäßig entstanden ist. Bewußtsein bedeutet, daß a. Moralisches nicht allein pragmatisch oder situativ zu bewältigen ist und b., daß die Gruppenmitglieder in einer bestimmten Weise interagieren oder argumentieren. Die Stufenfestigung besteht darin, daß vom Gegenstand der Diskussion ein Licht auf die Akte der Sprecher oder auf ihre Entwürfe und Begutachtungen fällt und daß umgekehrt aber auch die Akte der Sprechenden das Objekt »moralischer Konflikt« unter bestimmte koordinative Verknüpfungen zwingen. Gerade weil aber ersteres, das Objekt »normative moralische Prinzipien der Gruppe«, zwar immer da ist, aber nicht so leicht explizit gemacht werden kann, ist die Bindung an eine bestimmte Interaktionsstufe relativ stabil. Würden Gegenstände wie Bilder, Werkzeuge etc. diskutiert, dann wäre Einfluß von der Logik der Sache her größer. Hier aber fallen Beobachtungsphänomene fast völlig weg; die Asymmetrie zwischen den Aussagen der Mitglieder und der eigenen Aussage ist vermutlich größer als die eigene Asymmetrie gegenüber der Regel.

Wir haben aber auch das Phänomen »von unten nach oben« als Zeichen eines möglichen Stufenwechsels angedeutet. Wenn ein Schüler auf der Ebene der allgemeinen Prinzipien zu argumentieren beginnt und einen Durchstoß versucht, die Gruppe sich aber dessen nicht bewußt wird, also keine »Erkenntnis« in bezug auf die höhere Stufe vorhanden ist, dann wird der Ansatz unterbrochen. Die Gruppe fällt auf die alte Interaktionsstufe zurück. Die alte Struktur wird zwar erschüttert, aber sie ist immer noch stabil genug, um eine fundamentale Transformation zu verhindern. Das Beispiel auf S. 110 zeigt einen solchen Versuch.

Was bei Kohlbergs Merkmalen der grundlegenden Stufentransformation vielleicht nicht so wichtig ist wie bei unserem System, ist das von uns so bezeichnete »Bewußtsein der Interaktionsstufe«. Die Gruppe ist sich in unserem Beispiel nicht bewußt, daß der Schüler 1 auf eine höhere Stufe vorzustoßen versucht.

Ich erinnere mich an das Beispiel eines Gruppengesprächs unter Erwachsenen. Mein Freund wollte wissen, auf welcher Stufe der Kohlberg-Skala er stehe. Ich weigerte mich zuerst, auf sein Anliegen einzugehen. Schließlich aber gab ich ihm eines der Kohlberg-Dilemmas. Sollte Heinz vom Richter bestraft werden oder nicht, nachdem er eingebrochen hatte, um eine ihm verweigerte Medizin für seine krebskranke Frau zu stehlen. Mein Freund gab eindeutige Stufe-4-Argumente von sich, und ich erklärte ihm nun, warum er auf dieser Stufe stehe. Plötzlich aber bemerkte ich, daß wir auf eine Ebene wechselten, auf der uns etwas anderes bewußt wurde. Er begann an dem zu zweifeln, was ich als gerecht bezeichnete. Ich warf ihm vor, daß er das Individuum im Namen soziologischer Theorien der Gesellschaft ohne Diskussion opfern würde; er warf mir vor, daß für mich nur individualistische Argumente in meinem Gerechtigkeitsbegriff Platz hätten. Plötzlich realisierten wir, daß wir nicht mehr über das konkrete Dilemma diskutierten, sondern über die Prinzipien unseres Urteils, über die steuernden Kräfte unserer normativen Denksysteme. Wir wurden uns unserer anderen Diskussionsebene bewußt, und das Dilemma selber erhielt immer mehr die Funktion, Reflexion auszulösen; es ging also um die Frage, ob wir uns dessen bewußt waren, was wir in dieser Gesellschaft als gerecht betrachteten und warum wir es verbal zu verteidigen versuchten.

Das zweite Merkmal, die Reversibilität, hat im Konzept pädagogischer Beeinflussung wiederum nur insofern Sinn, als die Interaktionsstufe gefestigt ist. Wir haben diesen Aspekt schon auf S. 128 ff. besprochen. Versucht man durch die Stimulierung höherer Stufenmerkmale, also durch Eingabe von allgemeinen Gerechtigkeitsprinzipien, eine höhere Argumentation zu erreichen, so gibt es zwar auf Dauer gesehen eine gruppenpsychologische Reversibilität, aber der Beeinflussungsprozeß selber zeigt nur den prozessualen Aspekt der Verwendung und nicht das Stadium der Gruppenstruktur schlechthin.

Als drittes Merkmal wurde vom möglichen Überspringen von Stufen gesprochen. Vermutlich – wir haben keine Daten hierfür – ist es bezüglich der Primärgruppe ebenso. Möglicherweise besteht aber eine größere stufenübergreifende Flexibilität der Gruppeninteraktionsschemata. Wir brauchten, um dies zu beweisen, Querschnittdaten. Gibt man 8jährigen ein Kohlberg-Dilemma zu diskutieren, so geben sie jedenfalls nur Lösungsvorschläge an, und sie erwarten, daß diese Lösungsvorschläge begutachtet werden. Sie hinterfragen das Dilemma nie, und wenn man etwa die Warum-Fragen stellt, so kommen Antworten, die nur die Lösungsvorschläge bestätigen, z. B.: weil es so besser ist, weil jeder dann etwas hat, weil es sonst ungerecht ist etc.

Liest man aber die Protokolle von »Just Community Meetings« der Cluster School (vgl. S. 378 ff. dieses Buches) durch, so findet man – mit einigen Ausnahmen – meistens analytisches Interaktionsverhalten. Folgender Ausschnitt soll dies veranschaulichen (High School, 14- bis 17jährige):

E: Was würde er sagen, wenn sich keine schwarzen Schüler einschrieben? Ein Grund, eine Sache ist, warum sie dies nicht täten: Sie würden in diese Schule schauen und all diese weißen Leute sehen und dann sagen, diese Schule sei für »Weißische«, und sie würden sagen, – ich meine für Weiße – sie würden sagen: ›Ich würde hier nicht hingehen, weil hier niemand sein wird, den ich kenne.‹

   . . .

   Keine Schwarzen werden sich einschreiben, solange sie sehen, daß hier nur 18 Schwarze und 47 Weiße sind. Jetzt, wie sollen sie Lust bekommen, sich einzuschreiben in dieser Schule?

F: Sie werden sich gleich fühlen wie du, als du dich eingeschrieben hast.

G: Ja, klar.

E: Ich denke nicht so, aber es gibt solche, welche so denken. Viele schauen nur auf das, was sie sehen, nicht aber auf das, was wirklich dort ist.

B: Dann ist es ihr Fehler.

Ba: Ich möchte euch alle etwas fragen, ihr Weißen. Ich habe kein Vorurteil, aber was würde es ausmachen, wenn 6 Schwarze mehr wären als 6 Weiße? Es gibt 47 von euch Weißen jetzt. Es sind 18 Schwarze. 6 Schwarze mehr würde nichts ausmachen.

G: Gut.

   etc.

(Protokoll vom 3. Oktober 1975; mit freundlicher Erlaubnis des Center for Moral Education, Harvard University)

Das kann eine ganze Stunde auf dieser Ebene weitergehen, ohne daß man von Gerechtigkeit spricht oder begründet, warum etwas gerecht ist, und so die Normen transparent macht. Es ist dies ein typisches Stadium, in dem die situativen oder, mit anderen Worten, die psychologischen und sozialen Fakten als Intentionen, Konsequenzen, Kausalitäten etc. im Mittelpunkt stehen.

Das vierte Merkmal zeigt das Prinzip der hierarchischen Integration. Wer auf höherer Stufe steht, versteht die tieferen. Dies trifft für unsere Stufeneinteilung in ganz besonderem Maße zu. Wir haben diesen Aspekt in Kapitel 1 unter dem Begriff »integrative Inferenzschleife« und »Theorie-Praxis-Schleife« dargestellt. Wer auf Stufe 2 argumentiert, verwendet Lösungsvorschläge und deren Begründung, sieht sie aber im Licht faktischer Umstände. Wer auf Stufe 3 argumentiert, sieht die faktischen Umstände und die Lösungsvorschläge aber im Licht von manipulativen Normen. Wer auf Stufe 4 argumentiert, sieht sowohl Lösungsvorschläge als auch faktische Umstände und Prinzipien im Lichte philosophischer, religiöser oder gesellschaftstheoretischer Gesichtspunkte. Die höhere Interaktionsstufe schließt die tiefere mit ein, gibt ihr zugleich aber eine andere strukturale Prägung, eine andere Sinngebung. Wenn höhere Stufen aber adäquatere Denkmuster bewirken, dann auch ein größeres Bewußtsein davon, was im interaktiven Strukturaufbau tatsächlich geschieht. Auch die Verpflichtung, das Versteckte offenzulegen, die verborgenen Schemata transparent zu machen, wird von Stufe zu Stufe größer.

Als *letztes Merkmal* haben wir die Krise im Übergang von einer Stufe zur anderen erwähnt. Wir können an dieser Stelle wiederum nur Vermutungen äußern. Sehr wahrscheinlich gibt es so etwas wie eine Gruppenkrise im strukturalen Sinne. Im Übergang von Stufe 2 zu Stufe 3 etwa konfligiert der naive Glaube an Fakten mit dem Wissen, daß hinter jeder Entscheidung Prinzipien der Gerechtigkeit stehen. Konfligieren diese beiden Aspekte, so kann die Gruppe ihr eigenes Interaktionsmuster so lange immer wieder zerstören, bis ein Durchbruch zu einem neuen echten Vergleich und Begründen auf höherer Ebene erfolgt.

d. Stufe 6 und Stufe 7 in Kohlbergs System

Gehen wir nun wieder zu Kohlberg zurück. So konsistent das Stufensystem aussieht, so gibt es doch Stellen, die entweder noch nicht bearbeitet sind oder aber auf die Kluft zwischen der logischen Analyse und der empirischen Verifikation hinweisen. Ich möchte einige Stellen andeuten:

Erstens hat sich, wie gesagt, in den letzten Jahren die Zuordnung der Daten zu den Stufen verändert und verfeinert. Kohlberg würde heute viele Stufenetikettierungen anders vornehmen oder vielmehr die meisten Aussagen tiefer ansiedeln. Das hat mit den sogenannten *Kriterienurteilen* zu tun, die im neuen *Scoring Manual* (1979) ausgearbeitet worden sind. Dort wird auch viel größeres Gewicht auf die Übergangsstufen gelegt. So gibt es eine 4 A- und eine 4 B-Stufe, eine 4(5)- und eine 5(4)-Stufe und eine Stufe 4.5 (vgl. auch S. 216 f.).

Die Verfeinerung dieses Systems hat zweitens die Komplikation mit sich gebracht, daß kaum mehr Antworten auf der Stufe 6 zu finden sind. Bis jetzt ist kein einziges Stufe-6-Antwort-Beispiel aus dem Scoring Manual oder etwa aus den neueren Arbeiten des Institutes bekannt. Ausnahmen bilden geschichtliche Figuren wie Sokrates, Jesus, Franz von Assisi, Martin Luther King, die ihre postkonventionelle Überzeugung meist bis in den Tod gegen eine präkonventionelle oder konventionelle Gesellschaft verteidigt haben. In seinem Brief aus dem Birmingham-Gefängnis schreibt Martin Luther King:

>»Man kann wohl fragen, ›Wie kannst Du es vertreten, einzelne Gesetze zu brechen und andere zu befolgen?‹ Die Antwort liegt in der Tatsache, daß man nicht nur gesetzliche, sondern auch moralische Verantwortung hat, der man wie den gerechten Gesetzen folgen muß. Man hat die moralische Verantwortung, ungerechten Gesetzen nicht zu gehorchen, allerdings muß man dies offen und mit Liebe tun und bereit sein, die Strafe auf sich zu nehmen. Wer ein Gesetz bricht, das ihn sein Gewissen als ungerecht beurteilen läßt, und die Strafe im Sinne des Gewissens der Gemeinschaft anerkennt, drückt damit den höchsten Respekt für das Gesetz aus. Ein ungerechtes Gesetz ist ein menschliches Gesetz, das nicht im universalen Recht oder im natürlichen Recht wurzelt. Ein Gesetz, das die menschliche Persönlichkeit emporhebt, ist gerecht, eines das sie herabwürdigt, ist ungerecht.« (Zitiert nach Kohlberg 1974, S. 11)

Für Martin Luther King war Gerechtigkeit im Sinne von Fairneß Grundlage einer religiösen und politischen Arbeit. Letztlich ist die Relativierung des zivilen Rechtes durch moralische Prinzipien jenseits von Staat und Kirche, verankert im kritisch rationalen Gewissen des einzelnen, ein zentrales Anliegen seiner moralischen

Führerschaft.

Aber dies bringt uns zurück zur Frage nach der Begrenzung der Stufen 3 und 4 und der Seltenheit der Stufen 5 und 6. Stufe 5 und 6 enthalten neben Urteilsäußerungen auch metaethische Argumente, Reflexionen über das System, Wissen von der Struktur der genetischen Epistemologie und der Theorie der Gerechtigkeit. Sie enthalten vor allem Reflexionen zum Problem der Universalität eines prinzipienbegründeten Entscheides. Es geht um ein Wissen vom idealen Gleichgewicht aller Bestrebungen, Bedürfnisse und sozialen Kräfte, gekoppelt an eine möglichst große Freiheit unter Aufhebung von Ungleichheiten durch Berücksichtigung des Vorteils und der offenen Möglichkeiten für alle (vgl. Rawls 1971, S. 118 ff.). Wer also auf Stufe 6 steht, muß einerseits um philosophische Legitimation bestrebt sein, andererseits aber doch ein Urteil sprechen. Sobald ein Subjekt von der philosophischen Reflexion zu einem Urteil übergeht, das die Lösung eines Problems bedeutet, fällt es möglicherweise auf Stufe 5 zurück. Denn hier haben wir das Problem der Deduktion der Prinzipien in die Handlungsebene, die das Prinzip selber immer wieder auflöst, vor uns. Es sei denn, es gehe nicht mehr um ein standardisiertes und künstliches Dilemma, sondern um eine Lebenssituation, wie eben das Beispiel von Martin Luther King deutlich macht. Der philosophische Ausdruck von Gerechtigkeit läuft dem Urteil, das politische Konsequenzen hat, voraus.

Darin liegt die implizite Gegenkraft eines Theoriesystems, das die Stufen durch philosophisch-logische Analysen der ethischen Urteile a priori *konstruiert* und erst anschließend durch Empirie verifiziert. Das Spannungsfeld zwischen logischer Analyse der Erkenntnisformen und empirischer Verifikation ist nicht bloß eine wissenschaftstheoretische Position, sondern auch eine Auseinandersetzung mit moralischen Entscheidungen und Begründungen in der philosophischen und alltäglichen Wirklichkeit; es ist Stellungnahme gegen die kulturelle Relativität der Normen und gegen das Gejammer des Wertgefälles im allgemeinen. Es ist Kritik bestimmter philosophischer Modelle und ihrer methodischen Anwendungen (z. B. der Value Clarification-Schule). Diese kritische Haltung bringt die Frage der realen Verpflichtung gegenüber der eigenen Aussage angesichts sozialer oder politischer Konsequenzen erst recht auf den Tisch. Und hier erreicht die Theorie Kohlbergs den Punkt, wo sie ihr höchstes Ideal, das übergreifende

Modell der Gerechtigkeit, offenlegen muß. Dies geschieht einmal durch den Entwurf einer gerechten Schuldemokratie auf der praktischen Seite und durch Spekulationen über eine Stufe 7 auf der theoretischen Seite. Über die »Just Community« wollen wir weiter unten schreiben. Einige Gedanken zur Stufe 7 seien hier angefügt.

Seit etwa 1974 beschäftigt sich Kohlberg immer wieder mit dem Gedanken, daß etwas jenseits der Stufe 6, jenseits moralischer Prinzipien zu finden sei; eine Überzeugungs- oder Glaubensdimension. Er sagt:

»Als Stufe 7 bezeichne ich die Glaubensorientierung, die durch universelle moralische Prinzipien verlangt wird, obwohl dieser Begriff an dieser Stelle nur eine Metapher ist. Diese Glaubensorientierung ändert nicht grundsätzlich die Definition universeller Prinzipien menschlicher Gerechtigkeit von Stufe 6, sondern verbindet sie mit einer Perspektive der letzten Bedeutung des Lebens (ultimate meaning).« (1974, S. 14)

Letzte Gründe sind Reflexionen über Leben und Tod und vor allem die kontemplative Erfahrung des Kosmos, der Vereinigung mit Gott oder des Lebens als eines Ganzen, als Gegensatz zu einer universalen humanistischen Perspektive der Stufe 6. Stufe 7 kann nur im Durchgang durch eine Krise erreicht werden, die mit Verzweiflung beginnt und auf dem Hintergrund einer prinzipienorientierten Moral der Stufe 6 zum Glauben durchbricht. Kohlberg nennt Marcus Aurelius als ein Beispiel jenseits der christlichjüdischen Kultur, der tatsächlich seine Verräter und Feinde aufgrund seiner Prinzipien »geliebt« hat.

Ich glaube *nicht*, daß Kohlberg mit dem Entwurf einer Stufe 7 die Lösung des Problems religiöser Implikationen im moralischen Urteil gelöst hat. Spinozas Pantheismus führt ihn eher davon weg. Meiner Meinung nach sollte der Glaube als eine Dimension jeder einzelnen Stufe erfaßt werden können. Der Glaube ist jener Realitätsbezug, der aus dem kognitiven Denkmuster der jeweiligen Stufe eine Überzeugung macht, aus der heraus die Menschen ihr Leben gestalten und den Situationen einen Sinn geben, auch wenn Sinn mit der Zeit ausgehöhlt und rar wird. Der Glaube tritt zur kognitiven Struktur dann hinzu, wenn ein Urteil Folgen für die Wirklichkeit hat und wenn Vernunft die Entschlossenheit bedeutet, für ein Urteil auch den Kampf aufzunehmen.

Besonders Fowler (1974, 1976) hat sich eingehend mit der Frage der Entwicklung von Glauben (faith) auseinandergesetzt. In Anlehnung an Kohlberg entwickelte er Stufen des Glaubens, die hier aber nicht angeführt werden sollen. Wichtig ist für uns die Differenz zwischen dem, was Fowler und Kohlberg jeweils unter »faith« verstehen. Fowler sagt (1976):

»Glaube ist vielmehr die Seinsart einer Person oder einer Gemeinschaft angesichts einer letzten Umwelt . . . Im Hinblick auf das Wissen um eine Beziehung zur letzten Umwelt muß eine Person oder eine Gemeinschaft sich eine Idee oder ein Bild dieser letzten Umwelt konstruieren können.« (S. 14-15)

Für Kohlberg (1974, 1977) ist faith etwas Pantheistisches. Unter Bezug auf Spinoza spricht er von einer »attitude toward the whole as both object and subject«, und er gibt zu, daß es sich bei ihm nicht um eine empirische, sondern um eine logische Analyse handelt. Fowler sieht »faith« als Entwicklungsstufen, die zwar anders sind als moralische Stufen, aber ebenso durchgehend. Kohlberg hingegen ordnet »faith« der Stufe 7 zu. Wir haben selbst eine Reihe von Untersuchungen zur Entwicklung des sogenannten »religiösen Urteils« oder der kognitiven Stufen religiöser Entwicklung durchgeführt und gezeigt, daß Religion eine im wesentlichen eigenständige Dimension der kognitiven Struktur darstellt (vgl. Oser et al. 1979).

In unserem interaktiven Konzept (Stufen der Interaktion) könnte »faith« so etwas wie die inhaltlichen Verknüpfungen der Gruppe darstellen. Dies würde bedeuten, daß wir unser Schema inhaltlichen religiösen Bezügen zuordnen würden. Auf der ersten Stufe läge dann der Zweck darin, bessere Lösungen für Handlungen an sich zu finden. Auf der zweiten Stufe stünden alle Dinge des Glaubens und die entsprechenden Intentionen, Konsequenzen, Kausalitäten etc. im Vordergrund. Auf der dritten Stufe wären die Prinzipien religiöser Leitsätze transparent zu machen, und auf der letzten Stufe würden theologische Modelle diskutiert. Aber dies sind Spekulationen. Sicher ist, daß Primärgruppen, wie Familien, in einem religiösen Dilemma je nach Entwicklung oder Stimulation auf jeder Stufe argumentieren könnten. Tritt etwa ein religiöser Entscheidungsfall ein, so könnte es Gruppen geben, die zuerst fragen, welches generell die Gebote sind, an die wir uns halten, und welches unsere religiösen Richtlinien sind. Das wäre eine Gruppe der Stufe 3.

Zusammenfassend läßt sich feststellen, daß bei den höheren Stufen Kohlbergs das sozial-religiöse Moment nicht genügend integriert ist und damit zur offenen Frage wird.

e. Habermas' Versuch, eine Stufe 7 zu entwerfen

Ein Versuch, das Problem der Rationalität der Urteile auf Stufe 6 zu lösen, hat Habermas (1975) unternommen. Für ihn ist die 7. Stufe eine universale Sprachethik, die nicht durch universale Prinzipien fixiert, sondern durch kommunikative Transparenz befreit ist. Seine drei Dimensionen sich entwickelnder Kommunikation sind a. Ebenen im Sinne der Kohlbergschen »Levels«. Level I bedeutet Verstehen und Übereinstimmung mit den individuellen Verhaltenserwartungen eines anderen; Level II bedeutet Verstehen und Übereinstimmung mit Reflexionen, Verhaltenserwartungen, Rollen und Normen, oder Abweichung von ihnen; und Level III Verstehen und Einwilligung mit reflektierten Normen. Gerade die Reflexionen machen die einzelnen Levels unterscheidbar. b. Hier gibt es motivationale Aspekte auf den drei Levels genereller Rollenqualifikationen. In Level I werden Befehle als individuelle Wünsche in naturbezogenem oder sozialem Sinne verstanden; auf Level II muß der Akteur zwischen der Normvalidität an sich und dem bloßen Willensausdruck unterscheiden können, und auf Level III geht es um die Differenzierung zwischen Heteronomie und Autonomie. c. Die dritte Dimension besteht aus der Verbindung kognitiver und motivationaler Aspekte im Akt. Level-I-Handelnder und -Handlung werden partikularistisch gesehen. Level II, symbolische Strukturen, werden unterschieden in generelle und partikulare. Partikulare Handlungen werden mit Normen verknüpft gesehen. Auf Level III bekommt das Individuum mehr Gewicht. Es kann Normen thematisieren und zwischen Partikularität und Generalität unterscheiden. Der Handelnde wird nicht als Rollenträger gesehen, sondern als einer, der Prinzipien in seiner Lebensgeschichte individuell zu verwirklichen sucht.

So entwickelt Habermas in Anlehnung an Kohlberg seine Ebenen der Sprach- und Rollenkompetenz. Er sagt:

»Die Korrelation zwischen den Ebenen der Rollenkompetenz und den Stufen moralischen Bewußtseins bedeutet, daß jemand, der über eine gewisse Rollenkompetenz verfügt und eine Motivationsstruktur oder besser eine Identität aufgebaut hat, welche ihn befähigt, moralisch relevante Konflikte auf der Ebene seiner allgemeinen Rollenkompetenz auszutragen, auch die entsprechende Stufe moralischer Urteile und Handlungen verfügbar hat.« (Habermas 1975, S. 53)

Beim Ansatz von Habermas treten drei Schwierigkeiten auf: *Erstens* fehlen die Daten für seine logische Konstruktion analoger Ebenen (Levels) der kommunikativen Kompetenz. In einem Gespräch zwischen Kohlberg und Habermas am Institute for Moral Development in Harvard machte Kohlberg denn auch geltend, daß man kein normatives Modell ohne empirische Theorie entwerfen könne, es sei denn, man legitimiere etwa die Prinzipien der Gerechtigkeit an sich, wie dies J. Rawls in radikaler Weise tue. Während Kohlberg unterscheidet zwischen a. den Urteilen und b. der Reflexion über eine Entscheidung, sowie der Fähigkeit, die Entscheidung und die Reflexion anderer zu verstehen, vermischt Habermas motivationale Dimensionen mit dem kognitiven Strukturansatz, wodurch sein Modell vermutlich zu sehr einem bloßen theoretischen Instrument gleicht.

Zweitens: wenn Habermas die universalen Prinzipien der Diskussion unterwerfen will (statt sie auf Dauer zu stellen), läuft er Gefahr, die »Effektivität des Diskurses« mit dem »kognitiven Level« zu verwechseln. Zwar gibt es eine Entwicklung der kommunikativen Reflexion. Kohlberg und seine Mitarbeiter haben diesen Aspekt intensiv erforscht und mit Daten belegt (Selman 1973, 1976a, 1976b; Turiel 1975; Kohlberg 1976). Habermas aber geht es um mehr, nämlich um den kommunikativen Akt an sich, um eine kommunikative Effektivität im Sinne des demokratischen Diskurses. Wir haben mit dem Ansatz von Argyris auf S. 225 ff. zeigen können, daß dies keine Frage der kognitiven Entwicklung, sondern der kommunikativen Verwirklichung einer jeden Entwicklungsstufe ist. Es geht um die Konsistenz vorgestellter Theorien und Gebrauchstheorien. Deshalb sagte Habermas zu Kohlberg: Wenn man das Individuum im Interview nicht an die Grenzen seines Denkens dränge, sondern es frei gestalten ließe, verlöre man dabei zwar etwas, würde aber etwas anderes gewinnen. Dieses andere als Stufe 7 bezeichnen zu wollen, ist problematisch, weil es keine kognitive Entwicklung ist, sondern die Verwirklichung der kognitiven Entwicklung, d. h. ein kommunikativer Akt. Dazu aber bedarf es anderer Kategorien. Denn vermutlich sind Kommunikation und Struktur des Urteils oder der Interaktion nicht dasselbe.

Drittens: gerade weil Kommunikation ein dynamischer Vorgang ist, kann die fundamentale Struktur kommunikativer Gerechtigkeit nicht als fixes System stimuliert werden. Wenn Regeln darüber aufgestellt werden, daß und wie jedermann am Diskurs beteiligt werden soll (vgl. auch S. 124 ff.), so sind dies Regeln der Aktion und keine Regeln der kognitiven Koordination. Wenn der universale Diskurs praktisch wird, ist die Effektivität der Kommunikation zwar auf der Basis kleinster und partikularer Normen voraussagbar, niemals aber aufgrund struktureller und entwicklungspsychologischer Kategorien. (Piaget, z. B. würde niemals mittels einer Testsituation eine reale Lebenssituation voraussagen.)

Wir sprechen deshalb bei unserem Ansatz bewußt von »Interaktion« statt von Kommunikation und meinen damit, daß die Gruppe ihre eigene Struktur kooperativer Handlungen hat. Weil wir nicht definieren können, was wirklich nichtstrategische und totalkommunikative Transparenz ist, und zwar in der Praxis (angesichts individueller und sozialer Interessen), möchten wir lieber den Aspekt kooperativer Bewußtheit im Sinne unserer Stufen formulieren. Je höher die Stufe, um so besser weiß man, wo man steht in bezug auf den zu lösenden Konflikt als Objekt und in bezug auf die Sprechhandlungen und die Entscheidungsakte der Gruppenmitglieder. Konsensus ist in diesem Fall zwar der optimale Weg für die Akzeptierung eines Lösungsvorschlages, aber die schrittweise Anerkennung versichernder Klärung aller koordinativen Akte der Gruppe in der je höheren Stufe hat auch dann Selbstzweckcharakter, wenn ich sagen muß, dieses Mitglied partizipiere nur insofern, als es um die Lösung gerade dieses vorliegenden Konfliktes gehe; später wird es nicht mehr ein Teil unserer Gruppe sein.

In einer Diskussion hat mir Kohlberg vorgeworfen, daß ich keine Daten hätte für einen natürlichen Sprachverlauf, in dem die Stufe 3, die prinzipienorientierte Perspektive der Interaktion, zum entscheidenden Gruppenmuster werde. Diesem Vorwurf sind drei Gesichtspunkte entgegenzuhalten:

1. Obwohl unsere Stufe-3-Protokolle durch den Treatmenteffekt zustande gekommen sind, lassen sich in der Wirklichkeit viele Diskussionsvorgänge dieser Stufe 3 beschreiben. Sie treten dann auf, wenn jemand plötzlich sagt: »Halt mal, wo stehen wir jetzt, was für Prinzipien legen wir unserem Handeln zugrunde; geht es uns jetzt um Gerechtigkeit im Sinne der Abschaffung aller Klassen, oder ist für uns Gerechtigkeit nur ein

Aspekt politischer Solidarisierung etc.?« (Aussagen aus einer Studenten-diskussion)

2. Unsere Arbeit ist eine pädagogische Studie. Wir gehen nämlich davon aus, daß ein Aspekt einer Unterrichtstheorie Normativität sein muß. Normativ heißt aber, daß wir einerseits stimulieren und andererseits alles zur Verfügung stellen, wessen das Individuum zur Verwirklichung des urteilenden Handelns bedarf. Zugleich wollen wir die Schüler nicht an die Grenzen ihrer kognitiven Kapazität im Sinne der Kohlbergschen Inter-views drängen. (Wir finden deshalb, daß der Ansatz von Habermas dem freien Verlauf einer moralischen Diskussion näher liegt als die Kohlberg-schen Interviews.)

3. Interaktive Koordinationen sind im Gegensatz zu individuellen Sche-mata keine erschöpfbaren Verknüpfungen; denn die Gruppe muß entschei-den, wann genügend Argumente vorliegen, um das Netz sich selbst zu überlassen (Exhaustionsprinzip). Dies hat mit dem Problemlösetyp mora-lischer Konflikte zu tun. Es gibt kein Außenkriterium der Exhaustion. Eine Norm kann nie vollständig legitimiert werden. Das Problem der Rationa-lisierung von Normen als dialogische Rechtfertigung hängt selbst damit zusammen, daß das Kriterium »Transparenz« von der Gruppe erst geschaffen wird, und zwar je nach Stufe anders. Die Entscheidungsprä-missen sind auf jeder Stufe verschieden; die Zweckrationalisierung bedeu-tet je einen anderen Verlauf. Wenn wir in den Termini von Luhman (1969) sprechen, so ist die Legitimierung des Verfahrens eben je anders verbind-lich, obwohl dasselbe diskutiert und eventuell sogar dieselbe Entscheidung getroffen wird. (Verfahren ist hier mehr im Sinne der Diskussion auf der Ebene der authentischen Interaktion, also im Kontext unabhängiger Verbindlichkeit gemeint.) Kohlbergs Vorwurf ist dann so zu entkräften, daß unsere Stufen, selbst wenn sie als Perspektiven 3 und 4 in natura selten vorkommen, auf der Basis höherer Rationalität eben erzeugt werden können. (Sie sind vermutlich realistischer als seine Spekulationen über die Stufen 6 und 7.)

In der Analyse A hatten wir das Phänomen beobachtet, daß Schüler auch dann über Gerechtigkeit weiterdiskutierten, wenn die Regeln nicht mehr vorhanden waren (vgl. S. 473). Dieses Phänomen würde den Kohlberg-schen Vorwurf, unsere Stufen kämen »in natura« nicht vor, ebenfalls weitgehend entkräften.

Höhere Stufen als offene Erziehungsziele ohne inhaltliche Fixation

a. Zur nächsten Stufe hin erziehen

Wir müssen nun mit der Darstellung von Kohlbergs Theorie auf dem Hintergrund pädagogischer Fragestellungen fortfahren.

Unter der Voraussetzung, daß für höhere moralische Stufen auch neue logische Strukturen notwendig (aber nicht hinreichend) sind, nimmt Kohlberg an, daß eine höhere Stufe ein besser äquilibriertes moralisches Urteil ermögliche. Während höhere *logische* Stufen eine bessere Koordination mit Objekten ermöglichen, ergeben höhere *moralische* Stufen bessere Urteile im Sinne der Rollenübernahme (role taking) oder des Perspektivenwechsels, oder auch eine höhere Gerechtigkeit im Sinne der »Fairneß« bei J. Rawls. So meint Kohlberg:

»Unsere psychologische Theorie, warum Individuen von einer Stufe zur andern wechseln, beruht auf einer moralphilosophischen Theorie, welche besagt, daß höhere Stufen moralisch besser oder adäquater sind als niedrigere. Unsere psychologische Theorie besagt ferner, daß die Individuen die höchste Argumentationsstufe, die sie begreifen können, bevorzugen, was die Forschung bestätigt hat. Dieser Anspruch unserer psychologischen Theorie leitet sich von einem philosophischen Anspruch ab, der besagt, daß eine höhere Stufe in bezug auf gewisse moralische Kriterien objektiv vorzuziehen oder an sich adäquater sei. Dieser philosophische Anspruch aber würde dann in Frage gestellt, wenn die Tatsachen des moralischen Fortschreitens nicht mit dessen psychologischen Implikationen übereinstimmen würden.« (1975, S. 633)

Spätestens hier wird verständlich, *warum eine höhere Stufe als Ziel der Erziehung genommen werden kann*. Ein besseres Äquilibrium und ein moralisch besseres Urteil, als korrelative Bestandteile der höheren Stufe, sind Basiselemente von normativen Transformationen. Im moralisch-philosophischen Sinne führt die größere Integration der Struktur a. zu einer besseren Übereinstimmung zwischen Rechten und Pflichten, b. zu einer höheren Reversibilität des Urteils und c. zur Universalisierbarkeit der moralischen Prinzipien. Übereinstimmung zwischen Recht und Pflicht (a) bedeutet, daß man bei dem Dilemma, wo Heinz einbrechen soll, um seine Frau zu retten, nicht mehr sagen kann: Wenn ein Fremder anstelle der sterbenden eigenen Frau gesetzt werde, habe Heinz zwar das

Recht zu »stehlen«, es sei aber nicht mehr seine Pflicht. Höhere Reversibilität (b) bedeutet eine ideale Rollenübernahme (»ideal role-taking«), also eine Situation, in der jeder Beteiligte zugleich die Rolle des anderen übernehmen kann und auch dann noch nach den gleichen Prinzipien urteilen muß, sofern ihn der andere unmittelbar etwas angeht (vgl. Rawls »Veil of ignorance«, S. 269). Universalisierbarkeit (c) bedeutet etwas Ähnliches wie Reversibilität, ist aber entscheidungs- oder aktionsbezogen. Es geht dabei um die Frage, wie jedermann handeln würde, wenn er nach demselben Prinzip urteilte.

Auf S. 322 f. haben wir gesagt, daß in Kohlbergs Sicht eine tiefere Stufe nicht wertloser sei und daß also jede Etikettierung diskriminierend wäre. Obwohl eine höhere Stufe im Sinne einer prinzipienorientierten moralischen Reflexion und im Sinne des pädagogischen Anspruchs adäquater ist, ist eine tiefere Stufe gesellschaftlich gesehen ein »berechtigtes« Argumentationsmuster. Denn die Struktur des Urteils und die des Entscheidungsprozesses ist nicht zu verwechseln mit unmoralischem Verhalten oder Handeln in bezug auf gesellschaftlich fixierte Normen. Wenn Kohlberg den grundlegenden Folgen des ethischen Relativismus nachgeht, dann nicht deshalb, um Personen auf niedrigeren Stufen abzuwerten, sondern um seine These zu verteidigen, Erziehung sollte die nächsthöhere strukturale Ebene anvisieren, vom »is« zum »ought« übergehen. Seine Theorie hat einen zukunftsbezogenen Aspekt. Die Transformation wird zum aktiven Moment des Übergangs zur nächsten Stufe. Das Erreichen einer Stufe schließt immer das Fernziel eines Urteils im Sinne des Menschenbilds auf Stufe 6 oder 7, also eine hoffnungsvolle, sinngebende, nach vorn gerichtete Tendenz mit ein.

In seiner Schrift »From Is to Ought« (1971) führt Kohlberg drei Trugschlüsse an, welche die Universalität und damit diesen nach vorn gerichteten Weg verstellen: a. falsch verstandener Relativismus, b. falsch verstandene Toleranz und c. falsch verstandene wissenschaftliche Neutralität. Zu (a) ist zu sagen, daß der Unterschied zwischen kulturellen Spezifitäten und ethischer Relativität nicht klar getroffen wird. Weil es auf der inhaltlichen Ebene kulturelle Unterschiede gibt, weil also Relativität besteht, projiziert man dieses Faktum auf einen ethischen Relativismus, der alle universellen menschlichen Werte in Frage stellt. (In der Übergangsstufe zwischen 4 und 5 geben Personen, laut Kohlbergs

Untersuchungen, relativistische Antworten. So sagt eine Studentin zum Krebsdilemma: »Ich denke, Heinz sollte die Medizin stehlen. Wenn es irgendeinen allgemeinen Wert gibt, so ist dies das menschliche Leben, und dieses rechtfertigt den Diebstahl.« Bei weiteren Fragen, ob es denn allgemeine universelle Prinzipien gebe, antwortete sie: »Nein, denn alle Werte sind auf die jeweilige Kultur bezogen.«)

Falsch verstandene Toleranz (b) besteht darin, zu sagen, daß zwar keine moralische Einstellung, kein Prinzip absolut sei (X), daß es aber ein gültiges, absolutes Prinzip gebe, das Freiheit und Ehrfurcht vor dem menschlichen Sein garantiere und das jenseits moralischer Annahmen und Prinzipien stehe (Y). Dies ist ein Widerspruch in sich. Denn wenn Y richtig ist, kann X nicht richtig sein.

Der dritte Trugschluß (c) bezieht sich auf wissenschaftliche Neutralität und kulturellen Relativismus. Es ist der Glaube, daß Werte außerhalb wissenschaftlicher Erkenntnisse liegen und daß sie mit kultureller Relativität zusammenhängen. Diese Frage ist seit dem Positivismusstreit allerdings zur Genüge abgehandelt worden.

b. Kohlberg und die Value-Clarification-Schule

Hier müssen wir einen Moment von unserem Thema abweichen und Kohlbergs Auseinandersetzung mit der Value-Clarification-[Wert-Klärungs-]Schule in den USA darstellen. Während Kohlberg der ganzen Erziehung einen – struktural gesehen – strengen Maßstab gibt, indem er fordert, so zu unterrichten, daß jeder Schüler durch offene Diskussion ohne Indoktrination seine nächsthöhere Stufe erreichen könne, kommt es den Anhängern der Value Clarification überhaupt nicht darauf an, welche Werte die Menschen haben; Hauptsache ist vielmehr, daß sie sich dieser Werte in irgendeiner Weise bewußt werden und sich dabei glücklich fühlen. Die heutigen Hauptvertreter dieser Schule sind Simon, Kirschenbaum, Harmin und Howe (vgl. Lit.verz.). Ihre Bücher sind meistens Sammlungen von Übungen, mit deren Hilfe man sich seiner Werte klarer bewußt werden kann. Beispiele solcher Übungen sind etwa: in einer Triade sich gegenseitig eine wichtige Entscheidung erzählen; die Reaktion auf ein Weltereignis zu reflektieren; sich bei verschiedenen Bereichen merken, ob man genug, zu wenig oder zu viel hat (Briefe erhalten, Ice-cream essen, sagen »ich liebe dich«, fernsehen, sich berühren, Kleider, nichts tun etc.). Wertbereiche sind Politik, Religion, Familie, Freunde, Arbeit, Vergnügen, Liebe, Sex, Geld, Gesundheit, persönlicher Geschmack, Mann-Frau-Rollen. Um Hilfe in der Wertklärung zu erhalten, sind u. a. folgende Methoden möglich: Moralisieren, Modellieren (indirekt beeinflussen), Laissez-faire, einen Werteprozeß (valueing process) lehren. Die Handlungsbereiche sind Denken, Fühlen, Entscheiden, Kommunizieren und allgemein lernendes Handeln. Es gibt eine Untersuchung zur Value Clarification, die ich hier anfügen möchte, damit besser verstanden werden kann, warum Kohlberg gegen die Value-Clarification-Idee Stellung nimmt. Die Studie ist von McKenzie (1974, S. 47–52) durchgeführt worden. Der Zweck der Studie liegt darin, den kognitiven Weg zur »Value Clarification« zu überprüfen und empirische Grundlagen für das theoretische Konstrukt zu liefern. Der Versuch lief folgendermaßen ab:

47 elfjährige Schüler (fifth grade subjects) aus zwei Klassen wurden nach Zufall zu zwei Gruppen gewählt (Mittelklaßschüler). Die Experimentalgruppe wurde aus dem Unterricht herausgenommen, und man legte den Schülern zur freien Bearbeitung offene Gerichtsfälle mit Gesetzesübertretung, mildernden Umständen und Gerichtsentscheiden vor, wobei diese einmal auf der für jedermann gleichen Verwendung der Strafe ohne Berücksichtigung spezieller Umstände beruhten, ein andermal das Gleichheitsprinzip je nach Umständen ungleich verwendet wurde. Die Versuchspersonen hatten jeden der Fälle zu studieren und anschließend die Entscheidung als »gut« oder »nicht gut« zu bezeichnen und zugleich gemeinsame Faktoren der mit »gut« und anschließend mit »nicht gut« bezeichneten Fälle herauszufinden. Der Zweck dieser letzten Aufgabe war die Identifizierung von »patterns in judgements« [Urteilsstrukturen]. Anschließend hatten die Schüler die Aufgabe, eine Definition von Gerechtigkeit in bezug auf die vorgelegten Fälle zu schreiben, vor allem aber für die Fälle, in denen die Versuchspersonen den Gerichtsentscheid als positiv angenommen hatten. Schließlich hatten die Schüler die Aufgabe, zu überprüfen, ob ihre letzte Definition richtig sei, indem sie weitere Fälle anhand dieser Definition einschätzten (25 Min. Arbeit). Nach diesem Treatment gingen die Schüler wieder in den Klassenraum, und sowohl die Experimental- als auch die Kontrollgruppen hatten eine neue Definition über Gerechtigkeit zu schreiben (abhängige Variable). Diese Definitionen wurden später auf einer 3-Stufen-Skala, welcher folgende Kriterien zugrunde lagen, eingeschätzt:

»0 Punkte für die Wiedergabe eines irrelevanten Slogans, wie ›Gerechtig-

349

keit bedeutet Freiheit‹ oder ›Es bedeutet, an Gott zu glauben‹; 1 Punkt gab es für die simple Gleichsetzung von Gerechtigkeit und Gesetz, etwa ›Gerechtigkeit bedeutet, den Gesetzen zu gehorchen‹, oder für die einfache, nicht ausgearbeitete Gleichsetzung von Gerechtigkeit und Fairneß; und 2 Punkte für eine klassische Aussage, die ein Urteil einschließt, in dem ausdrücklich sowohl Regeln als auch Umstände berücksichtigt werden, z. B. ›Es bedeutet, Leute nicht zu bestrafen, wenn sie ein Gesetz aus gutem Grund gebrochen haben‹; oder ›Es bedeutet, alle sind gleich und sollten gleich behandelt werden‹.«

Wir haben diese Stelle zitiert, weil sie wohl den eigentlichen kritischen Punkt einer anschließenden Analyse dieser Untersuchung abgeben wird. Die Resultate wurden summiert und der Durchschnitt unter den Gruppen mit Hilfe eines einfachen t-Tests verglichen.

Zum Schluß wurden den Schülern weitere 10 Fälle zur Begutachtung vorgelegt, wobei sie entscheiden mußten, ob der Ausgang »gerecht« oder »nicht gerecht« war oder ob es heißen sollte: »Ich kann nicht entscheiden.« Die vorgelegten Fälle waren so gestaltet, daß immer zwei Beispiele ungefähr gleiche Bedingungen erhielten, die Gleichheit der Fälle und Prinzipien aber »maskiert« war. Die Antworten wurden anschließend nicht auf Richtigkeit, sondern auf Konsistenz hin geprüft (0 für unkonsistente Einschätzung, 1 für Fälle des Typs »Ich kann nicht entscheiden« und 2 für gleiche Paare, die gleich eingeschätzt wurden, also für konsistente Einschätzung). Die Ausrechnung geschah mit dem nichtparametrischen Kolmogorov-Smirnow-Test. Die Resultate seien hier kurz diskutiert.

Tabelle 3.2 gibt die von McKenzie festgehaltene Häufigkeit des Gebrauchs von vier Definitionstypen und das Treatmentmittel basierend auf dem 0-1-2-Einstufungssystem an.

Die mit dem t-Test verglichenen Mittelwerte ergaben (t 2,40 df, $\alpha = 0.05$), daß die Experimentalgruppe »in der Komplexität der Wertdefinition« zuverlässig höher eingeschätzt wurde als die Kontrollgruppe.

Gruppe	Irre- levant	Dem Gesetz gehorchen	Fairneß	Regeln und Umstände	Mittel- wert
Experimentalgr.	0	4	3	16	1.696
Kontrollgruppe*	6	9	2	6	1.000

* Eine Definition war nicht lesbar

Tabelle 3.2: Häufigkeiten der Gerechtigkeitsdefinitionen und gewichtete Gruppenmittelwerte (nach McKenzie)

Das in Figur 3.1 dargestellte kumulative Häufigkeitspolygon zeigt die Konsistenz, welche die Versuchspersonen beider Treatmentgruppen bei der Wahl derselben Wertprinzipien auf zwei ähnliche Situationen manifestieren. Der Kolmogorov-Smirnow-Test wurde auch auf die kumulative Häufigkeitsverteilung angewandt. Bei einer maximalen Differenz von 37.36%, beim Meßwert 5, errechnete McKenzie ein X^2 von 6.55 bei 2 df, $\alpha = 0.05$. Die Nullhypothese wird also zurückgewiesen, und es wird festgestellt, daß die Experimentalgruppen ein konsistenteres Werturteil abgelegt haben als die Kontrollgruppen.

Weil der Begriff »konsistenter« aber mit dem oben dargestellten scoring-System zusammenhängt und weil dort die Kriterien für die Abstufungen nicht reflektiert werden, sagt dieses Resultat natürlich nicht viel aus.

McKenzie meint, durch den Versuch könne deutlich gemacht werden, daß die Versuchspersonen, die sich kognitiv mit Wertentscheidungen

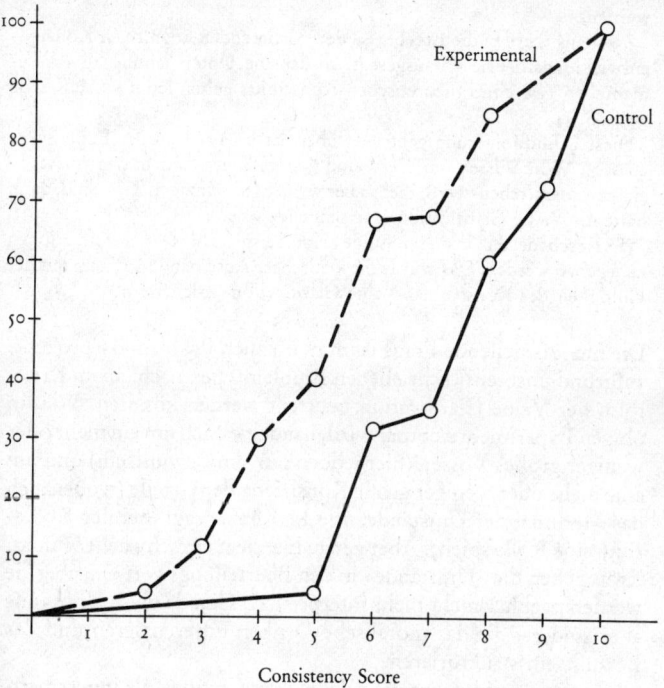

Figur 3.1: Kumulative Häufigkeits- und Konsistenzdarstellung (nach McKenzie 1974)

auseinandersetzen, klarere Begriffe darüber hätten, was Werte seien und was sie bewirken könnten. Die höhere Konsistenz der Urteile bestätige, daß Versuchspersonen mehr operationale Begriffe von Wörtern besitzen würden und diese zugleich in mehr Urteilen verwenden würden als Personen der Kontrollgruppen. Und er fügt hinzu:

»Erstens zeigen diese Resultate die Effizienz eines neuen Ansatzes der Klärung von Werten (value clarification), dessen vorgeschlagene Schritte besser geordnet sind und der expliziter ist als die diskussionsorientierten Strategien in der Literatur. Diese Methode sollte sowohl leichter zu unterrichten als auch zu planen sein als jene Systeme, bei denen Lehrer nötig sind, um direkt auf die Bemerkungen der Studenten antworten zu können. Die Schritte sind klarer und weniger von Lehrern abhängig als die existierenden Klärungsprozeduren, und sie können somit den Studenten dazu verhelfen, sich unabhängig voneinander über ihre Werte klar zu werden.

Zweitens wurden die Ergebnisse der existierenden kognitiven Konzeptentwicklungstheorie vorausgesagt, so daß die Untersuchung als experimenteller Test eines theoretischen Konstrukts gelten kann.« (McKenzie 1974, S. 51)

Diese Schlußfolgerung geht weit über das hinaus, was das Experiment aussagt. Mehr Wissen um Werte und höhere Konsistenz in den Aussagen sind zwar erstrebenswerte Ziele, aber wenn es die einzigen Ziele sind, dann hätte die Value Clarification eine schmale Basis.

(Es ist schade, daß in dieser Studie keine Beispiele für Gerichtssituationen angegeben werden. Das würde die kritischere Auseinandersetzung mit der Gültigkeit des Konstrukts »Value Clarification« erleichtern.)

Die hier zu stellende Frage ist nun, ob auch Problemlöseprozesse aufgrund unserer beschriebenen Problemtypen nach einem Kriterium der Value Clarification beurteilt werden könnten. Wie im obigen Experiment sichtbar wird, handelt es sich um ein mehr oder weniger großes Wissen (hier jedoch nur um Bewußtsein) und um eine mehr oder weniger große Konsistenz der Urteile (wobei auch das Merkmal der Umstände, wie McKenzie sagt, bei der Kodierung eine Rolle spielt). Aber genau hier liegt ein schwacher Punkt. Zwar gehen die »Umstände« in den Beurteilungswert ein, aber sie werden nachher nicht mehr interpretiert. Gerade diese Umstände aber sind es, die das moralische Denken differenzieren und das Bewußtsein strukturieren.

Allgemein wird daher die »Value Clarification« als inneramerikanische Strömung (ausgelöst in den sechziger Jahren von Louis E. Raths, Professor in New York) von Sozialwissenschaftlern (nicht nur von Kohlberg) scharf kritisiert. In der Replik auf einen Artikel von Simon und de Sherbini (1975) sagt Stewart:

»Der Artikel von Simon und Sherbini in diesem Kappa (Zeitschrift Phi Delta Kappa) ist m. E. äußerst glatt, abgedroschen und oberflächlich und außerdem unnötig eifernd. Zudem bringt er über die Theorie, die Methodologie oder den Fortschritt der Value Clarification kaum etwas Neues.« (1975, S. 687)

Er kritisiert weiter folgende Punkte:
Erstens beachte die Value-Clarification-Theorie nur den Inhalt einer Situation, nicht aber die moralische Struktur und damit auch nicht die universelle Logik und die allgemeinen Prinzipien der Gerechtigkeit. Zweitens seien die Methoden der Value Clarification so, daß Gruppenzwang und Druck der *peers* den Ausdruck des Gefühls, der Meinung oder der persönlichen Werte gefährdeten. Drittens werde – trotz Betonung des nichtdogmatischen und nichtmanipulativen Bewußtmachens – eine Bewertung und Beurteilung der Werte vorgenommen. Dabei aber seien die Kriterien nicht klar. Denn einerseits würde gesagt, jeder Mensch habe seine eigenen Werte, es gebe also keine richtigen oder falschen Werte; andererseits aber werden doch solche genannt. Stewart spricht spöttisch von einem »absoluten Relativismus«. Er sagt:

»Die grundlegende Prämisse der Value Clarification ist klar: Alle Wertaussagen sind relativ – außer 1. dieser, 2. jenen, die für die Theorie und Methodologie der Value Clarification wichtig sind, und 3. jenen, welche von Gruppen und Organisationen als absolut erachtet werden, die die Value Clarification zwar verwenden, aber ihr eigenes Wertsystem beibehalten wollen, z. B. christliche Erzieher, Schulen etc. M. a. W., Werte sind absolut relativ, oder sie sind vielleicht relativ absolut.« (1975, S. 686)

Wenn also alle moralischen Werte personal, situativ, individuell, nicht objektiv erklärbar und relativ sind, dann ist jede Beurteilung dieses Bewußtseinsprozesses auf reine Gefühle des Glücks, des sich Gutfühlens etc. angewiesen. So kritisiert Stewart viertens auch die absolute Forderung, daß nur dann ein Wert vorhanden sei, wenn eine Handlung vorliege. Dies sei nach Rath et al. (1966, S. 28) eines der sieben Value-Clarification-Kriterien, die heißen: 1. frei wählen, 2. unter Alternativen, 3. nach guter Reflexion, 4. gebührend würdigen, glücklich sein mit der Wahl, 5. den Willen aufbringen, die Wahl öffentlich, nach außen hin zu bestätigen, 6. handeln, etwas tun mit der Wahl, 7. wiederholt handeln in gewissen Lebenskonstellationen. Es sei also nicht real, jeden Wert in eine Handlung umzusetzen.

Kohlberg sagt zum Ansatz der Value Clarification:

»Werterklärung (Value Clarification) versucht hingegen nicht weiterzugehen, als das Bewußtsein von Werten hervorzurufen; es wird angenommen, daß mehr Selbsterkenntnis über seine eigenen Werte ein Ziel an sich ist.« (1975, S. 673)

Seine Kritik hat ihn dazu geführt, seinen pädagogischen Ansatz noch schärfer und klarer zu formulieren. Während die Anhänger der Value Clarification im allgemeinen kaum wissenschaftliche Untersuchungen betreiben, ist für Kohlberg die Basis aller Pädagogik die philosophisch-psychologische Fundierung, also ein epistemologischer Ansatz. Unter Hinweis auf die Grenzen dieses Ansatzes sagt Kohlberg:

»1. Die wissenschaftlichen Tatsachen zeigen, daß es eine universelle Moralform gibt, die sukzessive im Verlaufe der Entwicklung entsteht und sich an Prinzipien der Gerechtigkeit orientiert.

2. Diese kantische Moralform akzeptiert die Unterscheidung von Tatsachen und Werten, d. h., der moralische Mensch nimmt an, daß sein moralisches Urteil auf der Übereinstimmung mit einer idealen Norm, nicht mit Tatsachen, beruht.

3. Wissenschaft kann dann prüfen, ob eine philosophische Konzeption der Moral phänomenologisch mit den psychologischen Tatsachen übereinstimmt. Wissenschaft kann diese Moralkonzeption nicht als die Moral, die sein soll, rechtfertigen, wie Durkheim es zu tun versuchte. Moralische Autonomie ist König, und Werte unterscheiden sich von Tatsachen in der moralischen Auseinandersetzung. Wissenschaft kann Moral nicht beweisen oder rechtfertigen, weil die Regeln wissenschaftlicher Diskussionen nicht die Regeln moralischer Diskurse sind.

4. Eine logische oder normative Analyse kann hingegen herausstellen, daß ein gewisser Typ von Moralphilosophie (z. B. Stufe 4) gewisse Probleme nicht behandeln oder lösen kann, von denen er behauptet, er könne sie behandeln, während ein anderer Moraltyp (z. B. Stufe 5) dies kann. Hier muß die Untersuchung dessen, was die Menschen tatsächlich glauben, die interne logische Analyse unterstützen; sie muß zeigen warum eine entwicklungsgemäß höhere Philosophie Probleme behandeln kann, die von niedrigeren Philosophien nicht geleistet werden könnte. Wissenschaft kann dann zu einem moralischen Diskurs führen, der etwas beiträgt zur Frage, warum eine Moraltheorie besser als eine andere ist.

5. Die wissenschaftliche Theorie darüber, warum Menschen *tatsächlich*

von einer Stufe zur nächsthöheren aufsteigen und wieso sie *tatsächlich* eine höhere Stufe einer tieferen vorziehen, gleicht im Prinzip einer Moraltheorie, welche vorschreibt, warum Menschen höhere Stufen tieferen vorziehen *sollen*. M. a. W., eine psychologische Theorie darüber, warum Menschen in der moralischen Hierarchie aufsteigen, ist etwas anderes als eine Theorie darüber, warum sie von der analen zur genitalen Stufe übergehen. Es ist ein naturalistischer Fehlschluß zu sagen, Freuds Theorie des Triebfortschritts sei eine ethische Rechtfertigung dessen, weshalb die genitale Stufe besser sei als die anale. Die Theorie der *interaktiven* hierarchischen Stufen der Kognition und Moral und die Theorie der *Reifung* embryologischer Stufen sind in ihrer Logik entscheidend verschieden . . .« (1971a, S. 223)

Nach dieser wissenschaftlichen Überzeugung von der hierarchischen Progression logischer und moralischer Stufen gewinnt der Gedanke, daß eine höhere Stufe das Ziel der Erziehung werden müsse und daß damit irgendeine inhaltliche Vermittlung als Ziel nicht genüge, eine entscheidende Relevanz.

c. Die von Kohlberg vorgeschlagene und überprüfte Unterrichtsmethode

Wenn das Kind jeweils beim Lösen moralischer Konflikte die logischen und moralischen Normen und Prinzipien (auch wenn sie auf tieferen Stufen nicht universalisierbar sind) selbst konstruiert, kann der Lehrer bei seiner Erziehung nicht mehr als »educatorking«, als Stoffvermittler, im Mittelpunkt stehen. Ebensowenig kann der methodische Ansatz darin bestehen, Verhalten zu kontrollieren, zu modifizieren oder Kultur zu übertragen. Ebenso ist jede Unterrichtsideologie fehl am Platz, die dem Schüler vielleicht verheimlicht, was vorgeht. Vielmehr werden in diesem Ansatz Ziele offengelegt und Situationen geschaffen, in denen das Kind sich selber engagiert, so daß die Stimulation durch die Stufen hindurch als langwieriger und langsamer Prozeß unternommen werden kann. Es wird also ein »liberaler«, demokratischer, nichtindoktrinierender Weg vorgeschlagen; Kohlberg selbst bezeichnet diesen Weg als »Progressismus«. Er grenzt sich ab von einer romantischen Bewegung, die von Rousseau über Freud, Gesell bis zu Neills ›Summerhill‹ das im Kind das »ewig Gute« zum Durchbruch kommen lassen will. Ebenso grenzt er sich ab von der Kulturübertragungsschule, die, vor allem durch Erziehungstechnologie und Verhaltensveränderung, bestehende Werte auf die neue Generation zu übertragen versucht. Er sagt:

>Die Schule der Erziehungstechnologie hat die Vermittlung von Fähigkeiten und Gewohnheiten, die für die Anpassung an die technologische Gesellschaft für notwendig erachtet werden, nachdrücklich betont.« (1972, S. 454)

Der progressive Weg lehnt ein solches Unterfangen ab, nicht zuletzt deshalb, weil die kognitive Entwicklung im Sinne Deweys und Piagets den Dialog zwischen der kognitiven Struktur des Kindes und der Struktur der Umwelt erfordert (Assimilation und Akkommodation). Auch wird die Unterscheidung »kognitiv-affektiv« abgelehnt, weil das Äquilibrationsprinzip immer auch den emotionalen Aspekt einschließt (vgl. S. 419 ff. in diesem Buch). Erfahrung ist immer ganzheitlich, und nur das Austragen des Konfliktes oder vielmehr das immer neue Streben nach Gleichgewicht ermöglicht die Konstruktion und Transformation der moralischen Struktur. Der Mikroprozeß spielt sich so ab:

>1. Beachtung der Art oder des Stiles des Denkens des Kindes, d. h. der Stufe;
2. die Stimulation dieser Stufe anpassen, z. B. Präsentation von Argumentationsmaterial, das um eine Stufe höher liegt als jene des Kindes;
3. bei den Kindern zentrale kognitive und soziale Konflikte stimulieren und auf die Uneinigkeit in bezug auf die Beurteilung problematischer Situationen hinweisen (im Gegensatz zur traditionellen Erziehung, wo die ›richtige Antwort‹ der Erwachsenen betont und das ›gute Verhalten‹ belohnt wird); und
4. Vorsetzen von Reizen, auf die hin das Kind handeln kann, wobei die assimilatorische Antwort auf die Reizsituation mit ›natürlichen Feedbacks‹ gekoppelt ist.« (1972, S. 459)

Das ist das von Kohlberg und seinen Mitarbeitern vorgelegte Unterrichtsinstrumentarium. Es operiert nicht mit angeborenen Mustern, die »geweckt« werden sollen, und auch nicht mit Übertragungsphänomenen, denn selbst das Nachahmungslernen wird hier konstruktivistisch erklärt.

Das Instrumentarium hat in den USA zu einer neuen erzieherischen Bewegung geführt. Es wurde eine Reihe von Curricula, von Arbeitsmaterialien mit Lichtbildern und Tonbändern nach den oben angegebenen Kriterien entwickelt. Ein von Kohlberg und seinen Mitarbeitern entwickelter Lehrgang heißt »First Things«

(1972). Er ist für die ersten Schuljahre gedacht. Themenbereiche sind »Versprechen halten«, »die Wahrheit sagen«, »das Eigentumsrecht respektieren«, »Teilen«, »die Reihenfolge einhalten«, »die Gründe für Regeln verstehen«. Jede Einheit enthält zwei Dilemmas, und jedes Dilemma beruht auf moralischen Entscheidungen, die von Kindern in der Klasse diskutiert werden. Ein Dilemma wird mit Filmstreifen (Dias) und vor allem mit dem Pro und Contra eines möglichen Ausganges dargeboten. Die mitgegebenen Gründe sind dazu bestimmt, das Räsonieren der Kinder auf verschiedenen Stufen anzuregen. Die Kinder können ihre eigene Position mit der dargebotenen vergleichen. Ein zweites Dilemma wird ohne eine mögliche Begründung in die Klasse gegeben. Das Kind muß in diesem Falle sein eigenes moralisches Entscheiden begründen (vgl. »First Things, You promised!«, 1972, S. 5 ff.).

Die Stufen, die das Kind nun durchlaufen muß, beziehen sich im vorliegenden Beispiel auf die Reziprozität im moralischen Bereich. Auf der Stufe 0 (2–4 Jahre) haben Kinder nur wenig oder keine Ahnung von Reziprozität. Erst ab Stufe 1 (4–6 Jahre) verstehen die Kinder Reziprozität als wechselseitiges Strafen und Belohnen.

»Wenn ich etwas Schlechtes tue, wird mir etwas Schlechtes zustoßen.« oder:
»Wenn ich etwas Gutes tue, wird mir etwas Gutes zustoßen.« (S. 8)

Auf der Stufe 2 (5–7 Jahre) – immer nach diesem Lehrgang referiert – versteht das Kind Reziprozität als *gleichen* Austausch zwischen Individuen. Strafe und Belohnung müssen dem Geschehen entsprechen, und sie müssen für alle Kinder dieselben sein. Kooperation wird noch nicht als etwas »Faires« an sich angesehen (»If you do something for me, I'll do something for you.«)

Auf der Stufe 3 (es wird hier kein Alter mehr angegeben) versteht das Kind Reziprozität als goldene Regel, »Was du nicht willst, das man dir tu, das füg auch keinem andern zu.« Im Gegensatz zu Stufe 2 fehlt hier das Element der Vergeltung.

Um diese Stufen besser zu verstehen, wird ein Beispiel angeführt: In der Entwicklung des Begriffes »Fairneß« wird ein Kind gefragt, was es tun solle, wenn es von einem anderen Kind geschlagen oder gestoßen wird.

»In Stufe 1 kann man sagen: ›Streite nicht, sonst wirst du geschlagen; der Lehrer wird dich bestrafen.‹ oder ›Streite nur, wenn du denkst, du wirst nicht selbst geschlagen.‹ In Stufe 2 sagt man vielleicht ›Schlag zurück‹ und in Stufe 3 ›Überleg Dir, was er fühlt. Vielleicht ist er etwas durcheinander.‹ Fairneß schließlich bedeutet die Berücksichtigung der Gefühle und Motive der anderen.« (S. 8)

In diesem Lehrgang wird nun weiter gesagt, daß man viel Zeit benötige, um von einer Stufe zur anderen zu gelangen, und zwar deswegen, weil man annehme, daß das Kind jede Stufe durchlaufen können müsse, daß es also – wie schon gesagt wurde – keine Stufe überspringen könne. Zudem wird betont, es sei wichtig, daß das Kind die Argumente einer Stufe oberhalb seiner eigenen zu hören bekomme, damit es im Denkprozeß fortschreiten könne (vgl. S. 368 ff.). Die Betonung wird auf die Diskussion und Argumentation gelegt. Zuerst wird gezeigt, was eine Gruppendiskussion ist, dann wird in Kleingruppen diskutiert, und schließlich gibt es für den Lehrer zwei Regeln: 1. die Diskussion mit zweckmäßigen Fragen in Balance zu halten, und 2. den Horizont der Kinder durch zusätzliche Fragen dauernd zu erweitern. Weitere Möglichkeiten der Verarbeitung sind die Aufforderung, Gründe zu nennen, das Rollenspiel, der Vergleich mit eigenen Erfahrungen, das Spielen einer Gerichtsszene mit dem Inhalt des Dilemmas, das Erraten der Lösung des Problems etc.

In ähnlicher Weise werden zur Zeit Curricula zur politischen Erziehung, zur amerikanischen Geschichte, zur Gesetzeslehre etc. aufgebaut. Besonders E. Fenton in Pittsburg, R. Selman in Harvard und die Anhänger der Just Community Settings in Cambridge, Brookline, Niantic etc. haben Arbeitsmaterial sowohl für die Lehrerbildung als auch für den Unterricht entwickelt. Die Titel der bis jetzt erarbeiteten Werke lauten:

Persönliche Konflikte in der revolutionären Ära
Persönliche Konflikte in einem geteilten Land
Persönliche Konflikte an der Westgrenze
Persönliche Konflikte bei der Jahrhundertwende
Persönliche Konflikte in der modernen Zeit

Nationale Probleme (issues): Was ist richtig?
Lokale Probleme (issues): Was ist richtig?
Berufsbezogene Probleme (issues): Was ist richtig?
Persönliche Probleme (issues): Was ist richtig?
Juridische Probleme (issues): Was ist richtig?

Wer kommt zuerst – du oder die Gruppe?
Freundschaft – in der Mitte gefangen

Mädchen und Jugen – Rechte und Rollen
Die Familie – Rechte und Verantwortungen
Auseinandersetzung mit der Autorität

Lehrertraining über Werterziehung: Ein Workshop
Beziehungen und Werte unterrichten

Die Kurzfassung der Dilemmas zu den einzelnen Bildungsreihen lautet beispielsweise:

Lokale Probleme: Was ist richtig?
Teil I: Gegen ihren Wunsch hat Marilyns politische Partei einen zweitrangigen Kandidaten eines benachbarten Distriktes unterstützt – und dieser unterstützt dafür den distrikteigenen, hochqualifizierten Kandidaten. Einem Wähler gegenüber muß Marilyn entweder leugnen oder zugeben, daß hier ein ›Handel‹ abgeschlossen wurde. Kann sie dieses politische Spiel vor sich selbst rechtfertigen? Rechtfertigen die Ziele die Mittel?
Was würden Ihre Studenten tun?

Teil II: Richter Martin soll eine Petition beurteilen, deren Resultat die Familie seines Schwagers finanziell ruinieren könnte. Ethische Überlegungen zwingen ihn, in Betracht zu ziehen, sich allenfalls vom Fall zurückzuziehen. Soll er der Loyalität der Familie gegenüber den Vorzug geben? Dem Gesetz? Seinem Ruf?
Ihre Studenten entscheiden.

Die Familie – Rechte und Verantwortungen
Teil I: Barbara, 15 Jahre alt, ist der ›Star‹ der Familie und eine vielversprechende Photographin. Christine, 12jährig, ist zurückhaltender, musischer. Wer soll für den Sommer zur Tante gehen, die in San Francisco Magazinherausgeberin ist? Sollen Barbaras Fähigkeiten oder Christines Bedürfnisse überwiegen?
Teil II: Jose erfährt, daß seine Eltern etwa 1000 Dollar brauchen (den Betrag, den er für ein Auto gespart hat), um dringende Arztrechnungen zu zahlen. Soll er ihnen das Geld geben? Soll er zulassen, daß sein Vater gezwungen wird, das Geld von einem ihn verachtenden Verwandten zu borgen? Soll er zu Hause bleiben, während seine Mutter seine kleine Schwester allein läßt, um das Geld zu verdienen?

Persönliche Konflikte in einer geteilten Nation
Marys Dilemma
– Marys Eltern sind gegen die Sklaverei, unterstützen auch die illegale Underground Railroad nicht. Als ihre Cousine Beth und ihre Freundin Ruth sie bitten, entflohene Sklaven unter ihres Vaters Dach zu verstecken, gerät sie in ein sehr schmerzliches Dilemma.

- Mary weiß, daß es in diesem Teil von Ohio sehr viele Sklavenjäger gibt. Ohne ihre Hilfe wird die Sklavenfamilie sicherlich gefangen werden. Höchstwahrscheinlich werden die Sklaven bestraft und verschiedenen Herren verkauft.
- Mary weiß aber auch, daß sie das Gesetz brechen, das Vertrauen ihres Vaters mißbrauchen und ihn dem Risiko der Schande, der Verfolgung und möglicherweise des Gefängnisses aussetzen wird, wenn sie diese Sklaven versteckt.

  Ihre Studenten diskutieren: Soll Mary aus Mitleid handeln? Aus familiärer Loyalität? Das Gesetz nach dem Wort befolgen? An ein höheres Gesetz glauben?

Persönliche Konflikte in der modernen Zeit
Dilemma eines Emigranten
- Aldo Sellazo ist gerade Bürger geworden; der politische Führer des Bezirkes, Madigan, ist zu einem Glas Wein gekommen, um dies zu feiern.
- Aldo anerkennt zutiefst, wie Madigan ihm geholfen hat, eine neue Arbeit zu erhalten, sich mit seiner Familie niederzulassen, das Bürgerrecht zu erhalten.
- Da Aldo jetzt wählen darf, sagt ihm Madigan, daß er seine Stimme kontrollieren werde. Von diesem Ansinnen verängstigt und überrascht, fragt Aldo einen befreundeten Immigranten, der ihm sagt, seine, Aldos Stimme, sei ein kleines Entgelt für Madigans frühere Hilfe und daß es sowohl unehrenhaft als auch unklug wäre, ihm dies zu verweigern.
- Soll Aldo nun entsprechend seinen demokratischen Überzeugungen handeln? Soll er seinem Verpflichtungsgefühl und seiner Loyalität entsprechen? Wie steht es mit den Befürchtungen in bezug auf die Familie?

  Ihre Studenten entscheiden.

Wir möchten hier nicht weiter auf dieses Material eingehen. Es dient dazu, moralisches Argumentieren zu stimulieren und dem Schüler zu helfen, die nächsthöhere Entwicklungsstufe zu erreichen. Es ist aber auch die Basis für das, was später als Just Community Setting, der Höhepunkt der Kohlbergschen Arbeit, bezeichnet werden kann.

Aber nicht nur das Material, als ein Teil der direkten pädagogischen Beeinflussung, wird dauernd weiterentwickelt; heute liegt auch eine Reihe von didaktischen Strategien vor, die zwar den Kohlbergschen Ansatz aufnehmen, zum Teil aber weit über ihn hinausgehen (Fenton, Selman, Lickona). So interessant diese Strategien sind, sie entbehren doch der evaluativ-empirischen Absicherung.

Z. B. hat Beyer, ein Mitarbeiter von Fenton im Education Center an der Carnegie-Mellon University in Pittsburg, eine Strategie zur Führung moralischer Diskussionen im Klassenzimmer innerhalb der Civic Education (Beyer 1976) entwickelt. Zur Veranschaulichung greifen wir folgende Passage heraus:

»Es ist manchmal nützlich, dem Studenten vor der Präsentation des Dilemmas Kommentare oder Fragen vorzulegen, die ihn auf die Art der Situation oder auf den Charakter vorbereiten, die im Dilemma beschrieben sind. Bevor z. B. das Sharon-Dilemma* in einer Klasse eingeführt wird, kann ein Lehrer darstellen, daß Eigentumsdelikte heute eines der häufigsten Delikte von Teenagern sind und daß die durch Ladendiebstähle verursachten Verluste einen wesentlichen Anteil am Preis von Gegenständen im Detailhandel ausmachen. Der Lehrer kann auch fragen, ob die Schüler schon von jemandem gehört haben, der in einem Laden gestohlen hat, oder ob sie jemanden kennen, der entscheiden mußte, ob er seinen Freund verraten soll oder nicht. (S. 197)

Mit einer solchen Einleitung ist zweierlei ausgesagt. Einmal geht es darum, die Studenten mit einer Realität unserer Gesellschaft zu konfrontieren, also dem nachfolgenden »hypothetischen« Dilemma Lebensnähe und Bedeutung zu geben. Zum anderen wird mit einem solchen Vorgehen bezweckt, die Schüler für die Auseinandersetzung mit einem Sachverhalt zu motivieren. In diesen beiden Annahmen steckt aber die Hypothese, die Schüler könnten ihre kognitive moralische Struktur besser aufbauen oder aktualisieren, wenn das Dilemma einerseits in einen aktuellen Zusammenhang gestellt wird und wenn andererseits die Schüler für die Arbeit in der Gruppendiskussion besser motiviert sind.

Will man aber diese an sich vernünftigen Hypothesen belegen, dann bewegt man sich auf ein Motivationskonzept zu und muß die Vorgehensweise als ein Motivationstreatment in einem Unterrichtsforschungsprojekt behandeln. Wenn man die Lehrerverhaltensstrategie von Beyer (1976, S. 199), die wir als Figur 3.2 wiedergeben, als optimal bezeichnet, muß sie mit anderen Strate-

---

* Das *Sharon-Dilemma* lautet folgendermaßen: Sharon und Jill waren die besten Freunde. Eines Tages gingen sie zusammen in ein Kaufhaus. Jill probierte eine Jacke an. Zur Überraschung von Sharon eilte Jill plötzlich mit der anprobierten Jacke unter ihrem Mantel aus dem Laden. Einen Augenblick später wird Sharon vom security-Polizist angehalten. Er verlangt den Namen des Mädchens, das hinausgegangen war. Er sagt dem Ladenbesitzer, daß er die beiden Mädchen zusammen gesehen habe und daß er sicher sei, daß jenes, das soeben hinausgegangen sei, gestohlen habe. Der Ladenbesitzer sagt zu Sharon, daß sie Schwierigkeiten bekommen werde, wenn sie den Namen ihrer Freundin nicht sage (nach F. Alessi).

gien unter Kontrollbedingungen überprüft werden. Diese Überprüfung hat auch etwas mit der Problemraumanalyse zu tun. Sie ist
somit wie unser eigenes Konzept kein Bestandteil der eigentlichen
Kohlbergschen Theorie mehr.

Man kann jedoch auch so argumentieren, daß eine solche
Strategie Teil des Konstruktes »atmosphere of justice« sei und
gleichsam die Handlungsregeln darstelle, die aus dem rationalen
Dialog und der rationalen Zustimmung der an einem Projekt
Beteiligten gewonnen wurden (Kambartel 1974, S. 68). Wenn man
so argumentiert und dies an die Stelle eines breiteren empirischen
Vergleichs setzt, müßte man diese Strategie zumindest einer
Handlungsforschungsanalyse unterziehen. Ein solches Vorgehen
würde die obige Hypothese etwas allgemeiner Weise überprüfen
und tatsächlich einen Beitrag zur Frage der Optimierung des
Aufbaus und der Aktualisierung der kognitiven moralischen
Struktur in einem Transferfeld leisten.

Die von Kohlberg und Selman entworfene didaktische Strategie
haben wir schon auf S. 356 erwähnt. Dort sind folgende Anweisungen zu finden:

»Aufteilung der Klasse in kleine Gruppen von 5 oder 6 Schülern;
Ausbalancierung der Diskussion durch Fragen; Verhindern, daß die
Diskussion durch Abschweifung oder Kompromisse zu einem toten Ende
führt; Stellen von Fragen, welche den Horizont der Diskussion erweitern;
Eingabe von situationsverändernden Momenten (wenn die beiden etwa gar
nicht Freundinnen gewesen wären); und schließlich sollten Aktivitäten
angeregt werden wie Debattieren, Rollenspiele, Niederschriften zu offenen
Dilemmas, Erfinden von Dilemmas, Kommunikations- und allgemeine
gruppendyamische Spiele.« (Selman 1976)

Alles dies schließt wiederum eine ähnliche Hypothese ein wie das
Theorem von Beyer, daß nämlich Strukturen besser oder schlechter aufgebaut und/oder aktualisiert werden können, wenn
bestimmte Aktivitäten ausgeführt und eine höhere Motivation
sowie schließlich auch eine bessere Anschaulichkeit ermöglicht
werden. Man geht hier wiederum weit über den ursprünglichen
Ansatz hinaus. Stimulation auf die nächsthöhere Stufe hin bleibt
im ganzen Feld nur ein kleiner Teil, der aber unter verschiedenen
Bedingungen wiederum unterschiedlich ausgeführt werden kann.
Stimulation durch Fragen des Lehrers vom Standpunkt einer
höheren Stufe aus und durch die Argumentation von Schülern auf
höherer Stufe bedeutet schließlich eine dynamische Informations-

vermittlung, die unter gewissen Bedingungen erfolgreich oder weniger erfolgreich wirken kann. Mit anderen Worten, das Verhältnis zwischen groben pädagogischen Richtlinien und einem Mikroverhalten mit den Aspekten von Wissen, Verstehen, Analysieren, Transferieren, Synthetisieren und Evaluieren als koordinative Handlungen ist auch hier, im Anschluß an viele Teiltheorien der Lernpsychologie, geleistet worden. Die alte Formel Aeblis taucht wieder auf, in der die Strukturhöhe der Operation als Funktion der Anzahl der Gegenstandselemente, der Anschaulichkeit, der vorhergehenden Lernprozesse, der direkten Wahrnehmung und schließlich der Motivation angesehen wird (Aebli 1969, S. 72/73), wobei – nach unserem Ansatz – die kognitiven Interaktionsprozesse als Koordinationsprozesse im Vordergrund stehen.

Auch Thomas Lickona (1976), der vor allem am Verhältnis Sozialverhalten und moralisches Urteil interessiert ist, entwirft eine Strategie des Unterrichtsverlaufes. (Ich kann mich hier nur auf ein Referat beziehen, das er am Center for Moral Education in Harvard im Dezember 1976 gehalten hat; eine Schrift dazu ist in Vorbereitung.) Er zählt fünf Ziele auf, die für eine Erziehungsstrategie von Bedeutung sein könnten: 1. Erziehung zur Fairneß und zum »Sichversetzen in die Lage des anderen«, 2. Erziehung zur Kommunikation, 3. Lernen, was die Rechte und Bedürfnisse des andern sind, 4. Erziehung zur Fähigkeit, zu agieren und auszudrücken, was man denkt und fühlt, 5. Erziehung zur Kooperation und zur Fähigkeit, Dinge in einer Gruppe zusammenzubringen. Zu diesen Zielen entwickelt Lickona sieben Strategien, wovon ich nur die dritte anführen möchte. Es wird vorgeschlagen, der Unterrichtende solle den Kindern eine bedeutsame Verantwortung übertragen, und zwar für moralische Entscheidungen, für den allgemeinen Lernfortschritt, für das individuelle Verhalten und für das Wohlergehen der anderen in der Klasse. Auch hier zeigt sich in besonderer Weise, daß Kohlbergs Konzept in bisherige optimale Vorgehensweisen intentionaler Sozialisation eingebaut werden kann und muß. Mit Kohlbergs ursprünglicher Absicht deckt sich nur noch ein kleiner Teil von Lickonas Strategien. Ich glaube aber, daß gerade die neuen Bemühungen diesen ursprünglichen Ansatz leichter und besser zur Geltung bringen können. Wir werden weiter unten in gleicher Weise den Vorschlag formulieren, daß auch unser Ansatz mit dem Kohlbergs vereinigt werden kann.

d. Forschungsresultate, die den pädagogischen Ansatz unterstützen

Bevor wir zur Darstellung der Just Community kommen, ist es nützlich, Einblick in einige Forschungsresultate zu geben, die im Institut für Moralische Erziehung in Harvard erreicht wurden. Dazu gehören aa. Studien zu den scoring- oder Einstufungsprozessen, bb. Untersuchungen zur Frage der Möglichkeit der Stimulierung auf höhere Stufen, cc. eine Reihe weiterer Studien, so etwa: transkulturelle Arbeiten mit Langzeitergebnissen als Belege für die Universalisierbarkeit der grundlegenden Theorie; eine Studie, die drei wesentliche Faktoren des Unterrichtshandelns für die Stimulierung zu einer höheren Stufe hin festlegt; eine Studie, die das Verhältnis zwischen logischem Denken und moralischem Urteil ermittelt; und schließlich Studien zur sozialen Perspektivenübernahme.

aa. Das neue Scoring Manual und die Kritik von J. Rest

Zu aa. Studien zur Erstellung eines Scoring Manuals. Die Grundlagen dazu sind Langzeitdaten über 21 Jahre hinweg, die von denselben Versuchspersonen in Abständen von je 3 oder 4 Jahren erhoben wurden (vgl. auch Kohlberg 1979). Diese Daten wurden als sog. »criterion judgments«, d. h. als Urteile verwendet, an denen man messen kann, ob das einzuschätzende Statement einer bestimmten Stufe angehört. Zwei Testformen mit einer relativ hohen Inhaltsvalidität von je drei Dilemmas mit den Werten (issues) life/law, punishment/conscience, authority/contract liegen vor. Zuerst hat man herauszufinden, welches der gewählte »issue« ist. Innerhalb des gewählten »issues« sucht man die Norm, welche die Wahl für den einen oder anderen Entscheidungsausgang bestimmt. Man prüfe schließlich anhand der Kriterienurteile und der Beispielsfälle, zu welcher Stufe das Urteil passen könnte. Derselbe Prozeß spielt sich für beide »issues« ab, die einem Dilemma zugrunde liegen.

Das Scoring Manual ist wegen der vielen Beispiele, der Kriterienurteile und der Regeln des Einschätzens zu einem umfassenden zweibändigen Werk geworden. Es basiert auf der wissenschaftlichen Konsensusbildung eines ganzen Institutes; eines Konsensus, der eine hohe Transparenz hat und innerhalb des strukturpsychologischen Ansatzes unter Beibehaltung der Begriffe »Schema«, »Muster«, »Stufe« etc. geschichtlich einmalig ist. Legt man Begutachtern die Urteile zur Einordnung (Hierarchisierung) vor, so erhält man eine Übereinstimmung um 95%. Arbeitet man aber mit dem Scoring Manual praktisch, so benötigt man trotz der klaren Beschreibungen ein großes Maß an deskriptiver Intuition. Denn beim Anpassen der jeweils neuen Urteile an die Kriterienurteile interpretiert der Bewerter möglicherweise vieles in die Aussage hinein, was nicht formuliert ist. Er muß dies ja auch tun, weil die Urteile nicht wörtlich übereinstimmen, sondern nur sachgemäß. Selbst bei einem Wissen von der Gesetzmäßigkeit der Transformationsgrammatik beruht der Einschätzungsvorgang auf der Hermeneutik der Urteile. Obwohl diese mit einem ganzen Cluster von Regeln versehen ist, gibt es unter den Bewertern fortwährend Unstimmigkeiten. Es bedarf also eines guten Trainings, um eine hohe Bewerterreliabilität erreichen zu können.

Das *Scoring Manual* ist schon vor seiner Veröffentlichung von einem Schüler Kohlbergs, J. Rest (1977, 1980), massiv kritisiert worden. Wir haben den Ansatz von Rest bereits auf S. 37 erwähnt. Rest entwickelte den DIT (Defining Issue Test), ein Verfahren, das es erlaubt, aufgrund von Likert-Skalen viel rascher zu Stufenresultaten zu gelangen. Eine Rest-Skalenfrage zum berühmten Heinz-Dilemma Kohlbergs, also zum Problem, ob es erlaubt sei, die kostbare und lebensrettende Droge zu stehlen, wenn der Apotheker sie nur für unerschwingliches Geld verkaufe, sieht folgendermaßen aus:

Should Heinz steal the drug? (Check one)
_____ Should steal it _____ Can't decide _____ Should not steal it
IMPORTANCE:

Great	Much	Some	Little	No	
					1. Whether a community's laws are going to be upheld.
					2. Isn't it only natural for a loving husband to care so much for his wife that he'd steal?
					3. Is Heinz willing to risk getting shot as a burglar or going to jail for the chance that stealing the drug might help?

Great	Much	Some	Little	No	
					4. Whether Heinz is a professional wrestler, or has considerable influence with professional wrestlers.
					5. Whether Heinz is stealing for himself or doing this solely to help someone else.
					6. Whether the druggist's rights to his invention have to be respected.
					7. Whether the essence of living is more encompassing than the termination of dying, socially and individually.
					8. What values are going to be the basis for governing how people act towards each other.
					9. Whether the druggist is going to be allowed to hide behind a worthless law which only protects the rich anyhow.
					10. Whether the law in this case is getting in the way of the most basic claim of any member of society.
			-		11. Whether the druggist deserves to be robbed for being so greedy and cruel.
					12. Would stealing in such a case bring about more total good for the whole society or not.

From the list of questions above, select the four most important:

Most important   ___

Second most important   ___

Third most important   ___

Fourth most important   ___

Ohne auf die testmethodologischen Einzelheiten einzugehen, wird klar, daß hier eine andere Entwicklungs- oder Stufentheorie vorliegt. Zwar referiert Rest eine hohe Korrelation mit Kohlbergs Test in dem Sinne, daß 77% der von der Kohlberg-Gruppe eingeschätzten Statements unter den vom Subjekt bevorzugten höchsten Stufe liege; ferner, daß der DIT meistens zwei Stufen höher bewerte als der Kohlberg-Test (Rest et al. 1974; Alozie 1976). Aber der ausschlaggebende Punkt ist die Behauptung von Rest, ein Subjekt könne nicht nur einer bestimmten Stufe angehören, sondern habe auch ein gewisses Ausmaß der anderen Stufen (1977, S. 21) zu verzeichnen. Er verwendet also qualitative und quantitative Maße für die Trennung der Stufen, weil er davon ausgeht, daß entwicklungspsychologische Maße probalistisch sind, daß das Subjekt sich also in bezug auf eine Stufe vor- und rückwärtsbewege. Rest bezeichnet Kohlbergs Stufenmodell als ein »simple stage model«, sein eigenes dagegen als »complex stage model«. Aber nicht nur das: Während Kohlberg mit seinem Test die wirkliche Produktion im Sinne einer genetischen Epistemologie mißt, also generative Prozesse im Auge hat, mißt Rest das Verständnis und die Beurteilung von vorgegebenen Aussagen. Man sieht hier deutlich, wie zwei Psychologen in ganz verschiedener Richtung arbeiten. Kohlberg versucht seinen Strukturbegriff zu verfeinern und immer besser zu verstehen, was sich abspielt, wenn wir sagen, das Kind stehe auf einer bestimmten Stufe des moralischen Urteils. Rest hingegen kümmert sich nicht um die Validität des zu Messenden; er setzt sich allein mit Reliabilitätsproblemen auseinander. Bei ihm steht das Messen im Vordergrund, auch dann, wenn er schließlich das Strukturmodell Piagets zu einem behavioristischen Stimulus-response-Modell in einem weiteren Sinne reduziert. Rest hat auch den Strukturbegriff kaum diskutiert und ihn deshalb auch meiner Meinung nach unbewußt verfälscht. Obwohl in den USA heute viel mit dem DIT gearbeitet wird, weil er leicht zu handhaben ist, glaube ich, daß der Weg Kohlbergs richtiger ist. Es ist bezeichnend, daß bei einer Studie von Nisan und Paz (1977) der Rest-Test keine Unterschiede im Stufenausmaß ergeben hat, der Kohlberg-Test hingegen klare Differenzen zeigte.

Im deutschen Sprachraum hat G. Lind ein alternatives Verfahren zu dem von J. Rest vorgelegten DIT entwickelt (vgl. Lind 1977, 1978a, 1978b, 1981). Sein moralischer Urteilstest (m-u-t) umfaßt folgende Aspekte des Konstrukts »Struktur des moralischen Urteils«:

»a. Grad der Präferenz für Argumentationsebenen bzw. -stufen der moralischen Entwicklung (kurz: Präferenz für Argumentationsstufen)

b. Grad der Präferenz für das ›Vorzeichen‹ moralischer Argumentation, d. h., welche Rolle es spielt, ob die vorgegebenen Argumente mit der eigenen moralischen Entscheidung generell übereinstimmen oder nicht (›opinion agreement‹)

c. Richtung und Ausmaß der Antworttendenz bei der Beurteilung moralischer Argumente, gleichgültig welche Stufe oder welchen Inhalt ein Argument repräsentiert (›moralische Urteilstendenzen‹)

d. Situations- und objektbereichsspezifisches Urteilsverhalten (›Segmentierung‹)

e. Strukturiertheit des moralischen Urteilsverhaltens.« (1978a, S. 176)

Die Operationalisierung dieser Charakteristika ist weitgehend gelungen. Besonders die Stufeninterkorrelationen, von Kohlberg in seiner Dissertation noch relativ schwach belegt, entsprechen jetzt Guttmans Quasi-Simplex-Modell. In neueren Untersuchungen (Lind 1980) wird überzeugend gezeigt, daß der m-u-t eine Stufenzuteilung bewirkt, die sehr realistisch ist; Studenten befinden sich meistens auf Stufe 3, Studienberater und Referenten auf Stufe 4. Damit bestätigt der m-u-t eine hohe Validität in bezug auf das Manual Kohlbergs (vgl. Kohlberg et al. 1979).

bb. Untersuchungen zum Stimulierungstheorem

Nun aber zurück zu mehr pädagogischen Fragen. Wir haben Untersuchungen zur Frage der Stimulierung zu einer höheren Stufe hin erwähnt. Dies ist auch für unseren Ansatz der Interaktionsstufen von großer Bedeutung. Das Anvisieren einer höheren Stufe ist die Kernfrage der Kohlbergschen Hypothese, wonach die Entwicklung zum Ziel der Erziehung gemacht werden muß. Die erste Studie, die den entscheidenden Durchbruch brachte, stammt von Blatt und Kohlberg (1975). Sie wurde in den späten sechziger Jahren ausgeführt und ist seither unzählige Male auf verschiedenen Altersstufen mit verschiedenen Dilemmas und in verschiedenen Schulen wiederholt worden (Sullivan 1975, Crochenberg und Nicolajev 1977 etc.). Immer wieder hat sich Kohlberg hingesetzt, um die posttest-Scores mit den pretest-Resultaten zu vergleichen, um ganz sicher zu sein, daß hier tatsächlich strukturale Transformationen stattgefunden haben. Der methodologische Streit ist noch nicht beendet. Er ist durch den Ansatz von Rest (1977) und durch neue Studien wie z. B. von Nisan und Paz (1977) wiederbelebt worden (vgl. auch S. 47 f. in diesem Buch). In Projekten wird versucht, weitere Variablen, die die Stimulierung erleichtern, zu isolieren. Die Blatt-Studie hatte zum Ziel, den Effekt struktureller Stufenveränderung bei geleiteten Peer-Group-Diskussionen in Junior und Senior High Schools zu messen. Die erste Pilotstudie wurde in einer jüdischen Reform-Sonntagsschule mit 30 11- bis 12jährigen durchgeführt. Wir lassen die Resultate dieser ersten Untersuchung beiseite. Die zweite, sorgfältiger geplante Untersuchung wurde mit 132 Personen zweier Altersgruppen (11 bis 12 und 15 bis 16 Jahre) und zweier sozialer Schichten (Mittelschicht sowie obere und untere Unterschicht) durchgeführt. Zudem wurde eine Kontrollgruppe eingesetzt. Die Experimentalgruppe I hatte eine Führung durch einen geschulten Lehrer, die Experimentalgruppe II diskutierte die gleichen Dilemmas wie Gruppe I, aber ohne die Führung eines geschulten Lehrers. Bei der jüngeren Gruppe waren sowohl der IQ wie die akademische Leistung gleich verteilt wie bei der älteren Gruppe. In 18 Diskussionsstunden (zweimal 45 Min. pro Woche) wurden die verschiedenen moralischen Dilemmas mit den ›issues‹ Gewissen und Motive, Familienbeziehung, Autorität, Eigentum, Bestrafung, Leben, Wahrhaftigkeit, Liebe und sexuelle Beziehung durchgeführt. Außerdem wurden bei pre- und posttests (nicht beim retest) drei von Hartshorne und May (1928) entwickelte sog. Betrugstests (cheating tests) eingesetzt. Im allgemeinen zeigen die Resultate der Untersuchung, daß die pre- und posttests in der Experimentalgruppe I statistisch signifikant waren.

Aus der Varianz- und Kovarianztabelle der Studie ist zu sehen, daß experimentelle Unterschiede, Status- und Altersunterschiede im pretest und eine Wechselwirkung Alter × Geschlecht im pre- und posttest signifikant sind.

Überschaut man die ganze Studie, so zeigen die Resultate einen Wandel des moralischen Urteils im Sinne der »beeinflußten« Entwicklung, und zwar signifikant bei der geleiteten Diskussionsgruppe (Experimentalgruppe I). Der Durchschnittszuwachs an MMS-Punkten (Moral Maturity Scale) bei der Experimentalgruppe II liegt zwischen der Kontrollgruppe und der Experimentalgruppe I. Beim Betrugstest sind keine positiven Resultate erzielt worden; im Gegenteil wurde – vermutlich aufgrund der Folgenlosigkeit beim prestest – im posttest mehr betrogen als im Pretest. Hingegen konnten Blatt und Kohlberg eine recht gute Sequenzialität (Schrittfolgerichtigkeit im Stufenfortgang) belegen, was für die Validität des Konstrukts »Moralische Stufen« spricht. Tabelle 3.3 gibt eine Übersicht über die entsprechenden Resultate.

Blatt und Kohlberg schreiben zu Tabelle 3.3

»Der obere Teil in Tab. 3.3 zeigt die Zahl der Versuchspersonen (Vpn), welche von einer Stufe im Vortest zu einer anderen Stufe im Nachtest wechseln. So waren z. B. 8 Vpn der Bedingungen von Exp. I auf Stufe 1 im

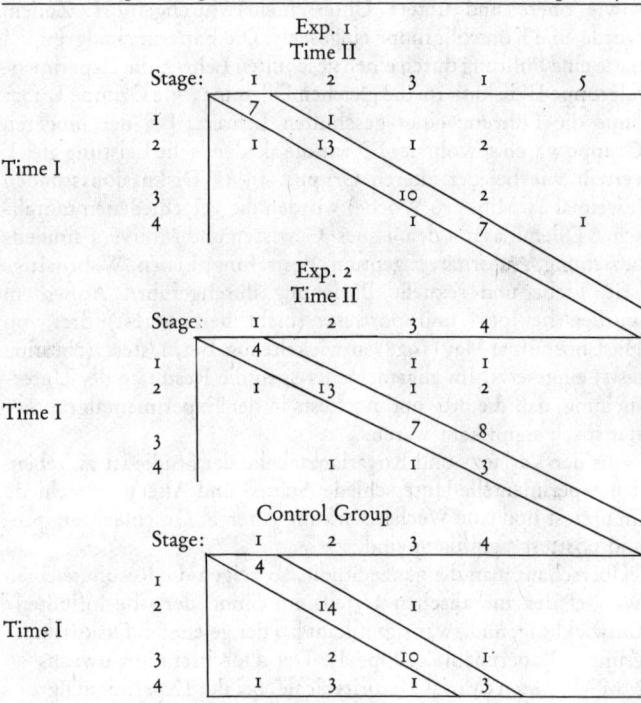

Pattern of Stage Change from Time 1 to Time 2 Control Group-Study 2

Tabelle 3.3: Sequenzialität der Stufenmuster (nach Blatt und Kohlberg 1975)

Vortest, angegeben durch die mit ›Stufe 1‹ bezeichnete Zeile. 7 dieser Vpn waren im Nachtest immer noch auf Stufe 1. Diese 7 Vpn sind in der Zelle mit der Zeile der Stufe 1 (horizontal lesen) und der Spalte mit Stufe 1 (vertikal lesen) dargestellt. Die verbleibende Vp der Teile von Stufe 1 (horizontal lesen), also mit Stufe 1 im Vortest, ist Stufe 2 im Nachtest. Für die Vpn von Stufe 1 war der Wechsel durch Experiment I entwicklungsgemäß. Alle Vpn von Stufe 1 blieben entweder in der gleichen Stufe, oder sie wechselten zur nächsthöheren Stufe. Für die Vpn von Stufe 2 war der Wechsel weniger geordnet: eine Vp ›regredierte‹ auf Stufe 1, eine wechselte zu Stufe 3 und 2 zu Stufe 4. Bei der Diagonalen dieser Tabelle sind die Vpn angegeben, welche die Stufe nicht wechselten. 37 oder 80% der Experiment-I-Gruppe wechselten nicht. Die einfachste Vorhersage aufgrund der Entwicklungstheorie ist, daß die verbleibenden 20% der Vpn zur nächsten Stufe wechseln würden. Tatsächlich fallen 5 der restlichen 9 (oder der 7 nach oben wechselnden) in diese Kategorie. Die verbleibenden 4 Fälle sind ›Zwei-Stufen-Überspringer‹, von Stufe 2 auf Stufe 4, und 2 Zurückgefallene. Das Stufen-Überspringen von Stufe 2 auf Stufe 4 wurde auch in der Untersuchung 1 gefunden, wobei in einem Follow-up-Test alle ›Überspringer‹ auf die nächstuntere Stufe regredierten. Etwas Ähnliches zeigte sich hier: nur einer der ›Stufen-Überspringer‹ war für das follow-up verfügbar; er ›regredierte‹ von Stufe 4 auf Stufe 3, genau wie die ›Stufen-Überspringer‹ von der Untersuchung 1. Die beiden ›Regredierer‹ sind im follow-up zu ihrer ursprünglichen höheren Stufe zurückgekehrt und waren deshalb vielleicht Fälle von Beurteilungsfehlern im Nachtest.

Wie immer man diese Aussagen wertet, sie zeigen, daß hier zum erstenmal im Bereich der Moralerziehung Entwicklung zum Ziel der Erziehung genommen wird und daß, wenn auch die Resultate noch konfus wirken, eine Veränderung in der erwünschten Richtung möglich zu sein scheint.« (1975, S. 150)

Wie die Tabelle zeigt, sind in der Kontrollgruppe jeweils mehr »Regredierer« und weniger »Aufwärtsgeher« festzustellen.

Diese Untersuchung legte den Boden für das spätere erzieherische Werk Kohlbergs. Abgesehen von der Möglichkeit der Aufwärtsbewegung durch Stimulierung und vom Beleg, daß diese Aufwärtsbewegung schrittweise und sequenziell erfolgt, liegt die Erkenntnis darin, daß strukturelle Veränderungen keine Veränderung durch Informationsvermittlung oder durch ideologische bzw. indoktrinierende Vorgänge sind, sondern daß jenseits des Lernens moralischer Klischees nur die interaktive Auseinandersetzung eine Vorwärtsbewegung ermöglicht. Ohne die Blatt-Kohlberg-Studie ist der Just-Community-Gedanke nicht denkbar, und ohne die Blatt-Studie ist auch unsere Untersuchung kaum denkbar. Denn die Stufen der Interaktion hängen mit den moralischen Stufen insofern zusammen (vgl. S. 146), als erst die Stufe 3 der Interaktion überhaupt genügend Auskunft über das Denken im Sinne der »patterns of moral« (Moralstrukturen) geben.

Die Blatt-Studie hat einen wichtigen Vorläufer. Wegweisend für das pädagogische Unterfangen der Veränderung des kognitiven Niveaus durch Stimulierung für die nächste Stufe war die Untersuchung von E. Turiel (1966).

44 Siebtkläßler wurden auf ihre dominante Stufe hin getestet. Während der experimentellen Arbeit wurde den Schülern durch ein Rollenspiel das Material und die Denkart einer Stufe unterhalb (-1), eine Stufe oberhalb ($+1$) und zwei Stufen oberhalb ($+2$) der anfänglichen dominanten Stufe vorgelegt. Die Treatmentgruppen wurden durch Ammons vollskalierten Bilder-Vokabulär-Test angeglichen. In einem Nachtest wurde der Treatmenteinfluß untersucht. Als Hypothese wurde angenommen, daß die Schüler bei einer Stufe oberhalb ihrer eigenen ($+1$) mehr akzeptieren als bei zwei Stufen ($+2$) oder bei einer Stufe unterhalb der ihren (-1); sowie daß ein ($+1$)-Treatment mehr Bewegung hin zu einer höheren Stufe verursacht als ein ($+2$)- oder (-1)-Treatment.

Das Resultat zeigt, daß die ($+1$)-Treatmentgruppe am effektivsten war, die ($+2$)-Gruppe am wenigsten effektiv. Da die indirekten Resultate (Wechsel vom pretest zum posttest und Generalisierung auf andere Situationen) minimal waren, wurden die Resultate dort nur als Tendenzaussagen genommen. Als kausaler Faktor wird aber stets der moralische Konflikt angegeben, der ein Disäquilibrium schafft und die kognitive Struktur umorganisiert.

So problematisch vom Standpunkt des Messens diese Studie auch ist, wir haben sie hier angefügt, um den Beginn der pädagogischen Fragestellung in Kohlbergs Konzept zu markieren.

cc. Weitere Untersuchungen und Zusammenfassung

Kohlberg hat eine Reihe von Studien zur Universalität mit interkulturellen Daten durchgeführt. Die wesentlichen Resultate und Belege einer umfassenden Universalität der Stufen finden sich in der Übersetzung des wohl berühmtesten Artikels von Kohlberg, »Stage and Sequence: The Cognitive-Developmental Approach to Socialisation«, deutsch im Suhrkamp-Band »Zur kognitiven Entwicklung des Kindes«, 1974, S. 7 bis 255. Darüber wollen wir keine Ausführungen machen.

Die Studie, welche die wesentlichen Faktoren über den entwicklungsmäßigen Erfolg bei Unterrichtsinterventionen klarlegt, wurde auf S. 23 f. dieser Arbeit schon erwähnt (Colby, Kohlberg, Fenton et al. 1976). Das Ziel der distributiven Dilemmas, die Mischung der Stufen in den Gruppen (Wechsel des Klassenraumes, Kontakt mit anderen Schülern etc.) und die Fähigkeit des Lehrers, die Diskussion richtig zu führen, Fragen richtig zu stellen, Material höherer Stufe zu stimulieren etc., waren die drei Faktoren, die den Stufenwechsel am meisten beeinflußten.

Eine ausgezeichnete Untersuchung zur Frage der Beziehung zwischen logischer Entwicklung (Piaget-Stufen) und moralischer Entwicklung (Kohlberg-Stufen) führte zur Erkenntnis, daß die logischen Stufen zwar eine notwendige, aber keine hinreichende Voraussetzung für die moralischen Stufen sind (Colby u. Kohlberg 1974). Die Studien zur Entwicklung der sozialen Perspektiven (Selman 1976) sollen an anderer Stelle ausführlicher zur Sprache kommen. Die Stufen sind in der rechten Spalte der Tabelle 3.1 auf S. 326 ff. zu ersehen.

Der erzieherische Ansatz Kohlbergs, der sich sowohl auf die vorgelegten als auch auf weitere Forschungsprojekte stützt, läßt sich etwa so zusammenfassen:

1. Die nächsthöhere Stufe ist das unmittelbare Ziel der Erziehung für jeden einzelnen Schüler. Sofern in der diskutierenden Gruppe die Stufen gemischt sind, ist die Diskussion von moralischen Dilemmas der optimale Weg zur Entwicklung. (Fenton et al. 1976, Colby und Kohlberg 1974 etc.)

2. Auch unter erzieherischer Beeinflussung gehen die Schüler in einer bestimmten Sequenz von Stufe zu Stufe über. (Turiel 1972, Blatt 1975)

Da jede höhere Stufe die tiefere impliziert, sind keine Sprünge innerhalb der Sequenz möglich. (Kohlberg und Turiel 1973, Kohlberg und Kramer, 1969)

3. Es sind einige Voraussetzungen zu erfüllen, um auf den Stufen erfolgreich weitergehen zu können:

a. Für Stufe 3 und 4, also für den konventionellen Level, ist mindestens konkret operationales oder sogar tieferes, formal operationales Denken nach Piaget notwendig; für Stufe 5 und 6, also für prinzipienorientiertes Urteilen, ist formal operatives Denken Voraussetzung. (Colby und Kohlberg 1974)

b. Zudem ist eine gewisse Stufe der sozialen Perspektive eine zwar notwendige, aber keine hinreichende Voraussetzung für das Weiterschreiten im Sinne der intentionalen Entwicklung. Um konventionelles moralisches Denken zu erreichen, ist es notwendig, die Perspektive von Familienmitgliedern, Peers, Freunden und Mitgliedern ihrer Gruppe zu übernehmen und verstehen zu können. Um auf der Prinzipienebene, also auf Stufe 5 und 6, urteilen zu können, muß das Individuum fähig sein, einen der Gesellschaft vorgeordneten Standpunkt einnehmen zu können. (Selman 1974, Turiel 1972)

4. Ein Individuum versteht zwar alle Stufen unterhalb seiner eigenen, aber nur eine Stufe oberhalb seiner eigenen Argumentationsform. (Turiel 1966)

5. Die meisten Schüler befinden sich im Übergang von einer Stufe zur anderen. Will man sie im Sinne offener erzieherischer Intervention beeinflussen, dann wäre Hilfe in dem Sinne zu leisten, daß gemischte Stufe-1- und -2-Urteile zu soliden Stufe-2-Urteilen werden; solide Stufe-2-Urteile zu Stufe 2 bis 3 fortschreiten; gemischte Stufe-2- bis Stufe-3-Urteile zu soliden Stufe-3-Urteilen werden etc.

Kohlbergs erzieherischer Ansatz macht moralische Erziehung zu einem beliebten Fach in den High Schools, an denen eher problematische Motivationssituationen anzutreffen sind. Die Schüler reagieren auf diese Dilemmas so unmittelbar, daß der Effekt der Diskussion meist außerordentlich groß ist und die strukturalen Transformationen unmittelbar in Gang kommen.

Es ist hier allerdings anzufügen, daß Kohlberg 1978 in »Revisions in the theory and practice of moral development« eine Kritik des Ansatzes in »Development as the aim of education« vorgenommen hat. In dieser Selbstkritik betont er, daß der soziale Rahmen, die kulturspezifischen Inhalte und auch »indoktrinierende« Methoden der Regelvermittlung in sein Konzept eingebaut werden müßten. Auf der einen Seite mutet dieses »Nachgeben« wie ein Tribut an seine Kritiker an, und man wird das Empfinden nicht los, daß Kohlberg, bedingt durch seine körperliche Krankheit, nicht mehr genügend Resistenz aufbringt, den unmittelbaren Weg der Stimulation zu gehen. Auf der anderen Seite bedeutet diese Selbstkritik eine Verarbeitung der Erfahrungen mit dem Konzept der Just Community. Hier hat sich gezeigt, daß die Stimulation als solche nicht genügt, sondern daß sie mit Methoden der Gruppeninteraktion, des Empathietrainings, der inhaltlichen Vermittlung von geschichtsträchtigen Prinzipienentscheidungen etc. gekoppelt werden muß. Hier hat sich auch gezeigt, daß der Begriff des »moralischen Klimas« nicht ohne Faktoren der Kultur, der Situation und der intrapsychischen Konstellation berücksichtigt werden darf (vgl. Power 1979; Power u. Reimer 1978).

Der »Just-Community«-Gedanke

Wie wir im vorhergehenden Kapitel ausgeführt haben, hat Kohlberg mit der Frage des konkreten Handelns in Relation zur kognitiven Struktur des Urteils auf einer bestimmten Stufe große Schwierigkeiten. Er hat sich schon früh mit der Studie von Hartshorne und May (1928–30) auseinandergesetzt und ist dabei zur Schlußfolgerung gekommen:

»daß das Handeln in der Situation normalerweise nicht direkt den strukturell-entwicklungsmäßigen Wandel widerspiegelt. Sobald jedoch der strukturell-entwicklungsmäßige Wandel durch eher kognitive Methoden festgestellt ist, ist es möglich, die strukturell-entwicklungsmäßigen Veränderungen im situationsbezogenen Verhalten zu definieren; so wird zum Beispiel das durchgängige Nicht-Betrügen zu einem Verhaltens-»Markstein« für Stufe 5. Ob solche Marksteine zuerst im Handeln (durchgängiges Nicht-Betrügen) oder im Urteil (Stufe 5) erreicht werden, ist eine offene empirische Frage.« (Kohlberg 1974, S. 99; zit. n. d. dt. Übers.)

Wir haben auf S. 214 ff. aufgezeigt, daß wir dieses Resultat nicht anerkennen. Daß die Frage ungelöst bleibt, aber immer wieder gestellt wird, hängt mit der spezifischen Relation von ethischen Systemen mit dem Handeln der an den Systemen Beteiligten zusammen. Es geht um die alte Theorie-Praxis-Frage, die nicht allein mit der kognitiven Struktur normativer Schemata gelöst werden kann. Handeln führt aus zwei Gründen in ein Wertdilemma, das zusätzlich zu den moralischen Urteilen anderer Entscheidungshilfen bedarf. Während einerseits für das Handeln vorweg »Regeln des Zusammenhanges« und »Regeln der normativen Genese« erforderlich sind (Lorenzen 1974, S. 45) und andererseits eine Theorie der Handlungszwecke durch eine Theorie der Zweckfunktionen im Handlungssystem zu ersetzen wäre (Lorenzen 1973, S. 53), bleibt der Abstand zum eigentlichen Handeln bestehen, wenn nicht die handelnden Subjekte selbst ins Auge gefaßt werden. Auch hypothetische Dilemmas analysieren niemals das reale Handeln, sondern die oben erwähnten abstrakten Denkvorgänge. Handeln als Entscheiden aber kann bei gleicher Struktur und gleichem inhaltlichen Feld anders ausfallen.

Um dieses Problem zu lösen, entwirft Kohlberg eine völlig neue und ganzheitliche Strategie zur Verwirklichung seiner pädagogischen Anliegen: das Just-Community-System, das sich auf jede Gruppe oder auf jeden gemeinschaftlichen Rahmen anwenden läßt. Auf den ersten Blick scheint dies die Lösung der oben gestellten Theorie-Praxis-Frage schlechthin zu sein. Wir werden aber die Grenzen dieses Entwurfes zu überprüfen haben.

Welches sind die Hauptpunkte der Just-Community-Idee?

a. Der theoretische Hintergrund der Just Community

Die kognitive Entwicklungspsychologie mit ihren Annahmen über die Strukturiertheit des Denkens, über die Stufen der moralischen, sozialen und logischen Entwicklung und besonders ihren pädagogischen Implikationen, wie sie oben dargestellt sind, ist die allgemeine theoretische Grundlage des Just-Community-Gedankens. Spezifische Ziele sind die Entwicklung moralischen Denkens durch die Schaffung einer Gemeinschaft, die von allen Mitgliedern, Leitung und Teilnehmern, Studenten und Lehrerschaft, Insassen und Überwachern etc. als fair und gerecht bezeichnet wird. Die curricularen Ziele sind von allen Beteiligten stets sichtbar zu machen, und zwischen dem »offenen« und dem »versteckten« Curriculum soll eine Kongruenz geschaffen werden. Kohlbergs Just-Community-Idee ist nicht zuletzt eine Reaktion auf Jacksons Buch *Life in Classroom* (1968), worin das »hidden« (verborgene) Curriculum als eine nichttransparente Größe des Unterrichts angeprangert wird. Kohlberg behauptet, die einzige Lösung dieses Problems liege in der moralischen Auseinandersetzung mit den in der Schule auftauchenden Konflikten und Werten. Er sagt fast ein wenig anmaßend:

»Wie dem auch sei, ich werde mich an W. Jackson dafür rächen, daß er mich mit seiner Behauptung, ich sei die einzige Person, die wirklich ein intellektueller Experte für dieses Problem des ›hidden curriculum‹ sei, in diese unbequeme Position gerückt hat. Ich sage dies, weil ich behaupte, daß der einzige integrierte Weg, über das hidden curriculum zu denken, darin besteht, es als moralische Erziehung anzusetzen, ein Thema, von dem auch andere Forscher zur Zeit betroffen sind.« (Kohlberg 1970, S. 105)

Zu lernen, wie man an einer Gemeinschaft teilnimmt, wie man in einem Klassenraum lebt, als Mitglied mit einem gewissen Status und einer gewissen Autorität gegenüber fremden Autoritäten, wird über den Weg moralischer Erziehung angestrebt.

b. Hauptziele

Im Sinne generativer Lerntheorien und einer genetisch-konstruktivistischen Epistemologie geht es darum, ganz bewußt eine soziale Wirklichkeit zu *konstruieren*, die, selbst im Hinblick auf Konflikte, sich vom täglichen Schul- und Lerngeschehen völlig löst. Wenn sich eine solche Gemeinschaft als fair und demokratisch bezeichnet, muß sie

»– die Verantwortlichkeit bzw. Entscheidungsmacht auf alle Beteiligten ausdehnen
– zur kollektiven Verpflichtung anspornen
– ein Klima des Vertrauens schaffen
– einen sozialen Kontrakt gründen und ihn auf eine Konstitution basieren
– das moralische Niveau jeder Untergruppe des Ganzen zu erhöhen versuchen
– die Autorität der Leitung so begründen, daß sie auf der besseren Fähigkeit, zu vermitteln und moralische Konflikte zwischen Studenten untereinander und zwischen Studenten und Lehrer in einer fairen Weise zu lösen, beruht
– die individuelle moralische Entscheidung und Handlung fördern
– und schließlich das Wissen um die moralischen Entwicklungsgesetze als methodische Zielbestimmung für den Teilnehmer offenlegen.« (Kohlberg, Wassermann und Richardson 1975, S. 3)

Ein solches Konzept kann nicht mit Summerhill oder mit den Free-School-Konzepten verglichen werden. Es ist in sich viel straffer konstruiert und gewährt mehr konstruktivistische Koordinationen nach der operationalen Logik der dargestellten entwicklungsmäßigen Stufen. Es enthält zu rechtfertigende Aktivitäten, die ein totales Problemlösen im Sinne des andauernden Entstehens neuer Strukturen aus dem Ungleichgewicht der Gruppe und/oder der Gesamtgemeinschaft postuliert. Gerechtigkeit als Fairneß wird in alle Entscheidungen hinein verlegt, die eine

Gemeinschaft betreffen. Die Frage, was ist gerecht, warum ist etwas gerecht, entsteht schon bei der Bildung von Regeln, bei der Entscheidung von Konflikten, bei Problemdarstellungen, bei Lösungsvorschlägen und bei Evaluations- oder Legitimationszusammenhängen. Und Gerechtigkeit als normatives Prinzip bewegt sich in den überschaubaren Verästelungen der logisch konsistent entwickelten und empirisch überprüften Stufenformulierungen. Ein solches Konzept läßt sich, wie gesagt, auf Schulen, Gefängnisse, Universitäten, Vereine etc. übertragen, also auf jede überschaubare Gemeinschaft.

c. Applikation in Schulen und Gefängnissen

Kohlberg selber hat dieses Konzept an verschiedenen Orten praktiziert und zum Teil wissenschaftlich evaluiert. Die erste Applikation ist die Cluster-Schule in Cambridge, die zweite die School-within-School in Brookline, die dritte die Gefängnisarbeit in Niantic, Connecticut, etc., und, die wichtigste wohl, seine eigene Gestaltung des Centers for Moral Education in Harvard, wo er selber nicht Direktor ist, die meisten Arbeiten delegiert und sogar die Wahl der Sekretärin dem ganzen Institut zur Entscheidung vorlegt.

Ich möchte hier, bevor ich in der Darstellung weiterfahre, den Besuch eines der berühmten Freitag-Meetings der gesamten Cluster-Schule wiedergeben (Tagebuchauszug):
»Es ist Freitag, 11.00 Uhr.

In einem großen Unterrichtsraum in der Cambridge High School versammeln sich Lehrer und 15- bis 18jährige Schüler der Cluster School zu ihrem wöchentlichen Hauptmeeting, das ein praktischer Ausdruck des Anliegens ist, faire und demokratische Beschlüsse für eine Gesamtheit zu fassen. Es weht ein frischer Wind. Jedermann diskutiert lebhaft mit dem andern, Schüler mit der Lehrerschaft und Schüler untereinander. Jeder setzt sich dahin, wo er glaubt, daß er am besten am kommunikativen Vollzug teilnehmen kann, die einen am Boden, die anderen auf Tischen, die den Wänden entlang stehen, wieder andere auf Stühlen etc. Einige Lehrer und Schüler heben die Hand wie zu einer Abstimmung. Ein Besucher, der zum erstenmal da ist, muß selbst herausfinden, was dieses Handheben meint: nämlich den unausgesprochenen Beschluß, daß wir jetzt das Meeting beginnen wollen.

Das erste und zweite Traktandum behandeln den Ausschluß von zwei Schülern aus der Schule. Der erste Schüler ist nicht anwesend. Es wird die Frage aufgeworfen, ob es gerecht sei, ihn auszuschließen, überhaupt über ihn zu reden, wenn er nicht da sei. Man faßt schließlich den Beschluß, die Sache weiterzudiskutieren, weil der Schüler, laut vorangehenden Beschlüssen, das Recht hat, sich in der Vollversammlung ohnehin nochmals zu verteidigen und Rekurs einzulegen. Es wird also weiterdiskutiert und beschlossen. Es gibt Lehrer und Schüler, die für den Ausschluß plädieren; es gibt Lehrer und Schüler, die dagegen sind. Der Ausschluß wird nach langem Hin und Her durch Abstimmung beschlossen. Dem Zusatz, daß eine Gruppe von Lehrern und Schülern dem Ausgeschlossenen helfen soll, eine neue Schule zu finden, wird ebenfalls zugestimmt.

Der zweite Fall – ein Mädchen – verteidigt sich wacker. Sie wird zuerst ausgefragt. Es werden Fakten gesammelt. Sie erklärt, daß sie nicht an der Schule und an den Meetings teilnehmen konnte, weil sie krank gewesen sei. Es gibt eine heftige Auseinandersetzung; die einen werfen ihr vor, sie lüge, die andern verweisen sie auf die beschlossenen Regeln der Abmeldung bei Krankheit. Es gibt Lehrer und Schüler, die sie verteidigen; Lehrer und Schüler, die sie angreifen. Einige Schüler beginnen in einer Ecke sehr laut miteinander über den Fall zu diskutieren. Es wird abgestimmt, daß die Schüler ruhiger sein sollen, oder vielmehr wird eine Art Verwarnung ausgesprochen – eigentlich eine Bitte –, ruhig zu sein. Die Schüler – besonders schwarze Schüler – sind so in die Diskussion verwickelt, daß sie diese Verwarnung als ungerecht empfinden. Sie werden zornig, schreien auf, zwei Mädchen stürzen hinaus. Es ist eine große Erregung im Raum. Die beiden Leiter, ein Schüler und ein Lehrer, welche die erste Hälfte des Meetings vorbereitet haben, versuchen, die anderen zu beruhigen . . .«

Dies ist ein Stimmungsbild. Solche Bilder könnten noch und noch beschrieben werden, wenn es um die Aufstellung einer Satzung, um die Abstimmung über einen wöchentlichen Stoffplan, über die Aufgabenverteilung oder ganz allgemein um persönliche Probleme geht, die diskutiert und beschlossen werden, und zwar immer unter dem Gesichtspunkt der gerechten und fairen Argumentation.

Wir wollen hier nun die Struktur der Cluster-Schule ganz kurz beschreiben, um die Lernprozesse analysieren zu können, die sich hier abspielen.

Die Organisation der Schule wurde möglich aufgrund eines Beitrages der Kennedy-Stiftung. Es wurden 60 bis 70 High-School-Studenten im Alter von 15 bis 18 Jahren aus verschiedenen sozioökonomischen und ethnischen Schichten ausgewählt. Diese kleinere Gruppe war ein Teil der großen Cambridge High School, also nicht aus der Schule herausgenommen, sondern im Ganzen integriert, um den Kontakt mit der realen Schulwelt aufrechtzuerhalten. Die sogenannten akademischen Fächer wie Mathematik, Sprachen, Physik, Chemie etc. teilen die Schüler mit allen anderen der gesamten High School. Die spezifischen Fächer wie Moralische Erziehung, Englisch, Soziologie, Recht etc. fallen der eigentlichen Cluster-Schule zu. Der Organisationsplan ist aus Figur 3.2 zu ersehen.

Während die äußere Struktur durch Schulmeetings (jeweils freitags), Klassenmeetings (jeweils donnerstags), Gruppendiskussionen und Einzelbesprechungen gekennzeichnet ist, besteht die innere Struktur darin, daß sich alle Mitglieder der Schule der Satzung unterstellen, daß jedes Mitglied das gleiche Recht hat, Meetings zusammenzurufen und Meinungen zu äußern, und daß jedes Mitglied bei Abstimmungen nur eine Stimme hat. Die Kleingruppensitzungen haben zum Zweck, das Schulmeeting vorzubereiten, Disziplinfragen vorzudiskutieren, allgemeine moralische (hypothetische) Probleme zu besprechen und Berater und Lehrer zu instruieren. Geschichtsunterricht und allgemeiner Unterricht in Soziologie werden auf der Basis des Dilemmacharakters menschlicher Situationen erteilt. Es geht gesamthaft gesehen immer darum, plausible Gelegenheiten für die Rollenübernahme, die intellektuelle Stimulation und für moralische Entscheidungsvorgänge zu schaffen. Die Schüler sollen durch die Entdeckung, Aktualisierung, Diskussion und Lösung moralischer Konflikte die Verantwortung für solche Entscheidungen übernehmen können. Die Schüler sollen ihre Umgebung als gerecht und fair erleben und in diesem Sinne auch fragend an diese Umgebung herantreten. Wichtig ist dabei, daß die Lehrer jeweils Legitimationsprozesse und Entscheidungen einer höheren Stufe zu präsentieren verstehen, damit die moralische Entwicklung gesichert ist.

Eingerichtet wurde die Schule in Beratung mit Eltern, Lehrern und

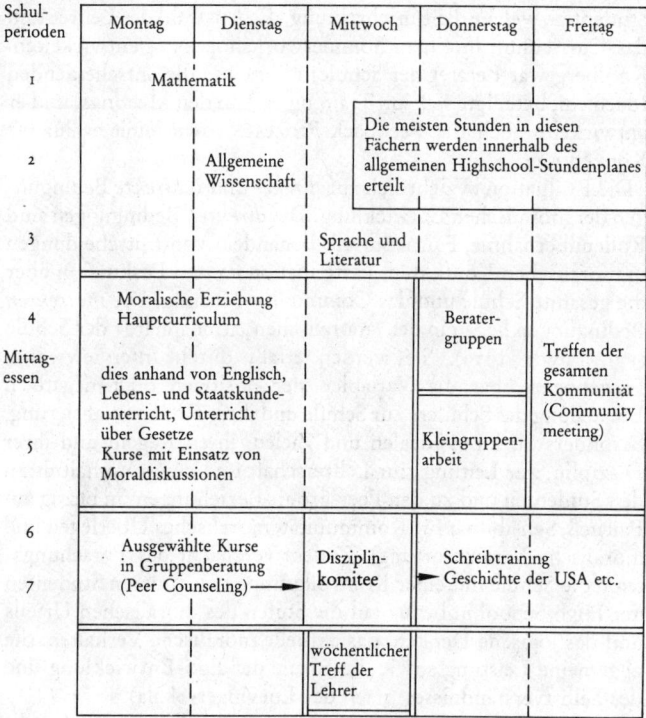

Schul-perioden	Montag	Dienstag	Mittwoch	Donnerstag	Freitag
1	Mathematik				
2		Allgemeine Wissenschaft		Die meisten Stunden in diesen Fächern werden innerhalb des allgemeinen Highschool-Stundenplanes erteilt	
3			Sprache und Literatur		
4	Moralische Erziehung Hauptcurriculum			Beratergruppen	Treffen der gesamten Kommunität (Community meeting)
Mittagessen					
5	dies anhand von Englisch, Lebens- und Staatskundeunterricht, Unterricht über Gesetze Kurse mit Einsatz von Moraldiskussionen			Kleingruppenarbeit	
6	Ausgewählte Kurse in Gruppenberatung (Peer Counseling) ⟶		Disziplinkomitee	Schreibtraining ⟵ Geschichte der USA etc.	
7					
			wöchentlicher Treff der Lehrer		

Perioden 1–3 Montag–Freitag:	Math. Wissenschaften etc. innerhalb des Highschoolstundenplanes Aktivitäten der Cluster-Schule
Perioden 4–5 Montag–Freitag:	Moralische Erziehung. Hauptcurriculum
Periode 4 Donnerstag:	Beratergruppen
Periode 5 Donnerstag:	Kleingruppen
Perioden 6–7 Mittwoch:	Disziplinkomitee
Mittwoch Abend:	Mitarbeitertreff
Perioden 4–5 Freitag:	Treffen der gesamten Kommunität
Perioden 6–7 Montag–Freitag:	Ausgewählte Kurse

Figur 3.2: Wochenplan der Cluster-Schule (Just Community), Zusammenschluß von 4–8 High-School-Klassen (innerhalb einer größeren Schule).

Studenten, welche die Einschreibung, die Auswahl der Lehrer und das Curriculum in einem Sommerworkshop 1974 entwickelten. Kohlberg war Berater der Schule; er brachte die entscheidenden Ideen ein, beteiligte sich am Training und an den Meetings, und er entwickelte auch die Feedback-Prozesse sowie eine evaluative Konzeption.

Die Evaluation bezieht sich auf *direkte* und *indirekte* Bedingungen der moralischen Entwicklung. Die *direkten* Bedingungen sind Rollenübernahme, Fairneßurteil, Behandeln von Entscheidungen in moralischen Konflikten, Partizipation an und Diskussion über die gesamte Schule und das Community-Meeting. Die *indirekten* Bedingungen liegen in der »moralischen Atmosphäre« der Schule (vgl. Power 1979). Sie werden erfaßt durch Interviews und Fragebogen über die Variablen der positiven oder negativen Einstellung des Schülers zur Schule und ihrer Konzeptualisierung, besonders zu ihren Idealen und Zielen, ihren Regeln und ihrer Disziplin, zur Leitung, zur Lehrerschaft und deren Verhältnis zu den Studenten und zu den Peer-group-Beziehungen (in bezug auf Fairneß, Sensibilität für Kommunität, moralisches Überlegen und moralische Verantwortung). Zudem vergleicht das Forschungsteam die Schule mit einer Kontrollgruppe von anderen Studenten der High School in bezug auf die Stufen des moralischen Urteils und das logische Denken, das aktuelle moralische Verhalten, die allgemeine Leistung sowie die Ebene der Ego-Entwicklung und des Selbstverständnisses (nach der Loevinger-Skala).

Die Just-Community-Idee wurde von Kohlberg auch für die Umerziehung der Sträflinge in Niantic (Connecticut) und in den Correction-Zentren der »Young Women's Christian Association« (Y.W.C.A.) in New Haven (Connecticut) angewandt (Kohlberg et al. 1974). Schon immer wurde die Rehabilitation als moralisches Problem angesehen, und das Harvard-Team erweitert diesen Gedanken nun in dem Sinne, daß Rehabilitation als Umstrukturierung der kognitiven moralischen Strukturen durch Beteiligung und Diskussion von Entscheidungen der ganzen Gefängniscommunity aufgefaßt wird. Untersuchungen haben gezeigt, daß die Insassen, die während der Strafzeit eine Stufe aufwärts gestiegen sind, für Rückfälle im Sinne neuer Delinquenz weniger anfällig sind. Die Gerechtigkeitsstruktur des Gefängnisses soll auch als Ganzes, nicht bloß durch das Lösen von Dilemmas einzelner Mitglieder, den moralischen Stufen angepaßt und so der Interventionsrahmen abgesteckt werden. Vielleicht liegt der größte Erfolg Kohlbergs darin, daß er auch hier eine sich selbst regulierende soziale Kommunität gestaltete, in der alle Disziplinfälle offen behandelt und damit die oben dargestellten Prinzipien der Delegierung von Macht, Recht und Verantwortung in größtmöglichem Rahmen zur Anwendung kommen. Eine Just Community im Gefängnis wird zu einer Gemeinschaft, in der moralische Probleme offen gelöst werden und Entscheidungen durch offene Legitimation aller Beteiligten verpflichtend sind. Obwohl sie durch die Gegebenheiten des Gefängnisses ihre Grenzen hat, gibt ihr die innere Konsistenz der Stufentheorie einen übergreifenden performativen Halt. Es ist denn auch erstaunlich, wie die als Konsequenz dieses Ansatzes entstandenen offenen Gefängnistüren und Gefängnisräume einer Humanisierung des Strafvollzugs bedeuten.

Es ist hier nicht der Ort, die Organisation und die Evaluation der Forschungsarbeiten zu diesem großen Projekt darzustellen. Wir möchten aber abschließend ein Beispiel wiedergeben, das die Echtheit der in die Situation involvierten Argumentationszusammenhänge zeigt.

Es geht darum, daß eine Betreuerin, Carol Owens, durch ihre Arbeit in Kleingruppendiskussionen und Einzelbetreuung eine Bindung zur Insassin Ina Martin aufgebaut hatte. Ina Martin hatte nun einen Weihnachtsurlaub verdient. Nach dem Urlaub bekennt Ina Martin ihrer Betreuerin (im Vertrauen), daß sie eine der Regeln nicht eingehalten hat und während des Urlaubs in einen anderen Staat gereist sei. Es entstand nun die Frage, ob es gerecht sei, den Verstoß zu melden oder nicht, besonders angesichts des Vertrauens, das Ina der Betreuerin Carol entgegengebracht hat. Carol glaubt, den vereinbarten Regeln verpflichtet zu sein und das Vergehen der Insassin melden zu müssen. Diese wiederum ist erbittert über Carol; sie zieht sich zurück.

Dies ist ein moralischer Konflikt, bei dem Ina Martin auf Stufe 3 argumentiert. Ihr vorherrschendes Schema ist Vertrauen und Freundlichkeit der Menschen füreinander. Carol Owen ist auf Stufe 4. Sie fühlt sich der Gesellschaft gegenüber verpflichtet und stellt diese Verpflichtung über die persönlichen Gefühle. Carol versteht das Denkschema von Ina nicht, und schon gar nicht versteht Ina das Schema von Carol. Carol steht der Entwicklungsstufe Inas zu nahe, kann sie also nur verneinen. Wäre sie auf Stufe 5, so würde sie verstehen, daß Gefängnisinsassen auch dann gewisse Rechte haben, wenn sie Regeln verletzen, und dann hätte sie sehr wahrscheinlich anders gehandelt.

Die Aufgabe der Kommunität ist es, in der Leitergruppe, in Kleingruppen, in Einzelgesprächen und vor allem im Gesamtmeeting durch offene Diskussion das Problem zu lösen. Zum moralischen Verständnis kommt die Frage hinzu, auf welcher Entwicklungsstufe sich die beiden in bezug auf das Bewußtsein des anderen befinden. Wird Carol als Überwacherin und Polizistin oder als Freundin und Therapeutin angesehen? Wird Ina als Verbrecherin oder als Freundin und Mensch gesehen? Wie sind die Rollenvorstellungen der beiden, und wie können Rollenvorstellungen verändert werden? Zur moralischen Diskussion kommt also hinzu, daß die Rollenvorstellungen positiv gestaltet werden, indem ein solcher Urlaub nur noch in der Gruppe beschlossen wird und Ina auch die Verantwortung lernt, der Gruppe zu berichten, wie der Urlaub verlaufen ist. Der Konflikt wird somit zu einem Konflikt zwischen der Gruppe und einem einzelnen Gruppenangehörigen und bleibt nicht länger ein Rollenkonflikt (vgl. Kohlberg et al. 1974, S. 5 bis 12).

Somit hat die Festlegung einer demokratischen Gemeinschaft den Zweck, den Konflikt zwischen Strafe (bzw. Rehabilitation) und Kontrolle adäquat zu lösen, eine faire Umwelt zu schaffen, in der Insassen und Betreuer besser leben können, Verantwortung und moralisches Urteilen durch Stimulation, Diskussion, Partizipation bei Rechts-, Macht- und Pflichtverteilung zu entwickeln, letztlich somit echte Entwicklung zu bewirken.

Die Arbeit an diesem Konzept geht intensiv weiter. Zur Zeit werden (mit Hilfe der Danforth-Stiftung) wiederum Fragen zur moralischen Atmosphäre untersucht, ganz besonders aber Curricula zur moralischen Erziehung innerhalb der »social-studies« aufgebaut: Politik, Geschichte und Staatskunde (civic education). Es werden Untersuchungen zur Regelerzeugung und Regelbefolgung durchgeführt (Wassermann 1977); Lehrerbildungskurse sollen ermöglichen, den Ansatz auf andere Schulen auszudehnen.

Hochinteressant ist das Fenton-Projekt in Pittsburg. Ebenfalls mit Hilfe der Danforth-Stiftung wird der Just-Community-Ansatz auf folgende Ziele ausgedehnt:

»1. Kenntnis des politischen Systems und seiner Funktionsweise;
2. Entwicklung intellektueller Fähigkeiten, die für die Lösung von staatsbürgerlichen Problemen nötig sind;

3. Entwicklung anderer Fähigkeiten, die für die vollständige Partizipation in der demokratischen Gesellschaft nötig sind;
4. Entwicklung eines Wertsystems, das mit den Prinzipien, die den demokratischen Institutionen zugrunde liegen, kompatibel ist;
5. Entwicklung von Selbstwertgefühlen, so daß ein Individuum sich selbst akzeptiert und zur Partizipation am staatsbürgerlichen Leben fähig fühlt.« (Fenton 1977)

Fenton arbeitet eng mit Kohlberg zusammen. Die Evaluation solcher Projekte von »Schools within Schools« ist enorm. Hunderte von Schülern werden auf ihre Einstellung gegenüber der Just Community, auf den moralischen »Fortschritt«, auf ihren Stand in bezug auf die Denkstufen von Piaget und auf ihr curriculares Wissen u. a. hin getestet.

Der Ansatz Kohlbergs, insbesondere die »Just Community«, ist von Anfang an auf schärfste *Kritik* gestoßen (vgl. Kurtines u. Greif 1974; Nicolayev u. Phillips 1979; besonders aber Feldman 1978). Auf alle diese Kritiken muß an anderer Stelle eingegangen werden. Es sei hier nur angefügt, daß vor allem Feldman seine Kritik an der Just Community auf zwei Faktoren stützt: a. auf das unzureichende Datenmaterial zur Messung oder Evaluation des Ansatzes und b. den Mangel an positiven Effekten bei den gemessenen Variablen. So sollen nach Feldman nur die männlichen Insassen signifikant weniger Rückfälle und weniger neue Kriminalität zeigen, nicht aber die Frauen (vgl. Tabelle 3.4)

	Frauen Response-Programm	Frauen Just Community	Männer Just Community
Rückfällig ohne neue Strafe	33%	75%	13%
Rückfällig mit neuer Strafe	33%	25%	35%
Rückfälligkeit nicht festgestellt	33%	0%	52%

Tabelle 3.4: Verhältniszahlen der »Felony-Insassen« unter dem Aspekt der Rückfälligkeit.

Und Feldman schließt daraus:

»Eine kritische Untersuchung der Just-Community-Programme auf der Grundlage von Lawrence Kohlbergs Theorie der moralischen Entwicklung zeigt, daß der Anspruch in bezug auf Realisation und Resultate des Programms in Gefängnissen und Schulen aufgrund der verfügbaren

Erfahrungen nicht gerechtfertigt ist. Die Beziehung zwischen den von Kohlberg und Mitarbeitern befürworteten Programmen und seiner Theorie ist unklar. Die verfügbaren Ergebnisse zeigen kein signifikantes ›moralisches Wachstum‹ und keine Rehabilitation von Gefängnisinsassen gegenüber den untersuchten Alternativprogrammen. Der Anspruch auf partizipierende Demokratie ist offenbar illusorisch oder falsch. Die naive Gleichung ›Ein Mann = eine Stimme‹ mit demokratischer Gerechtigkeit erlaubt die Tyrannei der Mehrheit im Namen der Gerechtigkeit. Die zwei zentralen Gründe, auf die sich Institutionsverwalter berufen, die für die Durchführung und Aufrechterhaltung der Just Communities verantwortlich sind, scheinen in der Überzeugung zu liegen, daß damit Mittelklassen-Werte gefördert werden, sowie in der wahrgenommenen Effizienz als kurzfristige Technik sozialer Kontrolle.« (Feldman 1978, S. 49)

Diese Kritik kann auf engem Raum nicht ausführlich widerlegt werden. Immerhin sind folgende Punkte anzufügen:

a. Wir wissen, daß viele Frauen *ohne neue Strafe* rückfällig geworden sind, weil sie im Gefängnis eine viel humanere und gerechtere Lebensweise vorfanden als in den Slums, wo sie geschlagen, vergewaltigt, bestohlen etc. wurden. Sie wollten also wieder zurück ins Gefängnis.

b. Es ist klar, daß die Gerechtigkeit des Gefängnisklimas zunächst eine Gerechtigkeit der Stufe 1, dann eine der Stufe 2 ist etc. Man kann nicht schon von Anfang an eine ideale Beteiligungs-demokratie der Stufe 6 verlangen.

Die alte pädagogische Regel, nach der man den zu Bildenden an der Stelle akzeptieren soll, wo er steht, gilt auch für die Just Community. Man muß mit den Leuten eine Gemeinschaft bilden, die eben da sind, und nicht mit irgendwelchen abstrakten Individuen. Das *vorläufige Ideal* war für Kohlberg eine Kommunität der Stufe 4, weil diese – wie etwa die Stufe-4-Demokratie der Schweiz – sicher funktionsfähig ist.

c. Abstimmen nach Mehrheit ist eine demokratische Regel, die immer mit dem Nachteil der Minderheit verbunden ist. Sie ist zwar nicht die ideale Entscheidungsform, aber sie ist vorläufig notwendig, um den Demokratieprozeß in Gang zu bringen.

d. Feldman hat wenig Daten zur Verfügung gehabt. Man müßte mit anderen Instrumenten Persönlichkeitsmessungen durchführen. Aber dies würde bedeuten, sich in der Community im Sinne einer positiven Handlungsforschung zu engagieren.

e. Selbst wenn zu wenig Evaluationsmaße da sind: Schulische Prozesse müssen auch von ihren Zielen her beurteilt werden. Und diese Ziele scheinen in ihrem Gesamtansatz wie in ihren Operationalisierungen bedenkenswert.

Kohlberg sagt, indem er seinen Just-Community-Ansatz mit einer Kibbuz-Situation vergleicht:

»Unsere Alternativschule der Just Community ist keine kibbuzähnliche, lebenslange Gemeinschaft, sondern nur eine Schule mit täglich 6 Stunden Unterricht. Unser Vorschlag weitergehender Gemeinschaftsprojekte mit Freiwilligen ist im Vergleich mit den Kibbuzim eine schwache Lösung. Er kann nicht mehr sein, es sei denn, Lehrer, Schüler und Eltern würden als Teil einer größeren, mehrere Generationen umfassenden Gesellschaft zusammenleben. Deshalb ist unsere Just-Community-Schule ähnlich wie Platons Staat ebensosehr ein unvollkommenes utopisches Ideal wie eine Realität. Ihre Realität reicht jedoch hin, um sowohl bei den Schülern als auch bei den Lehrern sowohl die Hoffnungen auf, als die Fähigkeit zu einer gerechten Gesellschaft zu fördern.« (Kohlberg 1980, S. 52)

Auch wenn die Realisierung der Utopie Fehler enthält, ist sie als solche doch ein praktisches Apriori des kommunikativen Handelns. Ihre Kritik offenzulassen für die Vernunft bedeutet, die erfragte unbedingte Aktualität affirmativ unter dem Aspekt der Freiheit einer höchsten Stufe menschlichen Lebens und Zusammenlebens zu betrachten.

d. Die Stufen der Interaktion und der Just-Community-Ansatz

So gesehen ist der Kohlbergsche Ansatz fundamental. Im Ausgang von der Entwicklungspsychologie wird in neuer Weise in die pädagogische Diskussion eingegriffen und ein grundlegend anderes Lernkonzept entwickelt. Im Unterschied zu Piaget hat dieses Konzept zwar einen strategischen, aber völlig offenen Charakter. Es ist Piaget und seinen Mitarbeitern nie gelungen, auf die Schule einen solchen direkten Einfluß zu nehmen. Piaget und Inhelder waren in dieser Hinsicht nicht ambitiös genug, und das Konzept Aeblis befaßt sich mehr mit dem Problem, wie Kinder eine kognitive Struktur aufbauen können. Vielleicht müßte auch untersucht werden, welche entscheidenden strukturalen Grundannahmen im Konzept Piagets grundsätzlich von denen Kohlbergs abweichen. Denn Piagets autonomes Urteil figuriert bei Kohlberg (nach Gibbs 1976) auf den Stufen 2 bis 5. Möglicherweise liegt der Unterschied darin, daß Kohlberg seine Stufen auf einem breiteren philosophischen Boden angelegt hat als Piaget. Bei anderen strukturalen Konzeptionen hinsichtlich des logischen Denkens könnte ein ähnliches pädagogisches Programm entwickelt werden. Wie das zu machen wäre, läßt sich beim jetzigen Stand der wissenschaftlichen Entwicklung im Bereich des pädagogischen Konstruktivismus schon recht gut vorstellen.

Kohlbergs Konzept ist aber auch ein typisches Beispiel dafür, wie ein so fixiertes wissenschaftliches System wie das der traditionellen Erziehungswissenschaft nur dann aufgebrochen werden kann, wenn die Glaubwürdigkeit dieses Systems in Frage gestellt und wenn es, von außen her, aufgebrochen wird. Ein solches Aufbrechen ist vielschichtig, weil es sich abhebt von sozial-psychologischen Einstellungskonzepten, die alles unter dem Gesichtspunkt konsistenter Phänome betrachten (Berkowitz 1964). Auch die Abhebung von anderen traditionell entwicklungspsychologischen Konzepten führt davon ab, in inhaltlichen Settings bloß bestimmte Reaktionsdispositionen entdecken zu wollen. Selbst vom Freudschen Modell, das innerhalb einer gleichbleibenden strukturalen Eigenheit durch Identifikation inhaltliche Erfahrungen internalisiert, gilt es, sich vorerst einmal radikal zu distanzieren. Kohlberg hatte es insofern leicht, als Piaget und Inhelder den entscheidenden Weg vor ihm gegangen sind. Er hat aber im erziehungswissenschaftlichen Bereich zugleich eine Trennung und den Brückenschlag zwischen den »Entfaltungstheorien«, der Kulturvermittlungstheorie und den sogenannten progressiven, konstruktivistischen Theorien geleistet.

Wir müssen aber auch die kritischen Punkte in diesem Konzept sehen. Eine Just Community kann nicht allein durch Abfragen der moralischen Strukturen und der Gerechtigkeitskonzepte aufgebaut werden. Die »Stimulierung« muß auf das Feld der Rollenübernahmen und der Stufen der Interaktion ausgedehnt werden. Die Erzieher haben die Aufgabe, Rollenübernahme und Interaktionsmuster auf eine höhere Stufe hin zu entwickeln, und die erzieherische Beeinflussung hat ebenfalls in offener Weise zu erfolgen, wie dies durch die moralischen Argumentationen erfolgt, allerdings anstelle der höheren Stufenargumentation durch die Präsentierung von strukturbildenden Stimuli.

Daraus wird erneut deutlich, weshalb ich den Entwurf Kohlbergs als Ausgangspunkt für die Entwicklung unserer Stufenmuster bezeichnete (vgl. S. 322). Ich habe viele Just-Community-Diskussionen mitverfolgt. In den meisten wurde weder die

Interaktionsstruktur noch die Rollenübernahme (Perspective-taking-Konzepte) stimuliert. Eine Zeitlang versuchte man zwar den Weg über gruppendynamische Methoden, um dieses Ziel zu erreichen, aber völlig erfolglos. Der Grund für dieses Versagen liegt darin, daß der Unterschied zwischen der Arbeit mit den künstlichen Dilemmas und der freien Arbeit der Just Community nicht eingesehen wird. Die Methoden, um die Schüler mit künstlichen Dilemmas auf eine höhere Stufe zu bringen, sind recht gut ausgebaut (vgl. S. 346 bis S. 375). Nimmt man aber an einem Just-Community-Meeting teil, so bemerkt man, wie sehr sich hier die Teilnehmer einfach dem Lauf der inhaltlichen Probleme überlassen, und man sieht auch sofort, wie sehr die Schüler bloß auf Stufe 1 oder 2 der Interaktionsstufen kommunizieren. Die strukturbildenden Stimuli fehlen; die Frage nach dem, was denn wirklich gerecht ist, fehlt meistens auch. Selbst die Faktenanalyse wird selten systematisch durchgeführt (also bloß 2 A statt 2 B).

Es wäre daher Kohlberg dringend zu empfehlen, unser Modell in seine Just-Community-Theorie einzuführen. Zudem müßte er seine Leute so schulen, daß sie in gleicher Weise auch die Handlungstheorie von Argyris einbauen und verwenden könnten. Die Aufnahme dieser beiden Zusätze würde sein eigenes Modell auf ganz andere Weise herausstellen. Die vielen Störfaktoren der Aggression, des Mißverständnisses, des Imponiergehabes, des Beleidigtseins, des Verheimlichens von Fakten etc. würden durch die beiden Modelle besser aufgefangen. Ganz besonders aber hätte man durch die Theorie der Interaktion und der Exhaustion ein Werkzeug zur Hand, welches garantiert, daß die Gerechtigkeitsfrage auf neue Weise gestellt würde.

Analyse IV:
Veränderung der moralischen Stufen nach Kohlberg
(posttest)

a. Einleitung und Material

In einem Nachtest wollten wir mögliche entwicklungsstufenbezogene Veränderungen der kognitiven moralischen Struktur als Treatment × Stufen-Interaktion messen oder evaluieren. Wir sagen »Treatment × Stufen-Interaktion«, weil nur in dieser Form ein eigentlicher Effekt des Treatments auf die Stufen des moralischen Urteils im Sinne von Entwicklung sichtbar werden kann.

Wir haben den Schülern daher nach der Gruppenarbeit individuell zwei Probleme bzw. moralische Dilemmas zur Beurteilung vorgelegt. Das Material für das *erste Problem* (1. Test), das wir wählten, wurde folgendermaßen verteilt: Den Klassen, die das Problem 1 und 2 in der Experimentalsituation diskutiert hatten, legten wir das Problem 3 vor. Jenen Klassen, die in der Experimentalsituation das Problem 3 gelöst hatten, legten wir jetzt das Problem 2 vor. Unter das jeweils präsentierte Problem schrieben wir in randomisierter Folge die nach Kohlberg-Stufen formulierten Gerechtigkeitsstatements hin, die wir als 2. Treatment verwendet hatten (vgl. S. 154 f. dieser Arbeit); wir fügten darunter je eine Likert-Skala mit je 6 Wahlmöglichkeiten als Wichtigkeitsstufen an.

Das *zweite Dilemma*, das wir wählten, war das klassische Heinz-Dilemma von Kohlberg, das wir schon auf S. 242 erwähnt haben (2. Test).

Je nach Wahl der Versuchsperson (ja oder nein) erhielt sie entsprechende stufenbezogene Begründungen, die sie wiederum in einer Wichtigkeitsskala einfügen mußte. Diese Begründungen lauten z. B. für die Stufe 1:

1. bei »ja«:
Wenn man die Frau sterben läßt, kriegt man Schwierigkeiten. Es wird einem vorgeworfen werden, daß man nicht alles Geld aufbrachte, um sie zu retten, und einem selbst droht wie dem Apotheker eine gerichtliche Untersuchung wegen des Todes der Frau.

2. bei »nein«:
Man soll das Medikament nicht stehlen, weil man erwischt werden und ins Gefängnis kommen kann. Wenn man durchkommt, wird man dauernd ein schlechtes Gewissen haben und denken, daß die Polizei einen jeden Augenblick holen kann.

sehr wichtig	wichtig	weniger wichtig	eher nicht wichtig	fast nicht wichtig	gar nicht wichtig
☐	☐	☐	☐	☐	☐

Die Formulierungen für alle sechs Stufen wurden aus Kohlberg 1974 (deutsche Fassung) S. 66 f. entnommen. Sie wurden ebenfalls in randomisierter Reihenfolge verwendet.

b. Hypothesen

Um die Hypothesen zu verstehen, müssen wir festhalten, daß wir keinen pretest durchgeführt hatten, um zuvor das moralische Niveau zu bestimmen. Alle Untersuchungen Kohlbergs entsprechen dem Pre-posttest-Schema und sind deshalb grundsätzlich von anderer Art als unser Ansatz. Bei uns geht es um intentionale Unterschiede in den Gruppen, die wir mit einem anderen Meßvorgehen besser erfassen konnten. Ein pretest hätte die Gruppenarbeit vermutlich auch viel zu stark beeinflußt, so daß wir im Experiment unkontrollierte und verborgene Lerneffekte vorgefunden hätten.

Wir haben beim Nachtest nun folgende Hypothesen aufgestellt:

- Wir werden keine signifikanten Unterschiede in der Treatment × Stufen-Interaktion finden, weil eine so kurze Interventionszeit keine solchen Veränderungen schafft und weil die Treatments nicht dafür geschaffen waren (1).
- Wir werden auch in den Treatment-Haupteffekten keine signifikanten Unterschiede finden, weil die Wirkung dieser Treatments vermutlich nicht vom Experiment auf den Nachtest transferiert werden kann (zeitliche Einschränkung) (2).
- Wir werden keine signifikanten Unterschiede in den Stufen-Haupteffekten finden, weil die Schüler in dieser kurzen Zeit vermutlich noch nicht genügend differenzieren konnten (3).
- Wir werden keine Haupt- und Interaktionseffekte für die Variable ›Geschlecht‹ und die Entscheidungsvariable »Ja-Nein« finden (4).
- Wir werden eine Mittelwertsverteilung mit dem höchsten Punkt um die Stufe 3 herum finden. (Untersuchungen Kohlbergs haben ergeben, daß die meisten 14 bis 16jährigen Junior-High-School-Schüler sich auf Stufe 2 oder 3 der Entwicklungsskala befinden; vgl. Interviews zu den Eintritten in die Cluster School. Unveröffentlichtes Material des Institute for Moral Education in Harvard.) (5)
- Wir erwarten folgende Häufigkeitsverteilungen:
1. Für Stufe-1-orientierte Formulierungen eine steil fallende Kurve von unbedeutend zu bedeutend (1–6);
2. für Stufe-2-orientierte Formulierungen eine normal verteilte Kurve von unbedeutend zu bedeutend;

3. für Stufe-3- und Stufe-4-orientierte Formulierungen eine steil ansteigende Kurve von unbedeutend zu bedeutend;
4. für Stufe-5-orientierte Formulierungen eine normal verteilte Kurve;
5. für Stufe-6-orientierte Formulierungen eine steil abfallende Kurve von unbedeutend zu bedeutend.

Figur 3.3 gibt diese Erwartungen im Bilde wieder.

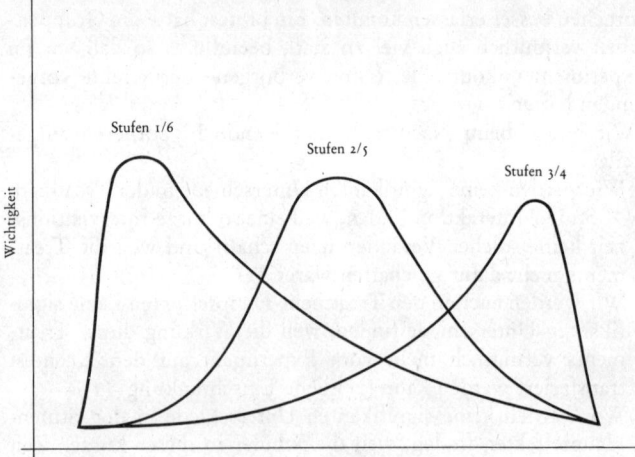

Figur 3.3: Erwartete Häufigkeitsverteilungen für die gewählte Bedeutung der Stufen

Selbstverständlich sind beide Tests nicht generalisierbar, und über die Qualität läßt sich nur aussagen, daß alle drei Probleme dasselbe Resultat bzw. nahezu dasselbe Verteilungsmuster offenlegten. Es war nicht unsere Absicht, einen Test zu entwickeln; dazu müßten wir entscheidende Validitäts- und Reliabilitätsmaße vorlegen können.

c. Meßprobleme

Trotzdem müssen wir nochmals fragen, was ein solcher Nachtest eigentlich mißt.

Legt man einer Person die von uns – in Anlehnung an Kohlbergs

Stufen – formulierten Gerechtigkeitsstatements vor, so nimmt sie als erstes wahr, daß es verschiedene Gerechtigkeitsprinzipien gibt und daß alle diese Gerechtigkeitsprinzipien auf eine Situation anwendbar, also lösungsbezogen sind. (In den Diskussionsprotokollen haben wir Fälle entdeckt, in denen die Schüler mit der Wahl des Gerechtigkeitsstatements die Lösung des Problems als abgeschlossen betrachteten. Dies ist dann allerdings eine Verschiebung der Problemperzeption in den Problemtyp (vgl. das Phänomen der Theorie-Praxis-Schleife auf S. 138 ff., wo mit der Findung der Lösungsregel die Ausführung der Lösung bereits angenommen wird.)

Bei der Wahrnehmung verschiedener Gerechtigkeitsprinzipien kann die Person aber immer noch jedes dieser Prinzipien als gleichwertig empfinden. Entscheidend ist, daß das Individuum eine Hierarchie dieser Prinzipien aufstellt und daß diese Hierarchie über Zeit und Situation hinweg konsistent ist. Aber selbst dann, wenn wir diese Konsistenz überprüfen würden, wäre damit noch nicht gesagt, daß wir strukturale Entitäten messen.

Vorerst aber zum Problem der Hierarchie:

Überblickt man die sieben Gerechtigkeitsstatements in ihrer hierarchischen Anordnung (vgl. S. 390), so stellt sich die Frage, ob nicht eine schärfere Abstufung mit dem Guttman-Verfahren (Skalogramm-Analyse) möglich gewesen wäre. Das methodische Verfahren wäre dann so, daß der Schüler dieselbe Wichtigkeitsstufe nur einmal verwenden dürfte. Das gemeinsame Kontinuum wäre sichergestellt durch die Hierarchie der stufenbezogenen Gerechtigkeitsstatements einerseits und durch den Auswahlzwang der Rangordnung andererseits. Man hätte den Schüler also um eine Rangordnung gebeten und damit eine schärfere Ausprägung erhalten.

Wir haben aber aus zwei Gründen auf diese Methode verzichtet: Erstens hatten die Schüler der Pilotstudie große Schwierigkeiten, alle 6 Formulierungen als Ganzes zu überblicken und eine wirkliche Abstufung vorzunehmen. Sie haben sich vielmehr nur mit den einzelnen Statements beschäftigt und so oftmals zwei Statements denselben Wichtigkeitsgrad verliehen. Und zweitens ist die Annahme, daß eine Schärfentrennung vorhanden ist, auch psychologisch fragwürdig, vor allem, wenn die Schüler sich in einem Übergangsprozeß befinden. Es geht ja hier *nicht um die Konstruktion der Stufen im Sinne der Kohlbergschen Dilemmas, sondern – wie wir oben schon aufgezeichnet haben – nur um die Perzeption allgemeiner stufenbezogener, moralischer Lösungsregeln.* Entscheidend war nun auch, daß wir einen ganz anderen Verlauf erhalten, wenn wir die Entscheidung über Wichtigkeit so weit offenhalten, daß innerhalb der einzelnen Formulierungen mögliche Unterschiede der Treatmentgruppen leicht berechnet werden können.

Ähnlich läßt sich natürlich auch in bezug auf das schon erwähnte Reliabilitäts- und Validitätsproblem argumentieren. Selbst wenn das Instrument etwas mißt, was unerkannt mit in die Formulierungen eingeht (Fremddimension), oder umgekehrt: undeutlich mißt, was als Zieldimension interessiert, haben wir den Zusammenhang mit dem vorgegebenen Treatment gewahrt. Da wir analoge Formulierungen (»Gerecht ist, wenn . . .«) gewählt und praktisch nur die Probleme gewechselt oder vielmehr die logische Struktur gewahrt haben, handelt es sich eigentlich um eine sogenannte »Known-groups«-Validität.

Nun aber gibt es einen Effekt, der in unserer Analyse bis jetzt nicht berücksichtigt wurde, nämlich den sogenannten Problemunterschied. Dieses Argument hat uns veranlaßt, für jedes einzelne Problem separate Analysen durchzuführen, also nicht Berechnungen im Sinne eines »Nested-within«-Designs anzustellen, obwohl dies auch hier sinnvoll gewesen wäre. Den Problemeffekt konnten wir allerdings auch deswegen beim Nachtest nicht errechnen, weil nicht alle drei Problemgruppen dasselbe Nachtestdilemma vorgelegt bekommen hatten.

Nochmals zurück zur Frage, ob strukturale Entitäten gemessen werden können oder ob sich mit den zu erwartenden Resultaten Aussagen über die Stufenhöhe und Stufendifferenz machen lassen. Wir haben auf S. 37 und S. 365 ff. auf das Werk von J. Rest hingewiesen und seinen DIT (Defining Issue Test) erwähnt: Rest meint, daß sein Test »powerful« [aussagekräftig] sei und die Stufen klar diskriminiere. Folgende Korrelationen mit andern Tests wurden gemessen: .60 mit einem moralischen Verstehenstest, .60 mit einem politischen Einstellungsverfahren, .68 mit Kohlbergs scoring-Resultaten. Außerdem wurde eine Zweiwochen-Test-Retest-Stabilität von .81 gemessen, und die Korrelation über zwei Jahre beträgt .57. In einer Zweijahres-Longitudinalstudie wurde eine signifikante Stufenveränderung auf dem $p < .001$-Niveau festgestellt. Rest sagt zwar:

»1. Die einer jeden Wertaussage zugrunde liegende Stufenstruktur wird betont, damit höhere Stufenargumente rein und abstrakt erscheinen und sich nicht einfach als ausgefallene Interpretationen tieferer Stufenideen darbieten. Anstelle einer Aussage wie ›der Wert des Lebens ist wichtiger als das Eigentum‹, finden wir etwa die Aussage ›welche Werte sollen aufgestellt werden, damit Menschen angeleitet werden, aufeinanderzu zu handeln?‹ Die erste Aussage kann von Personen verschiedener Stufen gemacht werden, die zweite hingegen nicht, vermutlich weil sie Werte in Form einer Frage betrifft, die nicht einfach einen spezifischen Ausgang des jeweiligen Dilemmas durchsetzen will.

2. Unter den Items, welche die Stufen beschreiben, sind auch unsinnige Aussagen, welche hochgestochen tönen (z. B. ›Was bedeutet der Wert des Todes angesichts der gesellschaftlichen Ansichten über persönliche Werte?‹) Solche verwirrenden Items geben einen Hinweis auf die Tendenz der Versuchsperson, auf der Basis von komplexen und abstrusen Worthülsen und nicht auf der Basis von Sinn zu wählen.

3. Es ist zu achten, daß Bereiche der verschiedenen Stufen auf Wortlänge, Syntaxkomplexität und den Gebrauch von technischen oder unüblichen Ausdrücken abgestimmt werden.

4. In jeder Aussagegruppe werden verschiedene Items einer Stufe abgerufen, damit, falls ein Beispiel einer bestimmten Stufenorientierung einer Versuchsperson nicht entspricht, sie stets noch andere Beispiele derselben Orientierung vorfindet. Durch diese Vorsichtsmaßnahme haben die vorgegebenen DIT-Aussagen zu kurz gekommene Bereiche früherer Präferenz ersetzt. Es wurde dadurch erreicht, daß Versuchspersonen tatsächlich verschiedenen Entwicklungsstufen zugeordnet werden können.« (Rest et al. 1974)

Wir würden aber trotzdem darauf beharren, daß hier nicht strukturale Verschiebungen, sondern – wie in unserem Nachtest – kognitiv-perzeptive Informationen beurteilt werden. Wir können aber den Unterschied nicht genau feststellen, da bisher noch keine Studien zu diesem Problem vorliegen und Rest eher die Unterschiede zu verwischen als zu erhellen trachtet. (Bei unserer Untersuchung haben wir auf das Rest-Instrumentarium deshalb verzichtet, weil die unterste Altersgrenze für den Einsatz 15 Jahre ist und viele unserer Versuchspersonen mit der Handhabung Schwierigkeiten gehabt hätten. Das Lind-Instrumentarium, vgl. S. 368, war damals leider noch nicht entwickelt.)

Bevor wir die Resultate präsentieren, müssen wir noch etwas zur Designfrage vermerken. Wir wählten für die Hauptauswertung des Nachtests jedes einzelnen Problems nebst den allgemeinen Häufigkeits- und varianzanalytischen Berechnungen ein »Repeated-measure-Design«

(Kirk 1968, S. 245; Winer ²1971, S. 261). Da unsere Gerechtigkeitsformulierungen auf einem stufenbezogenen Kontinuum lagen, war es möglich, sie als eine Repetitionsvariable zu behandeln. Als unabhängige Faktoren wurden gewählt: Komplexitätsstimuli, Gerechtigkeitsregeln, Strategie und Geschlecht. Die abhängige Variable ist die entsprechende Stufe nach Kohlberg mit den je verschiedenen Ausprägungen, wobei für jene Formulierung mit dem Schicksalentscheid Stufe 2.5 eingesetzt worden war; dies, weil hier einerseits die Absicherung nach der Gruppe hin gerichtet ist, andererseits eine blinde Autorität anerkannt wird. Der Problemeffekt wurde – wie schon erwähnt – weggelassen, weil nicht alle Subjekte über alle Probleme hinweg dieselben Dilemmas erhielten. Wegen möglicher Asymmetrie und möglicher Nicht-Homogenität der Varianz-Covarianz-Matrix wurde der konservative Geisser-Greenhouse-F-Test in Anwendung gebracht (vgl. Kirk 1968, S. 262).

Die Verwendung dieses Tests macht es möglich, die Berechnung oder Überprüfung der Homogenität der Varianz-Covarianz-Matrix für alle 16 Zellen zu übergehen. Als Analyseeinheit wählten wir das Individuum. Das N für die Gruppen, welche Problem I diskutiert hatten, betrug = 331.

d. Resultate

Wir möchten zuerst die Resultate der von uns entwickelten Probleme und anschließend die Resultate für das Heinz-Dilemma vorlegen, um dann im Interpretationsteil eine Übersicht über alle Tendenzen zu geben.

Wir legen hier aber nur die detaillierten Ergebnisse für jene Gruppen vor, die das Problem I diskutiert haben (vgl. S. 390). Da die Ergebnisse der Probleme 2 und 3 sehr ähnlich ausgefallen sind, können wir uns damit beschränken, nur die Hauptresultate für die erste Problemgruppe darzustellen.

Als erstes Resultat fällt eine hochsignifikante Geschlechts × Stufen-Interaktion auf mit $F = 4.13$; $df = 6,1890$ (Freiheitsgrade innerhalb); $p < 0.001$; ($r = 0.10$).

Stellt man die errechneten Mittelwerte in einem Graph dar, so wird deutlich, daß Mädchen tiefere Stufen tiefer und höhere Stufen höher bewerten, Knaben hingegen in den Stufen 3 und 4 entscheidend höher bewerten als Mädchen.

Die Stufe, die wir als 2.5 lokalisiert haben, wird von Knaben schärfer abgelehnt als von Mädchen. Es ist dies die Formulierung: »Damit gerecht geurteilt wird, soll das Schicksal entscheiden. Schließlich ist der Zufall immer gerecht.« Daß Knaben in den

Stufen 3 und 4, Mädchen hingegen in den Stufen 5 und 6 höher liegen, weist auf eine Verschiebung der allgemeinen Entwicklung des moralischen Urteils zugunsten der Mädchen hin, zumal Mädchen, wie schon erwähnt, tiefere Stufen tiefer bewerten. Diese These stützt sich auf das von Kohlberg beobachtete Phänomen (vgl. Kegan 1977, unveröffentlichte Dissertation), daß die Stufe, welche man gerade hinter sich gelassen hat, stärker verneint wird als tiefer liegende Stufen. Knaben verneinen die Stufe 2.5 stärker, liegen also schwerpunktmäßig eher der Stufe 3 nahe. Dieses erste wichtige Resultat widerspricht der Hypothese (4), bestätigt aber Hypothese (5), die den Modalwert der Verteilung der Stufen bei 3 vermutete.

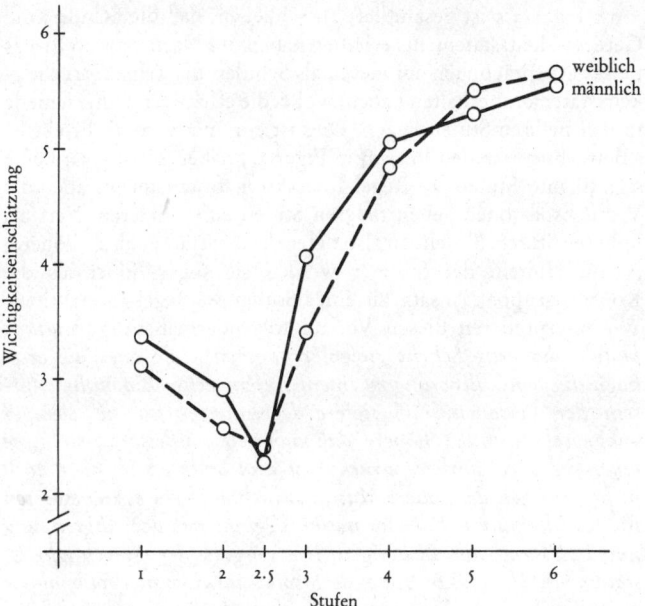

Figur 3.4: Geschlecht × Stufen-Interaktion der Ausprägungen im ersten posttest zum Problem 1

Ein entscheidend signifikanter Effekt ist der Stufeneffekt. (Marginalien: Stufe 1 = 3.20; Stufe 2 = 2.69; Stufe 2.5 = 2.28; Stufe

3 = 3.71; Stufe 4 = 4.93; Stufe 5 = 5.47; Stufe 6 = 5.88.) Die Hypothese (3) ist damit ebenfalls widerlegt. Schüler perzipieren höhere Stufen als höher und tiefere Stufen als tiefer. Die oben auf S. 391 f. formulierten hypothetischen Verläufe sind also nicht eingetreten. Die Versuchspersonen haben jene Formulierungen, die wir als höhere Stufenformulierungen bezeichnet haben, auch als höher bzw. in der von uns vorgelegten Reihenfolge perzipiert.

Für die Treatmentgruppen »Information« und »Strategie« sind keine signifikanten Haupteffekte zu berichten. Hier stimmt Hypothese (2). Hingegen gibt es einen Haupteffekt (mit $F = 6.86$; $df = 1,315$; $p < 0.01$; $r = 0.14$) für jene Gruppen, die Gerechtigkeitsregeln erhalten hatten.

Aus Figur 3.5 ist gesamthaft zu schließen, daß die Schüler, die Gerechtigkeitsstatements erhalten haben, im Nachtest durchwegs tiefere Ausprägungen aufwiesen als Schüler, die keine Gerechtigkeitsstatements erhalten haben, wobei die effektiven Unterschiede in den tieferen Stufen liegen. Dies ist ein unerwarteter Effekt.

Betrachtet man den Verlauf in Figur 3.5 näher, so ist zwar keine signifikante Stufen × Regel-Interaktion festzustellen, aber die Versuchspersonen geben tieferen Stufen einen tieferen Wert als höheren Stufen. Sie lehnen also tiefere Stufen stärker ab als höhere; ja, im Umfeld der Stufe 3 werden sie sogar höher als die Kontrollgruppe (Ansatz zu einer Stufen × Regel-Interaktion). Wir interpretieren diesen Verlauf folgendermaßen: *Vermutlich besteht der erste Schritt zu einer höheren Stufe oder die erste kognitive Sensibilisierung zu einem Stufenwechsel hin im Bewußtsein der Personen, daß tiefere Denkmuster für sie weniger »akzeptabel« sind als höhere, daß man sie zwar besser versteht, sie einerseits doch stärker zurückweist und andererseits aber noch nicht weiß, wie das höhere Muster aussieht und wie es zu bewerten ist. Jede kognitive Transformation beginnt mit der Abgrenzung und Loslösung vom Bisherigen. Die Vorgabe der Gerechtigkeitsstatements als strukturbildende Stimuli in unseren Problemlöseprozessen hat also einen ersten Schritt zur Loslösung eines tieferen Denkmusters bewirkt.* Gerade weil höhere Denkmuster zur Verfügung standen (vgl. unsere Ausführungen zu Kohlbergs Stimulierungstheorie auf S. 368 ff.), stimulierten sie zur ersten Auflösung des eigenen Schemas. Wir sehen wiederum – ähnlich wie bei der Geschlecht × Stufen-Interaktion (Figur 3.4) –, daß die

Stufe 2.5, also jene Stufe, die möglicherweise verlassen wurde, von der Treatmentgruppe stärker abgelehnt wird als von der Kontrollgruppe; daß aber die darauffolgende Stufe 3 von der Treatmentgruppe höher eingeschätzt wird als von der Kontrollgruppe. An diesem Angelpunkt dürfte das eigentliche Schwergewicht des strukturalen moralischen Niveaus aller an unserem Versuch beteiligten 15jährigen Versuchspersonen liegen.

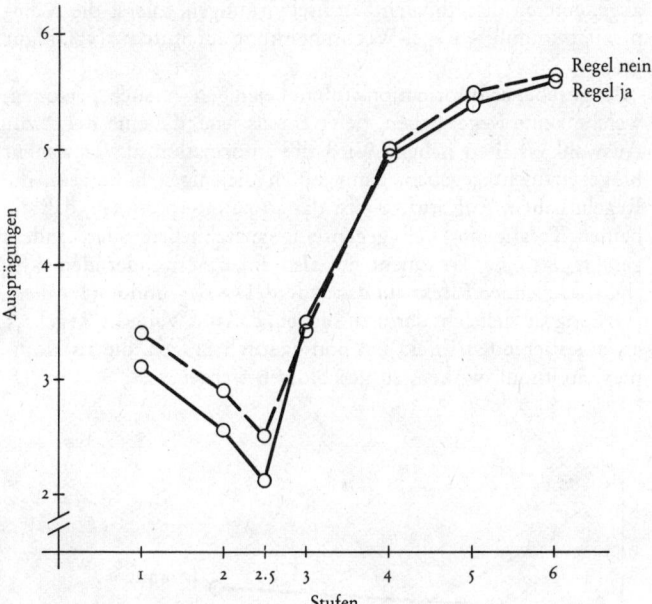

Figur 3.5: Haupteffekt für das Treatment Vorgabe von Gerechtigkeitsprinzipien

Will man erfahren, wie jedes Treatment auf jeder Stufe wirkt, so läßt sich sagen:

Wir finden keine signifikanten Effekte auf den Stufen 2 und 4, den Kreuzungspunkten der Geschlecht × Stufen-Wechselwirkung, und auf Stufe 6. Tritt auf den anderen Stufen ein Treatmenteffekt auf, so ist dies – neben den wichtigen und bereits erwähnten

399

Geschlechts- und Geschlechtswechselwirkungseffekten – entweder ein Regelhaupteffekt oder aber eine Wechselwirkung mit einem Regeleffekt. (Die Richtung ihrer Ausprägungen entspricht dem bisher Gesagten.) Das bedeutet entweder, daß jene Versuchspersonen, die moralische Gerechtigkeitsnormen erhalten haben, am effektivsten beim posttest reagierten, oder auch, daß verschiedene Werte des Treatments »Regel« verschiedene Effekte bei den anderen Treatments hervorgerufen haben. Betrachten wir die angedeuteten disordinalen Wechselwirkungen, zuerst die Komplexitätsstimuli × Regel-Wechselwirkung auf Stufe 2.5 (vgl. Figur 3.6).

Bei gegebener Information stufen diejenigen Versuchspersonen, welche keine Regel haben, tiefer ein als jene, die eine Regel zur Auswahl erhalten haben. Wird die Information als Treatment hingegen nicht gegeben, dann stufen diejenigen höher ein, die Regeln haben. Auf Stufe 2.5 ist das so zu interpretieren, daß die beiden Treatments sich gegenseitig ausschließen oder, anders gesagt, das eine Treatment hat also einen vermindernden oder abschwächenden Effekt auf das andere. Die Begründung für diese Wirkung ist vielleicht darin zu suchen, daß die Wahl der Regel 2.5 einen sistierenden Effekt hat und dadurch Fragen, die als Komplexitätsstimuli wirken, ausgeschlossen werden.

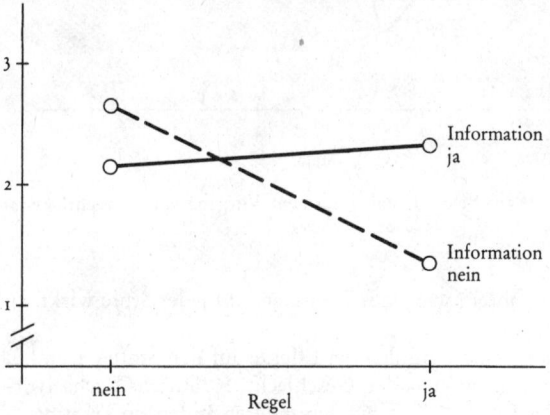

Figur 3.6: Information × Regel-Wechselwirkung auf Stufe 2.5

Wie sieht dies bei der in Figur 3.7 dargestellten Regel × Strategie-Interaktion für Stufe 1 aus?

Auch hier haben wir denselben abschwächenden Effekt zu verzeichnen. Bei gegebener Regel haben Schüler mit Strategie höhere Mittelwertsausprägungen als Schüler ohne vorgegebene Strategie. Bei fehlender Stimulierung durch Gerechtigkeitsregeln haben Schüler mit Strategie tiefere Werte als Schüler ohne Strategie. Vermutlich läßt sich dies folgendermaßen interpretieren: Obwohl kein Treatment so intensiv diskutiert wurde wie die vorgeschlagenen Gerechtigkeitsnormen, scheint es, daß bei Stufe 1 die Gruppen, die zwei und mehr Treatments erhalten haben, diese nicht miteinander integrieren konnten. Warum dies so ist, haben wir nicht herausgefunden. Ich interpretiere die beiden gefundenen Effekte so, daß die am tiefsten eingeschätzten Stufen 1 und 2.5 inhaltlich keine Integrierung zweier Treatments zulassen.

Zu vermerken ist noch ein Strategieeffekt auf Stufe 3. Die Stufe-3-Formulierung lautete: »Gerecht ist, wenn man darauf schaut, wie die Mehrheit denkt, denn schließlich ist eine Abstimmung das ›Demokratischste‹. Man sollte aber auch darauf schauen, ob jemand großzügig verzichtet. Vielleicht sollte dann gerade dieser Person das Kind zugeteilt werden.« Daß nun die Personen, die das Treatment »Strategie« erhielten, gerade auf dieser

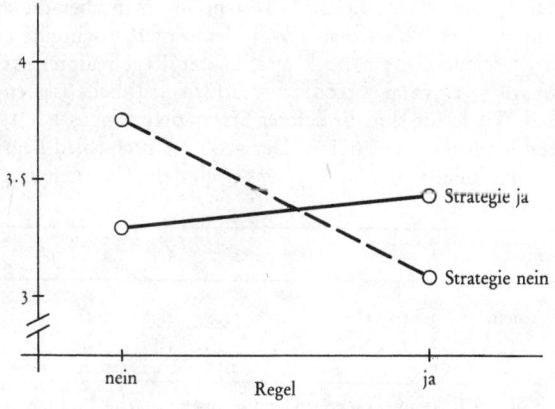

Figur 3.7: Regel × Strategie-Interaktion der Stufe 1

Stufe signifikant tiefere Mittelwerte aufwiesen ($\bar{x}_{ja}$ = 3.46, $\bar{x}_{nein}$ = 3.86), hängt vermutlich damit zusammen, daß hier die Strategie entweder durch die vielen vorgeschriebenen gemeinschaftlichen Beschlüsse eine Mehrheitsaversion hervorgerufen hat, oder aber, daß »Verzicht« als nichtgemeinschaftliches Element empfunden worden ist. (Die Dreiweg- und Vierweg-Wechselwirkungen zu interpretieren, ist im Rahmen dieser Arbeit nicht von Interesse.)

Gesamthaft gesehen ist es wichtig, daß jedes Treatment einen wenn auch nicht immer signifikanten Effekt in derselben Richtung aufweist, mit der Ausnahme, daß das Treatment »Vorgabe von Komplexitätsstimuli« (Information) eine Verschiebung dahingehend bewirkt, daß auch noch höhere Stufen als wichtiger bewertet werden. Weiterhin ist gesamthaft zu vermerken, daß die Unterschiede erwartungsgemäß sehr gering sind.

Die Haupthypothese aber, daß keine Treatment-Stufen-Wechselwirkungen, also eigentliche durchgehende kognitive Veränderungen über Stufen hinweg zu erwarten sind, und zwar nach unten tiefer und nach oben höher, muß beibehalten werden.

Zu Problem 2 (Wahldilemma; N = 368):

Die in Problem 1 gefundene signifikante Geschlecht-Stufen-Interaktion wird in Problem 2 nicht wiederholt. Zwar ist eine leichte Tendenz in dieser Richtung vorhanden (F = 1.95; df = 6,2112 (Freiheitsgrade innerhalb); p < 0.07; r = 0.03).

Unter dem Geisser-Greenhouse-F-Test müßte man aber diese Tendenz mit größter Wahrscheinlichkeit dem Zufall zuschreiben. Hingegen ist wiederum ein hochsignifikanter Regelhaupteffekt (F = 11.05; df = 1,352; p < 0.001; r = 0.18; vgl. Tabelle 3.5) zu verzeichnen. Wiederum sind die tieferen Stufen tiefer eingeschätzt, die höheren hingegen nicht höher. Der größte Unterschied liegt bei Stufe 3, der kleinste bei Stufe 5, was nach dem Theorem von

Stufen		1	2	2.5	3	4	5	6
Regel	nein	3.24	2.69	2.40	3.98	4.98	5.44	5.73
	ja	2.79	2.49	2.05	3.47	4.56	5.45	5.64
Differenz		−0.45	−0.20	−0.35	−0.51	−0.42	+0.01	−0.09

Tabelle 3.5: Regeleffekt im Nachtest der Gruppen, welche Problem 2 lösten

Rest bedeuten würde, daß die Schüler im Durchschnitt bei Stufe 3 liegen würden.

Wir wissen, daß nur eine Stufen-Regeleffekt-Wechselwirkung eine eigentliche Veränderung der kognitiven Struktur durch das Treatment 2 (Vorgabe der Gerechtigkeitsstatements) bewirkt hätte. Daß aber wiederum ein so strenger Regelhaupteffekt vorhanden ist, wenn auch bloß in negativer, als Sensibilisierung interpretierter Richtung, bestätigt unsere Annahme, wonach jede komplexe strukturelle Transformation (Stufentransition) damit beginnt, daß das Alte zurückgestoßen und/oder losgelassen wird, noch bevor man genau weiß, wie das Neue aussieht. Ja, es macht wiederum klar, daß Schüler zuerst in ihrem bisherigen kognitiven Urteilsmuster unsicher werden müssen, bevor neue Kombinationen möglich sind. Daß die Treatmentgruppen mit Vorgabe von Regeln am ehesten auf unseren Test ansprechen, ist einem Lerneffekt im Bereich »moralisches Urteil« zuzuschreiben. Wäre dieser Lerneffekt ein reiner Experimentiereffekt, dann würden die Treatmentgruppen vermutlich nicht negativer bewerten als die Nicht-Treatmentgruppen, sondern einfach positiver.

Als wichtigster Effekt ist zu vermerken, daß auch hier die Stufen sinnvoll diskriminieren mit den Marginalien für Stufe $1 = 3.16$, Stufe $2 = 2.69$, Stufe $2.5 = 2.41$, Stufe $3 = 3.83$, Stufe $4 = 4.83$, Stufe $5 = 5.46$, Stufe $6 = 5.70$. Vergleicht man mit den Marginalien zu Problem 1 auf S. 398, so stellt man nur kleinere Unterschiede fest.

Beim Problem 3 ($N = 443$) gibt es vier Effekte zu verzeichnen. Der wichtigste Effekt ist wiederum der hochsignifikante Stufeneffekt, der besagt, daß die Stufen differenzieren, d. h., daß die Schüler die Stufen unterschieden haben. Dann haben wir hier nun – im Gegensatz zu Problem 1 – eine signifikante Stufen × Regel Interaktion mit $F = 6.17$; $df = 6,2562$ (innerhalb); $p < 0.002$; ($r = 0.13$). Diese ist dargestellt in Tabelle 3.6 und Figur 3.8.

Während wir bei Problem 1 die Tendenz zu einer disordinalen Interaktion hatten (sie war nicht signifikant), ist es hier eine vorwiegend ordinale Interaktion. Zunächst werden als Sensibilisierung für einen Stufenwechsel signifikant tiefere Stufen tiefer eingeschätzt. Nicht leicht erklärbar ist der Unterschied bei Stufe 5. Vermutlich haben sich die Gruppen mit Regeln allgemein am Stufe-6-Urteil orientiert und von hier aus alle andern Werte

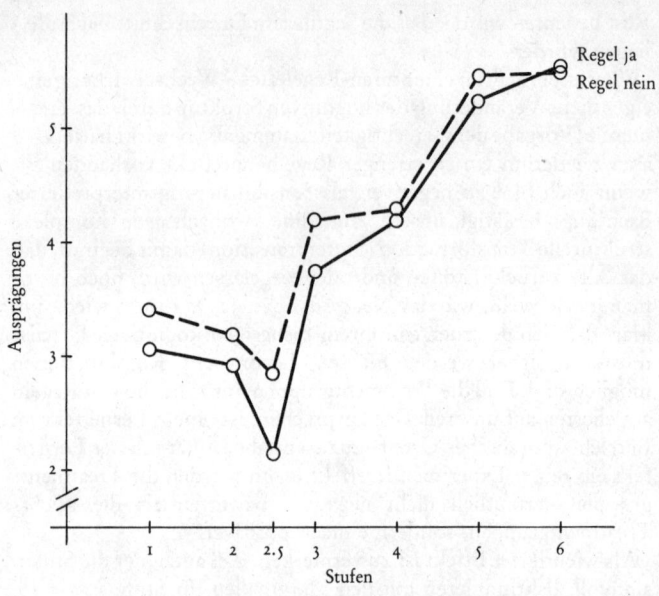

Tabelle 3.6: Signifikante Stufen × Regel-Interaktion des posttests jener Gruppen, die das Problem 3 gelöst haben

Stufen		1	2	2.5	3	4	5	6	Marginal
Regel	nein	3.36	3.14	2.88	4.18	4.24	5.40	5.42	4.09
	ja	3.09	2.96	2.17	3.71	4.19	5.26	5.46	3.83
Differenz		−0.27	−0.18	−0.71	−0.47	−0.05	−0.14	+0.04	

eingeschätzt. Den größten Unterschied finden wir bei den Stufen 2.5 und 3, während wir bei Problem 1 den größten Unterschied bei den Stufen 1 und 2 fanden. *Man kann also vorsichtig sagen – besonders im Hinblick auf die Nichtsignifikanz des Stufen × Regel-Effektes in Problem 1–, daß eigentlich nur die Behandlung*

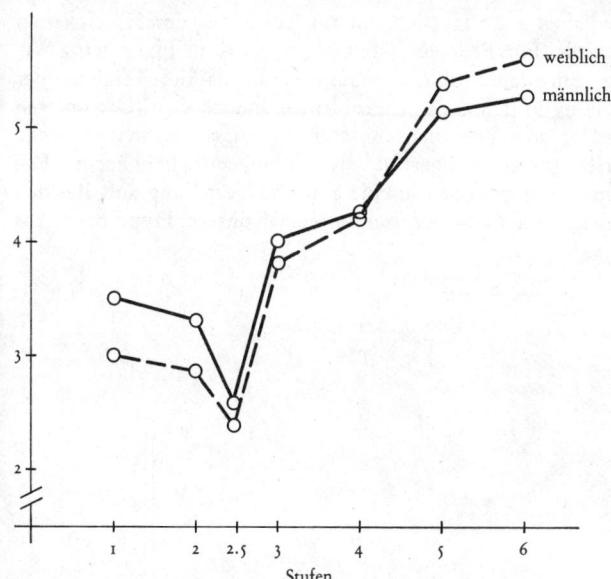

Figur 3.9: Stufen × Regel-Interaktion im Nachtest jener Gruppen, die das Problem 3 gelöst haben

des Problems 3 eine feine Veränderung im Sinne der Kohlbergschen Stufen bewirkte, wobei der Effekt erst negativ ist, d. h., daß vor allem durch die Auseinandersetzung mit Moral tiefere Stufen tiefer, höhere aber noch kaum höher beurteilt werden.

Der dritte Effekt, den wir vorfinden, ist – wiederum wie in Problem I – eine signifikante Stufen × Geschlecht-Interaktion mit $F = 4.99$; $df = 6,2562$ innerhalb; $p < 0.0001$; $(r = 0.12)$. Die Werte sind aus Figur 3.9 zu entnehmen.

Diese disordinale Interaktion verläuft anders als bei Problem I. Alle tieferen Stufen werden bei Mädchen tiefer eingeschätzt, bei Knaben aber höher; die Stufen 4 und 5 werden bei Mädchen höher eingeschätzt. Mädchen sind also im moralischen Urteil reifer als Knaben, wobei die Lokalisation der Stufen offenbleiben muß.

Der vierte Effekt ist der signifikante Regeleffekt mit $F = 10.10$; $df = 1,427$; $p < 0.002$; $(r = 0.17)$.

Wir haben auch Hypothesen zur Verteilung der Häufigkeiten aufgestellt. Für Problem 3 finden wir diese in Figur 3.10. Wir haben nur das Problem 3 ausgewählt, da die Tendenz der Verteilung in den anderen Problemen ähnlich liegt. Die unteren Stufen entsprechen nicht unseren Voraussagen, weil hier die Verteilung regelmäßiger ist, als wir angenommen haben. Die Stufen 2 und 3 weisen je eine ähnliche Verteilung auf. Bei den Stufen 4, 5 und 6 ist die Verteilung gemäß unserer Hypothese. Aus

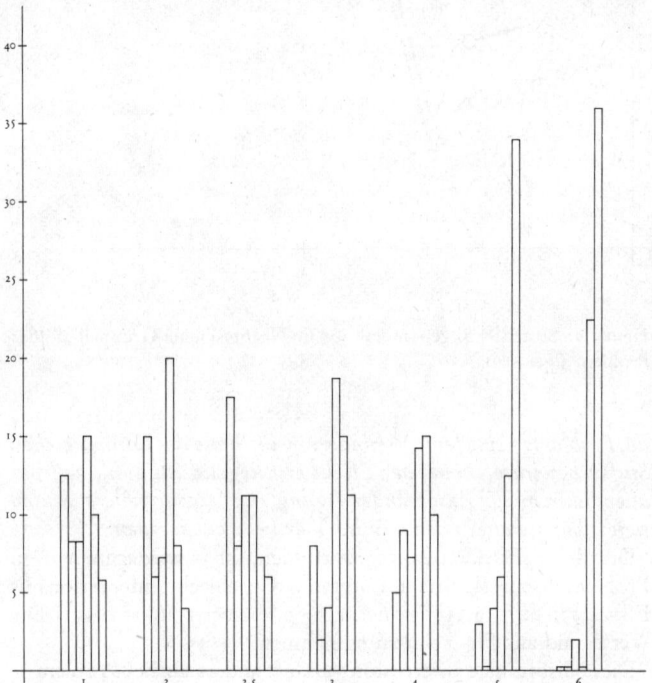

Figur 3.10: Häufigkeitsverteilung der Einschätzung des Wichtigkeitsgrades der Gerechtigkeitsformulierungen nach den einzelnen Kohlberg-Stufen beim Nachtest der Problem-3-Gruppen
(linke Säule (1) bedeutet unwichtig, rechte Säule (6) bedeutet sehr wichtig)

dem ganzen Bild ist ersichtlich, daß höhere Stufen besser diskriminiert werden als tiefere. Daß die Transformation der Stufen dadurch beginnt, daß tiefere Stufen zuerst tiefer eingeschätzt werden müssen, wird durch das Faktum der leichteren Diskriminierung auf höherer Stufe bestätigt.

Gehen wir nun zu den Resultaten des Tests mit dem Kohlberg-Dilemma über. Wir haben die Analyse so durchgeführt, daß alle drei Problemgruppen miteinbezogen wurden. Wir haben also einen neuen Faktor zu berücksichtigen, den Faktor Problemtyp. Denn im Gegensatz zu den vorangehenden Resultaten haben hier die Schüler aller drei Problemtypen dasselbe Testmaterial erhalten. Zudem haben wir das Entscheidungsverhalten als unabhängige Variable getestet. Die Gesamtübersicht der Faktoren sieht wie folgt aus: Problemtyp, Komplexitätsstimuli, Regelvorgabe, Strategie, Geschlecht, Ja-Nein-Entscheidung. Da keine Gruppen, sondern nur Individuen getestet wurden, konnte angenommen werden, daß sich bei diesem standardisierten Dilemma die Klasseneffekte gegenseitig neutralisierten.

Zu den bisherigen Hypothesen käme jetzt hinzu, daß wir keine Entscheidungseffekte und keine Problemeffekte und deren Interaktionen erwarteten.

Nun aber müssen wir zugestehen, daß dieser 2. Test entweder nicht genügend scharf trennt oder aber daß unsere Interpretation mißlungen ist. Wir haben schon in der Pilotstudie festgestellt, daß die Schüler unter 15 Jahren die Aussagen zu den einzelnen Stufen nicht genügend diskriminieren konnten. Dies hat sich nun klar erwiesen. Zwar differieren nach dem Test die Stufen hochsignifikant, betrachtet man aber die Marginalien (Stufe 1 = 2.66, Stufe 2 = 2.11, Stufe 3 = 2.38, Stufe 4 = 1.63, Stufe 5 = 2.75, Stufe 6 = 2.15), dann sieht man, daß diese Signifikanz keine entwicklungspsychologische Bedeutung haben kann. Klar wird dies besonders dann, wenn man die Verteilung der Häufigkeiten ins Auge faßt; sie ist beinahe bei jeder Stufe gleich, mit dem höchsten Wert bei 2. (Der höchste Effekt wäre eine Stufen $\times$ Ja/Nein-Interaktion mit $F = 10.60$; $df = 5,5170$; $p < 0.0001$; $r = 0.18$ (total, innerhalb). Aber die Mittelwerte liegen natürlich auch hier wiederum für alle Stufen um den Wert 2 herum, so daß zu dieser Wirkung theoretisch keine Aussage gemacht werden kann.)

Wir haben diesen eher mißlungenen Test hier angeführt, damit klar wird, welche Rolle die Testfassung Rests in bezug auf

Kohlbergs Ansatz spielt. Während bei Kohlberg auch jüngere Kinder mit seinem Testmaterial arbeiten können (offene Dilemmas für Kinder vom 7. Altersjahr an sind als Unterrichtsmaterial entwickelt worden; vgl. S. 358 f.), ist der Perzeptionstest erst ab einem bestimmten Alter brauchbar. Der generative Weg Kohlbergs ist schon deswegen besser, weil hier nicht Perzeptionsschwierigkeiten auftreten, sondern die Konstruktion der eigenen Rechtfertigung und Lösung viel unmittelbarer die kognitive Struktur offenlegt.

e. Konklusion

Die Hypothese (1), die besagt, daß wir keine signifikanten Unterschiede in der Treatment × Stufen-Wechselwirkung finden, ist bei Problem 3 und bei Problem 1 tendenziell widerlegt worden. Darin liegt das entscheidende Ergebnis dieses Nachtests (bei aller bewußten Fraglichkeit der Testvalidität). Veränderungen im Sinne der Transformation innerhalb der Kohlberg-Stufen erfolgen so, daß zuerst jene Stufen, die unter der aktuellen der betreffenden Individuen liegen, stärker abgelehnt werden, bevor höhere Stufen akzeptiert werden. Es ist so, als ob von hinten ein Anlauf genommen würde. Die Auflösung der bestehenden moralischen Struktur ist also am Anfang eine nach unten gerichtete Loslösung, bevor das Neue erkannt wird.

Auch die Hypothese (2), welche keine Treatment-Haupteffekte prognostiziert, muß widerlegt werden, da tatsächlich vor allem Regelhaupteffekte zu verzeichnen waren. Die Gruppen die Regeln diskutierten, sind also sensibler für den Stufenwechsel als die anderen Gruppen. *Dieses Resultat ist für unsere Theorie der Interaktionsstufen sehr wichtig.* Hier wird nämlich bestätigt, was am Anfang unserer Fragestellung stand, daß nämlich in vielen moralischen Situationen keine eigentliche moralische Diskussion stattfindet, sondern bloß eine analytische, sachlich-faktische. Erst die Stimulierung durch ein Angebot von impliziten Gerechtigkeitsregeln, formuliert nach verschiedenen Stufen, bewirkt auch eine Sensibilisierung des moralischen Denkens an sich. Es bestätigt sich das von uns auf S. 146 ff. hypothetisierte Verhältnis der Kohlberg-Stufe zur Interaktionsstufe: Je höher die Interaktionsstufe, um so eher erfolgt eine Veränderung des moralischen Urteils als individuelle Stufenstruktur. Dieser Effekt wirkt sich aber nicht in umgekehrter Richtung aus, obwohl Kohlberg dies gerne sehen würde.

Wir haben auf S. 387 ff. gesagt, unser Ansatz müßte in das Konzept der Just Community eingebaut werden. Hier haben wir nun eine empirische Bestätigung für diese Forderung.

Die Hypothese (3), die keine Stufenhaupteffekte voraussagt, ist ebenfalls widerlegt. Die Schüler differenzieren die Stufen genügend, wobei die stärkste Ablehnung stets bei Stufe 2.5 liegt, was vermutlich die Hypothese bestätigt, daß die meisten Schüler sich auf Stufe 3 befinden.

Hypothese (4) wurde ebenfalls hochsignifikant widerlegt. Mädchen scheinen in diesem Alter im moralischen Urteil reifer zu sein als Knaben. Die Stufen × Geschlecht-Wechselwirkung bringt dies deutlich an den Tag.

Hypothese (5) muß ebenfalls verneint werden. Die Schüler erkennen, daß Stufe-6-Formulierungen höher sind, auch wenn sie sie nicht verwenden. Dieser Punkt widerspricht auch dem, was Kohlberg im Interview (S. 244) annimmt, daß nämlich auf der Metaebene kein Verständnis höherer Stufen möglich sei, sofern man auf tieferer Stufe stehe. Wir haben dieses Resultat tatsächlich nicht erwartet. Es eröffnet ein neues Forschungsgebiet im Bereich der moralischen Erziehung.

Daß diese Hypothesen alle widerlegt worden sind, macht darauf aufmerksam, wie wenig Veränderungen des individuellen Urteils wir erwartet hatten und wie überrascht wir sind, daß solche Veränderungen doch eingetreten sind.

Analyse V:
Unterschiedlich intensive Verwendung der stufenorientierten Gerechtigkeitsregeln

a. Problemstellung und Hypothesen

Nach dem, was die bisherigen Analysen zutage gebracht haben, ist eindeutig, daß vor allem jene Gruppen die Regeln diskutiert haben, die sie als Stimulusmaterial zur Diskussion vorgelegt erhielten. Unsere letzte Frage lautet nun: Sind einzelne Regeln in den Gruppen, vor allem in den Problemgruppen, unterschiedlich intensiv »verwendet« worden? Da diese Regeln in Anlehnung an die Kohlberg-Stufen formuliert worden sind, könnte dies ein erster empirischer Hinweis für mögliche Stufenzugehörigkeit oder mögliche Abstufungsprozesse (vgl. S. 478) sein. In dieser Fragestellung sind die unabhängigen Variablen also die Regeln 1 bis 6 (vgl. S. 155 f., Reihenfolge nach Kohlberg-Stufen plus Stufe 2.5).

Wir haben gesagt, daß darin ein Hinweis für mögliche Abstufungsprozesse liegen könnte. Da die drei Probleme aber nicht so leicht in eine Ranghierarchie zu bringen sind (vgl. unseren Versuch auf S. 65 ff.), kann man natürlich anstelle von »décalage« (Abstufung) von inhaltlicher Bereichsspezifität sprechen.

Décalage und inhaltliche Problemspezifität sind nicht dieselben theoretischen Konstrukte. Beim ersten geht es um Reziprozitätsschemata, welche auf andere inhaltliche Bereiche transferiert werden; beim zweiten geht es um eine je verschiedene Lerngeschichte, die sich auf die grundlegende Bildung der Schemata auswirkt.

Bei der jetzigen Fragestellung steht der Intensitätsausdruck der Auseinandersetzung mit bestimmten stufenbezogenen Regeln zur Diskussion, d. h., wir glauben, daß bestimmte Regeln bei bestimmten Problemen eine höhere Aktualität besitzen, da die Stufen von Kohlberg qualitative und damit auch inhaltliche Unterschiede festlegen. Damit ist nicht gesagt, Stufen seien inhaltsspezifische kognitive Systeme, sondern lediglich angedeutet, daß jene inhaltlichen Schwerpunkte der Stufen mehr Anstoß zur Auseinandersetzung geben, wenn sie bei der Problembeschreibung auf isomorphe oder ähnliche Sachverhalte stoßen. Ich möchte dies noch besser erklären: Hauptaspekt der Stufe 4 z. B. ist die Gesetzesorientierung, wobei der Sinn der Gesetze als Mittel gesellschaftlicher Organisation eingesehen wird. Nun kann aber auch auf den anderen Stufen »Gesetz« als Terminus eine Rolle spielen, auf Stufe 1 etwa als Mittel der Belohnung und Bestrafung, auf Stufe 2 als eine Sache, die meine Bedürfnisse garantiert, etc. Zwingt nun eine bestimmte inhaltliche Problemstellung zur Auseinandersetzung mit dem Gesetz, dann sprechen die Gruppen natürlich auf eine Gerechtigkeitsformulierung der Stufe 4 an, ohne daß sie dabei unbedingt auf Stufe 4 stehen müssen. Allein schon das Wort »Gesetz« (inhaltliche Bestimmung) reizt sie, diese Formulierung mehr zu diskutieren, weil es den Inhalt des Problems direkt anzusprechen scheint. Die Teilnehmer zeigen dies in einer höheren

Affinität zu einer bestimmten Regel.

Diesen Sachverhalt möchten wir mit der jetzigen Analyse bezüglich unserer drei Probleme klären, ohne daß wir dabei behaupten, die Schüler würden bei größerer Diskussionsaffinität zu einer bestimmten Gerechtigkeitsformel auch schon auf der entsprechenden Stufe stehen.

Der Begriff »Diskussionsaffinität« muß genauer erklärt werden; er ist die abhängige Variable. Zunächst ist damit keine bessere Anwendung der Regeln und auch keine größere Häufigkeit der Erwähnung gemeint. Wir meinen damit vielmehr eine einstellungsmäßige Annahme oder Ablehnung, welche die Stärke des ›like‹- bzw. ›dislike‹-Ausmaßes bedeutet. Diese Variable wurde von den Bewertern auf einer 5stufigen Likert-Skala eingeschätzt. Die Interraterreliabilität entspricht derjenigen von Analyse B (Anhang). Die Hypothesen sind zunächst global formuliert worden und zwar etwa in folgendem Sinne (n = 45):

Wir vermuten, daß verschiedene Regeln bei verschiedenen Problemen verschieden »affiniert« werden; dies auch dann, wenn diese Regeln nur teilweise perzipiert und verstanden werden. Die Richtung dieser Hypothese sagen wir folgendermaßen voraus:

Regel 1 weist keine Unterschiede in den Problemen auf (1).

Regel 2 wird mehr von den Gruppen mit Problem 1 positiv gewählt (2).

Regel 2.5 wird am meisten von jenen Gruppen bevorzugt, die Problem 2 diskutieren (3).

Regel 3 ergibt keine Unterschiede in den Problemen (4).

Regel 4 wird am ehesten von jenen Gruppen bevorzugt, die Problem 3 diskutieren (5).

Regel 5 wird am meisten von den Gruppen des Problems 2 affiniert (6).

Regel 6 entspricht am meisten den Problem-3-Gruppen (7).

Wir müssen nun genauer erklären, wie diese Zusammenhänge zu verstehen sind. Dazu ein Beispiel:

Wir haben gesagt, daß wir vermuten, daß Regel 4 von jenen Gruppen am meisten »affiniert« würde, welche das Problem 3 diskutierten. Problem 3 enthält in der Problembeschreibung das Faktum, daß die Frau sich dem Adoptionsrecht unterstellen muß. Schon allein die Tatsache, daß hier ein Gerichtsfall zur Diskussion vorliegt, daß ein Richter einen Entscheid treffen muß, hat etwas zu tun mit dem Gesetz. Wie wir wissen, lautet die Stufe-4-

Formulierung: »Für jeden sollen die gleichen Rechte gelten, nur so gibt es Frieden und Ordnung. Damit dies geschieht, soll das Gesetz beachtet werden. Wenn das Gesetz sagt, es ist möglich zu adoptieren, dann müssen sich eben alle daran halten; wenn kein Gesetz da ist, muß man halt Richtlinien aufstellen, z. B. die Richtlinie: alle positiven Eigenschaften erhalten einen Pluspunkt, alle negativen einen Minuspunkt.«

Diese Formulierung hat viel mehr mit dem Gericht, dem Adoptionsrecht und der Entscheidung des Richters zu tun als etwa das Problem mit der Bauzeichnerstelle. Die inhaltlichen Verbindungen sind enger. Die Hermeneutik des Zusammenhangs basiert auf den inhaltlichen Ähnlichkeiten in der Problemstruktur. Dabei geht es nicht um die Bedeutung einzelner Werte, sondern um gedankliche Zusammenhänge, die eine qualitative Struktur (Stufenstruktur) mit dem Inhalt eines Problems mehr oder weniger unmittelbar assoziieren kann.

b. Resultate

Für Regel 1 gibt es keine signifikanten Affinitätsunterschiede über die verschiedenen Probleme hinweg. Damit wäre unsere erste Hypothese bestätigt. Es gibt in den Problemen eigentlich keine Belohnungs- und Strafmotive, obwohl man sagen könnte, es sei doch z. B. bei Matthäus der Fall (vgl. die Problembeschreibung auf S. 58 f.). Vermutlich sind hier aber auch keine nichtzufälligen Unterschiede aufgetreten, weil die meisten Schüler dieser Schulstufe wirklich nicht mehr auf Ebene 1 der Kohlberg-Skala stehen und damit die Regel von vornherein ausgeschieden wurde.

Bei Regel 2 findet sich ein hochsignifikanter Unterschied mit $F = 15.38$; $df = 2,36$; $p < 0.0001$; ($r = 0.51$); $\bar{x}_1 = 2.58$; $\bar{x}_2 = 0.97$; $\bar{x}_3 = 3.39$. Dieses Resultat stimmt nicht ganz mit unserer Voraussage überein, daß nämlich Problem 1 am stärksten von Regel 2 affiziert würde. Wir können aber den Zusammenhang entsprechend der hermeneutischen Interpretation von Diskussionsprotokollen etwa so erklären:

Bei Problem 3 spielen die Bedürfnisse des Kindes eine größere Rolle als die Bedürfnisse in der Verteilungssituation des Problems 1. Denn in Problem 3 handelt es sich ja um Primärgüter wie Recht auf Lebensraum, Nahrung, Elternschaft etc., bei Problem 1 nur um Luxusgüter (vgl. die These von Simon-Tobin auf S. 477). Da die Bedürfnisorientierung ein Hauptmerkmal der Stufe 2 ist, sind die Gruppen, die Problem 3 diskutieren, davon am meisten betroffen. Am wenigsten spricht Problem 2 von der inhaltlichen Konzeption her auf das Bedürfnismotiv an; dort wird das Bedürfnismotiv im Gegenteil eindeutig hinter das Leistungs- und Kompensationsmotiv zurückgestellt (Peter will ja doch nur ein Motorrad kaufen, er soll keine Chance haben).

Bei den Gerechtigkeitsregeln 2.5 und 3 finden wir keine signifikanten Unterschiede; bei 3 war dies vorausgesagt; bei 2.5 glaubten wir, daß die Gruppen von Problem 1 eher das Schicksalsmotiv vorziehen würden und so etwa um die Eintrittskarte losen würden. Aber dies ist nicht eingetreten. Da bei den posttests die Stufe 2.5 meistens am tiefsten eingeschätzt wurde (vgl. S. 398 und S. 404), was vermutlich auf die Tatsache zurückgeht, daß die Schüler meistens auf Stufe 3 stehen (weil sie die Stufe vor der jeweils eigenen am stärksten ablehnen), sind hier aber keine Unterschiede zustande gekommen. Wir müssen also unsere Hypothese teilweise revidieren.

Die Hypothese (5) trifft zu mit $F = 3.38$; $df = 2,36$; $p < 0.05$ ($r = 0.26$); $\bar{x}_1 = 1,03$; $\bar{x}_2 = 0.88$; $\bar{x}_3 = 1.73$. Warum Regel 4 bei Problem 3 am intensivsten »affiniert« wird, haben wir weiter oben begründet.

Bei den Regeln 5 und 6 finden wir wiederum hochsignifikante Unterschiede, wobei die Hypothese bei Regel 5 zutrifft, bei Regel 6 aber falsch ist. Zuerst zu Regel 5: Wir haben gesagt, sie werde am intensivsten bei Problem 2 bejaht. Wir haben hier ein $F = 17.25$; $df = 2,36$; $p < 0.0001$; ($r = 0.23$); $\bar{x}_1 = 1.35$; $\bar{x}_2 = 3.41$; $\bar{x}_3 = 0.94$, was diese Voraussage bestätigt. Regel 5 kann natürlich auch als Stufe-3-Formulierung interpretiert werden, vor allem wenn statt des Vertragsaspektes bloß der Gemeinschafts- und Gruppenaspekt deutend hervorgehoben wird. Bei der Stufe-5-Formulierung zu Problem 2 heißt es ja: »Gerecht ist, wenn man miteinander abmacht, warum man den einen oder den anderen wählt, und dabei unparteiisch ist. Man muß erklären, warum man das so abgemacht hat, dann verstehen es die anderen. Es ist möglich, daß man dabei Fehler macht. Aber man hat wenigstens versucht, das Beste zu machen. Es ist möglich, daß es Unterschiede gibt.« Da die Werteigenschaften, die durch die Problemstrukturierung jeder der involvierten Personen zugesprochen werden in einem guten Gleichgewicht stehen (vgl. S. 62 ff.), ist es verständlich, warum eine solche Formulierung vorgezogen wird. Man merkt, daß man die Nachteile jeder Wahl in Kauf nehmen muß. Es liegt also an der inhaltlichen Beschaffenheit und auch an der Problemart (konfligierender Optionstyp), die diesen Regelvorzug bewirken, auch dann, wenn nur bestimmte Aspekte daraus verstanden und übernommen werden.

Bei Regel 6 sind die Unterschiede ebenfalls hochsignifikant mit $F = 15.01$, $df = 2,36$; $p < 0.0001$; $(r = 0.51)$; $\bar{x}_1 = 2.77$; $\bar{x}_2 = 0.97$; $\bar{x}_3 = 1.18$. Diesen Effekt haben wir nicht vorausgesehen und auch gar nicht erwartet. Warum wird die Formulierung vom Gewissen gerade von Problem-1-Gruppen so viel mehr affiniert? Es heißt da: »Man kann es tun, wie man will, es wird nie ganz gerecht sein. Es ist wichtig, daß man alle Gründe gut überlegt, miteinander bespricht und nach dem Gewissen handelt. Man muß dazu stehen, daß man einige Gründe wichtiger findet als andere. Man muß versuchen, unparteiisch zu sein und mutig einen Entscheid zu fällen.« Vermutlich wurde von Gruppen, die Problem 1 diskutierten, vor allem die Passage des Miteinanderbesprechens herausgegriffen und herausgehört. Es gehört ja zu dem zu konkretem Teil-Handeln auffordernden Text, daß man miteinander spricht, und diese Ähnlichkeit wird die hohe Affinität auch dann bewirkt haben, wenn die Gruppen den Rest der Formulierung vermutlich kaum verstanden haben. Man stellt fest, daß isomorphe Elemente der Problembeschreibung und des Gerechtigkeitsstatements für eine bestimmende Regel wohl die wirksamsten Affinitätskomponenten sind. Sind aber keine solchen Elemente vorhanden (vgl. Stufe-1- und Stufe-3-Formulierungen), dann gibt es vermutlich auch keine Unterschiede in den Problemen zu verzeichnen.

c. Konklusion und Kritik an den Formulierungen Kohlbergs

Es scheint die schwerste Aufgabe bei der Erstellung von Rests DIT (vgl. S. 365) gewesen zu sein, solche isomorphen Assoziationen zu meiden. Kohlberg ist dieser Schwierigkeit elegant ausgewichen, indem er die Subjekte die Argumente selber formulieren läßt und dadurch gar keine Gerechtigkeitsstatements vorgeben muß. Wir haben diesen Aspekt bereits auf S. 394 ff. gewürdigt.

Trotzdem bringt diese Analyse aber an den Tag, daß seine Formulierungen, wie sich die Stufen unterscheiden, problematisch sind. Durch isomorphe Elemente bedingt, assoziiert auch der Bewerter leicht solche Elemente, die schon die Problemstruktur in sich enthalten. Zudem habe ich selbst, bei der Mitarbeit am neuen Scoring-Manual, die stundenlangen Differenzen bei der Interpretation solcher assoziierten Statements mitverfolgt und dabei gesehen, wie schwierig eine eindeutige Interpretation sein kann.

Ich möchte hier deshalb andeuten, wie Kohlberg dieselben Unterschiede hätte anders formulieren können oder wenigstens zusätzlich hätte anders interpretieren müssen. Ich möchte dies an einem Element der Stufe 4, nämlich der Gesetzesorientierung zeigen:

Auf Stufe 4 wird »Gesetz« nur in einer ganz bestimmten Weise gesehen, nämlich als ordnendes und gesellschaftserhaltendes Element, dessen Sinn darin besteht, von den Individuen gleiches Verhalten in bezug auf Rechte und Pflichten zu fordern. Hört man nun das Stichwort »Gesetz«, so denkt man automatisch an Stufe 4. Aber auch auf den anderen Stufen kann Gesetz als inhaltliche Größe auftreten. Es erhält dort allerdings jeweils eine andere kognitive Funktion; es wird auf Stufe 1 als strafende oder belohnende, unpersönliche Macht gesehen, auf Stufe 2 als ein Mittel der Garantie von Reziprozität etc. Kohlberg müßte nun, um in dieser Hinsicht größere Klarheit zu erreichen, nicht bloß strukturale Schwerpunkte auf jeder Stufe angeben, sondern auch besser zeigen, wie die inhaltlichen Momente solcher Schwerpunkte auf jeder Stufe aussehen.

Erst nach einem solchen Vorgehen wäre es auch möglich, klar zu unterscheiden zwischen décalage-Phänomenen und bloßer inhaltlicher Bereichsspezifität. Die assoziativen Verbindungen können zwar beide Phänomene betreffen, aber man kann sie nicht scharf genug unterscheiden. Die Unterschiede dieser Analyse wären somit leichter auf das eine oder andere Phänomen zurückzuführen. Bisher ist jedoch erst eine Interpretation auf der Basis von Problemstrukturunterschieden und bezogen auf inhaltliche Teile der Stufenformulierungen möglich.

Zum Schluß sei noch angefügt, daß die anderen unabhängigen Variablen wie »Klasse«, »Information« und »Strategie« weder als Wechselwirkung noch als Haupteffekte die unterschiedliche Affinität der Regeln 1 bis 6 beeinflußten.

Wie steht es mit der moralphilosophischen Rückbindung der Resultate an allgemeine Prinzipien der Gerechtigkeit, wie wir sie in

Kapitel 2 besprochen haben? Vielleicht können wir in einem Beispiel eine mögliche Antwort andeuten. J. Rawls versucht zu beweisen, daß jede in der originalen Position festgehaltene Regel »moralisch« sei. Wenn aber die Motivation für das Zusammentreten unter dem »Schleier des Nichtwissens« der Interessenkonflikt in einer Dilemmasituation ist, dann muß auch der inhaltliche Aspekt für die Entstehung dieser Regel von Bedeutung sein, sofern die Regel ein strukturales Prinzip, d. h. ein verallgemeinerbares Instrument zur Lösung von Konflikten abgibt. Dann muß sie aber auch bestimmte inhaltliche Gesichtszüge haben, und sie muß auf inhaltlich isomorphe Situationen wiederum anwendbar sein.

Wenn wir aber die Regeln jenseits von Stufen betrachten, dann entspricht unter Umständen die assoziativ gewählte Formulierung, also der Affinitätsgrad, genau der Bereichsspezifitätsthese (vgl. S. 46 ff.), während dies bei stufenbezogenen Gerechtigkeitsformulierungen niemals der Fall zu sein scheint.

Kapitel 4

Gruppendynamik, Motivation und kognitive Stufen personaler Interaktion
oder
einige nichtkognitive Bedingungen kognitiver Interaktionsleistung

Kritische Vernunft ist besser als Leidenschaft, besonders in Dingen, die mit Logik zu tun haben. Ich gebe aber gerne zu, daß ohne ein gewisses Maß von Leidenschaft nie irgend etwas zustande kommt.
Karl Popper

Die Affektivität sichert das Funktionieren der Strukturen durch Beschleunigung oder Verzögerung ihrer Ausbildung, bewirkt deswegen aber noch keine Veränderung an ihnen.
Jean Piaget

Einflüsse strukturbildender Stimulation auf sach- und dynamikbezogene Motivation

Wir haben auf S. 14 und S. 53 gesagt, daß eine bessere Dynamik des Gruppenprozesses möglicherweise eine Wirkung auf die kognitiven Stufen der Interaktion habe, oder vielmehr, daß Gruppendynamik und Motivation affektive strukturbildende Komponenten seien. Wir sind im Laufe unserer Untersuchungen von dieser Fragestellung abgekommen, nicht zuletzt weil sowohl Kohlberg als auch Piaget diesen Aspekt eher verneinen. Bevor wir die Standpunkte dieser beiden und allgemein einige Ansichten zu diesem Gebiet erörtern, wollen wir unsere Fragestellung präzisieren.

Es sei nochmals daran erinnert, daß uns nicht die Frage der Mehr- oder Minderleistung der Gruppe im Vergleich zur Einzelleistung interessiert (Hirzel 1969, Schell 1972, Steiner 1966). Auch geht es uns nicht um die Frage der Wirkung der Gruppe auf die nachfolgende Einzelleistung (Koeppen 1977). Vielmehr haben wir unsere Gruppen nach den Ergebnissen optimaler Größe (Hare 1967, Cartwright und Zander 1968) zusammengestellt und haben sie unter dem Gesichtspunkt der Interaktionsstufen und der koordinativen Komplexität bzw. Kompaktheit beobachtet.

Während wir die Gruppen unter den beschriebenen Treatmentbedingungen die vorgelegten Probleme zur distributiven Gerechtigkeit lösen ließen, haben wir zugleich das Augenmerk darauf gerichtet, ob bedingt durch diese Treatments irgendwelche motivationalen und/oder dynamischen Veränderungen im Gruppenprozeß vorgingen. Obwohl wir durch die Zufallsauswahl der Klassen und die Zufallszuteilungen der Schüler zu den Gruppen jede dynamisch-affektive Größe von vornherein randomisierten, schien uns diese Fragestellung trotzdem relevant, weil im Zuge gruppendynamischer Strömungen der Begriff kognitive personale Interaktion eher fremd ist, möglicherweise aufgrund der Annahme, dynamische Vorgänge allein würden den Gruppenprozeß verändern. In Diskussion mit Forschern, die dynamische Einflußgrößen des Gruppenprozesses untersuchen (im spezifischen mit der Verhaltenstheorie von R. F. Bales und seiner Gruppe) hat sich aber immer wieder herausgestellt, daß das Verhältnis von Kognition und Dynamik im Sinne strukturaler Entwicklung noch nicht geklärt ist.

Können wir mit der Erfassung dynamischer Variablen etwas darüber aussagen, ob Faktoren wie etwa hohes Engagement, Frustration, Kommunikationsstil etc. strukturbildende Funktion haben? Oder, anders gesagt, können wir etwas darüber aussagen, ob Veränderungen von kognitiven Interaktionsstufen durch solche Variablen ausgelöst oder stimuliert werden, wenn wir dynamische Größen bezüglich der andern von uns verwendeten strukturbildenden Treatments beobachten, auch wenn wir diese Variablen nicht im Sinne der Intervention funktionalisieren?

Die drei folgenden relevanten Antworten sind von unserer Fragestellung her zu erwarten:

Erstens soll das Resultat der Untersuchung zeigen, ob sach- und dynamikbezogene motivationale Einflußgrößen die Treatments unkontrolliert begleiten, so daß anstelle der Treatmenteinflüsse eigentlich diese dynamischen Einflußgrößen zur Wirkung kommen und wir einer optischen »Forschungstäuschung« unterliegen (Validitätsproblematik hinsichtlich verborgener Einflußgrößen).

Zweitens soll das Resultat klarstellen, ob nicht bessere dynamische Gruppenverhältnisse unsere Treatmentstimuli besser zur Geltung brächten. Dies wäre dann anzunehmen, wenn höhere Variablen-Mittelwerte mit höheren Treatmentausprägungen interagierten (Wechselwirkungseffekte).

Und *drittens* wäre ganz einfach zu fragen, ob unsere Treatmenteinflüsse die dynamischen Eigenschaften der Gruppe veränderten.

Die dritte Fragestellung ist die unserer Versuchsanlage angemessenste. Die erste und zweite Fragestellung müssen bei signifikanten Effekten hypothetisiert und forschungsmäßig in weiteren Untersuchungen genauer abgeklärt werden. Denn sobald festgestellt werden kann, daß bei signifikanten Effekten ein Teil der Treatmentvarianz an die Dynamik des Gruppenprozesses abgetreten werden muß, ist der Weg für eine Anzahl weiterer empirischer Studien offen. Die Frage, ob ein besseres dynamisches Verhalten im Sinne eines strukturbildenden Treatmenteinflusses (vgl. etwa die »beanspruchte« Wirkung des auf S. 225 ff. beschriebenen Argyris-Modells) höhere Stufen der Interaktion selber bewirke, kann hier also nur teilweise beantwortet werden.

Die Ziele jenes Bereichs, den wir allgemein mit Gruppendynamik bezeichnen, sind in tiefenpsychologischen Theorien verankert. Die Individuen einer Gruppe sollen sich gegenseitig helfen,

Blockierungen abzubauen, Vertrauen zu fördern, interaktive Zusammenhänge zu klären, sich freier über Gefühle äußern zu können, sich in Rollen einzufühlen, bei gegenseitiger Berührung keine Scheu zu empfinden, verfestigte Einstellungen aufzuweichen, Ursprünge von Ängsten zu klären, den Gruppenzusammenhang zu fördern, Veränderungen eingefahrener Verhaltensweisen anzubahnen, das Kindheits-Ich anstelle des Erwachsenen-Ichs zum Zuge kommen zu lassen etc. Alle diese Werte liegen auf einem Kontinuum von »weniger« oder »mehr«. Ob ein größeres Ausmaß auf einer derartigen Skala anzutreffen ist, entscheidet meist entweder das Individuum durch sein Glücksgefühl oder aber die Gruppe im Zusammenhang mit Zeitquerschnittsmessungen und prozessualen Zeitverläufen. So sagt Hare in seinem berühmten Buche über Kleingruppenforschung schon 1962:

»Die Beziehung der Elemente untereinander in einer sozialen Interaktionssituation könnte von drei Gesichtspunkten her angesehen werden: vom Prozeß, von der Struktur und vom Wandel. Wenn das Hauptgewicht auf dem Prozeß liegt, so analysieren wir die Akt-für-Akt-Sequenz, wie sie sich über die Zeit hinweg entwickelt. Dies ist eine Längsschnitt-Methode. Die gleichen Daten können aber auch gebraucht werden, um die Struktur der Gruppe zu beschreiben. Hier liegt das Hauptgewicht auf der Beziehung der Elemente untereinander zu einem bestimmten Zeitpunkt. Das ist die Querschnitt-Methode. Die Analyse des Wandels schließlich legt den Schwerpunkt auf Veränderungen der Struktur der Gruppe über die Zeit hinweg.« (S. 10–11)

Hare braucht den Begriff »Struktur«, um ein dynamisches Verhältnis der Elemente im System zu beschreiben. Kognitivstrukturale Merkmale der Entwicklung stehen aber im Gegensatz zu solchen Beschreibungen. Hier geht es nicht um ein Weniger oder Mehr oder um »weniger intensiv« und »intensiver«, sondern jede höhere Stufe ist qualitativ anders, weist andere konstituierende Merkmale auf und stellt – zeitunabhängig – somit eine höhere kognitive Adäquatheit einem zu assimilierenden Phänomen gegenüber dar (Integration, Transformation, Differenzierung).

Die entscheidende Frage ist also nicht die Aufteilung der Dynamik in Prozeß, Struktur und Veränderung, wie Hare das tut. Sie liegt vielmehr in der Verbindung der kognitiven mit den affektiven Systemen, und dies hat dazu geführt, daß wir Beobachtungsvariablen in die Untersuchung eingebaut haben. Nicht daß die Förderung dynamisch-motivationaler Verhaltensveränderungen nicht auch an sich interessant wäre, aber wir möchten an unserer A-priori-Annahme festhalten, daß es nämlich einerseits strukturbildende und andererseits strukturrelevante Faktoren der Interaktion gibt und daß der dynamische Aspekt in dieser Theorie noch ungeklärt ist. Wir müssen somit in Erfahrung bringen, ob unsere Treatments einen Einfluß in dieser Richtung bewirkt haben.

Werfen wir nochmals einen Blick in das Kapitel über Problemlösen in Gruppen in dem Buch *Steuerung von Lerngruppen* von Johnson und Bany (1970, deutsch 1975). Alle Interventionseinflüsse mit den entsprechenden Evaluationsprozeduren beruhen auf Fragen des besseren und schlechteren Verlaufs und der besseren und schlechteren dynamischen Interaktion, auch dann, wenn aufgabenbezogene Strategien im Vordergrund stehen. Ein Evaluationsbogen sieht für die einzelnen Variablen entsprechend zweidimensional aus (vgl. Tabelle 4.1, entspr. S. 255/256 des Werkes von Johnson und Bany).

Die Frage nach dem kognitiven Interaktionsniveau der Gruppe tritt hier gar nicht auf. Allein der Aspekt der sach- und dynamikorientierten Motivation steht im Vordergrund. Bei unserem experimentellen Design geschieht nun genau das Gegenteil. Zwar

a. Stellte der Gruppenleiter sicher, daß das Übungsproblem von jedem verstanden wurde?

| 1 | 2 | 3 | 4 | 5 |

b. Hat die Gruppe gemeinsam eine exakte Analyse des Falles gemacht und das Problem definiert?

| 1 | 2 | 3 | 4 | 5 |

c. Wurden auf das Übungsproblem spezifische Antworten gegeben?

| 1 | 2 | 3 | 4 | 5 |

d. Wurde freie Diskussion gefördert und war es jedem möglich, Beiträge zu liefern? Oder haben einige wenige die Diskussion monopolisiert?

| 1 | 2 | 3 | 4 | 5 |

e. Hat die Lösung, der die Mitglieder der Übungsgruppe zustimmten, bestimmte Aktionen näher bezeichnet?

| 1 | 2 | 3 | 4 | 5 |

Tabelle 4.1: Evaluation einer Übungsgruppe nach dynamischen Variablen nach Johnson u. Bany 1975, S. 255/256

geben wir einigen Gruppen eine Strategie vor und stimulieren sie somit dazu, eine bessere interaktive Kompaktheit herzustellen. Aber wir richten unser Augenmerk vor allem auf die kognitiven Niveaus der Interaktion. Um so mehr ist diese Begleituntersuchung notwendig, in der wir den Verlauf beobachten und verschiedene aufgaben- und beziehungsbezogene Variablen zweidimensional einschätzen lassen.

Die Entwicklung des Erkennens und die Entwicklung der Affektivität hat nach Kohlberg (1969) eine gemeinsame strukturelle Grundlage, die wiederum durch den Begriff »Differenzierung« charakterisiert werden kann. Die Entwicklung und Veränderung der Denkmuster bewirkt auch eine Veränderung der Motive und Affekte, und Kohlberg meint, daß es sogar eine empirische Korrelation zwischen dem Reifegrad der »affektiven« und kognitiven Aspekte der Moralität geben müßte. Nun sind mit dieser Meinung natürlich Größen wie allgemeine Verpflichtung gegenüber einmal gefaßten Urteilen, Schuldgefühle bei Übertretung von Normen, Empathiegefühle etc. angesprochen, nicht aber interaktive affektive Variablen. Meiner Ansicht nach stehen diese Variablen *nicht* unbedingt in direktem Zusammenhang mit allen strukturbildenden Interventionsgrößen. Wenn Kohlberg sagt, Empathie sei ein primäres Phänomen, das – gesteuert von den Stufenmustern der Argumentation – jeweils in einem anderen strukturalen Zusammenhang auftrete, so steht dies im Gegensatz zu vielen Interventionsversuchen sozial-psychologischer Forschung, wo man glaubt, höhere Empathie und größere Verpflichtung verhaltensmäßig stimulieren zu können. Letztlich geht es uns aber hier nicht so sehr um die affektiven Variablen, welche die Kognition direkt begleiten, als vielmehr um affektive Größen, die durch die Kommunikation selber hervorgerufen werden. Kohlberg sagt an einer Stelle:

»Affekte‹ werden unserer Meinung nach nicht so sehr durch Bestrafung und Belohnung sozialisiert als vielmehr durch Kommunikation der Situationsdefinitionen, welche den sozial angemessenen Affekt hervorrufen.« (1974, S. 91)

Wenn das stimmt, dann sollten die Gruppen innerhalb eines Problemtyps mit oder ohne strukturbildende Treatments ungefähr die gleichen Ausmaße an »Affektivitäten« innerhalb verschiedener sach- und beziehungsorientierter Variablen haben. Wir sollten also innerhalb eines Problems dieselbe Population vor uns haben.

Man kann aber auch anders argumentieren: Wird etwa das Milgram-Experiment (1965) unter dem Aspekt von Kohlbergs Stufenskala analysiert, so zeigt sich, daß Maßstäbe der Einstellungsintensität, Stärke des Mitgefühls oder allgemein affektive Dimensionen eine umso geringere Rolle spielen, je höher die Stufe des moralischen Urteils ist. Das kann man auch auf die kognitiven Stufen der Interaktion übertragen, und zwar unter der Hypothese, daß die jeweils ausgewählten strukturbildenden (oder vom interventiven Standpunkt aus gesehen, zu höherer Stufe führenden) Elemente des Bildungsprozesses um so weniger Differenzen in den Ausprägungen der dynamisch-motivationalen Variablen bewirken, je höher die angezielte Stufe ist. Dann müßten wir allerdings unsere A-priori-Hypothesen (S. 170 f.) dahingehend verfeinern, daß »Strategie«, als am wenigsten strukturbildend, die stärksten, »Information« (Komplexitätsstimuli) die zweitstärksten und »Regelvorgabe« als wirksamstes, zur höchsten Stufe führendes Treatment die schwächsten dynamischen Ausprägungen hätte. Das wäre eine feine Abstufung unserer allgemeinen Hypothese, wonach die strukturbildenden Elemente keine unterschiedlichen affektiv-relationalen Wirkungen verursachen.

Für Piaget sichert die Affektivität durch Beschleunigung oder Verzögerung das Funktionieren der Struktur, ändert aber nichts an ihrer inneren Organisation (Piaget 1972a, S. 248). Soweit mir bekannt ist, hat Piaget sich aber nicht über den umgekehrten Prozeß geäußert, wie nämlich strukturbildende Funktionen die Affektivität der Gruppe bestimmen. Auf diesem Gebiet haben die Motivationstheoretiker eher nach einer Antwort gesucht. Birch et al. (1974) zeigen, daß die Dynamik des Handelns durch kognitive Kontrolle behindert oder gefördert werden kann. Weiner (1974) entwirft ein Modell, in dem die emotionalen Konsequenzen von Erfolg und Mißerfolg unterschiedlich sind, wenn sie intern oder extern kausal begründet werden. Es zeigt sich, daß Stolz und Scham maximiert werden, wenn die Leistungen intern begründet sind, minimiert, wenn Erfolg und Mißerfolg externen Kausalitäten zugeschrieben werden. Dies ist ein hypothetisches Modell, das die Gründe motivationaler Differenzen bewußt einbezieht. Will man es aber auf unseren Bereich applizieren, entsteht die Schwierigkeit, daß wir zwar ebenfalls nach motivationalen Differenzen Ausschau halten, sie aber erstens unter dem Gesichtspunkt dynamischer

Interaktion und zweitens als Folge von strukturbildenden Treatments betrachten. Die generelle kausale Attribution mag über alle Gruppen hinweg dieselbe sein; sie steht hier aber nicht zur Diskussion, weil die effektive Reaktion auf andere Quellen hin befragt wird.

Analyse VI:
Wirkung experimenteller Faktoren auf Variablen sachbezogener und dynamikbezogener Motivation

a. Der Beobachtungsverlauf (Methode)

Da wir mit der Protokollierung des Problemlösungsprozesses beinahe den vollen digital-semantischen Aspekt erfassen, ihn auch schon nach den Merkmalen Komplexität, Regelbewußtsein und Strategie analysiert haben und somit den kognitiv-strukturalen Gesichtspunkt betonten, scheint es uns notwendig, durch die Beobachter verschiedene affektive Dimensionen einschätzen zu lassen.

Es handelt sich dabei um eine Art von Zustandsprotokollen, die später unter den Gruppen verglichen werden (vgl. Baumann 1974, S. 64).

Bei dieser Art von Protokoll ist der Beobachter ein permanenter Empfänger von Informationen eines Wertbereiches, im Gegensatz zu Ereignisprotokollen, in denen nur das einzelne Ereignis beobachtet und festgehalten wird. Der Zeitplan darf in diesem Falle nicht zu klein sein, denn der Beobachter muß genügend Spielraum haben, um die Dinge zu verallgemeinern und zu bewerten. Bei der Diskussion von Beobachtungsverfahren sind immer zwei gegensätzliche Meinungen in bezug auf die sogenannten Taktzeitpunkte ($\triangle$ t) gegeben. Auf der einen Seite haben wir die Absicht, die Reliabilität zu erhöhen. Sie stößt auf die Grenzen der maximalen Kapazität des menschlichen Übertragungskanals von Reizen über die Gehirnzentren zu Reaktionen, d. h., ein Beobachter kann bei kurzfristigen Beurteilungen höchstens 6–8 Kategorien einigermaßen zuverlässig unterscheiden (Bendig u. Mughes 1954, Sanders 1971, Baumann 1974). Trotz dieser Grenzen versucht man bei der Erstellung von Ereignisprotokollen die Zeit zu minimalisieren.

Auf der andern Seite steht hingegen die Forderung nach hoher Validität. Dies bedingt, daß der Beobachter gerade bei der Einschätzung von affektiven Dimensionen genügend Zeit hat, seinen Eindruck zu transformieren. Wenn mehr Zeit vorhanden ist, kann das Gesetz von Merkel-

Hyman, das besagt, daß mit durchschnittlicher Erhöhung der (subjektiven) Bedeutung des Informationsgehaltes (Entropie) die Reaktionszeit linear zunimmt, besser zum Zuge kommen (Hyman 1953, Baumann 1974).

Um einerseits die *Reliabilität* in unserer Studie zu erhöhen, führten wir ein Beobachtungstraining durch (vgl. dazu Schulz, Voigt 1970, S. 799 ff.). Um andererseits die *Validität* zu erhöhen, hielten wir die Taktzeitpunkte bei $\triangle$ t = 5 Min. Selbst auf das Risiko hin, bei der Kontrollgruppe, wenn der Prozeßverlauf z. B. nur von 10 Min. Dauer ist, wenig Informationen zu erhalten, ist dieser Zeitabstand gerechtfertigt. (Aus vielen Gesprächen mit Methodologen der Unterrichtsforschung ergab sich immer wieder die Konvergenz mit diesem Zeitintervall. Das hängt zusammen mit der Vorgabe des Wertbereichs im Beobachtungsrepertoire. Diesen Wertbereich wollen wir hier nun beschreiben.)

b. Allgemeine Beschreibung der 15 abhängigen Variablen (Wertbereich)

Die Auswahl der Variablen *(der Wertbereich)* ist zu rechtfertigen unter dem Gesichtspunkt der Zweiteilung Sachbezogenheit und Dynamikbezogenheit (X), unter dem Gesichtspunkt der Aspekte Motivation und Frustration (Y) und unter dem Gesichtspunkt des allgemeinen Kommunikationsstiles (Z). Es ist zwar in keinem Fall ein vollständiges Bild aller möglichen dynamischen Prozesse, aber wir haben versucht, einen möglichst feinen Erfassungsraster mit subtilen Unterschieden zu schaffen. Die Faktorenanalyse wird den Grad der Zusammengehörigkeit dieser Variablen unter verschiedenen Analysemaßen und Analyseeinheiten offenlegen.

Wir haben die Zweiteilung der Variablen in Sachbezogenheit und Dynamikbezogenheit (X) erwähnt. Die Trennung dieser beiden Bereiche dürfte in einzelnen Fällen nicht leicht zu vollziehen sein. Tritt diese Schwierigkeit auf, dann fallen bei gleicher oder ähnlicher Einstufung ähnliche Merkmale unter den beiden Hauptkategorien zusammen; z. B. erhielten ›Frustrationsgrad gegenüber der Aufgabe‹ und ›Frustrationsgrad gegenüber den Kameraden der Gruppe‹ in einem solchen Falle dieselben Werte. Es kann also sein, daß eine Versuchsperson Frustration zum Ausdruck bringt, weil sie zu keiner Lösung kommt. Das war in der Pilotstudie sehr oft der Fall, wenn die Gruppe keine Lösung für das Verteilen der Kino-Eintrittskarten fand. Es kann aber auch sein, daß der Frustrationsgrad eines Schülers sehr hoch ist, weil ein anderer in der Gruppe immer seinen Vorschlag durchzusetzen versucht. Und wir sehen nun leicht, daß im Extremfall beide zusammenfallen können. Dann will eben jemand einen Vorschlag erzwingen, weil er verzweifelt ist über die Sache. Und der Score wird bei beiden Merkmalen mit hohen Werten eingetragen.

Die Übersicht über die Variablen bei Aufteilung in zwei Hauptkategorien ist aus Tabelle 4.2 zu ersehen:

Tabelle 4.2: Übersicht über die Kriterien sach- und dynamikbezogener Motivation

Merkmal	Skala	Dimension	Beobach-tungseinheit
A. *Sachbezogene Motivation*			
1. Grad der allgemeinen Auf-merksamkeit gegenüber der Aufgabe	Lickert 6stufig	tief – hoch	Individuum (Schüler)
2. Grad des allgemeinen En-gagements (Ego-involvement) gegenüber der Aufgabe	Lickert 6stufig	wenig – viel	Individuum
3. Erregtheitsgrad sachbezogen (excitement)	Lickert 6stufig	tief – hoch	Individuum
4. Grad der allgemeinen Frust-ration wegen der Unlösbar-keit der Aufgabe	Lickert 6stufig	wenig – viel	Individuum
5. Grad der gegenseitigen Kon-frontation, sachbezogen	Lickert 6stufig	tief – hoch	Individuum
6. Führungsstil der Gruppe, sachbezogen	ordinal	3 verschie-dene	Gruppe
7. Allgemeine Einstellung ge-genüber der Aufgabe (Ge-stimmtheit)	Lickert 6stufig	tief – hoch	Schüler
B. *Interpersonale Motivation*			
1. Gruppenwärme (Klima I)	Lickert 6stufig	kalt – warm	Gruppe
2. Ausdruck der Gruppengefüh-le (Klima II)	Lickert 6stufig	wenig – viel	Individuum (Schüler)
3. Feedback	Lickert 6stufig	wenig – viel	Individuum
4. Allgemeine Akzeptiertheit in der Gruppe	Lickert 6stufig	negativ – positiv	Individuum

Merkmal	Skala	Dimension	Beobach-tungseinheit
5. Ausmaß des gegenseitigen Verständnisses	Lickert 6stufig	tief – hoch	Individuum
6. Grad gegenseitiger Frustration	Lickert 6stufig	wenig – viel	Individuum
7. Soziale Organisation	Lickert 6stufig	negativ – positiv	Gruppe
8. Kommunikationsstil	ordinal	3 verschiedene	Gruppe

Wir möchten einige Bemerkungen zu den einzelnen Variablen anfügen, um die Auswahl mindestens vom psychologischen Gesichtspunkt aus einigermaßen zu rechtfertigen.

Allgemeine Aufmerksamkeit: Diese Variable soll ein Maß dafür sein, wie stark das Interesse des einzelnen Individuums gegenüber dem vorgelegten Konflikt ist. Es ist dies ein inhaltsrelevantes Motivationsmaß. Es kann nur bei themenbezogener Interaktion unter dem Gesichtspunkt gegebener Stimuli aktuell werden.

Wird das kognitive Ungleichgewicht durch Vorgabe simulativer Dilemmas erhöht, so wird auch die Aufmerksamkeit erhöht oder bei vorgegebenen Negativitätsstrukturen (aufgebaut durch negative Erfahrungen) erniedrigt (Canon 1964). Die Frage ist hier aber nicht, wie sehr die Aufmerksamkeit durch irgendwelche andere dynamische Kategorien beeinflußt wird, sondern wie sehr unsere Treatments, die die kognitive Interaktion strukturell verändern sollen, die Aufmerksamkeit in einer Richtung hin beeinflussen. In dem Dreischritt Perzeption, Aufmerksamkeit und Gedächtnis (Schneider 1976, S. 81) kann das zweite nur herausgelöst werden, wenn die entsprechende Fragestellung ein Außenkriterium zur Verfügung stellt, welches das allgemeine Ausmaß differenzieren oder nicht differenzieren hilft. Hätten wir z. B. einen signifikanten Problemeffekt zu verzeichnen, so wäre die Verschiedenheit der Probleme für die Veränderung verantwortlich. Denn:

»Das Phänomen der Aufmerksamkeit ist etwas Ähnliches wie ein Set oder eine Erwartungshaltung. Diese repräsentieren eine Bedingung des Organismus, welche eine Aufnahme oder die Antwort auf eine Stimulation von besonderer Art ausmacht.« (Maier 1970, S. 197)

Stimulation ist bei uns nicht direkt auf die Variable Aufmerksamkeit gerichtet; es würde aber folgenreiche kognitive strukturale Konsequenzen haben, wenn signifikante Veränderungen auftreten würden. Denn Aufmerksamkeit wird für alle Gruppen gleicherweise als Kontinuum in einem

Reizfeld betrachtet, das Aktivierungen enthält, die auf ein bestimmtes Ziel hin gerichtet sind.

Ego-involvement: Mit dieser Variablen ist die Häufigkeit des Sprechens im Sinne der sachlichen Darbietung oder, mit anderen Worten, der Informationsvermittlung gemeint. Personen können häufiger oder weniger häufig sprechen, ihre Meinung äußern, unterbrechen, eingreifen etc. Es kann sein, daß das höhere Ego-involvement einer Person gegen das niedrigere involvement einer andern Person steht, ohne daß der Führungs- oder Kommunikationsstil autoritär ist. Ego-involvement wurde meistens in bezug auf Haltungswechsel und Meinungsdiskrepanz untersucht. Hovland (1959) hat die logische Hypothese aufgestellt, daß bei hohem involvement eine diskrepante Reizquelle weniger Wirkkraft hat als bei tiefem involvement. Bei tiefem Ego-involvement vermag eine diskrepante Quelle eher Veränderungen herbeizuführen (Rhine und Severance 1970). Zimbardo hat allerdings schon 1960 darauf hingewiesen, daß mit größerer Diskrepanz als Reizquelle, beide, nämlich die Person mit hohem und die mit tiefem Ego-involvement, eher einem Wandel unterliegen. Erst Kohlberg hat gezeigt, daß die Diskrepanz selber wiederum vom strukturalen Niveau in bezug auf die den Versuchspersonen vorgelegten Argumente abhängig ist.

In unserer Untersuchung brauchen wir Ego-involvement aber lediglich für die Häufigkeit der Teilnahme. Das ist eine wichtige Unterscheidung, besonders wenn Verallgemeinerungen diskutiert werden. Wir verwenden ein einseitig verlaufendes Kontinuum, und wir erwarten keinen Einfluß der strukturbildenden Treatmentgrößen auf diese Variable.

Erregtheitsgrad in bezug auf das Problem: Diese Variable steht in nahem Zusammenhang mit der Variablen »Aufmerksamkeit«. Und dennoch sind Unterschiede festzustellen. Eine Versuchsperson kann zwar sehr aufmerksam sein, aber überhaupt nicht erregt. Abgesehen von Methoden psychophysischer Erregungsmessungen, welche seit Bass und Hull (1934) sehr verfeinert worden sind (etwa galvanischer Hautwiderstand), gibt es wenig Literatur zur Frage der Messung von allgemeinen positiven, nicht durch Drogen erzeugten, psychologischen Erregungszuständen der Person. (Zur neueren Forschung vgl. Kreiskott 1979, Cofer 1975, etc.) Wir meinen mit dieser Variablen also ein spezifisches Angesprochensein, das dadurch zum Ausdruck kommt, daß die Person eine Art Erfüllung eines schon längst aufgebauten Bedürfnisses empfindet. Es ist ein Ausdruck homogener Attraktion und Bejahung, der wiederum zweidimensional gemessen wird.

Um dem Begriff »Erregtheit« näher zu kommen, können wir an seiner Stelle eine bestimmte Form des Wertes »Emotion« setzen, nämlich Emotion als Ausdruck von:

»allgemeiner Verwirrung, die drei Hauptkomponenten beinhaltet: Einmal subjektive Affektivität (die kognitive Zustimmung beinhaltet), dann physiologische Veränderungen, die sich auf artspezifische Formen des Handlungsantriebs beziehen, und schließlich Handlungen, die sowohl instrumentelle als auch expressive Charakteristika aufweisen.« (Lazarus 1974, S. 21/22)

Diese Charakteristika sind hier zwar, wie schon bemerkt, als abgetrennte Verhaltensweisen nicht in die Untersuchung miteinbezogen. Sie dienen aber vorzüglich als Beschreibung dessen, was wir mit Erregtheit meinen. Impulsives Verhalten beispielsweise ist ein Merkmal des Mediationsvorganges, den wir zweidimensional zu erfassen versuchen. Und dieses impulsive Verhalten ist entweder als Verteidigungsreaktion gemeint oder, auf dem anderen Pol, als Ausdruck von hoher, oft gar übertriebener Zustimmung. Nicht vorhandene vs. vorhandene attraktive Bejahung und Verteidigungsreaktion vs. hohe, oft übertriebene Zustimmung sind zwar nicht dieselben Skalen. Die erstere ist einseitig kontinuierlich, die zweite ist zweiseitig kontinuierlich. Um den positiven Aspekt des Begriffes »Erregtheit« (im Gegensatz zur weiter unten beschriebenen Variablen »Frustration«) abzuheben, wählen wir die erstere.

Würde eines unserer strukturbildenden und höhere Interaktionsstufen stimulierenden Treatments einen Einfluß auf diese Variable haben, so müßten wir wieder unsere auf S. 419 dargestellte Hypothese verwerfen.

Frustrationsgrad (inhaltsbezogen): Diese Variable beschreibt den Grad des Frustrationsverhaltens aus Gründen der Unlösbarkeit, der Schwierigkeit, der Verwobenheit, der Konflikthaftigkeit etc. der Aufgabe. Seit Dollard et al. (1939), der die These formulierte, Aggression sei immer eine Folge von Frustration, sind zur Frustrationstheorie vor allem Beiträge geleistet worden, die genau diese Hypothese in Frage stellen und beweisen, daß Aggression auch durch andere Auslösefaktoren bestimmt wird. Entscheidend hier ist etwa die Theorie von Berkowitz (1969, 1974), der von sogenannten Schlüsseleigenschaften der Situation spricht. Stimuli, die vorhergehend mit Frustration gekoppelt waren, rufen später, wenn sie allein produziert werden, dieselbe Frustration wieder hervor.

Für die Ablesbarkeit höherer und tieferer Frustration in der Gruppe ist dies insofern von Bedeutung, als vermutlich dieselbe Ausdrucksform von Frustration mehrmals auftaucht. Wäre die Dollardsche Hypothese richtig, so könnte Frustration immer vom Faktum aggressiver Handlungen abgelesen werden. Aber dies muß nicht so sein. Auch die Enttäuschung und der Ausdruck der Enttäuschung in Wort, Gestik und Mimik kann eine »cue property« [Schlüsseleigenschaft] (Berkowitz) für Frustration sein. Das Kontinuum beginnt also mit einem Nullpunkt, an dem wir voraussetzen, daß keine Frustration vorhanden ist. Die Vorlage eines Konfliktfalles oder, mit andern Worten, die Schaffung eines Disäquilibriums kann nun in starke positive Erregung (vgl. weiter oben) oder eben – zumindest im Verlauf der Problemanalyse – in Frustration umschlagen. Es geht also bei dieser Variablen nicht um ein Aufschlüsseln in Faktoren, sondern um ein Gesamtbild, eingeschätzt auf der Basis von vorweg beschriebenen Eigenschaften.

Man kann sich die Frage stellen, ob etwa die von Pastore (1950-52) untersuchte Legitimationsproblematik hier eine Rolle spielt. Pastore unterscheidet legitime Frustrationsquellen (etwa, wenn wir auf einen Bus warten und der Busfahrer absichtlich an uns vorbeifährt) und nicht legitime (wenn wir auf einen Bus warten, endlich kommt zwar einer, aber es ist ein Probewagen, in den niemand einsteigen darf). Da wir unsere Untersuchung rein auf Beobachtung stützen, dürfte eine solche Unterscheidung im Verlaufe des Interaktionsprozesses zu kompliziert bzw. nicht diskriminierbar sein.

Sollte sich herausstellen, daß unsere Haupttreatments einen Einfluß auf eine dieser Variablen hätten, so wäre unsere Hypothese dahingehend zu ändern, daß wir annehmen müßten, die durch das Dilemma ausgelöste Frustration würde die kognitive Interaktionsstufe in irgendeiner Weise beeinflussen.

Grad der gegenseitigen Konfrontation (inhaltsbezogen): Dies ist eine interessante Variable. Sie umfaßt das Faktum, daß Schüler die inhaltliche Meinung eines anderen bewußt herausfordern, um das Denken des Partners zu verändern. Diese Variable liegt dem Kohlbergschen Ansatz an der Stelle zugrunde, wo er annimmt, daß das Vorgeben von Argumenten höherer Stufe die kognitive Struktur der Versuchspersonen transformiere (vgl. S. 355 ff. in diesem Buch). Allerdings ist hier nur ein generelles, und nicht wie bei Kohlberg ein inhaltlich festgelegtes Kontinuum gemeint. Es geht nur um motivationale Intensität in bezug auf irgendwelche von der Versuchsperson gewählte Argumente.

Würde diese Variable durch unsere Treatments Veränderungen aufweisen, so wäre zu fragen, wieso strukturale Veränderungen durch die Stärke der Konfrontation als motivationales Maß zustande kommen.

Führungsstil der Gruppe (inhaltsbezogen): Seit Levins Untersuchungen zum sozialen Raum (1939) sind viele Theorien zum Führungsstil aufgestellt worden. Levin und später Lippitt und White (1943) formulierten die Begriffe ›demokratisch‹, ›autoritär‹ und ›laissez-faire‹, Anderson (1939) gebrauchte die Konzepte ›dominant‹ und ›integrativ‹ und Whitehall (1951) – spezifisch auf Lehrer bezogen – ›lehrerzentriert‹ und ›schülerzentriert‹. Wenn wir die alten Begriffe von Levin, Lippitt und White für unsere Skala verwenden, dann unter dem Gesichtspunkt »funktionaler Führerschaft« (functional leadership) und spezifisch aufgabenbezogen. Schmuck und Schmuck (1975²) formulieren:

»Die Funktionen von Aufgaben ermöglichen die Erfüllung von arbeitsorientierten, sachbezogenen Forderungen im Klassenzimmer. Dagegen ermöglichen die sozialen und emotionalen Funktionen, die innere Kohäsion der Gruppe aufrechtzuerhalten und die interpersonalen Gefühle zu unterstützen.« (S. 66)

Schmuck und Schmuck haben die »task-orientierte« Funktion in eine Reihe von Merkmalen aufgegliedert. Da wir in unserem Konzept aber viele andere Variablen miteinbezogen haben, konnten wir diese Merkmale nur zu »Operationalisierungszwecken« verwenden, im übrigen aber bloß eine gesamthafte Einschätzung vornehmen (mit Umkodierungen auf Intervallebene).

Wir erwarteten keinen Einfluß unserer Hauptfaktoren auf diese Variable, ganz besonders aber auch nicht von unserem dritten Haupttreatment, der Vorgabe einer Strategie. Denn Strategien können in jedem der drei Führungsstile in Anwendung kommen.

Allgemeine Einstellung gegenüber der Aufgabe: Seit Thurstone (1959) in seiner Schrift *The Measurement of Values* darstellte, daß und wie Einstellungen zu messen sind, ist eine ganze Flut von Forschungen zum Einstellungsproblem erschienen (vgl. etwa das Übersichtswerk von Triandis 1975). Eine Definition für Einstellung könnte so lauten:

»Einstellungen bedeuten Zuneigung oder Mißfallen (likes and dislikes). Sie sind unsere Zuneigung oder Ablehnung gegenüber bestimmten Situationen, Gegenständen, Personen, Gruppen oder jedem andern Aspekt unserer Umgebung einschließlich abstrakter Ideen und sozialer Handlungsweisen.« (Bem 1970, S. 14)

Normalerweise werden in der Forschung Einstellungen aufgelöst in Faktoren, die dimensional geordnet sind. In unserer Fragestellung schien es uns aber wiederum besser, eine globale positive vs. negative allgemeine Einstellungskategorie anzunehmen, weil der Einstellungsinhalt, nämlich die Aufgabe, dem Schüler von vornherein in vollem Umfange klar war: ein artifizielles moralisches Dilemma zu diskutieren und eine optimale Lösung zu finden. Im Gegensatz zu einer so einfachen Analyse stehen komplizierte Wertskalen, wie etwa die Rokeach-Skala (1968) oder die Allport-Vernon-Skala (1960), die ein viel breiteres Einstellungsfeld erfassen, als dies unser Anliegen ist, nämlich etwa Einstellungen zum Leben, zu Weisheit, zu Geld, zu Tod etc. Die Beschränkung ist also bereichsspezifisch und sie drückt sich auch darin aus, daß wir den Individuen nicht Einstellungsfragen gesamthaft vorlegen, sondern aus ihrem Verhalten das »like or dislike« auf einer 6-stufigen Skala festhalten. Würde sich zeigen, daß etwa eine bessere Einstellung zu der Aufgabe zu einer anderen kognitiven Interaktionsstufe führt oder besser – im Sinne unserer Untersuchung – durch eines unserer strukturbildenden Treatments signifikant beeinflußt wird, so müßten wir unsere Theorie wiederum abändern.

Bis jetzt haben wir eine Reihe sogenannter »task-orientierter« Motivationsvariablen zur Sprache gebracht. Die nun folgenden Variablen sind mehr dynamisch orientiert. Die affektive Haltung gegenüber der Gruppe und den Gruppenmitgliedern steht zur Frage.

Gruppenwärme (Klima I): Jede Aktion und Reaktion eines Individuums in der Gruppe geschieht in einem gesamtgesellschaftlichen Klima, das durch diese Aktion und Reaktion geschaffen, aber nicht vollständig erklärt werden kann. Das Klima kann also als warm oder kalt und abstoßend bezeichnet werden. Wärme und Kälte sind nicht Funktionen des Austausches, sondern symbolische Begleitursachen eines Wertverhältnisses. Die allgemeine Atmosphäre ist also eine die Information begleitende oder die Informationsträger bestimmende Variable im gesamten Interaktionsverhältnis. Versuchspersonen können dieselbe Aussage mit verschiedener Offenheit, verschiedener »Herzlichkeit«, verschiedener Ängstlichkeit etc. vorbringen. Damit ist also eine Begleitvariable aller interaktiven Handlungen angesprochen. Wir erwarten, daß unsere Treatments auch auf diese Variable keinen Effekt ausüben.

Gruppengefühl (Klima II): Im Unterschied zur vorhergehenden Variablen wird hier der Gefühlsausdruck, d. h. der Akt, seine Stimmung in der Gruppe mitzuteilen, angesprochen. Die Frage lautet, wie sehr sind die Mitglieder fähig, ihre Gefühle bekanntzumachen. Es ist dies eine Variable der möglichen Offenheit und des Vertrauens gegenüber der Gruppe. Wie bei allen vorhergehenden Variablen ließe sich diese Variable in viele einzelne Merkmale auflösen. Z. B. hat Schlosberg (1954) Gefühle systematisch untersucht und dimensioniert; Davitz (1969) hat eine ganze Reihe von Merkmalen aussortiert und sie operationalisiert; aber auch hier benötigen wir die Merkmale lediglich dazu, um das Beobachtungskontinuum zu beschreiben.

Wir erwarten keinen Einfluß unserer Treatments auf diese Variable.

Rückmeldung (Feedback): Wir wissen aus den Konditionierungstheorien, daß Gruppenmitglieder verschiedenes Verhalten zeigen, je nachdem ob sie in ihren Äußerungen verstärkt bzw. nicht verstärkt werden. Gibt man einem Gruppenmitglied in irgendeiner Weise eine Rückmeldung für sein Verhalten, so wiederholt es dieses Verhalten in neuen Situationen. Die Art der Verstärkung ist vielfältig: Zunicken, Wiederholung der Aussage, Erklärung auf Einverständnis mit einer Äußerung; Vorschlag, in dieser Richtung weiterzugehen etc. Es ist hier nicht der Ort, die Verstärkungstheorien wiederzugeben. Wie Cofer (1975) darstellt, ist das Verhältnis zwischen Verstärker und Motivation noch nicht klar abgegrenzt. Es sei keineswegs sicher, so Cofer, daß Verstärker selbst nicht zu motivationalen Bedingungen, wie dem Anreizwert, in Beziehung stünden. Einige Verstärker seien offensichtlich nur dann wirksam, wenn es einen Deprivationszustand gäbe; sie würden das Verhalten sowohl intensivieren als auch verstärken.

Da in der Gruppe Verstärkungsprozesse nicht durch bewußte Steuerung vorgenommen werden – die Gruppe arbeitet ohne Lehrereinfluß am vorgelegten Problem – ist dies insofern von Bedeutung, als der Gruppenprozeß plötzlich extrem in eine Richtung verlaufen kann, wenn ein Verstärker durch Rückkopplungsverfahren immer wiederholt wird. Mit anderen Worten, wenn der Verstärker durch den Erfolg einer Intervention selbst verstärkt wird und dadurch seine Stimuli immer wieder von neuem abgibt, entsteht eine Eigengesetzlichkeit des Gruppenverlaufs, die nicht leicht zu durchbrechen ist, da der Einfluß von außen ausbleibt.

Wir erwarten keinen Einfluß unserer Treatments auf diese Variable.

Akzeptiertheit: Diese Variable liegt in der Dimension personale Distanz vs. hohe personale Attraktion. Das gegenseitige Verhältnis wird direkt durch Beobachtung erschlossen. Seit Moreno (1934) wird personale Attraktion zwar meistens durch das Soziogramm erfaßt, später auch durch rating-Verfahren, wie es die social-distance scale nach Bogardus, basierend auf 7 Items, die extrem auseinanderliegen, darstellt. (1. Would marry into group, und 7. would disbar from my nation.) Interessant sind dabei auch die auf Augenkontakt basierenden Einschätzungsverfahren, wie sie Exline und Winters (1965) entwickelt haben. Da Triandis (1964) herausgefunden hat, daß das meiste Attraktionsverhalten mit den Dimensionen positiv vs. negativ und intim vs. »formal« gemessen werden kann, scheint uns eine einzige Variable »Akzeptiertheit« mit einem Distanzkontinuum rechtfertigbar, besonders auf dem Hintergrund des ganzen Ansatzes unserer Gesamtmessung.

Wir erwarten keinen Einfluß der Treatments auf diese Variable. (Zur Distanzforschung vgl. Schneider 1976, S. 105/106.)

Gegenseitiges Verständnis: Diese Variable ist nicht leicht zu unterscheiden von der vorhergehenden. Es besteht ebenfalls eine Nähe zur Variablen »Gruppengefühl«. Die Forschungsfrage, die wir uns hier stellen, lautet: Besteht ein Unterschied in bezug auf unsere Treatments im allgemeinen gegenseitigen Vertrauen der Mitglieder zueinander? Es kann sein, daß der Beobachter entdeckt, daß zwar Gefühle offen ausgesprochen werden, aber doch gegenüber einem Mitglied Mißtrauen besteht, das sich sprachlich (nicht allgemeiner Ausdruck) manifestiert. So etwa kann ein Schüler sagen: »Du behauptest dies nur, damit du etwas sagen kannst, aber es ist dir gar nicht ernst.«

Wir erwarten keinen signifikanten Effekt der unabhängigen Variablen auf dieses Merkmal.

Interpersonale Frustration: Der einzige Unterschied zur Variablen »Frustration« (inhaltsbezogen) besteht darin, daß der erregte Stimulus, statt des vorgelegten artifiziellen Dilemmas, ein anderes Gruppenmitglied ist.

Wir erwarten ebenfalls keine signifikanten Effekte der Treatments auf diese Variable.

Soziale Organisation: Diese Variable ist nicht zu verwechseln mit der Einführung einer Strategie in den Gruppenprozeß. Es geht hier nicht um die Ordnung in bezug auf den vorgegebenen Ablauf des Gruppenprozesses, sondern in bezug auf das soziale Gefüge oder das soziale Gleichgewicht. Das Gleichgewicht ist gestört, wenn ein Schüler sich nicht am

Gruppenprozeß beteiligt. Nichtbeteiligung heißt nicht, nichts zu sagen, sondern sich offensichtlich etwas anderem als der Gruppe zuzuwenden. Es geht hier auch nicht um Motivation, sondern um die absichtliche Störung des sozialen Disäquilibriums. Nichts sagen ist zwar ebenfalls ein Aspekt des sozialen Disäquilibriums, wird aber, wenn der Schüler etwa mit seiner ganzen Aufmerksamkeit beim Gruppenprozeß ist, nicht gleich gewertet wie bei Zuwendung zu anderen Gegenständen oder anderen Gruppen, um die eigene Gruppe zu stören. Wie unterscheidet sich diese Variable von der Variablen »Ego-involvement«? Ego-involvement bezieht sich auf die Ansprechbarkeit der Versuchsperson durch den Gegenstand. Soziale Organisation meint das Gleichgewicht bezüglich der dynamischen Interaktion oder der gestörten Kommunikation. Sich etwas anderem zuzuwenden heißt in diesem Falle, nicht beim Gruppenprozeß dabeisein, nicht wissen, was vorgeht, und zwar aus Absicht. Das Kontinuum ist zweiseitig. Der Nullpunkt ist eine neutrale Mitte zwischen Gleichgewicht und Ungleichgewicht.

Auch bei dieser Variablen erwarten wir keinen signifikanten Einfluß durch die Treatmentgrößen.

Kommunikationsstil: Diese Variable hat dieselbe Ausprägung wie die Variable »Führungsstil«: autoritär, demokratisch, laissez-faire. Die Schlüsselreize werden aber nicht vom Interesse der Versuchspersonen am Gegenstand, sondern von der dynamischen Interaktion abgeleitet. Der Stil ist die Art und Weise, wie die Interaktion schlechthin stattfindet. Autoritärer Stil kann vorkommen, ohne sachliche Überlegenheit, sondern durch straffe Führung eines Gruppenmitgliedes bezüglich der Häufigkeit, Richtung und Stärke der Kommunikation.

Im Hinblick auf diese Variable erwarten wir ebenfalls keine signifikanten Effekte durch die strukturformenden Treatments.

c. Zur Operationalisierung der abhängigen Beobachtungsvariablen

Wichtig ist die sog. Instrumentalisierung oder Operationalisierung der Begriffe (vgl. Baumann 1974, S. 28). Allerdings dient diese Instrumentierung nur a. als Grundlage der von den Bewertern vollzogenen Einschätzung und b. als Grundlage der Interreliabilitätsüberprüfung. Wir wollen hier ein Beispiel angeben:

Zu A. Sachbezogene Motivation:

Allgemeine Aufmerksamkeit gegenüber der Aufgabe:

Hoch – Schüler reden von nichts anderem als vom gestellten Problem.

– Schüler machen Äußerungen wie: Kommt, wir machen vorwärts, damit wir eine gute Lösung finden etc.

- Schüler hören gut hin, was ihre Kameraden vorschlagen. (Sie sind am Geschehen beteiligt, auch dann, wenn sie nichts sagen. Ihre Augen, ihr Ausdruck zeigen Aufmerksamkeit.)

Tief
- Schüler machen etwas anderes, z. B. Hausaufgaben (ohne den Gruppenprozeß stören zu wollen).

- Schüler reden von etwas anderem.

- Ein Schüler langweilt sich, zeichnet auf ein Blatt Papier. Augen und Gesicht sind abgewandt (sind nicht ins Geschehen involviert).

Die jeweils gegebene, vermutete oder eingeschätzte »unmittelbare Begründung« des Beobachters für ein bestimmtes Verhalten ist das ausschlaggebende Maß für die Einschätzung.

Wenn der Schüler frustriert ist, weil er die Aufgabe nicht lösen kann (in diesem Falle ist die vermutete Begründung: Ich kann die Aufgabe nicht lösen), fällt dies unter A: sachbezogene Motivation. Wenn er frustriert ist, weil er seine Meinung in der Gruppe nicht durchsetzt (in diesem Falle handelt es sich um die vermutete Begründung: Er kann sich nicht durchsetzen, oder die anderen unterdrücken ihn), dann fällt dies unter B: dynamisch bezogene Motivation.

Wichtig für die Einschätzung war die Berechnung der sogenannten rater-Reliabilität. Sie hätte erheblich optimiert werden können, wenn wir zwei oder drei Beobachter pro Gruppe hätten einsetzen können. Dies war aber nicht möglich, weil dadurch die Gruppe in ihrem unmittelbaren Ausdruck beeinträchtigt worden wäre. Wir haben in der Pilotstudie erfahren, daß zwei Beobachter den Verlauf des Gruppenprozesses mehr beeinflussen als ein einziger. Da der eine Beobachter die Gruppe in die Treatments einführt, mit ihr also einen Familiarisationsprozeß durchmacht, dürfte die Rolle des zweiten dann befremdend, ja störend wirken. Wir mußten also mit einem Beobachter pro Gruppe vorlieb nehmen.

Das bedeutet, daß wir die Einschätzreliabilität vorwegnehmend anzugeben hatten bzw. daß wir die Einschätzer anhand von Videoaufnahmen trainieren mußten. Denn ein gutes Meßinstrument mißt das, was es zu messen vorgibt, auch wenn verschiedene Personen zu verschiedenen Zeiten daran beteiligt sind.

Wir haben unser Training ungefähr nach den Richtlinien von Heyns und Zander (1953, S. 460) ausgerichtet.

Zwei Probleme stellen sich bei der Berechnung des Reliabilitätskoeffizienten. Das erste betrifft den Grad der Übereinstimmung der Einschätzer, das zweite die »reliable« Qualität des Meßinstrumentes an sich oder der entsprechenden Kategorien. Das zweite Problem ist in unserem Falle nicht so brennend, weil der Vergleich zwischen den Gruppen den gleichen Fehler konstant beibehält. In bezug auf das erste Problem wird normalerweise ein Koeffizient von mindestens 0.7 erwartet. Allerdings ist diese Zahl zu relativieren, weil der Übereinstimmungskoeffizient mit dem, was wir von der Beobachtung erwarten, schlechthin zusammenhängt. Da unsere Beobachtung nur vergleichende bzw. kontrollierende Funktion hat, dürfte ein gewisser Spielraum in bezug auf größere Reliabilitätsdifferenzen toleriert werden.

Die Berechnung des Interraterkorrelationskoeffizienten für die einzelnen Variablen erfolgte zugleich als Inter-rater-Übereinstimmung (verschiedene Beurteiler in einer Situation) und Intra-rater-Übereinstimmung (verschiedene Zeitpunkte).

Wenn die 20 Bewerter im Durchschnitt mit .86 übereinstimmen, so ist dies ein Resultat, das Berechnungen auf der Basis des so vorgelegten Datenmaterials erlaubt. Den einzig problematischen Koeffizienten fanden wir bei der Variablen »Grad der gegenseitigen Frustration«. Dieser kam wohl dadurch zustande, weil die von uns erarbeiteten Unterscheidungskriterien zur Variablen »Grad der Frustration wegen der Unlösbarkeit der Aufgabe« nicht genügend diskriminierten.

d. Hypothesen und Analyseeinheit

Unsere Hypothesen sind einfach: Wir erwarten keine signifikanten Interaktionseffekte in bezug auf alle dynamischen Variablen (1). Wir erwarten keine signifikanten Treatment-Haupteffekte für alle Variablen (2). Wir erwarten keine signifikanten Klasseneffekte (3) und wir hypothetisieren signifikante Haupteffekte für den Problemunterschied (4), weil möglicherweise einige Probleme durch unterschiedliche Disäquilibriumsausmaße etwas mehr Frustration auslösen als andere oder vielmehr eine andere Dynamik bewirken.

Da wir diese Analyse mit der gesamten Stichprobe durchgeführt haben (42 Klassen, 336 Gruppen), schien es hier auch sinnvoll, die abhängige Variable »Diskussionsdauer« ebenfalls einzubeziehen. Dieses war keine eigentlich dynamische Variable, aber sie sagt außerordentlich viel aus in bezug auf den Problem- und Strategieeffekt. Für diese Variable erwarten wir daher (wie schon auf S. 180 angedeutet) einen signifikanten Strategieeffekt, weil wir annehmen, daß die Vorgabe der Strategie die spontane Diskussionsfolge unterbricht und die Einhaltung der Schritte die Diskussion entscheidend verlängert. Aufgrund der vorhergehenden Analysen sahen wir für diese Variable natürlich ebenfalls einen signifikanten Problemeffekt in dem Sinne voraus, daß Problem 1 kürzer diskutiert wird als die anderen Probleme. Treffen diese Hypothesen zu, so wird die Funktion der strukturbildenden Treatments in entscheidendem Maße als unabhängig für motivationale Dynamik bestätigt.

Eine entscheidende Frage für diesen Abschnitt unserer Untersuchung bilden die gewählte Analyseeinheit (unit of analysis) und die gewählten Parameter des Vergleichs. Obwohl wir einen großen Informationsverlust in Kauf nehmen mußten, wurde die Gruppe als Analyseeinheit gewählt, denn die einzelne Aussage ist abhängig vom Gruppenganzen (vgl. Glass, Peckham u. Sanders 1972, Glendening 1976, Poynor 1974, 1975, 1976, S. 7). Obwohl die Variablen untereinander meist positiv korrelieren, das aktuelle Wahrscheinlichkeitsniveau also größer ist als das nominale, und der Test bei positiver Korrelation zu liberal, bei negativer zu konservativ ist (vgl. Chochran 1947, Scheffé 1959), möchten wir aus Gründen der Interpretation jede einzelne Variable beibehalten. Da bei positiver Korrelation die Tests zu liberal ausfallen, besteht keine Gefahr einer Überinterpretation, wenn wir keine signifikanten Effekte haben (vgl. S. 65).

Ein weiteres Problem stellt die Parameterwahl dar. Wir müssen mit zwei Fragestellungen an unser Problem herantreten.

1. Wir wollen unsere Analyse mit der Varianz oder Standardabweichung durchführen. Die Varianz basiert auf der Abweichung der Gruppen vom Gesamtgruppenmittelwert. Wählen wir die Varianz als Rechnungseinheit, so erfassen wir die Streuung der Gruppen. Wir erhalten also eine Antwort darauf, ob die Variablen bezüglich der Treatments unter der maximalen Varianz einer jeden Gruppe variieren. Dies hat den Vorteil, daß wir das Phänomen, ob eine Gruppe sehr stark in das Problem involviert ist und eine andere überhaupt nicht, mit einbeziehen. Es hat aber den Nachteil, daß wir die Richtung der Abweichung nicht kennen.

2. Wir wollen aber auch erfahren, ob sich Unterschiede in bezug auf Mittelwerte ergeben. Dies ist eine völlig andere Fragestellung, weil das bestimmende Maß hier ein Durchschnittswert einer jeden Gruppe ist.

Einmal beantworten wir also die Frage in bezug auf Dispersität der Maße, ein andermal in bezug auf Durchschnittswerte. Beide Fragen sind interessant. Bei der ersten muß man sich aber über folgendes bewußt sein:

Das Ausmaß der Streuung der Gruppe kann nach oben oder nach unten, also positiv oder negativ verlaufen. Somit wird die Analyse auf dieses Faktum eingestimmt. Würden sich signifikante Unterschiede ergeben, müßte man die Frage der Varianzrichtung weiter verfolgen.

Für die Durchführung der Analyse haben wir wieder das auf S. 54 ff. dargestellte Design gewählt. Fünf Arten von Effekten und ihre Interaktionen stehen in allen 16 Variablen zur Diskussion (Problemeffekte, Klasseneffekte eingenistet in den Problemen, Informationseffekte, Regeleffekte und Strategieeffekte).

e. Resultate

Zuerst wollen wir die Resultate in bezug auf die Varianz als Parameter der dynamischen Unterschiede präsentieren. Es sind keine signifikanten drei- und zweifachen Interaktionseffekte der Treatments mit den Problemen zu verzeichnen. Die niedrigste multivariate Irrtumswahrscheinlichkeit liegt bei 0.45. Ebensowenig ist ein signifikanter Interaktionseffekt der einfachen Treatments mit den Problemen zu finden. Das tiefste multivariate Wahrscheinlichkeitsmaß liegt bei 0.13. Wir können also vermutlich jede signifikante Interaktion bei der Treatments mit dem Problemeffekt für alle 15 dynamischen Variablen verneinen. Dynamisch-motivationale Ausprägungen verändern sich nicht signifikant, wenn Werte in den Problemen sich verändern. Am wenigsten Wirkung hat der Regel × Problem-Interaktionseffekt mit 0.91, was bedeutet, daß die Gruppenhomogenität beinahe konstant blieb, wenn die Werte entweder des Regeltreatments oder der Problemart wechselten.

Es sind aber auch keine Drei- und Zweifach-Treatment-Interaktionen signifikant. Der tiefste Wert ist 0.22. Für die Haupttreatmenteffekte gibt es ebenfalls keine wichtigen Unterschiede in allen 16 Variablen. Das tiefste multivariate p liegt bei 0.49 für den Strategieeffekt. Ebensowenig gibt es signifikante Klasseneffekte ($p < .39$). Es liegt einzig ein signifikanter Problemunterschied vor mit einem multivariaten $p < 0.05$, der sich aber univariat nicht auswirkt.

Betrachten wir den multivariaten Bezirk, so haben wir Effekte bei den Variablen »Ausdruck von Gefühlen« und »gegenseitiges Verständnis« in der Gruppe. Da wir aber die Variablen nicht hierarchisch geordnet haben, ist dieses Resultat unbrauchbar.

Überblicken wir unsere bisherigen Ausführungen, so ist zu sagen, *daß* (entsprechend der Hypothese) *in bezug auf die Streuung keine sicheren Unterschiede festzustellen sind, die durch die zur Diskussion stehenden Faktoren und ihre Kombinationen hervorgerufen wurden.* Zwar haben wir eine Tendenz zu Unterschieden bei den Problemen zu verzeichnen, die aber zufällig ist. Wir brauchen also gar nicht mehr die Frage zu stellen, ob es Streuung nach oben oder nach unten gibt, weil die Wirkung in bezug auf alle 16 dynamisch-motivationalen Aspekte unzweifelhaft zu klein ist. Das Resultat besagt – und dies ist wichtig im

Hinblick auf die kommenden Mittelwertsergebnisse: immer wenn die Wirkung eines Faktors oder eines Treatments auf ein Individuum in der Gruppe vorhanden war, wurden alle andern Mitglieder von dieser Wirkung in derselben Richtung betroffen. Wir haben somit für alle 42 Klassen und alle 336 Gruppen in bezug auf unsere Fragestellung eine einzige Population vor uns. (Da die Variablen alle negativ miteinander korrelieren, ist die Gefahr eines Irrtums erster Art ebenfalls behoben.)

Nun aber zu den wohl interessanteren Resultaten in bezug auf die Mittelwertsparameter. Hier richtet sich die Fragestellung auf signifikante Unterschiede als Faktoreffekte in und zwischen den Gruppen, wenn das Maß nicht die durchschnittliche Abweichung, sondern das interne Ausmaß auf den Skalen selber ist.

Es gibt keine Wechselwirkungen dreifacher und zweifacher Art, die verbunden sind mit den Problemen (Problem × Information × Regel × Strategie). Zwar ist das tiefste Wahrscheinlichkeitsniveau 0.09 im multivariaten Bereich. Resultate unter dieser Maßbreite können aber nicht mehr als sicher interpretiert werden. Ebensowenig sind signifikante Effekte reiner drei- und zweifacher Treatment-Interaktionen aufzuweisen. Hingegen finden wir signifikante Problem × Strategie-Wechselwirkungen, die wir zu interpretieren versuchen müssen.

Zuerst ist wichtig zu vermerken, daß der Faktor Strategie eine Wirkung auf einige der dynamisch-motivationalen Variablen hat, im vorliegenden Fall interaktiv mit dem Faktor Problem ($p < 0.0056$). Die Variable »Gruppengefühl« ist effektiert mit $F = 3.90$; $df = 2,273$; $p < 0.02$. Die Mittelwertausprägungen sind aus Tabelle 4.3 zu ersehen.

	Strategie	
	ja	nein
Problem 1	3.92	3.84
Problem 2	3.31	3.98
Problem 3	3.64	3.57

Tabelle 4.3: Mittelwertsausprägungen der Problem × Strategieinteraktion für die Variable »Gruppengefühl«

Als zweites zeigt sich ein signifikanter Problem × Strategie-Effekt für die Variable »Akzeptiertheit« bei F = 3.67; df = 2,273; p < 0.04. Die Mittelwertsverteilung ist aus Tabelle 4.4 zu ersehen.

Strategie

	ja	nein
Problem 1	4.70	4.34
Problem 2	4.31	4.70
Problem 3	4.38	4.43

Tabelle 4.4: Mittelwertsausprägungen der Problem × Strategieinteraktion für die Variable »Akzeptiertheit«

Als drittes nennenswertes Resultat ist eine Signifikanz bei der Variablen »Ausmaß des gegenseitigen Verständnisses« als Problem × Strategie-Wechselwirkung zu verzeichnen. Die Werte sind F = 4.39; df = 2,273; p < 0.04. Die Mittelwertsausprägungen sind aus Tabelle 4.5 zu ersehen.

Strategie

	ja	nein
Problem 1	3.99	3.79
Problem 2	3.67	4.25
Problem 3	3.89	3.86

Tabelle 4.5: Mittelwertsausprägungen der Problem × Strategieinteraktion für die Variable »Ausmaß des gegenseitigen Verständnisses«

Die vierte signifikante Problem × Strategie-Interaktion finden wir bei der Variablen »Soziale Organisation« bzw. Gleichgewicht der Interaktionshäufigkeit mit F = 3.75; df = 2,273; p < 0.05. Die Mittelwertsverteilung ist aus Tabelle 4.6 zu ersehen.

[Die Freiheitsgrade für »error« von 273 entstanden dadurch, daß wir 336 Gruppen hatten, also df$_T$ = 335. Für die Klassen wurden abgezogen 3 (14−1), also df$_K$ = 39. Für weitere Effekte mußten wir 23 Freiheitsgrade subtrahieren. Das r liegt bei jedem angeführten F bei 0.10.]

	ja	nein
Problem 1	4.34	3.91
Problem 2	3.97	4.30
Problem 3	4.26	4.21

Tabelle 4.6: Mittelwertsausprägungen der Problem × Strategie-Interaktion für die Variable »Soziale Interaktion«

Alle vier Variablen zeigen dieselbe Mittelwertsstruktur. Bei verschiedenen Dilemmas (Problemwerten) ändert sich die Ausprägung für die Strategie, und zwar bei Problem 1 in positiver Richtung mit relativ starker Wirkung, bei Problem 2 in negativer Richtung mit ebenfalls relativ starker Wirkung, und bei Problem 3 gleichbleibend oder in leicht positiv aufsteigender Richtung.

Ein solcher Effekt ist *nicht* vorausgesagt worden. Warum bewirkt die Strategie bei Problem 2 weniger »Ausdruck des Gruppengefühls«, weniger gegenseitiges »Akzeptieren«, weniger gegenseitiges »Verständnis«, weniger »Soziale Organisation« im Sinne von Gleichgewicht des Beteiligungspegels als bei den andern Problemen? Es scheint, daß die Strategie mit diesen Variablen interferiert, wenn das Problem 2, also der konfligierende Risikowahltyp vorliegt. Und es scheint auch, daß der von uns hypothetisierte signifikante Problemunterschied nur in Interaktion mit der Vorgabe einer Strategie signifikant wird.

Man kann die vorliegenden Effekte aber auch so interpretieren, daß möglicherweise die hohe Aktualität des Problems, verbunden mit dem konfligierenden Risikowahltyp im Falle der Vorgabe der Strategie, den Ausdruck von persönlichen Gefühlen eher behinderte und die Personen so sehr in den Diskussionsverlauf einband, daß sie keinen objektiven Abstand mehr zueinander hatten. Im Gegensatz zu allen anderen Treatments zwingt ja die Strategie einen gewissen Verlauf auf. Warum dies aber nur bei Problem 2 geschieht, muß damit zusammenhängen, daß die Gruppenmitglieder sich vermutlich durch die Vorgabe der Strategie bei Problem 2 weniger in die Rolle der *involvierten* Personen als vielmehr in die Rolle der *beschriebenen* Personen versetzen; somit sinkt das Mittelwertsausmaß.

Dasselbe ist für die Variable »Akzeptiertheit« zu sagen. Ich vermute, daß die Extremität der Positionen Käthi vs. Matthäus durch die Strategie stärker akzentuiert wird, ganz besonders weil Punkt 7 der Strategie auf einen Konsensus drängt (vgl. Beschreibung S. 164) und durch dieses Drängen oder »Erzwingen« in der Gruppe gegenwirkende Kräfte ausgelöst werden. Aus ähnlichen Gründen, also wegen der in der Diskussion nicht auflösbaren Positionen, senken sich auch die Werte für die Variable »Verständnis«; denn Meinungsdifferenzen werden plötzlich interpretiert als gegenseitiges Mißverstehen, als Ablehnung personeller Eigenheiten und als konflikterzeugend.

Am interessantesten ist wohl der Effekt auf die Variable »Soziale Organisation«. Wir haben auf S. 435 gesagt, sie sei nicht zu verwechseln mit der Strategie selber, sondern bedeute soziales Gleichgewicht vs. Ungleichgewicht in bezug auf Beteiligung. Eine Verhärtung der Positionen in Problem 2 erzeugt vermutlich dann, wenn die Strategie zum Konsensus auffordert, ein starkes Ungleichgewicht in der Beteiligungsverteilung.

Die besprochenen Effekte treten aber nur als signifikante Problem × Strategie-Wechselwirkungen auf. Mit den andern Haupttreatments Regeln und Informationszugabe (in bezug auf die Komplexität der analytischen Stimuli) sind keine Problem-Interaktionen zu verzeichnen.

Betrachten wir nun die Haupteffekte: Wir haben in unsere Analyse eine Variable mit dem Namen »Diskussionsdauer« eingeführt. Diese Variable scheint auf den ersten Blick nicht sehr wichtig und im besonderen keinen motivational-dynamischen Bedeutungsgehalt zu haben. Schaut man genauer hin und betrachtet sie unter dem Gesichtspunkt etwa der Exhaustionsproblematik (vgl. S. 195 ff.), so wird sie wichtig. Sie ist insofern dynamisch, als der Diskussion sehr bald der Atem ausgeht, wenn keine Motivation zur Weiterverfolgung der Problematik mehr besteht. Unter dem Gesichtspunkt strukturbildender Komponenten kann die »Diskussionsdauer« zur Bedingung der Möglichkeit höherer Interaktion werden.

Interessanterweise haben wir für diese Variable einen Strategie-Haupteffekt zu verzeichnen mit $F = 6.12$; $df = 1{,}273$; $p < 0.01$; ($r = 0.14$). Da die Strategie vermutlich keine strukturbildende Wirkung hat (vgl. S. 185), also keine höhere Stufe stimuliert, muß für diesen Dauereffekt eine andere Erklärung gesucht werden.

Die Hypothese einer nichtstrukturbildenden Kraft der Strategie wurde in Analyse I zwar nur mit einiger Unsicherheit bestätigt (vgl. S. 176). Unzweifelhaft war eine signifikante Wirkung des Strategieeffektes auf die sogenannte »Diskussionskompaktheit« oder, mit andern Worten, auf den »Grad der Interaktionskomplexität« (koordinative Komplexität, vgl. S. 183). Dies muß nun zusammenhängen mit dem signifikanten Einfluß der Strategie auf die längere Diskussionszeit (Mittelwerte 4.83 und 5.28). Weil die Schüler durch die Strategie besser aufeinander eingehen, die Diskussionsthemen in zusammenhängende Blöcke gruppieren und schließlich auch eine Übersicht über das Diskutierte herstellen oder Zusammenfassungen geben, bedarf es vermutlich auch einer längeren Diskussionszeit. Es muß eine Art additives Modell vorliegen, das besagt, zur qualitativen Veränderung der Interaktionsstruktur geselle sich – sofern die Diskussionszeit länger ist – auch eine höhere Kompaktheit. Ist das Treatment »Strategie« tatsächlich nicht strukturbildend, aber diskussionskompaktheitfördernd, so wird dies hier durch den Längeneffekt bestätigt. Ein gleicher Einfluß ist – wir wiederholen – von den beiden anderen Faktoren Regel und Information *nicht* zu verzeichnen.

Wir haben noch zwei weitere signifikante Strategiehaupteffekte zu verzeichnen, nämlich einen »Leadership-style-Effekt« mit $F = 3.96$; $df = 1.273$; $p < 0.05$ und einen »Frustrationseffekt« im Bereich dynamischer Beziehungen (also nicht wegen der vorliegenden Aufgabe) mit $F = 4.40$ und $p < 0.04$. Mittelwerte für Führungsstil sind 2.13 und 2.01 und für dynamische Frustration 1.97 und 1.79. *Das bedeutet, daß mit der Vorgabe der Strategie die interaktive Frustration in der Gruppe signifikant abnimmt und der Führungsstil demokratischer wird.* Diese beiden Resultate besagen, daß einerseits das Treatment »Strategie« als einziges signifikante Haupt- und Interaktionseffekte bewirkt, andererseits aber auch, daß die auf S. 183 festgehaltene Tatsache, daß die Strategie die Diskussionskohäsion fördert, bestätigt wird.

Daß nicht hypothetisierte Klasseneffekte für die Variablen »Dauer«, »Kommunikationsstil«, »Soziale Organisation«, »Dynamische Frustration«, »Verständnis«, »Gruppenwärme«, »Allgemeine Einstellung gegenüber dem Problem«, »Führungsstil« und »Frustration gegenüber der Aufgabe« vorliegen, hat einerseits damit zu tun, daß wir auch die wenigen Klassen in der Stichprobe belassen haben, in denen sich die Schüler, vermutlich beeinflußt durch den Lehrer, nur sehr unwillig am Experiment beteiligten, teilweise abschätzige Bemerkungen machten und eher bedauerten, daß sie jetzt für die Leute der Universität »arbeiten« müßten (vgl. unsere Darstellung S. 182). Andererseits sind natürlich Klassenunterschiede deshalb zu erwarten, weil Lehrstil, Interaktionsstil und das gesamte Verhaltensrepertoire von Klasse zu Klasse variiert. Daß diese Effekte errechnet und ausgesondert wurden, hat eine reinigende Wirkung für alle anderen Treatment- und Treatmentwechselwirkungs-Effekte; dies ist der Vorteil des komplizierten Designs. Betrachtet man die Mittelwerte, so sind es immer wieder dieselben Schulklassen, besonders in Problem 1, welche die Differenzen bewirken. Es wäre natürlich interessant, eine eigene Arbeit über diese Klasseneffekte zu schreiben. Da wir aber alle Klassen miteinander vergleichen, entstünden komplizierte Zusammenhänge, die den Rahmen dieser Arbeit sprengen würden. Ein solcher Vergleich hätte auch nur dann einen Sinn, wenn wir mehr Informationen über die Lehrerpersönlichkeit zur Verfügung hätten. Wir wollen also auf dieses Problem hier nicht weiter eingehen. Für unsere Arbeit genügt es zu wissen, daß die Klasseneffekte zwar durch Randomisierung hätten ausgeschaltet werden sollen, daß aber, bedingt durch äußere Umstände, ein bestimmter Prozentsatz von Klassen ein spezifisches Verhalten zeigte, das zum Teil auf den entsprechend negativen Lehrereinfluß auf die Einstellung zum Experiment zurückzuführen war. Positiv ist die Reinigung aller übrigen Varianzanteile durch die Subtraktion dieses »nested-within«-berechneten Klasseneffektes.

Wir haben einen Problemeffekt für alle Variablen vorausgesagt. Dies ist nicht eingetroffen. Wir haben nur für zwei Variablen einen signifikanten Problemeffekt gefunden, nämlich für »Frustration wegen interpersoneller Differenzen« und für »Dauer«.

Für »Frustration« haben wir $F = 3.11$; $df = 2,273$; $p < 0.05$; ($r = 0.10$) und die Mittelwerte $\bar{x}_1 = 1.79$ für Problem 1; $\bar{x}_2 = 2.04$ für Problem 2; und $\bar{x}_3 = 1.82$ für Problem 3 (vgl. Figur 4.1). Für die Variable »Diskussionsdauer« findet sich ein $F = 29.27$; $df = 2,273$; $p < 0.0001$; ($r = 0.28$) vor. Es ist dies ein hochsignifikanter Wert mit den Mittelwerten $\bar{x}_1 = 4.01$ für Problem 1; $\bar{x}_2 = 5.32$ für Problem 2; und $\bar{x}_3 = 1.82$ für Problem 3 (vgl. Figur 4.1). Für die Gruppen, die Problem 2 diskutiert haben, ergibt sich also ein höherer interaktiver Frustrationswert, was vermutlich wiederum auf die absolute Rollenidentifikation (mit Peter, Käthi, Matthäus)

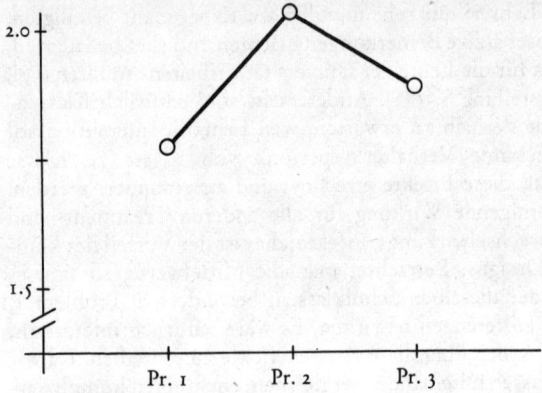

Fig. 4.1: Problemunterschiede bei der Variablen »Frustration durch interpersonelle Differenzen«

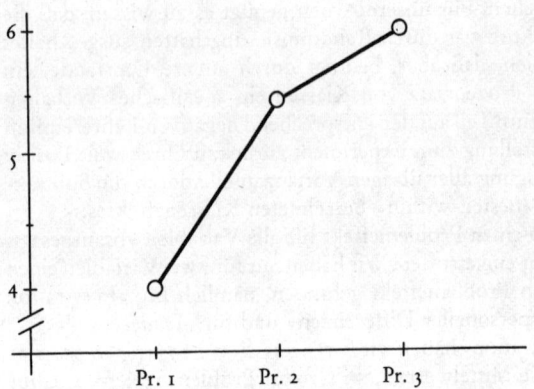

Fig. 4.2: Problemunterschiede bei der Variablen »Diskussionsdauer«

zurückzuführen ist. Bei den anderen Problemen ist diese Identifikation nicht in demselben Maße möglich, bei Problem 1 gar nicht wahrscheinlich, weil gar keine Rollen vorgezeichnet sind. Absolute Rollenidentifikation bedeutet aber auch eine dynamische Verhärtung oder ein dynamisches Disäquilibrium, was vermutlich zu dem festgestellten Wert geführt hat. Nicht ohne Grund haben wir denn auch in Analyse I bei Problem 2 den tiefsten Wert für koordinative Kompaktheit. Man kann diesen Wert allerdings auch mit dem in Analyse B, S. 486, gefundenen Problemeffekt in Zusammenhang bringen. Dort haben wir für das Problem 2 die größte und bestverteilte quantitative Komplexität im Sinne der Stufe-2-Merkmale der Argumentation gefunden. Analyse I bestätigt dieses Resultat vom Standpunkt der qualitativen Merkmale aus nicht. Und deshalb hat dieser signifikante Frustrationseffekt auch keine Dissonanzwirkung im Sinne höheren »involvements«, höheren »Interesses«, größerer »Beteiligung«, höherer »Begeisterung«, größerer »Aufmerksamkeit« etc. (Dieses Faktum erinnert an die Theorie der negativen Verstärker, die zeigt, daß gewisse Stimuli zwar zum Handeln zwingen, aber keine intrinsische Motivation bewirken.) Wir dürfen also annehmen, daß Dilemmas mit konfligierendem Wahltyp und hoher altersbezogener Aktualität, im Sinne einer möglichen Identifikation mit den involvierten Personen, eine höhere interaktive Frustration bewirken, aber deshalb nicht zugleich höhere positive motivationale Effekte zeitigen (dies gilt immer, solange keine stimulierenden Einflüsse im Sinne strukturbildender Faktoren vorhanden sind.) Es ergibt sich, daß Frustration zwar eine Art von interaktivem Disäquilibrium erzeugt, das aber weder strukturbildend noch kompaktheitsschaffend ist. Und nochmals: Die in Analyse I, S. 186, gefundenen Problemeffekte für die koordinative Kompaktheit (Mittelwerte: $\bar{x}_1$ = 2.10 für Problem 1, $\bar{x}_2$ = 2.05 für Problem 2 und $\bar{x}_3$ = 2.23 für Problem 3) bestätigen deutlich, daß das Problem 2 die tiefste thematische Interaktionskohäsion hat, und dies hängt vermutlich mit dem hier gefundenen Frustrationswert der Problem-2-Gruppen zusammen.

Der weiter oben repräsentierte Längeneffekt ist hochinteressant, und er ist von uns für diese Analyse vorausgesagt worden. Obwohl er ein a posteriori gefundener Effekt ist, trägt er zur Theorie des moralischen Diskurses und zu dem auf S. 195 ff. angedeuteten Exhaustionsmodell wesentlich Neues bei. A posteriori ist er, weil wir noch vor den Analysen A, B, C und I geglaubt haben, das Problem 1 benötige am meisten Diskussionszeit und das Problem 3 am wenigsten. Wir begründeten dies vorausgehend so, daß bei Problem 1 mehr Informationen selber gesucht werden müssen: Information über den sozialen Status der Beteiligten in der

Gruppe, deren Eltern, deren Bedürfnisse und Möglichkeiten etc., um eine gerechte Verteilung vornehmen oder um die Eintrittskarten »gerechter« verteilen zu können. Bei Problem 3, dem Adoptionsproblem, sind – aufgrund des beschreibenden und artifiziellen Charakters des Dilemmas – mehr solcher Informationen gegeben.

Es geschieht also genau das Umgekehrte von dem, was wir ursprünglich erwartet haben. Die interaktiven Konstruktionen der Gruppe sind scheinbar intensiver und langfristiger, wenn die notwendigen Informationen leicht erhältlich oder durch den Problemraum und den inhaltlichen Aspekt des Dilemmas selber offengelegt und nicht erst erarbeitet werden müssen. Dies dürfte besonders dann der Fall sein, wenn die Gruppen im Gruppenprozeß noch nicht so sehr geübt sind. Je mehr Problemraum die Gruppe selber schaffen muß, desto kürzer die Diskussionsdauer, desto kleiner die interaktive Kompaktheit und desto tiefer sogar die kognitive Interaktionsstufe (vgl. S. 180). Je leichter die inhaltlichen Aspekte erreichbar sind, umso vollständiger sind die Koordinationen im Sinne der Aktion und Reaktion auf vorgetragene Werte. Bei Analyse I haben wir beim Problemeffekt (S. 179) eine signifikante Wirkung mit den Mittelwerten für Problem 1, $\bar{x}_1$ = 3.66, Problem 2, $\bar{x}_2$ = 4.19 und Problem 3, $\bar{x}_3$ = 4.35. Vollständigkeit oder längere Diskussionsdauer hat in diesem Sinne also auch etwas mit strukturaler Veränderung in Richtung höherer Stufen zu tun und betrifft tatsächlich nicht nur die Dynamik des Geschehens. Daß die Gruppen, die Problem 1 diskutieren, auch auf einer tieferen kognitiven Interaktionsstufe stehen (wenn das Treatment nicht wirkt), erklärt die Tendenz, daß die Gruppen bei handlungsorientierten Problemen eher auf eine pragmatische Lösung ausweichen als bei artifiziellen Dilemmas und somit den Argumentationsprozeß verkürzen (vgl. Analyse I, S. 181 und S. 188).

f. Konklusionen und pädagogische Folgerungen

Wir können die meisten der von uns entworfenen Forschungshypothesen – mit jener Sorgfalt, die bei Nichtunterschiedsvoraussagen am Platze ist – als zutreffend bezeichnen. Die einzigen Änderungen bei den Mittelwertsanalysen sind die signifikanten Problem × Strategie-Interaktionen und die zwei signifikanten

Strategieeffekte, die zeigen, daß Strategie nicht nur einen generellen Einfluß auf die Diskussionskompaktheit, sondern auch auf zentrale dynamische Variablen hat. Man könnte also unsere bisherigen Ergebnisse erhärten und sagen: *Während die beiden Treatments »Vorgabe von Information zur Stimulierung der analytischen Komplexität« und »Vorgabe von moralischen Regeln« strukturbildende und strukturverändernde Interaktionswirkung haben, hat die Strategie eine dynamikverändernde Wirkung.* Während die Strategie bei Problem 2 (dem Lehrlingsproblem) durch den Problem × Strategie-Effekt weniger Ausdruck des Gruppengefühls, weniger gegenseitige Empathie, weniger gegenseitiges Verständnis und weniger soziale Organisation im Sinne des Beteiligungsgleichgewichtes als bei den anderen beiden Problemen bewirkt, verhilft sie aber gesamthaft gesehen (als Haupteffekt) zu einer ausgiebigeren Diskussion (Längeneffekt), zu einem demokratischeren Führungsstil und zu weniger personenbezogener Frustration.

Der für alle Variablen vorausgesagte signifikante Problemeffekt ist nicht eingetroffen. Für Problem 2 haben wir die höchste Frustrationsausprägung; für Problem 3 die größte, für Problem 1 die kleinste Diskussionsdauer. Wir sehen also im Zusammenhang mit den Resultaten zum Stufenniveau in der Analyse IV, daß der konfligierende Optimierungstyp (Problem 1, Billettproblem) am kürzesten, der konfligierende Dilemmatyp (Adoptionsproblem) am längsten diskutiert wird. Dies entspricht dem Gegenteil unserer A-priori-Hypothese (die wir formulierten, bevor wir die Analysen A, B, C und I kannten). Je leichter nämlich die Information über die Werte der involvierten Personen (im Problemraum) zugänglich sind, desto länger und intensiver wird diskutiert und desto leichter wird auch eine höhere Interaktionsstufe erreicht. Und umgekehrt, je mehr Informationen selber in der Gruppe erarbeitet und gesammelt werden müssen, desto pragmatischer werden Probleme im Sinne tieferer kognitiver interaktiver Stufen gelöst und desto kürzer ist die Diskussionszeit im Sinne kleinerer dynamischer Exhaustion und tieferer Motivation. Dies alles gilt aber nur so lange, als die Treatments nicht im Sinne der Stimulation zu höherer Stufe hin wirksam werden.

Wir müssen unsere Hypothesen also dahingehend leicht korrigieren, daß zwar aufgaben- und dynamikbezogene Einflußgrößen die Haupttreatments »Information« und »Regeln« (wie vorausgesagt) nicht begleiten, daß aber dafür der Faktor Strategie, im besonderen in Wechselwirkung mit dem Problemtyp, einen Einfluß hat. Da es sich aber herausgestellt hat, daß dieser Faktor keine strukturbildende Komponente ist, wird unsere Gesamttheorie auf krasse Weise bestätigt. Wir glauben nämlich nicht, daß dynamische Größen strukturbildende Stimuli sind, es sei denn, sie basieren in ihrer Intervention auf kognitiven Funktionen der Ethik, wie dies etwa in dem von uns auf S. 225 ff. dargestellten Argyris-Modell in seinem Anspruch an höhere Verpflichtung (commitment), höhere moralische Offenheit bzw. Wahrheit (valid information) und freiere, informierte Wahl behauptet.

Es ist hier noch zu bemerken, daß die Unterschiede der Mittelwerte auf den ersten Blick klein erscheinen. In Wirklichkeit sind es jedoch große Unterschiede, weil wir ja mit den Mittelwerten (Zeiteinheiten) der Mittelwerte (Gruppenaggregation) der Mittelwerte (Parameter der Varianzanalyse) rechnen. Die signifikanten Effekte sind um so erheblicher, als durch die Aggregation ein Informationsverlust verbunden ist, der immer wieder eine ungelöste Problematik des Probabilitätsaxioms darstellt.

Die pädagogischen Konsequenzen aus diesen Befunden lassen sich auf folgende Schwerpunkte zusammenfassen:

1. Mit den vorhandenen strukturbildenden Komponenten lassen sich keine besseren gruppendynamischen Verhältnisse erzielen, und umgekehrt helfen gruppendynamische Unterschiede – wenn die Variablen keine kognitiv-hierarchischen Komponenten enthalten – nicht zu höherer strukturaler Stufe im Feld interaktiver Problemlöseprozesse.

2. Gibt man die Probleme allein, ohne strukturbildende Komponenten, in den Lösungsvollzug ein, dann ist der handlungsorientierte Optimierungstyp (nicht nur auf tieferer Stufe der Interaktion, sondern auch) weniger exhauriert im Sinne hierarchischer Komplexität. Dies wird – im Anschluß an die in Analyse I gefundenen Ergebnisse – durch die signifikanten Dauerunterschiede bestätigt. Lehrer, die Probleme ohne diese helfenden Komponenten lösen lassen, müssen beim ersten Problemtyp am meisten, beim letzten am wenigsten Hilfe im Sinne der Informationsbeschaffung oder Problemraumerweiterung leisten.

3. Die relative Unabhängigkeit der Stufen von dynamischen Komponenten darf nicht dazu verleiten, zweidimensionale Merkmale der sozialen Interaktion zu vernachlässigen. Wenn wir von kognitiven Stufen der Interaktion sprechen, dann haben wir noch keine normativen Ziele in bezug auf Machtabbau, Gruppenverantwortung, gegenseitiges Akzeptieren, höheres Ego-involvement etc. formuliert. Um solche Ziele zu erreichen, sind andere Wege, Mittel, Methoden und Evaluationen nötig. Die auf den Unterricht applizierte Gruppendynamik leistet hier eine große Hilfe (vgl. dazu Johnson und Bany 1975, Beck 1975; Bürger 1976; Meyer 1973, 1976; Olbricht 1975; Bödiker 1975 etc.)

4. Wird eine Strategie mitgegeben, so reflektieren die Schüler die Prozesse unter dem Gesichtspunkt der in der Strategie vorgegebenen Schritte, in unserem Falle unter dem Gesichtspunkt der sukzessiven Selektion. Das bedarf eines größeren Zeitaufwandes. Wenn die Strategie, wie wir in Analyse I gezeigt haben, eine höhere koordinative Kompaktheit bewirkt, dann nur unter der Bedingung einer längeren Zeiteinheit. Unterrichtende haben deshalb jene Zeit einzuräumen, weil hier so etwas wie ein additives Modell vorliegt. Die strategischen Gliederungsfunktionen werden von der Gruppe zusätzlich vorgenommen, auch wenn sie im Ablauf als integriertes System, eben als koordinative Komplexität auftreten. Gerade der Integrierungsprozeß verlangt mehr Zeit. Während bei den anderen Haupttreatments der Prozeß grundsätzlich mit anderen Elementen abläuft (Strukturtransformation), wird hier etwas Zusätzliches, Integrierendes geleistet, so daß die innere Kohärenz der bestehenden Strukturen in der Gruppe eine bessere Repräsentation findet.

5. Kommt unsere Strategie aber zum Zuge, dann wirken auch die auf S. 167 dargestellten Merkmale der Strategiebildung: höhere Generalisierbarkeit, Heuristik, Scan- und- search-Prinzip, sukzessive Selektion und Suchmodell. Die Strategie darf also nicht bloß um der Ordnung im Ablauf willen oder um der Disziplinierung der Gruppen willen oder um des effektiven Resultates willen gewählt werden; hier liegen prozeßorientierte Bildungsimplikationen vor, die mit der Zeit auch mehr und mehr den am Lösungsprozeß Beteiligten offengelegt werden müssen.

Diese fünf Punkte sind als pädagogische Folgerungen denen des Kapitels 1 beizufügen. So erhalten wir allmählich eine Übersicht über das Netz pädagogischer Verpflichtungen angesichts unseres konstruktivistischen Ansatzes.

Es sei zum Abschluß nochmals darauf hingewiesen, daß die vorliegende Analyse VI bloß explorativen Charakter hat, weil nicht alle Vorbedingungen statistischer Absicherung einwandfrei gegeben sind.

g. *Hinweise zu weiterführender Forschung*

Mit den vorliegenden Daten lassen sich weitere Forschungsfragen stellen und beantworten. Erstens einmal können wir uns fragen, wie die 16 Variablen (vgl. S. 427 ff.) untereinander korrelieren, und wir können eine Hauptkomponenten-Analyse vornehmen. Wir haben diesen Schritt getan.

Die Resultate zeigen, daß drei Faktoren mit den Eigenwerten von 9.29, 1.76 und 1.04 unterschieden werden können. Gemeinsam weisen diese Faktoren 75.60% der Variation auf. Es läßt sich ein Hauptfaktor herausheben, den man als »Motivation« bezeichnen kann (58.08%). Einen zweiten, weniger aufgefächerten Faktor bezeichnen wir als »Frustration« (11.01%). Ein weiterer Faktor kann als »Dauer« bezeichnet werden, was allerdings nur unter dem Gesichtspunkt des Treatmenteinflusses sinnvoll ist (6.52%). Würden wir den vierten Faktor, der knapp unter der 1.00-Grenze liegt (5.70%), hinzuziehen – wir könnten ihn mit »Gruppenstil« oder »Kommunikationsstil« bezeichnen –, dann hätten wir genau die auf S. 426 in der anfänglichen Fragestellung enthaltenen Globalkategorien (Wertbereich).

Hier müßte die Arbeit mit neuen Fragestellungen weitergehen. Die wichtigste wäre, daß wir zuerst ohne und später mit den strukturbildenden Stimuli den Einfluß dynamischer Variablen intervenierend kontrollieren würden. Dies ergäbe eine Reihe recht komplizierter Designs mit teilweise idiographischem Charakter. Nehmen wir als Beispiel die Variable »hohes Feedback vs. tiefes Feedback«. Wäre es möglich, die Wirkung dieser Variablen unmittelbar in Gruppen einzugeben, dann könnte man direkte Veränderungen (nicht bloß indirekte oder intervenierende, wie in unseren bisherigen Analysen) erkennen. Dann bestünde auch die Möglichkeit, in einem weiteren Ansatz erst nach einem bestimmten Zeitpunkt solche dynamischen Unabhängigen einzuführen und dann die unmittelbaren Veränderungen zu beobachten (baseline).

Dies aber sind, wie gesagt, neue Fragestellungen, die möglicherweise die Theorie der kognitiven Interaktion verfeinern könnten.

Analyse VII:
Zusammenhang zwischen strukturbildenden Stimuli und zeitlich-dynamischen Verläufen der Gruppendiskussionen

a. Einleitung und Fragestellung

Die Analyse VI ist ungenügend, weil die zur Berechnung verwendeten Mittelwerte den dynamischen Verlauf nivellieren. Zwar haben wir bis jetzt global festgestellt, daß unsere unabhängigen Variablen mit Ausnahme der vorgegebenen Strategie tatsächlich strukturbildend sind, d. h., daß keine intervenierenden gruppendynamischen Effekte die Resultate begleiten. Dieses Ergebnis stützt zwar unsere gesamte Theorie, aber, um ganz sicher zu gehen, müssen wir fragen, ob es nicht doch wesentliche Unterschiede zwischen den stimulierten Gruppen gibt, wenn wir Muster von dynamischen Verläufen erarbeiten und die Wirkung der Treatments auf diese Muster untersuchen.

Wenn man also mit den gängigen statistischen Kategorien wie Mittelwert und Standardabweichung (über die einzelnen Zeit-Meßpunkte) unserer Fragestellung nur unzulänglich gerecht werden kann, dann muß der Ablauf der Gruppendiskussion mit seinen Höhe- und Tiefpunkten, seinem raschen und langsamen Wechsel in den verschiedenen motivationalen, organisatorischen und kommunikativen Ebenen ins Auge gefaßt werden. Es handelt sich also um die Aussagekraft einer anders konstruierten Variablen, deren Hauptgesichtspunkt die Erfassung der dynamischen Entwicklung über Zeit darstellt.

Für diese Fragestellung konnten wir die 22 auf S. 427 ff. dargestellten dynamischen Variablen verwenden, da ihre Messung nach Taktzeitpunkten von 5-Minuten-Einheiten erfolgte und ihr Charakter einem strukturierten Ablaufprotokoll gleicht.

b. Entwicklung von dynamischen Verlaufsmustern, die als neue abhängige Variablen betrachtet werden

Die Erfassung bestehender Verläufe erfolgte auf der Basis von Berechnungen der einzelnen Differenzen zwischen zwei aufeinanderfolgenden Zeitpunkten (für jedes beobachtete Individuum bzw. jede beobachtete Gruppe). Das erste Ergebnis bestand in der Erfassung von Zunahme, Abnahme oder Kontinuität (Stabilität) der Werte jeder der Beobachtungskategorien. Es erfolgte die Darstellung der (n–1)-Werte [n = Anzahl der Beobachtungszeitpunkte] als Veränderung von einem Beobachtungszeitpunkt zum andern. Als zweiter Schritt wurde die Aufstellung einer neuen »dynamischen Variablen« als Aneinanderreihung der Einzelzeitpunktdifferenzen für jede der Beobachtungskategorien vorgenommen. Das Ergebnis dieses zweiten Schrittes war der Überblick über die vielfältigen Entwicklungsmöglichkeiten der interessierenden Variablen über die Zeit. 22 der häufigsten oder charakteristischsten Verläufe des dynamischen Auf und Ab im Gruppenprozeß wurden festgehalten. Sie sind in Figur 4.3 dargestellt.

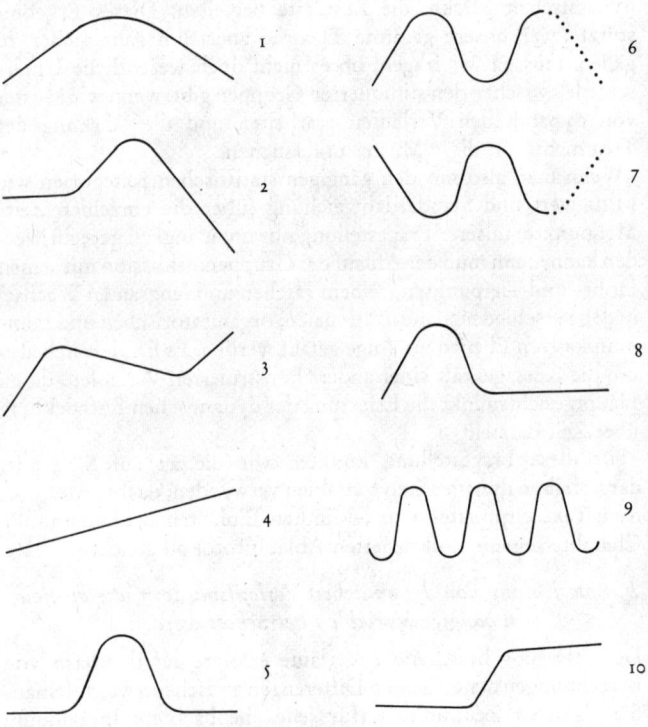

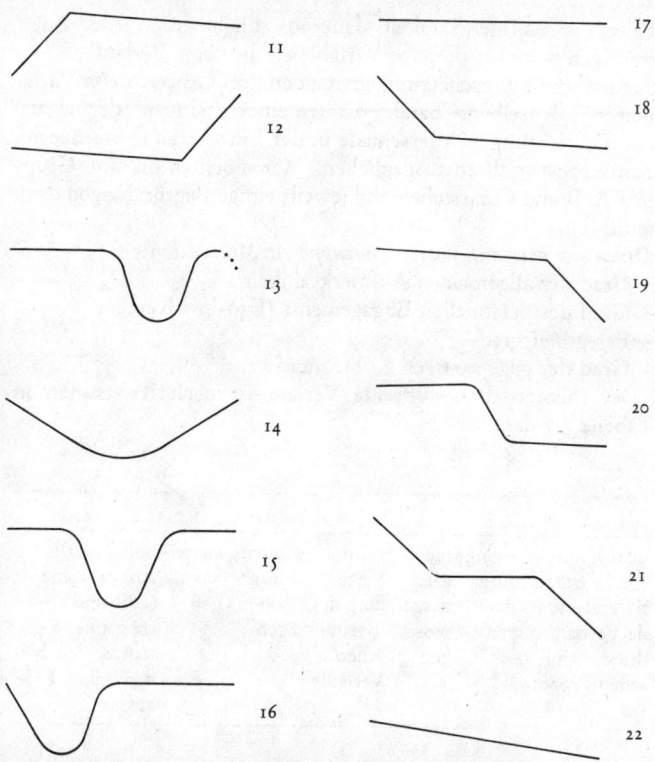

Figur 4.3: 22 charakteristische Verläufe anhand der Unterschiede bei den Beobachtungszeitpunkten

Betrachtet man diese Verläufe, so stellt sich im Rahmen unserer Untersuchung die Frage nach dem Zusammenhang mit den Treatments. Um diesen Zusammenhang berechnen zu können, haben wir die 15 Variablen (ohne die Variable »Diskussionsdauer«) 2 Sozialpsychologen als Experten vorgelegt, um einen optimalen, einen weniger optimalen und schließlich den schlechtesten Verlauf für jede Variable auf einer 7stufigen Skala einschätzen zu lassen. Ein Beispiel: Für die Variable »Grad der allgemeinen Aufmerksamkeit« ist Nr. 22 ein schlechter Verlauf, weil in diesem

Falle die Aufmerksamkeit dauernd abnehmen würde. Nr. 8 hingegen wäre für dieselbe Variable ein besserer Verlauf.

Durch diese Einschätzung entstanden drei Gruppen von Variablen mit denselben Charakteristiken einer positiven oder negativen Gewichtung. (Unterschiede in der Einschätzung wurden im Konsensusverfahren ausgeglichen.) Wir möchten die drei Gruppen A, B und C darstellen und jeweils einige Begründungen dazu anführen.

Diskussionsverlauf Variablengruppe A: Motivation
- Grad der allgemeinen Aufmerksamkeit
- Grad des personellen Engagements (Ego-involvement)
- Erregtheitsgrad
- Grad der gegenseitigen Konfrontation

Der theoretisch erwünschte Verlauf ist nach Rangstufen in Tabelle 4.7 dargestellt.

1	2	3	4	5	6	7
unausgegli-chene, negativ verlaufen-de Verteilung des dynamischen Prozesses	wenig ausgewogen	nicht ganz ausgewogen	neutrale Verteilung des dynamischen Verlaufs	leicht ausgewogen	ausgewogen	hohe, ideale ausgewogene (auf- und absteigende) Verteilung des dynamischen Prozesses
22	18	13	17	7	4	1
21	19	15	11	8	3	5
14	20	16	12	10	6	2
			9			

Tabelle 4.7: Einschätzung theoretisch erwünschter Verläufe der sach- und interaktionsbezogenen Dynamik bei der Variablengruppe A: Motivation (Die Zahlen beziehen sich auf die Nummerierung der Verläufe S. 454 f.)

Bei diesem idealtypisch vorgestellten Verlauf nimmt man an, daß die Dynamik am Anfang wenig ausgeprägt ist, im mittleren Teil ansteigt und am Schluß wieder abfällt. Die Figur einer Normalverteilungskurve dürfte das passende Bild für die Ausprägungen in jedem Zeitpunkt sein. Das Vorlegen des Problems und die

Präsentierung erster Argumente bedingen, daß Erregtheit, personales Engagement etc. am Anfang noch wenig stark sind. Sobald Gegenvorschläge, Gegenargumente und Mißbilligungen aufkommen, treten die Personen in eine intensivere Auseinandersetzung mit der Problemstruktur und mit dem Problemraum, der durch Interaktion erst richtig entsteht und eine bestimmte Weite erreicht. Gegen Ende der Diskussion wird auf einen Konsensus hin gearbeitet. Damit nimmt wiederum das Ausmaß der dynamischen Einheit, bezogen auf die jeweiligen Variablen, ab. Der idealsten Kurve entspricht Nr. 1, den schlechtesten Verlauf stellt Nr. 22 dar.

Variablengruppe B: Frustration
Zu dieser Gruppe gehören die Variablen:
- Grad der allgemeinen Frustration (sachbezogen)
- Grad der allgemeinen Frustration (dynamikbezogen)

Der theoretisch erwünschte Verlauf ist nach Rangstufen in Tabelle 4.8 dargestellt. Die Nummern beziehen sich wiederum auf Figur 4.3 auf S. 454 f.

1	2	3	4	5	6	7
gestörter Verlauf oder steil ansteigendes Ausmaß	ansteigend	wenig ansteigend	gleichbleibender Verlauf, weder ansteigend noch abfallend	wenig abfallend	abfallend	steil abfallender Verlauf
4	12	11	17	19	18	22
3	13	6	16	1	2	21
	10		5	7	8	
	14		9		20	
			15			

Tabelle 4.8: Einschätzung theoretisch erwünschter Verläufe der sach- und interaktionsbezogenen Dynamik bei der Variablengruppe B: Frustration

Bei diesem zweiten idealtypischen Verlauf nimmt man an, daß das Ausmaß der Dynamik einer zur Diskussion stehenden Variablen allmählich abnimmt. Das höchste Ausmaß ist am Anfang, wenn die Schwierigkeit der Aufgabe und die Unlösbarkeit des Problems vor Augen tritt. Man nimmt auch im interaktiven Bereich das höchste Ausmaß am Anfang an, wenn die Meinungen noch nicht offenliegen und der Unsicherheitsfaktor über die Ansprüche der andern groß ist. Mit dem Fortschreiten des Exhaustions- oder Argumentationsprozesses und dem Offenlegen der Ansprüche sollte das Ausmaß an Frustration zurückgehen; dies natürlich nur idealiter gedacht, denn in Wirklichkeit kann der Gruppenverlauf durch Verhärtungen, persönliche Angriffe, neue extreme Gegenpositionen etc. wiederum zum Ansteigen beider Arten von Frustration (und Aggression) führen. Das idealste Bild ist Nr. 22, das »schlechteste« Nr. 4.

Variablengruppe C: Gruppenstil
Zu dieser Gruppe gehören die Variablen:
– Allgemeine gegenseitige Akzeptiertheit (Vertrautheit)
– Ausmaß gegenseitigen Verständnisses
– Sozialorganisation
– Allgemeine Einstellung zur Aufgabe
– Ausmaß des Feedback
– Ausmaß der Gruppenwärme
– Ausdruck des Gruppengefühls
– Führungsstil der Gruppe
– Kommunikationsstil der Gruppe

Der theoretisch erwünschte Verlauf ist nach Rangstufen in Tabelle 4.9 dargestellt. Die Nummern beziehen sich auch hier auf Figur 4.3 auf S. 454 f.

Bei diesem dritten idealtypischen Verlauf nimmt man an, daß das Ausmaß einer Variablen allmählich ansteigt, im negativen Fall aber abnimmt. Die gegenseitige Akzeptiertheit z. B. soll in dem Maße, wie die Diskussion fortschreitet, zunehmen. Denn je mehr sich die Gruppenmitglieder in ihrem Ausdruck akzeptieren, desto eher haben auch gegenteilige Ansprüche eine Chance, gehört zu werden. Der »schlechteste« Verlauf wäre dann Nr. 22, der idealste Nr. 4.

c. Aggregationsniveau und Faktorenanalyse

Mit der Erstellung neuer dynamischer Variablen stellt sich die Frage nach der Stabilität des Ergebnisses zwischen den Treatments oder nach der Unabhängigkeit der Daten. Um diese Unabhängig-

1	2	3	4	5	6	7
extrem starker Abstieg des Ausmaßes	abfallend	leicht abfallend	gleichbleibender Verlauf des jeweiligen Ausmaßes	leicht ansteigend	ansteigend	extremer Anstieg des Ausmaßes
22	1	18	17	14	6	4
21	2	19	9	13	12	3
	20	7		16	11	
		8		15	10	
		5				

Tabelle 4.9: Einschätzung theoretisch erwünschter Verläufe der sach- und interaktionsbezogenen Dynamik bei der Variablengruppe B: Gruppenstil

keit zu sichern, sind zwei Arten von Maßnahmen notwendig: erstens die Aggregation der Daten auf Gruppenbasis und zweitens die Faktorenanalyse, die eine optimale Unabhängigkeit von Variablengruppen garantiert.

Zur Aggregation der Daten auf Gruppenebene gelten auch hier unsere Ausführungen auf S. 438. (Immerhin möchten wir bei dieser Analyse die Berechnungen auf individueller Ebene teilweise ebenfalls im Auge behalten, weil selbst bei großer gegenseitiger Abhängigkeit der verschiedenen Sprecher einer Gruppe extrem unterschiedliche Ausprägungen bei den Individuen theoretisch möglich sind.)

Nun ist interessant, daß sowohl für die Individualbasis als auch für die aggregierte Gruppenbasis die orthogonale Varimax-Rotation dieselben vier Faktoren produziert.

Die Übersicht über die vier Faktoren und deren neue Bezeichnung läßt sich wie folgt darstellen:

1. Faktor: Zu diesem Faktor gehören die Variablen:
- Grad der allg. Aufmerksamkeit
- Grad des pers. Engagements
- Erregtheitsgrad
- Grad der gegenseitigen Konfrontation

Persönlichkeitsstärke (Motivation)

Die Bezeichnung »Persönlichkeitsstärke« umgreift alle von der

Person internal in die Diskussion eingebrachten Kräfte. Es ist die Dynamik des »Mitseins« mit der Sache und mit den andern. (Dieser erste Faktor stimmt mit der Form A der Verlaufsbilder überein.)

2. Faktor: Dazu gehören die Variablen:
- Führungsstil
- Kommunikationsstil } Führungsansprüche

Die Bezeichnung »Führungsansprüche« umgreift die traditionellen Bezeichnungen »autoritär«, »demokratisch«, »laissez-faire«. Sie sind sowohl auf den allgemeinen Kommunikationsstil der Gruppe als auch auf die personalen Ausprägungen einzelner Mitglieder bezogen.

3. Faktor: Zu diesem Faktor gehören die Variablen:
- Grad der Gruppenwärme
- Ausmaß der Gruppenrelationen
- Ausmaß des Feedback
- Ausmaß der positiven Attitude (Einstellung)
- Ausmaß gegenseitiger Akzeptierung
- Ausmaß gegenseitigen Verstehens
- Ausmaß sozialer Organisation
} Soziale, interindividuelle Beziehung

Die Bezeichnung »Soziale Beziehung« umfaßt alle Variablen, die das »Sehen« des andern in der Gruppe betreffen. Es ist damit das Ausmaß des positiven Gruppenverhaltens schlechthin gemeint.

4. Faktor: Dazu gehören:
- Grad der sachbezogenen Frustration
- Grad der dynamikbezogenen Frustration
} Frustration

Die Bezeichnung »Frustration« umfaßt das auf Konflikte reagierende Verhalten insgesamt, vor allem dann, wenn diese Konflikte nicht als Lerngelegenheiten gesehen und empfunden werden, also die unbewußten Reaktionen (entspricht Verlauf B, S. 457).

Die Faktoren 1 und 4 entsprechen unseren theoretisch erwünschten Verläufen A und B. Die Faktoren 2 und 3 sind eine Aufteilung des theoretisch erwünschten Verlaufes C. Obwohl die Eigenwerte nur bei 43.3% liegen, sind diese Faktoren theoretisch angemessene Zusammenfassungen des ganzen Variablenfeldes. Im Gegensatz zu der auf S. 452 ff. präsentierten Hauptkomponentenanalyse ist es sinnvoll, die vier neuen Faktoren als Basis für jede weitere Analyse zu verwenden. »Persönlichkeitsstärke« (Motivation), »Führungsansprüche«, »Interindividuelle Beziehung« und »Frustration« sind mögliche Bereiche für die Erfassung dynamischer Prozesse bei einem Gruppenvorgang. Während »Persönlichkeitsstärke« die Charakteristiken der vom Individuum in den Gruppenprozeß investierten Kräfte bedeuten, meint der »Führungsanspruch« den Stil der Organisation nach den von K. Lewin erstmals eingebrachten Führungstypen. Mit »Interindividueller Beziehung« sind die gegenseitigen Reaktionen auf die jeweiligen inputs gemeint. Und schließlich stellt »Frustration« ein insgesamt negatives Reagieren auf Schwierigkeiten dar, die sich sowohl aus der Unlösbarkeit des Problems als auch aus den interaktiven negativen Reaktionen ergeben. Wir werden also die bisher aufgeworfenen Fragestellungen hier wiederum einbringen, jetzt aber auf der Basis der vier Faktoren und unter dem Gesichtspunkt des Verlaufs als Zeitreihenmessungen, entsprechend unseren auf S. 454 f. dargestellten Mustern.

d. Hypothesen

Nachdem wir die Faktoren isoliert haben, geht es um die Frage des Zusammenhangs unserer Treatments mit diesen vier Faktoren. Würde ein Zusammenhang auftreten, dann müßte die schon in Analyse VI untersuchte Hypothese, wonach kein intervenierender Einfluß gruppendynamischer Größen unkontrolliert die Strukturbildung im Sinne der Treatments beeinflußt, revidiert werden. Wir glauben also, daß dynamische Größen zwar wichtig sind vom Standpunkt kommunikativer Kohärenz innerhalb der jeweiligen Stufen der Interaktion. Wir haben deshalb bei Analyse I die Variable »Interaktive Kompaktheit« eingeführt (vgl. S. 91 f.). Hingegen glauben wir nicht, daß dynamische Kategorien die Stufen der Interaktion verändern. Wenn z. B. Heinze (1976, S. 27) unter Bezugnahme auf Schäfer/Schaller (1971, S. 147) zwischen komplementären Interaktionsformen und symmetrischen Interaktionsformen im Unterricht unterscheidet – ersteres das ungleiche kommunikative Kräfteverhältnis darstellend, das zweite gleiche kommunikative Bedingungen fordernd –, so nimmt er zu Unrecht an, daß das zweite immer erstrebenswerter sei als das erste. Denn insofern als das erste eine Hilfe dazu ist, um höhere

Stufen der Interaktion zu erreichen, ist es legitim. Sofern das zweite aber die Effektivität der Kommunikation innerhalb der Stufen ausmacht, ist es – von diesem Gesichtspunkt aus – zu rechtfertigen.

Unsere Hypothesen lauten: Wir erwarten keine signifikanten Interaktionseffekte höherer und tieferer Ordnung für den dynamischen Verlauf der Diskussion (1). Wir erwarten einen signifikanten Strategiehaupteffekt (2), keine Regelhaupteffekte (3) und keine Komplexitätsstimulihaupteffekte (4). Die signifikanten Klasseneffekte, sofern vorhanden, sollen – wie bei den andern Analysen – nicht weiter in Betracht gezogen werden. Sie sind selbstverständlich (5). Wir erwarten unterschiedliche Problemeffekte, und zwar so, daß vor allem Faktor 4 bei Problem 2 höhere Werte aufweist als bei den andern Problemen (6).

e. Resultate

Die meisten der Resultate entsprechen den aufgestellten Hypothesen. Wir finden keine Interaktionen höherer und tieferer Ordnung. Dies bedeutet, daß auch wechselseitige Bedingungen von verschiedenen Treatments oder von Klassen und Problemtypen keine signifikante Auswirkung auf den dynamischen Verlauf der Diskussion haben. Aber auch die Haupttreatments weisen keinen signifikanten Zusammenhang mit den vier abhängigen dynamischen Verlaufsvariablen (2), (3) und (4) auf. Das Regeltreatment, das im Sinne kognitiver Stufen der Interaktion so außerordentlich wirkungsvoll war, weist hier ein Wahrscheinlichkeitsniveau von nur 0.81 auf. Der erwartete signifikante Strategieeffekt (2) bleibt aus. Wäre dieser Effekt aufgetreten, dann hätte man mit noch größerer Sicherheit das Treatment »Strategie« als nichtstrukturbildend bezeichnen können. So aber gelten vorderhand weiterhin die Resultate in Analyse VI, S. 440 ff.

Interessant sind die Klasseneffekte (5), weil deutlich sichtbar wird, daß es signifikante Unterschiede nur in den Faktoren 1 und 4, nicht aber in den Faktoren 2 und 3 gibt (Faktor »Persönlichkeitsstärke« [Motivation] $F = 2.06$; $df = 39,273$; $p < 0.0005$ und Faktor »Frustration« $F = 1.55$; $df = 39,273$; $p < 0.02$). Erst durch die vorausgehende Faktorenanalyse wird nun klar, daß die Klassen im dynamischen Bereich in »Führungsstil« und »Sozialer Beziehung« gleich bleiben, während die Unterschiede vor allem im

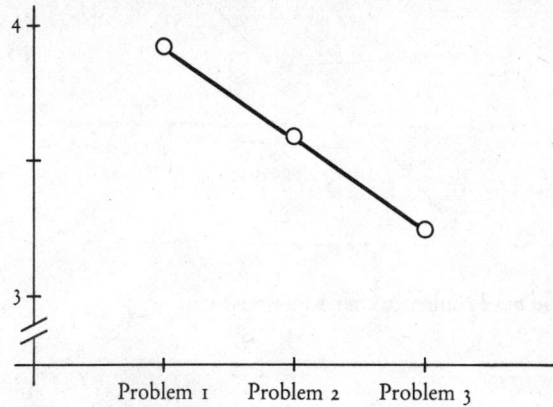

Figur 4.4: Problemunterschiede für den Faktor »Persönlichkeitsstärke«
bzw. »Motivation«

persönlichen »Aufwand« der einzelnen Klassen liegen. Dieser
persönliche Einsatz hängt ferner zusammen mit der »Frustration«,
die vermutlich durch weniger Einsatz oder durch Unterschiede in
diesem Einsatz innerhalb der Klassen ausgelöst wird. (Zu erwähnen wären auch die signifikanten Längenunterschiede bei den
Klassen, aber dieses Ergebnis entspricht den dargestellten Resultaten in Analyse VI.)

Die Problemeffekte sind weniger unterschiedlich, als wir angenommen haben (6). Es gibt keine Problemunterschiede bei den
Faktoren 2 (Führungsanspruch), 3 (Soziale Beziehung) und 4
(Frustration). Nur der Faktor 1 (Persönlichkeitsstärke) steht in
signifikantem Zusammenhang mit den Problemunterschieden,
und zwar mit $F = 4.45$; $df = 2,273$; $p < 0.01$; $\bar{x}_1 = 3.84$; $\bar{x}_2 = 3.58$;
$\bar{x}_3 = 3.43$ (vgl. Fig. 4.4). Dies besagt, daß der Verlauf bei diesem
Faktor im Problem 1 besser »ausgewogen« ist als bei Problem 2
und vor allem bei Problem 3. Dies Ergebnis stützt die Erklärung
auf S. 180, wonach diejenigen Gruppen, die Problem 1 diskutieren, sich signifikant mehr einsetzen müssen im Sinne des Diskussionsverlaufs, weil mehr und mehr Argumente zu generieren sind
und nicht schon durch die Problembeschreibung einfach sukzessive übernommen werden können. Während Problem 1 mehr den
folgenden Verlaufsformen entspricht:

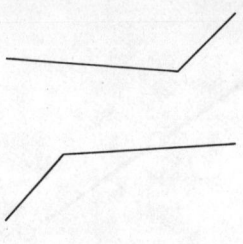

schienen sie bei Problem 3 eher so auszusehen:

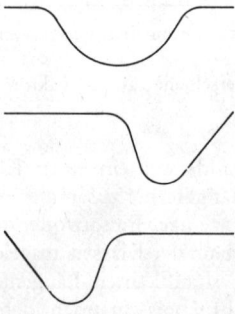

Diese signifikante Differenz kann nur mit dem unterschiedlichen Aufwand als solchem, den das jeweilige Problem verlangt, erklärt werden. Das eine Problem verlangt durch die Konstruktion mehr ansteigenden oder gleichbleibenden Einsatz, während das andere einem abfallenden und einem durch Konsensus wieder ansteigenden Verlauf entspricht (r jeweils um 0.10).

(Dieser Unterschied hat allerdings nichts mit der Bereichsspezifität zu tun, denn diese besagt, daß verschiedene Problembereiche verschiedene kognitive Strukturen begründen. Hier aber geht es um die Variabilität bei den dynamischen Verläufen. Führt man die Analyse mit allen 15 Variablen im Hinblick auf die Verlaufsmuster aus, dann sieht man, daß die Varianz des Faktors 1 vor allem auf die Variable »Konfrontation« zurückgeht mit $F = 5.77$; $df = 2,273$; $p < 0.004$; $(r = 0.14)$ $\bar{x}_1 = 3.97$; $\bar{x}_2 = 3.40$; $\bar{x}_3 = 3.41$. Diese Variable ist eine typische Variable der »Persönlichkeitsstärke«.)

f. Konklusionen

Es kann nun nach dieser komplizierten und komplexen Analyse mit großer Sicherheit gesagt werden, daß zwischen unseren strukturbildenden Treatments und den dynamischen Verläufen kein Zusammenhang besteht. Man kann also Veränderungen bei den Stufen der Interaktion nicht auf einen optimalen oder einen weniger optimalen dynamischen Verlauf zurückführen. Ein im Unterricht bewirkter »besserer« dynamischer (gruppendynamischer) Verlauf garantiert umgekehrt also auch keine höhere Stufe der Interaktion. Wenn der Begriff der idealen Sprechsituation also nur interaktive dynamische Verlaufsbedingungen enthält, also z. B. nur gleiches Recht auf sprachliche Beteiligung und gleiche Kommunikationsmöglichkeiten, so ist damit zu wenig über die differenzierten Strukturierungen der Diskussionen gesagt.

Für Pädagogen heißt dies: Optimale dynamische Verläufe sind zwar wichtig. Sie erleichtern die kommunikative Kontaktfähigkeit und die interaktiven Austauschprozesse. Sie sind meistens durch Parameter der Konditionierung und Verhaltensmodifikation erklärbar und haben somit keine strukturale Differenzierungskapazität. Sie vermögen auch nicht eine Voraussetzung oder eine Hilfe für höhere Stufen der Interaktion zu sein. Im Gegenteil können sie wegen beabsichtigter Konfliktlosigkeit einen Aufstieg in Richtung authentische Interaktion verhindern.

Es ist also wichtig, zu unterscheiden zwischen jenen Stimulationen, welche die kommunikativen Austauschprozesse im Sinne »demokratischer« und »reibungsloser« Interaktion begünstigen, und jenen, die zu einer höheren Stufe der Interaktion führen. Im optimalen Falle muß wohl beides im Sinne von Höherbildung gefordert werden. Denn das erste ermöglicht auch dann, wenn es nicht zum Strukturwandel verhilft, doch die bessere Verwirklichung der Interaktion innerhalb einer kognitiven Interaktionsstufe.

Wenn allein der Faktor 1 einen Zusammenhang mit den Problemunterschieden aufweist, bedeutet dies, daß »Persönlichkeitsstärke« (Motivation) durch die Problemform bedingt wird. Während der konfligierende Optimierungstyp eine ausgeglichene oder ansteigende Verlaufsform aufweist, so zeigt der Dilemmatyp eine eher abfallende und wieder ansteigende Form.

Abschließende Bemerkungen

Wir sind von der Frage ausgegangen, was innerhalb einer bestimmten Stufe der Entwicklung psychologisch geschieht oder welche Prozesse sich innerhalb einer Stufe abspielen müssen, damit einerseits das Stufenschema voll zur Wirkung kommen kann und andererseits die Bereitschaft zur Transformation zu einer höheren Stufe hin gewährleistet ist. Dabei haben wir die sogenannten kognitiven Stufen sozialer Interaktion entwickelt. Diese Stufen haben wir in den Kontext des Urteils-Handlungsproblems gestellt. Wir haben sie ferner mit dem Kohlberg-Paradigma verglichen und schließlich die Frage nach den affektiven Wirkungen von Treatments gestellt, die zu höheren Stufen hinführen.

Wir möchten an den Schluß dieser Arbeit die pädagogische Forderung stellen, Unterrichtsprozesse in den Rahmen höherer Interaktionsstufen zu stellen und sie darin neu zu untersuchen. Wenn es gelänge, den Unterricht zu einer Beratungssituation zu machen, in der mindestens die normative Perspektive als generelles Merkmal zum Tragen käme, hätten wir vermutlich die Garantie, daß die organisatorischen und selektiven Zwänge der Schule abgebaut würden und es möglich wäre, einen kleinen Schritt zur Humanisierung der schulischen Bedingungen für ein besseres interaktives Handeln zu leisten.

Anhang

Anhang I
(zu S. 69 ff.)
Die Analysen A, B und C

•

Analyse A
Faktorielle Wirkungen auf Pragmatik, Prozeß, moralische Argumentation und Gerechtigkeitsmodus

a. Abhängige Variablen und Analyseeinheit

Auf S. 69 sind die abhängigen Variablen geordnet dargestellt. Man muß sich nun vorstellen, daß wir die geschriebenen Protokolle vor uns hatten; da wir das Variablenfeld so orthogonal wie möglich zu gestalten versuchten, wurde eine Aussage jeweils nur nach einer Dimension eingeschätzt bzw. nur einmal verwendet. Die Analyseeinheit war eine jeweils sinnvolle Aussage (Sprechakt), entweder ein Satz oder die einem Satz zugrunde gelegten Sinneinheiten. Um eine Einheit in der Auswahl dieser Sinneinheiten zu gewährleisten, wurden die Sätze (Propositionen) in jedem Protokoll vorausgehend numeriert. Wiederholungen wurden einbezogen, weil sie meistens unter anderen inhaltlichen Gesichtspunkten auftraten. Bestätigungen kurzer Art wie »ja«, »nein« etc. wurden, wenn sinnvoll, als Evaluation des vorausgehenden Werturteils aufgefaßt.

Die einzelnen Variablen seien nun genauer beschrieben:

Die ersten 6 Variablen haben wir als *»soziale«* und *»psychische«* (intrapersonale) *Begründungen und Evaluationen* bezeichnet. Wir müssen genau zu unterscheiden versuchen, was wir damit meinen.

Diese Aussagen schließen erstens einen impliziten (nicht expliziten) moralischen Bedeutungsgehalt ein. Wenn es bei Problem 2 etwa heißt: »Es ist vielleicht nicht so gut, wenn Vater und Tochter im selben Geschäft arbeiten«, so ist dies nicht primär eine moralische Aussage, denn man könnte folgende Bedeutung unterstellen: es sei sozial gesehen oder vom Standpunkt der elterlichen Abhängigkeit aus nicht wünschenswert. Trotzdem bedeutet die Aussage auch, vom Standpunkt der Freiheit der Tochter oder/und dem Gesichtspunkt, daß aus einer Familie zwei einen Arbeitsplatz haben, aus einer andern Familie aber keiner, die Anstellung moralisch-ethisch nicht zu rechtfertigen, d. h. ebenfalls »ungerecht« sei.

Typisch für Aussagen, die diesen Variablen zugeordnet werden, ist etwa die Erwähnung der Testergebnisse aus der Problembeschreibung (Problem 2). Da heißt es etwa: »Man muß halt auf die Testergebnisse achten.« Dies ist keine explizit moralische Aussage. Trotzdem liegt dieser Aussage die Annahme zugrunde, Testergebnisse seien objektiv gerecht. Ganz deutlich wird die Aussage, wenn etwa gesagt wird: »Dem Matthäus ist eben die Mutter gestorben, deshalb soll einfach er berücksichtigt werden.« Es wird damit indirekt gesagt – obwohl die zugrunde liegende Norm nicht moralisch reflektiert wird –, daß es »ungerecht« sei, wenn einer, der schon gesellschaftlich benachteiligt ist, jetzt auch noch beruflich benachteiligt werde.

Was meinen wir aber zweitens mit dem Unterschied »psychisch« und »sozial«? Man könnte die beiden Variablen zusammenfassen, aber dann würden wir nicht verstehen, wie bei den Aussagen der Schüler solche Argumente, die das Individuum betreffen, von anderen Argumenten, die den Umweltdruck einfangen, unterschieden werden. Mit »psychisch« meinen wir intrapsychische Argumente, die das Wohlbefinden der Person beschreiben; »Angstzustände bekommen«, »ein schlechtes Gewissen bekommen«, »seinen Stolz brechen« sind solche Aussagen. »Soziale« Äußerungen beziehen sich auf Statusargumentationen, auf sozioökonomische Einstufungen, auf Gruppenzwang, Abhängigkeit von Autorität etc. Im Grenzfall mußte der rater entscheiden, welcher Aspekt mehr betont war, etwa innere Abhängigkeit oder äußere Autorität.

Die Zuordnung dieser Aussagen zu Verteilungsmodi scheint, drittens, leichter zu sein als bei allgemeinen moralischen Aussagen. Die Modi distributiver Gerechtigkeit sind von Frankena (1963) vorgeschlagen worden. Sie werden hier modifiziert übernommen. Jeder Modus ist eine andere Wert- bzw. Entscheidungsbegründung. Bei *Verdienstgerechtigkeit* wird verteilt aufgrund von bewerteten Eigenschaften, durch welche eine Person mehr erhalten soll als eine andere. Die Verdienstgerechte ist dabei nicht unbedingt relevant, kann aber durch eigene Arbeit und Anstrengung, durch Alter, durch Zugehörigkeit zu Schicht, Geschlecht, Rasse und Religion, durch physische Größe und Schönheit, durch Berühmtheit und Intelligenz etc. im Urteil zustande kommen. Jedes dieser Attribute ist ein Grund dafür, von vorhandenen Quellen einer Person mehr zuzuteilen als einer andern. Die Attribute können miteinander kombiniert werden, können vorhanden sein oder nur geglaubt werden, und jedes kann in verschiedenen Situationen verschieden gebraucht werden. Die Grundidee beruht auf Reziprozität. Weil mehr investiert wurde, weil härter gearbeitet wurde, weil mehr Talent da ist etc., soll jemand vom Vorhandenen mehr erhalten. Die zugrunde liegende fundamentale Argumentation ist oft die, daß es im Interesse aller Personen einer Gesellschaft liege, eine Leistung zu vollbringen, die Verdienste einbringt.

Der zweite Modus heißt *egalitäre Gerechtigkeit*. Die Annahme, die hier gemacht wird, lautet: Da alle Menschen als Menschen und Personen gleich sind, ein gleiches Leben haben und einen gleichen Wert darstellen, sollte jeder das gleiche Recht auf Verteilung vorhandener Güter haben oder wenigstens die gleichen Möglichkeiten, diese Güter zu erwerben. Egalitäre Verteilung will jedem dasselbe zuteilen oder mindestens, in Form von

Zufall oder Glück, jedem die gleiche Chance einräumen. Die Verbindung von Verdienstgerechtigkeit und egalitärer Gerechtigkeit im Verteilungsfeld liegt dann vor, wenn zwar jeder die gleiche Chance hat, am Wettbewerb teilzunehmen, aber derjenige mit der besten Leistung den größten Lohn erhält.

Der dritte Modus des Verteilens ist *benevolontär*. Nicht gleiche Verteilung oder gleiche Möglichkeiten stehen jetzt zur Diskussion, sondern die Tatsache, daß gewisse Personen besondere Bedürfnisse haben, aufgrund einer körperlichen, psychischen oder sozialen Deprivation. Deswegen soll Verteilungsgerechtigkeit für erlittenes Unrecht oder für Ungleichheit, die schon vor der betreffenden Situation da sind, kompensieren. Ein Endstadium gerechten Daseins wird angestrebt, ohne daß dabei Egalität als Prozeß gesehen wird.

Während Damon (1975a, 1975b, 1977a) diese Modi unter dem entwicklungspsychologischen Gesichtspunkt untersucht hat, geht es uns um die Frage, ob durch Komplexitätsstimuli (Faktor 1) mehr solche Aussagen auftreten, komplexere Gesichtspunkte durch intensiveres Verwenden dieser Modi entstehen.

Die zweite Variablengruppe heißt »*Moralische Argumentation direkt*« und »*Moralische Argumentation indirekt*«. »Direkt« heißt, daß die Aussage nicht stimuliert wurde durch Treatmentbestimmungen; »indirekt« heißt, daß die Aussage zustande kam, weil der Schüler – mit hoher Wahrscheinlichkeit – von der Stimulierung der Treatments beeinflußt war. Die Variable an sich umfaßt alle Aussagen betreffend die Gerechtigkeit vs. Ungerechtigkeit, gut vs. böse, richtig vs. falsch, moralische Normen und moralische Regeln. Da es unklare Fälle gab, in denen zwar etwas als falsch angesehen wurde, aber das Wort »gerecht« oder »gut« oder »fair« etc. nicht expressis verbis gebraucht wurde, hielten sich die rater an eine Reihe aufgestellter rating-Regeln wie

– Versuche, aus dem Kontext festzustellen, ob die Argumentation »moralisch« ist oder bloß die psychosozialen Aspekte einer Situation erfaßt.

– Wenn aus dem Kontext nicht ersichtlich ist, daß die Aussage an Norm, Sanktion, Gesetz, Gewissen, Berechtigung, Gerechtigkeit etc. appelliert, dann ordne die Aussagen nicht unter diese Variable ein etc.

Einige Beispiele zu dieser Variablen:

»Ich finde dies ungerecht, weil du mehr bekommst.«

»Was da in Regel 5 steht, ist Blödsinn, weil das Schicksal nie gerecht sein kann.«

»Man muß sich doch fragen, warum dies nach ihrem Gefühl eben schlecht gehandelt ist.«

»Ich finde, die richtige Mutter ist nun einfach nach dem Gesetz nicht mehr berechtigt, dieses Kind zu haben« etc.

Die dritte Variablengruppe bezieht sich auf Aussagen zum Ablauf

»Prozessual direkt« und *»Prozessual indirekt«*: Die Begriffe »direkt/ indirekt« entsprechen der oben angeführten Beschreibung. Mit »prozessual« sind alle Aussagen gemeint, die den Gruppenprozeß steuern. Beispiele sind:

»Jetzt müssen wir alles zusammenfassen.«

»Sag du doch einmal etwas.«

»Wir sollten jetzt Punkt 3 durchnehmen.«

»Du solltest nicht so viel reden, damit auch jemand anders etwas sagen kann.«

»Wir sollten schneller machen, damit wir zu einer Lösung kommen.«

Die letzte abhängige Variable heißt *»Aussagen zur Pragmatik des Lösungsprozesses«*: In diese Rubrik fielen vor allem Lösungs- und Teilvorschläge. Bei der Analyse wurde diese Variable vor allem dazu gewählt, um die andern Variablen besser abheben bzw. unterscheiden zu können.

b. Analyse und Hypothesen

Für die vorliegende erste Auswertung haben wir aus finanziellen Gründen nicht alle der Stichprobe angehörenden 336 Gruppenprotokolle herangezogen, sondern nach Zufall 48 Protokolle ausgewählt, und zwar klassenüberschneidend. Aus diesem Grunde fiel der in unserem Hauptdesign auf S. 56 dargestellte Klasseneffekt weg. Die 48 Protokolle wurden gleichmäßig den drei Problemen zugeteilt, so daß wir also für jedes Problem 16 Protokolle zur Verfügung hatten. Die Protokolle wurden halbblind eingeschätzt, d. h., die rater kannten die Treatmentbeschreibungen, wie sie den Schülern vorgelegt worden sind, weil sie entscheiden mußten, ob eine Aussage als »direkt« oder »indirekt« einzustufen war. Zwei rater arbeiteten an den Protokollen, wobei der eine einen Hauptteil leistete, der andere mehr Kontrollfunktion hatte. Der auf Stichproben basierende Interraterkorrelationskoeffizient betrug 0.85.

Unsere Hypothesen sind durch die bisherige Beschreibung bereits angedeutet. Wir erwarten keine 4-, 3- und 2-Weg-Wechselwirkungen für alle Variablen. Wir stellen ferner die Hypothese auf, daß die Variable »Aussagen zur Pragmatik des Lösungsprozesses« bei der Kontrollgruppe am größten ist. Wir nehmen aber vor allem an, daß das Treatment 1 (Komplexitätsstimuli) am wirksamsten wird für die 6 »psychischen« und »sozialen« Variablen, daß das Treatment 2 (Regeltreatment) signifikante Effekte bei den Variablen »moralische Argumentationen« bewirkt und schließlich, daß das Treatment 3 (Strategie) signifikante Effekte bei den Variablen »Aussagen zum Ablauf« bewirkt. Für den Faktor »Problem« erwarten wir keine Variabilität über alle Variablen hinweg. Dies wären mit den Interaktionen zusammen 8 Hypothesen, die, ausgeweitet auf die 11 Variablen, 88 zu prüfende Voraussagen enthalten.

Zur Auswertung verwendeten wir ein multivariates Verfahren (»NYB-MUL«), um die Irrtumswahrscheinlichkeit zu stützen. Allerdings muß vor einer Überwertung dieses Verfahrens im vorliegenden Falle gewarnt werden, da die Zellen relativ wenig besetzt sind (durchschnittlich 2 pro Gruppe und Problem entsprechend dem $2 \times 2 \times 2 \times 3$-Plan).

c. Resultate

Wie vorausgesetzt, sind bei allen 11 Variablen keine 4-, 3- und 2fachen Wechselwirkungen (Interaktionen) festzustellen. Dieses Resultat ist äußerst wertvoll unter dem Blickwinkel, daß die Faktoren in ihrer Wirkung ·um so klarer und reiner auf bestimmte Variablen zu befragen sind. Der Faktor »Strategie« bewirkt einen signifikanten Effekt auf die Variable »Prozessual indirekt« mit $F = 14.39$; $df = 1,24$ und $p < 0.0009$; ($r = 0.50$). Obwohl hier das multivariate p höher ist als 0.05, sollte dieses Resultat in Betracht gezogen werden. Es sagt einfach, daß sich der Gruppenprozeß dahingehend verändert, daß bei Vorgabe der Strategie signifikant mehr Aussagen zur internen Steuerung vorgenommen werden. Ein Gruppenprozeß wird also immer wieder im Ablauf unterbrochen durch Aussagen, welche die funktionale Strukturierung, die Übersichtsschaffung, Befehls-erteilung und allgemein steuernde Regulierung betreffen, wenn eine Strategie vorhanden ist. Dieser Befund läßt sich trotz der mangelnden multivariaten Signifikanz verallgemeinern, weil, wie wir auf S. 443 in diesem Buch sehen, über alle 336 Gruppen verteilt jene, welche die Strategie erhielten, länger diskutierten als alle andern Gruppen.

Am wirksamsten ist das Treatment 2 (Regelzugabe) bezüglich der beiden Variablen »moralische Argumentation direkt« und »moralische Argumentation indirekt«. Für die Variable »moralische Argumentation direkt« ist ein signifikanter Effekt zu verzeichnen mit $F = 14.59$; $df = 1,24$; $p < 0.0009$; ($r = 0.50$). Die Wirkung auf die Variable »moralische Argumentation indirekt« beträgt $F = 64.94$; $df = 1,24$; $p < 0.0001$; ($r = 0.77$). Was an diesem Resultat erstaunt, ist die Übertragungswirkung von einer Variablen zur andern. *Dadurch, daß unter dem Einfluß des Faktors Regelvorgabe moralisch argumentiert wird* (vgl. dazu die Variablenbe-schreibung auf S. 67), *erhält die Richtung der Diskussion einen Impuls, der erhalten bleibt, auch wenn der Treatmenteinfluß nicht mehr direkt nachweisbar ist.* Daß »moralische Argumentation direkt« sich nur unter diesem Faktor so signifikant auswirkt, läßt sich so erklären, daß – beeinflußt durch das Treatment – moralische Aussagen im allgemeinen eine gewisse Eigenständigkeit erhalten und im Lösungsprozeß plötzlich eine wichtige Funktion übernehmen. Dieses Faktum hat zu der im 1. Kapitel dargestellten Theorie der kognitiven Stufen der Interaktion geführt. Denn wir mußten ja diesem Phänomen der Transferwirkung des Lösungspro-zesses durch beeinflußte moralische Argumentation nachgehen.

Aber auch das Faktum der hohen Signifikanz bei der Variablen »moralische Argumentation indirekt« ist erstaunlich. Es besagt, daß Schülergruppen, wenn man sie vor einen simulierten moralischen Konflikt stellt (Disäquilibrium) und ihnen zugleich nach den Kohlberg-Stufen formulierte moralische Regeln (Gerechtigkeitsformulierungen) zur Hand gibt, diese intensiv diskutieren und als Hilfe zur Problemlösung verwenden.

Enttäuscht waren wir, als wir sahen, daß das erste Treatment (Komplexitätsstimuli) auf keine der Variablen – und ganz besonders nicht auf die 6 spezifisch befragten »psychischen« und »sozialen« Gerechtigkeitsmodi – einen signifikanten Effekt hatte. Das ist entweder damit zu erklären, daß die Schüler dieser Altersstufen schon immer solche Fragen stellen; dann haben wir ein Redundanzproblem vor uns. Oder es kann sein, daß die Art der »lehrerzentrierten« Stimuli, die ja wie moralisierende Befehle wirken, den Schüler abstoßen. Und schließlich kann es auch sein, daß die Schüler das Treatment mangels Treatmenteinführung oder aufgrund anderer Umstände (Formulierung, zu langer Text, schlechte Beziehung zum Problem etc.) einfach nicht zur Kenntnis nehmen. Wir müssen also weitere Analysen machen, um diese Frage beantworten zu können.

Im Gegensatz zu unserer Hypothese sind interessante signifikante Problemeffekte aufgetreten. Wir müssen versuchen, sie post hoc zu interpretieren und sie besonders mit der Hypothese der sog. Bereichsspezifität zu konfrontieren (vgl. S. 46 ff.). Die Tabelle (Analyse A) gibt eine Übersicht über die Problemeffekte der 11 abhängigen Variablen ($p < 0.5^{*}$; $p < 0.001^{**}$).

Die beiden Variablen »Prozessual direkt« und »Prozessual indirekt«, also Aussagen, die den Diskussionsverlauf steuern, weisen keine signifikante Problemdifferenz auf. Es gibt also keine überfällige Variabilität über die drei Probleme und Problemtypen hinweg. Dasselbe ist von der Variablen »Moralische Argumentation direkt« zu sagen. Es bedeutet, daß Steuerprozesse und moralische Argumentation über alle Probleme hinweg gleichbleiben.

Für die Variable »Moralische Argumentation direkt« liegt der signifikante Effekt bei $F = 4.38$; $df = 2,24$; $p < 0.02$; ($r = 0.30$) und die Mittelwerte betragen für das 1. Problem 3.12, für das 2. Problem 4.23 und für das 3. Problem 5.19. Das heißt, daß die Argumentationen am intensivsten beim Problem 3 und am wenigsten bei Problem 1 sind. Dieser Befund ist angesichts der Tatsache, daß Problem 1 allgemein am wenigsten lang diskutiert worden ist (vgl. S. 445) verständlich und angesichts des Problemeffekts, den wir auf S. 179 bei den Interaktionsstufen gefunden haben, erklärbar.

Bei den 6 »psychischen« und »sozialen« Variablen treten überall signifikante Problemtypeffekte auf. Wie sehen diese Effekte genauer aus? Zuerst zur Variablen »Verdienstgerechtigkeit psychisch«. Problem 2 sticht

Wertkriterien (n = 48)	F	df	p <	Problem 1	Problem 2	Problem 3	r
Aussagen zur Pragmatik des Lösungsprozesses	0.64	2,24	0.53	10.20	10.78	8.92	0.12
Aussagen zum Ablauf (prozessual direkt)	0.22	2,24	0.80	4.73	5.16	4.33	0.07
Aussagen zum Ablauf (prozessual indirekt)	0.11	2,24	0.90	1.18	1.02	0.90	0.05
Moralische Argumentation direkt	4.38	2,24	0.02*	3.12	4.23	5.19	0.29
Moralische Argumentation indirekt	2.27	2,24	0.13	2.87	1.56	2.07	0.22
»Psychische« Begründungen, Verdienstgerechtigkeit	36.42	2,24	0.0001**	0.28	3.78	0.92	0.66
»Psychische« Begründungen, egalitäre Gerechtigkeit	5.74	2,24	0.009*	0.84	0.15	0.56	0.33
»Psychische« Begründungen, benevolontäre Gerechtigkeit	11.22	2,24	0.0004**	1.07	0.95	3.69	0.44
»Soziale« Begründungen, Verdienstgerechtigkeit	11.09	2,24	0.0004**	0.31	1.10	1.68	0.49
»Soziale« Begründungen, egalitäre Gerechtigkeit	71.67	2,24	0.0001**	2.51	0.21	0.30	0.78
»Soziale« Begründungen, benevolontäre Gerechtigkeit	13.48	2,24	0.0002**	0.66	3.63	1.95	0.48

Tabelle (Analyse A): Nicht hypothetisierte Effekte des Problemtyps für die Variablen der Analyse I

hervor. Das hängt mit der Problembeschreibung und mit dem Problemtyp zusammen. Die Gruppen haben bei einer Wahl darauf geachtet, wie stark Peter, Käthi und Matthäus die Position durch ihre Tests und Schulleistungen »verdienen«. Weil der konfligierende Risikowahltyp zu einer Selektion zwingt, werden zumindest die Aussagen zur Verdienstgerechtigkeit profiliert. Wir wissen zwar aus dieser Analyse nicht, wie stark sie die Entscheidung selber beeinflussen. Bezeichnend ist aber, daß bei Gruppen dieses Alters die eigene Leistung stärker im Mittelpunkt steht als etwa intrinsische Motivation, Affiliation, kompensatorische Gerechtigkeit und leitendes Interesse.

Die zweite Variable hieß »Egalitäre Gerechtigkeitsäußerungen intrapsychisch«. Diesmal sticht wiederum der konfligierende Optimierungstyp des Problems 1 hervor. Dort wird also anders verteilt, möglicherweise weil es sich um ein Vergnügungsgut handelt. Weil das Verdienst zugunsten einer gleichmäßigen Verteilung zurückgebunden wird, ist das Urteil unabhängig vom Geleisteten, von Lob und Tadel sowie von sozioökonomischen Differenzierungen. Somit entsteht die Tendenz der diskutierenden Gruppen zu einem komplett egalisierenden Modus hin. Weil bei Problem 2 durch die Problembeschreibung selber Unterschiede vorgegeben sind, werden diese ausschlaggebend. Sind sie aber nicht wie bei Problem 1 vorgegeben, so werden sie auch nicht erarbeitet, sondern die Gruppen wählen den unkomplizierteren Weg, Unterschiede zu vertuschen. Spontan handeln sie vollständig reziprok.

Der Modus benevolontären Argumentierens aufgrund intrapsychischer Analysefakten, wie etwa Bedürfnis, Empathie, Angst etc., wird also vor allem auf das Problem 3 evoziert. Der konfligierende Dilemmatyp fordert geradezu dazu heraus, daß die Schüler sich in die Rolle der in der Situation beschriebenen Personen versetzen, um intrapersonale Gründe für einen Entscheid zu finden.

Die nächste Variable heißt »Verdienstgerechtigkeit sozial«. Wir erinnern uns, daß damit Aussagen gemeint sind, die an Umwelt, Gruppe oder Gesellschaft gebunden entstehen. Es ist eigenartig, daß wir hier nicht dieselbe Struktur finden wie bei der Variablen zur »innerpsychischen Verdienstgerechtigkeit«. Während dort Problem 2 den höchsten Mittelwert aufweist, ist es hier Problem 3. Gruppen mit Problem 3 fragen sich also mehr als andere Gruppen, welches die sozialen Verdienste der involvierten Personen (natürliche Mutter, Adoptiveltern, Richter) sind. Während also bei Problem 2 das persönliche Verdienst als Leistung des betreffenden Subjektes im Mittelpunkt steht, ist bei Problem 3 das Verdienst, das durch das soziale Engagement am Kinde (Wechsel des Berufs, Bezahlung des Arztes etc.) zustande kam, ausschlaggebend.

Die zweitletzte Variable heißt »Egalitäre Gerechtigkeit sozial«. Die Struktur der Resultate entspricht hier derjenigen der Variable »egalitäre Gerechtigkeit psychisch«. Wie ist es zu verstehen, daß Gruppen des

Problems 1 so stark den sozial egalitären Aspekt distributiver Gerechtigkeit betonen? Wir haben schon erwähnt, daß es sich bei der Eintrittskarte um sogenanntes Vergnügungsgut handelt, ohne Angabe von Verdiensten. Die Diskussionsprotokolle zeigen eine deutliche Rückweisung aller Fragen unterschiedlicher Verdienste und unterschiedlich benevolontärer Verhältnisse. Ich meine, daß wir hier einen Widerspruch zu den Elementen der ökonomischen Theorie von H. Simons (1948) und weitergeführt von J. Tobin (1970) vor uns haben. Beide entwerfen ein positives und negatives generelles Bezugsmodell, das dem Faktum gerecht wird, daß unterschiedliche Güter unterschiedlich verteilt werden. Tobin sagt:

»Das soziale Gewissen ist bei starken Ungleichheiten im Bereich von Nahrung und Behausung oder im Bereich des Zugangs zu medizinischer Pflege und juristischer Hilfe mehr verletzt als bei Ungleichheiten im Bereich von Autos, Büchern, Kleidern, Möbeln, Booten ... Es gibt Gebrauchsgüter, bei denen absolute Gleichheit der Verteilung ein höchstes Ziel ist. Dies ist so wichtig, daß die Gesellschaft nicht einmal einem Individuum erlauben kann, seinen Anteil willentlich auf jemand andern zu übertragen. Diese ›Gebrauchsgüter‹ umfassen zivile Rechte und Privilegien wie auch zivile Pflichten, bei denen Gleichheit unter den Einwohnern grundlegend in der politischen Verfassung verankert ist. Abstimmung und Militärdienst sind beste Beispiele dafür. Zu dieser Art gehören ebenfalls biologische und soziale Notwendigkeiten, welche man nur schwer beschaffen kann, so schwer, daß bei ungerechter Verteilung einige Einwohner unterhalb eines akzeptablen Minimums konsumieren müssen. Beispiele dazu umfassen Nahrung in Kriegszeiten und möglicherweise medizinische Hilfe hier und jetzt.« (1970; bzw. Sammelband 1973, S. 450/451)

Dem Problem 1 liegt vermutlich diese Unterscheidung nicht zugrunde; obwohl es um Vergnügungsgut geht, verwenden die Gruppen den egalitären Modus. Handelt es sich aber um eine Position (Lebensstelle), wie im Falle des Problems 2, oder um die Berechtigung zur Kindererziehung, wie im Problem 3, so stehen die Modi Verdienstgerechtigkeit und benevolontäre Gerechtigkeit im Vordergrund. Der Widerspruch löst sich aber auf, wenn man sieht, daß der reziproke Gerechtigkeitsmodus nicht genügt, um das Problem 2 und das Problem 3 lösen zu können. Weil es hier um lebenswichtige Werte geht, ist man mit einer Verallgemeinerung der Verteilungsberechtigung nicht mehr zufrieden. Eine Erklärung für den Unterschied an sich ist vermutlich darin zu suchen, daß die Produktion von Argumenten egalitärer Gerechtigkeit leichter ist als die Produktion von Argumenten der Verdienst- und der benevolontären Gerechtigkeit.

Die letzte Variable ist »Benevolontäre Gerechtigkeit sozial«. Während »innerpsychisch« Problem 3 an der Spitze der Mittelwertausprägungen steht, ist es hier Problem 2. Während dort Gerechtigkeitskompensation gesehen wird aufgrund der Verzweiflung der natürlichen Mutter, ist es hier aufgrund der Tatsache, daß Matthäus' Mutter gestorben ist und er für seine Geschwister sorgen muß oder weil Käthi ein Mädchen ist und Frauen nun auch einmal zum Zuge kommen sollen.

Will man sich eine Übersicht über die Modusvariablen bezüglich des Problemtyps und der Problembeschreibung verschaffen, so läßt sich sagen: Bei Problem 1 herrscht der egalitäre Modus grundsätzlich vor. Das Problem 2 evoziert Argumentationsweisen des psychologischen Verdienstmodus und des sozialen benevolontären Gerechtigkeitsmodus. Und schließlich wird das Problem 3 vor allem gelöst mit dem psychologischen benevolontären Gerechtigkeitsmodus und dem Modus sozialer Verdienstgerechtigkeit. Problem 1 ist also von den beiden anderen Dilemmas grundsätzlich verschieden. Problem 2 und 3 weisen jeweils umgekehrte soziale und innerpsychische Modi auf.

d. Konklusionen

Die Hypothese, daß keine signifikanten Wechselwirkungseffekte in allen Variablen auftreten, hat sich bewahrheitet. Außerdem haben sich Strategieeffekte und Regeleffekte in bezug auf die ihnen hypothetisch zugewiesenen abhängigen Variablen als signifikant erwiesen. Der Faktor 1 »Komplexitätsstimuli« hat keine signifikanten Effekte in den Variablen bewirkt, die den Gerechtigkeitsmodus bestimmen und auch nicht in der Variablen »Moralische Argumentation«. Wir müssen hier weitere Analysen durchführen, um abklären zu können, warum dieser Faktor nicht wirksam ist. Als Gründe für die Nichtwirksamkeit kommen in Frage:
1. Hohe Redundanz, bedingt durch kognitive Reifung.
2. Nichtwirksamkeit wegen der mangelnden Treatmenteinführung bzw. Nichtverständnis in bezug auf die Formulierung und die Handhabung.
3. Aversion gegen die Art der lehrerzentrierten Stimuli.
4. Mögliche Validitätsproblematik in dem Sinne, daß die Kriterien gar nicht das erfassen, was wir erfassen wollen.

Faktor 2 und Faktor 3 bewirken – wie vorausgesagt – höhere moralische Argumentation und höhere gruppenprozessuale Reflexion. *Daß die Regelvorgabe den Effekt hat, daß auch dann mehr moralisch argumentiert wird, wenn diese Gerechtigkeitsregeln nicht mehr vorgegeben bzw. berücksichtigt werden, ist erstaunlich. Man könnte von einem Lerntransfer des moralischen Argumentierens sprechen. Dieses Faktum läßt sich jedoch mit den Stufen der Interaktion beim moralischen Diskurs besser erklären* (vgl. S. 173 ff.).

Interessant sind die – hypothetisch nicht formulierten – signifikanten Problemeffekte auf die abhängigen Variablen »Gerechtigkeitsmodi«. Sie machen etwas klar, was selbstverständlich scheinen mag, daß nämlich andere sachstrukturale Wertelemente abgerufen werden, wenn verschiedene Probleme und verschiedene Problemtypen als Testmaterial eingesetzt werden. Der jeweils akzentuierte Modus distributiver Gerechtigkeit könnte im Kohlbergschen Sinne als »concern« bezeichnet werden. Unsere Befunde reichen allerdings bis jetzt noch nicht aus, um Seilers Theorie der Bereichsspezifität zu stützen. Sie bestätigen zwar, daß verschiedene Dilemmas verschiedene Elemente der kognitiven Struktur mobilisieren. Eine Bestätigung der gesamten Theorie wäre aber erst dann gegeben, wenn festgestellt würde, daß unterschiedliche Entwicklungsstufen derselben Personen mit verschiedenen Dilemmas gemessen würden, ohne daß man diesen Umstand mit dem Phänomen des décalage erklären könnte.

Daß bei Problem 1 egalitäre Gerechtigkeit vorherrscht, bei den andern Problemen aber Verdienst- und benevolontäre Gerechtigkeit, bestätigt die These von Simon-Tobin, daß nichtlebensnotwendige Güter anders verteilt werden als lebensnotwendige.

Analyse B
Intentionen, Konsequenzen und Kausalschlüsse als Merkmale der Komplexität des moralischen Argumentierens in Gruppen

a. Einleitung

Es hat uns beunruhigt, daß der Faktor 1, die sogenannten lehrerzentrierten Komplexitätsstimuli, keine signifikanten Effekte auf die 6 »psychischen« und »sozialen« abhängigen Variablen zeigte. Wir haben eine Erklärung mittels Redundanz, Nicht-Verstehen, Aversion oder Validitätsinkonsistenz versucht. Wir möchten hier nun weiterfahren und, da die Stimulation dieses ersten strukturbildenden Faktors allgemein Fragen zu Intentionen, Konsequenzen und Kausalschlüssen enthält, genau diese Variablen nochmals prüfen. Wir glauben, daß es möglich ist, diese Variablen »allgemein« zu erfassen, also nicht spezifisch von dieser oder jener Konsequenz, sondern ganz allgemein von Konsequenzen schlechthin zu sprechen. Die Analyseeinheit ist dieselbe wie bei der vorhergehenden Analyse A. Die Faktoren sind ›Problem‹, ›Klassen eingenistet in Problem‹, ›Komplexitätsstimuli‹ (Information), ›Regelbewußtsein‹ (Regeln) und ›Handlungsablauf‹ (Strategie). Die Interraterkorrelation betrug im Durchschnitt für alle Variablen $r = .85$.

b. Die abhängigen Variablen (Wertkriterien)

Es ist wichtig, daß die Wertkriterien dieser Analyse wiederum auf alle drei Probleme anwendbar sind. Die von uns auf S. 68 ff. und S. 469 ff. dargestellten Kriterientabellen sind also problemübergreifend zu denken.

Die erste Variable »*Intentionen*« hat mit der Frage zu tun, ob bei Entscheidungsvorgängen und/oder allgemein bei Argumentationen die hinter einer Handlung stehenden Intentionen berücksichtigt werden. Seit der frühen Schrift von Piaget »Das moralische Urteil beim Kinde« (1932), in der er den Einbezug der Intention in den Urteilsprozeß als Hauptmerkmal für das autonome (im Gegensatz zum heteronomem) Urteil machte, sind viele Untersuchungen in dieser Richtung durchgeführt worden. Man geht im allgemeinen davon aus, daß beim Erwachsenen die Absicht, »Gutes« oder »Schlechtes« zu tun, die moralische Werteinschätzung mehr bestimmt als die objektiven Konsequenzen (Maselli u. Altrocchi 1969). Allerdings sind noch kaum Untersuchungen zur Größe der Konsequenzen als Relation zur Art der Intention gemacht worden (z. B. Auto abstellen auf verbotenem Platz als Verstoß gegen das Gesetz vs. Abwerfen einer Atombombe als Tötung von Tausenden von Menschen). Eine interessante Untersuchung zur Intentionsfrage liegt von Weiner und Peter (1973) vor. Abgesehen davon, daß man zeigen kann, daß Absicht eine signifikante Determinante des moralischen Urteils ist, ist in dieser Untersuchung die Alters × Intention-Wechselwirkung aufschlußreich. Je älter die Personen, um so stärker wird eine positive Absicht belohnt, eine negative bestraft. Eine Studie von Farnill (1974) zeigt aber auch, daß der Gebrauch von Informationen über die Intentionen anderer Personen variiert, je nach dem Typ des sozialen Urteils, den wir von den Versuchspersonen verlangen. Verlangen wir einfach ein Intentionsurteil, so gelten die normalen Befunde, wie sie in Weiner et al. (1973) dargestellt sind. Richtet man den Blick der Versuchspersonen aber auf die Frage, wie hilfsbereit ein Individuum sei, dann variiert die Einschätzung der Intent-outcome-Rohwerte (Subjektiv-Objektiv-Problem der Absichtsvorstellung). Im allgemeinen wird in den Studien der letzten Jahre die von Gutkin (1972) aufgestellte entwicklungsmäßige Sequenz über Intentionalität (1. Intentionen sind irrelevant; 2. Intentionen sind relevant, aber der angerichtete Schaden ist wichtiger; 3. Intentionen sind wichtiger als der angerichtete Schaden; 4. Intentionen sind allein wichtig) bestätigt (vgl. dazu auch King 1971; Bernitz u. Kugelmaß 1967).

In unserer Untersuchung geht es im Rahmen des angedeuteten Komplexitätsspektrums schlechthin um die Frage, ob eine Gruppe überhaupt und wenn ja, in welchem Maße Intentionen in Betracht zieht. Wir glauben nicht an die von Gutkin aufgestellte Hierarchie, weil sie ein reifes Urteil mit Einschluß von Intentionen und Konsequenzen zugleich ausschließt. Die Hypothese wäre, daß Gruppen mit den Treatments des Faktors 1 signifikant mehr solche Aspekte mit in die Diskussion einbezögen und somit größere Komplexität innerhalb einer bestimmten Stufe demonstrierten. Intention ist nämlich in diesem Sinne keine Funktion der Stufe schlechthin, sondern ein Mittel innerstrukturaler Berücksichtigung von Breitenaspekten.

Die zweite abhängige Variable »*Konsequenzen*« hängt stark mit der ersten zusammen. Das zeigen die oben angeführten Untersuchungen. Zur Findung möglicher Konsequenzen und zur Konsequenzdifferenzierung kenne ich keine Studien innerhalb des thematischen Bereichs dieser Arbeit. Problem-2-Konsequenzen und Problem-3-Konsequenzen lassen sich ein Stück weit aus den gegebenen Informationen ableiten, wobei psychische und irrationale Reaktionen der zur Wahl stehenden Personen nur andeutungsweise abgeschätzt werden können. Wenn etwa das Mädchen im Falle der Nichtwahl Selbstmord begehen sollte, so könnte diese Folge nicht gleich sicher ermittelt werden wie etwa die Annahme, daß es am selben Ort kaum zwei Zeichenbüros gibt und daß das Mädchen konsequenterweise hier keine Stelle in seinem Interessengebiet finden würde.

Die entscheidende Frage bei unserer Analyse ist aber, ob überhaupt Konsequenzen berücksichtigt und positiv oder negativ eingeschätzt werden. Tauchen solche Fragen auf, so bedeutet dies wiederum größere Bereichsbreite und höhere Komplexität. Unsere Hypothese lautet: die Gruppen mit den Treatments unter dem Faktor 1 berücksichtigen signifikant mehr Folgen als die andern Gruppen, weil die lehrerorientierten Stimuli den Hinweis auf die Berücksichtigung von Folgen umfassen.

Die dritte Variable betrifft Fragestellungen nach dem »*Warum*« eines auftretenden Ereignisses. Besonders die Attributionstheorie hat sich mit dem Phänomen der Begründungen und Rechtfertigungen im Sinne der Selbst- und Sozialbeobachtung auseinandergesetzt. Seit Heiders Grundlegung in The Psychology of Interpersonal Relations (1958) sind eine Reihe von Schriften auch im Bereich der moralischen Erziehung erschienen (Shaw und Reitan 1969, Shaw und Sulzer 1964, Kelley 1971a, Fishbein und Ajzen 1973, Ross und Di Tecco 1975 etc.). Nicht die Definition von Problemtypen, sondern die Frage, warum und wie man für etwas verantwortlich ist, tritt ins Blickfeld. Der wesentliche Gedanke besteht darin, zu zeigen,

»wie Menschen kausale Erklärungen vornehmen ... wie sie Fragen beantworten, welche mit ›warum‹ beginnen. Die Theorie bezieht sich auf die Informationen, welche bereitgestellt werden, um kausale Schlüsse zu ziehen. Sie bezieht sich auch darauf, was wir tun mit diesen Informationen, um kausale Fragen zu beantworten.« (Kelley 1972, S. 107)

Zu Kelleys Systematik, die Unterscheidungen umfaßt wie »external cause« und »internal cause« – ein fundamentales Paradigma der Attributionstheoretiker (Weiner 1972, S. 317 ff.) –, »facilitative« und »inhibitory external causes« und »multiple sufficient«, »compensatory« und »multiple necessary causes«, liegen eine Reihe von Untersuchungen vor. Genannt sei die Studie von Walster (1966). Er zeigte auf, daß die ausgesprochene Verantwortlichkeit bei einem Autounfall mit der Größe des Schadens in direktem Verhältnis steht und nicht mit der eventuellen Gefährdung von Menschenleben korreliert. Seine Treatments waren:

1. Das Schutzblech war nur wenig beschädigt, aber der Wagen hätte komplett zerstört sein können;
2. der Wagen war komplett zerstört;
3. das Schutzblech war nur wenig beschädigt, aber die Zuschauer hätten schwer verletzt sein können und
4. die Zuschauer waren schwer verletzt.

2. und 4. erhielten wie erwartet mehr Verantwortlichkeit zugesprochen, weil die Konsequenzen schwerer als etwa bei 3. beurteilt wurden. Mit andern Worten: Der Verletzung der Zuschauer wurde kein größerer Wert zugemessen als der Zerstörung des Wagens.

Die Attributionstheorie dehnt, wie das obige Beispiel zeigt, die Kausalitätsfrage auf Konsequenzen, Folgen und moralische Regeln aus. Wir müssen daher die Merkmale für »Kausalattributionen« so fassen, daß diese drei Bereiche ausgeschlossen sind. Die Restsumme der Aussagen und Fragen nach dem »Warum« einer Handlung, wenn Attributionen für Absicht, Folgen und moralisches Niveau abgezogen sind, fällt in diese Variable.

Wir wollen also weder die »internen« von den »externen« Attributionen unterscheiden noch die von Heider (1958) entwickelten Stufen und Attributionen einbeziehen, sondern bloß feststellen, ob Kausalattributionen durch Fragestellungen und/oder Redeimpulse überhaupt zur Sprache kommen.

Wir haben die von Heider (1958) entwickelten Stufen des Attribuierens erwähnt. Um zu verstehen, was unter diese Rubrik fällt, wollen wir diese Stufen nach Ross und Di Tecco (1975) wiedergeben:

»Auf der einfachsten Ebene (Assoziation) wird eine Person verantwortlich gehalten für jede Handlung, die mit ihr in einem noch so entfernten Zusammenhang steht. Die Nachkommen werden z. B. verantwortlich gemacht für die angeblichen Handlungen ihrer Vorväter, in dem Sinne, wie Juden heute für den Tod Christi getadelt werden. Auf der nächsten Ebene (Übertragung) wird die Person verantwortlich gehalten für alles, was sie bewirkt, auch dann, wenn sie die Folgen nicht voraussehen konnte oder nicht beabsichtigt hatte. Man kann sich z. B. vorstellen, daß jemand einen kleinen Raum im Haus eines Freundes öffnet und dann merkt, daß dies eine improvisierte Dunkelkammer war und durch das Öffnen einige wertvolle Abzüge zerstört worden sind. Wie würde man sich dabei fühlen? Auf der vierten Ebene (Vorhersehbarkeit) wird die Person verantwortlich gehalten für jedes Resultat ihrer Handlung, das sie hätte voraussehen können, auch wenn es nicht intendiert war. Der eifrige Golfspieler, der eine Kugel über einen Hügel schlägt, ohne vorher nachzusehen, ob niemand dort steht, kann bei eventuellen Verletzungen, die dadurch entstehen, für schuldig gehalten werden.

Auf der nächsten Ebene (Intentionalität) wird die Person nur für die Folgen einer Tat, die sie beabsichtigt hatte, verantwortlich gehalten. Auf dieser Stufe wird das Individuum nicht länger für die Resultate von Unfällen verantwortlich erklärt.

Auf der fünften und letzten Stufe (Rechtfertigung) wird eine Person selbst nicht für die Konsequenzen seiner Taten, die sie absichtlich vorgenommen hat, für verantwortlich gehalten, sofern die Umstände so waren, daß jedermann in dieser Weise gehandelt hätte. Das Militärgesetz von einigen Staaten z. B. besagt, daß ein Soldat für Kriegsverbrechen nicht verantwortlich gemacht werden kann, wenn sie ihm von einem Übergeordneten unter Androhung strengster Strafen befohlen werden.« (S. 93/94)

Wegen der auch hier auftretenden Vermischung mit Absicht und Folgen, der fehlenden Trennschärfe der Stufen und wegen der fehlenden höheren Stufen, auf denen das Individuum in jedem Fall für seine Handlung in irgendeiner Weise verantwortlich ist, ist es notwendig, eine gewisse Orthogonalität für unsere Variablen einzuführen. Dies sei an einem Beispiel zu Problem 2 dargestellt:

Konsequenzen:
– Ich glaube nicht, daß sich Käthi etwas antut, wenn sie die Stelle nicht bekommt. Matthäus kann schließlich ein neues Leben aufbauen, das ist wichtig.
– Ich würde sagen, wenn man den nimmt, würde er der Gesellschaft besser nützen . . . Vielleicht verliert er den Mut am ehesten.

Intentionen:
– Käthi liebt den Beruf; das ist der Grund, warum man ihr die Stelle geben soll.
– Peter will ja nur ein Motorrad kaufen; deswegen bin ich nicht für ihn.

Kausalschlüsse:
– Weil Matthäus vorbestraft ist, hat der Chef vielleicht eher Mitleid mit ihm.
– Ich finde, Matthäus hat sicher auch Begabung; deshalb bin ich für ihn.

Intentionen und Folgen müßten nach der Heiderschen Skala ebenfalls zu den Kausalattributionen gezählt werden. Wir wollen dies aber hier, wie gesagt, nicht tun, sondern nur jenes Material der Ausprägung zuordnen, das etwas mit dem Ursprung der Handlung im Sinne eines »Weil«, also im Sinne einer Begründung außerhalb von Intentionen und Konsequenzen zu tun hat.

Wir haben diesen drei Variablen auch eine Sammelvariable für kognitive Handlungsvorschläge und Entscheidungsaussagen beigefügt, und zwar um die andern Variablen reiner herausschälen zu können.

c. Analyse und Hypothese

Die Analyseeinheit in diesem Teil der Untersuchung war dieselbe wie bei Analyse A (vgl. S. 469 f.). Wir bezogen aber diesmal 15 Klassen, die nach Zufall aus den 42 vorhandenen Klassen ausgewählt wurden, in die Untersuchung ein. Somit waren 120 Protokolle zu analysieren. Das Design war analog der Darstellung auf S. 170 ff. ($3 \times 5 \times 2 \times 2 \times 2$). Die 15 Klassen waren diesmal in den jeweils drei Problemtypen eingenistet. Wir erwarteten einen signifikanten Effekt in den Treatmentgruppen des Faktors 1 auf alle Variablen, keinen signifikanten Effekt auf die Treatmentgruppen des Faktors »Regeln« und des Faktors »Strategie«. Wir erwarteten ebenfalls keine Klassenunterschiede und keine Interaktionen. Wir vermuten aber, daß signifikante Problemeffekte aufgrund der unterschiedlichen Problemtypen auftreten.

d. Resultate

Um es vorwegzunehmen: Das Bild, das wir in Analyse A in bezug auf die Treatmentgruppen in Faktor 1 haben, wiederholt sich. Wir errechneten nur einen Haupteffekt auf dem multivariablen Probabilitätsniveau von $p < 0.09$. Interaktionen sind keine zu verzeichnen. Ein signifikanter Klasseneffekt ist wohl darauf zurückzuführen, daß eine Klasse in Problem 1 nicht wirklich mitgemacht, sondern – beeinflußt durch den Lehrer – die Untersuchungen gleichsam boykottiert hat. Beim Durchlesen der 8 Protokolle dieser Klasse hat sich dieser Eindruck bestätigt. Wir brauchen daher den Klasseneffekt im Zusammenhang mit unserer Fragestellung nicht weiter zu interpretieren. Wir finden, wie vorausgesagt, keine signifikanten Effekte, beeinflußt durch die Faktoren »Regel« und »Strategie«. Hingegen sind wiederum, wie in Analyse A, signifikante Problemeffekte zu verzeichnen, und zwar für die Variable »Konsequenzen« mit F = 13.92; df = 2,84; $p < 0.0001$; (r = 0.33); und x̄ für Problem 1 = 1.13; für Problem 2 = 2.68 und Problem 3 = 5.55. Für die abhängige Variable »Intentionen« haben wir F = 14.66; df = 2,84; $p < 0.0001$; (r = 0.33) gemessen. Die Mittelwerte betragen hier für das Problem 1 = 1.68; für Problem 2 = 7.73 und für Problem 3 = 5.90. Wie sieht es aus bei der Variablen »Kausalschlüsse«? Hier haben wir sogar ein F = 43.65; bei df = 2,84 und $p < 0.0001$; (r = 0.52). Die Mittelwertausprägungen sind für Problem 1 = 3.15, für Problem 2 = 19.50 und für Problem 3 = 18.27. Bei der abhängigen Variablen »möglicher und realer Akt« haben wir ein F = 19.00; df = 2,84, $p < 0.0001$; (r = 0.37). Für Problem 1 ist x̄ = 16.92, für

Problem 2 = 10.82 und für Problem 3 = 26.60. Eine Übersicht über diese Resultate finden wir in Figur E.2 (S. 71).

(Da die Variablen problemübergreifend sind, scheint uns das Frequenzpolygon der Übersicht halber gerechtfertigt, obwohl keine expliziten Verläufe vorhanden sind. Da Problem 1 konkreter ist als Problem 2, Problem 3 aber am abstraktesten, kann man mindestens unter diesem Gesichtspunkt eine Rangordnung voraussetzen.)

Überblicken wir Figur E.2 (S. 71) nochmals, so ist zu sagen, daß bei Problem 1 am wenigsten Aussagen zu den Konsequenzen gemacht werden, bei Problem 3 am meisten. Überhaupt ist beim konfligierenden Optimierungstyp (Problem 1) scheinbar weniger »komplex« diskutiert worden als bei den andern beiden Typen (damit auch signifikant weniger lang, wie sich aus einer späteren Analyse ergeben hat. Vgl. S. 446). Dies sticht besonders bei den Variablen »Intentionen« und »Kausalschlüsse« heraus. Einzig die Variable »Handlungsvorschläge« ist beim Problem 1 bedeutend höher als bei Problem 2, nicht aber so hoch wie bei Problem 3.

Das Resultat, so interessant es auch sein mag, bringt keine Antwort auf unsere Frage nach dem Komplexitätsgrad, der durch den Faktor 1 hätte verändert werden sollen. Hingegen erzeugen die oben dargestellten Problemeffekte einen neuen Frageaspekt in der Komplexitätsdiskussion, und zwar im Sinne der Bereichsspezifität. Ungleich der ersten Analyse haben die Variablen dieser zweiten Analyse einen viel höheren Allgemeinheitsgrad. Man könnte sie als Elemente eines Schemas bezeichnen. Seiler sagt:

»Das formale Denken ist fähig, nicht nur einzelne Merkmale oder Variablen miteinander zu verbinden, sondern jedes mit jedem, mit andern Worten, eine vollständige Kombinatorik zu erstellen oder zumindest sie anzustreben. Diese zumindest potentiell vollständige Kombinatorik aller an einer Problemsituation beteiligten Variablen ermöglicht allein eine systematische, nicht durch Zufall oder Trial und Error gefundene Lösung und zwingende Rekonstruktion und Beweisführung.« (1973b, S. 256)

Das Gesagte entspricht genau der von uns beschriebenen Komplexitätsdefinition (S. 90 ff.). Aber mehr noch, die Stimulation des Faktors 1 will das Anliegen einer vollständigen Kombinatorik innerhalb einer bestimmten Entwicklungsstufe (nicht bloß der formal-operatorischen) erfüllen. Wenn aber »Konsequenzen«, »Intentionen« und »Kausalschlüsse« Elemente – und zwar Elemente von hohem Allgemeinheitsgrad – dieser möglichen Kombinatorik sind und wenn, wie die Resultate zeigen, verschiedene Problemtypen mit unterschiedlicher Abstraktions- oder Handlungshöhe und unterschiedlichem Inhalt ungleiche Komplexität bewirken, dann stimmt mindestens jener Teil der Seilerschen Theorie der Bereichsspezifität, der die unterschiedliche Lernerfahrung auf unterschiedliche Teile der kognitiven Struktur und deren Aktivierung zurückführt.

Diese werden dann leichter zur Verfügung gestellt. Ob die andern aktiviert werden können, hängt also von der Lerngeschichte ab. (Ich glaube nicht, daß Kohlberg mit seinen Stufencharakteristika die ganze Breite eines bestimmten Stufenmusters abdeckt. Aber ihm gelingt es, die wesentlichen Merkmale herauszuheben.)

Warum hat das Problem 2 so viel weniger Handlungsvorschläge aufzuweisen als das Problem 3? Dies ist unerklärlich, hängt aber vermutlich mit dem konfligierenden Wahltyp selbst zusammen. Die Wertkriterien sind eindeutiger und deshalb leichter diskutierbar, und die Wahl als Ausgang läßt außer den offensichtlichen wenig neue Alternativen zu.

Unter dem Gesichtspunkt des Komplexitätsniveaus scheint auf den ersten Blick Problem 3 optimal zu sein. Die hohe Mittelwertausprägung bei der Variablen »Handlungsvorschläge« überrascht bei Problem 3, weist zugleich auf eine gestörte Integration des Zusammenhanges von Urteil und Handeln hin. Schaut man aber genauer hin, so sieht man, daß Problem 2 eine höhere Entwicklungsstufe des Denkens bewirkt, weil Intentionen und Kausalschlüsse häufiger produziert werden. Beinahe doppelt so viele Kausalschlüsse gehen den Handlungsvorschlägen voran. Darauf weist auch das Nachtestergebnis auf S. 412 f. hin.

Wir haben schon in der Analyse A (S. 476 f.) festgehalten, daß das Problem 1 grundsätzlich andere sozial-moralische Modi wachruft, und wir haben dies vor dem Hintergrund von Tobins Hypothese gesehen, wonach verschiedene Güter verschieden verteilt werden. Wenn die Variablen aber, wie bei der vorliegenden Analyse B, hohen Allgemeincharakter haben, ist zu sagen, daß die Gruppe mit dem offenen handlungsbezogenen Optimierungstyp, obwohl sie (oder gerade weil sie) selber Informationen erarbeiten muß, durchschnittlich weniger komplex diskutiert als Gruppen der andern beiden Problemtypen. Die Schüler können die Konstruktion der Situation – was bei den andern beiden Problemen durch Information geliefert wird – nicht automatisch leisten. Die Betonung des egalitären oder reziproken Gerechtigkeitsmodus der Analyse A entspricht hier einer Betonung von Handlungsvorschlägen auf Kosten komplexer Reflexionen oder auf Kosten der Konstruktion begründbarer Zusammenhänge. Der Unterschied zwischen Problem 1 und Problem 2 und 3 zusammengenommen ist aber vermutlich nicht auf die décalage-Frage und auch nicht bloß auf die Bereichsspezifität zurückzuführen. Vielmehr sind in diesem Zusammenhang methodologische Probleme zu diskutieren, weil eben eigene Konstruktionen einerseits und die Verfügbarkeit situativer Merkmale andererseits verschiedene Niveaus bewirken (vgl. S. 179 ff. und S. 190 f.).

e. Konklusionen

Die Frage nach dem Grad der Redundanz des strukturbildenden Faktors »Komplexitätsstimuli« ist nicht gelöst worden. Die auf S. 478 f. dargestellten Vermutungen zur Erklärung dieses Faktums bleiben offen. Hingegen haben wir neue Kenntnis gewonnen, um einen Teil der Hypothese der Bereichsspezifität empirisch abzudecken. Man kann nicht einfach sagen, es sei eine Banalität, daß verschiedene Probleme in den Begründungsmodi Differenzen zur Folge hätten. Die Sache ist komplizierter, wenn die Argumentationskomplexität auf der Basis von sehr allgemeinen Elementen wie Absicht, Folgen und Kausalschlüssen angesprochen wird. Wenn man etwa Piagets Definition von Kausalität übernimmt, hat dies für die Gruppen in den verschiedenen Problemtypen relativ große Folgen. Er sagt:

»Kausalität geht der Operation oder besser den präoperationalen Handlungen voraus, und die Entwicklung dieser Operationen bewirkt eine Reflexion der kausalen Gegebenheit, die dem Individuum nach und nach durch die Realität auferlegt wird. Sie wird zuerst internalisiert und dann formalisiert.« (1974, S. 6.)

Während bei Problem 2 nun die Gruppen den Handlungsvorschlägen oder den Operationen viel mehr Kausalitätsschlüsse vorangehen ließen, ist dies bei Problem 1 überhaupt nicht der Fall. Bei Problem 3 sind ebenfalls mehr Handlungsvorschläge als Kausalschlüsse vorhanden.

Somit kann man nicht mehr bloß sagen – wie dies etwa Kohlberg tut –, es sei selbstverständlich, daß andere Probleme andere »issues« und andere »concerns« produzierten. Der Unterschied liegt nicht bei den strukturrelevanten Elementen, sondern bei den problembedingten strukturformenden Faktoren wie Komplexitätsstimulation.

Daß Problem 1, also der konfligierende Optimierungstyp, bedeutend mehr Handlungsvorschläge produziert als die andern Probleme, scheint auf den ersten Blick der Analyse A zu widersprechen, wo wir für die Variable »Pragmatik« keinen signifikanten Problemeffekt fanden. Es ist hier aber nicht dasselbe gemessen worden wie dort. Während dort die reinen Lösungsvorschläge gemeint sind, geht es hier um alle operativen Äußerungen, wie Entscheidung, Selektion, Lösungsvorschläge, Handlungsvorschläge und Handlungsableitungen etc. Natürlich hängt es auch davon ab, womit diese Variable kontrastiert wird, damit signifikante Differenzen entstehen.

Aus dem obigen Resultat kann aber auch geschlossen werden: je selbständiger die Gruppen die Situation konstruieren müssen oder je mehr Wertkriterien selbst erarbeitet werden müssen, desto kleiner ist die Komplexität im Sinne der die Handlungsvorschläge begleitenden Begründungsvariablen. Die pädagogischen Folgen dieser Erkenntnis liegen darin, daß die Konstruktion der Analyse der Situationsmomente einer Lehrerhilfe bedürfen, wenn wir den konfligierenden Optimierungstyp vor uns haben und das Dilemma so lebensnah wie möglich ist, die Schüler also eine konkrete Teilungshandlung auszuführen haben. Diese Lehrerhilfe ist nicht

notwendig, wenn bei der Problembeschreibung so viele Informationen wie
möglich schon mitgegeben sind, und ganz besonders dann, wenn wie beim
konfligierenden Wahltyp (Problem 2) eine hohe Aktualität die Legitimation der Alternativen mehr stimuliert als die Handlungsvorschläge
selbst.

Die beiden Analysen, so interessant sie auch sind, erfordern doch die
Weiterführung der obigen Fragestellung.

Analyse C
Spezifisch inhaltliche Differenzierung der dem Faktor 1
zugeordneten unabhängigen Variablen

a. Einleitung

Wir fragen immer noch nach der Wirkung oder Nichtwirkung der
Treatments unter dem Faktor 1 »Komplexitätsstimuli«. Wir haben bis jetzt
die abhängigen Variablen in der Analyse A auf relativ hoher, in der Analyse
B auf sehr hoher Abstraktionsebene und Formulierung gehalten. Um die
Frage zu beantworten, ob die Nichtwirkung dieser Komplexitätsstimuli 1.
auf hohe Redundanz, 2. auf mangelnde Treatmenteinführung und 3. auf
Aversion gegenüber dieser Art der lehrerzentrierten Stimulationen
zurückzuführen ist oder 4. als Validitätsproblematik verstanden werden
muß, machen wir jetzt eine Kehrtwendung, was den Abstraktionsgrad
betrifft, und untersuchen, ob der inhaltliche Wortlaut dieser Stimuli in
irgendeiner Weise in den Protokollen auftaucht. Nur so glauben wir, die
obige Frage mit Sicherheit beantworten zu können.

b. Die abhängigen Variablen

Wir möchten untersuchen, ob die einzelnen Hinweise und Beispiele des
Faktors 1 in irgendeiner Weise in den Protokollen auftreten. Die
abhängigen Variablen sollen dabei die 8 Hinweise sein, die wir aus den
Formulierungen des Faktors ableiteten und den Bewertern vorlegten.
Wir wollen dies am Beispiel des Problems 1 veranschaulichen.
Tabelle (Analyse C) 1 gibt eine Übersicht über diese Variablen. Rechts
seien die Formulierungen, wie sie die Schüler erhielten, wiedergegeben.
Links schreiben wir die Stichworte, welche die rater beobachten mußten,
um das Kriterium zu erfassen.

Die rater wurden darauf trainiert, nur jene Statements zu zählen, die in
offensichtlichem Zusammenhang mit den Stimuli: »Wichtig ist, daß man
sich überlegt, daß ...«, »Vielleicht ist es wichtig, daß ...«, »Beachte,

daß . . .«, »Was würdet ihr sagen, wenn . . .« etc., also mit dem Vorgegebenen stehen. Es wird nicht *allgemein* nach »Absichten« gefragt, sondern nur nach den Absichten, die hier als Beispiel angegeben worden waren und die die Komplexität der Diskussion im Sinne der kognitiven Struktur der Gruppen zu stimulieren hatten. (Da wir auf S. 146 ff. dieses Treatment ausführlich unter dem Gesichtspunkt der Stufenhierarchie diskutiert haben, wollen wir hier zu den einzelnen Treatments keine weiteren Ausführungen machen. Es ist lediglich zu wiederholen, daß die Punkte 1–8 insgesamt Reaktionen auf das Treatment 1 darstellen und – nach unserer Hypothese – eine strukturbildende Funktion im Sinne kognitiver Komplexität haben.)

c. Analyse und Hypothesen

Ebenso wie bei der Analyse I haben wir durch Zufall 48 Gruppenprotokolle klassenüberschneidend ausgewählt. Der im Hauptdesign auf S. 57 dargestellte Klasseneffekt fiel daher wiederum weg, und alle Faktoren oder Faktorenstufen wurden miteinander kombiniert und gekreuzt. Die 48 Protokolle wurden regulär den 3 Problemen zugeteilt, so daß für jedes Problem 16 Protokolle zur Verfügung standen. Die Protokolle wurden wiederum halbblind eingeschätzt, d. h., die rater kannten bloß die Treatmentbeschreibungen, weil sie ja entscheiden mußten, ob eine Aussage dem entsprechenden Teil des ersten Faktors, also dem entsprechenden Komplexitätsstimulus angehörte oder nicht. Wiederum arbeiteten zwei rater an den Protokollen mit Haupt- und Kontrollfunktion. Da das Training in derselben Weise wie Analyse A stattfand, wurde die Interraterreliabilität nicht mehr berechnet.

Tabelle (Analyse C) 1: Übersicht über die inhaltlichen Komplexitätsvariablen

---

Zu Problem 1:
Nun möchten wir euch noch einige Dinge sagen, die ihr für eure Diskussion berücksichtigen könnt.
1. Wichtig ist, daß man sich überlegt, wie das herauskommen kann, also die Folgen. Vielleicht ist ein Schüler ganz unglücklich, weil er am Anfang sagt, ich verzichte auf das Billett, und alle glauben es sofort. Vielleicht fühlt sich einer benachteiligt oder ausgeschlossen, er schimpft nachher über die Gruppe. Vielleicht ist einer da, der nachher triumphiert und sagt: Die habe ich alle schön übers Ohr gehauen. Und die andern fühlen sich betrogen. Vielleicht denkt einer: Ich will auch ins Kino gehen, und er klaut Geld daheim, damit er sich ein Billett kaufen kann etc.

2. Es gibt verschiedene Gründe, warum einer das Billett haben will: Der eine, weil er Spaß hat und sich vergessen kann. Der andere, weil er von zu Hause weg will. Der dritte, um etwas zu lernen. Der andere, damit er seiner Freundin sagen kann: Ich gehe ins Kino, und den Erwachsenen spielen kann.

3. Vielleicht spielt auch das Geld eine Rolle. Es gibt in einer Gruppe ärmere und reichere Schüler. Ich meine das so: Ärmere Schüler wären solche, die nicht so leicht Geld von zu Hause bekommen, auch dann, wenn die Eltern genug haben.

Man kann aber auch der Meinung sein, dies spiele hier keine Rolle.

4. Beachte, daß es in der Gruppe vielleicht auch zwei Freunde gibt, die zusammenhalten. Es kommt also darauf an, wie nahe man sich steht.

5. Was würdet ihr dazu sagen, wenn einer in der Gruppe sagt: Wenn ihr mir das Billett gebt, werde ich euch bei der nächsten Prüfung helfen. Ist dies nicht Bestechung?

6. Vielleicht muß man sich auch fragen, warum es nur eines oder zwei Billette sind. Auch dafür gibt es Gründe.

7. Jemand überlegt sich, ob er verzichten soll. Vielleicht aus Mitleid, vielleicht, weil er nicht schlecht dastehen möchte, vielleicht, weil er jemandem eine Freude machen will etc. Es kommt also darauf an, warum er das tun will.

8. Eine Gruppe von Schülern löste das Problem so, daß jeder noch einen Beitrag zahlen mußte, so daß alle ins Kino konnten. Das ist natürlich nicht gerecht, denn für die einen ist es schwerer, Geld aufzubringen, als für die andern. Man muß sich fragen, ob die selber schuld sind, die benachteiligt werden.

Zu *1. Spezifische Konsequenzen:*
– Ein Schüler unglücklich,
– Später bereuter Verzicht,
– Benachteiligung und Schimpfen über die Gruppe,
– Triumph, weil übers Ohr gehauen,
– Diebstahl im Elternhaus.

Zu *2. Spezifische Gründe bzw. Absichten:*
– Spaß haben und sich vergessen,
– Absicht, von zu Hause wegzukommen,
– Um etwas zu lernen,
– Bei einer Freundin aufschneiden, den Erwachsenen spielen,
– In der Gruppe bei der Verteilung gewinnen.

Zu *3. Verteilungsmodus:*
– Ärmere, reichere Schüler,
– Möglichkeit, zu Geld zu kommen,
– Schwierigkeit, zu Geld zu kommen, auch wenn die Eltern genug davon haben,
– Diese Variable darf nicht ins Gewicht fallen.

Zu 4. Beziehungsnähe (Affiliation):
– Freunde, welche zusammenhalten,
– Wie nahe man sich steht.
Zu 5. Bestechung:
– Helfen bei der Prüfung.
Zu 6. Kausalfragen:
– Situationskritik,
– Warum-Fragen in bezug auf die Verteilung und das Experiment.
Zu 7. Verzicht als Mittel:
– Verzicht aus Mitleid,
– Verzicht aus Ehrgeiz,
– Verzicht, um Freude zu machen.
Zu 8. Schuldfrage bei Nachteil:
– Kein Geld aufbringen – selber schuld,
– Benachteiligt – nicht aus eigener Schuld (jeder denselben Betrag)

Unsere Hypothesen sind aus der Variablenbeschreibung ableitbar: Wir erwarten einen signifikanten Effekt des Faktors 1 für alle abhängigen Variablen. Wir erwarten keine Effekte für alle andern Faktoren und keine signifikanten Interaktionen zwischen den Faktoren. Wir sagen aber auch einen signifikanten Problemeffekt voraus, weil wir die Resultate der Analyse B nun kennen. Dies ist im Grunde genommen eine Hypothese a posteriori; aber sie trägt wegen der inhaltlich starken Gebundenheit an die Situation nichts zur These der Bereichsspezifität bei.

Für die Analyse verwendeten wir wiederum ein multivariates Verfahren, um die Irrtumswahrscheinlichkeit zu stützen. Nur jene Signifikanzen wurden verwendet, die durch ein multivariates α von < 0.05 abgesichert waren.

d. Resultate

Unsere Haupthypothese trifft vollständig zu. Bei einer multivariaten Irrtumswahrscheinlichkeit von $p < 0.0001$ werden alle Variablen durch den Faktor 1 (zusätzliche Information durch Komplexitätsstimuli) hochsignifikant beeinflußt. Die Tabelle (Analyse C) 2 gibt eine Übersicht über die Effekte und die Mittelwerte.

Mit Blick auf diese Tabelle können wir die Hauptfrage an unsere Analyse schon weitgehend beantworten. Wir haben gesagt, der Umstand, daß es keinen Einfluß auf die Komplexitätsvariablen mit hohem Allgemeinheitsgrad (strukturbildend) gebe, sei möglicherweise darauf zurückzuführen, daß

1. hohe Redundanz durch kognitive Reifung vorhanden sei bzw. daß die Schüler dieses Alters solche Stimuli meist schon selbstverständlich verwenden,

Tabelle (Analyse C) 2: Signifikante Haupteffekte, hervorgerufen durch den Einfluß des Faktors »Komplexitätsstimuli«

	F	df	p <	Mittelwerte	
				Kein Treat-menteinfluß	Treatment-einfluß vor-handen
1. Spezifische Konse-quenzen	20.75	1,24	0.0002	1.01	2.63
2. Spezifische Gründe bzw. Absichten	24.85	1,24	0.0001	1.70	3.49
3. Verteilungsmodus im Sinne der Berück-sichtigung monitärer Verhältnisse	29.57	1,24	0.0001	0.99	2.27
4. Beziehungsnähe (Affiliation)	21.27	1,24	0.0002	0.24	0.81
5. Bestechungs-probleme	33.53	1,24	0.0001	0.71	1.82
6. Kausalfragen und -schlüsse	13.21	1,24	0.0014	0.25	0.68
7. Verzicht als Mittel	30.02	1,24	0.0002	0.37	1.39
8. Schuldfrage	9.32	1,24	0.0055	0.12	0.65

(r zwischen = 0.65 und 0.41)

2. Nichtwirksamkeit auf mangelnde Treatmenteinführung oder mangelndes Verständnis zurückgehe,
3. die Schüler eine Aversion gegen diese Art von Stimuli hätten, und daß
4. wir nicht genau das messen, was wir zu messen vorgeben, nämlich den Einfluß der gegebenen Stimuli auf den Diskussionsprozeß.

Nun können wir sagen: 2. kann sicher nicht in Frage kommen, weil die Effizienz in der jetzigen Analyse wenigstens inhaltlich eindeutig ist, also das Treatment auf die diskutierenden Gruppen einwirkte. 3. kann ebenfalls nicht in Frage kommen, denn sonst hätten wir keine Resultate zu verzeichnen. Bleiben noch 1. und 4. Ein Teil mag auf 4. fallen, da wir hier mehr als nur drei Variablen von hohem Allgemeinheitsgrad als bei Analyse B haben. Aber dieser Vorwurf wird durch das Prozedere der Analyse A wiederaufgehoben, denn alle hier dargestellten Variablen sind innerpsychisch und sozialer Art und hätten dort auftreten müssen. So bleibt als Erklärungsgrund vor allem 1.: Die Schüler, wenn sie nicht unter dem Einfluß des Faktors 1 standen, haben allgemein gesehen ebenso viele

Konsequenzen, Intentionen, Kausalschlüsse etc. diskutiert wie jene, die dem Einfluß ausgesetzt wurden, nur jeweils *mit andern inhaltlichen Ausrichtungen.* Die spezifischen Inhalte tauchen zwar in der Diskussion der entsprechenden Gruppen auf; wir haben dort – wie die Tabelle (Analyse C) 2 zeigt – hochsignifikante Effekte. Aber unter einem übergreifenden Gesichtspunkt (strukturbildend) diskutieren die andern Gruppen in derselben Weise, nur haben sie die entsprechenden Inhalte nicht zur Verfügung. Somit ist Faktor 1 in allen Treatmentgruppen vom Standpunkt strukturbildender Komponenten hochredundant.

Diese Erkenntnis ist vom Gesichtspunkt der Evaluation in strukturpsychologischer Hinsicht sehr wichtig. Nicht das Wissen und die zu vermittelnden Inhalte stehen zur Diskussion, sondern die Stufe der allgemeinen Denkschemata in ihren allgemeinen Merkmalen. Deshalb glaubt Kohlberg nicht daran, daß höhere Stufen durch Inhaltsvermittlung erreicht werden, sondern durch Konflikterzeugung und Stimulusmaterial von Argumentationsweisen einer Stufe oberhalb jener der betreffenden Personen erreicht werden müssen. Das heißt, daß das, was stimuliert wird, nicht redundant sein darf. Unsere strukturbildenden Komponenten müssen also so ausgewählt werden, daß sie nicht redundant sind. Durch die Formulierung der Gerechtigkeitsregeln des Faktors 2 entsprechend den 6 Kohlberg-Stufen ist diese Redundanz gar nicht mehr möglich, weil jeder Schüler auf irgendeiner der gegebenen Stufen steht.

Nun aber wollen wir die weiteren Resultate der vorliegenden Analyse betrachten:

Beim Faktor 2 (»Regeln«) haben wir einen einzigen signifikanten Effekt bei der Variablen »Verteilungsmodus im Sinne der Berücksichtigung monitärer Verhältnisse« zu verzeichnen mit $F = 9.62$; $df = 1.24$; $p < 0.005$. Hier war kein signifikanter Effekt vorausgesagt. Es erscheint aber als logisch, daß das Problem der rechten Verteilung bei den Gruppen mit Gerechtigkeitsregeln im Mittelpunkt stand. Die Gerechtigkeitsart ist ja eine eigentliche moralische Variable, und zwar eine Regel-Variable, weil es um die Frage der Legitimation einer Zweck-Mittel-Relation geht. Alle andern abhängigen Variablen weisen erwartungsgemäß keinen signifikanten Effekt unter diesem Faktor auf.

Nun zu den Treatmentgruppen unter dem dritten Faktor »Strategie«: Da das multivariate F bloß 0.06 ist, brauchen wir die univariaten Resultate nicht mehr weiter zu betrachten. Es liegen also keine signifikanten Effekte vor.

Hingegen wirken die Problemeffekte wiederum signifikant auf alle Variablen mit einer Ausnahme, nämlich der Variablen »Schuld«. Tabelle (Analyse C) 3, gibt eine Übersicht über die Wirkungen, die eben dadurch hervorgerufen wurden, daß die Gruppen verschiedene Probleme erhielten.

Tabelle (Analyse C) 3: Signifikante Effekte des Problemtyps auf die spezifischen Komplexitätsvariablen

	F	df	p <	Mittelwertausprägungen		
				Problem 1	Problem 2	Problem 3
1. Spezifische Konsequenzen	26.40	2,24	0.0001	0.52	3.58	1.36
2. Spezifische Gründe bzw. Absichten	75.70	2,24	0.0001	0.30	1.88	5.59
3. Verteilungsmodus im Sinne der Berücksichtigung monitärer Verhältnisse	22.63	2,24	0.0001	0.57	2.44	1.88
4. Beziehungsnähe (Affiliation)	7.53	2,24	0.0029	0.12	0.88	0.26
5. Bestechungsprobleme	19.34	2,24	0.0002	0.43	1.79	1.57
6. Kausalfragen und -schlüsse	3.33	2,24	0.052*			
7. Verzicht als Mittel	12.48	2,24	0.0002	0.43	1.52	0.69
8. Schuldfrage	2.28	2,24	0.12*			

* nicht signifikant
(r zwischen 0.79 und 0.37)

Das in der Tabelle (Analyse C) 3 gegebene Bild stimmt nicht überall mit den Problemeffekten der Analyse B überein. Einzig im Hinblick auf Problem 1 gibt es hohe Ähnlichkeiten. Der Unterschied kann darauf zurückgeführt werden, daß wir jetzt die »spezifischen Variablen« miteinander vergleichen. Selbst wenn man von den 8 Variablen die 3 ähnlichsten, nämlich spezifische Konsequenzen, spezifische Absichten und spezifische Kausalfragen herausgreift, kann man keine Vergleiche mit der vorhergehenden Analyse anstellen. Und da wir es mit eigentlichen »Inhalten« zu tun haben, ist es auch nicht möglich, diese Daten mit dem Problem der Bereichsspezifität in Zusammenhang zu bringen.

Drei- und Vierfachwechselwirkungen sind in dieser Analyse nicht aufgetreten. Hingegen haben wir Zweifach-Interaktionen, nämlich eine Problem × Komplexitätsstimuli-Interaktion und eine Komplexität × Strategie-Interaktion. Für die Problem × Komplexitätsstimuli-Wechselwirkung sind die Variablen »Affiliation« mit $F = 6.10$; $df = 2,24$; $p < 0.007$; $(r = 0.33)$ signifikant; dann »Bestechung« mit $F = 6.64$; $df = 2,24$; $p < 0.04$; »Verzicht« mit $F = 3.52$; $df = 2,24$; $p < 0.05$; $(r = 0.26)$; und schließlich »Schuld« mit $F = 3.83$; $df = 2,24$; $p < 0.04$; $(r = 0.28)$. Diese Variablen besagen, daß verschiedene Probleme in diesem Faktor verschiedene Werte hervorrufen. Das Resultat kann interessant sein, wenn

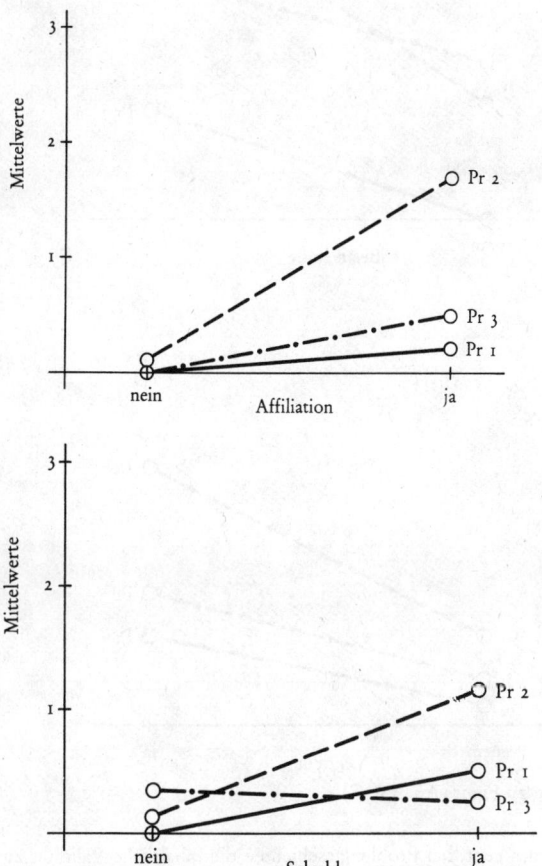

Figur (Analyse C) 1: Problem × Komplexitätsstimuli-Wechselwirkungen der Variablen »Affiliation«, »Schuld«, »Bestechung« und »Verzicht«

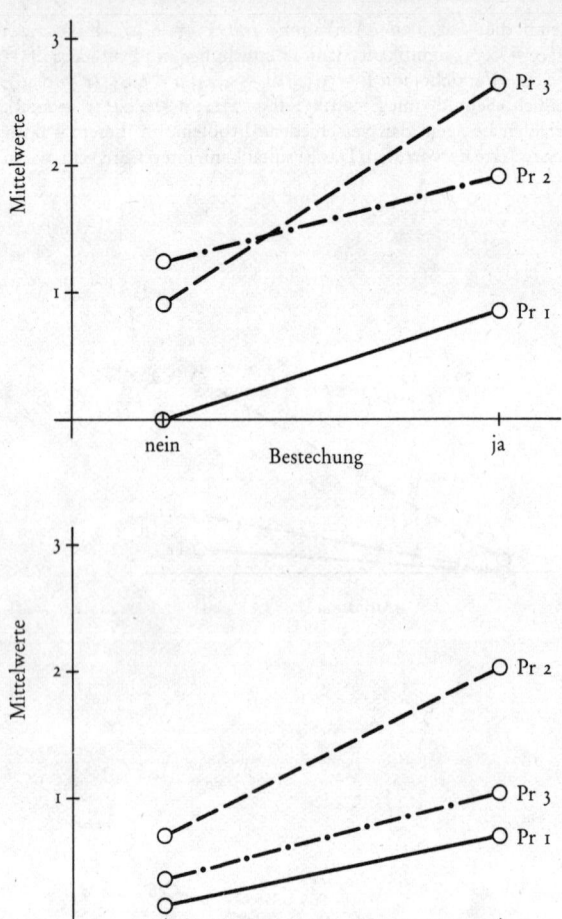

Fortsetzung zu Figur (Analyse C) 1.

es etwa darum geht, bei Problemgeschichten die inhaltliche Validität zu überprüfen oder eine gewisse Standardisierung vorzunehmen. Betrachten wir die Figur (Analyse C) 1, so ist festzustellen, daß die Faktor-1-Intervention vor allem wiederum beim Problem 2 einen größeren

Einfluß hatte als bei andern Problemen. Wir haben eigentlich nur um dieses Befundes willen diese Resultate hier noch angefügt. Es wird nämlich das Ergebnis der Analyse B bestätigt, das besagt, daß Problem 2 in bezug auf bestimmte Variablen das höchste Komplexitätsniveau aufweist. Bei der Variablen »Schuld« sprechen Problem 1 und 2 besser auf das Treatment an als Problem 3. Das ist allerdings nicht erstaunlich, weil die Frage der Schuld bei Problem 3 gleichsam einen Teil des Problemraumes ausmacht und der Stimulus dort ebenfalls redundant wirkt (nicht signifikant).

Die signifikanten Komplexität × Strategie-Wechselwirkungen treten auf bei den Variablen »Intention« mit F = 6.63; df = 1,24; p < 0.02; (r = 0.36) und »Bestechung« mit F = 8.89; df = 1,24; p < 0.007; (r = 0.40). Figur (Analyse C) 2 zeigt, daß für beide Variablen die Strategie den Wert des Komplexitätsgrades erstaunlich mindert, wenn ihr zugleich die Komplexitätsstimuli gegeben werden. Wir können dieses Faktum bei den Hauptdaten auf S. 175 f. / 184 f. / 192 wieder antreffen und es so interpretieren, daß bei diesen Variablen die beiden Treatments von den Gruppen nicht voll integriert werden konnten, der Einfluß des einen also die Wirkung des andern eher behinderte.

e. Konklusionen

Nur der erste Befund in dieser Analyse ist wirklich interessant, weil wir hier eine Antwort auf die Frage finden, warum das zur Diskussion stehende Treatment (Informationen in Form von Komplexitätsstimuli) – wenn wir die abhängigen Variablen sehr allgemein fassen – keine signifikanten Effekte bewirkt. Der Grund dafür ist eindeutig die dadurch hervorgerufene Redundanz, daß der Entwicklungsstand der Schüler und der Problemtyp ein Argumentieren, wie es dieses Treatment stimulieren will, meist von selbst generieren. Wenn wir für alle zur Verfügung stehenden Variablen einen signifikanten Informationseffekt (Faktor 1) erhalten, so ist dieser rein inhaltsspezifisch zu verstehen. Unter einem übergreifenden Gesichtspunkt diskutieren die andern Gruppen in derselben Weise.

Wir haben aber auch die andern Resultate dieser Analyse dargestellt, um dem Leser offenzulegen, wie umfassend und sinnvoll die Wirkungen der zur Diskussion stehenden Treatments sind, solange man sich auf der inhaltlichen Ebene bewegt. Es ist nicht selbstverständlich, daß vorgelegte schriftliche Interventionen zur Problemlösung wirklich verwendet werden, besonders dann nicht, wenn die Schüler nicht speziell eingeführt sind. Es ist nicht selbstverständlich, daß sie überhaupt auch nur inhaltlich zur Kenntnis genommen werden, und es ist noch weniger selbstverständlich, daß sie eine strukturbildende Funktion erhalten. In diesem Falle aber glauben wir doch, daß dem so ist, weil durch den Informationsüberschuß das Treatment generell nicht zur Geltung gekommen ist.

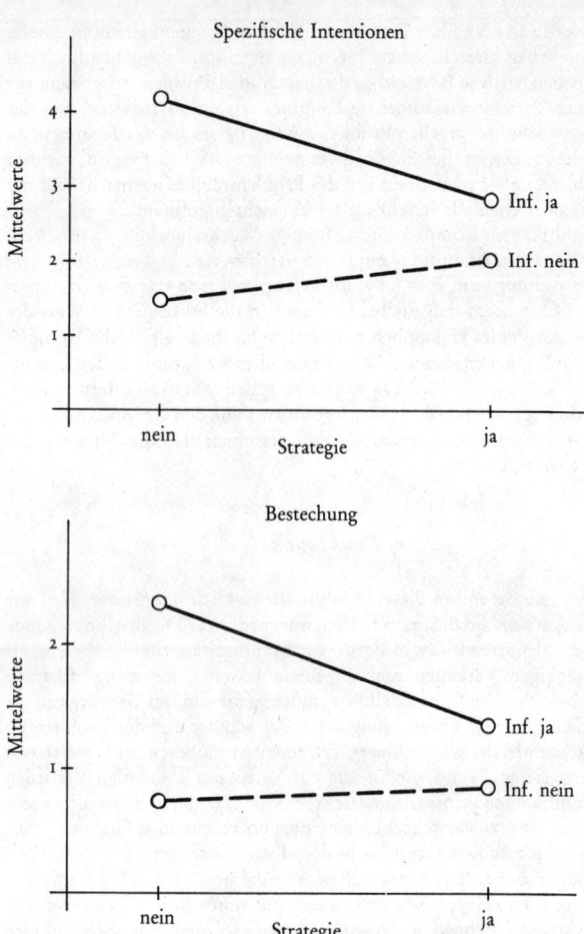

Figur (Analyse C) 2: Komplexitätsstimuli × Strategie-Wechselwirkung für die Variablen »Spezifische Intentionen« und »Bestechung«

(Ein interessantes Nebenergebnis brachte die Hauptkomponentenanalyse mit den 8 zur Diskussion stehenden Variablen. Sie ergab folgende 4, prozentual beinahe gleich verteilte Faktoren: Den 1. Faktor mit dem Eigenwert von 2.37 und 16.38% der Varianz könnte man mit »Intentionsspektrum« bezeichnen. Er umfaßt Intention und Schuld vs. Verzicht. Der 2. Faktor könnte »Beziehungsproblematik« heißen. Mit dem Eigenwert von 1.64 mit 18.27% der Varianz umfaßt er die Variablen Beziehung vs. Bestechung. Der 3. Faktor mit dem Eigenwert von 1.38 und 15.39% der Varianz wäre »Konsequenzen«. Er umfaßt auch nur diese Variable. Und der 4. Faktor wäre »Verteilungskausalität«. Er umfaßt die Variablen Verteilungsmodus und Kausalität mit dem Eigenwert von 1.25 und 13.94% der Varianz (unrotiert). Hätten wir diese Hauptkomponentenanalyse vor der Analyse B machen können, dann hätten wir dort die Variable »Beziehungsproblematik« als eine weitere allgemeine und umgreifende Komplexitätsvariable einführen müssen. Die andern drei Variablen entsprachen genau denen der Analyse B. Mit 73.98% der Varianz geben diese 4 Faktoren ein gutes Bild allgemeiner Merkmale der strukturbildenden Komponente »Komplexitätsstimuli«. Wir können also sagen, daß durch Reduktion der inhaltsspezifischen Variablen in Analyse C die mehr den strukturbildenden Komponenten zugeordneten allgemeinen Variablen der Analyse B entstehen.)

Anhang II
Die Stufen interpersonaler und handlungsorientierter Moral nach N. Haan (1978)

Stufe 1

Das Kleinkind hat noch keine getrennte Sicht seiner selbst (Piagets Adualismus); es ist deshalb verschmolzen mit seinen Pflegepersonen. Folglich kann es auch keine Vorstellung eines moralischen *Austauschs* haben. Vielmehr versucht es, die moralische Balance wiederherzustellen, indem es entsprechend den Wünschen der Eltern oder Pflegepersonen handelt. Es kann seine Pflegepersonen bestrafen, indem es sich weigert, ihre Erwartungen des interpersonalen Austausches mit ihm zu erfüllen, oder diese vereitelt.

Stufe 2

Sobald das Kind ein Gefühl für das eigene Selbst als abgetrennt vom Selbst der andern entwickelt, kann es sich sowohl als Subjekt wie auch als Objekt sehen. Seine Vorstellungen des moralischen Austausches sind jedoch immer noch wesentlich bestimmt dadurch, daß es sich selbst zum Beispiel nimmt. Konsequenterweise erwartet es ebenso, daß andere böse Absichten gegen es hegen, wie sie von ihm selbst gegenüber andern vertreten werden. Das zeigt sich besonders gegenüber jenen, die seine Wünsche vereiteln. Es erwartet von den andern, daß sie ihre gerechten Forderungen vertreten, unabhängig von deren Umständen, so wie es dies für sich selbst beansprucht. Mit andern Worten, es fühlt sich legitimiert, seine eigenen

Wünsche zu erfüllen, da es von den andern das gleiche erwartet. Es rechnet damit, daß die andern ihm Vertrauen entgegenbringen, falls es das ebenfalls tut, und es ist zutiefst verletzt und erbost, falls dieser Austausch nicht vollzogen wird. Diese konkrete Formulierung des Austausches konstituiert seine Definition der moralischen Balance. Das Kind spekuliert damit, daß die andern die gleichen Absichten haben wie es, d. h., daß sie gleich denken wie es. Es erwartet, daß sie sich in diesem Sinne moralisch zu ihm verhalten, wenn sie etwas von ihm wollen. Dasselbe tut es, wenn es will, daß man es moralisch respektiert. Es argumentiert in Begriffen der konkreten moralischen Situation, sieht seine eigene besondere Individualität, projiziert jedoch seine Individualität auf andere. Jedermann hat die gleichen Wünsche wie es. Falls die andern es moralisch betrügen, so schlägt es ganz konkret zurück: Auge um Auge, Zahn um Zahn.

Stufe 3

Das Kind ist nun in sozial-moralische Beziehungen eingebettet; es betrachtet sich selbst als Teil der menschlichen Gemeinschaft, als ein Mitglied der Klasse der menschlichen Wesen, die aus Notwendigkeit und menschlicher Güte sich gegenseitig moralisch verhalten müssen. (Die kognitive Fähigkeit der Argumentation nach Gruppenbildung oder Klasseninklusionen scheint für das Erreichen von Stufe 3 notwendig zu sein.) Sein Bild von sich selbst ist das eines guten, hilfsbereiten menschlichen Wesens; es betrachtet sich selbst als gute Person unter andern Personen. Seine Konzeptualisierung der moralischen Balance ist simplizistisch und überinklusiv. Das Kind fühlt sich in einer harmonischen Gruppe und es tut alles daran, um sie zu erhalten, um als Mitglied unter den andern respektiert zu werden. In naiver Weise rechnet es damit, daß die moralischen Beziehungen der Menschen auf Vertrauen basieren. Fälle bösartiger Absicht verwirren es, da es sich um außergewöhnliche Ereignisse handelt, die noch nicht in sein Klassifikationsmuster eingeordnet werden können. Moralischer Austausch wird von ihm immer noch konkret und nicht transitiv formuliert. Es hat einerseits Schwierigkeiten, außergewöhnliche Handlungen, deren Wurzel in der Individualität des andern liegen, richtig einzuschätzen, andererseits erkennt es seine eigene Individualität nicht objektiv und exakt genug, um zu sehen, daß man manchmal in Ungnade fallen kann. Daraus ergibt sich, daß das Kind Schwierigkeiten hat, sich sowohl selbst als eigenes moralisches Objekt zu sehen, das in zwischenmenschliche Beziehungen involviert ist (z. B. kann es nicht J. Rawls' originale Position einnehmen), als auch zuzugeben, daß ein vorsichtiger Selbstschutz notwendig ist. Diese beiden Fälle würden für seine Definition der Moralität Ausnahmen erlauben, ein Faktum, das von ihm noch nicht in Erwägung gezogen oder unterschieden werden kann.

Stufe 4

Das Kind besitzt nun ein objektives transitives Gefühl seiner selbst als eines moralischen Objekts unter andern moralischen Objekten. Es glaubt deshalb, daß sowohl es selbst wie auch die andern den gleichen Anforderungen des moralischen Austausches unterworfen sein müssen. So erwartet es, daß alle die gleichen Pflichten haben und von den gleichen Rechten profitieren. Es ist, wie ihm die Schuppen von den Augen gefallen wären; es ist nun fähig, auch die Ausnahmen zu erkennen: Moralische Beziehungen basieren nicht immer auf Vertrauen. Jedoch ist es durch dieses Faktum immer noch zu stark beeindruckt und unterstützt energisch die Notwendigkeit, klare und korrekte moralische Balancen aufrechtzuerhalten. Es weist den Einfluß jener Gruppe spezieller Situationen zurück und postuliert, daß allgemein verbindliche Regeln und Kodizes menschliche moralische Beziehungen regeln sollen. Konsequenterweise fühlt es sich aus dieser seiner Sicht eingeladen, sich um die Gesellschaft zu bemühen und die Chancen wahrzunehmen, daß die moralischen Absichten der andern gut sind. Klarheit, nicht Gefühle in bezug auf den Austausch, wird verlangt. Das Kind erkennt zwar Aspekte der Individualität der andern, doch seine zentrale Idee ist: Das Befolgen von Regeln sollte den moralischen Austausch regulieren, und dies bedeutet, daß Probleme durch die Berücksichtigung individueller Aspekte nur den moralischen Aspekt verdunkeln. Seine Freundschaften werden nun wahrscheinlich mehr nach legalistischem Muster konzipiert. Um seine Idee, daß nämlich die Basis moralischer Beziehungen in der Befolgung von Regeln besteht, zu unterstützen, befürwortet es die klare Bestrafung des Gesetzesbrechers und verlangt von sich selbst die Beachtung jener Normen, die es selber verstehen kann.

Stufe 5

(Auf dieser Stufe werden die naiven Annahmen der Stufe 3 – alle Menschen besitzen nur gute Absichten – und die Annahmen von Stufe 4 – Regeln sind notwendig, um sich selbst und die andern vor den schlechten Absichten der Menschen zu schützen – wieder verwertet und transformiert. Beide Elemente werden in eine neue Struktur integriert, die differenzierter, feinfühliger und flexibler ist als die andern beiden vorher.) Die Person betrachtet sich selbst nun als moralisches Objekt unter andern moralischen Objekten in einem durchgängigen Sinn. Sie sieht sich und die andern in ihrer besonderen Individualität. Sie kann ihre eigene Position wechseln und sich selbst in der Perspektive der andern betrachten. Mit andern Worten, sie besitzt ein Gefühl für Distanz und Humor gegenüber sich selbst. Dadurch erkennt sie die Empfindlichkeit und Komplexität der moralischen Balance und, was noch wichtiger ist, sie erkennt, daß sie ebenso wie die andern zur Störung dieser Balance beiträgt. Sie ist deshalb bereit, Rechtsverletzungen zu vergeben, und sie sieht, daß die Wiederherstellung und Aufrechterhaltung der moralischen Balance ein unaufhörlich von allen zu betreibendes Geschäft ist. Sie durchbricht den Einfluß der unmittelbaren Situation und berücksichtigt die Qualitäten einer idealen interpersonalen Moral in Begriffen der moralischen Reziprozität. Sie erwartet von ihren Freunden eher eine allgemeine flexible Loyalität als eine strikte Regelbefolgung. Sie erwartet auch Erklärungen dafür, warum die Loyalität nicht immer zum Vorschein kommen kann. Sie erkennt das chronische Ungenügen eines jeden gesetzten Prinzips, ohne daß damit die Notwendigkeit gegeben wäre, seine eigenen Prinzipien außer Kraft zu setzen – Ereignisse, die sich aus böser oder guter Absicht ergeben, werden erwartet und verstanden, ebenso wie sie vorausgesehen und vergeben werden. Nichtsdestoweniger weiß die Person, daß sie nicht aufhören kann, mit der Möglichkeit zu rechnen, daß die moralischen Absichten der andern häufiger gut als schlecht sind, weil es für die Menschen als soziale Wesen letztlich keine andere sinnvolle Lösung gibt. Die Person erkennt weiter, daß jedes Individuum Initiative zeigen und Verantwortung übernehmen muß, damit es die Fälle guter Absicht von denen schlechter Absicht unterscheiden kann, und sie glaubt, daß nicht alle Probleme der interpersonalen Moralität auf legalistische Art und Weise gelöst werden können.

(Anmerkung: Alle englischen oder französischen Zitate wurden vom Autor und seinen Mitarbeitern übersetzt.)

Literaturverzeichnis

Aebli, H.: »Die geistige Entwicklung als Funktion von Anlage, Reifung, Umwelt- und Erziehungsbedingungen«. In: Roth, H.: *Begabung und Lernen*. (Deutscher Bildungsrat) Gutachten und Studien. Stuttgart: Klett, S. 151–191, 1969.

Allport, G., Vernon, P., Lindzey, G.: *Study of values* (3rd edition). Test booklet and manual. Boston: Moughton Mifflin, 1960. Deutsch: Roth, E.: *Der Werteinstellungstest*. Bern: Huber, 1972.

Alozie, C. F.: *An analysis of the interrelationship of the measures used in the measurement of moral judgment development: The Kohlberg moral judgment interview and the Rest defining issues test*. Unpublished doctoral dissertation. University of Minnesota, 1976.

Anderson, H. H.: »The measurement of domination and of socially integrative behavior in teacher's contacts with children«. In: *Child Development* 10, S. 73–89, 1939. Reprinted in: Amidon, E. J. and Hough, J. B. (eds): *Interaction Analysis: Theory, Research and Application*. Reading, Mass.: Addison-Wesley, 1967.

Argyris, Ch.: *Behind the front page*. San Francisco: Jossey-Bass, 1974.

Argyris, Ch.: *Increasing leadership effectiveness*. New York: Wiley, 1976.

Argyris, Ch.: »Teaching and learning in design settings«. Unpublished manuscript. Cambridge, Mass.: Harvard University, 1977.

Argyris, Ch., and Schön, D. A.: *Theory in practice: Increasing professional effectiveness*. San Francisco: Jossey Bass, 1974.

Argyris, Ch., and Schön, D. A.: »Organisational learning: A theory of action and perspective«. Unpublished manuscript. Cambridge, Mass.: Harvard University, 1977.

Arlin, P. K.: »Cognitive development in adulthood: A fifth stage?« In: *Developmental Psychology* 11/51, S. 602–606, 1975.

Ashby, W. R.: *Design for a brain*. New York: Wiley, 1952.

Austin, J. L.: »Ein Plädoyer für Entschuldigungen«. In: Meggle G. (Hg.): *Analytische Handlungstheorie*, Band 1: *Handlungsbeschreibungen*. Frankfurt: Suhrkamp, S. 8–42, 1977.

Baier, K.: *The moral point of view*. Ithaca, N. Y., 1958. Deutsch: *Der Standpunkt der Moral. Eine rationale Grundlegung der Ethik*. Düsseldorf: Patmos, 1974.

Baldwin, J. M.: *Social and ethical interpretations in mental development. A study in social psychology*. New York: MacMillan, 1897.

Baldwin, J. M.: *The individual and society*. Boston: The Gorham Press, 1911.

Bales, R. F.: *A manual for the case study of groups*. Cambridge, Mass.: Harvard University, 1975.

Baltimore, D.: »Limiting science: A biologist's perspective.« In: *Daedalus* 1, S. 37–45, 1978.

Bang, K.: *Das gezielte Gespräch*. München: Reinhardt, [3]1975.

Bass, M. J., and Hull, C. L.: »The irrediation of tactile conditioned reflex in man«. In: *J. Comp. Psychol.* 17, S. 47–65, 1974.

Bateson, G.: *Naven* (2nd ed.). Stanford, Ca.: Stanford University Press, 1958.

Battegay, R.: *Der Mensch in der Gruppe*. Teil 1, 2 und 3. Bern: Huber, 1972/1973.

Baumann, H. U.: *Methoden zur quantitativen Erfassung des Unterrichtsverhaltens*. Bern: Huber, 1974.

Baumberger, I.: Vortrag gehalten am MIT. Cambridge, Mass., 1976.

Beck, G.: »Soziales Lernen in der Grundschule«. In: *Deutsche Schule 2*, 1975.

Bem, D. J.: *Beliefs, attitudes, and human affairs*. Belmont: Brooks/Cole Publishing, 1970.

Bendig, A. W., and Mughes, J. B.: »Effect of amount of verbal anchoring and number of ratingscale categories upon transmitted information.« In: *J. Exp. Psychol.* 47, 1954.

Benner, D.: *Hauptströmungen der Erziehungswissenschaft. Eine Systematik traditioneller und moderner Theorien*. München: List Verlag, 1973.

Berger, P. L., and Luckmann, Th.: *The social construction of reality*. New York: Doubleday, 1966. Deutsch: *Die gesellschaftliche Konstruktion der Wirklichkeit*. Übersetzt von Monika Plessner. Frankfurt a. M.: S. Fischer, 1969.

Berkowitz, L. and Daniels, L. R.: »Responsibility and dependency«. In: *J. Pers. soc. Psychol.* 66, S. 429–436, 1963.

Berkowitz, L.: *The development of morals and values in the child*. New York: Basic Books, 1964.

Berkowitz, L.: »The frustration-aggression hypothesis revisited«. In: Berkowitz, L. (ed.): *Roots of aggression*. New York: Atherson Press, 1969.

Berkowitz, L.: »Social norms, feelings, and other factors affecting helping and altruism«. In: Berkowitz, L. (ed.): *Advances in experimental social psychology*, 6. New York: Academic Press, 1972.

Berlyne, P. E.: *Konflikt, Erregung, Neugier. Zur Psychologie der kognitiven Motivation*. Stuttgart: Klett, 1974.

Bernitz, S., and Kugelmaß, S.: »Intentionality in moral judgment: Developmental stages«. In: *Child Development* 38, S. 469–479, 1967.

Beyer, B.: »Conducting moral discussions in the classroom«. In: *Social Education* 40 (4), S. 194–202, 1976.

Bieri, J., Atkins, A. L., Briar, S., Leaman, R. L., Miller, H., Tripodi, T.: *Clinical and social judgment*. New York: Wiley, 1966.

Billings, M. L.: »Problem-solving in different fields of behavior«. In: *Amer. J. Psych.* 46, S. 259–292, 1934.

Birch, D., Attkinson, J. W., Bongort, K.: »Cognitive control of action.« In: Weiner, B. (ed.): *Cognitive views of human motivation.* New York: Academic Press, 1974.

Blankertz, H.: *Theorien und Modelle der Didaktik.* München: Juventa, 1969.

Blatt, M. M., and Kohlberg, L.: »The effects of the classroom moral discussion upon children's level of moral judgment«. In: *Journal of Moral Ecucation* 4 (2), S. 129–161, 1975.

Bock, R. O.: »Contributions of multivariate experimental designs to educational research«. In: R. B. Cattell (ed.): *Handbook of Multivariate Experimental Psychology Design.* Chicago: Rand McNally, 1966.

Bödiker, M. L.: »Gruppenarbeit in der Schule – Einige empirische Befunde«. In: *Psych. in Erz. u. Unterricht* 22, S. 172–180, 1975.

Bortz, J.: *Lehrbuch der Statistik für Sozialwissenschaftler.* Berlin: Springer-Verlag, 1977.

Branch, T.: »New frontiers in American philosophy« [über S. Kripke]. In: New York Time Magazine, August 14, 1977.

Brecht, B.: *Der kaukasische Kreidekreis.* Berlin und Frankfurt: Suhrkamp, [7]1968.

Bredenkamp, J., and Wippich, W.: *Lern- und Gedächtnispsychologie*, Band 2. Stuttgart: Kohlhammer, 1977.

Brehm, J. W.: *A theory of psychological reactances.* New York: Anderson Press, 1966.

Brezinka, W.: *Metatheorie der Erziehung.* München: Reishardt, 1978.

Brown, M., Feldman, K., Schwartz, S., Meingartner, A.: »Some personality correlater of conduct in two situations of moral conflict«. *Journal of Personality* 37 (1), 1965.

Brown, R., and Hernstein, R. J.: *Psychology.* Boston: Brown and Co., besonders S. 326 ff., 1975.

Bruner, J. S.: »A cognitive theory of personality. Review of Kelley, G. A.: The psychology of personal constructs«. In: *Contemporary Psychology* 3, S. 355–356, 1956.

Bruner, J. S.: »Going beyond the information given«. In: Bruner, J. S.: *Beyond the information given. Studies in the psychology of knowing.* New York: W. W. Norton, 1957.

Bruner, J. S.: »Individual and collective problems in the study of thinking«. In: *Annals of the New York Academy of Sciences* 91, S. 22–37, 1964.

Bruner, J. S.: »How we learn and how we remember«. *Harvard Alumni Bulletin* 66 (4), S. 163 ff., 1963.

Bruner, J. S.: »Some elements of discovery«. In: Shulman, L., and Keislar,

E.: *Learning by discovery.* Chicago: Rand McNally, 1966.

Bruner, J. S.: *Relevanz der Erziehung.* Ravensburg: Otto Maier, 1973.

Bruner, J. S.: *Entwurf einer Unterrichtstheorie.* Berlin: Schwann, 1974.

Bruner, J. S.: »Tie on methodological quarrels«. In: Contemporary Psychology 21, S. 226–227, 1976.

Bruner, J. S., Goodnow, J. J., Austin, G. A.: *A study of thinking.* New York: Wiley, 1957.

Bürger, W.: »Sachmotiviertes Lernen im Gruppenunterricht«. In: Bildung und Erziehung 2, 1976.

Campbell, D. T., and Stanley, J. C.: »Experimental and quasiexperimental design for research on teaching«. In: Gage, N. L. (ed.): *The handbook of research on teaching.* American Educational Research Association, S. 171–246, 1963.

Candee, D.: »The moral psychology of Watergate«. In: *Journal of Social Issues* 31 (2), S. 183–192, 1975.

Canon, L.: »Self-confidence and selective exposure to information«. In: Festinger, L. (ed.): *Conflict decision and dissonance.* Stanford, Calif.: Stanford University Press, 1964.

Cartwright, D., and Zander, A. (eds.): *Group dynamics.* New York: Harper, ³1968.

Casey, J.: »Actions and consequences«. In: Casey, J. (ed.): *Morality and moral reasoning.* London: Methuen, S. 155–206, 1971.

Chadwick-Jones, J. K.: *Social exchange theory: It's structure and influence in social psychology.* London: Academic Press, 1977.

Chapman, L. J., and Chapman, J. P.: »Atmosphere effect re-examined«. In: *JEP* 81, S. 301–354, 1969.

Chisholm, R. M.: »Freedom and Action«. In: K. Lehrer (Hg.) *Freedom and Determinism.* New York, 1966.

Chochran, W. G.: »Some consequences when the assumptions for the analysis of variance are not satisfied«. In: *Biometrics* 3, S. 22–28, 1947.

Clark, Ch. M., Gage, N. L. et al.: »A factorally designed experiment on teacher structuring, soliciting, and reacting«. Stanford, Calif.: Paper of the Stanford Center for Research and Development in Teaching, 1976.

Cofer, Ch. N.: *Motivation und Emotion.* München: Juventa, 1975.

Colby, A., and Kohlberg, L.: »Relations between cognitive and moral stages«. In: *Moralization, the cognitive developmental approach.* Cambridge, Mass.: Center for Moral Education, Harvard University, 1974.

Colby, A., and Kohlberg, L.: »The relation between logical and moral development«. Unveröffentlichtes Manuskript. Cambridge, Mass.: Center for Moral Education, Harvard University, 1974.

Colby, A., Kohlberg, L., Fenton, E., Speicher-Dubin, B., Lieberman, M.: »Secondary School Moral Discussion Programs led by social studies teachers«. In: *J. of Moral Education*, 1976.

Coleman, J. S.: »Community desorganisation«. In: Merton, R. K., Nisbet, R. A.: *Contemporary Social Problems*. New York: Harcourt, ²1966.

Corman, H., and Escolona, S.: »Stages of sensorimotor development. A replication study«. In: *Merrill-Palmer Quarterly* 15, S. 351–362, 1969.

Correll, W.: *Lernpsychologie*. Donauwörth: Auer, 1961.

Couch, A. S.: *Psychological determinations of interpersonal behavior*. Unpublished doctoral dissertation. Cambridge, Mass.: Harvard University, 1963.

Crochenberg, S. B., and Nicolajev, J.: »Stage transition in moral reasoning, as related to conflict experienced in naturalistic settings« [Quelle unbekannt], 1977.

Cronbach, L. J.: »How can instruction be adapted to individual differences?« In: Gagné, R. M. (ed.): *Learning and individual differences*. Ohio: Merrill Books, 1967.

Cronbach, L. J.: *Essentials of psychological testing*. New York: Harper & Row, 1970.

Cronbach, L. J., and Webb, N.: »Between-class and within-class effects in a reported aptitude × treatment interaction: Reanalysis of a study by Luderson, G. L.«. In: *Journal of Ed. Psychology* 6, S. 717–724, 1975.

Cronbach, L. J., and Snow, R. E.: *Aptitudes and interactional methods: A handbook for research interactions*. New York: Irvington Press, 1977.

Damon, W.: »Early conception of positive justice as related to the development of logical operations«. In: *Child Development* 46, S. 301–312, 1975.

Damon, W.: *The social world of the younger child*. San Francisco: Jossey Bass, 1977a.

Damon, W.: »The relation between children's moral judgment and conduct in a hypothetical context and in a ›real life‹ setting«. Unveröffentlichtes Manuskript, 1977b.

Damon, W.: *The social world of the child*. San Francisco = Jossey Bass, 1979 (Manuskript 1977 c).

Damon, W., and Gerson, R.: »Scoring manual for positive justice«. Clark University. Internes Arbeitspapier.

Daniels, R. L., and Stevens, J. P.: »The interaction between the internal-external locus of control and two methods of college instruction«. *American Educational Research Journal* 13 (2), S. 103–113, 1976.

Danziger, K.: *Interpersonal communication*. New York: Pergamon Press, 1976.

Davitz, J. R.: *The language of emotion*. New York.

Dentler, R. A., and Makler, B.: »Originality: Some social and personal determinants«. *Beh. Sciences* 9, S. 1–7, 1964.

Dewey, J.: *Democracy and education*. New York: New York Free Press, 1966 (1916). Deutsch: *Demokratie und Erziehung*. Braunschweig, 1964.

Dewey, J.: *How we think*. Boston, 1910. Deutsch: *Wie wir denken*. Zürich: Conzett u. Huber, 1951.

Dietrich, G.: *Bildungswirkungen im Gruppenunterricht. Persönlichkeitsformende Bedeutung gruppenunterrichtlicher Verfahren*. München: Kösel, 1972 (1969).

Döbert, R., und Nunner-Winkler, G.: *Adoleszenzkrise und Identitätsbildung*. Frankfurt: Suhrkamp, 1975.

Döbert, R./Nunner-Winkler, G.: »Performanzbestimmende Aspekte des moralischen Bewußtseins«. In: L. H. Eckensberger (Hg.): *Entwicklung des moralischen Urteilens*. Saarbrücken, 1978. Universitätsdruck.

Döbert, R., Habermas, J., Nunner-Winkler, G. (Hg.): *Entwicklung des Ich*. Köln: Kiepenheuer & Witsch, 1977.

Doise, W.: »Coordinations sociales et cognitives«. Paper presented at the Comité Scientifique Symposia. No. 31, xxième Congrès international de psychologie, 1978.

Doise, W., Mugny, G.: »Recherches socio-génétiques sur la coordination d'actions interdépendantes«. In: *Revue Suisse de Psychologie* 34 (2), S. 160–174, 1975.

Doise, W., Mugny, G., Perret-Clermont, A.-N.: »Social interaction and the development of cognitive operations«. In: *Env. J. Soc. Psychol.* 5 (3), 1975 (1974).

Dollard, J., Doob, L. W., Miller, N., Mower, O. H., Sears, R. R.: *Frustration and Aggression*. New Haven, Conn.: Yale Univ. Press, 1939.

Duncker, K.: *Zur Psychologie des Denkens*. Berlin: Springer, 1974 (1935).

Durkheim, E.: *Moral education. A study in the theory of application of the sociology of education*. New York: New York Free Press, 1973 (1925).

Ertel, S.: »Ein differentialmethodischer Versuch zum Intelligenzproblem«. In: *Psych. Forschung* 30, S. 151–199, 1966.

Exline, R. and Winters, L.: »Affective relations and mutual glances in dyads«. In: Tomkins, S., and Izard, C.: *Affect, cognition and personality*. New York: Springer, 1965.

Farnill, D.: »The effects of social-judgment set on children's use of intent information«. [Quelle unbekannt.] 1974.

Feldmann, R. E.: The promotion of moral development in prisons and schools. Paper presented to the conference on moral development and politics. Rutgers University, New Brunswick, 1978.

Fenton, E.: »Moral Education: The research findings«. In: *Social Education* 4.4, S. 188–193, 1971.

Fenton, E.: *Teacher training in values education. A workshop.* New York: Guidance Associates, 1976.

Fenton, E., Colby, A., Speicher-Dubin, B.: »Developing moral dilemmas for social studies classes«. Pittsburg: Manuskript 1976.

Fenton, E.: »The implications of Lawrence Kohlberg's research for civic education«. Paper presented at Carnegie-Mellon University, Pittsburg, Pa., 1977.

Feyerabend, P. K.: *Der wissenschaftstheoretische Realismus und die Autorität der Wissenschaften.* Braunschweig: F. Vieweg & Sohn, 1978.

Fishbein, M., and Ajzen, I.: »Attribution of responsibility: A theoretical note«. *J. of Exp. Soc. Psychol.* 9, S. 148–153, 1973.

Fisher, Ch. W., and Berliner, D. C.: »Quasi-clinical inquiry in research on classroom teaching and learning«. Paper presented at the AERA meetings in New York, April 1977.

Fowler, J. W.: »Faith, liberation and human development«. In: The Thirkield-Jones Lectures, Gammon Theological Seminary. Cambridge, Mass.: Harvard University, Copyright Fowler, 1974.

Fowler, J. W.: »Stages in faith: The structural-developmental approach«. In: Hennessy, Th.: *Values and moral development.* New York: S.S.Ed., 1976a.

Fowler, J. W.: *Mapping faith's structures. A developmental overview.* Needhaus, Mass.: Humanitas Press, 1976b.

Fowler, J. W.: »Mapping faith's structures«. In: Fowler, Keen & Berryman. *The human journey of faith.* Needham, Mass.: Humanitas Press, 1977.

Frankena, W. K.: *Ethics.* (Foundation of Philosophy Series), Englewood Cliffs, N. J.: Prentice Hall, 1963.

Gagné, R. M.: »Contributions of learning to human development«. In: Eliot, J. (ed.): *Human development and cognitive processes.* New York: Holt, Rinehart and Winston, 1971.

Gagné, R. M.: *Die Bedingungen des menschlichen Lernens.* Hannover: Schroedel, ³1973 (1965).

Gagné, R. M., and Briggs, L. J.: *Principles of instructional design.* New York: Holt, Rinehart and Winston, 1974.

Galbraith, R. E., and Jonez, Th. M.: *Moral reasoning. A teaching handbook for adapting Kohlberg to classroom.* Anoka, Minne.: Greenhaven Press, 1976.

Gall, M. D., and Gall, J. P.: »The discussion method«. In: Gage N.L. (ed.): *The psychology of teaching methods.* Chicago: University Chicago Press, 1976.

Gibbs, J., Kohlberg, L., Colby, A., Speicher-Dubin, B.: »The domain and development of moral judgment: A theory and method of assessment«. In: Meyer, J. (ed.): *Essays on moral development.* Waterloo, Ont.: Laurier Press, 1976.

Gilligan, C.: »In a different voice: Women's conception of the self and of morality«. *Harvard Ed. Rev.* 47, 4, S. 481–517, 1977.

Gilligan, C., and Kohlberg, L.: »From adolescence to adulthood: The rediscovery of reality in a post-conventional world«. Unpublished Paper. Cambridge, Mass.: Harvard University, Center for Moral Education, 1976.

Gilligan, C., and Murphy, M.: »Development from adolescence to adulthood: The philosopher and the dilemma of the fact«, in: *New directions for Child Development,* 5, 1979.

Glass, F. V., Peckham, P. D., Sanders, J. R.: »Consequences of failure to meet assumptions underlying the analysis of variance and covariance«. *Review of Educational Research* 42, S. 237–288, 1972.

Glendening, L.: »The effects of correlated units of analysis: Choosing the appropriate unit«. Paper presented at the AERA meetings, San Francisco, 1976.

Graham, L. R.: »Concerns about science and attempts to regulate inquiry«. In: *Daedalus* 1, S. 1–21, 1978.

Greeno, J. G.: »Cognitive objektives of instruction: Theory of knowledge for solving problems and answering questions«. In: Klahr, D.: *Cognition and instruction.* Hillsdale, N. J.: Erlbaum, S. 123–159, 1976.

de Groot, A. D.: *Thought and choice in chess.* The Hague: Mouton, 1965.

de Groot, A. D.: »Perception and memory versus thought. Some old ideas and recent findings«. In: Kleinmutz, B. (ed.): *Problem solving: Research, method, and theory.* New York: Wiley, 1966.

Gründel, J., und von Oyen, H.: *Ethik ohne Normen.* Freiburg i. Br.: Herder, 1970.

Gunzburger, D. W., Wenger, D. M., Anooshian, L.: »Moral judgement and distributive justice«. In: *Human development* 20, S. 160–170, 1977.

Gutkin, D. C.: »The effects of systematic story changes on intentionaly in children's moral judgments«. *Child development* 43, S. 187–195, 1972.

Haan, N.: *Coping and defending: processes of self environment organisation.* New York: Academic Press, 1977a.

Haan, N.: »A manual for interpersonal morality«. Berkeley (hektographiert), 1977b.

Haan, N.: »Moral action«. Berkeley (hektographiert), 1977c.

Haan, N.: »Interpersonal reasoning in young children and moral transmission in their families«. Manuskript, Berkeley, 1978.

Haan, N., Smith, M. B., Block, J.: »Moral reasoning of young adults: Political-social behavior, family background, and personality correlates«. *Journal of Personality and Social Psychology* 10, S. 183–201, 1968.

Habermas, J.: »Vorbereitende Bemerkungen zu einer Theorie der kommunikativen Kompetenz«. In: Habermas, J., and Luhmann, N.: *Theorie der Gesellschaft oder Sozialtechnologie – Was leistet die Systemforschung?* Frankfurt: Suhrkamp, 1971.

Habermas, J.: »Moral development and ego identity«. In: *Telos* 12, S. 41–55, 1975.

Habermas, J.: *Zur Rekonstruktion des historischen Materialismus.* Frankfurt: Suhrkamp, 1976.

Habermas, J.: »On communicative action«. [Internes Arbeitspapier, übersetzt von McCarthy, T.; Vortrag an der Harvard University, Cambridge, Mass., 1977.]

Hammel, W.: *Aspekte sittlicher Erziehung.* Heilbronn: Klinkhardt, 1976.

Hammond, K. R.: »The cognitive conflict paradigm«. In: L. Rappaport and D. A. Summes (eds.): *Human Judgment and Social Interaction.* New York: Holt, Rinehart and Winston, 1973, S. 188 ff.

Hare, A. P.: *Handbook of small group research.* New York: The New York Free Press, 1962.

Hare, R. M.: *Die Sprache der Moral.* Frankfurt: Suhrkamp, 1972.

Hartmann, N.: *Ethik.* Berlin: De Gruyter, ⁴1962.

Hartshorne, H., and May, M. A.: *Studies in the nature of character* (Columbia University Teachers College). Vol. 1: *Studies in deceit.* Vol. 2: *Studies in service and self-control.* Vol. 3: *Studies in organisation of character.* New York: MacMillan, 1928–1930.

Harvey, O. J., Hunt, D. E., Schroeder, H. M.: *Conceptual systems and personality organization.* New York: Wiley, 1961.

Havighurst, R. J., and Taba, H.: *Adolescent character and personality.* New York: Wiley, 1949.

Hayek, F.: *The constitution of liberty.* Chicago: University Press, 1960.

Heider, F.: *The psychology of interpersonal relations.* New York: Wiley, 1958.

Heinze, Th.: *Unterricht als soziale Situation. Zur Interaktion von Schülern und Lehrern.* München: Juventa, 1976.

Hempel, C. G.: »Rationales Handeln«. In: G. Meggle (Hg.): *Analytische Handlungstheorie.* Band 1: *Handlungsbeschreibungen.* Frankfurt: Suhrkamp, 1977 (S. 388–414).

Heyns, R. W., and Zander, A. F.: »Observation of group behavior«. In: Festing, L., and Katz, D. (eds): *Research methods in the behavioral sciences*. New York: Holt, Rinehart and Winston, S. 381–417, ²1966.

Hirzel, M.: *Partnerarbeit im programmierten Unterricht*. Stuttgart: Klett, 1969.

Höffe, O. (Hg.): *Über John Rawls' Theorie der Gerechtigkeit*. Frankfurt a. M.: Suhrkamp, 1977.

Hoffman, L. R., and Maier, N. R. F.: »Valence in the adoption of solutions by problem-solving groups: Concept, method and results«. In: Maier, N. R. F.: *Problem solving and creativity in individuals and groups*. Belmont, Calif.: Brooks and Cole, S. 330–352, 1970.

Hogan, R.: *Moral conduct and moral character. A psychological perspective*. In: Psychological Bulletin 4, S. 217–232, 1973.

Holzkamp, K.: *Wissenschaft als Handlung*. Berlin, 1968.

Holzkamp, K.: *Kritische Psychologie*. Frankfurt: Fischer, 1972.

Holzman, P. S. and Gardner, P. W.: »Leveling-sharpening and memory organisation«. In: *Journal of abnormal social psychology*, 1960, 61, S. 176–180.

Hovland, C. I.: »Reconciling conflicting results derived from experiments and survey studies of attitude change«. In: *American Psychologist* 14, S. 8–17, 1959.

Hunt, D. E.: *Matching models in education*. Toronto: OISE, 1971.

Huston, T. L., and Korte, Ch.: »The responsive bystander. Why he helps«. In: Lickona, T. (ed.): *Moral development and behavior*. New York: Holt, Rinehart and Winston, S. 269–283, 1976.

Hyman, R.: »Stimulus information as a determinant of reaction time«. In: *J. Exp. Psychol.* 45, 1953.

Inhelder, B., Sinclair, H., Borel, M.: *Learning and the development of cognition*. Cambridge, Mass.: Harvard Press, 1974.

Jackson, Ph.: *Life in classrooms*. New York: Holt, Rinehart and Winston, 1968.

Jencks, Chr.: »Distribution of income and education«. Ms., 1977.

Jencks, Chr.: *Inequality. A reassessment of the effect of family and schooling in America*. New York: Harper and Row, 1972.

Joerger, K.: *Gruppentest für die soziale Einstellung*. S-E-T. Göttingen: Hogrefe, 1968.

Johnson, L. V., and Bany, M. A.: *Steuerung von Lerngruppen*. Weinheim: Beltz, 1975.

Kagan, J., Moss, H. A., Sigel, J. E.: »Psychological significance of styles of conceptualisation«. In: Wright, S. C., and Kagan, J. (eds): *Basic cognitive processes in children*. Monogr. Soc. Res. Child Develop. 28, S. 73–118, 1963.

Kagan, J.: »Reflection impulsitivity: The generality and dynamics of conceptual tempo«. In: *Journal of Abnormal Psychology* 71, S. 17–24, 1966.

Kambartel, F.: »Moralisches Argumentieren. Methodische Analysen zur Ethik«. In: Kambartel, F. (Hg.): *Praktische Philosophie und konstruktive Wissenschaftstheorie.* Frankfurt: Suhrkamp, 1974.

Kambartel, F.: *Theorie und Begründung.* Frankfurt: Suhrkamp, 1976.

Karmiloff-Smith, A., and Inhelder, B.: »If you want to get ahead, get a theory«. In: Cognition 3, S. 195–212, 1974/5.

Kay, W.: *Die moralische Entwicklung des Kindes.* Düsseldorf: Schwann, 1975.

Kegan, R. G.: *Ego and truth personality and the Piaget paradigm.* Unpublished Ph. D. dissertation. Cambridge, Mass.: Harvard University, 1977.

Kelly, G. A.: *The psychology of personal constructs.* New York: Norton, 1955.

Kelley, H. H., and Thibaut, J. W.: »Experimental studies of group problem solving and process«. In: Lindzey, G. (ed.): *Handbook of Social Psychology* 2. Cambridge, Mass.: Addison-Wesley, 1954.

Kelley, H. H.: »Moral evaluation«. *Am. Psychologist* 26, S. 293–300, 1971a.

Kelley, H. H.: *Attribution in social interaction.* Morristown, N. J.: General Learning Press, 1971b.

Kelley, H. H.: »Attribution in social interaction«. In: Jones, E. E., Karouse, D. E., Kelley, H. H., Nisbett, R. E., Valins, S., Weiner, B. (eds): *Attribution: Perceiving the causes of behavior.* New York: General Learning Press, 1972.

King, M.: »The development of some intention concepts in young children«. In: *Child Development* 42, S. 1145–1152, 1971.

Kirk, R. E.: *Experimental design: Procedures for the behavioral sciences.* Belmont: Brooks/Cole Publishing.

Kleinberger, A. F.: »The social-contract strategy for the justification of moral principles«. In: *Journal of Moral Education* 5 (2), S. 107–126, 1976.

Klix, F.: *Information und Verhalten. Kybernetische Aspekte der organismischen Informationsverarbeitung.* Bern: Huber, 1971.

Koeppen, O.: »Gruppeninteraktion und kooperatives Lernen«. In: *Zeitschrift für Empirische Pädagogik* 3, S. 2–19, 1977.

Kohlberg, L.: »The development of modes of moral thinking and choice in the years 10 to 16«. Chicago, Manuskript 1957 (1958).

Kohlberg, L.: »Stages in conceptions on the physical and social world«. Manuskript. Chicago, 1963.

Kohlberg, L.: »The child as a moral philosopher«. In: *Psychology today,* Sept. 1968, S. 25–30.

Kohlberg, L.: »Stage and sequence: The cognitive-developmental approach to socialization«. In: Goslin, D. A. (ed.): *Handbook of socialization theory and research*. Chicago: Rand McNally, Kap. 6, S. 347–480, 1969. Deutsch: Stufe und Sequenz: Sozialisation unter dem Aspekt der kognitiven Entwicklung, in: *Zur kognitiven Entwicklung des Kindes*. Frankfurt: Suhrkamp, Kap. 1, S. 7–255, 1974. Übersetzt von Niels R. Lindquist.

Kohlberg, L.: »The moral atmosphere of the school«. In: Overley, N. (ed.): *The unstudied curriculum. Monograph of the association for supervision and curriculum development*. Washington, D. C., 1970.

Kohlberg, L.: »From IS to OUGHT: How to commit the naturalistic fallacy and get away with it in the study of moral development«. In: Mischel, T. (ed.): *Cognitive development and epistemology*. New York: Academic Press, S. 151–267, 1971a.

Kohlberg, L.: »Cognitive developmental theory and the practice of collective moral education«. In: Wolins, M., and Gottesman, M. (eds): *Group care: The education path of youth*. Aliyah, N. Y.: Gardon and Breach, 1971b.

Kohlberg, L.: »Relativity and indoctrination in value education«. *Zygon*, Spring, 1972.

Kohlberg, L.: »Cognitive-developmental theory and the practice of collective moral education«. [Internes Arbeitspapier] Cambridge, Mass.: Harvard University, 1973.

Kohlberg, L.: »Education, moral development and faith«. *Journal of Moral Education* 4 (1), S. 5–16, 1974.

Kohlberg, L.: »The cognitive-developmental approach to moral education«. In: *Phi Delta Kappa* 10, S. 670–677, 1975a.

Kohlberg, L.: »The relationship between moral thought and moral action«. [Internes Arbeitspapier] Cambridge, Mass.: Harvard University, 1975b.

Kohlberg, L.: »Why a higher stage is a better stage«. Cambridge, Mass.: Harvard University, Center for Moral Education. *Collected Papers*, Kap. 17, 1975.

Kohlberg, L.: »Toward a stage 7 – rational science, rational ethics and ultimate faith«. [Internes Arbeitspapier] Cambridge, Mass.: Harvard University, 1975.

Kohlberg, L.: »Moral stages and moralization. The cognitive-developmental approach«. In: Lickona, Th. (ed.): *Moral development and behavior*. Theory, research, and social issues. New York: Holt, Rinehart and Winston, 1976.

Kohlberg, L., and Kramer, R.: »Continuities and discontinuities in childhood and adult moral development«. In: *Human Development* 12, S. 93–120, 1969.

Kohlberg, L., and Turiel, E.: » Moral development and moral education«.

In: Lesser, G. (ed.): *Psychology and educational practice*. Chicago: Scott Foreman, 1971.

Kohlberg, L., Scharf, P., Hickey, J.: »The justice structure of the prison – A theory and an intervention«. In: *The Prison Journal* 2, Autumn-Winter, 1972.

Kohlberg, L., and Mayer, R.: »Development as the aim of education«. In: *Harvard Educational Review* 42 (4), S. 449–496, 1972.

Kohlberg, L., Selman, R., Lickona, Th.: *First things – you promised*. New York: Guidance Associates, 1972.

Kohlberg, L., and Turiel, E.: »Continuities in childhood and adult moral development« [revised]. Chapter 45 in: Kohlberg and Thrill (eds): *Moralization, the cognitive developmental approach*. New York: Holt, Rinehart and Winston, 1973 [Draft].

Kohlberg, L., Kauffmann, K., Scharf, P., Hickey, J.: »The Just Community approach to corrections: A manual«, Part I. [Unveröffentlichtes Handbuch]. Cambridge, Mass.: Harvard University, 1974.

Kohlberg, L., Wassermann, E. R., Richardson, N.: »The Just Community School: The theory and the Cambridge Cluster School experiment«. *Collected Papers*. Cambridge, Mass.: Harvard University, Sept. 1975.

Kohlberg, L., Colby, A., Gibbs, J., Speicher-Dubin, B., Power, Cl.: »Moral Stage Scoring Manual« (Part I). [Internes Arbeitspapier] Cambridge, Mass.: Harvard University, 1975.

Kohlberg, L., Colby, A., Gibbs, J., Speicher-Dubin, B., Power, Cl.: »Assessing moral stages: A manual«. [Preliminary edition]. Cambridge, Mass.: Harvard University, 1977. [Vgl. auch die Fassungen von 1978 und 1979].

Kohlberg, L., et al.: »Assessing moral stages: A Manual«, Part 2. Cambridge, Mass.: Harvard University, Center for Moral Education, 1977. [Vgl. auch die Fassungen von 1978 und 1979].

Kohlberg, L., Kauffman, K., Scharf, P., Hickey, J.: »The Just Community approach to corrections. A manual«. Part II. Cambridge, Mass.: Harvard University, Moral Education Research Foundation, 1977.

Kohlberg, L.: »Revisions in the theory and practice of moral development«. In: *New directions for child development*, 1978.

Kohlberg, L.: »The meaning and measurement of moral development«. Heinz Werner Memorial Lecture. Cambridge: Manuskript, 1979.

Köhler, W.: *Intelligenzprüfungen an Anthropoiden*. I. Berlin: König. Akad. Wissensch., 1917.

Kohnstamm, G. A.: »Experiments on teaching Piagetian thought operations«. Paper presented at the Conference on Guided Learning. Cleveland, Ohio, 1966.

König, E.: *Theorie der Erziehungswissenschaft*. Band 1: *Wissenschaftstheoretische Richtungen der Pädagogik*. München: W. Fink, 1975.

Kopp, F.: »Kooperation und ihre Formen in der Schularbeit«. (1. Teil). In:

Pädagogische Welt 27, S. 19–130, 1973.

Köppen, D.: »Gruppeninteraktionen und kooperatives Lernen«. In: *Zs. f. empir. Pädagogik* 3, S. 2–19, 1977.

Krebs, R., and Kohlberg, L.: »Moral judgment and ego controls as determinants of resistance to cheating«. [Internes Papier], Cambridge, Mass.: Harvard University, Center of Moral Education, 1973.

Kreiskott, H.: *Erregungszustände von Tier und Mensch.* Frankfurt a. M.: S. Fischer, 1979.

Krebs, R., and Rosenwald, A.: »Moral reasoning and moral behavior in conventional adults«. In: *Merrill-Palme Quarterly* 2, S. 77–87, 1977.

Krivohlavy, J.: *Zwischenmenschliche Konflikte und experimentelle Spiele.* Bern: Huber, 1974.

Kuhn, D.: »Development and learning: European and American traditions«. [Review of Inhelder, B., et al.: Learning and the development]. In: Contemporary Psychology 20, S. 872–874, 1975.

Kuhn, G.: »Mechanisms of change in the development of cognitive structures«. In: *Child Development* 43, S. 833–844, 1972.

Kuhn, Th. S.: *Die Entstehung des Neuen.* Frankfurt: Suhrkamp, 1977.

Kurtines, W., and Greif, E. B.: The development of moral thought: Review and evaluation of Kohlberg's approach. Psychological Bulletin 8, S. 453–478, 1974.

Landa, N. L.: *Algorithmierung im Unterricht.* Berlin: Volk und Wissen, 1969.

Langer, J.: *Theories of development.* New York: Holt, Rinehart and Winston, 1969.

Langer, J.: »Disequilibrium as a source of development«. In: Mussen, P., Langer, J., Covington, M. (eds): *Trends and issues in developmental psychology.* New York: Holt, Rinehart and Winston, 1969.

Langer, J., Schulz, V., Thun, F.: »Messung komplexer Merkmale in Psychologie und Pädagogik«. Beiheft der Zeitschrift *Psychologie in Erziehung und Unterricht* 68, München: Reinhardt, 1974.

Latané, B., and Darley, J.: »Group inhibition of bystander intervention«. *Journal of Personality and Social Psychology* 10, S. 215–221, 1968.

Latané, B., and Darley, J.: *The unresponsive bystander: Why doesn't he help?* New York: Appleton, 1970.

Lazarus, R. S.: »Cognitive and coping process in emotion«. In: Weiner, B.: *Cognitive views of human motivation.* New York: Academic Press, S. 21–32, 1974.

Lerner, M. J.: »The justice motive in social behavior: introduction«. In: *J. of Soc. Issues* 31, S. 1-20, 1975.

Levin, K.: »Experimente über den sozialen Raum«. In: Levin, K.: *Die Lösung sozialer Konflikte.* Bad Nauheim: Christian Verlag, ³1968 (1939).

Levine, D. M., and Bane, M. J. (eds.): *The »inequality« controversy: Schooling and distributive justice*. New York: Basic Books, 1975.

Lévi-Strauss, Cl.: *Strukturale Anthropologie* II. Frankfurt a. M.: Suhrkamp, 1975. Übersetzt von Eva Moldenhauer.

Lickona, Th. (ed.): *Moral development and behavior. Theory, research, and social issues*. New York: Holt, Rinehart and Winston, 1976.

Lind, G.: »Über die Grundlagen einer integrationistischen Meßtheorie zur Erforschung des moralischen Urteilens«. Arbeitsunterlage 41, Konstanz. Sonderforschungsbereich 23, 1977.

Lind, G.: »Wie mißt man moralisches Urteil?« In: G. Portele (Hg.), *Sozialisation und Moral*. Weinheim, Beltz S. 171–201, 1978a.

Lind, G.: »Der ›Moralische-Urteil-Test‹ (M-U-T).« In: L. H. Eckensberger (Hg.): *Entwicklung des moralischen Urteilens*. Universitätsdruck Saarbrücken, 1978b.

Lind, G.: »Critical attitude, critical ability and autonomy«. In: J. U. Sandberger et al. (Hg.): *Rationalität, Kritikfähigkeit, Autonomie und Verantwortungsbereitschaft als überschreibende Konzepte für die Analyse von Hochschulsozialisation*. Arbeitsunterlage 18, 1979a.

Lind, G.: »Persönlichkeit, moralisches Urteil und Ideologie – Ein Versuch der Kreuzvalidierung der Alker-Poppen-Studie bei Abiturienten«. In: L. Eckersberger (Hg.), *Bericht über den 31. Kongreß der Dt. Gesellschaft für Psychologie in Mannheim 1978*. Göttingen: Hogrefe, S. 309–312. (1979b).

Lind, G.: »Zur Bestimmung des Entwicklungsstandes der moralischen Urteilskompetenz beim Übergang vom Gymnasium auf die Universität«. In: J. Domnick (Hs.), *Aspekte grundlagenorientierter Bildungsforschung*. Forschungsbericht 18, Zentrum I Bildungsforschungs/SFB 23. Universität Konstanz, S. 151–166. (1980a)

Lind, G.: »Experimental Questionnaires: A New Approach to Personality Research«. In: A. Kossakowski (ed.), *Progress in Personality Psychology*. Berlin-Ost: Deutscher Verlag der Wissenschaften. (1980b)

Lippitt, R., and White, R. K.: »The ›social climate‹ of children's groups«. In: Baker, R. G., Kounin, J. S., Wright, H. F. (eds): *Child behavior and development*. New York: McGraw-Hill, 1943.

Lippitt, R., Fox, R., Schaible, L.: »Social science laboratory units«. [Ein sozialwissenschaftliches Curriculum] Chicago: Science Research Associates, 1962.

Loevinger, J.: *Ego-development*. San Francisco: Jossey Bass, 1976.

Loevinger, J., Wessler, R.: *Measuring ego-development. Construction and use of a sentence completion test*. San Francisco: Jossey Bass, 1970.

Looser, M., Lüscher, R., Maciejewski, R., Menne, K.: »Zur Kritik der praktischen Philosophie der Erlanger-Schule«. In: Kambartel, F. (ed.): *Praktische Philosophie und konstruktive Wissenschaftstheorie*. Frankfurt: Suhrkamp, S. 96–147, 1974.

Lorenz, K.: *Elemente der Sprachkritik – Eine Alternative zum Dogmatismus und Skeptizismus in der analytischen Philosophie*. Frankfurt: Suhrkamp, 1970.

Lorenzen, P.: In: Lorenzen, P. u. Schwemmer, O.: *Konstruktive Logik, Ethik u. Wissenschaftstheorie*. Mannheim; Bibliographisches Institut Mannheim, 1973.

Lorenzen, P.: *Konstruktive Wissenschaftstheorie*. Frankfurt: Suhrkamp, 1974.

Luce, R. D., and Raiffa, H.: *Games and decisions: Introduction and critical survey*. New York: Wiley 1957.

Lüer, G.: *Gesetzmäßige Denkabläufe beim Problemlösen*. Weinheim: Beltz, 1973.

Luhmann, N.: *Zweckbegriff und Systemrationalität*. Frankfurt: Suhrkamp, 1973.

Lunzer, E. A., and Morris, J. F.: *Das menschliche Lernen und seine Entwicklung*. Stuttgart: Klett, 1971.

Macauley, J., and Berkowitz, C. (eds): *Altruism and helping behavior*. New York: Academic Press, 1970.

Maier, R. F. (ed.): »What makes a problem difficult?« In: *Problem solving and creativity*. Belmont, Calif.: Brooks and Cole, 1970.

Maitland, K. A., Goldman, J.: »Moral judgment as a function of peer group interaction«. In: *Journal of Personality and Social Psychology* 30 (5), S. 699–704, 1974.

Masselli, M. D., and Altrocchi, J.: »Attribution of intent«. In: *Psychological Bulletin* 71, S. 445–454, 1969.

Massendorf und Kratzch: »Unterrichtsstil und individuelle Unterschiede der Selbst- und Fremdwahrnehmung bei Lehrern«. *Zeitschrift für Entwicklungspsychologie* 2, S. 41 ff., 1977.

Matson, F. W.: *The broken image*. New York: Anchor Books, 1964.

McKenzie, G. R.: »A theory-based approach to inductive value clarification«. In: *J. of Moral Ed.* 4 (1), S. 47–62, 1974.

Meyer, E.: *Gruppenunterricht: Grundlegung und Beispiel*. Oberursel: [Verlag unbekannt], 1964.

Meyer, E.: »Gruppenunterricht-Modell, eine emanzipatorische Erziehungsstrategie«. In: *Unterricht heute* 6, 1973.

Meyer, E.: »Wirkung von Gruppenarbeit im Unterricht«. In: *Zeitschrift für Gruppenpädagogik* 1, 1976.

Meynell, H. A.: »Moral education and indoctrination.« *Journal of Moral Education* 4 (1), S. 17–26, 1974.

Mieth, D.: »Zur Situation der Moral und des sittlichen Bewußtseins in Kindern und Gesellschaft«. In: Hertz, A. (Hg.): *Moral*. Mainz: Grünewald-Verlag, S. 13–33, 1972.

Milgram, S.: »Some conditions of obedience and disobedience to authority«. In: *Human Relations* 18, S. 57–75, 1965.

Miller, G. A., Galanter, E., Pribram, H.: *Strategien des Handelns.* Stuttgart: Klett, 1973. (Originalausgabe: *Plans and the structure of behavior.* London, New York: Holt, Rinehart and Winston, Inc., 1960; Paperback: London 1970.)

Miller, S. A., and Lipps, L.: »Extinction of conservation and transivity of weight«. In: *Journal of Experimental Child Psychology* 16, S. 388–402, 1973.

Miller, S. A.: »Extinction of Piagetian concepts: An updating«. In: *Merrill-Palmer Quarterly* 4, S. 259–281, 1976.

Mills, J.: *Temptation and changes in moral attitudes.* [Unveröffentlichte Dissertation] Stanford University, 1958.

Montada, L.: *Über die Funktion der Mobilität in der geistigen Entwicklung.* Stuttgart: Klett, 1968.

Montada, L.: *Die Lernpsychologie Jean Piagets.* Stuttgart: Klett, 1970.

Moreno, J. L.: *Gruppenpsychotherapie und Psychodrama.* Stuttgart: Klett, 1959 (1934).

Morison, R. S.: »Limits of scientific inquiry. Preface«. In: *Daedalus* 1, S. VII bis XVI, 1978.

Moser, H.: *Aktionsforschung als kritische Theorie der Sozialwissenschaften.* München, Kösel 1975.

Mosher, F. A., and Hornsby, J. R.: »Über das Fragestellen«. In: Bruner, J. S., et al. (Hg.): *Studien zur kognitiven Entwicklung.* Stuttgart: Klett, 1971.

Mugny, G., Doise, W., Perret-Clermont, A.-N.: »Conflit de centrations et progrès cognitif«. In: *Bulletin de Psychologie* 325, S. 4–7, 1975–1976.

Murphy, M. J.: »Post-critical epistemology as the form of adult cognitive development«. [Unpublished paper] Cambridge, Mass.: Harvard University, Center for Moral Education, 1977.

Newell, A., and Simon, H. A.: *Human problem solving.* Englewood Cliffs, N. J.: Prentice-Hall, 1972.

Nicolayev, J., and Phillips, D. C.: On assessing Kohlberg's stage theory of moral development. In: Cochrane, D. B., Hamm, C. M., Kazepides, A. C.: The domain of moral education. New York: Paulist Press, S. 231–250, 1979.

Nisan, M.: »Moral development, an analysis of possible effects of an institution«. [Arbeitspapier] Jerusalem: Hebrew University, 1975.

Nisan, M., and Paz, S.: »The effect of set on level of moral judgment«. [Unpublished] 1977.

Noam, G. G., Higgins, R. O., and Goethals, G. W.: »Psychoanalytic approaches to developmental psychology«. In: Wolman, W. (Hg.), *Handbook of developmental psychology.* Englewood Cliffs: Prentice Hall, 1981.

Noam, G. G., and Kegan, R. G.: »Social cognition and psychodynamics: Towards a clinical-developmental psychology. Harvard: Center for moral development. Arbeitspapier, 1981.

Nozick, R.: *Anarchy, state, and utopia.* New York: Basic Books, 1974. Deutsch: *Anarchie, Staat, Utopie.* München: Moderne Verlagsgesellschaft, 1976.

Olbricht, P.: *Soziales Lernen in der Schule.* In: Deutsche Schule 2, 1975.

Olson, P. R.: »Über begriffliche Strategien«. In: Bruner, J. S., Olver, R. R., Greenfield, P. M.: *Studien zur kognitiven Entwicklung.* Hamburg: Klett, S. 171–190, 1971 [Orig. 1966].

Oser, F.: *Theologisch denken lernen. Ein Beitrag zum Aufbau kognitiver Strukturen im Religionsunterricht.* Olten: Walter, 1975.

Oser, F., Gmünder, P., Fritzsche, U.: »Zur kognitiven Entwicklung des religiösen Urteils«. Arbeitspapier Nr. 21, Pädagogisches Institut der Universität Fribourg, 1979.

O'Shanghuessy, J.: *Inquiry and decision. A methodology for management and social sciences.* New York: Barnes and Nobel, 1973.

De Palma, D., and Foley, J. M.: *Moral development. Current theory and research.* New York: Wiley, 1975.

Parsons, T.: »Der Stellenwert des Identitätsbegriffs in der allgemeinen Handlungstheorie«. In: Döbert, R. et al. (Hg.): *Entwicklung des Ichs.* Köln: Kiepenheuer & Witsch, S. 68–89, 1977.

Pastore, N.: »A neglected factor in the frustration-aggression hypothesis: A comment«. In: *J. Psych.* 29, S. 271–279, 1950.

Pastore, N.: »The role of arbitrariness in the frustration-aggression hypothesis«. In: *J. Abnorm. Soc. Psych.* 47, S. 728–731, 1952.

Peck, R. F., and Harvinghurst, R. J.: *The psychology of character development.* New York: Holt, Rinehart and Winston, 1960.

Perret-Clermont, A.-N., Muguy, G., Doise, W.: »Une approche psychosociologique du développement cognitif«. In: *Archives de psychologie,* 1976.

Peters, R. S.: Why doesn't Lawrence Kohlberg do his homework? In: Purpel, D., and Ryan, K.: Moral Education ... it comes with the territory. Berkely: McCutchan Publishing. S. 288–290, 1976.

Peukert, H.: *Wissenschaftstheorie – Handlungstheorie – Fundamentale Theologie.* Düsseldorf: Patmos, 1976.

Phelps, E. S. (ed.): *Economic justice.* Baltimore: Penguin, 1973.

Piaget, J.: *Das moralische Urteil beim Kinde.* Zürich: Rascher, 1954 ([1]1932).

Piaget, J.: *La formation du symbole chez l'enfant.* Neuchâtel et Paris: Delachaux et Nestlé, 1945.

Piaget, J.: *Etudes sociologiques*. Genève: Librairie Droz, [2]1967 (1945).

Piaget, J.: *Le langage et la pensée chez l'enfant*. Neuchâtel: Delachaux et Nestlé, [7]1968.

Piaget, J.: »J. Piaget's theory«. In: Mussen, P. H. (ed.): *Carmichael's Manual of Child Psychology*. New York: Wiley, 1970.

Piaget, J.: *Biology and knowledge. An essay on the relations between organic regulations and cognitive processes*. Chicago: The University of Chicago Press, 1971 (französisch 1967).

Piaget, J.: *Erkenntnistheorie der Wissenschaften vom Menschen*. Frankfurt: Ullstein, 1972.

Piaget, J.: *Sprechen und Denken des Kindes*. Düsseldorf: Schwann, 1972b.

Piaget, J.: *Einführung in die praktische Erkenntnistheorie*. Frankfurt: Suhrkamp, 1973.

Piaget, J.: *Understanding causality*. New York: W. W. Norton, 1974.

Piaget, J.: *Die Äquilibration der kognitiven Strukturen*. Stuttgart: Klett, 1976.

Piaget, J.: *The grasp of consciousness. Actions and concepts in the young child*. Cambridge, Mass.: Harvard University Press, 1976.

Piaget, J.: *Probleme der Entwicklungspsychologie*. Frankfurt: Syndikat, 1976c.

Piaget, J.: In: Bringuier, J. Cl.: *Conversations libres avec J. Piaget*. Paris: Laffont, 1977.

Pieper, J.: *Das Viergespann*. München: Kösel, 1964.

Portele, G.: *Lernen und Motivation*. Weinheim: Beltz, 1975.

Potter, R. B.: *War and moral discourse*. Richmond, Virginia: John Knox Press, 1970.

Power, Cl.: *The moral athmosphere of the school: A method für analysing Community Meetings*. Cambridge: Doctoral Dissertation, 1979.

Power, Cl., and Reimer, J.: »Moral atmosphere: An educational bridge between moral judgment and action«. In: *New directions for child development* 2, 1978, S. 105–114.

Poynor, H.: »Selecting units of analysis«. In: Borich, G. (ed.): *Evaluation of educational programs and products*. Englewood Cliffs, N. J.: Educational Technology Press, 1974.

Poynor, H.: »Spurious aggregation and the unit of analysis«. Paper presented at the Annual AERA Convention, San Francisco, 1976.

Rainwater, L. (ed.): *Inequality and justice. Social problems and public policy*. Chicago: Aldine Publishing Co., 1974.

Rand, A.: *The virtue of selfishness*. New York: New American Library, 1965.

Raths, L. E., Harmin, M., Simon, S. B.: *Values and teaching: Working with values in the classroom*. Columbus, Ohio, Merrill, 1966.

Rawls, J.: »Justice as fairness«. In: Sellars, W., and Hospers, J.: *Readings in ethical theory*. Englewood Cliffs: Prentice Hall, S. 578–595, 1967 (1965).

Rawls, J.: *A theory of justice*. Cambridge, Mass.: The Belknap Press, 1971.
Deutsch: *Eine Theorie der Gerechtigkeit*. Frankfurt a. M.: Suhrkamp 1976.

Rescher, N.: »Problems of distributive justice.« In: Sellars, W., and Hospers, J.: *Readings in ethical theory*. Englewood Cliffs, Prentice Hall, S. 596–614, 1970 (1966).

Rescher, N.: »Handlungsaspekte«. In: Meggle, G. (Hrg.): *Analytische Handlungstheorie*, Band 1: *Handlungsbeschreibungen*. Frankfurt: Suhrkamp, S. 1–7, 1977.

Rest, J. R., Cooper, D., Coder, R., Rasanz, J., Anderson, D.: »Judging the important issues in moral dilemmas – an objective measure of development«. In: *Developmental Psychology* 18 (4), S. 491–508, 1974.

Rest, J. R.: »New approaches in the assessments of moral judgment«. In: Lickona, Th. (ed.): *Moral development and behavior*. New York: Holt, Rinehart and Winston, S. 198–218, 1976.

Rest, J. R.: »The stage concept in moral judgment research«. [Internes Arbeitspapier] Universität Minnesota, 1977.

Rhine, R. J., and Sereance, L.: »Ego-involvement, discrepancy and source credibility and attitude change«. In: *Journal of Personality and Social Psychology* 16, S. 175–190, 1970.

Rosenbaum, J. E.: *Making inequality. The hidden curriculum of Highschool training*. New York: Wiley, 1976.

Rosenhan, D. L., Moore, B. S., Underwood, B.: »The social psychology of moral behavior«. In: Lickona, Th. (ed.): *Moral development and behavior*. New York: Holt, Rinehart and Winston, S. 241–265, 1976.

Ross, M., and Di Tecco, D.: »An attributional analysis of moral judgements«. In: *J. of Soc. Issues* 31, S. 91–109, 1975.

Roth, L.: *Effektivität von Unterrichtsmethoden*. Hannover: Schrödel, 1971.

Rubenstein, M. F.: *Patterns of problem solving*. Englewood Cliffs, N. J.: Prentice Hall, 1975.

Sanders, A. F.: *Psychologie der Informationsverarbeitung*. Bern: Huber, 1971.

Schäfer, K. H., und Schaller, K.: *Kritische Erziehungswissenschaft und kommunikative Didaktik*. Heidelberg: UTB, 1971.

Scharf, P. (ed.) et al.: *Readings in moral education*. Minneapolis: Winston Press, 1978.

Scheffé, H.: *The analysis of variance*. New York: Wiley, 1959.

Scheffler, J.: *The anatomy of inquiry*. New York: Merrill, 1963.

Schell, C.: *Partnerarbeit im Unterricht*. Tübingen, 1972.

Schlosberg, H.: »Three dimensions of emotion«. In: *Psychol. Rev.* 61, S. 81–88, 1954.

Schmuck, R. A., and Schmuck, P. A.: *Group processes in the classroom*. Dubuque: Brown, 1976².

Schreiber, W.: *Interaktionismus und Handlungstheorie*. Weinheim: Beltz, 1977.

Schulz, W., Teschner, W. P., Voigt, J.: »Verhalten im Unterricht. Seine Erfassung durch Beobachtungsverfahren«. In: Ingenkamp, K. (Hg.): *Handbuch der Unterrichtsforschung*, Teil I. Weinheim: Beltz, 1970.

Schwartz, S., Brown, M., Feldman, K., Heimgartner, A.: »Some personality correlates of conduct in two situations of moral conflict«. In: *Journal of Personality* 37, S. 41–57, 1969.

Schwemmer, O.: »Grundlagen einer normativen Ethik«. In: Kambartel, F. (Hg.): *Konstruktive Wissenschaftstheorie*. Frankfurt: Suhrkamp, S. 73–95, 1974.

Seiler, B.: »Die Bereichsspezifität formaler Denkstrukturen. Konsequenzen für den pädagogischen Prozeß«. In: Frey, K., und Lang, R.: *Kognitionspsychologie und naturwissenschaftlicher Unterricht*. Bern: Huber, S. 249–285, 1973.

Seiler, B.: »Kognitive Strukturen und kognitive Persönlichkeitstheorien«. In: Seiler, B. (Hg.): *Kognitive Strukturiertheit*. Stuttgart: Kohlhammer, 1975.

Seligman, B. B.: *Permanent poverty. An American syndrome*. Chicago: Quadrangle Books, 1968.

Selman, R. L.: »A structural analysis of the ability to take another's social perspective: Stages in the development of role-taking ability«. Paper presented to the Society for Research and Child Development, Philadelphia, 1973.

Selman, R. L.: »Toward a structural analysis of developing interpersonal relation concepts: Research with normal and disturbed preadolescent boys«. In: *Minnesota Symposium on Child Psychology* 10, Pick, A.D. (Ed.). Minneapolis: The University of Minnesota, S. 150–200, 1976a.

Selman, R. L.: »Social-cognitive understanding: A guide to educational and clinical practice«. In: Lickona, Th. (ed.): *Moral development and behavior*. New York: Holt, Rinehart and Winston, 1976b.

Selman, R. L.: *Discussion guide. Friendship – caught in the middle*. New York: Guidance Associates, 1976.

Shavelson, R. J., Russo, N. A., Borko, H.: »Experiments on some factors contributing to teachers' pedagogical decisions«. Arbeitspapier UCLA, Dep. of Education, 1976.

Shavelson, R. J., Cadwell, J., Izu T.: »Teachers' sensitivity to the reliability of information in making pedagogical decisions«. Paper presented at the Annual Meeting of the AERA, New York, 1977.

Shaw, M. E., and Sulzer, J. L.: »An empirical test of Heider's levels in attribution of responsibility.« In: *J. of Abnorm. and Soc. Psychol.* 69, S. 39-46, 1964.

Shaw, M. E., and Reitan, H. T.: »Attribution of responsibility as a basis for sanctioning behavior«. In: *British J. of Soc. and Clinical Psychol.* 8, S. 217–226, 1969.

Sherif, M., and Sherif, C. W.: *Social Psychology.* New York, 1969.

Shibutani, T.: *Society and Personality.* Englewood Cliffs: Prentice Hall, 1961.

Simon, F., and Wright, I.: »Moral education: Problem solving and survival«. In: *Journal of Moral Education* 3, S. 241–248, 1974.

Simon, H. A., and Newell, A.: »Human problem solving. The state of the theory in 1970«. In: *American Psychologist* 5, S. 145–159, 1970.

Simon, S. B., Howe, L. W., Kirschenbaum, H.: *Value clarification. A handbook of practical strategies for teachers and students.* New York: Hart, 1972.

Simon, S., and de Sherbinin, P.: »Value clarification: It can help that gently and grow deep.« *Phi Delta Kappa* 10, S. 679–683, 1975.

Simons, H.: *Economic policy for a free society.* Chicago: University of Chicago Press, 1948.

Simpson, E. L.: A holistic approach to moral development and behavior. In: Lickona, T.: Moral development and behavior. New York: Holt, Rinehart and Winston. S. 153–170, 1976.

Sinsheimer, R. L.: »The presumptions of science«. In: *Daedalus* 1, S. 23–35, 1978.

Smedslund, J.: »The acquisition of conservation of substance and weight in children: I. Introduction«. In: *Scandinavian Journal of Psychology* 2, S. 11–20, 1961.

III. »Extinction of conservations of weight acquired ›normally‹ and by means of empirical controls on a balance«. In: *Scandinavian Journal of Psychology* 2, S. 85–87, 1961.

V. »Practice in conflict situations without external reinforcement«. *Scandinavian Journal of Psychology* 2, S. 156–160, 1961.

VI. »Practice on continuous versus discontinuous material in conflict situations without external reinforcement«. *Scandinavian Journal of Psychology* 2, S. 203–210, 1961.

Smith, L.: »Indoctrination and Intent«. *Journal of Moral Education* 3 (3), S. 229–233, 1974.

Staub, E.: »Helping a distressed person: Social personality and stimulus determinants«. In: Berkowitz, L. (ed.): *Advances in experimental social psychology* 7. New York: Academic Press, 1974.

Steiner, I. D.: »Models for inferring relationships between group size and potential group productivity«. In: *Behavior Science* 11, S. 273-283, 1966.

Stevenson, Ch. L.: *Ethics and language*. New Haven, Conn.: Yale University Press, 1944.

Stevenson, Ch. L.: *Facts and values*. New Haven, Conn.: Yale University Press, 1963.

Stewart, J. S.: »Clarifying values clarification: A critique«. *Phi Delta Kappa* 10, S. 684–688, 1975.

Stieger, K.: *Die Schule von morgen beginnt heute*. Olten: Walter, 1973.

Strauss, S., and Liberman, D.: »The empirical violation of conservation laws and its relation to structural change«. In: *Journal of Experimental Child Psychology* 18, S. 464–479, 1974.

Stryker, S.: »Die Theorie des symbolischen Interaktionismus«. In: Anwärter, M., Kirsch, E., Schröter, K.: *Seminar: Kommunikation, Interaktion, Identität*. Frankfurt: Suhrkamp, S. 257–274, 1976.

Sullivan, E. V.: »Transition problems in conservation research«. In: *Journal of Genetic Psychology* 115, S. 41–54, 1969.

Sullivan, E. V.: *Moral learning. Some findings, issues and questions*. New York: Paulist Press, 1975.

Sullivan, E. V.: »A study of Kohlberg's structural theory of moral development: A critique of liberal social science ideology«. [Unpublished manuscript] Ontario Institute for Studies in Education, 1976.

Süllwold, F.: »Experimentelle Untersuchungen über die Rolle des Einfalls im Denkprozeß«. In: *Z. Exp. angew. Psychol.* 2, S. 175–207, 1954.

Székelys, L.: »The dynamics of thought motivation«. In: *Amer. J. Ps. Psychol.* 56, S. 100–104, 1943.

Tapp, L. J., and Kohlberg, L.: »Developing senses of law and legal justice«. In: *Journal of Social Issues* 27 (2), 1971.

Taylor, P.: »The justification of value judgments: Rational choice«. In: Sellars, W., and Hospers, J. (ed.): *Readings in ethical theory*. Englewood Cliffs, N. J.: Prentice Hall, S. 346–348, 1970.

Thomae, H.: *Konflikt, Entscheidung, Verantwortung*. Stuttgart: Kohlhammer, 1974.

Thoma, G.: »Methodenproblem und Steuerungsprogramme im Unterricht«. In: Menck, P., Thoma, G. (Hg.): *Unterrichtsmethode*. München: Kösel, S. 186–208, 1972.

Thom, R.: *Stabilité structurelle et morphogenèse*. New York, 1973. Englisch: *Structural stability and morphogenesis. An outline of a general theory of models*. Reading, Mass.: W. A. Benjamin, 1975.

Thrill, E.: »Stage transition in moral development«. In: Travers, R. M. W. (ed.): *Second handbook of research in teaching*. Chicago, S. 732–758, 1973.

Thurow, L. C.: *Generating inequality. Mechanisms of distribution in the U. S. economy*. New York: Basic Books, 1975.

Thurstone, L. L.: *The measurement of values*. Chicago, 1959.

Tobin, J.: »On limiting the domain of equality«. In: *Journal of Law and Economics* 13. Abgedruckt in: Phelps, E. S. (ed.): *Economic justice*. Baltimore: Penguin Education, S. 447–463, 1973 (1970).

Triandis, H. C.: »Exploratory factor analyses of the behavioral component of social attitudes«. In: *J. of Abnormal and Soc. Psychol.* 68, S. 420–430, 1964.

Triandis, H. C.: *Einstellungen und Einstellungsänderungen*. Weinheim: Beltz, 1975.

Turiel, E.: »An experimental test of the sequentiality of developmental stages in the child's moral judgments«. In: *Journal of Personality and Social Psychology* 3 (6), S. 611–618, 1966.

Turiel, E.: »Developmental process in the child's moral thinking«. In: Mussen, P., and Covington, M. (eds): *Trends and issues in developmental Psychology*. New York: Holt, Rinehart and Winston, 1969.

Turiel, E., and Rothman, G. R.: »The influence of reasoning on behavioral choices at different stages of moral development«. In: *Child Development* 43, S. 741–756, 1972.

Turiel, E.: »Stage transition in moral development«. In: *Second handbook of research on teaching*. Chicago: Rand, McNally, 1972.

Turiel, E.: »The development of social concepts: Mores, customs, and conventions«. In: Palma, D. J., and Foley, S. M.: *Moral development: Current theory and research*. Hillsdale: L. Erlbaum, S. 7–37, 1975.

Türk, Klaus: *Organisationstheorie*. Hamburg: Hoffmann und Campe, 1975.

Utterback, W. E.: *Group thinking and conference leadership*. New York: Holt, Rinehart and Winston, 1950.

Vlastos, G.: »Justice and equality«. In: Brandt, R. (ed.) *Social justice*. Englewood Cliffs: Prentice Hall, 1973 (1962).

Walster, E.: »Assignment of responsibility for an accident«. In: *Journal of Personality and Social Psychology* 36, S. 73–79, 1966.

Wassermann, E. R.: *The development of an alternative High School based on Kohlberg's Just Community approach to education*. [Unveröffentlichte Dissertation] Boston University, 1977.

Wasserstrom, R.: *Todays moral problems*. New York: MacMillan, 1975.

Watzlawick, P., Beavin, J. H., Jackson, D. D.: *Menschliche Kommunikation*. Bern: Huber, 1969.

Watzlawick, P., Weakland, J. H., Fisch, R.: *Lösungen. Zur Theorie und Praxis menschlichen Wandels*. Bern: Huber, 1974.

Weiner, B. and Peter, N.: »A cognitive-developmental analysis of achievement and moral judgments«. In: *Developmental Psychology* 3,

S. 290–309, 1973.

Weiner, B., Heckhausen, H., Meyer, V. W., Cook, R. E.: »Causal attributions and achievement motivation: A conceptual analysis of effort and reanalysis of locus of control«. In: *J. of Pers. and Soc. Psychol.* 21, S. 239–248, 1972.

Weiner, B.: »An attributional interpretation of expectancy-value theory«. New York: Academic Press, 1974.

Winer, B. J.: *Statistical principles in experimental design.* New York: McGraw Hill, ²1971.

Wispé, L.: »Positive forms of social behavior«. In: *Journal of Social Issues* 28 (3), 1972.

Witkin, H. A., Ork, R. B., Iattuson, H. F., Goodenough, D. R., Karp, S. A.: *Psychological differentiation, Studies of development.* New York: Wiley, 1962.

Wittgenstein, L.: *Philosophische Untersuchungen.* Frankfurt: Suhrkamp,

Wohlwill, J. F.: *Strategien entwicklungspsychologischer Forschung.* Stuttgart: Klett, 1977.

Wunderlich, D.: *Studien zur Sprechakttheorie.* Frankfurt: Suhrkamp, 1976.

Yussen, St. R.: »Characteristics of moral dilemmas written by adolescents«. Paper presented at the AERA meetings, San Francisco, 1976.

Zajonc, R. B.: »Social facilitation«. In: *Science* 149, S. 269–274, 1965.

Zedler, H. P.: *Zur Logik von Legitimationsproblemen.* München: Kösel, 1976.

Zimbardo, P. G.: »Involvement and communication discrepancy as determinants of opinion conformity«. In: *Journal of Abnormal and Social Psychology* 60, S. 86–95, 1960.

Sachregister

Abschwächungseffekt 176
Absicht (vgl. Intention) 501
Abstufung 410, 415
Abtreibung 40
Abwehrmechanismus 219
Adäquatheit 85 ff
Adäquatheitshierarchie 88 f.
Adoptionsproblem 448 f.
Adoptionsdilemma 106-114
Affektivität 424, 429
Affiliation 476
Affinität 85 f., 95
Aggregation 459
Aggregationsniveau 458
Aktionsstrategien 226
Aktualisierung 50 f.
– komplexe 50 f.
Aktualität 442
Akzeptieren
– gegenseitiges 451
Akzeptiertheit 427, 434, 441, 443,
  458, 460
Algorithmus 167
Allgemeine Aufmerksamkeit
  s. Aufmerksamkeit
Allgemeinheitsgrad 485
Alltagstheorie 225
Alter 470
Altruismus 233
Anspruchstheorie 89, 274, 276
Applikationshinweis 157
Äquivalenzfunktionalismus 98
Arbeitswerttheorie 277
Argumentation 292
– moralische 116, 469-473
– Argumentation und Entschei-
  dung 292-301
– Argumentation und Handlung
  s. Handlungsvorschlag
Argumentationsprozeß 448, 458

Argumentationsstruktur 289
Argyris-Modell 450
Assimilation
+ Akkomodation 35, 46, 53,
  141 f.
Attributionstheorie 481 f.
Aufbau 53
Aufmerksamkeit 447
– allgemeine 428, 455 f.
Aussage
– moralische 469
Austausch 501
Authentische Interaktion
  s. Interaktion, authentische
Autonomie 224
Autorität 470

Bag of virtue 46
Bedeutungsgehalt
  – moralischer 469
Bedürfnis 60, 92, 126, 476
Bedürfnisanalyse 92, 287
Bedürfniskritik 92, 287
Bedürfnishierarchie 64
Begründung 214, 221, 481
  s. auch *Rechtfertigung:*
– philosophische 126
Begründungsverfahren 94
Begründungsmuster 95
Begründungsprozeß 214
Benachteiligung
– der Frau 210
Beobachtung 74
Beobachtungskategorien 454
Beobachtungszeitpunkt 454
Berechtigung 471
Berechtigungstheorie
  s. Anspruchstheorie
Bereichsspezifität 35, 46 ff., 53,
  474, 485 ff., 491, 494

– inhaltliche 415
Bestrafung 70
Bestechung 154
Beteiligung 447
Bewältigungsstrategie 219
Beziehung 146, 501
– soziale 460
– individuelle 460
– interindividuelle 461
Beziehungstheorie 276
Beziehungsnähe 492, 494

Cause
– external 481
– internal 481
Cluster-Schule 252 ff., 378-382
Curriculum 356-360, 376

Dauer 452
Décalage
  s. Abstufung
Décalage-Frage 486
Defaitismus
– moralischer 291
Demokratisierung 50
Denken 247-256
– lautes 74 f., 81
– praktisches 126
Denken und Verhalten 249
Denkmuster
– normative 115
Denkniveau
– konkret operationales 50
Deontologische Theorie 274
Determinationsmaß 173
Differenzen
– strukturale 137
– interpersonelle 446
Differenzierung 49, 421
– sozio-ökonomische 476
Dilemma(ta) 36, 40, 48, 442
– hypothetisches 106
– moralisches 21, 144
– standardisierte 48, 114

Dilemmasituation 106
Dilemmatyp
– konfligierender 65, 67, 449,
  465, 476
Disäquilibrium 474
– soziales 435
– dynamisches 446
– interaktives 447
Diskontinuität 53
Diskurs
– praktischer 107
– herrschaftsfreier 219
– moralischer 447, 478
Diskussion 448
Diskussionsaffinität 411
Diskussionsdauer 437, 443, 446,
  449, 455
Diskussionskohäsion 444
Diskussionskompaktheit 444, 449
Diskussionszeit 444
Dissonanzwirkung 447
DIT 365 ff.
Double-loop-Lernen 230
Dynamik 50, 53, 419 f., 437, 456
– interaktionsbezogene 456
– motivationale 439
Dynamikbezogenheit 426
Dynamische Interaktion
  s. Interaktion, dynamische

Effekt
– gruppendynamischer 453
Effektivität 277, 290
Effizienz 290
Ego 38 ff.
Ego-Involvement 427, 429, 451,
  456
Egoismus
– interaktiver 169
Ehrlichkeit 233
Einstellung
– allgemeine 427, 444
Einstellungsdimension 230
Einstufung 364-368

Empathie 224, 423, 449, 476
Empathiegefühle 423
Endzustandstheorie 274
Engagement 420, 427
– personelles 456 f., 459
Entscheidung 89, 274, 166
Entscheidung und Rechtfertigung
  94
Entscheidungsaktion 142
Entscheidungsbeteiligung 226
Entscheidungsbildung 130
Entscheidungshandlung 216
Entscheidungskompetenz 164
Entscheidungskonsensus 136
Entscheidungsmerkmale
– bipolare 179
Entscheidungsobjektivität 278
Entscheidungspositivismus 130
Entscheidungsprinzip 116
Entscheidungsprozeß 115, 148,
  233
Entscheidungsvollzug 226, 292 f.
Entschlußrelevanz 212
Entwicklung 14 f.
– moralische 46, 238, 252, 254,
  257
– genetisch-epistemologische 89
– kognitive 323 f.
– soziale 326-329, 373
– dynamische 453
– Muster 453-458
Entwicklung und dynamische
  Verlaufsmuster 453-458
Entwicklungsstufe 67, 220
  s. auch Stufen
und authentische Interaktion
  128 ff.
Erlanger Schule 126, 211
Erregtheitsgrad 427, 429, 456, 459
Erziehung 373 f.
– moralische 321
Erziehungswissenschaft 388
Ethik 290
Evaluationsstatement 209

Exhaurierungsprozeß 178
Exhaustion 89, 169, 300 f., 345,
  449
Exhaustionsprinzip 96, 136
Exhaustionsgrad 96
Exhaustionsmodell 163, 225, 447
Exhaustionsprozeß 236, 458
Exhaustionstheorie 236
Exhaustionsproblematik 443

Fairness 281 f.
Feedback 433, 452, 458, 460
Free-Speech-Bewegung 218
Frustration 420, 427, 430 f., 437,
  445 ff., 457, 460 f.
– dynamische 444
– interaktive 446
– interpersonale 434
– personenbezogene 448
Frustrationseffekt 444
– interaktiver 446
– personenbezogener 448
Frustrationsgrad 426, 428
Führungsanspruch 460 f.
Führungsstil 427, 429, 431, 444,
  458, 460
– demokratischer 431, 449
– autoritärer 431
– laissez-faire 431
Funktion
– strukturbildende 420, 424

Gebrauchstheorie 225-238
Gefangenendilemma 291
Gefangenenrehabilitation 382-387
Geltungsansprüche
– universale 124
Generalisierbarkeit 36, 47, 167,
  451
Gerechtigkeit 24, 38, 85, 335-350,
  324, 354, 377 f., 384, 386, 389,
  415 f., 470 f.
Gerechtigkeit
– benevolontäre 69, 477, 479

– distributive 57, 274, 419, 470, 476, 479
– egalitäre 69, 71, 470, 476, 479
– kompensatorische 209, 476
Gerechtigkeitsbegriff 283
Gerechtigkeitsformulierung 51
Gerechtigkeitsmaß 157
Gerechtigkeitsmodus 469, 474, 478
Gerechtigkeitsmuster 88
Gerechtigkeitsprinzip 51, 62, 211, 278 f.
Gerechtigkeitsregeln 68 ff., 88, 154, 173, 478, 493
Gerechtigkeitsregeln und Hierarchisierung 93, 144
Gerechtigkeitsstruktur 283
Gerechtigkeitsvorstellung 62
Geschlecht 470
Gesellschaft 501
Gesetz 38, 471
Gesetzesbrecher 501
Gesetzesorientierung 216
Gesprächskompaktheit 233
Gewinnmatrix 291
Gewinnmaximierung 291
Gewissen 471
Glaube 341
Gleichgewicht 23, 36, 442 f.
Gleichheit 65
Gleichheitsbegriff 289
Gliederungsfunktion
– strategische 451
Globalkategorien 452
Gratifikationstheorie 290
Grenzwerttheorie 274 f.
Grundgesetz
– moralisches 126
Gruppe 62, 129, 226, 249, 285, 300, 427, 451, 500
Gruppendiskussionen 453
Gruppendynamik 52, 419
Gruppenentscheidung 301 f.
Gruppengefühl 440, 442, 449, 458

Gruppenhomogenität 439
Gruppeninteraktion 52, 73, 79
Gruppenklima 52
Gruppenkongruenz 294
Gruppenökonomie 163
Gruppenprozesse 56, 69, 229, 237 f., 419 f.
Gruppenreflexion 300
Gruppenrelation 460
Gruppenstil 452, 458 f.
Gruppenstruktur 49, 76, 78 f.
Gruppenvergleich 22
Gruppenverhältnisse
– dynamische 420
Gruppenverantwortung 451
Gruppenwärme 427, 444, 458, 460
Gruppenzwang 470
Guttmann-Theorem 98 f.

Handeln 15 ff., 208, 213 f., 237 f., 289
– authentisches 205
– kommunikatives 16, 19
– moralisches 215, 237
– praktisches 126
– sprachliches 236
Handeln und Urteil 214-224
Handlung 71, 209, 214-225
Handlung und Begründung 214
Handlung und Entscheidung 207
Handlung und Gebrauchstheorie 227
Handlungsbegriff 237
Handlungsdeduktion 141
Handlungsebene 285
Handlungsentwurf 141
Handlungskette 226
Handlungskonzept 213
Handlungsmöglichkeit 206
Handlungsmuster 141, 158
Handlungsnorm 206
Handlungsregel 205, 210, 286
Handlungsstrategie 52, 88

Handlungstheorie 16, 226
Handlungs-Urteil 215, 218,
    236 f., 292-301
Handlungs-Urteils-Problem 30
Handlungsvorschlag 71, 92, 123,
    205, 210, 237, 292-301
Handlungszwänge
– dynamische 123
Hedonismus 87
Heinz-Dilemma 216
Heuristik 167, 451
Heuristischer Kreisprozeß 213
Hierarchie 40
– strukturale 86
Hierarchisierung 35, 40, 129 f.
Hinweis 151

Ich 39
Ich-Entwicklung 39, 45, 38 ff.,
    95, 49
Ich-Stärke 38, 53, 95
Ideale Sprechsituation
    s. Sprechsituation
Ideale Sprechsituation und au-
    thentische Interaktion 124 f.,
    211
Individualität 45
Individuum 238, 427
Indoktination 27, 46
Inequality-Theorie 143
Inferenzschleife
    s. integrierte Inferenzschleife
Information
– soziale 138
Information und Entscheidung
    151
Informationsbeschaffung 450
Informationswahl 166
Informationswert 176
Inhaltsaspekt und Stufen 132-143
Inhaltsunabhängigkeit 46
Inkompatibilität
    s. Inkonsistenz
Inkongruenz 229

Inkonsistenz 227 f.
Integration 80, 178, 421
Integrierte Inferenzschleife 136,
    139, 292, 298, 301
Integrierungsprozeß 451
Intensität
– motivationale 431
Intention 51, 71, 146, 480-485
Interaktion 19, 32, 52, 73, 237,
    248, 301, 465
– authentische 115, 122-131, 142,
    144, 279, 282, 289, 291, 465
– authentische und kognitive Ni-
    veaus 423
Interaktion
– dynamische 422
– kognitive 452
– soziale 41, 442, 450
– sprachliche 89
– strukturale 116
Interaktionsebenen 133
Interaktionskohäsion 447
Interaktionsniveau 173, 422
Interaktionsniveau und Gruppe
    422
Interaktionsmuster 144
Interaktionsradius 157
Interaktionsstruktur 122, 143
– authentische 123
Interaktionsstufe 62, 67, 344, 419,
    449
– authentische 29
– funktionale 29
– analytische 29, 150
– höhere 88
– kognitive 95, 149, 448
– und Just-Community-Ansatz
    387 ff.
– und Kohlberg-Stufen 145,
    177 ff.
– und Stufenwechsel 330-337
– und moralische Stufen 372, 408
Interaktionssystem
– freies 125, 143

Interaktionstyp 125
Interaktionswirkung 449
Interesse 213, 447
Interessenabklärung 212
Interpunktionsprozeß 229
Introspektion 81
Intersubjektivität 123
Intervention 252
Interview
– klinisches 81
Involvements 447
Irreversibilität 35 f., 128
Issues 131

Just Community 30, 92 f., 174,
    228, 244, 252 ff., 256 f., 375
    bis 389

Kategorien
– modale 65
Kausalattribution 483
– internale 149
Kausalfragen 492, 494
Kausalität 51, 146
Kausalschluß 71 f., 483 ff.
Kino-Problem (Dilemma) 100
    bis 105, 116-121
Klasseneffekte 444 f.
Klassengesellschaft 276
Klima
– moralisches 77
Kognition 36
Kognitives Niveau 423
Kognitives Niveau und Interak-
    tion 423
Kohärenz
– kommunikative 461
Kohäsion
– und Gruppe 431
Kohlberg-Paradigma 466
Kohlberg-Stufen 145, 177, 206,
    214-225, 227, 322, 373, 387

Kohlberg-Stufen-Beschreibung
    326-329
– höhere Stufen 206, 346-375
– und Interaktionsstufen 145,
    156, 372, 408
Kohlberg-Stufen
– und konkretes Handeln 375
– und Piagetstufen 373
– Sequenzialität 370
– Stufe 7 340-344
– Übergangsstufen 338
– Universalität 372
Kohlbergsche Entwicklungsstufen
    115
Kommunikation 21, 342 ff.
– gestörte 125
– ungebrochene 125
– unverzerrte 211
Kommunikationseinheiten 99 f.
Kommunikationsstil 426, 428 f.,
    435, 444, 458
– autoritär 435
– demokratisch 435
– laissez-faire 435
Kompaktheit 91, 419, 423
– interaktive 423, 448, 461
– koordinative 124, 144, 163,
    169, 447
Kompaktheitsskala 169 f.
Kompaktheitsgrad 169
Kompetenz
– kommunikative 20, 35, 48
– kognitive 157
– strukturale 212
Kompetenz und Performanz 49
Komplexität 85, 489
– integrative 90
– kognitive 50, 68, 147
– koordinative 91, 99, 124 f., 169,
    444, 451
– qualitative 90
– strukturale 91, 99
– intentionale 148
Komplexität

und kognitive Stufen 90-94
Komplexitätskonstituenten vgl.
   Komplexitätsstimuli
Komplexitätsmerkmale
– koordinative 106
Komplexitätsniveau 70 f.
Komplexitätsstimuli 53, 55, 69 f.,
   72, 171, 177, 295, 478 f., 486 ff.
   und Vorgabe 144 ff.
Konflikt 35 f., 226, 230
– moralischer 23, 474
Konflikthaftigkeit 430 f.
Konfliktsituation 126, 227
– und Motivation 127
Konfrontation 427, 431, 459, 464
– gegenseitige 456
Konsensus 19, 76, 78, 165, 457
Konsensusbildung 96
Konsensusverfahren 456
Konsequenz 51, 71, 146, 479-485,
   493
– spezifische 492
Konsistenz 227
Konstruktion
– individuelle 80
– soziale 80
Kontaktfähigkeit
– kommunikative 465
Konzept
– politisches 233
Koordination 23, 35, 53, 137
– adäquate 88
– soziale 88, 91
– interaktive 49, 345
– kooperative 98
– und Optimierung 125
Koordinationsmuster 114
– analytische 106
Koordinationsprozeß 49
Kreidekreismotiv 63

Leadership-style-Effekt 444
Lebensrecht 276
Legitimation

– ausschöpfende 15, 19, 21
   s. auch Exhaustion 30 f.
Legitimationsprozeß 214
Lehrstil 445
Lerntransfer 478
Liebe 324
Longitudinal 38
Lösung 52
Lösungsalgorithmus 166
Lösungsakt 132
Lösungskomponenten 165
Lösungsprozeß 140, 451, 472
Lösungsvorschlag 92, 125, 131 f.
Loyalität 502

Machtabbau 451
Maxime 212
Maximierung 275, 290 f.
Metaethik 122
Metatheorie 242
Metaurteile 293, 300
Methoden
– heuristische 166
Milgram-Experimente 218, 423 f.
Mobilität 51
Modell 239, 252
Modell I – Denken 251
Modell I – Handeln 229-237
Modell I – Prozesse 248
Modell I – Verhalten 248-255
Modell II – Denken 251
Modell II – Handeln 229-237
Modell II – Prozesse 248
Modell II – Verhalten 248-255
Modus
– egalitärer 477
– normorientierter 90
– utilitaristischer 90
– idealistischer 90
Modi
– moralische 90
– des Verteilens 288
Mogelstudie 219-223

Moralische Erziehung
s. Erziehung, moralische
Moralität 291
– interpersonale 219
Moral Judgment Scale (MJS) 77 f.
Motivation 361, 419, 443, 449,
452, 456
– dynamisch bezogene 436
– dynamikorientierte 422, 425
bis 452
– ethische 277
– interpersonale 427
– intrinsische 476
– sachbezogene 427, 436
– sachorientierte 422, 425-452
Motivationsvariablen 55
Muster
– koordinative 121
Mustervergleich
– sukzessiver 166
M-U-T 367 f.
Mutterrecht
– natürliches 63
– soziales 63

Neutralisierung
– moralische 224
Niveau
– strukturales 429
Norm 22, 46 ff., 67, 93, 115, 233,
285, 471
Normen und Wirkungsbereich
105
Normdiskussion 98
Normkritik 94, 98, 116, 123
Normkomplex 93
Normgenerierung 110
Normenstreit 93
Normhierarchie 114
Normaktivität 252, 345
Nützlichkeitsschwelle 275

Objektivität 281 f.
Ökonomie 280 f.

Optimierungstyp
– konfligierender 65 f., 449, 465,
485, 487
– handlungsorientierter 72, 450
Organisation
– soziale 428, 434, 441 ff., 444,
449, 460
Originale Position 277 ff., 282 f.
Orthogonalität 40, 469

Pareto-Prinzip 277 f.
Performanz
– optimale 124
Persönlichkeitsstärke 459, 461,
463, 465
Perspektive
– normative 19, 97, 122, 137, 466
– analytische 19, 97, 133
– strukturale 19
– authentische 19, 98
– funktionale 97
– philosophische s. authentische
Pflicht 211, 501
– zivile 477
Piaget-Stufen 346, 387
– und Kohlbergstufen 373
Position
– ursprüngliche s. originale Posi-
tion
Prinzip 65, 115
– moralisches 162
Prinzipiendiskussion 145
Prinzipienstreit 210, 212
Privileg 477
Problem 164, 179, 440 ff., 458,
494
Problemaktualität 443
Problembeschreibung 164, 463
Problemerweiterung 450
Problemraum 52, 62, 457
Problemstruktur 457
Problemeffekte 484, 493
Problemlösekomplexität 73
Problemlösung 93, 474

Problemlösevorgang 49
Problemlösehandeln 122-130
Problemlöseprozesse 15, 35, 54, 68, 128
Problemlösesituation 49
Problemtyp 54, 56, 65 ff., 70, 423, 462
s. auch Dilemmatyp
s. auch Optimierungstyp
s. auch Risikowahltyp
Produktionsfaktorentheorie 276
Progressive deepening-strategy 167
Prozessual
Prozessual direkt 472, 474 f.
Prozessual indirekt 472-475
Prüf- und Suchstrategie 167
s. auch scan-and-search strategy
Psychomatisierung 38

Qualitative Merkmale 37 ff.

Rasse 470
Rationalität 222
Realpositivismus 280
Realitätsflucht 138 f.
Recht 501
– ziviles 477
Rechtfertigung 94
Rechtfertigungsprozeß 94
Rechtsanspruch 65
Redundanz 478 f., 486, 488
Redundanzproblem 153, 474
Redundanzphänomen 175
Reflexion 221
Regel 30, 40, 52, 55, 68, 115, 121 f., 137, 213, 233, 285, 295, 471
– goldene 156
Regel und Moral 121
Regel und distributive Gerechtigkeit 285
Regelbewußtsein 51, 53, 73, 479

Regeldiskussion 139, 159 ff.
Regelverknüpfungen 141
Regelvorgabe 473
Regression 245
Relativistische Position 48
Relevanzvermittlung 225
Religion 206
Religiosität 206
Religiöses Urteil
s. Urteil, religiöses
Retentionsphänomen 161, 280, 283, 292
Rettungsboot-Dilemma 216
Reversibilität 130
Reziprozität 65, 156, 470, 501
Reziprozitätsdenken 219
Risikowahltyp
– konfligierender 65 f., 476
Rollenkompetenz 342 f.
Rollenübernahme 388 f.
Rücklaufschleife 136
Rückmeldung 433

Salomon-Dilemma 62
Sanktion 471
Sachbezogenheit 426
Scan-and-Search-Strategie 167
Scan-and-Search-Prinzip 451
Sein-Sollens-Problematik 252
Selbststruktur 39 ff.
Selektion
– sukzessive 68, 165 ff., 451
Selektionsstrategie
– sukzessive 175
Sequenzialisierung 35, 128, 130, 142
Simon-Tobinsche These 70, 72, 208, 412, 477, 479, 486
Single-loop-Lernen 230
Situation
– moralische 65, 85, 107
Situationsanalyse 87, 92
Sollen
s. Sein-Sollens-Problematik

321 ff.
Soziale Entwicklung
  s. Entwicklung
Sozialisation 224
Sozialtheorie 279, 290
Sozialvertrag 278
Spaltung 138-140
Sprachegozentrik 169
Sprachkode
– restringierter 49
Sprechakt 124, 132, 469
Sprechsituation 123
– ideale 19 f., 465
Suchkonzept 166
Suchmodell 451
Suppressionsphänomen 198
System
– soziales 97
– strukturales 128, 238
– sozial-kognitives 140
Systemaktivierung 175
Schema 49
Schemata
– kognitive 14, 76
Schicht
– soziale 62, 470
Schleier des Nichtwissens 64,
  279 f., 283
Schuld 40, 146, 494
Schuldgefühle 423
Schuldfrage 494
Schwangerschaft 43
Stabilität 51
Sterbehilfe 122
Stimulation 428, 479
– lehrerzentrierte 488
Stimuli
– analytische 88
– strukturformende 322
– strukturbildende 450, 453
Stimulierung
(zu höheren Stufen) 21, 27, 321,
  368-372
Störungen 133, 135

Strategie 52 f., 55, 67-69, 163-168,
  295-301, 423, 433, 437, 440,
  442, 449 ff., 453, 462, 473, 479,
  493
– Vorgabe 91, 144, 167, 176
Strategievariable 294
Struktur 23, 35 ff., 45 ff., 421
– moralische 64 f.
– kognitive 23, 36, 49 f.
– interaktive 23
– soziale 37
Strukturparameter 85 f.
Strukturbildende Funktion 420,
  424
Strukturbildende Interaktionswir-
  kung 449
Strukturbildende Komponenten
  86, 143, 443, 450, 493
Strukturbildende Stimulation 418
Strukturbildende Stimuli 450
Strukturbildende Treatments 423,
  465
Strukturbildender Aspekt 52
Strukturformende Stimuli
  s. Stimuli, strukturformende
Strukturformende Elemente
  49 ff., 72
Strukturformende Komponenten
  72 f., 77
Strukturkonsistenz 48
Strukturrelevanz 28, 33, 143
Strukturrelevante Merkmale 50
Strukturtransformation 136, 451
Stufen 19, 214-225, 279 f., 322,
  373, 387, 466
– kognitive 346, 387, 424, 466
– kognitive und personale Interaktion 86 ff.
– moralische 115, 206, 224, 242,
  372, 408
– moralische und interaktive
  Kompaktheit 169
  vgl. auch Kohlbergsche Entwicklungsstufen

Stufen der Interaktion 66, 81,
    130, 144, 237, 419, 424, 450 f.,
    461 f., 465, 478
    vgl. auch Interaktionsstufe
Stufenintegration 135
Stufenwechsel 254

Tauschsituation 288
Tauschgerechtigkeit 288
Taktzeitpunkt 425
Teleologische Theorie 274 f.
Theorie-Praxis-Frage 375
Theorie-Praxis-Schleife 138-141,
    172, 176 f., 337
Transformation 23, 35, 46, 49,
    52 ff., 73, 158, 421, 466
Transparenz
– intersubjektive 122
Transsubjektivität 89, 123
– und authentische Interaktion
    126 f.
Transsubjektivitätsstruktur 95
Transsubjektivitätsprinzip 212
Treatment 54 f., 423, 465
Treatmentbedingungen 140
Treatmenteinfluß 151-154
Treatmenteffekt 179

Ungleichgewicht 35, 137
– interaktives 139
– soziales 139
– soziales 139
– kognitives 428
und Systeme 140
Ungleichheit s. auch inequality
    275, 471
Universalising 22, 36, 46
Unrecht 471
Unsicherheitsfaktor 458
Unterrichtsmethode 355-363
Unterschiedstheorie 276
Urteil
– religiöses 341
– moralisches 36, 38, 66, 224, 424

– strukturales 222
– individuelles 238
– wertverknüpfendes 227
– intuitives 278
Urteils-Aktionsexperimente 224
Urteils-Handlungsforschung 222
Urteils-Handlungsprozeß 300
Urteils-Handlungsrelation 220,
    299
Urteils-Handlungsproblem 466
Urzustand
    vgl. originale Position
Utilitarismus 175

Validität 49
Value-Clarification 348-355
    s. Wertklärung
Value-Clarification-Schule 348
    bis 355
Veil
– of ignorance
    s. Schleier der Unwissenheit
Verantwortung 15, 27
Verdienstgerechtigkeit 69, 71,
    290, 470 f., 476 ff.
Verhalten
    s. Handeln
Verhaltensaustausch
– sozialer 227
    und Urteil 245 ff.
Verhaltensmodifikation 465
Verhandlungsmaß 158
Verlauf
– dynamischer 462-465
Vermittlungsurteil 17, 215, 218,
    220-225, 236, 292-301
Verpflichtung 423
Verständnis 428, 442, 444
– gegenseitiges 434, 441, 449
Verteilung 24, 54, 60, 274-278,
    285 ff., 448
– gerechte 22, 162, 277 ff.
– egalitäre 470
– negative 291

Verteilungsdilemma 142
  vgl. auch Kinodilemma
Verteilungsgerechtigkeit 471
Verteilungsgrundsätze 276
Verteilungsmodus 492, 494
Verteilungsprinzip 288
Verteilungsreaktion 430
Verteilungssituation 287 f.
– ökonomische 150
Verteilungstheorien 88, 142, 274
Vertragsorientierung 216
Vorgestellte Theorie 225 ff., 230

Wahlcharakter 54
Wahltyp 209, 447
Wahlhandlung 221 f.
Wahrnehmung
– soziale 148
Wertbereich 452
Werte 67
– individuelle 280
– moralische (Issues) 35, 37, 46,

90, 131
Wertsystem 141, 152
Werthierarchie 64, 67
Wertkriterien 62, 480
Wertsystem 100
Werturteil 469
Wettbewerb 276
Wirkung
– dynamikverändernde 449
Wissen
– moralisches 224
Wohlfahrt 65
Wohlfahrtsökonomie 274, 280

Ziel 254, 274
– normatives 451
Zielanalyse 87, 92
Zusammenarbeit
– praktische 256
Zustandsprotokoll 425
Zweck-Mittel-Relation 493

Aebli, H. 363
Alessi, F. 361
Alozie, C. F. 367
Allport, G. / Vernon, P. 432
Anderson, H. H. 431
Apel, K.-O. 83
Argyris, Ch. 17, 225, 258, 293, 343, 389, 420
Argyris, Ch. / Schön, D. A. 229 f.
Ashby, W. R. 230
Austin, J. L. 18

Baier, K. 121f., 213
Baldwin, J. M. 139, 273
Bales, R. F. 228, 419
Baltimore, D. 27
Bass, M. J. / Hull, C. L. 429
Bateson, G. 230
Baumann, H. U. 435, 425 f., 426
Baumberger, J. 281
Beck, G. 451
Bem, D. J. 432
Bendig, A. W. / Mughes, J. B. 425
Benner, D. 21
Bentham, J. 275
Berkowitz, L. 206, 262 f., 388, 430
Berkowitz, L. / Daniels, L. R. 262 f.
Bernitz, S. / Kugelmass, S. 480
Beyer, B. 361 f.
Bieri, J. / Atkins, A. L. / Briat, S. / Leaman, R. L. / Miller, H. / Tripoldi T. 90
Birch, A. / Attkinson, J. W. / Bongort, K. 424
Blasi, A. 203
Blatt, M. M. / Kohlberg, L. 321, 368-373

Bock, R. O. 56
Bödiker, M. L. 190, 451
Bortz, J. 56
Bourdieu, P. 203
Branch, T. 289, 293
Brecht, B. 63 f., 268, 289 ff.
Bredenkamp, J. / Wippich, W. 188
Brehm, J. W. 197
Broughton, J. 35
Brown, M. / Feldman, K. / Schwartz, S. / Meingartner, A. 219, 223
Brown, R. / Hernstein, R. J. 224 f.
Bruner, J. S. 130
Bürger, W. 451

Candee, D. 207 f.
Canon, L. 428
Cartwright, D. / Zander, A. 419
Casey, J. 210 f.
Chadwick-Jones, J. K. 290 ff.
Chisholm, R. M. 16
Chochran, W. G. 438
Cofer, Ch. N. 433
Colby, A. / Kohlberg, L. 373
Colby, A. / Kohlberg, L. / Fenton, E. / Speicher-Dubin, B. / Lieberman, M. 23, 322, 373
Coleman, J. S. 128
Corman, H. / Escolona, A. 77
Correll, W. 165
Crochenberg, S. B. / Nicolayev, J. 368, 385
Cronbach, L. J. 303
Cronbach, L. J. / Snow, R. E. 52
Cronbach, L. J. / Webb, N. 52

Damon, W. 35, 262-265, 265 ff., 289, 471

Davitz, J. R. 433
Dewey, J. 165, 324, 356
Dietrich, G. 192
Döbert, R. / Nunner-Winkler, G. 20, 325
Döbert, R. / Habermas, J. / Nunner-Winkler, G. 18
Doise, W. 76 f., 79 f., 87, 91
Doise, W. / Mugny, G. / Perret-Clermont, A.-N. 14 f.
Dollard, J. / Doob, L. W. / Miller, N. / Mower, O. H. / Sears, R. R. 430
Duncker, K. 62, 74

Edelstein, W. 35
Ertel, S. 130
Exline, R. / Winters, L. 434

Farnill, D. 480
Feldmann, R. E. 219, 385 f.
Fenton, E. 122, 189, 358 f., 360, 384, 385
Fenton, E. / Colby, A. / Speicher-Dubin, B. 373
Finn, J. D. 56
Fishbein, M. / Ajzen, I. 481
Fowler, J. W. 40 ff., 43, 340 f.
Frankena, W. K. 470
Freud, S. 355, 388

Gagné, R. M. 162
Gagné, R. M. / Briggs, L. J. 164
Gesell, A. 355
Gibbs, J. / Kohlberg, L. / Colby, A. / Speicher-Dubin, B. 90, 387
Gilligan, C. 40, 43 ff.
Gilligan, C. / Murphy, M. 45
Glass, F. V. / Peckham, P. D. / Sanders, J. R. 438
Glendening, L. 438
Graham, L. R. 27
Greemo, J. G. 151

de Groot, A. D. 74, 167
Gründel, J. / von Oyen, H. 267
Gunzburger, D. W. / Wenger, D. M. / Anooshian, L. 262, 267, 288
Gutkin, D. C. 480
Guttman, L. 98, 368, 393

Haan, N. 499 ff.
Haan, N. / Smith, M. B. / Block, J. 218 f.
Habermas, J. 19, 83, 96, 124 f., 162, 242, 317, 342 ff.
Hammond, K. R. 128
Hare, A. P. 24, 94, 129, 162, 419, 421
Harmin, M. 348
Hartmann, N. 306 f.
Hartshorne, H. / May, M. A. 215 f., 224, 369, 375
Harvey, O. J. / Hunt, D. E. / Schroeder, H. M. 90
Havighurst, R. J. / Taba, H. 46, 223 f.
Hayek, F. 276
Heider, F. 481, 482
Heinze, Th. 461
Heyns, R. W. / Zander, A. F. 436
Hirzel, M. 419
Hirsch von, A. 259
Hoffmann, L. R. / Maier, N. R. F. 95
Hogan, R. 224
Holzkamp, K. 142, 196
Holzman, P. S. / Gardner, P. W. 130
Hovland, C. I. 429
Hume, D. 270
Hunt, D. E. 20
Huston, T. L. / Korte, Ch. 206
Hyman, R. 427

Inhelder, B. / Sinclair, H. / Borel,

M. 35, 387

Jackson, Ph. 376
Jencks, Chr. 143, 259
Johnson, L. V. / Bany, M. A. 76, 165, 422, 451

Kagan, J. 130
Kagan, J. / Moss, H. A. / Sigel, J. E. 130
Kambartel, F. 262
Kant, I. 24, 272, 354
Kegan, R. G. 45, 397
Kelly, G. A. 90
Kelley, H. H. 481
King, M. 480
King, M. L. 338
Kirk, R. E. 56, 396
Klahr, D. 35
Kleinberger, A. F. 277
Klix, F. 196
Kohlberg, L. 15, 17, 21, 23, 26, 28, 33, 35, 36 ff., 40, 44 f., 47 ff., 67 f., 73, 76 f., 85, 87, 90, 93, 95, 111, 114 f., 137, 143 ff., 154 ff., 207, 210, 236 f., 238-258, 317, 321, 335, 337 bis 342, 342 f., 346, 364-369, 408, 414 ff., 423 f., 479, 493
Kohlberg, L. / Kramer, R. 373
Kohlberg, L. / Turiel, E. 46
Kohlberg, L. / Wassermann, E. R. / Richardson, N. 377
Kohnstamm, G. A. 20
König, E. 17
Kopp, F. 190
Köppen, D. 419
Krebs, R. / Kohlberg, L. 219 f.
Krebs, R. / Rosenwald, A. 216
Kripke, S. 293
Kuhn, D. 26
Kuhn, Th. S. 19
Kurtines, W. / Greif, E. B. 385

Landa, N. L. 166
Latané, B. / Darley, J. 206 f.
Lazarus, R. S. 430
Lerner, M. J. 262-265
Levin, K. 431
Lickona, Th. 326-329, 360, 363 f.
Lind, G. 367 f., 395
Lippitt, R. / White, R. K. 431
Loevinger, J. 38 ff., 95
Looser, M. / Lüscher, R. / Maciejewski, R. / Menne, K. 127
Lorenz, K. 288
Lorenzen, P. 89, 94, 126, 375 f.
Lüer, G. 74
Luhmann, N. 345

Macauley, J. / Berkowitz, C. 206
Maier, R. F. 95 f., 428
Maitland, K. A. / Goldmann, J. 76 f., 78 f.
Maitland, K. A. / Goldmann, J. 76 f., 78 f.
Marcus Aurelius 340
Marx, K. 276
Masselli, M. D. / Altrocchi, J. 480
Massendorf/Kratzch 229
Matson, F. W. 16
McKenzie, G. R. 349 ff.
Meyer, E. 190, 451
Meynell, H. A. 46
Mieth, D. 212
Milgram, S. 424
Mill, J. S. 275
Miller, G. A. / Galanter, E. / Pribram, H. 39, 50, 75
Mills, J. 224
Montada, L. 50
Moreno, J. L. 434
Morison, R. S. 27
Moser, H. 142
Mosher, F. A. / Hornsby, J. R. 166

Neill, O. S. 355
Newell, A. / Simon, H. A. 75, 166 f.
Nicolayev, J. / Phillips, D. C. 368, 385
Nisan, M. 47 f.
Nisan, M. / Paz, S. 367, 369
Noam, G. G. / Kegan, R. G. 45
  Goethals, G. W. 45
Noam, G. G. / Kegan R. G. 45
Nozick, R. 24, 89, 94, 142, 273 ff., 287

Olbricht, P. 451
Olson, P. R. 166
Oser, F. / Gmünder, P. / Fritzsche, U. 341

Parsons, T. 18
Pastore, N. 431
Peukert, H. 17
Piaget, J. 17, 20, 35, 38, 46, 52 f., 76, 89, 96-99, 123, 132, 146, 170, 321, 324 f., 345, 356, 367, 373, 387, 388, 417, 424, 480, 487
Popper, K. 417
Power, Cl. 375, 382
Power, Cl. / Reimer, J. 375
Poynor, H. 438

Rand, A. 276-282
Raphael, D. D. 24
Raths, L. E. / Harmin, M. / Simon, S. B. 352, 353
Rawls, J. 24, 64, 269-273, 284, 287, 339, 343, 346, 416
Rescher, N. 275 f.
Rest, J. R. 37, 365 ff., 394, 403, 407, 414
Rest, J. R. / Cooper, D. / Coder, R. / Rasanz, J. / Anderson, D. 263, 369, 395
Rhine, R. J. / Sereance, L. 429

Rokeach, M. 432
Rosenbaum, J. E. 259
Rosenhan, D. L. / Moore, B. S. / Underwood, B. 206
Ross, M. / Di Tecco, D. 481, 482
Roth, L. 192
Rousseau, J. J. 355
Rubenstein, M. F. 66

Sanders, A. F. 425
Schäfer, K. H. / Schaller, K. 461
Scheffé, H. 438
Schell, C. 419
Schlosberg, H. 433
Schmuck, R. A. / Schmuck, P. A. 431
Schreiber, W. 209
Schwartz, S. / Brown, M. / Feldman, K. / Heimgartner, A. 219
Schulz, W. / Teschner, W. P. / Voigt, J. 426
Schwemmer, O. 22, 92, 127, 285
Seiler, B. 35, 47, 181, 479, 485
Seligman, B. B. 259
Selman, R. L. 35, 81, 219, 258 f., 343, 360, 362, 373
Shavelson, R. J. / Russo, N. A. / Borko, H. 151
Shaw, M. E. / Reitan, H. T. 481
Shaw, M. E. / Sulzer, J. L. 481
Shibutani, T. 129
Simon, F. / Wright, I. 165 f.
Simon, H. A. / Newell, A. 166 f., 348
Simon, H. A., Tobin, J. (s. Tobin) 70, 208, 412, 477, 479
Simon, S. / Howe, L. W. / Kirschenbaum, H. 412, 477
Simon, S. / de Sherbinin, P. 353
Simpson, E. L. 45
Sinsheimer, R. L. 27
Smedslund, J. 50, 325
Smith, L. 46

Spinoza de, B. 340
Staub, E. 206
Steiner, I. D. 419
Stevenson, Ch. L. 209
Stewart, J. S. 353
Strauss, S. / Liberman, D. 50
Sullivan, E. V. 50, 368
Süllwold, F. 196

Taylor, P. 94
Thomae, H. 197
Thoma, G. 189
Thurow, L. C. 259
Thurstone, L. L. 432
Tobin, J. 70, 208, 412, 477, 479,
    486
Triandis, H. C. 432, 434
Turiel, E. 35, 321, 343, 372 ff.
Turiel, E. / Rothman, G. R. 221

Vlastos, G. 285 ff.

Walster, E. 482
Wassermann, E. R. 384
Wasserstrom, R. 260
Watzlawick, P. / Beavin, J. H. /
    Jackson, D. D. 229
Weiner, B. 424, 481
Weiner, B. / Peter, N. 480
Wilson, J. 319
Winer, B. J. 396
Wispé, L. 206
Witkin, H. A. / Ork, R. B. / Iat-
    tuson, H. F. / Goodenough,
    D. R. / Karp. S. 130
Wittgenstein, L. 162
Wohlwill, J. F. 35
Wunderlich, D. 147

Zajone, R. B. 190
Jelder, H. P. 127

Noam Chomsky
Reflexionen über die Sprache

Übersetzt von Georg Meggle und Maria Ulkan
stw 185. 313 Seiten

In seinem neuen Buch, *Reflexionen über die Sprache,* versucht Chomsky nicht die aktuelle linguistische Forschung darzustellen und voranzutreiben, sondern er fragt nach dem Sinn und Zweck dieser Forschung. Welches allgemeine Interesse haben die Ergebnisse dieser Forschung?
Chomskys Reflexionen bieten scharfsichtige Analysen der Kontroversen, die heute zwischen Psychologen, Philosophen und Linguisten ausgetragen werden: über den Erwerb kognitiver Strukturen, über den Zusammenhang der Sprache mit anderen geistigen Organen sowie über die Weise, in der kognitive Strukturen menschliches Handeln und Verhalten bestimmen.

Helen Leuninger
Reflexionen über die Universalgrammatik

stw 282. 198 Seiten

Noam Chomskys Buch *Reflexionen über die Sprache* (= stw 185) stellt eine Zusammenfassung der sprachphilosophischen Kontroverse zwischen Empirismus und Rationalismus und zwischen Semantik und Pragmatik dar. Es präsentiert aber auch einen neuen Entwicklungsstand in der Kontroverse darum, ob die Syntax unabhängig von der Semantik operieren kann. Chomsky führt in diesem Buch die bereits 1973 in den »Conditions on Transformation« entwickelte Spurentheorie ein und motiviert diese sowohl aus empirischen Gründen der Sprachbeschreibung als auch mit kognitiven Argumenten sowie mit Beobachtungen aus dem Prozeß des Spracherwerbs. Diese Theorie stellt eine starke Revision der bekannten Annahmen Chomskys dar.
In den *Reflexionen über die Sprache* liefert Chomsky sozusagen »nur« den konzeptuellen Rahmen der neuen Spurentheorie. Helen Leuningers Arbeit diskutiert nun die methodologischen und empirischen Fragen, die sich aus dieser neuen Theorie ergeben, und stellt sie in den forschungs- und wissenschaftsgeschichtlichen Zusammenhang, aus dem sie entstanden sind.

Eric H. Lenneberg
Biologische Grundlagen der Sprache

Übersetzt von Friedhelm Herborth
stw 217. 597 Seiten

Warum kann allein der Mensch lernen, eine natürliche
Sprache zu sprechen? Welches sind die biologischen Prin-
zipien, die erklären, warum eine bestimmte Art – der
Mensch – ein einzigartiges Verhalten – die Sprache – entwickelt hat?
Ehe Lenneberg seinen »Entwurf einer biologischen Theorie
der Sprachentwicklung« formuliert, diskutiert er die für
seine Frage wichtigen Forschungen. Dabei geht es insbesondere um morphologische und physiologische Korrelate der
Sprache (Stimmwerkzeuge und Zentralnervensystem bzw.
Atmung, Artikulation, Rhythmik und Steuerung); um
Sprache im Kontext von Wachstum und Reifung (»die wohl
bisher beste Zusammenstellung des gegenwärtigen Wissens
über Spracherlernung«); um neurologische Aspekte des Sprechens und der Sprache (eine kritische Sichtung des klinischen
Befundmaterials über leichte und schwere Sprachstörungen
bis hin zur Aphasie – fast eine Theorie der Sprachpatho-
logie); um Sprache im Lichte der Evolution und Genetik;
um primitive Stufen der Sprachentwicklung (normale und
pathologische Kindersprache); um das Verhältnis von
Sprache und Erkennen.
»Eric H. Lenneberg, aus Deutschland gebürtiger amerika-
nischer Psychologe von Weltrang, hat zweifellos ... nicht
nur *das* Standardwerk der modernen Biolinguistik, sondern
auch zugleich eines der aufregendsten wissenschaftlichen
Bücher des 20. Jahrhunderts überhaupt geschrieben.«
(J. H. Scharf)

Sprache, Denken, Kultur

Herausgegeben von Paul Henle
stw 120. 336 Seiten

Dieses Buch ist das Resultat einer immer noch seltenen Zusammenarbeit von Wissenschaftlern verschiedener Fachrich-
tungen. Anthropologen, Psychologen, Philosophen, Sozio-
logen, Literaturwissenschaftler und Linguisten haben versucht, Natur und Funktion der Sprache zu klären.

Dieter Wunderlich
Studien zur Sprechakttheorie
stw 172. 416 Seiten

Wunderlich entwickelt in seinen Aufsätzen theoretische und methodische Prinzipien der Sprachanalyse im Hinblick auf Interaktionszusammenhänge. Er versucht damit, der Sprachwissenschaft einen neuen Standort zu geben, der verschiedene Entwicklungsstränge in sich vereinigt: die sprachphilosophischen Theorien der Bedeutung und der Sprechakte, die logische Präzisierung des Bedeutungsbegriffs, die formallinguistische Ausarbeitung des Grammatikbegriffs und die soziologische Interaktions- und Konversationsanalyse.

Sprechakttheorie und Semantik
Herausgegeben von Günther Grewendorf
stw 276. 416 Seiten

Die in diesem Band enthaltenen Beiträge von Sprachphilosophen und Linguisten stecken – zum Teil von kontroversen Positionen aus – den theoretischen Rahmen ab, in dem die grammatische Analyse sprachlicher Ausdrücke dem Handlungscharakter der Sprache gerecht zu werden hat.

Inhalt:
Einleitung des Herausgebers. *(I) Kommunikation und Bedeutung.* Georg Meggle, Eine kommunikative Handlung verstehen; Andreas Kemmerling, Was Grice mit »Meinen« meint; Manfred Bierwisch, Wörtliche Bedeutung – eine pragmatische Gretchenfrage; John R. Searle, Intentionalität und der Gebrauch der Sprache; *(II) Zur Semantik explizit performativer Äußerungen.* Günther Grewendorf, Haben explizit performative Äußerungen einen Wahrheitswert? Günther Grewendorf, Explizit performative Äußerungen und Feststellungen; Renate Bartsch, Die Rolle von pragmatischen Korrektheitsbedingungen bei der Interpretation von Äußerungen; *(III) Klassifikation und Identifikation von Sprechakten.* Thomas T. Ballmer, Probleme der Klassifikation von Sprechakten; Dieter Wunderlich, Was ist das für ein Sprechakt? Dorothea Franck, »Ein Mann – ein Wort«. Überlegungen zu aufhebenden Sprechakten; *(IV) Sprechakttheorie und Grammatik.* Roland Posner, Bedeutung und Gebrauch der Satzverknüpfer in den natürlichen Sprachen; Dietmar Zaefferer, Sprechakttypen in einer Montague-Grammatik. Ein modelltheoretischer Ansatz zur Behandlung illokutionärer Rollen.

Ernst Tugendhat
Vorlesungen zur Einführung in die
sprachanalytische Philosophie
stw 45. 534 Seiten

Gegenüber der Vorstellung, die analytische Philosophie habe
die Perspektiven der zentralen Themen der traditionellen
Philosophie verloren, möchte Tugendhat zeigen, daß eine
»erste Philosophie« – in der Antike die Ontologie, in der
Neuzeit die Transzendentalphilosophie – sich nur auf einer
sprachanalytischen Basis erneuern läßt. Es sind die traditionellen Leitbegriffe selbst – die Begriffe des Apriori, des
Seins, des Gegenstandes, der Wahrheit, der Vernunft –, die
in diese Richtung weisen, sobald man versucht, sie schärfer zu klären, als es mit den traditionellen Mitteln möglich
war. Auf diesem Weg, der von den traditionellen Grund-
positionen zur analytischen Philosophie führt, soll zugleich
die analytische Philosophie ihrerseits in einen Reflexions-
prozeß über ihre Grundfragen und Methoden gebracht werden.

Ernst Tugendhat
Selbstbewußtsein und Selbstbestimmung
Sprachanalytische Interpretationen
stw 221. 364 Seiten

Tugendhat will die philosophische Relevanz der Selbstbeziehung reaktualisieren, hält aber die strukturellen Modelle, an denen sich die traditionelle Selbstbewußtseins-
theorie orientiert, für inadäquat. Im Mittelpunkt seiner
sprachanalytischen Interpretationen stehen deswegen drei
Philosophen, die diese Modelle in Frage stellen und sich
dabei gegenseitig ergänzen: Wittgenstein, der der Vorstellung von einem Ich die Verwendung des Wortes »ich« ent-
gegenhält; Heidegger, der den Selbstbezug statt als Reflexion als ein Verhalten zur Existenz versteht; und G. H.
Mead, dem zufolge man sich zu sich nur verhalten kann,
indem man mit sich redet, und dies nur, indem man mit
anderen redet. Die Auffassung des Zusammenhangs von
Selbstbeziehung, Freiheit und Vernunft, die sich heraus-
stellt, führt am Ende des Buchs zu einer schroffen Konfrontation mit Hegel.

Adorno, Ästhetische Theorie 2
– Drei Studien zu Hegel 110
– Einleitung in die Musiksoziologie 142
– Kierkegaard 7
– Negative Dialektik 113
– Philosophie der neuen Musik 239
– Philosophische Terminologie Bd. 1 23
– Philosophische Terminologie Bd. 2 50
– Prismen 178
– Soziologische Schriften I 306
Materialien zur ästhetischen Theorie Th. W. Adornos
122
Apel, Der Denkweg von Charles S. Peirce 141
– Transformation der Philosophie, Bd. 1 164
– Transformation der Philosophie, Bd. 2 165
Arnaszus, Spieltheorie und Nutzenbegriff 51
Ashby, Einführung in die Kybernetik 34
Avineri, Hegels Theorie des modernen Staates 146
Bachelard, Die Philosophie des Nein 325
Bachofen, Das Mutterrecht 135
Materialien zu Bachofens ›Das Mutterrecht‹ 136
Barth, Wahrheit und Ideologie 68
Becker, Grundlagen der Mathematik 114
Benjamin, Charles Baudelaire 47
– Der Begriff der Kunstkritik 4
– Trauerspiel 225
Materialien zu Benjamins Thesen ›Über den Begriff
der Geschichte‹ 121
Bernfeld, Sisyphos 37
Bilz, Studien über Angst und Schmerz 44
– Wie frei ist der Mensch? 17
Bloch, Das Prinzip Hoffnung 3
– Geist der Utopie 35
– Naturrecht 250
– Philosophie d. Renaissance 252
– Subjekt/Objekt 251
– Tübinger Einleitung 253
Materialien zu Blochs ›Prinzip Hoffnung‹ 111
Blumenberg, Aspekte der Epochenschwelle: Cusaner
und Nolaner 174
– Der Prozeß der theoretischen Neugierde 24
– Säkularisierung und Selbstbehauptung 79
– Schiffbruch mit Zuschauer 289
Böckenförde, Staat, Gesellschaft, Freiheit 163
Böhme/van den Daele/Krohn, Experimentelle
Philosophie 205
Böhme/v. Engelhardt (Hrsg.), Entfremdete Wissen-
schaft 278
Bourdieu, Entwurf einer Theorie der Praxis 291
– Zur Soziologie der symbolischen Formen 107
Broué/Témime, Revolution und Krieg in Spanien.
2 Bde. 118
Bucharin/Deborin, Kontroversen 64
Bürger, Vermittlung – Rezeption – Funktion 288
– Tradition und Subjektivität 326
Canguilhem, Wissenschaftsgeschichte 286
Childe, Soziale Evolution 115
Chomsky, Aspekte der Syntax-Theorie 42
– Reflexionen über die Sprache 185
– Sprache und Geist 79
Cicourel, Methode und Messung in der Soziologie 99
Claessens, Kapitalismus als Kultur 275
Condorcet, Entwurf einer historischen Darstellung
der Fortschritte des menschlichen Geistes 175
Cremerius, Psychosomat. Medizin 255
van den Daele, Krohn, Weingart (Hrsg.), Geplante
Forschung 229

Danto, Analytische Geschichtsphilosophie 328
Deborin/Bucharin, Kontroversen 64
Deleuze/Guattari, Anti-Ödipus 224
Denninger (Hrsg.), Freiheitliche demokratische
Grundordnung. 2 Bde. 150
Denninger/Lüderssen, Polizei und Strafprozeß 228
Derrida, Die Schrift und die Differenz 177
Dreeben, Was wir in der Schule lernen 294
Dubiel, Wissenschaftsorganisation 258
Durkheim, Soziologie und Philosophie 176
Eckstaedt/Klüwer (Hrsg.), Zeit allein heilt keine
Wunden 308
Eco, Das offene Kunstwerk 222
Eder, Die Entstehung staatl. organisierter Gesell-
schaften 332
Ehlich (Hrsg.), Erzählen im Alltag 323
Einführung in den Strukturalismus 10
Eliade, Schamanismus 126
Elias, Über den Prozeß der Zivilisation, Bd. 1 158
– Über den Prozeß der Zivilisation, Bd. 2 159
Materialien zu Elias' Zivilisationstheorie 233
Erikson, Der junge Mann Luther 117
– Dimensionen einer neuen Identität 100
– Gandhis Wahrheit 265
– Identität und Lebenszyklus 16
Erlich, Russischer Formalismus 21
Ethnomethodologie (hrsg. v. Weingarten/Sack/
Schenlein) 71
Euchner, Naturrecht und Politik bei John Locke
280
Fetscher, Rousseaus politische Philosophie 143
Fichte, Politische Schriften (hrsg. v. Batscha/Saage)
201
Fleck, Entstehung und Entwicklung einer wissen-
schaftlichen Tatsache 312
Foucault (Hrsg.), Der Fall Rivière 128
– Die Ordnung der Dinge 96
– Überwachen und Strafen 184
– Wahnsinn und Gesellschaft 39
Frank, Das Sagbare und das Unsagbare 317
Friedensutopien, Kant/Fichte/Schlegel/Görres
(hrsg. v. Batscha/Saage) 267
Fulda u. a., Kritische Darstellung der Metaphysik
315
Furth, Intelligenz und Erkennen 160
Goffman, Rahmen-Analyse 329
– Stigma 140
Gombrich, Meditationen über ein Steckenpferd 237
Goudsblom, Soziologie auf der Waagschale 223
Grewendorf (Hrsg.), Sprechakttheorie und
Semantik 276
Griewank, Der neuzeitliche Revolutionsbegriff 52
Groethuysen, Die Entstehung der bürgerlichen Welt-
und Lebensanschauung in Frankreich 2 Bde. 256
Guattari/Deleuze, Anti-Ödipus 224
Habermas, Erkenntnis und Interesse 1
– Theorie und Praxis 243
– Zur Rekonstruktion des Historischen Materialis-
mus 154
Materialien zu Habermas' ›Erkenntnis und Interesse‹
49
Hegel, Grundlinien der Philosophie des Rechts 145
– Phänomenologie des Geistes 8
Materialien zu Hegels ›Phänomenologie des
Geistes‹ 9
Materialien zu Hegels Rechtsphilosophie Bd. 1 88
Materialien zu Hegels Rechtsphilosophie Bd. 2 89

Helfer/Kempe, Das geschlagene Kind 247
Heller, u. a., Die Seele und das Leben 80
Henle, Sprache, Denken, Kultur 120
Höffe, Ethik und Politik 266
Hörisch (Hrsg.), Ich möchte ein solcher werden wie ... 283
Hörmann, Meinen und Verstehen 230
Holbach, System der Natur 259
Holenstein, Roman Jakobsons phänomenologischer Strukturalismus 116
– Von der Hintergehbarkeit der Sprache 316
Hymes, Soziolinguistik 299
Jäger (Hrsg.), Kriminologie im Strafprozeß 309
Jaeggi, Theoretische Praxis 149
Jaeggi/Honneth (Hrsg.), Theorien des Historischen Materialismus 182
Jacobson, E. Das Selbst und die Welt der Objekte 242
Jakobson, R. Hölderlin, Klee, Brecht 162
– Poetik 262
Kant, Die Metaphysik der Sitten 190
– Kritik der praktischen Vernunft 56
– Kritik der reinen Vernunft 55
– Kritik der Urteilskraft 57
– Schriften zur Anthropologie 1 192
– Schriften zur Anthropologie 2 193
– Schriften zur Metaphysik und Logik 1 188
– Schriften zur Metaphysik und Logik 2 189
– Schriften zur Naturphilosophie 191
– Vorkritische Schriften bis 1768 1 186
– Vorkritische Schriften bis 1768 2 187
Kant zu ehren 61
Materialien zu Kants ›Kritik der praktischen Vernunft‹ 59
Materialien zu Kants ›Kritik der reinen Vernunft‹ 58
Materialien zu Kants ›Kritik der Urteilskraft‹ 60
Materialien zu Kants ›Rechtsphilosophie‹ 171
Kenny, Wittgenstein 61
Keupp/Zaumseil (Hrsg.), Gesellschaftliche Organisierung psychischen Leidens 246
Kierkegaard, Philosophische Brocken 147
– Über den Begriff der Ironie 127
Koch (Hrsg.), Die juristische Methode im Staatsrecht 198
Körner, Erfahrung und Theorie 197
Kohut, Die Zukunft der Psychoanalyse 125
– Introspektion, Empathie und Psychoanalyse 207
– Narzißmus 157
Kojève, Hegel. Kommentar zur ›Phänomenologie des Geistes‹ 97
Koselleck, Kritik und Krise 36
Koyré, Von der geschlossenen Welt zum unendlichen Universum 320
Kracauer, Der Detektiv-Roman 297
– Geschichte – Vor den letzten Dingen 11
Kuhn, Die Entstehung des Neuen 236
– Die Struktur wissenschaftlicher Revolutionen 25
Lacan, Schriften 1 137
Lange, Geschichte des Materialismus 70
Laplanche/Pontalis, Das Vokabular der Psychoanalyse 7
Leach, Kultur und Kommunikation 212
Leclaire, Der psychoanalytische Prozeß 119
Lenneberg, Biologische Grundlagen der Sprache 217
Lenski, Macht und Privileg 183
Lepenies, Das Ende d. Naturgeschichte 227
Leuninger, Reflexionen über die Universalgrammatik 282
Lévi-Strauss, Das wilde Denken 14
– Mythologica I, Das Rohe und das Gekochte 167

– Mythologica II, Vom Honig zur Asche 168
– Mythologica III, Der Ursprung der Tischsitten 169
– Mythologica IV, Der nackte Mensch. 2 Bde. 170
– Strukturale Anthropologie 1 226
– Traurige Tropen 240
Lindner/Lüdke (Hrsg.), Materialien zur ästhetischen Theorie Th. W. Adornos. Konstruktion der Moderne 122
Locke, Zwei Abhandlungen 213
Lorenzen, Konstruktive Wissenschaftstheorie 93
– Methodisches Denken 73
Lorenzer, Die Wahrheit der psychoanalytischen Erkenntnis 173
– Sprachspiel und Interaktionsformen 81
– Sprachzerstörung und Rekonstruktion 31
Lüderssen (Hrsg.) Seminar: Abweichendes Verhalten IV 87
Lüderssen/Sack (Hrsg.), Vom Nutzen und Nachteil der Sozialwissenschaften für das Strafrecht 327
Lüderssen/Seibert (Hrsg.), Autor und Täter 261
Lugowski, Die Form der Individualität im Roman 151
Luhmann, Theorie, Technik und Moral 206
– Zweckbegriff und Systemrationalität 12
Lukács, Der junge Hegel 33
Macpherson, Politische Theorie des Besitzindividualismus 41
Malinowski, Eine wissenschaftliche Theorie der Kultur 104
Mandeville, Die Bienenfabel 300
Markis, Protophilosophie 318
deMause (Hrsg.), Hört ihr die Kinder weinen 339
Martens (Hrsg.), Kindliche Kommunikation 272
Marxismus und Ethik 75
Mead, Geist, Identität und Gesellschaft 28
Mehrtens/Richter (Hrsg.), Naturwissenschaft, Technik und NS-Ideologie 306
Menne, Psychoanalyse und Unterschicht 301
Menninger, Selbstzerstörung 249
Merleau-Ponty, Die Abenteuer der Dialektik 105
Miliband, Der Staat in der kapitalistischen Gesellschaft 112
Minder, Glaube, Skepsis und Rationalismus 43
Mittelstraß, Die Möglichkeit von Wissenschaft 62
– (Hrsg.), Methodenprobleme der Wissenschaften vom gesellschaftlichen Handeln 270
Mommsen, Max Weber 53
Moore, Soziale Ursprünge von Diktatur und Demokratie 54
Morris, Pragmatische Semiotik und Handlungstheorie 179
Needham, Wissenschaftlicher Universalismus 264
Neurath, Wissenschaftliche Weltauffassung, Sozialismus und Logischer Empirismus 281
Nowotny, Kernenergie. Gefahr oder Notwendigkeit 290
O'Connor, Die Finanzkrise des Staates 83
Oelmüller, Unbefriedigte Aufklärung 263
Oppitz, Notwendige Beziehungen 101
Parin/Morgenthaler, Fürchte deinen Nächsten 235
Parsons, Gesellschaften 106
Parsons/Schütz, Briefwechsel 202
Peukert, Wissenschaftstheorie 231
Piaget, Das moralische Urteil beim Kinde 27
– Die Bildung des Zeitbegriffs beim Kinde 77
– Einführung in die genetische Erkenntnistheorie 6
Plessner, Die verspätete Nation 66
Polanyi, Ökonomie und Gesellschaft 295
– Transformation 260

Pontalis, Nach Freud 108
Pontalis/Laplanche, Das Vokabular der Psycho-
analyse 7
Propp, Morphologie des Märchens 131
Quine, Grundzüge der Logik 65
Rawls, Eine Theorie der Gerechtigkeit 271
Redlich/Freedman, Theorie und Praxis der Psychia-
trie. 2 Bde. 148
Ricœur, Die Interpretation 76
Ritter, Metaphysik und Politik 199
v. Savigny, Die Philosophie der normalen Sprache
29
Schadewaldt, Anfänge der Philosophie 218
Schelling, Philosophie der Offenbarung 181
– Über das Wesen der menschlichen Freiheit 138
Materialien zu Schellings philosophischen Anfängen
139
Schleiermacher, Hermeneutik und Kritik 211
Schlick, Allgemeine Erkenntnislehre 269
Schluchter, Rationalismus der Weltbeherrschung 322
– (Hrsg.), Verhalten, Handeln und System 310
Scholem, Die jüdische Mystik 330
– Von der mystischen Gestalt der Gottheit 209
– Zur Kabbala und ihrer Symbolik 13
Schütz, Der sinnhafte Aufbau der sozialen Welt 92
– /Luckmann, Strukturen der Lebenswelt Bd. I
284
Schumann, Handel mit Gerechtigkeit 214
Schwemmer, Philosophie der Praxis 331
Seminar: Abweichendes Verhalten I
(hrsg. v. Lüderssen/Sack) 84
– Abweichendes Verhalten II
(hrsg. v. Lüderssen/Sack) 85
– Abweichendes Verhalten III
(hrsg. v. Lüderssen/Sack) 86
– Abweichendes Verhalten IV
(hrsg. v. Lüderssen/Sack) 87
– Angewandte Sozialforschung
(hrsg. v. Badura) 153
– Dialektik I (hrsg. v. Horstmann) 234
– Entstehung der antiken Klassengesellschaft
(hrsg. v. Kippenberg) 130
– Entstehung von Klassengesellschaften
(hrsg. v. Eder) 30
– Familie und Familienrecht I
(hrsg. v. Simitis/Zenz) 102
– Familie und Familienrecht II
(hrsg. v. Simitis/Zenz) 103
– Familie und Gesellschaftsstruktur
(hrsg. v. Rosenbaum) 244
– Freies Handeln und Determinismus
(hrsg. v. Pothast) 257
– Geschichte und Theorie
(hrsg. v. Baumgartner/Rüsen) 98
– Gesellschaft und Homosexualität
(hrsg. v. Lautmann) 200
– Hermeneutik und die Wissenschaften
(hrsg. v. Gadamer/Boehm) 238
– Kommunikation, Interaktion, Identität
(hrsg. v. Auwärter/Kirsch/Schröter) 156
– Literatur- und Kunstsoziologie
(hrsg. v. Bürger) 245
– Medizin, Gesellschaft, Geschichte
(hrsg. v. Deppe/Regus) 67
– Philosophische Hermeneutik
(hrsg. v. Gadamer/Boehm) 144

– Politische Ökonomie (hrsg. v. Vogt) 22
– Regelbegriff in der praktischen Semantik
(hrsg. v. Heringer) 94
– Religion und gesellschaftliche Entwicklung
(hrsg. v. Seyfarth/Sprondel) 38
– Sprache und Ethik (hrsg. v. Grewendorf/Meggle)
91
– Theorien der künstlerischen Produktivität
(hrsg. v. Curtius) 166
Simitis u. a., Kindeswohl 292
Skirbekk (Hrsg.), Wahrheitstheorien 210
Solla Price, Little Science – Big Science 48
Spinner, Pluralismus als Erkenntnismodell 32
Sprachanalyse und Soziologie (hrsg. v. Wiggershaus)
123
Sprache, Denken, Kultur (hrsg. v. Henle) 120
Strauss, Anselm, Spiegel und Masken 109
Strauss, Leo, Naturrecht und Geschichte 216
Szondi, Das lyrische Drama des Fin de siècle 90
– Einführung in die literarische Hermeneutik 124
– Poetik und Geschichtsphilosophie I 40
– Poetik und Geschichtsphilosophie II 72
– Schriften 1 219
– Schriften 2 220
– Theorie des bürgerlichen Trauerspiels 15
Témime/Broué, Revolution und Krieg in Spanien.
2 Bde. 118
Theorietechnik und Moral 206
Theunissen, Sein und Schein 314
Theunissen/Greve (Hrsg.), Materialien zur Philo-
sophie Kierkegaards 241
Touraine, Was nützt die Soziologie? 133
Troitzsch/Wohlauf (Hrsg.), Technik-Geschichte 319
Tugendhat, Selbstbewußtsein und Selbst-
bestimmung 221
– Vorlesungen zur Einführung in die sprach-
analytische Philosophie 45
Uexküll, Theoretische Biologie 20
Ullrich, Technik und Herrschaft 277
Umweltforschung – die gesteuerte Wissenschaft 215
Wahrheitstheorien 210
Waldenfels, Der Spielraum des Verhaltens 311
Waldenfels/Broekman/Pažanin (Hrsg.), Phäno-
menologie und Marxismus I 195
– Phänomenologie und Marxismus II 196
– Phänomenologie und Marxismus III 232
– Phänomenologie und Marxismus IV 273
Watt, Der bürgerliche Roman 78
Weimann, Literaturgeschichte und Mythologie
204
Weingart, Wissensproduktion und soziale Struktur
155
Weingarten u. a. (Hrsg.), Ethnomethodologie 71
Weizenbaum, Macht der Computer 274
Weizsäcker, Der Gestaltkreis 18
Wesel, Der Mythos vom Matriarchat 333
Winch, Die Idee der Sozialwissenschaft und ihr Ver-
hältnis zur Philosophie 95
Wittgenstein, Das Blaue Buch. Eine philosophische
Betrachtung (Das Braune Buch) 313
– Philosophische Grammatik 5
– Philosophische Untersuchungen 203
Wunderlich, Studien zur Sprechakttheorie 172
Zilsel, Die sozialen Ursprünge der neuzeitlichen
Wissenschaft 152
Zimmer, Philosophie und Religion Indiens 26